HIT

全国优秀数学教师专著系列

教材教法

Teaching Methods

甘志国 著

大家書系

HITP
哈爾濱工業大學出版社
HARBIN INSTITUTE OF TECHNOLOGY PRESS

内容提要

本书是一部高中数学教学参考用书，主要讲述教材教法，系统、详尽地阐述了高中数学解题技巧，有理论、有实践. 本书注重科学性、系统性和趣味性，全书共含78篇小文章，每篇文章各自独立成文，所以本书可系统性地研读，也可有选择性地阅读.

本书可作为高三复习备考用书，也可供高中、大学师生及初等数学爱好者研读，或作为高中数学竞赛辅导资料和师范大学数学教法方面的教材.

图书在版编目(CIP)数据

数学解题与研究丛书. 教材教法/甘志国著. —哈尔滨:哈尔滨工业大学出版社，2014.4

ISBN 978-7-5603-4420-1

Ⅰ.①数… Ⅱ.①甘… Ⅲ.①中学数学课-高中-教学参考资料 Ⅳ.①G633.603

中国版本图书馆CIP数据核字(2013)第274072号

策划编辑　刘培杰　张永芹

责任编辑　张永芹　张　佳　刘春雷

封面设计　孙茵艾

出版发行　哈尔滨工业大学出版社

社　　址　哈尔滨市南岗区复华四道街10号　邮编150006

传　　真　0451-86414749

网　　址　http://hitpress.hit.edu.cn

印　　刷　哈尔滨市石桥印务有限公司

开　　本　787mm×1092mm　1/16　印张32.75　字数730千字

版　　次　2014年4月第1版　2014年4月第1次印刷

书　　号　ISBN 978-7-5603-4420-1

定　　价　68.00元

◎序 言

我在读小学时，就喜欢上数学课，喜欢作数学题.喜欢的原因很简单(学数学只需一张纸、一支笔和一个不太聪明的大脑就行了)，从作题中也体验到了成功的喜悦；到了读中学时，这种兴趣就更强烈了，每天除了完成学习任务之外，就是到学校图书室去借阅各种数学习题集作，也翻阅《数学通报》、《数学通讯》等数学杂志；到了参加工作时，更是酷爱数学这门科学了，一边进行数学教学，一边攻读大学数学课程和研究生课程，还利用一切业余时间进行初等数学研究，并有不少论文发表(几乎每周都有论文发表在期刊上)，哈尔滨工业大学出版社分别于2008、2009年出版了我的专著《初等数学研究(Ⅰ)》、《初等数学研究(Ⅱ)》(总计230万字)，这两部书也很受读者喜爱，有网友说它们是数学教学中的"圣经"，也有网友留言"他确实是我相当佩服的老师，如果高中时他能教我那该多好啊！可惜我现在已经到了大学，不过我还是对初等数学充满了强烈的兴趣，他的《初等数学研究》让我十分着迷".

我是如何学数学并获得一些快乐的，从哈尔滨工业大学出版社第一编辑室主任刘培杰在《初等数学研究(Ⅰ)》(哈尔滨工业大学出版社，2008)中所写的序言(这篇"序言"也被《中学数学教学参考》(上旬)2008年第10期转载)里可以找到部分答案：

甘先生的研究历程带给我的感受有三点.

一是坚持的重要.甘先生如同中国象棋中的小卒,一直向前拱到底线终成大器.一位青年数学教师写一篇小文章并不难,难的是坚持数十年,由青年而至中年,一篇积成几百篇,这就要有一种精神了,这可能就是湖北人的韧劲.甘先生不是天才,但勤奋有加,靠后天努力终成正果.

二是定位的自觉.搞研究定位十分重要,它决定着将来学问的规模、层次与格调,有些人眼高手低,非世界难题不搞,结果与自身能力不相匹配,终落得"壮志未酬身先死".单墫教授曾有比喻,二流人才搞三流问题,结果必是一流的,而二流人才搞一流问题,其结果必是三流的.甘先生定位准确,结合本职工作,立足岗位成材,主攻初等数学研究,终于取得了可喜的成果.

三是对事业的热爱.曾国藩曾在其家书中告诫自己的后代,交友一定要交有嗜好有癖之人.后代不解,追问没有嗜好没有癖的人有何不可,曾国藩说:"其没有深情也!"对某项事业、某种物件、某位佳人一往情深是一个人幸福的基础,也是事业成功的必要条件.甘先生就是一位对初等数学情有独钟,嗜数如命的青年教师.曾经贫穷过,曾经疾病过,但都不改初衷,坚持钻研,并从中得到了乐趣.法国数学家泊松(Poisson Simeon Denis Baron, 1781—1840)有一句名言:人生最大的乐趣有二,一为数学的发现,一为数学的教学.甘先生兼而有之想必人生充满乐趣.

一位教育专家曾说,教师有两种类型:一类是"为生存而教育",一类是"为教育而生存".甘先生显然是后者.现在随着国家对教育的重视,中学教师特别是数语外教师靠自己的知识和劳动也跻身于中产阶级行列.享受生活成为这一阶层的生活核心,如C·赖特·密斯瓦所说:"中产阶级的气质意味着对自己的生活感到满意,意味着形而上学的情思的枯竭,意味着人生的终极关怀的丧失,意味着探索精神之路的断绝."我们很高兴看到甘志国式的青年教师有追求有理想有成果.1996年美国"数学与美国未来全国委员会"发表了引发转折的标志性报告《至关重要:美国未来的数学》,其中提出"高胜任教师"(highly qualified teacher)的概念.可以断言,只有不断钻研初等数学的中学数学教师才能是一位新时代的高胜任教师.

英国《泰晤士报》曾刊发过一篇题为"未来是橙色的"的署名文章.其中介绍了一个奇特现象,那就是北纬53°盛产数学家.据安德鲁斯大学研究人员计算得出:过去的400年中,54%的数学家出生在北纬53°

的地方. 这个国外的研究结论在中国是否适用不得而知,但中国有句俗语:“天上九头鸟,地上湖北佬”. 湖北人聪明勤奋,数学自然不弱,读完甘先生的大作相信你一定会有这样的感觉:唯楚有才!

我喜欢轻松与享受,例如,倾听优美的音乐与品尝可口的美味,但是许多科学实验已经证明,永远的“轻松与享受”的代价就是寿命的减短,因此生物的本性需要在“轻松与享受”和“劳累和克服”之间来回振荡. 我认为,如果一本书能在轻松之间让读者对某种对象产生了兴趣,虽然是一种成功,但如果到此为止,就有些不够. 这就像一位人士被你说得胃口大开,正想去实际品尝一下,却不知餐馆在何处一样. 所以我的愿望是既让你有了胃口,又要能让你吃到一些真实的菜. 即使这道菜以你目前的水平还不能享受,但是经过努力学习后,就随时可以享用了.

我还想回答一个问题,就是学习数学是需要吃一些苦的,是需要克服一些困难的,克服这些困难实际上是对自己的一种磨炼,是自己对自己的强制与要求. 于是有的人就要问,那你为什么要受这种苦?值得吗? 我的回答是:爱什么是不需要任何理由的! 甘愿吃苦的原因和动力来自对数学的喜爱,就因为你就是这种人,你的回报就在于你每一次得知答案时的满足和享受.

你可以不受这些苦,但你也就体会不到那种快乐.

我认真研读过冯贝叶编著的《数学拼盘和斐波那契魔方》(哈尔滨工业大学出版社,2010),该书“序言”末的一首小诗也写出了我对数学的挚爱,现抄录下来(略有改动)供数学爱好者欣赏:

美丽的数学女神

你就像一个蒙着神秘面纱的美丽女神,
面纱的后面总是闪耀着宝石的光芒;
红宝石,蓝宝石,绿宝石,
多姿多彩,吸引着我去摘取.

但是,当我想揭开这面纱,
摘取这些迷人的宝石的时候,
我却发现,
这里有很多机关.
我必须,先回答一些问题,

找出答案后，
才能获得你的微笑.
伴随着你的微笑，
一颗带着芳香的小宝石，
轻轻落入我的手心.
啊！多么美丽，多么雅致，
像有一股可口的清泉，滋润着我的心田.
我用一个精致的盒子将这颗宝石收藏，
作为永久的纪念.

我是这样的贪心，
得到一颗宝石之后，
还想立即摘取下一颗，
而你的问题就愈加困难.

随着我收藏的宝石的增多，
这困难就成了折磨，
但我甘愿忍受你的折磨，
因为，不让我忍受你的折磨，
本身就是一种更大的折磨.

这宝石，我不时拿出来欣赏，
每当此时，就是我最大的快乐.
不要问我，
这宝石值多少钱？
可能在你看来，它一钱不值，
但是对我来说，
它却是无价之宝.

美丽的女神，
经过一生的追求，
我才知道，
你的魅力，
就在于，
蒙在你脸上的面纱，

永远不可能彻底揭开.
但是,你又是那样慷慨,
只要对你有追求,
你就有无穷的宝石,
伴随着你的微笑,
再次落到我的手中.
所以,我要永远追求你,
永远享受着你的折磨.

我还想敬告本书的部分读者——高中生,学习数学一定要建立在喜欢的基础上,也就是要培养浓厚的兴趣.同学们要深信以下三点:

第一,数学是有用的.

宇宙之大,粒子之微,火箭之速,化工之巧,地球之变,生物之谜,日用之繁,无处不用数学.

——华罗庚

数学是科学的女皇.

——高　斯

一门科学只有成功地运用数学,才算达到真正完善的地步.

——马克思

发表在《人民日报》的文章“数学——撬起未来的杠杆”(该文曾选入高一(下)语文自读课本)中写道:“数学家们还介绍,美国国家研究委员会从1984年起,向美国政府提出了四份关于美国数学和数学教育的报告.报告指出:高技术的出现把我们的社会推到了数学技术的新时代,‘很少有人认识到,被如此称颂的高技术,本质上是数学技术’.报告说:未来社会最好的工作和岗位,属于准备好了处理数学问题能力的人;数学已不单是一门学科,而且是重要的潜在资源;现今技术发达的社会里,扫除‘数学盲’的任务已取代了扫除‘文盲’的任务.”

这些名言及论述都说明了数学的重要性和作用.

我们来举一个漂洗衣服的例子吧:

在洗衣服时,衣服上已打好了肥皂,揉搓得很充分了,再拧一拧,当然不能把水全部拧干,设衣服上还有残留污物的水1 kg,用20 kg的清水来漂洗,怎样才能漂洗得更干净?

方案1　如果把衣服一下子放到20 kg的清水中,那么连同衣服上那1 kg水,一共21 kg水.让污物均匀分布到这21 kg水中,拧“干”后,衣服上还有1 kg水,所以污物残留量是原来的1/21.

方案2　通常我们会把20 kg水分两次用,比如,第一次用5 kg,可使污物减少到1/6;再用15 kg水,污物又减少到1/6的1/16,即1/96.分两次漂洗,效果好多了!

方案3 同样分两次漂洗,也可以每次用10 kg水,每次可使污物减少到原来的1/11,两次漂洗后,污物减少到原有量的1/121.

多学点数学,并用数学的眼光看世界,将会使你的生活更美好!(可见笔者发表于“中学数学杂志”2010(11)第57～60页的文章“数学,让你生活得更美好”)

第二,学数学是需要花时间的.

在欧几里得(Euclid,约前325—前265)的时代,学点几何学是很时髦的事.相传,当时的托勒密国王也来请欧几里得教他学几何,但没学多久,国王就不耐烦了,问欧几里得,学习几何有没有更简便的方法.欧几里得答道:“学习几何无王者之道!”意思是,在几何学里,没有专门为国王铺设的康庄大道!

数学以计算为主,所以,作一道题是需要花时间的,比如,作一道解析几何题就要花半个小时,小学生作“36×37”这样的一道题也要花一两分钟,而作一道文科的选择题可能只需一瞬间.当然,这里不是说学数学要花很多时间,我们干任何事情都要争取达到“会者不难”的一种境界,只是在打好数学基础时肯定要花时间,甚至是大量的时间.学好数学必须作题,并且是有效率地作题,我曾经发表过“思探练变题”的解题法(见《中小学数学》(高中)2009(12):7),值得大家在学习高中数学时借鉴.学数学,要打好基础,绝不可只顾盲目作题,要反思、要总结.

本书中的练习题都是我在二十多年的高中数学教学中积累下来的.我善于积累,在平时的教学中,遇到一道好题,认真研究后记载下来,供以后教学时使用.这就是本书中练习题的来历,所以本书中的习题,读者应抽出时间认真完成(可作为考试来对待),这样,你才会有大的收效.

学数学,要特别重视思考,且不能急于求成.我有时想一道题,要想几年(当然是间断地想)才获解决.

第三,不要畏惧数学,因为数学好学.

我认为,数学学科的规律性最强,题意清楚明白,不会出现模棱两可的现象,有公式可套,有例题可仿,打好基础、适当训练、循序渐进、注重反思,就可学好数学.

最后,作为一名经常战斗在高三教学第一线的数学老师,多次亲历了学子们的顽强战斗.也作为你们的朋友,针对你们的高考复习备考,我想对你们说几句知心话.

吃苦耐劳,无怨无悔.诚然,高中学习是够累的,没有双休日,很少有节假日,早上6:30就开始起床,晚上10:30还不能上床休息,用“披星戴月”这个词来形容是再恰当不过的了.但是,要把学习搞好,必须有充足的学习时间,谁在时间上拥有了优先权，谁就可能在学习上赢得竞争的胜利. 同学们，别以为人生漫长，美国人是这样算出一生的学习时间的：一生以 60 年计，穿衣梳洗 5 年，路途旅行 5 年，娱乐 8 年，生病 3 年，打电话 1 年，照镜子 70 天，擤鼻涕10 天，……这样，即使一个人终生学习，学习时间也不足 12 年，不够 4 300 天. 高中三年更是求学的黄金时期，千万不要浪费每一点时间. 同学们，也别埋怨求学时间短暂，雷巴柯夫曾强调："时间是一个常数，但对勤奋者来说，又是一个变数，用'分'来计算时间的人比用'时'来计算时间的人时间多 59 倍."如何争取时间，也听两首通俗的诗吧：一首是"无事此静卧，一日算半日，若活七十岁，只算三十五."另一首是"无事此静坐，一日算两日，若活七十岁，便是百四十."有迟到习惯的同学，你还能天天迟到吗？

康熙皇帝是中国历史上很有作为的一位帝王，在位长达 61 年之久. 他一生不仅勤勉为政，还酷爱自然科学. 康熙皇帝 14 岁时，看到新旧历法之争相当激烈，自己因对自然科学知之不多，而无法判明是非，于是暗下决心要努力学习自然科学，并拜请比利时传教士南怀仁(Ferdinand Verbiest，1623—1688)为师. 因每日需早朝，故只能把学习时间安排在早朝前，命南怀仁半夜起床赶到宫中上课，小康熙刻苦学习、虚心请教，按时交纳作业. 一位封建帝王竟如此好学，我们高中生还能懒惰吗？

鼓足信心，扬起理想风帆. 斗转星移，以前每次考试成绩的酸甜苦辣都将与我们一一作别，或是成功，或是失败，或是顺航，或是逆流，都成了无可挽留的昨天. 古人云："弃我去者，昨日之日不可留."为什么你总对过去纠缠不休而耿耿于怀呢？从今天开始，让我们带着灿烂的、甜蜜的笑脸，怀揣超脱喜悦的心情，重新打扮一下自己，你便是一个全新的你：有信心，有理想，自然就会有抱负，有作为.

勤奋拼搏，弹奏壮丽凯歌. 同学们一定从电视上欣赏过体育竞赛的激动场面，上千人上万人的体育运动会都是有的，运动员的拼搏精神值得我们认真学习. 我们要努力，我们要拼搏. 人生难得几回搏，此时不搏，更待何时？

成长不可无书，成功不能无知. 据说美国历史上曾有这样的两个家族，一个是爱德华家族，其始祖爱德华是位满腹经纶的哲学家，他的八代子孙中出了 13 位大学校长，100 多位教授，20 多位文学家，20 多位议员和一位副总统；另一个家族的始祖叫珠克，他是个缺乏文化修养的赌徒和酒鬼，他的八代子孙中有 300 多位乞丐，7 个杀人犯和 60 多个盗窃犯. 同学们，一个人有没有文化修养，竟能产生如此源远流长的影响. 你是作一个造福子孙的"拼搏者"，还是作一个遗臭万年的"懒汉"呢？

同学们，你们是凭才学才选择并实现读××高中的，××高中每年都要走出数以千计的大学生，很多大学生又要通过自己的刻苦努力在知识上成为金字塔尖上的佼佼者.实际上,你们离这些佼佼者并不遥远,在高考前的这一阶段,再努一把力,调整好心态,你也可以同他们一样成为佼佼者.

下面,也赋诗一首《奔向远方》与你们共勉:

满怀青春的憧憬与幻想,我匆匆前行.

我仿佛听见远方的呼唤:

走吧,朋友!让我们鼓起风帆,去搏击狂风去搏击恶浪去搏击苦涩的日子吧!远方有旖旎的风光,远方有壮丽的辉煌,远方是太阳升起的地方.

走吧,朋友!放飞你蓝色的梦,去讴歌生命去讴歌壮丽去讴歌远方的风景吧!不要再贪恋港湾的温馨了,它不过是暂时栖息的地方;不要采撷往日的绿叶,它已随秋风舞落在地,不要回眸身后孤寂的足迹,它已被涨起的海潮冲得无影无踪.

走吧,朋友!只要我们不息地奋斗,我们都能达到那理想的绿地!

祝高三学子在高考中取得优异成绩!

谢谢大家!

甘志国

北京丰台二中

2013年8月1日

◎

目录

§1　棱柱、棱锥是凸多面体吗

全日制普通高级中学教科书(必修)《数学·第二册(下)B》[1] 第60页、第61页、第65页、第72页分别给出了凸多面体、棱柱、棱锥、简单多面体的概念：

把一个多面体的任一个面伸展成平面，如果其余的面都位于这个平面的同一侧，这样的多面体就叫作**凸多面体**(如图1)，但图2中的多面体则不是凸多面体.

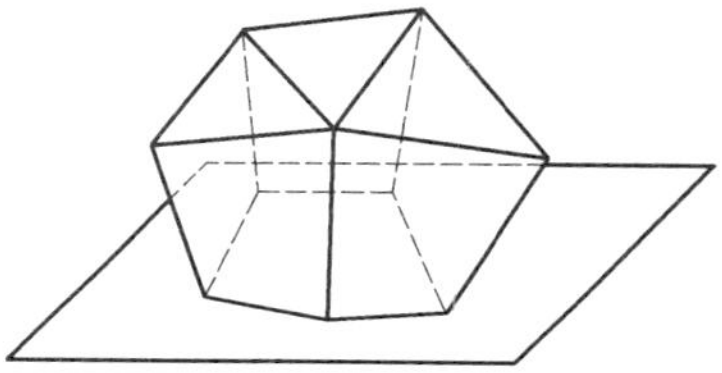

图1

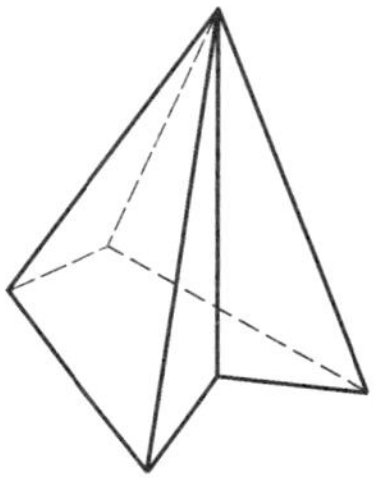

图2

如果一个多面体有两个面互相平行，而其余每相邻两个面的交线互相平行，这样的多面体叫作**棱柱**.

如果一个多面体的一个面是多边形，其余各面是有一个公共顶点的三角形，那么这个多面体叫作**棱锥**.

假定这些多面体的表面是用橡胶薄膜(不会破裂)做成的，如果向它们的内部充气，那么正多面体、棱柱、棱锥的表面就能逐渐变为球面. 像这样，表面经过这种连续变形可变为球面的多面体，叫作**简单多面体**.

著名数学家谷超豪主编的《数学词典》[2] 第156页、第157页也分别给出了棱柱、棱锥的概念，意义完全同上.

再来看教科书[1]第70页第13题：

简单多面体、凸多面体、正多面体、棱柱、棱锥的包含关系如何？用图表示.

与教科书[1]配套使用的《教师教学用书》给出的答案如图3所示.

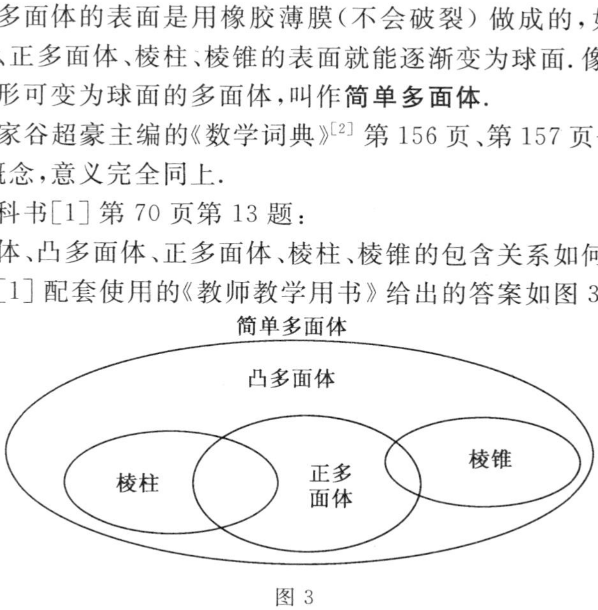

图3

此解答说明了棱柱、棱锥都是凸多面体，实际上，由以上棱柱、棱锥的概念或简单多面体的概念知它们均不一定是凸多面体(先前的教科书[3]第51页写道“棱柱、棱锥都是凸多面体”，但新版都删去了此话，可能就是出于这个原因)，所以以上解答是错误的，正确答案如图4所示.

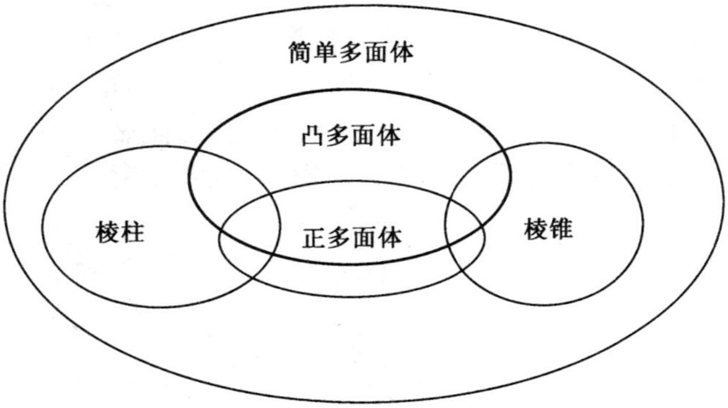

图4

图5就是不是凸多面体(即凹多面体)的四棱柱，图2就是不是凸多面体(即凹多面体)的五棱锥.

《创新设计·数学·必修2》(王朝银主编，陕西人民出版社，2009年)第99页(活页练习)第2题是：

在六棱柱的表面中互相平行的平面最多有(　　)

A. 2对　　B. 3对　　C. 4对　　D. 5对

参考答案　C.

在凸六棱柱中以上答案是对的，但在凹六棱柱中，答案应当是“7对”：若凹六棱柱的底面是图6中的凹六边形.

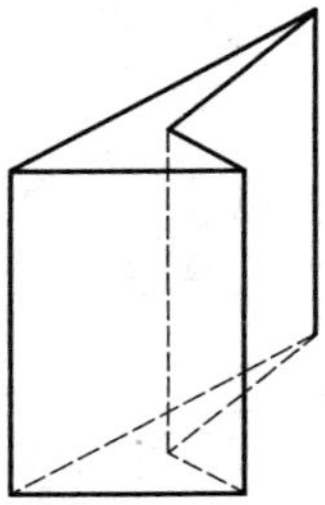

图5

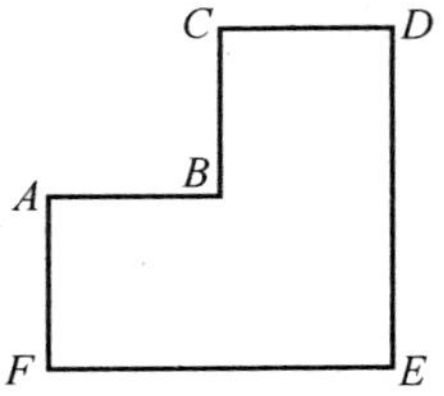

图6

因为凹六棱柱也是六棱柱，所以应当说“在六棱柱的表面中互相平行的平面最多有7对”.

另外，有不少立体几何的题目涉及棱柱的对角面，而教科书[1]，[3]中均没有介绍此概念. 事实上，文献[2]第156页“棱柱”的概念中已写道：“过不相邻两条侧棱的截面称为对角面”，事实上，教科书[1]第62页讲述的棱柱性质“(3)过棱柱不相邻两条侧棱的截面都是平行四边形”就是棱柱的对角面的性质.

参考文献

[1] 人民教育出版社中学数学室.全日制普通高级中学教科书(必修)《数学·第二册(下)B》[Z].2版.北京:人民教育出版社,2006.

[2] 谷超豪.数学词典[M].上海:上海辞书出版社,1992.

[3] 人民教育出版社中学数学室.全日制普通高级中学教科书(必修)《数学·第二册(下)A》[Z].2版.北京:人民教育出版社,2001.

§2　这是数列问题而不是连续函数问题

先看普通高中课程标准实验教科书《数学 5 · 必修 · A 版》(人民教育出版社,2007 年第 3 版)(下简称《必修 5》) 第 81 页的第 6 题:

某文具店购进一批新型台灯,若按每盏台灯 15 元的价格销售,每天能卖出 30 盏;若售价每提高 1 元,日销售量将减少 2 盏. 为了使这批台灯每天获得 400 元以上的销售收入,应怎样制定这批台灯的销售价格?

与《必修 5》配套使用的《教师教学用书》(下简称《教师用书 5》) 第 80 页给出的解答是:

设每盏台灯售价 x 元,则

$$\begin{cases} x \geqslant 15 \\ x[30-2(x-15)] > 400 \end{cases}$$

即 $15 \leqslant x < 20$. 所以售价 $x \in \{x \mid 15 \leqslant x < 20\}$.

笔者认为,由题设"若售价每提高 1 元,日销售量将减少 2 盏" 知,价格只能一元一元地提高,即这是数列问题:若售价提高 $n(n \in \mathbf{N})$ 元,日销售量将减少 $a_n = 2n$ 盏. 由此知,不能推得"若售价每提高 0.5 元,日销售量将减少 1 盏",更不能推得"若售价每提高 $x(x \geqslant 0)$ 元,日销售量将减少 $2x$ 盏"(因为由题设并不能得到"日销售量的减少量与售价的提高量成正比",何况"$2x$ 盏" 中的 $2x \in \mathbf{N}$),即这样的问题不是连续函数问题. 所以,本题的正确解答是:

设每盏台灯售价 $x(x \geqslant 15, x \in \mathbf{N})$ 元,则

$$\begin{cases} x \geqslant 15 \\ x[30-2(x-15)] > 400 \end{cases}$$

即 $15 \leqslant x < 20$. 所以售价为 15,16,17,18,或 19 元.

笔者还发现这种错误在人民教育出版社出版的教科书中也很普遍,比如全日制普通高级中学教科书(必修)《数学 · 第一册(上)》(2006 年人民教育出版社)(下简称《第一册(上)》) 第 80 页的例 1 及其解答是[1]:

例 1　某种放射性物质不但变化为其他物质,每经过 1 年剩留的这种物质是原来的 84%. 画出这种物质的剩留量随时间变化的图象,并从图象上求出经过多少年,剩留量是原来的一半(结果保留一个有效数字).

解　设这种物质最初的质量是 1,经过 x 年,剩留量是 y.

经过 1 年,剩留量 $y = 1 \times 84\% = 0.84^1$;

经过 2 年,剩留量 $y = 0.84 \times 0.84 = 0.84^2$;

⋮

一般地，经过 x 年，剩留量

$$y=0.84^{x}$$

根据这个函数关系可以列表如下：

x	0	1	2	3	4	5	6
y	1	0.84	0.71	0.59	0.50	0.42	0.35

画出指数函数 $y=0.84^{x}$ 的图象(本文引用时略去了此图象). 从图上看出 $y=0.5$ 只需 $x\approx 4$.

答：约经过 4 年，剩留量是原来的一半.

关于此题及其解答，笔者有两点思考：

(1) 本题欲介绍的一种重要方法是"用函数图象求方程的近似解"，但从上述列的表中已清楚的看出"$y=0.50$ 时 $x=4$"，所以本题中的"用函数 $y=0.84^{x}$ 的图象求方程$0.84^{x}=0.5$ 的近似解"就不会落到实处，是掩耳盗铃的现象. 建议把题中的数据"84%"改为"80%"就不会出现这种情形了.

改动后，经过 x 年，剩留量 $y=0.80^{x}$，列表如下(上表中两行末均应添上省略号)：

x	0	1	2	3	4	5	6	…
y	1	0.80	0.64	0.51	0.41	0.33	0.26	…

由此表画出函数图象后，可用图象求出方程$0.80^{x}=0.5$ 的近似解是 $x\approx 3$.

(2)《第一册(上)》的解答中得出的函数 $y=0.84^{x}$ 的定义域是什么呢？解答中没有给出，但从解答中画出的函数图象知定义域是$[0,+\infty)$.

再来看《第一册(上)》第 99 页练习第 3 题：一种产品的年产量原来是 a 件，在今后 m 年内，计划使年产量平均每年比上一年增加 $p\%$. 写出年产量随经过年数变化的函数关系式.

与《第一册(上)》配套使用的《教师教学用书》(下简称《教师用书第一册(上)》)第 61 页给出的解答是："设年产量经过 x 年增加到 y 件，则 $y=a(1+p\%)^{x}(x\in \mathbf{N}^{*}$，且 $x\leqslant m)$."

比较以上两道题的解答可知，练习第 3 题的题目及解答均无误(由"今后"知 $m\in \mathbf{R}_{+}$)；例 1 的题目及解答均有误，因为所求函数 $y=0.84^{x}$ 只适合 $x\in \mathbf{N}$ 的情形，当 $x\notin \mathbf{N}$ 时 y 的值是不能求出的. 即例 1 是数列问题，而不是连续函数问题.

若例 1 的题目中再添上条件"这种物质在任意相等的时间里剩留量的百分比都相等"，则例 1 的解答完全正确. 证明如下：

设这种物质每经过$\frac{1}{n}(n\in \mathbf{N}^{*})$ 年，剩留量是原来的 $r\%$，则经过 n 个$\frac{1}{n}$ 年

(即 1 年) 剩留量是原来的$(r\%)^n$,得$(r\%)^n=84\%$.

若 x 是非负有理数,则存在 $n\in\mathbf{N}^*$,使 $nx\in\mathbf{N}$,得经过 x 年(即 nx 个 $\frac{1}{n}$ 年) 剩留量 $y=(r\%)^{nx}=[(r\%)^n]^x=0.84^x$,此时结论成立.

若 x 是正无理数,用正有理数逼近正无理数的方法可知要证结论也成立.

普通高中课程标准实验教科书《数学 1 · 必修 · A 版》(人民教育出版社,2007 年第 2 版)(下简称《必修 1》) 第 48 页写道:

问题 2 当生物死亡后,它机体内原有的碳 14 会按确定的规律衰减,大约每经过 5 730 年衰减为原来的一半,这个时间称为"半衰期". 根据此规律,人们获得了生物体内碳 14 含量 P 与死亡年数 t 之间的关系

$$P=\left(\frac{1}{2}\right)^{\frac{t}{5\,730}} \qquad (*)$$

考古学家根据式($*$)可以知道,生物死亡 t 年后,其体内碳 14 含量 P 的值. 例如:

当生物死亡了 5 730,$2\times 5\,730$,$3\times 5\,730$,$\cdots$ 年后,它体内碳 14 含量 P 分别为

$$\frac{1}{2},\left(\frac{1}{2}\right)^2,\left(\frac{1}{2}\right)^3,\cdots \qquad ①$$

当生物体死亡了 6 000 年,10 000 年,100 000 年后,根据式($*$),它体内碳 14 含量 P 分别为

$$\left(\frac{1}{2}\right)^{\frac{6\,000}{5\,730}},\left(\frac{1}{2}\right)^{\frac{10\,000}{5\,730}},\left(\frac{1}{2}\right)^{\frac{100\,000}{5\,730}} \qquad ②$$

注 编号 ①,② 为笔者所加.

笔者认为,由题设"大约每经过 5 730 年衰减为原来的一半"只能得出式($*$)在$\frac{t}{5\,730}\in\mathbf{N}$时成立(而《必修 1》第 54 页写道"在本节开头的问题 2 中,对于任意的$t\geqslant 0$,$P=\left(\frac{1}{2}\right)^{\frac{t}{5\,730}}$都是有意义的. 即对每一个时间 t,都有唯一确定的 P 与它对应"),所以只能得出结论 ① 成立,不能得出结论 ② 成立. 即问题 2 也是数列问题,而不是连续函数问题.

若把问题 2 中的"会按确定的规律衰减"改成"在任意相等的时间里剩留量的百分比都相等",则式($*$)在 $t\in[0,+\infty)$ 时成立,结论 ①,② 均成立.(不能一厢情愿地说"会按确定的规律衰减"就是指"在任意相等的时间里剩留量的百分比都相等",实际上,"会按确定的规律衰减"只能指后文的"大约每经过 5 730 年衰减为原来的一半")

《必修 1》第 67 页的例 6 是:

生物机体内碳14的“半衰期”为5 730年，湖南长沙马王堆汉墓女尸出土时碳14的残余量约占原始含量的76.7%，试推算马王堆古墓的年代.

解　我们先推算生物死亡t年后每克组织中的碳14含量.设生物体死亡时，体内每克组织中的碳14的含量为1，1年后的残留量为x，由于死亡机体中原有的碳14按确定的规律衰减，所以生物体的死亡年数t与其体内每克组织的碳14含量P有如下关系：

死亡年数t	1	2	3	…	t	…
碳14含量P	x	x^2	x^3	…	x^t	…

因此，生物死亡t年后体内碳14的含量$P=x^t$.

由于大约每经过5 730年，死亡生物体的碳14含量衰减为原来的一半，所以

$$\frac{1}{2}=x^{5\,730}$$

于是

$$x=\sqrt[5\,730]{\frac{1}{2}}=\left(\frac{1}{2}\right)^{\frac{1}{5\,730}}$$

这样生物死亡t年后体内碳14的含量$P=\left(\frac{1}{2}\right)^{\frac{t}{5\,730}}$.

由对数与指数的关系，指数式$P=\left(\frac{1}{2}\right)^{\frac{t}{5\,730}}$可写成对数式

$$t=\log_{\sqrt[5\,730]{\frac{1}{2}}}P$$

湖南长沙马王堆汉墓女尸中碳14的残留量约占原始含量的76.7%，即$P=0.767$，那么

$$t=\log_{\sqrt[5\,730]{\frac{1}{2}}}0.767$$

由计算器可得

$$t\approx 2\,193$$

所以，马王堆古墓是近2 200年前的遗址.

同样的道理，由题设只能得到上面的式(∗)在$\frac{t}{5\,730}\in\mathbf{N}$时成立，这样原题就无法求解，所以原题中也应添上“且生物机体内的碳14在任意相等的时间里剩留量的百分比都相等”，或把题末的问话“试推算马王堆古墓的年代”改为“试建立适当的函数模型推算马王堆古墓的年代”.

作这样的改动后，还可给出一种巧设妙解：

由生物机体内碳14的“半衰期”为5 730年，得生物体的死亡年数是5 730x年(可以理解为x个5 730年)时其体内碳14的含量$P=\left(\frac{1}{2}\right)^x=0.767$.

所以 $x=\log_{\frac{1}{2}}0.767$，$5\ 730x=5\ 730\log_{\frac{1}{2}}0.767\approx 2\ 193$，即马王堆古墓是近 2 200 年前的遗址.

《必修 1》第 59 页第 6 题是：

一种产品的产量原来是 a，在今后 m 年内，计划使年产量平均每年比上一年增加 $p\%$，写出产量 y 随年数 x 变化的函数解析式.

与《必修 1》配套使用的《教师教学用书》(下简称《教师用书 1》) 第 55 页给出的解答是：

产量 y 随经过年数 x 变化的函数解析式为

$$y=a\,(1+p\%)^x\quad (0\leqslant x\leqslant m)$$

笔者认为，此题的题目及其解答均有误，应以上面的《第一册(上)》第 99 页练习第 3 题为准.

《第一册(上)》第 99 页的第 4 题是：

某人开汽车沿一条直路以 60 km/h 的速度从 A 地到 150 km 远处的 B 地，在 B 地停留 1 h 后，再以 50 km/h 的速度返回 A 地. 把汽车与 A 地的距离 x(km) 表示为时间 t(h)(从 A 地出发时开始) 的函数，并画出函数的图象；再把车速 v km/h 表示为时间 t(h) 的函数，并画出函数的图象.

《教师用书第一册(上)》第 61 页给出的答案是：

汽车与 A 地的距离 x(km) 表示为时间 t(h) 之间的函数关系式是

$$x=\begin{cases}60t & t\in[0,2.5]\\ 150 & t\in[2.5,3.5]\\ 150-50(t-3.5) & t\in[3.5,6.5]\end{cases}$$

笔者认为这里的“60 km/h” 也是数列问题，而不是连续函数问题：因为“60 km/h” 只是“每小时行驶 60 km” 的一种符号书写，即第 1 h 行驶了 60 km，第 2 h 行驶了 120 km，至于第 1.5 h 行驶了多少公里是无从知晓的，所以何时行驶至 150 km 远处的 B 地也无法求出，即本题无法求解，除非题目添上条件“两次运动都是匀速直线运动(即在任意相等的时间内运动的位移都相等)” 或者把题中的“速度”、“车速” 分别改为“平均速度”、“汽车的平均速度”，这样才能用上面的思路求解，即是连续函数问题.(关于此题的另外研究，读者还可阅读文献[2])

《必修 1》第 25 页的第 4 题就注意了这类问题(题中用的是“平均速度”)，《必修 5》第 19 ～ 20 页的第 1,2,3,7,9 题都没有注意这类问题.

参考文献

[1] 甘志国. 初等数学研究(Ⅱ)(下)[M]. 哈尔滨：哈尔滨工业大学出版社，2009.

[2] 甘志国. 争鸣(问题 139)[J]. 数学通讯，2007(11)：31-32.

§3　条件"墙长 18 m"多余吗

普通高中课程标准实验教科书《数学 5・必修・A 版》(人民教育出版社，2007 年第 3 版)(下简称《必修 5》)第 100 页的习题第 2 题是：

2. 如图 1，一段长为 30 m 的篱笆围成一个一边靠墙的矩形菜园，墙长 18 m，问这个矩形的长、宽各为多少时，菜园的面积最大？最大面积是多少？

图 1

与《必修 5》配套使用的《教师教学用书》第 92 页给出的解答是：

设矩形的长为 x m，宽为 y m，菜园的面积为 S m^2，则

$$x+2y=30, S=xy$$

由基本不等式与不等式的性质，可得

$$S=\frac{1}{2}\cdot x\cdot 2y\leqslant\frac{1}{2}\left(\frac{x+2y}{2}\right)^2=\frac{1}{2}\cdot\frac{900}{4}=\frac{225}{2}$$

当 $x=2y$ 即 $x=15$，$y=\frac{15}{2}$ 时，菜园的面积最大，最大面积是 $\frac{225}{2}$ m^2.

笔者发现，此解答中没有用到题中的条件"墙长 18 m"，是这个条件多余吗？

我们知道，用基本不等式(即均值不等式)求最值时要注意"一正、二定、三等"，所以上述解答中还应说明求得的取等号条件 $x=15$ 满足 $x\leqslant 18$，即题中的条件"墙长 18 m"是有用的，不多余！

若把题中的条件"墙长 18 m"改成"墙长 13 m"，可这样求解：

设矩形中与墙垂直的边长 x m，则与墙平行的边长为 $(30-2x)$ m，由

$$\begin{cases}x>0\\0<30-2x\leqslant 13\end{cases}$$

得 x 的取值范围是 $8.5\leqslant x<15$，菜园的面积为

$$S=x(30-2x)=2\times x(15-x)\leqslant 2\left(\frac{x+15-x}{2}\right)^2=112.5\ (\mathrm{m}^2)$$

当且仅当 $x=15-x$ 即 $x=7.5$ 时 $S=112.5$ m^2，而 $8.5\leqslant x<15$，所以 $S<112.5$ m^2，说明只能由单调性求函数

$$S=x(30-2x)\quad(8.5\leqslant x<15)$$

的最大值：易知该函数在定义域上是增函数，所以当且仅当 $x=8.5$ 时菜园面积

最大，且最大面积是 110.5 m^2.

所以，原题中的条件“墙长 18 m”不能缺少！

我们再来看几道题目：

题 1 （普通高中课程标准实验教科书《数学 1 · 必修 · A 版》(人民教育出版社，2007 年第 2 版)(下简称《必修 1》) 第 39 页的习题 B 组第 2 题）如图 2 所示，动物园要建造一面靠墙的两间面积相同的矩形熊猫居室，如果可供建造围墙的材料总长是30 m，那么宽 x(单位：m) 为多少才能使所建造的每间熊猫居室面积最大？每间熊猫居室的最大面积是多少？(与《必修 1》配套使用的《教师教学用书》第 33 页给出的答案是：当 $x=5$ m 时，y 有最大值 37.5 m^2)

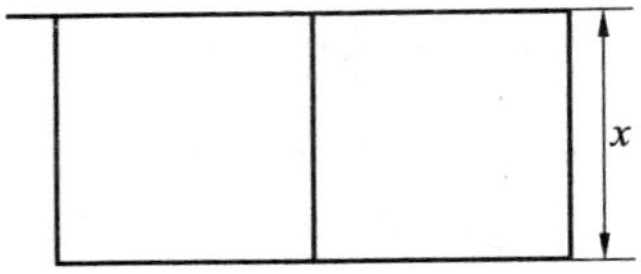

图 2

题 2 （全日制普通高级中学教科书(必修)《数学 · 第二册(上)》(人民教育出版社，2006 年第 2 版)(下简称《数学 · 二(上)》) 第 11 页第 4 题）一段长为L m 的篱笆围成一个一边靠墙的矩形菜园，问这个矩形的长、宽各为多少时，菜园的面积最大？最大面积是多少？(与《数学 · 二(上)》配套使用的《教师教学用书》(下简称《教师用书二(上)》) 给出的答案是：最大面积是$\frac{L^2}{8}$ m^2)

题 3 （《数学 · 二(上)》第 33 页第 14 题）某单位建造一间地面面积为 12 m^2 的背面靠墙的长方体小房，房屋正面的造价为 1 200 元 / m^2，房屋侧面的造价为 800 元 / m^2，屋顶的造价为 5 800 元. 如果墙高为 3 m，且不计房屋背面和地面的费用，问：怎样设计房屋能使总造价最低？最低总造价是多少元.(《教师用书二(上)》给出的答案是：最低总造价是34 600 元)

题 4 （2009 · 湖北 · 文 · 17）围建一个面积为 360 m^2 的矩形场地，要求矩形场地的一面利用旧墙(利用的旧墙需维修)，其他三面围墙要新建，在旧墙对面的新墙上要留一个宽度为 2 m 的进出口，如图 3 所示. 已知旧墙的维修费用为 45 元 / m，新墙的造价为 180 元 / m. 设利用的旧墙长度为 x(单位：m)，修建此矩形场地围墙的总费用为 y(单位：元).

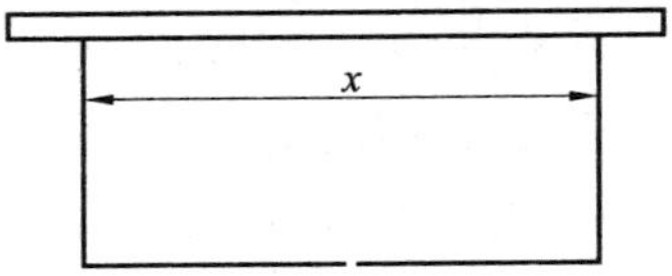

图 3

(1) 将 y 表示为 x 的函数；

(2) 试确定 x，使修建此矩形场地围墙的总费用最小，并求出最小总费用.

参考答案 (1) $y=225x+\frac{360^2}{x}-360(x>0)$；

(2) 当 $x=24$ m 时，修建围墙的总费用最小，最小总费用是 10 440 元.

题 5 （《数学 · 二(上)》第 79 页第 8 题）如图 4，两根杆分别绕着定点 A 和

B($AB=2a$) 在平面内转动，并且转动时两杆保持相互垂直，求杆的交点 P 的轨迹方程.(《教师用书二(上)》给出的答案是：以直线 AB 为 x 轴，线段 AB 的垂直平分线为 y 轴，建立坐标系，得点 P 的轨迹方程为$x^2+y^2=a^2$)

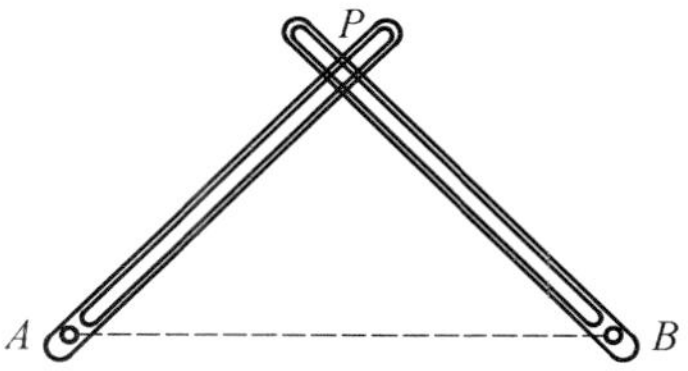

图 4

这些题均不严谨，应作以下改动：题 1,2,3 中均应添上条件“墙足够长”；题 4 中应添上条件“旧墙足够长”(不能说题 1,4 中配有插图就说明暗含着这些条件)；应把题 5 中的“两根杆”改为“足够长的两根杆”(即长度不小于 $2a$ 的两根杆)，否则，轨迹是两段圆弧(从原图来看，轨迹确实是两段圆弧).

§4　是很巧，还是有不足

普通高中课程标准实验教科书《数学 4 · A 版 · 必修》(人民教育出版社，2007 年第 2 版)(下简称教科书)第 46 页习题 1.4 的第 10 题是：

题 1　设函数 $f(x)(x\in\mathbf{R})$ 是以 2 为最小正周期的周期函数，且 $x\in[0,2]$ 时 $f(x)=(x-1)^2$. 求 $f(3)$，$f\left(\frac{7}{2}\right)$ 的值.

与教科书配套使用的《教师教学用书》第 44 页给出的答案是：

由于 $f(x)$ 以 2 为最小正周期，所以对任意 $x\in\mathbf{R}$，有 $f(x+2)=f(x)$. 于是有

$$f(3)=f(1+2)=f(1)=(1-1)^2=0$$

$$f\left(\frac{7}{2}\right)=f\left(\frac{3}{2}+2\right)=f\left(\frac{3}{2}\right)=\left(\frac{3}{2}-1\right)^2=\frac{1}{4}$$

变式 1　设周期函数 $f(x)(x\in\mathbf{R})$ 的一个周期为 2，且 $x\in[0,2]$ 时 $f(x)=(x-1)^2$. 求 $f(0)$，$f(2)$.

解法 1　直接运用题设“$x\in[0,2]$ 时 $f(x)=(x-1)^2$”求解：$f(0)=1$，$f(2)=1$.

解法 2　先运用题设“$x\in[0,2]$ 时 $f(x)=(x-1)^2$”只求 $f(0)$，$f(2)$ 中的一个，再由题设解“周期函数 $f(x)(x\in\mathbf{R})$ 的一个周期为 2”求出另一个：$f(0)=1$，$f(2)=f(0)=1$.

变式 2　设周期函数 $f(x)(x\in\mathbf{R})$ 的一个周期为 2，且 $x\in[0,2]$ 时 $f(x)=x^2$. 求 $f(0)$，$f(2)$.

解法 1　同变式 1 的解法 1，得 $f(0)=0$，$f(2)=4$.

解法 2　同变式 1 的解法 1，得 $f(0)=0$，$f(2)=f(0)=0$.

解法 3　同变式 1 的解法 1 但这里先求 $f(2)$，得 $f(2)=4$，$f(0)=f(2)=4$.

这三种解法均无误，为何会得到三种不同的结果呢？那只有一种可能：就是题目本身有互相矛盾的条件！正是如此. 若周期函数 $f(x)(x\in\mathbf{R})$ 的一个周期为 2，则只需要知道 $f(x)$ 在一个周期上的解析式就可以确定 $f(x)$ 的所有函数值. 而本题中 $f(x)$ 的一个周期可选自变量 $x\in[0,2)$ 或 $x\in(0,2]$，但不能选 $x\in[0,2]$. 若选 $x\in[0,2)$，则下一个周期是 $x\in[2,4)$；若选 $x\in(0,2]$，则下一个周期是 $x\in(2,4]$，这都是正确的. 若选 $x\in[0,2]$，则下一个周期是什么呢？因为周期函数的两个周期上函数图象形状是相同的，只是位置不同(可以通过左右平移使之重合)，所以下一个周期只能是 $x\in[2,4]$，那么 $x=2$

时的图象在哪一个周期呢？总不能说同在两个周期上吧！所以说，是连续函数的周期函数在一个周期上的图象自变量的取值范围不能是闭区间，只能是半闭半开区间.

而这一点，教科书上也没注意. 教科书第55页练习的第2题是“画出下列函数在长度为一个周期的闭区间上的简图（有条件的请用计算器或计算机检验）：(1) $y=\frac{1}{2}\sin x$；…”，第70页第16题是“画出下列函数在长度为一个周期的闭区间上的简图：(1) $y=\frac{1}{2}\sin\left(3x-\frac{\pi}{3}\right)$，$x\in\mathbf{R}$；…”，应当把这里的“函数在长度为一个周期的闭区间上的简图”改为“函数在一个周期上的简图”.

所以应把变式2题目中的“$x\in[0,2]$”改为“$x\in[0,2)$”（按解法2求解）或“$x\in(0,2]$”（按解法3求解）.

为什么变式1的题目没有错呢？因为周期函数 $f(x)$ 的周期是2，所以只需要知道 $f(x)$ 在 $x\in[0,2)$ 或 $x\in(0,2]$ 上的解析式就可以确定 $f(x)$ 的所有函数值，而本题 $x\in[0,2]$ 上的解析式说明题目条件有多余，所以多余的条件应当是相容的（即不会产生矛盾）：必须有 $f(0)=f(2)$，而本题满足这一点！

我们再来看：

变式3　设周期函数 $f(x)(x\in\mathbf{R})$ 的一个周期为2，且 $x\in[0,2]$ 时 $f(x)=x^2$. 求 $f(3)$，$f\left(\frac{7}{2}\right)$.

按照《教师教学用书》的解法容易求得 $f(3)=1$，$f\left(\frac{7}{2}\right)=\frac{9}{4}$.

而实际上本题是一道错题！

题2　（2009年12月31日印出的《数理天地》（高中版）增刊第3页第17题）已知函数 $f(x)$ 对一切 $x_1,x_2\in\mathbf{R}$ 都有 $f(x_1)+f(x_2)=f(x_1+x_2)$，且 $f(x+5)=f(x-3)$，若 $f(6)+f(16)=1$，则 $f(2\,010)$ 的值是（　　）.

A. 1　　　B. -1　　　C. 22　　　D. $-2\,010$

该刊第9页给出的答案是：

由题设，得 $f(0)+f(0)=f(0)$，所以 $f(0)=0$.

由 $f(x)+f(-x)=f(x-x)=f(0)=0$，得 $f(-x)=-f(x)$，所以 $f(x)$ 是 $\mathbf{R}$ 上的奇函数.

由 $f(x+5)=f(x-3)$，得 $f(x+8)=f(x)$，所以 $f(x)$ 是以8为周期的函数，得

$$f(16)=f(8\times 2+0)=f(0)=0,\ f(6)=1-f(16)=1$$
$$f(2\,010)=f(8\times 252-6)=f(-6)=-f(6)=-1$$

选B.

此题也是一道错题.

由题设“函数 $f(x)$ 对一切 $x_1, x_2 \in \mathbf{R}$ 都有 $f(x_1)+f(x_2)=f(x_1+x_2)$”可得

$$f(x_1+x_2+x_3)=f[x_1+(x_2+x_3)]=f(x_1)+f(x_2+x_3)= f(x_1)+f(x_2)+f(x_3)$$

同理,有

$$f(x_1)+f(x_2)+\cdots+f(x_n)=f(x_1+x_2+\cdots+x_n) \quad (n \in \mathbf{N}^*)$$

下面再给出两种解法:

解法 1 由 $f(6)+f(15)=1$,得

$$6f(1)+15f(1)=1, f(1)=\frac{1}{21}$$

所以

$$f(2\ 010)=2\ 010f(1)=\frac{670}{7}$$

一般地,可得 $f(n)=nf(1)=\frac{n}{21}(n \in \mathbf{N})$,还可得 $f(n)=nf(1)=\frac{n}{21}(n \in \mathbf{Q})$.

解法 2 由 $f(x+5)=f(x-3)$,得 $f(x+8)=f(x)$,$f(1)=f(9)=9f(1)$,$f(1)=0$. 所以

$$f(2\ 010)=2\ 010f(1)=0$$

一般地,可得 $f(n)=0(n \in \mathbf{Q})$.

从这里可以看出这道题出错的原因是两个条件“$f(x+5)=f(x-3)$”,“$f(6)+f(15)=1$”是不相容的.

建议把此题改为填空题,且两个条件“$f(x+5)=f(x-3)$”,“$f(6)+f(15)=1$”应去掉一个.

题 3 (1) 若 a 为常数,且 $f(x)=\lg\left(\frac{2x}{x+1}+a\right)$ 是奇函数,则 $a=$________;

(2) 若 k 为常数,且 $f(x)=\frac{k-2^x}{1+k \cdot 2^x}$ 是奇函数,则 $k=$________.

错解 由 $f(0)=0$,得(1)$a=1$;(2)$k=1$.

正解 函数 $f(x)$ 是奇函数的充要条件是对于定义域内的任意 x 都有 $f(-x)=-f(x)$,所以只有在定义域中有 0 时才能有 $f(0)=0$ 且此时 $f(0)=0$ 只是 $f(x)$ 是奇函数的必要条件. 一般地,根据 $f(0)=0$ 求出参数的值后还需验证 $f(-x)=-f(x)$ 是否恒成立.

(1) 由 $f(0)=0$ 得到 $a=1$ 后可以验证此时 $f(x)=\lg\left(\frac{2x}{x+1}+1\right)$ 不是奇函数,因为其定义域不关于原点对称,这说明 $f(x)$ 若是奇函数,则 $f(0)$ 无意

义.

本小题正确的解法是:由 $f(-x)=-f(x)$ 恒成立,得 $a=-1$.

(2) 可以验证 $k=1$ 时 $f(x)=\frac{k-2^x}{1+k\cdot 2^x}$ 是奇函数,但 $f(0)$ 无意义时 $f(x)$ 也可以是奇函数.

本小题正确的解法是:由 $f(-x)=-f(x)$ 恒成立,得 $k=\pm 1$.

题 4 若偶函数 $f(x)$ 对于任意的实数 x 都有 $f(x+2)=-\frac{1}{f(x)}$ 且 $f(1)=-5$,求 $f[f(5)]$.

文献[1]说"满足 $f(x+2)=-\frac{1}{f(x)}$ 的偶函数 $f(x)$ 是不可能同时满足 $f(1)=-5$ 的,否则就会出现 $f^2(1)=-1$",实际上,题目3又是条件有多余且互相矛盾,在"偶函数 $f(x)$ 对于任意的实数 x 都有 $f(x+2)=-\frac{1}{f(x)}$"中令 $x=-1$ 立得 $f^2(1)=-1$,所以应当说"满足 $f(x+2)=-\frac{1}{f(x)}$ 的偶函数 $f(x)$ 是不存在的".

题 5 已知向量 $\boldsymbol{a},\boldsymbol{b}$ 都是非零向量,且向量 $(\boldsymbol{a}+3\boldsymbol{b})\perp(7\boldsymbol{a}-5\boldsymbol{b})$, $(\boldsymbol{a}-4\boldsymbol{b})\perp(7\boldsymbol{a}-2\boldsymbol{b})$,求 $\boldsymbol{a},\boldsymbol{b}$ 的夹角 θ.

解法 1 可得 $\begin{cases}7\boldsymbol{a}^2+16\boldsymbol{a}\cdot\boldsymbol{b}-15\boldsymbol{b}^2=0\\7\boldsymbol{a}^2-30\boldsymbol{a}\cdot\boldsymbol{b}+8\boldsymbol{b}^2=0\end{cases}$.

可不妨设 $\boldsymbol{a}\cdot\boldsymbol{b}=1$,代入以上方程组后解得 $\boldsymbol{a}^2=\boldsymbol{b}^2=2$,所以 $|\boldsymbol{a}|=|\boldsymbol{b}|=\sqrt{2}$.

得 $\cos\theta=\frac{\boldsymbol{a}\cdot\boldsymbol{b}}{|\boldsymbol{a}|\cdot|\boldsymbol{b}|}=\frac{1}{\sqrt{2}\cdot\sqrt{2}}=\frac{1}{2}$, $\theta=\frac{\pi}{3}$.

解法 2 可得

$$\begin{cases}7\boldsymbol{a}^2+16\boldsymbol{a}\cdot\boldsymbol{b}-15\boldsymbol{b}^2=0 & ①\\7\boldsymbol{a}^2-30\boldsymbol{a}\cdot\boldsymbol{b}+8\boldsymbol{b}^2=0 & ②\end{cases}$$

① − ②,可得 $2\boldsymbol{a}\cdot\boldsymbol{b}=\boldsymbol{b}^2$, $2|\boldsymbol{a}|\cdot|\boldsymbol{b}|\cos\theta=|\boldsymbol{b}|^2$, $2|\boldsymbol{a}|\cos\theta=|\boldsymbol{b}|$;

① ×15+② ×8,可得 $2\boldsymbol{a}\cdot\boldsymbol{b}=\boldsymbol{a}^2$, $2|\boldsymbol{a}|\cdot|\boldsymbol{b}|\cos\theta=|\boldsymbol{a}|^2$, $2|\boldsymbol{b}|\cos\theta=|\boldsymbol{a}|$.

把得到的第一式代入第二式后,可得 $\cos^2\theta=\frac{1}{2}$, $\theta=\frac{\pi}{3}$ 或 $\frac{2}{3}\pi$.

还需要检验:当 $\theta=\frac{\pi}{3}$ 时,符合题意;而当 $\theta=\frac{2}{3}\pi$ 时,不符合题意(比如,$2|\boldsymbol{a}|\cos\theta=|\boldsymbol{b}|$),应舍去.

所以 $\theta=\frac{\pi}{3}$.

题 6 已知 $f(x)$ 是定义在 $\mathbf{R}$ 上且周期为 2 的周期函数,当 $x\in[-1,1]$ 时,

$$f(x)=\begin{cases}ax+1 & -1\leqslant x<0\\ \dfrac{bx+2}{x+1} & 0\leqslant x\leqslant 1\end{cases}$$，若 $f\left(\frac{1}{2}\right)=f\left(\frac{3}{2}\right)$，求 $a+3b$ 的值.

解 可得 $f\left(\frac{1}{2}\right)=f\left(\frac{3}{2}\right)=f\left(-\frac{1}{2}\right)$，$f(-1)=f(1)$，即 $3a+2b=-2$，$b=-2a$，所以 $a=2$，$b=-4$，$a+3b=-10$.

所以我们在编拟数学题目时，一定要注意题目的条件不多余为好，若有多余的条件它们一定应当是相容的. 另外，我们在解题时，仅仅求出了答案还不能算是完整解答(哪怕求解过程中的每一步都理由充分)，还要检验求出的答案要满足题目的所有条件(也包括题目的所有条件应当是相容的). 而我们平时解题时很少做到这种检验，特别是检验题目的所有条件应当是相容的(尤其是多余的条件应当相容)，从这一点来说，教科书的这道习题虽说很巧(多余的条件是相容的)，但这样的题目也有不足(解答时需要检验多余的条件相容)，也不具有教科书上的习题应具有的代表性、典型性、广泛性. 建议把该题中的“$x\in[0,2]$”改为“$x\in[0,2)$”.

参考文献

[1] 董海涛. 仅有歉意是不够的[J]. 中小学数学(高中)，2010(1～2)：58.

§5 对超几何分布的分布列的微小改动

普通高中课程标准实验教科书《数学·选修 2－3·A 版》(人民教育出版社,2009 年第 3 版)(下简称《选修 2－3》)第 48 页给出了如下定义:

超几何分布的定义 1 一般地,在含有 M 件次品的 N 件产品中,抽取 n 件,其中恰有 X 件次品,则

$$P(X=k)=\frac{C_M^k C_{N-M}^{n-k}}{C_N^n}\quad (k=0,1,2,\cdots,m)$$

即

表 1

X	0	1	…	m
P	$\frac{C_M^0 C_{N-M}^{n-0}}{C_N^n}$	$\frac{C_M^1 C_{N-M}^{n-1}}{C_N^n}$	…	$\frac{C_M^m C_{N-M}^{n-m}}{C_N^n}$

其中 $m=\min\{M,n\}$,且 $n\leqslant N,M\leqslant N,n,M,N\in\mathbf{N}^*$. 如果随机变量 X 的分布列具有表 1 的形式,则称随机变量 X 服从超几何分布.

笔者对该分布列提出以下疑问:

随机变量 X 可能取的不同值是 $0,1,\cdots,m$ 吗?

可取 $M=N=5,n=3$,即从全是次品的 5 件产品中抽取 3 件产品,则其中的次品件数 X 的分布列为

表 2

X	3
P	1

而由表 1 得此时的分布列为

表 3

X	0	1	2	3
P	$\frac{C_5^0 C_0^3}{C_5^3}$	$\frac{C_5^1 C_0^2}{C_5^3}$	$\frac{C_5^2 C_0^1}{C_5^3}$	$\frac{C_5^3 C_0^0}{C_5^3}$

因为《选修 2－3》第 23 页给出的组合数公式是

$$C_n^m=\frac{n!}{m!\ (n-m)!}\quad (m\in\mathbf{N},n\in\mathbf{N}^*,m\leqslant n(\text{可用 }0!=1))$$

所以高中生不能理解表 3 中组合数 C_0^3,C_0^2,C_0^1,C_0^0 的意义,它们的值分别是多少呢? 我们猜测

$$C_0^3 = C_0^2 = C_0^1 = 0, C_0^0 = 1$$

这是有依据的,可见文献[1]给出的定义:

广义组合数的定义　(1) 若 $n, r \in \mathbf{N}, r > n$,则 $C_n^r = 0$;

(2) 若 $n \in \mathbf{N}$,则 $C_n^0 = 1$;

(3) 若 $n \in \mathbf{N}^*, r \in \mathbf{N}, r \leqslant n$,则 $C_n^r = \dfrac{n!}{r!\,(n-r)!}$(可用 $0! = 1$).

由此得,表3即:

表 4

X	0	1	2	3
P	0	0	0	1

表4与表2是不一样的:虽然可以理解这两个表的实质是一样的(因为在古典概型中,概率为0的事件是不可能事件),但由《选修 2－3》第46页给出的概率分布列的定义(定义中的着重号为笔者所加)知,表4这个答案不妥:

概率分布列的定义　一般地,若离散型随机变量 X 可能取的不同值为

$$x_1, x_2, \cdots, x_i, \cdots, x_n$$

X 取每一个值 $x_i (i = 1, 2, \cdots, n)$ 的概率 $P(X = x_i) = p_i$,以表格的形式表示如下:

表 5

X	x_1	x_2	…	x_i	…	x_n
P	p_1	p_2	…	p_i	…	p_n

表5称为离散型随机变量 X 的概率分布列,简称为 X 的分布列.有时为了简单起见,也用等式

$$P(X = x_i) = p_i \quad (i = 1, 2, \cdots, n)$$

表示 X 的分布列.

由此定义知,离散型随机变量 X 可能取的值是确定的,且不能添加一些取不到的值再把其概率定为0,因为在几何概型中概率为0的事件是可能发生的,而离散型随机变量对应的概型可以是几何概型.看完下面的例1、例2之后,对此就理解得更清楚了.

例 1　两点分布的分布列(见《选修 2－3》第47页)是:

表 6

X	0	1
P	$1-p$	p

但不能说该两点分布的分布列是

表 7

X	0	1	2
P	$1-p$	p	0

例 2　一质点随机地落在区间$[0,3]$上，令

$$X=\begin{cases}0 & \text{质点落在区间}[0,1)\text{上}\\ 1 & \text{质点落在点 1 处}\\ 2 & \text{质点落在区间}(1,3]\text{上}\end{cases}$$

则随机变量 X 的分布列为

表 8

X	0	1	2
P	$\frac{1}{3}$	0	$\frac{2}{3}$

但不能说该分布列为

表 9

X	0	2
P	$\frac{1}{3}$	$\frac{2}{3}$

总之，离散型随机变量 X 可能取的值是确定的，不能添加一些取不到的值再把其概率定为 0. 以上超几何分布的定义 1 可修改为：

超几何分布的定义 2　在含有 M 件次品的 N 件产品中，抽取 n 件产品（其中 $n\leqslant N,M\leqslant N,n,M,N\in\mathbf{N}^*$），设其中恰有 X 件次品，则称随机变量 X 服从的概率分布是超几何分布. 其分布列有以下两种情形：

（1）当 $n\leqslant N-M$ 时，X 的分布列为

$$P(X=k)=\frac{C_M^k C_{N-M}^{n-k}}{C_N^n}\quad (k=0,1,2,\cdots,\min\{M,n\})$$

（2）当 $n>N-M$ 时，X 的分布列为

$$P(X=k)=\frac{C_M^k C_{N-M}^{n-k}}{C_N^n}\quad (k=n-N+M,n-N+M+1,\cdots,\min\{M,n\})$$

定理 1　在超几何分布的定义 2 中，随机变量 X 的期望 $E(X)=n\cdot\frac{M}{N}$.

引理 1　(1) $kC_M^k=MC_{M-1}^{k-1}(M,k\in\mathbf{N}^*,M\geqslant k,M\geqslant 2)$；

(2) $\frac{C_{N-1}^{n-1}}{C_N^n}=\frac{n}{N}(N,n\in\mathbf{N}^*,N\geqslant n,N\geqslant 2)$.

引理 2 若 $M,N,n\in\mathbf{N}^*$，$N\geqslant n$，$N\geqslant M\geqslant 2$，则：

(1) $\sum\limits_{k=1}^{\min\{M,n\}} C_{M-1}^{k-1}C_{N-M}^{n-k}=C_{N-1}^{n-1}(n\leqslant N-M)$；

(2) $\sum\limits_{k=n-N+M}^{\min\{M,n\}} C_{M-1}^{k-1}C_{N-M}^{n-k}=C_{N-1}^{n-1}(n>N-M)$.

证明 它们均可用恒等式 $(1+x)^{M-1}(1+x)^{N-M}=(1+x)^{N-1}$ 两边的展开式中含 x^{n-1} 项的系数相等证得. 仅以(2) 中 $n\leqslant M$ 的情形证明如下

$$(C_{M-1}^{0}+C_{M-1}^{1}x+C_{M-1}^{2}x^2+\cdots+C_{M-1}^{M-1}x^{M-1})\cdot$$
$$(C_{N-M}^{0}+C_{N-M}^{1}x+C_{N-M}^{2}x^2+\cdots+C_{N-M}^{N-M}x^{N-M})$$

的展开式中含 x^{n-1} 项的系数为(注意 $N-M<n\leqslant M$)

$$C_{N-M}^{0}C_{M-1}^{n-1}+C_{N-M}^{1}C_{M-1}^{n-2}+\cdots+C_{N-M}^{N-M}C_{M-1}^{n-N+M-1}=C_{N-1}^{n-1}$$

此即欲证.

定理 1 的证明 当 $M=N=1$ 时，X 的分布列为 $P(X=1)=1$，且有 $n=1$，可得此时欲证成立.

当 $M=1$，$N\geqslant 2$ 时，X 的分布列为

表 10

X	0	1
P	$\dfrac{C_{N-1}^{n}}{C_N^n}$	$\dfrac{C_{N-1}^{n-1}C_1^1}{C_N^n}$

所以 $E(X)=0\cdot\dfrac{C_{N-1}^{n}}{C_N^n}+1\cdot\dfrac{C_{N-1}^{n-1}C_1^1}{C_N^n}=\dfrac{n}{N}$(引理 1(2))$=n\cdot\dfrac{M}{N}$.

下证 $M\geqslant 2$ 时也成立. 又分两种情形：

(1) 又当 $n\leqslant N-M$ 时，X 的分布列见超几何分布的定义 2(1)，所以

$$E(X)=\sum_{k=0}^{\min\{M,n\}}\frac{kC_M^kC_{N-M}^{n-k}}{C_N^n}=\frac{M}{C_N^n}\sum_{k=1}^{\min\{M,n\}}C_{M-1}^{k-1}C_{N-M}^{n-k}(\text{引理 }1(1))=$$
$$\frac{M}{C_N^n}C_{N-1}^{n-1}(\text{引理 }2(1))=n\cdot\frac{M}{N}(\text{引理 }1(2))$$

(2) 又当 $n>N-M$ 时，X 的分布列见超几何分布的定义 2(2)，所以

$$E(\xi)=\sum_{k=n-N+M}^{\min\{M,n\}}\frac{kC_M^kC_{N-M}^{n-k}}{C_N^n}=\frac{M}{C_N^n}\sum_{k=n-N+Mr}^{\min\{M,n\}}C_{M-1}^{k-1}C_{N-M}^{n-k}=\frac{M}{C_N^n}C_{N-1}^{n-1}(\text{引理 }2(2))=n\cdot\frac{M}{N}$$

总之，均有 $E(\xi)=n\cdot\dfrac{M}{N}$. 定理 1 获证.

高等学校统计教材[1]第 98 页及谷超豪主编的《数学词典》(上海辞书出版社，1992) 第 463 页给出的超几何分布的定义也均应改述为上述超几何分布的定义 2.

定理 2 在超几何分布的定义 1 中，随机变量 X 的期望 $E(X)=n\cdot\dfrac{M}{N}$.

由以上广义组合数的定义及引理2,可得下述引理:

引理 3 若 $M,N,n\in \mathbf{N}^*,N\geqslant n,N\geqslant M$, $m=\min\{M,n\}$, 则 $\sum_{k=1}^{m} C_{M-1}^{k-1}C_{N-M}^{n-k}=C_{N-1}^{n-1}$.

定理 2 的证明

$$E(X)=\sum_{k=0}^{m}\frac{kC_M^kC_{N-M}^{n-k}}{C_N^n}=\frac{M}{C_N^n}\sum_{k=1}^{m}C_{M-1}^{k-1}C_{N-M}^{n-k}=\frac{M}{C_N^n}C_{N-1}^{n-1}=n\cdot\frac{M}{N}$$

笔者的文献[3]也证得了上述定理1,但很多读者并不知晓,比如文献[4],[5]提出并研究的问题用上述定理均易解决.

题 1 (2010·广东·理·17(2))在40件产品中有12件质量超过505 g,在这40件产品中任取2件,设ξ为质量超过505 g的产品数量,求ξ的分布列及期望.

文献[4]给出了两种解法:

解法 1 可按超几何分布来求解.

ξ	0	1	2
p	$\frac{C_{28}^2}{C_{40}^2}=\frac{63}{130}$	$\frac{C_{12}^1C_{28}^1}{C_{40}^2}=\frac{56}{130}$	$\frac{C_{12}^2}{C_{40}^2}=\frac{11}{130}$

$$E(\xi)=0\times\frac{63}{130}+1\times\frac{56}{130}+2\times\frac{11}{130}=0.6$$

解法 2 也可按二项分布来求解.

从40件产品中任取一件,其质量超过505 g的概率是$\frac{12}{40}=0.3$,所以$\xi\sim B(2,0.3)$,得

ξ	0	1	2
p	$(1-0.3)^2=0.49$	$C_2^1\times0.7\times0.3=0.42$	$0.7^2=0.49$

$$E(\xi)=2\times0.3=0.6$$

题 2 (2010·长春市高中毕业班第二次调研测试理科题)在20人中身高低于170 cm的有5人,从这20人中抽取3人担任迎宾工作,记这3人中身高低于170 cm的人数为ξ,求ξ的分布列及期望.

文献[5]给出了两种解法:

解法 1 可按超几何分布来求解.

ξ	0	1	2	3
p	$\frac{C_{15}^3}{C_{20}^3}=\frac{91}{228}$	$\frac{C_{15}^2C_5^1}{C_{20}^3}=\frac{35}{76}$	$\frac{C_{15}^1C_5^2}{C_{20}^3}=\frac{5}{38}$	$\frac{C_5^3}{C_{20}^3}=\frac{1}{114}$

$$E(\xi)=0\times\frac{91}{228}+1\times\frac{35}{76}+2\times\frac{5}{38}+3\times\frac{1}{114}=0.75$$

解法 2 也可按二项分布来求解.

从 40 件产品中任取一件,其质量超过 505 g 的概率是$\frac{12}{40}=0.3$,所以 $\xi\sim B(2,0.3)$,得

ξ	0	1	2
p	$(1-0.3)^2=0.49$	$C_2^1\times0.7\times0.3=0.42$	$0.7^2=0.49$

$$E(\xi)=2\times0.3=0.6$$

由本文的定理 1 知,以上两种解法的期望一致是具有普遍性的,但是以上题 1、题 2 的解法 2 均是错误的,因为在二项分布中要求的是"n 次独立重复试验",而这两道题显然都是一次性抽取.

参考文献

[1] BRUALDI R A. 组合学导引[M]. 李盘林,王天明,译. 武汉:华中理工大学出版社,1982.

[2] 梁之舜,等. 概率论及数理统计(上册)[M]. 2 版. 北京:高等教育出版社,1988.

[3] 甘志国. 初等数学研究(Ⅰ)[M]. 哈尔滨:哈尔滨工业大学出版社,2008.

[4] 随倩倩,安婷婷. 一道概率题目引起的思考[J]. 数学教学,2011(3):47-48.

[5] 刘金国,鲁翠宇. 问题 201:期望相同,分布列不一样,何故?[J]. 数学通讯,2011(4 下):32-33.

§6　谈谈人教版教材中函数极值的定义

普通高中课程标准实验教科书《数学·选修 2－2·A 版》(人民教育出版社,2007 年第 2 版)(下简称《选修 2－2》)第 27 页给出了函数极值的定义:

定义 1　如图 1,以 a,b 两点为例,我们可以发现,函数 $y=f(x)$ 在点 $x=a$ 的函数值 $f(a)$ 比它在点 $x=a$ 附近其他点的函数值都小,$f'(a)=0$;而且在点 $x=a$ 附近的左侧 $f'(x)<0$,右侧 $f'(x)>0$. 类似地,函数 $y=f(x)$ 在点 $x=b$ 的函数值 $f(b)$ 比它在点 $x=b$ 附近其他点的函数值都大,$f'(b)=0$;而且在点 $x=b$ 附近的左侧 $f'(x)>0$,右侧 $f'(x)<0$.

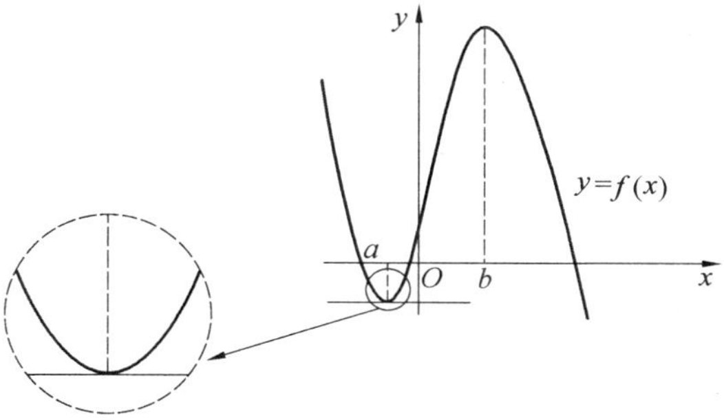

图 1

我们把点 a 叫作函数 $y=f(x)$ 的极小值点,$f(a)$ 叫作函数 $y=f(x)$ 的**极小值**;点 b 叫作函数 $y=f(x)$ 的极大值点,$f(b)$ 叫作函数 $y=f(x)$ 的**极大值**. 极小值点、极大值点统称为**极值点**,极小值和极大值统称为**极值**.

极值反映了函数在某一点附近的大小情况,刻画的是函数的局部性质.

《选修 2－2》第 29 页又作了以下说明:

导数值为 0 的点不一定是函数的极值点. 例如,对于函数 $f(x)=x^3$,所以 $x=0$ 不是函数 $f(x)=x^3$ 的极值点. 一般地,函数 $y=f(x)$ 在一点的导数值为 0 是函数 $y=f(x)$ 在这点取极值的必要条件,而非充分条件.

一般地,求函数 $y=f(x)$ 的极值的方法是:

解方程 $f'(x)=0$. 当 $f'(x_0)=0$ 时:

(1) 如果在 x_0 附近的左侧 $f'(x)>0$,右侧 $f'(x)<0$,那么 $f(x_0)$ 是极大值;

(2) 如果在 x_0 附近的左侧 $f'(x)<0$,右侧 $f'(x)>0$,那么 $f(x_0)$ 是极小值.

显然,以上函数极值的定义是针对可导函数的,而在某些点不可导的函数也可以有极值,例如函数 $y=|x|(x\in\mathbf{R})$ 在 $x=0$ 处取极小值. 但《选修 2－2》

并没有给出“可导函数”的定义，而是在第 5 页直接给出导数的定义：

一般地，函数 $y=f(x)$ 在 $x=x_0$ 处的瞬时变化率是

$$\lim_{\Delta x\to 0}\frac{\Delta y}{\Delta x}=\lim_{\Delta x\to 0}\frac{f(x_0+\Delta x)-f(x_0)}{\Delta x}$$

我们称它为函数 $y=f(x)$ 在 $x=x_0$ 处的**导数**，记作 $f'(x_0)$ 或 $y'|_{x=x_0}$，即

$$f'(x_0)=\lim_{\Delta x\to 0}\frac{\Delta y}{\Delta x}=\lim_{\Delta x\to 0}\frac{f(x_0+\Delta x)-f(x_0)}{\Delta x}$$

显然，《选修 2－2》这样处理的目的是为了帮助学生易于理解. 但笔者认为这样不科学，至少没有注意定义的合理性，笔者建议把此定义改述为：

一般地，若函数 $y=f(x)$ 在 $x=x_0$ 处的瞬时变化率

$$\lim_{\Delta x\to 0}\frac{\Delta y}{\Delta x}=\lim_{\Delta x\to 0}\frac{f(x_0+\Delta x)-f(x_0)}{\Delta x}$$

存在，我们就说函数 $y=f(x)$ 在点 x_0 处可导，并把这个瞬时变化率叫作函数 $y=f(x)$ 在点 x_0 处的**导数**，记作 $f'(x_0)$ 或 $y'|_{x=x_0}$，即

$$f'(x_0)=\lim_{\Delta x\to 0}\frac{\Delta y}{\Delta x}=\lim_{\Delta x\to 0}\frac{f(x_0+\Delta x)-f(x_0)}{\Delta x}$$

在本章(指《选修 2－2》第一章)中，我们所研究的函数在定义域上的每一点都是可导的.

在此约定下，《选修 2－2》第一章后面的叙述都没有问题了，包括《选修 2－2》第 7 页的叙述“我们发现，当点 P_n 趋近于点 P 时，割线 PP_n 趋近于确定的位置，这个确定位置的直线 PT 称为点 P 处的**切线**”也是正确的(否则割线 PP_n 不一定趋近于确定的位置).

我们再来看看全日制普通高级中学教科书《数学·第三册(选修 Ⅱ)》(2006 年人民教育出版社)(下简称《选修 Ⅱ》)第 141 页给出的函数极值的定义：

定义 2　一般地，设函数 $f(x)$ 在点 x_0 附近有定义，如果对 x_0 附近的所有点都有 $f(x)<(>)f(x_0)$，我们就说 $f(x_0)$ 是函数 $f(x)$ 的一个极大(小)值. 极大值与极小值统称为极值.

大学中的一些《数学分析》、《微积分》教材中也是这样定义极值的，比如樊映川等编的《高等数学讲义》(人民教育出版社，1964 年第 2 版)第 305 页的定义.

首先，定义 1 与定义 2 中的“点的附近”意义不同：由定义 1 中的“$f(a)$ 比它在点 $x=a$ 附近其他点的函数值都小”知“点 $x=a$ 附近”包括点 $x=a$，即指点 $x=a$ 的一个无限小的邻域；而定义 2 中的“点 x_0 附近”指点 x_0 的一个无限小的空心邻域. 笔者认为，前者正确. 即使按照后者的理解，定义也不严谨.[1]

由定义 2 知：

常数函数 $f(x)=c$ 是没有极值的，所以它在任何开区间上也无极值　①

又由上述《高等数学讲义》第 311 页的叙述(以下也是显然的事实):“设函数 $f(x)$ 在闭区间$[a,b]$上是连续的,则它的最大值及最小值必然是存在的.我们来讨论怎样求出最大值的方法(求最小值的方法也可同样讨论).**如果函数在 a 与 b 之间的某一点达到最大值,这个最大值显然也是极大值**;但最大值也可以在区间的端点 a,b 处达到,……”可知

在开区间上可导函数的最值一定是极值 ②

又常数函数在任何开区间上都是可导的,所以由结论 ①② 知:

常数函数在开区间上没有最值 ③

众所周知,函数的最大(小)值就是所有函数值中最大(小)的,常数函数的最大值、最小值均存在,并且都是这个常数本身.这与结论 ③ 矛盾!

这说明《选修 Ⅱ》中函数极值的定义不严谨,可修正为:

一般地,设函数 $f(x)$ 在点 x_0 附近有定义,如果对 x_0 附近的所有点都有 $f(x)\leqslant(\geqslant)f(x_0)$,我们就说 $f(x_0)$ 是函数 $f(x)$ 的一个极大(小)值.极大值与极小值统称为极值.

注 以上“x_0 附近”是不严格的表述(限于高中生的理解只能这样表述).罗元等主编、路见可主审《数学分析简明教程(上册)》(1988 年武汉工业大学出版社)第 169 页,赵慈庚编《一元函数微分学》(1980 年上海科技出版社)第 316 页及谷超豪主编《数学词典》(1992 年上海辞书出版社)第 275 页的函数极值的定义均与该“修正”一致.

文献[2]认为定义 1 有误(但没有指出产生错误的原因),定义 2 正确,这也是值得商榷的.

笔者还认为,在《选修 2—2》中先给出极限的描述性定义(同《选修 Ⅱ》),再由极限给出导数的严格定义是可取的.一方面,极限的定义在数学中很有用,在高一时很多求函数值域的问题(包括恒成立问题)就必须要用到极限;另外,这样不会加重学生负担,反而会减轻学生在理解上的负担,在讲授老教材(即大纲教材)时,我校在高一上学期讲完《第二章　函数》后就立即讲授《导数》,很受学生欢迎且教学效果良好,就不曾有理解困难,那要是在高二下学期的《选修 2—2》中讲极限、讲导数,学生在理解上绝无困难;第三,学生肯定还会遇到在某些点不可导的函数,如何用导数研究它们呢(若不用导数肯定有难度)?对于导数,讲就讲彻底、讲清楚,只有好处,绝无坏处!

参考文献

[1] 甘志国.初等数学研究(Ⅰ)[M].哈尔滨:哈尔滨工业大学出版社,2008.

[2] 刘焕芬.值得商榷的问题——谈新人教版与旧人教版教材中对极值的处理[J].中学数学(高中),2010(12):14.

§7 订正人教版教科书《数学·选修 2－2·A 版》中一道复习参考题的答案

普通高中课程标准实验教科书《数学·选修 2－2·A 版》(人民教育出版社,2007年第2版)(下简称《选修 2－2》)《第一章 导数及其应用》复习参考题 A 组最后一题(即第 17 题) 是(在第 66 页):

题 1 在弹性限度内,弹簧所受的压缩力 F 与缩短的距离 l 按胡克定律 $F=kl$ 来计算.今有一弹簧原长 90 cm,每压缩 1 cm 需 0.049 N 的压缩力,若把这根弹簧从 80 cm 压缩至 60 cm(在弹性限度内),问外力克服弹簧的弹力作了多少功?

与《选修 2－2》配套使用的《教师教学用书》给出该题的答案是:

由 $F=kl$,得 $0.049=0.01k$.解之得 $k=4.9$.所做的功为

$$W=\int_{0.6}^{0.8}4.9l\mathrm{d}l=4.9\cdot\frac{l^2}{2}\bigg|_{0.6}^{0.8}=0.686\ (\mathrm{J})$$

我们再来看《选修 2－2》第 59 页的例 4 及其解答:

题 2 如图 1,在弹性限度内,将一弹簧从平衡位置拉到离平衡位置 l m 处,求克服弹力所做的功.

解 在弹性限度内,拉伸(或压缩)弹簧所需的力 $F(x)$ 与弹簧拉伸(或压缩)的长度 x 成正比,即

$$F(x)=kx$$

其中常数 k 是比例系数.

由变力做功公式,得到

$$W=\int_0^l kx\,\mathrm{d}x=\frac{1}{2}kx^2\bigg|_0^l=\frac{1}{2}kl^2\,(\mathrm{J})$$

答:克服弹力所做的功为 $\frac{1}{2}kl^2$ J.

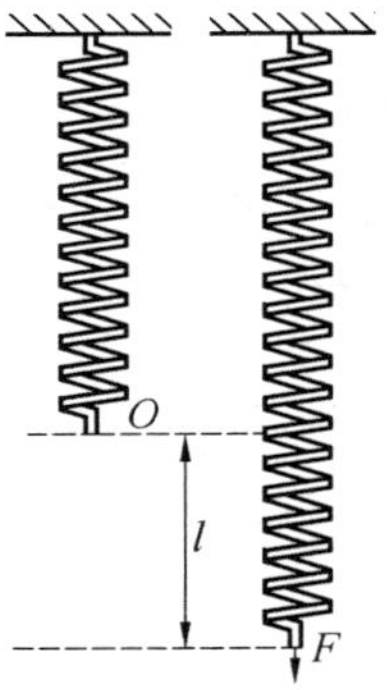

图 1

我们看到这两道题的解法是有差别的,主要是在积分区间的选取上.我们深信例 4 的解答无误,所以在题 1 的解答中,积分区间不是[0.6,0.8],而是[0.9－0.8,0.9－0.6],即[0.1,0.3],所以该题的正确解答应当是:

由 $F=kl$,得 $0.049=0.01k$.解之得 $k=4.9$.所做的功为

$$W=\int_{0.1}^{0.3}4.9l\mathrm{d}l=4.9\cdot\frac{l^2}{2}\bigg|_{0.1}^{0.3}=0.196\ (\mathrm{J})$$

在曲一线主编的《5 年高考 3 年模拟:人教 A 版.高中同步数学.2－2:选修》(教育科学出版社,2009) 一书中,对该题的解答也与《教师教学用书》给出

解答一样，所以也是错误的，这说明以上错误解答亟须更正.

而《世纪金榜 — 课时讲练通（选修 2 — 2 · 数学）》（延边大学出版社，2010）第 45 页的例 2 及其解答就没有错误：

题 3 设有一长 25 cm 的弹簧，若加以 100 N 的力，则弹簧伸长到 30 cm，又已知弹簧伸长所需要的拉力与弹簧的伸长量成正比，求使弹簧由 25 cm 伸长到 40 cm 所做的功.

解 设 x 表示弹簧的伸长量（单位：m），$F(x)$ 表示加在弹簧上的力（单位：N）.

由题意，$F(x)=kx$，且当 $x=0.05$ m 时，$F(0.05)=100$ N，即 $0.05k=100$，$k=2\,000$，所以 $F(x)=2\,000x$.

所以将弹簧由 25 cm 伸长到 40 cm 所做的功为

$$W=\int_0^{0.15} 2\,000x\,\mathrm{d}x=1\,000x^2\Big|_0^{0.15}=22.5\ (\mathrm{J})$$

§8 狂算、少算与不算

——谈谈减少运算量的若干技巧

1. 分子有理化

题1 在区间 D 上，如果函数 $f(x)$ 为增函数，而函数 $\frac{1}{x}f(x)$ 为减函数，则称函数 $f(x)$ 为"弱增函数". 已知函数 $f(x)=1-\frac{1}{\sqrt{1+x}}$.

(1) 判断函数 $f(x)$ 在区间 $(0,1]$ 上是否为"弱增函数"；

(2) 设 $x_1,x_2\in[0,+\infty)$，且 $x_1\neq x_2$，证明：$|f(x_2)-f(x_1)|<\frac{1}{2}|x_1-x_2|$；

(3) 当 $x\in[0,1]$ 时，不等式 $1-ax\leqslant\frac{1}{\sqrt{1+x}}\leqslant 1-bx$ 恒成立，求实数 a,b 的取值范围.

解 (1)(狂算) 用增函数的定义、复合函数单调性的"同增异减"或求导均容易得出函数 $f(x)$ 是增函数. 下面用导数证明函数 $y=\frac{1}{x}f(x)=\frac{1}{x}-\frac{1}{x\sqrt{1+x}}(0<x\leqslant 1)$ 是减函数，只需要证明 $y'<0(0<x\leqslant 1)$. 因为

$$y'=-\frac{1}{x^2}+\frac{\sqrt{1+x}+\frac{x}{2\sqrt{1+x}}}{x^2(1+x)}\quad(0<x\leqslant 1)$$

所以

$$y'<0\Leftrightarrow\sqrt{1+x}+\frac{x}{2\sqrt{1+x}}<1+x\Leftrightarrow\cdots\Leftrightarrow$$

$$\frac{3}{2}x+1<(1+x)\sqrt{1+x}\Leftrightarrow$$

$$\frac{9}{4}x^2<x^3+3x^2$$

因为 $0<x\leqslant 1$，所以 $y'<0$ 成立，得欲证成立.

(少算) 因为 $\frac{1}{x}f(x)=\frac{1}{x}\cdot\frac{\sqrt{1+x}-1}{\sqrt{1+x}}=\frac{1}{x}\cdot\frac{x}{\sqrt{1+x}(\sqrt{1+x}+1)}=\frac{1}{\sqrt{1+x}(\sqrt{1+x}+1)}$，所以由复合函数单调性的"同增异减"判别法可得函数

$y=\frac{1}{x}f(x)(0<x\leqslant 1)$ 是减函数.

所以 $f(x)$ 在区间 $(0,1]$ 上为“弱减函数”.

注 这里的“狂算”也是一种常规方法,体现了“注重通性通法,淡化特技”;“少算”是“一招定乾坤”:使用根式的一种常用处理技巧“分子有理化”.

(2)(狂算)代入、通分、去分母、平方、移项、再平方、……,太复杂了!

(少算)一招定乾坤——分子有理化

$$|f(x_2)-f(x_1)|=\left|\frac{1}{\sqrt{1+x_2}}-\frac{1}{\sqrt{1+x_1}}\right|=\frac{|\sqrt{1+x_1}-\sqrt{1+x_2}|}{\sqrt{1+x_2}\sqrt{1+x_1}}=$$

$$\frac{|x_1-x_2|}{\sqrt{1+x_2}\sqrt{1+x_1}(\sqrt{1+x_1}+\sqrt{1+x_2})}$$

因为 $x_1,x_2\in[0,+\infty)$,且 $x_1\neq x_2$,所以 $\sqrt{1+x_2}\sqrt{1+x_1}(\sqrt{1+x_1}+\sqrt{1+x_2})>2$.

得 $|f(x_2)-f(x_1)|<\frac{1}{2}|x_1-x_2|$.

(3) 当 $x\in[0,1]$ 时,不等式 $1-ax\leqslant\frac{1}{\sqrt{1+x}}\leqslant 1-bx$ 恒成立.

题设即 $x\in(0,1]$ 时,不等式 $b\leqslant\frac{1}{x}\left(1-\frac{1}{\sqrt{1+x}}\right)\leqslant a$ 恒成立.

由(1)知函数 $y=\frac{1}{x}f(x)=\frac{1}{x}-\frac{1}{x\sqrt{1+x}}(0<x\leqslant 1)$ 为减函数,又

$$\lim_{x\to 0^+}\frac{f(x)}{x}=\lim_{x\to 0^+}\left(\frac{1}{x}-\frac{1}{x\sqrt{1+x}}\right)=\lim_{x\to 0^+}\frac{1}{\sqrt{1+x}(\sqrt{1+x}+1)}=\frac{1}{2}$$

所以
$$1-\frac{\sqrt{2}}{2}\leqslant\frac{1}{x}\left(1-\frac{1}{\sqrt{1+x}}\right)<\frac{1}{2}$$

得实数 a,b 的取值范围分别是 $a\geqslant\frac{1}{2},b\leqslant 1-\frac{\sqrt{2}}{2}$.

2. 用已知的解和结构相同

题 2 如图 1,已知抛物线 $C:x^2=2py(p>0)$ 上一点 $A(m,4)$ 到其焦点的距离为 $\frac{17}{4}$.

(1) 求 p 与 m 的值;

(2) 设抛物线 C 上一点 P 的横坐标为 $t(t>0)$,过 P 的直线交抛物线 C 于另一点 Q,交 x 轴于点 M,过点 Q 作 PQ 的垂线交抛物线 C 于另一点 N. 若 MN 是 C 的切线,求 t 的最小值.

解 (1) 该抛物线的准线方程为 $y=-\frac{p}{2}$，由抛物线定义知点 $A(m,4)$ 到焦点的距离等于它到准线的距离，即 $4+\frac{p}{2}=\frac{17}{4}$，解得 $p=\frac{1}{2}$.

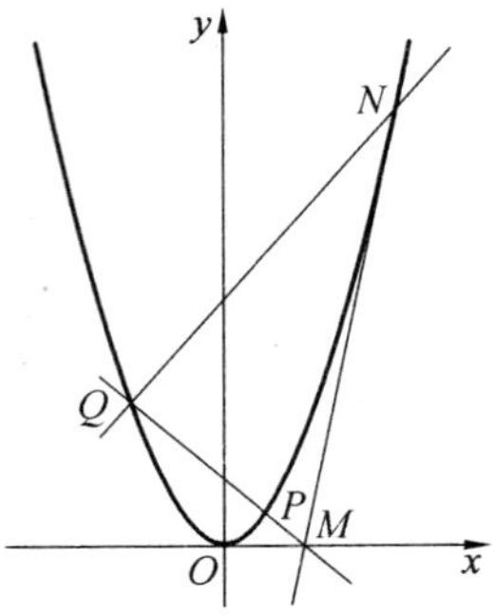

图 1

所以抛物线方程为 $x^2=y$，将 $A(m,4)$ 代入此方程后解得 $m=\pm 2$.

(2) 由题意知，过点 $P(t,t^2)$ 的直线 PQ 的斜率存在且不为 0，设为 k，则直线 PQ：$y-t^2=k(x-t)$，得 $M\left(t-\frac{t^2}{k},0\right)$.

由 $\begin{cases} y-t^2=k(x-t) \\ x^2=y \end{cases}$，得 $x^2-kx+t(k-t)=0$.

因为该方程有一根是 $x_P=t$，所以由一元二次方程根与系数的关系（即韦达定理），得该方程的另一根为 $x=k-t$，所以 $Q(k-t,(k-t)^2)$.

得直线 NQ：$y-(k-t)^2=-\frac{1}{k}[x-(k-t)]$.

得方程组 $\begin{cases} y-(k-t)^2=-\frac{1}{k}[x-(k-t)] \\ x^2=y \end{cases}$.

因为前面已得方程组 $\begin{cases} y-t^2=k(x-t) \\ x^2=y \end{cases}$ 中 x 的两个解是 $x=t,k-t$，把该方程组中的 t,k 分别改为 $k-t,-\frac{1}{k}$，便得以上方程组中 x 的两个解是 $x=k-t,t-k-\frac{1}{k}$，它们分别是 x_Q,x_N，所以 $N(t-k-\frac{1}{k},(t-k-\frac{1}{k})^2)$.

由导数知，切线 MN 的斜率是

$$2(t-k-\frac{1}{k})=\frac{(t-k-\frac{1}{k})^2-0}{(t-k-\frac{1}{k})-\left(t-\frac{t^2}{k}\right)}$$

得 $t=k+\frac{1}{k}$ 或 $k^2+kt+1-2t^2=0$.

当 $t=k+\frac{1}{k}$ 时，由 $t>0$，得 $k>0$，所以 $t_{\min}=2$.

当 $k^2+kt+1-2t^2=0$ 时，由 $\Delta\geqslant 0$ 及 $t>0$，得 $t\geqslant\frac{2}{3}$（当且仅当 $k=-\frac{1}{3}$ 时取等号）.

所以 $t_{\min}=\frac{2}{3}$.

注　第(1)问使用了技巧"当直线与二次曲线的一个交点已知时,用韦达定理容易求出另一个交点"(解答 2009 年高考辽宁理科卷第 20 题(即文科压轴题)也可使用这一技巧),使"狂算"变为"不算";第(2)问运用结构相同达到了事半功倍、变"狂算"为"不算"的效果.

题 3　若 $0\leqslant\alpha<\beta<\gamma<2\pi$ 且 $\sin\alpha+\sin\beta+\sin\gamma=0,\cos\alpha+\cos\beta+\cos\gamma=0$,求 $\beta-\alpha$.

解　得 $\sin\alpha+\sin\beta=-\sin\gamma,\cos\alpha+\cos\beta=-\cos\gamma$,把它们平方相加后,可得$\frac{4}{3}\pi$.

同理可得 $\gamma-\alpha=\frac{2}{3}\pi$ 或 $\frac{4}{3}\pi$;$\gamma-\beta=\frac{2}{3}\pi$ 或 $\frac{4}{3}\pi$.

因为 $\alpha<\beta<\gamma$,所以 $\gamma-\alpha>\gamma-\beta,\gamma-\alpha>\beta-\alpha$,得 $\gamma-\alpha=\frac{4}{3}\pi,\gamma-\beta=\beta-\alpha=\frac{2}{3}\pi$.

注　还可用复数的三角表示,立得本题的答案:设 $A(\cos\alpha,\sin\alpha)$,$B(\cos\beta,\sin\beta)$,$C(\cos\gamma,\sin\gamma)$(因为 $0\leqslant\alpha<\beta<\gamma<2\pi$,所以点 A,B,C 是逆时针旋转的),得 $\overrightarrow{OA}+\overrightarrow{OB}+\overrightarrow{OC}=\mathbf{0}$,又 $|\overrightarrow{OA}|=|\overrightarrow{OB}|=|\overrightarrow{OC}|=1$,所以 $\triangle ABC$ 的重心、外心重合于坐标原点 O,得 $\triangle ABC$ 是正三角形,所以 $\angle AOB=\angle BOC=\angle COA=\frac{2}{3}\pi$,得 $\gamma-\beta=\beta-\alpha=\frac{2}{3}\pi$.

3. 用导数

题 4　(2008·浙江·理·8)若 $\cos\alpha+2\sin\alpha=-\sqrt{5}$,则 $\tan\alpha=$(　　)

A. $\frac{1}{2}$　　B. 2　　C. $-\frac{1}{2}$　　D. -2

解　B. 设 $f(x)=\cos x+2\sin x$,由题意得,当 $x=\alpha$ 时 $f(x)$ 取最小值,所以 $f'(\alpha)=-\sin\alpha+2\cos\alpha=0,\tan\alpha=2$.

注　本题的常规解法是通过解方程组$\begin{cases}\cos\alpha+2\sin\alpha=-\sqrt{5}\\\sin^2\alpha+\cos^2\alpha=1\end{cases}$得出 $\sin\alpha$,$\cos\alpha$ 的值,再由 $\tan\alpha=\frac{\sin\alpha}{\cos\alpha}$ 求解,而以上运用导数减少了计算量.下面一题也是这样.

题 5　(1)(2006·湖南·理·14)若 $f(x)=a\sin\left(x+\frac{\pi}{4}\right)+$

$b\sin\left(x-\frac{\pi}{4}\right)(ab\neq 0)$ 是偶函数，则有序实数对 (a,b) 可以是________.（写出你认为正确的一组数即可）

(2)(2006 · 湖南 · 文 · 15) 若 $f(x)=a\sin\left(x+\frac{\pi}{4}\right)+3\sin\left(x-\frac{\pi}{4}\right)$ 是偶函数，则 $a=$________.

解 (1) 若 $f(x)$ 是 $\mathbf{R}$ 上的可导函数，则用复合函数的求导法则可证"$f(x)$ 是奇(偶) 函数的充要条件是 $f'(x)$ 是偶(奇) 函数".

所以在本题中，$f(x)$ 是偶函数的充要条件是 $f'(x)$ 是奇函数，即 $f'(x)=a\cos\left(x+\frac{\pi}{4}\right)+b\cos\left(x-\frac{\pi}{4}\right)$ 是奇函数. 所以 $f'(0)=\frac{a+b}{\sqrt{2}}=0, b=-a$，且当 $b=-a\neq 0$ 时，$f'(x)=a\cos\left(x+\frac{\pi}{4}\right)-a\cos\left(x-\frac{\pi}{4}\right)=-\sqrt{2}a\sin x$ 是奇函数，所以所求的所有答案是 $b=-a\neq 0$.

也可这样解：因为函数 $f(x)=a\sin\left(x+\frac{\pi}{4}\right)+b\sin\left(x-\frac{\pi}{4}\right)(ab\neq 0)$ 能化成 $f(x)=A\sin(\omega x+\varphi)(A\omega\neq 0)$ 的形式，其图象又关于直线 $x=0$ 对称，所以 $x=0$ 是该函数的极值点，得 $f'(0)=\frac{a+b}{\sqrt{2}}=0, b=-a$，且当 $b=-a\neq 0$ 时，$f(x)=\sqrt{2}a\cos x(a\neq 0)$ 是偶函数，所以所求的所有答案是 $b=-a\neq 0$.

(2)$a=-3$（本题是第(1) 小题的特例）.

题 6 求证：$C_n^1+2C_n^2+3C_n^3+\cdots+nC_n^n=n\cdot 2^{n-1}(n\in\mathbf{N}^*)$.

证明 由 $(1+x)^n=C_n^0+C_n^1x+C_n^2x^2+C_n^3x^3+\cdots+C_n^nx^n(x\in\mathbf{R})$ 两边求导，得

$$n(1+x)^{n-1}=C_n^1+2C_n^2x+3C_n^3x^2+\cdots+nC_n^nx^{n-1}\quad(x\in\mathbf{R})$$

令 $x=1$，即可得欲证.

注 本题的常规解法是把左边添项"$0C_n^0$"后用倒序相加法来证.

题 7 设 $x^{10}-3=(x-1)^2f(x)+ax+b$，其中 $f(x)$ 是关于 x 的多项式，求 a,b 的值.

解法 1
$$\begin{aligned}x^{10}-3=&[(x-1)+1]^{10}-3=\\&(x-1)^2[(x-1)^8+C_{10}^1(x-1)^7+\cdots+C_{10}^8]+\\&C_{10}^9(x-1)+1-3\end{aligned}$$

所以 $a=C_{10}^9=10, b=-C_{10}^9+1-3=-12$.

解法 2 在已知式中令 $x=1$，得 $a+b=-2$.

对已知式两边求导，得

$$10x^9=(x-1)^2f'(x)+2(x-1)f(x)+a$$

再令 $x=1$，得 $a=10$；又由 $a+b=-2$，得 $b=-12$.

注　题 6、题 7 的解法说明用好导数可以减少运算量. 实际上，求数列 $\{[a_1+(n-1)d]\cdot q^{n-1}\}$ $(d\neq 0, q\neq 1)$ 的前 n 项和，均可用导数简洁求解，而不用错位相减法. 2008 年高考江苏卷压轴题即第 23 题也是用导数求解数列问题.

4. 用验证法求数列通项

题 8　已知数列 $\{a_n\}$ 满足 $a_1=\frac{1}{2}$，$a_{n+1}=a_n+\frac{1}{n^2+n}$，求通项 a_n.

解　首先，由首项 $a_1=\frac{1}{2}$ 及递推关系 $a_{n+1}=a_n+\frac{1}{n^2+n}$ 知，满足题意的数列 $\{a_n\}$ 是唯一确定的. 所以，若能找到一个数列满足该题目的所有条件，则该数列的通项公式就是所求的答案.

易得 $a_{n+1}-a_n=\frac{1}{n^2+n}=\frac{1}{n}-\frac{1}{n+1}=\left(k-\frac{1}{n+1}\right)-\left(k-\frac{1}{n}\right)$，即 $a_n=k-\frac{1}{n}$（k 是常数）满足递推关系 $a_{n+1}=a_n+\frac{1}{n^2+n}$，再由 $a_1=\frac{1}{2}$，得 $a_n=\frac{3}{2}-\frac{1}{n}$ 满足题目的所有条件，所以本题的答案就是 $a_n=\frac{3}{2}-\frac{1}{n}$.

题 9　已知数列 $\{a_n\}$ 满足 $a_1=\frac{2}{3}$，$a_{n+1}=\frac{n}{n+1}a_n$，求 a_n.

解　易知本题的答案是唯一确定的，所以只需寻求一个数列满足该题目的所有条件.

易得 $\frac{a_{n+1}}{a_n}=\frac{n}{n+1}=\frac{\frac{k}{n+1}}{\frac{k}{n}}$（$k$ 是非零常数），即 $a_n=\frac{k}{n}$ 满足递推关系 $a_{n+1}=\frac{n}{n+1}a_n$，再由 $a_1=\frac{2}{3}$，得 $a_n=\frac{2}{3n}$ 满足题目的所有条件，所以本题的答案就是 $a_n=\frac{2}{3n}$.

题 10　已知 $a_1C_n^0+a_2C_n^1+a_3C_n^2+\cdots+a_{n+1}C_n^n=n\cdot 2^n$ 对任意的正整数 n 恒成立.

（1）若 $a_1, a_2, a_3, \cdots, a_{n+1}$ 成等差数列，求出该数列的通项公式；

（2）若 a_1 是已知数，求数列 $a_1, a_2, a_3, \cdots, a_{n+1}$ 的通项公式.

解　（1）由题设，可得

$$a_{n+1}C_n^0+a_nC_n^1+a_{n-1}C_n^2+\cdots+a_1C_n^n=n\cdot 2^n$$

把它与题设中已知的等式相加，得

$$(a_1+a_{n+1})(C_n^0+C_n^1+C_n^2+\cdots+C_n^n)=2n\cdot 2^n$$
$$a_1+a_{n+1}=2n$$

因为该式对任意的正整数 n 恒成立，再由 $a_1,a_2,a_3,\cdots,a_{n+1}$ 成等差数列可求得该数列的通项公式是 $a_k=2k-2(k=1,2,\cdots,n+1)$.

(2) 由已知的等式可得(约定 $C_0^0=1$)

$$(a_1+a_2)C_{n-1}^0+(a_2+a_3)C_{n-1}^1+(a_3+a_4)C_{n-1}^2+\cdots+(a_n+a_{n+1})C_{n-1}^{n-1}=n\cdot 2^n$$

设 $a_k+a_{k+1}=b_k(k=1,2,\cdots,n)$，得

$$b_1C_{n-1}^0+b_2C_{n-1}^1+b_3C_{n-1}^2+\cdots+b_nC_{n-1}^{n-1}=n\cdot 2^n \qquad ①$$

令 $n=1$，得 $b_1=2$；

令 $n=2$，得 $b_1+b_2=8$，所以 $b_2=6$；

⋮

进而可得 $b_1,b_2,\cdots,b_n$ 是唯一确定的数列.

又可以证明当 $b_k=4k-2(k=1,2,\cdots,n)$ 时式 ① 成立(用倒序相加法)，所以数列 $b_1,b_2,\cdots,b_n$ 的通项公式就是 $b_k=4k-2(k=1,2,\cdots,n)$，所以

$$a_k+a_{k+1}=4k-2 \quad (k=1,2,\cdots,n)$$
$$a_{k+1}-2(k+1)+2=-(a_k-2k+2)$$
$$a_k-2k+2=(-1)^{k-1}a_1$$
$$a_k=2k-2+(-1)^{k-1}a_1 \quad (k=1,2,\cdots,n)$$

这就是所求数列的通项公式.

注 因为绝大部分求数列通项公式的题目答案都是唯一的，所以只要能观察或求出满足所有题设的一个通项公式，则该通项公式就是所求的唯一答案. 文献[1]还用这种方法给出了 2007 年高考陕西卷理科第 22(1) 题、2005 年江苏卷理科第 23(1)(2) 题的简解. 文献[2]对之中八道题的解法都是先猜(用归纳)后证(用数学归纳法)，实际上，它们均可用这种验证法简洁求解，这也是一种节省解题力量[3]的方法.

实际上，用验证法解题读者可能遇到或使用过：

题 11 解方程 $x+\dfrac{1}{x}=2\dfrac{1}{2}$.

解 它与一元二次方程 $x^2-\dfrac{5}{2}x+1=0(x\in \mathbf{R})$ 同解，所以原方程实根的个数最多是 2. 而容易观察出原方程有解 $x_1=2,x_2=\dfrac{1}{2}$，所以它们就是原方程的全部解.

题 12 已知 $\sin\alpha+\cos\alpha=\dfrac{1}{5}$，求 $\sin\alpha$ 的值.

解 所求 $\sin\alpha$ 的值由方程组$\begin{cases}\sin\alpha+\cos\alpha=\dfrac{1}{5}\\ \sin^2\alpha+\cos^2\alpha=1\end{cases}$确定. 可得

$$\sin^2\alpha+\left(\frac{1}{5}-\sin\alpha\right)^2=1$$

这是一个关于 $\sin\alpha$ 的一元二次方程,所以所求 $\sin\alpha$ 的值最多有两个. 由"勾三股四弦五"可得上述方程组的两组解

$$\begin{cases}\sin\alpha=\dfrac{4}{5}\\ \cos\alpha=-\dfrac{3}{5}\end{cases},\begin{cases}\sin\alpha=-\dfrac{3}{5}\\ \cos\alpha=\dfrac{4}{5}\end{cases}$$

得 $\sin\alpha=\dfrac{4}{5}$ 或 $-\dfrac{3}{5}$.

题 13 解方程$\sqrt{x+\sqrt{x+\cdots+\sqrt{x+2}}}=2$(共 n 个根号,n 是已知的正整数).

解 容易观察出该方程有解 $x=2$,但该方程还有别的解吗?

因为该方程左边的值随 x 的增加而增加,所以该方程的解最多有一个,而又找到了一个解 $x=2$,所以它就是该方程的全部解.

若能先找到某问题的 n 个解(先通过观察猜想出答案,再验证猜想的答案正确),又能再判定该问题的个数不超过 n,则该问题的全部解就是找到的 n 个解. 这就是本节介绍的用验证法解题.

5. 用特殊与一般思想解题

题 14 在 $\triangle ABC$ 中,已知$\overrightarrow{AB}=3\overrightarrow{AM}$,$\overrightarrow{AC}=4\overrightarrow{AN}$,直线 BN,CM 交于点 P,设$\overrightarrow{AB}=\boldsymbol{a}$,$\overrightarrow{AC}=\boldsymbol{b}$,试用 $\boldsymbol{a}$,$\boldsymbol{b}$ 表示$\overrightarrow{AP}$.

解 由"平面向量基本定理 如果 $\boldsymbol{e}_1$,$\boldsymbol{e}_2$ 是同一平面内的两个不共线向量,那么对于这一平面内的任意向量 $\boldsymbol{a}$,有且只有一对实数 λ_1、λ_2,使 $\boldsymbol{a}=\lambda_1\boldsymbol{e}_1+\lambda_2\boldsymbol{e}_2$"(见普通高中课程标准实验教科书《数学 4 · 必修 · A 版》(人民教育出版社,2007 年第 2 版)第 94 页)知本题的答案存在且唯一:设$\overrightarrow{AP}=\lambda\boldsymbol{a}+\mu\boldsymbol{b}$,则 λ,μ 是确定的常数,且该答案在题设下不会随 $\triangle ABC$ 的形状的改变而改变,所以可用特殊与一般思想来解答此题:

可选 $\angle BAC=90°$,把 $\triangle ABC$ 放置在平面直角坐标系中,又可选 $B(3,0)$,$C(0,4)$,得 $M(1,0)$,$N(0,1)$,所以直线 BN,CM 的方程分别是 $BN:\dfrac{x}{3}+y=1$,$CM:x+\dfrac{y}{4}=1$,从而可求得它们的交点 $P\left(\dfrac{9}{11},\dfrac{8}{11}\right)$. 所以$\overrightarrow{AP}=\left(\dfrac{9}{11},\dfrac{8}{11}\right)$.

再由 $\boldsymbol{a}=(3,0)$，$\boldsymbol{b}=(0,4)$，可得$\overrightarrow{AP}=\frac{3}{11}\boldsymbol{a}+\frac{2}{11}\boldsymbol{b}$.

前面已经论述本题的答案存在且唯一，所以本题的答案就是$\overrightarrow{AP}=\frac{3}{11}\boldsymbol{a}+\frac{2}{11}\boldsymbol{b}$.

参考文献

[1] 甘志国.用验证法求数列通项两例[J].中学数学月刊，2008(3)：46.

[2] 谢仁斌.再探数学问题 1803[J].数学通报，2011(2)：47-49.

[3] 罗增儒.节省解题力量　开发解题智慧[J].中学数学教学参考，2000(11)：32-34.

§9　谈谈新课标教材中导数的定义

1. 学生一定会说这三个极限都好求

我们先来看普通高中课程标准实验教科书《数学·选修 2—2·A 版》(人民教育出版社,2007 年第 2 版)(下简称《选修 2—2》)第 2～3、41,48～49 页的三处叙述(其中第一处也即普通高中课程标准实验教科书《数学·选修 1—1·A 版》(人民教育出版社,2007 年第 3 版)(下简称《选修 1—1》)第 74～75 页的叙述):

(1) 导数的概念

在高台跳水运动中,运动员在不同时刻的速度是不同的.我们把物体在某一时刻的速度称为瞬时速度.运动员的平均速度不一定能反映他(她)在某一时刻的瞬时速度.那么,如何求运动员的瞬时速度呢?比如,$t=2$ 时的瞬时速度是多少?

我们先考察 $t=2$ 附近的情况.在 $t=2$ 之前或之后,任意取一个时刻 $2+\Delta t$,Δt 是时间改变量,可以是正值,也可以是负值,但不为 0.当 $\Delta t<0$ 时,$2+\Delta t$ 在 2 之前;当 $\Delta t>0$ 时,$2+\Delta t$ 在 2 之后.计算区间 $[2+\Delta t,2]$ 和区间 $[2,2+\Delta t]$ 内的平均速度 $\bar{v}$,可以得到如下表格:

$\Delta t<0$ 时,在 $[2+\Delta t,2]$ 这段时间内 $\bar{v}=\dfrac{h(2)-h(2+\Delta t)}{2-(2+\Delta t)}=\dfrac{4.9\Delta t^2+13.1\Delta t}{-\Delta t}=$ $-4.9\Delta t-13.1$	$\Delta t>0$ 时,在 $[2,2+\Delta t]$ 这段时间内 $\bar{v}=\dfrac{h(2+\Delta t)-h(2)}{(2+\Delta t)-2}=\dfrac{-4.9\Delta t^2-13.1\Delta t}{\Delta t}=$ $-4.9\Delta t-13.1$
当 $\Delta t=-0.01$ 时,$\bar{v}=-13.051$;	当 $\Delta t=0.01$ 时,$\bar{v}=-13.149$;
当 $\Delta t=-0.001$ 时,$\bar{v}=-13.0951$;	当 $\Delta t=-0.001$ 时,$\bar{v}=-13.1049$;
当 $\Delta t=-0.0001$ 时,$\bar{v}=-13.09951$;	当 $\Delta t=-0.0001$ 时,$\bar{v}=-13.10049$;
当 $\Delta t=-0.00001$ 时,$\bar{v}=-13.099951$;	当 $\Delta t=-0.00001$ 时,$\bar{v}=-13.100049$;
当 $\Delta t=-0.000001$ 时,$\bar{v}=-13.0999951$;	当 $\Delta t=-0.000001$ 时,$\bar{v}=-13.1000049$;
⋮	⋮

观察:当 Δt 趋近于 0 时,平均速度 $\bar{v}$ 有什么样的变化趋势?

我们发现,当 Δt 趋近于 0 时,即无论 t 从小于 2 的一边,还是从大于 2 的一边趋近于 2 时,平均速度都趋近于一个确定的值 -13.1.

从物理的角度看,时间间隔 $|\Delta t|$ 无限变小时,平均速度 $\bar{v}$ 就无限趋近于 $t=$

2 时的瞬时速度.因此,运动员在 $t=2$ 时的瞬时速度是 -13.1 m/s.

为了表述方便,我们用

$$\lim_{\Delta t\to 0}\frac{h(2+\Delta t)-h(2)}{\Delta t}=-13.1$$

(《选修 2—2》中还注明了"此时,我们称确定值 -13.1 是 $\frac{h(2+\Delta t)-h(2)}{\Delta t}$ 当 Δt 趋近于 0 时的极限",《选修 1—1》中没有此注明)表示"当 $t=2$,Δt 趋近于 0 时,平均速度 $\bar{v}$ 趋近于确定值 -13.1".

(2) 从而有

$$S=\lim_{n\to\infty}S_n=\lim_{n\to\infty}\sum_{i=1}^{n}\frac{1}{n}f\left(\frac{i-1}{n}\right)=\lim_{n\to\infty}\frac{1}{3}\left(1-\frac{1}{n}\right)\left(1-\frac{1}{2n}\right)=\frac{1}{3}$$

(3) 计算出曲边梯形的面积 S 的不足近似值

$$a(n)=\sum_{i=1}^{n}\left(\frac{i-1}{n}\right)^2\cdot\frac{1}{n}=\frac{1}{3}\left(1-\frac{1}{n}\right)\left(1-\frac{1}{2n}\right)$$

计算出曲边梯形的面积 S 的过剩近似值

$$b(n)=\sum_{i=1}^{n}\left(\frac{i}{n}\right)^2\cdot\frac{1}{n}=\frac{1}{3}\left(1+\frac{1}{n}\right)\left(1+\frac{1}{2n}\right)$$

逐渐增大参数 n 的值,可得到如下表格:

区间[0,1]的等分数 n	S 的不足近似值 $a(n)$	S 的过剩近似值 $b(n)$	精确度 $c(n)=b(n)-a(n)$
8	0.273 437 50	0.398 437 50	0.125 000 00
20	0.308 750 00	0.358 750 00	0.050 000 00
40	0.320 937 50	0.345 937 50	0.025 000 00
100	0.328 350 00	0.338 350 00	0.010 000 00
200	0.330 837 50	0.335 837 50	0.005 000 00
1 949	0.333 076 84	0.333 589 92	0.000 513 08
2 008	0.333 084 37	0.333 582 38	0.000 498 01
⋮	⋮	⋮	⋮

通过上表的精确度 $c(n)$ 的变化趋势可以发现,区间[0,1]分得越细,则 $a(n)$ 或 $b(n)$ 作为 S 的近似值的误差就越小.因此,当区间[0,1]的划分越来越细时,$a(n)$,$b(n)$ 分别从左右两边趋向于 S.

在这三处叙述中,都涉及了极限的概念,而《选修 1—1》《选修 2—2》中都是"不用极限来讲导数",而导数的概念中又涉及极限,所以这两本新课标教科书中都用表格来帮助学生理解导数的概念,实际上就是帮助学生理解极限

$$\lim_{\Delta t \to 0} \frac{h(2+\Delta t)-h(2)}{\Delta t}=-13.1$$

即 $$\lim_{\Delta t \to 0}(-4.9\Delta t-13.1)=-13.1$$

实际上，对于高二下学期的学生（《选修 1－1》、《选修 2－2》都是高二下学期的教学内容）理解这个极限是没有丝毫问题的：

当 $\Delta t \to 0$ 时，$-4.9\Delta t \to 0$，$-4.9\Delta t-13.1 \to 0-13.1=-13.1$，我们就把它记作

$$\lim_{\Delta t \to 0}(-4.9\Delta t-13.1)=-13.1$$

这种极限思想，即使在高一上学期学习函数的时候，学生也是有深刻体会的：

题 1 分别求函数 $f(x)=-4.9x-13.1$ 在以下区间上的值域：

(1) $x \in [0,1]$；

(2) $x \in (0,1]$.

解 如果不用图象法来求，也可以用下面的单调性法来求：

(1) 因为 $f(x)$ 在 $\mathbf{R}$ 上是减函数，所以当 $0 \leqslant x \leqslant 1$ 时，$f(1) \leqslant f(x) \leqslant f(0)$，即 $-18 \leqslant f(x) \leqslant -13.1$，得所求值域为 $[-18,-13.1]$.

(2) 因为 $f(x)$ 在 $\mathbf{R}$ 上是减函数，所以当 $0 < x \leqslant 1$ 时，$f(1) \leqslant f(x) < f(0)$，即 $-18 \leqslant f(x) < -13.1$，可得所求值域为 $[-18,-13.1)$.

注 在第(2)小题中，学生容易理解

$$\lim_{x \to 0} f(x)=\lim_{x \to 0}(-4.9x-13.1)=-13.1$$

题 2 已知 $f(x)=-4.9x-13.1$，若当 $x \in (0,1]$ 时，$f(x)<m$ 恒成立，求 m 的取值范围.

解 当 $0<x \leqslant 1$ 时，可先求 $f(x)$ 的值域为 $[-18,-13.1)$. 因为 $f(x)<m$ 恒成立，所以 m 的取值范围是 $[-13.1,+\infty)$.

注 在这两道题中，如果学生能准确作答，则应当是简洁理解了

$$\lim_{x \to 0} f(x)=\lim_{x \to 0}(-4.9x-13.1)=-13.1$$

在以上教科书中的第(2)处是求数列极限

$$S=\lim_{n \to \infty} S_n=\lim_{n \to \infty}\sum_{i=1}^{n}\frac{1}{n}f\left(\frac{i-1}{n}\right)=\lim_{n \to \infty}\frac{1}{3}\left(1-\frac{1}{n}\right)\left(1-\frac{1}{2n}\right)=\frac{1}{3}$$

教科书在这里直接给出该式，编者就是认为学生能容易求出极限

$$\lim_{n \to \infty}\frac{1}{3}\left(1-\frac{1}{n}\right)\left(1-\frac{1}{2n}\right)=\frac{1}{3}$$

事实上，也是这样：

因为当 $n \to \infty$（即 $n \to +\infty$）时，$\frac{1}{n} \to 0$，$\frac{1}{2n} \to 0$，所以

$$\frac{1}{3}\left(1-\frac{1}{n}\right)\left(1-\frac{1}{2n}\right)\to\frac{1}{3}(1-0)(1-0)=\frac{1}{3}$$

即

$$\lim_{n\to\infty}\frac{1}{3}\left(1-\frac{1}{n}\right)\left(1-\frac{1}{2n}\right)=\frac{1}{3}$$

在以上教科书中的第(3)处末得出的结论，只需由数列

$$\{a(n)\}\ \left(a(n)=\frac{1}{3}\left(1-\frac{1}{n}\right)\left(1-\frac{1}{2n}\right)\right)$$

$$\{b(n)\}\ \left(b(n)=\frac{1}{3}\left(1+\frac{1}{n}\right)\left(1+\frac{1}{2n}\right)\right)$$

的单调性及极限便知其成立：

易知 $a(n)$ 的值随 n 的增加而增加，$\lim\limits_{n\to\infty}a(n)=\frac{1}{3}$；$b(n)$ 的值随 n 的增加而减少，$\lim\limits_{n\to\infty}b(n)=\frac{1}{3}$.

笔者在教学实践中，就是用以上方法讲述其中的三个极限的，并且在讲述所有极限(包括数列极限和函数极限)问题(比如用定义求导数、曲边梯形的面积、定积分)时，也用以上方法处理，学生也乐于接受，并一致认为极限的结果是显而易见的，所以以上教科书中的表格是多余的，有掩耳盗铃之嫌.

关于"极限"，笔者认为它是高中数学中的一个重要概念(不仅仅是微积分中的重要概念)，在用定义求导数、曲边梯形的面积、定积分(包括求有些函数的值域)时都必须要用到极限的概念及求法. 数列极限的 $\varepsilon-N$ 定义及函数极限的 $\varepsilon-\delta$ 定义对于高中生确实难以理解也没有必要这样教和学，但全日制普通高级中学教科书(俗称大纲教材)《数学·第三册(选修Ⅱ)》(2006年人民教育出版社)中给出的极限定义(简言之，极限就是变化的趋势)就很好，且该定义也给出了极限的求法. 因此，笔者认为，在新课标教材中简略介绍一下极限的概念及求法是很有必要的(也包括函数极限中的左极限、右极限，基本沿用大纲教材的讲述方式，题目要大量减少). 讲了极限以后，也可严格定义"函数在某一点是否可导"(大纲教材中有此定义，而新课标教材中无此定义).

2. 谈谈新课标教材中导数的定义

《选修1—1》《选修2—2》中讲述导数时，好像假设函数在其定义域上都是可导的，这可从新课标教材中给出的导数的定义、切线的定义、函数的极值的定义及求法(可分别见《选修2—2》第5页、第7页、第27页及第29页)推知，比如：

导数的定义 一般地，函数 $y=f(x)$ 在 $x=x_0$ 处的瞬时变化率是

$$\lim_{\Delta x\to 0}\frac{\Delta y}{\Delta x}=\lim_{\Delta x\to 0}\frac{f(x_0+\Delta x)-f(x_0)}{\Delta x}$$

我们称它为函数 $y=f(x)$ 在 $x=x_0$ 处的导数，记作 $f'(x_0)$ 或 $y'|_{x=x_0}$，即

$$f'(x_0)=\lim_{\Delta x\to 0}\frac{\Delta y}{\Delta x}=\lim_{\Delta x\to 0}\frac{f(x_0+\Delta x)-f(x_0)}{\Delta x}$$

切线的定义　我们发现，当点 P_n 趋近于点 P 时，割线 PP_n 趋近于确定的位置，这个确定位置的直线 PT 称为点 P 处的切线.

函数极值的求法　一般地，求函数 $y=f(x)$ 的极值的方法是：

解方程 $f'(x)=0$. 当 $f'(x_0)=0$ 时：

(1) 如果在 x_0 附近的左侧 $f'(x)>0$，右侧 $f'(x)<0$，那么 $f(x_0)$ 是极大值；

(2) 如果在 x_0 附近的左侧 $f'(x)<0$，右侧 $f'(x)>0$，那么 $f(x_0)$ 是极小值.

但新课标教科书及其《教师教学用书》中均没有这方面的约定，并且还出现了不符合此约定的地方，下面列举四处：

(1)《选修 1－1》第 93 页练习第 2 题也即《选修 2－2》第 26 页练习第 2 题，这道题目是：

函数 $y=f(x)$ 的图象如图 1 所示，试画出导函数 $f'(x)$ 图象的大致形状.

与《选修 1－1》配套使用的《教师教学用书》(人民教育出版社，2007 年第 2 版)(下简称《教师用书》) 第 85 页对该题给出的答案是：

注：图象形状不唯一.

关于此解答，笔者有以下注记：

注记 1　图 2 中的粗线不能是函数图象，因为在图 2 中 $f'(b)$ 有两个值.

注记 2　对于图 1 中的函数 $y=f(x)$，其导函数 $f'(x)$ 的图象究竟应该是怎样的？主要是要弄清分段点 $f'(a)$，$f'(b)$ 的值是否存在.

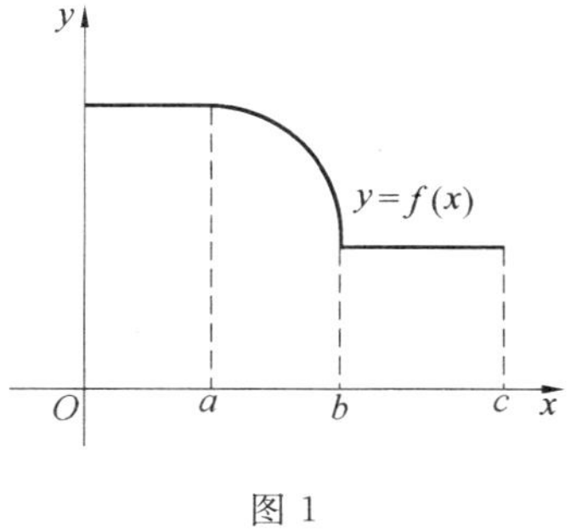

图 1

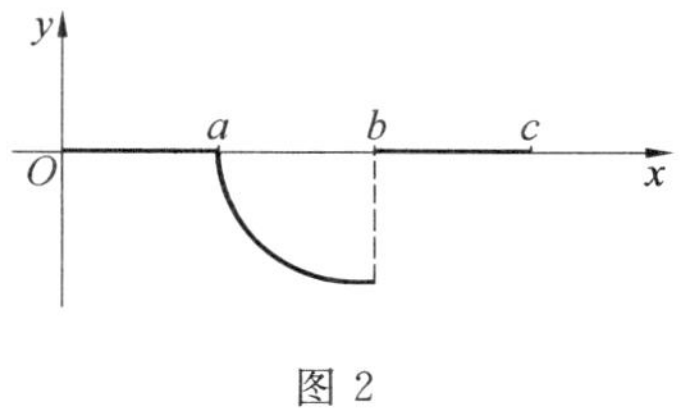

图 2

刘玉琏、傅沛仁编《数学分析讲义(上册)》(人民教育出版社，1981 年第 2 版)(下简称《数学分析》) 第 145 页给出了以下定义：

定义　如果函数 $f(x)$ 在开区间 (a,b) 内每一点都可导，称函数 $f(x)$ 在开区间 (a,b) 可导. 如果函数 $f(x)$ 在开区间 (a,b) 可导，并且在 a 是右方可导，在

b 是左方可导，称函数 $f(x)$ 在闭区间 $[a,b]$ 可导.

由此定义，我们可以给出这道练习题的三种解答：

① 如图 3，若 $f(x)=\begin{cases}2(0\leqslant x\leqslant 1)\\ 1+\sqrt{1-(x-1)^2}(1<x<2)\\ 1(2\leqslant x\leqslant 3)\end{cases}$，

则 $f'(x)=\begin{cases}0(0\leqslant x\leqslant 1)\\ \dfrac{1-x}{\sqrt{1-(x-1)^2}}(1<x<2)\\ 0(2\leqslant x\leqslant 3)\end{cases}$.

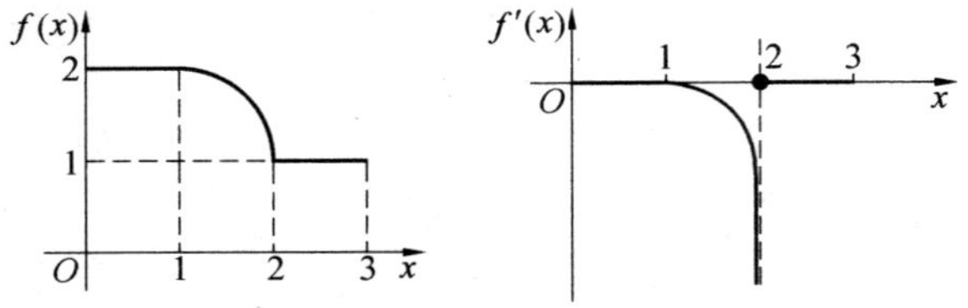

图 3

② 如图 4，若 $f(x)=\begin{cases}\dfrac{3}{2}(0\leqslant x\leqslant 1)\\ \dfrac{1}{x-3}+2(1<x<2)\\ 1(2\leqslant x\leqslant 3)\end{cases}$，

则 $f'(x)=\begin{cases}0(0\leqslant x<1)\\ -\dfrac{1}{(x-3)^2}(1<x<2)\\ 0(2<x\leqslant 3)\end{cases}$.

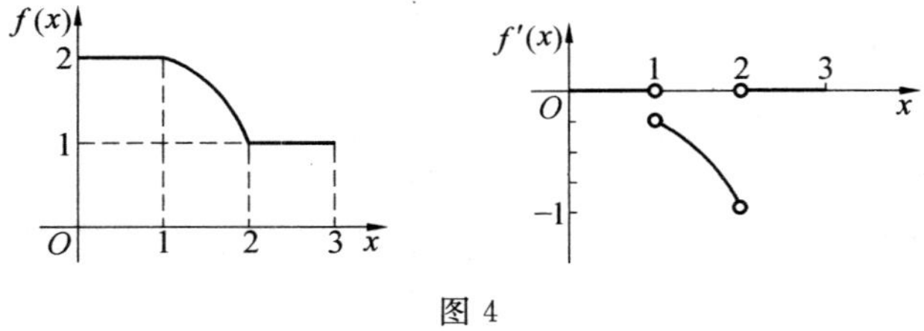

图 4

③ 如图 5，若 $f(x)=\begin{cases}4(0\leqslant x\leqslant 1)\\ x^3-6x^2+9x(1<x<2)\\ 2(2\leqslant x\leqslant 3)\end{cases}$，

则 $f'(x)=\begin{cases}0(0\leqslant x\leqslant 1)\\3x^2-12x+9(1<x<2)\\0(2<x\leqslant 3)\end{cases}$.

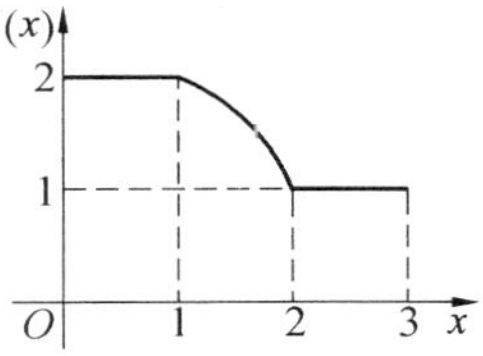

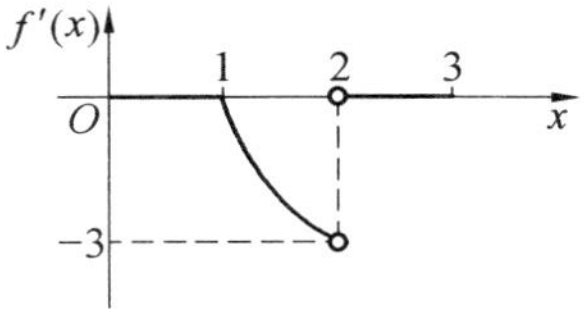

图 5

因为《选修 1－1》《选修 2－2》中均未给出函数在一点是否可导的定义，所以建议新课标教科书中不要涉及求分段函数导数的题目.

(2)《选修 1－1》第 105 页 B 组第 1 题(也即《选修 2－2》第 37 页 B 组第 1 题)为：

房价定为多少

某宾馆有 50 个房间供游客居住，当每个房间定价为每天 180 元时，房间会全部住满；房间单价每增加 10 元，就会有一个房间空闲. 如果游客居住房间，宾馆每间每天需花费 20 元的各种维护费用. 房间定价多少时，宾馆利润最大？

《教师用书》第 93 页给出的解答是：

解　设每个房间每天的定价为 x 元，那么宾馆利润

$$L(x)=\left(50-\frac{x-180}{10}\right)(x-20)=$$

$$-\frac{1}{10}x^2+70x-1\ 360\quad(180<x<680)$$

令 $L'(x)=-\frac{1}{5}x+70=0$，解得 $x=350$.

因为 $L(x)$ 只有一个极值，所以 $x=350$ 为最大值点.

因此，当每个房间每天的定价为 350 元时，宾馆利润最大.

答：当每个房间每天的定价为 350 元时，宾馆利润最大.

关于此解答，笔者有以下注记：

注记 1　$L(x)$ 的定义域不是 $(180,680)$，而是 $\{x\mid 180\leqslant x\leqslant 680$，且 $50-\frac{x-180}{10}\in\mathbf{N}\}$，即 $\{x\mid x=180,190,200,\cdots,680\}$.

注记 2　既然函数 $L(x)$ 的定义域是孤立的点集，所以函数 $L(x)$ 在每一点都不连续，因而在每一点都不可导(见《数学分析》第 144 页定理 1：若函数 $y=f(x)$ 在 $x=x_0$ 处可导，则该函数在 $x=x_0$ 处连续)，所以 $L'(x)$ 无意义.

解答此题时，可先把函数 $L(x)$ 的定义域扩大成闭区间 $[180,680]$，先求 $L(x)$ 在该区间上的最大值，得到的结论是：当且仅当 $x=350$ 时，$L(x)$ 取到最大值.

又 350 在函数 $L(x)$ 的定义域 $\{x \mid x=180,190,200,\cdots,680\}$ 内，所以当且仅当 $x=350$ 时，$L(x)$ 取到最大值.

（下面两道题的解答也都没有注意导数是否存在的问题.）

(3)《选修 1－1》第 111 页第 11 题（也即《选修 2－2》第 66 页第 11 题）为：

团体旅行

某旅行社在暑假期间推出如下旅游团组团办法：达到 100 人的团体，每人收费 100 元. 如果团体的人数超过 100 人，那么每超过 1 人，每人平均收费降低 5 元，但团体人数不能超过 180 人. 如何组团，可使旅行社的收费最多？

《教师用书》第 93 页给出的解答是：

解　设旅游团人数为 $100+x$ 时，旅行社费用为

$$y=f(x)=(100+x)(1\,000-5x)=$$
$$-5x^2+500x+100\,000 \quad (0 \leqslant x \leqslant 80, x \in \mathbf{N})$$

令 $f'(x)=0$，即 $-10x+500=0$，$x=50$.

又 $f(0)=100\,000$，$f(80)=108\,000$，$f(50)=112\,500$，所以 $x=50$ 是函数 $f(x)$ 的最大值点.

答：当旅游团人数为 150 人时，可使旅行社的收费最多.

(4)《选修 1－1》第 111 页第 13 题（也即《选修 2－2》第 66 页第 13 题）为：

已知某养猪场每年的固定成本是 20 000 元，每年最大规模的养殖量是 400 头. 每养 1 头猪，成本增加 100 元. 如果收入函数是 $R(q)=-\frac{1}{2}q^2+400q$（$q$ 是猪的数量），每年养多少头猪可使总利润最大？总利润是多少？（可使用计算器）（笔者注：应把“总利润是多少”改为“最大总利润是多少”）

《教师用书》第 93 页给出的解答是：

解　设每年养 q 头猪时，总利润为 y 元，则

$$y=R(q)-20\,000-100q=$$
$$-\frac{1}{2}q^2+300q-20\,000 \quad (0<q \leqslant 400, q \in \mathbf{N})$$

令 $y'=0$，即 $-q+300=0$，$q=300$.

当 $q=300$ 时，$y=25\,000$；当 $q=400$ 时，$y=20\,000$.

$q=300$ 是函数 $y(p)$（笔者注：这里的“$y(p)$”应是“$y(q)$”）在 $(0,400]$ 内唯一极值点，且为极大值点，从而是最大值点.

答：每年养 300 头猪时可使总利润最大，最大总利润为 25 000 元.

所以，笔者建议：在新课标教材中，若比较系统地讲述极限定义，就应明确给出"函数在一点可导"的定义，否则就不给出"函数在一点可导"的定义，但应把新课标教材中的导数的定义改述为：

一般地，若函数 $y=f(x)$ 在 $x=x_0$ 处的瞬时变化率

$$\lim_{\Delta x\to 0}\frac{\Delta y}{\Delta x}=\lim_{\Delta x\to 0}\frac{f(x_0+\Delta x)-f(x_0)}{\Delta x}$$

存在，我们就说函数 $y=f(x)$ 在点 x_0 处可导，并把这个瞬时变化率叫作函数 $y=f(x)$ 在点 x_0 处的导数，记作 $f'(x_0)$ 或 $y'|_{x=x_0}$，即

$$f'(x_0)=\lim_{\Delta x\to 0}\frac{\Delta y}{\Delta x}=\lim_{\Delta x\to 0}\frac{f(x_0+\Delta x)-f(x_0)}{\Delta x}$$

在本章(指《选修 2－2》第一章)中，我们所研究的函数在定义域上的每一点都是可导的.

以上练习题要删除，后面列出的题目的解答应作改动(先把定义域扩大成区间).

笔者还是倾向于在新课标教材中比较系统地讲述极限定义，再明确给出"函数在一点可导"的定义，这样导数的定义才是科学、合理的，不然，学生到了大学重学导数时，发现上当了，高中数学老师在用高中数学教科书骗我们.

§ 10　建议把“等比数列”改成“等倍数列”

普通高中课程标准实验教科书《数学 5 · 必修 · A 版》(人民教育出版社，2007 年第 3 版)(下简称《必修 5》)第 61 页第 4 题的第(1)，(3) 小题及与《必修 5》配套使用的《教师教学用书》(下简称《教师用书》) 第 61 页给出的解答分别是：

教科书题 1　求和 $(a-1)+(a^2-2)+\cdots+(a^n-n)$.

解　当 $a=1$ 时

$$原式=-\frac{n(n-1)}{2}$$

当 $a\neq 1$ 时

$$原式=(a+a^2+\cdots+a^n)-(1+2+\cdots+n)=\frac{a(1-a^n)}{1-a}-\frac{n(n+1)}{2}$$

教科书题 2　求和 $1+2x+3x^2+\cdots+nx^{n-1}$.

解　设 $S_n=1+2x+3x^2+\cdots+nx^{n-1}$，得

$$(1-x)S_n=1+x+x^2+\cdots+x^{n-1}-nx^n$$

当 $x=1$ 时

$$S_n=1+2+3+\cdots+n=\frac{n(n+1)}{2}$$

当 $x\neq 1$ 时，得

$$S_n=\frac{1-x^n}{(1-x)^2}-\frac{nx^n}{1-x}$$

笔者认为，教科书题 1，2 的解答均有不严谨之处：因为它们分别直接用到了等式

$$a+a^2+\cdots+a^n=\frac{a(1-a^n)}{1-a}\quad(a\neq 1)\qquad①$$

$$1+x+x^2+\cdots+x^{n-1}=\frac{1-x^n}{1-x}\quad(x\neq 1)\qquad②$$

等式 ① 是如何来的呢？可能是由等比数列的前 n 项和公式(见《必修 5》第 55 页)

$$S_n=\frac{a_1(1-q^n)}{1-q}\quad(q\neq 1)\qquad③$$

得到的，但只有在 $a\neq 0$ 时，$a,a^2,\cdots,a^n$ 才是等比数列，所以由等比数列的前 n 项和公式 ③ 只能得出等式 ① 在 $a\neq 0,1$ 时成立，即还应当补充说明等式 ① 在 $a=0$ 时也成立，所以等式 ① 成立.

关于等式 ② 的推导，也存在类似问题.

但这样"绕来绕去"很麻烦，不"绕来绕去"又不严谨(也就是错误的). 笔者认为，解决该问题的好办法就是把《必修5》中"等比数列"的定义改为以下"等倍数列"的定义，相应内容也作改动：

序号	《必修5》的内容	该内容在《必修5》的页码	改动后的内容	改动后内容的推导	改动后的优点
1	如果一个数列从第2项起，每一项与它的前一项的比等于同一常数，那么这个数列叫作**等比数列**，这个常数叫作等比数列的**公比**，公比通常用字母 q 表示 $(q \neq 0)$.	49	如果一个数列从第2项起，每一项是它的前一项的同一常数倍，那么这个数列叫作**等倍数列**，这个常数叫作等倍数列的**公倍**，公倍通常用字母 q 表示.		在等比数列中各项都不为0，公比也不为0；而等倍数列中没有这些要求.
2	如果在 a 与 b 中间插于一个数 G，使 a,G,b 成等比数列，那么 G 叫作 a 与 b 的等比中项.	49	如果在 a 与 b 中间插于一个数 G，使 a,G,b 成等倍数列，那么 G 叫作 a 与 b 的等倍中项.	设 G 是 a 与 b 的等倍中项，则：(1) 当 $a=0$ 时，可得 $G=0,b=0$； (2) 当 $a\neq 0,b=0$ 时，可得 $G=0$； (3) 当 $a\neq 0,b\neq 0$ 时，可得 $G^2=ab$.	当且仅当 $ab>0$ 时，a 与 b 存在等比中项；当 $ab>0$ 时，a 与 b 的等比中项为 $\pm\sqrt{ab}$. 当且仅当 $a=b=0$ 或 $\begin{cases}a\neq 0\\ ab\geqslant 0\end{cases}$ 时，a 与 b 存在等倍中项；a 与 b 的等倍中项若存在，则为 $\pm\sqrt{ab}$.
3	公比为 q 的等比数列 $\{a_n\}$ 的通项公式为 $a_n=a_1q^{n-1}$.	50	公倍为 $q(q\neq 0)$ 的等比数列 $\{a_n\}$ 的通项公式为 $a_n=a_1q^{n-1}$；公倍是0的等倍数列 $\{a_n\}$ 的通项公式是 $a_n=\begin{cases}a_1 & (n=1)\\ 0 & (n\geqslant 2)\end{cases}$	推导方法同等比数列 $\{a_n\}$ 的通项公式的方法.	在等比数列的通项公式中要求首项、公比均不为0，而等倍数列的通项公式中首项、公倍可为任意数.
4	若等比数列 $\{a_n\}$ 的公比为 q，则 $\frac{a_m}{a_n}=q^{m-n}$.(《必修5》第54页第1题的结论)	54	若等倍数列 $\{a_n\}$ 的公倍为 $q(q\neq 0)$，则 $a_m=a_nq^{m-n}$.		

续　　表

序号	《必修 5》的内容	该内容在《必修 5》的页码	改动后的内容	改动后内容的推导	改动后的优点
5	等比数列的前 n 项和公式 $S_n=\begin{cases}na_1 & (q=1)\\ \dfrac{a_1(1-q^n)}{1-q} & (q\neq 1)\end{cases}$	55	等倍数列的前 n 项和公式 $S_n=\begin{cases}na_1 & (q=1)\\ \dfrac{a_1(1-q^n)}{1-q} & (q\neq 1)\end{cases}$	推导过程同《必修 5》第 55 页(错位相减法,但 $q=0$ 时要单独讨论;因为在 $S_n=a_1+a_1q+\cdots+a_1q^{n-1}$ 中出现了 a_1q^{n-1}).	
6	若 $\{a_n\}$ 为等比数列,且 $m+n=r+s$,则 $a_ma_n=a_ra_s$.		若 $\{a_n\}$ 为等倍数列,且 $m+n=r+s$,则 $a_ma_n=a_ra_s$.	用等倍数列的通项公式可推导.	

有了“等倍数列”的定义及上述表中的内容后,解答等比数列的有关问题就很简洁了:

教科书题 1 的解答　当 $a=1$ 时,原式 $=-\dfrac{n(n-1)}{2}$.

当 $a\neq 1$ 时,由等倍数列的前 n 项和公式,得

$$原式=(a+a^2+\cdots+a^n)-(1+2+\cdots+n)=\frac{a(1-a^n)}{1-a}-\frac{n(n+1)}{2}$$

教科书题 2 的解答　设 $S_n=1+2x+3x^2+\cdots+nx^{n-1}$,得

$$(1-x)S_n=1+x+x^2+\cdots+x^{n-1}-nx^n$$

当 $x=1$ 时

$$S_n=1+2+3+\cdots+n=\frac{n(n+1)}{2}$$

当 $x\neq 1$ 时,由等倍数列的前 n 项和公式,得

$$S_n=\frac{1-x^n}{(1-x)^2}-\frac{nx^n}{1-x}$$

题目　若数列 $\{a_n\}$ 的前 n 项和 S_n 满足 $S_n=2a_n-1$,求数列 $\{a_n\}$ 的通项公式.

用等比数列定义的解法　由 $S_n=2a_n-1$,$S_{n+1}=2a_{n+1}-1$ 两式相减,得 $a_{n+1}=2a_n$.

在 $S_n=2a_n-1$ 中,令 $n=1$ 后可求得 $a_1=1$.

由 $a_1=1$ 及 $a_{n+1}=2a_n$ 知数列 $\{a_n\}$ 是首项为 1 公比为 2 的等比数列,所以数列 $\{a_n\}$ 的通项公式是 $a_n=1\cdot 2^{n-1}=2^{n-1}$.

注　在该解答中,“由 $a_1=1$ 及 $a_{n+1}=2a_n$ 知数列 $\{a_n\}$ 是首项为 1 公比为 2

的等比数列”是如何来的呢？要证数列$\{a_n\}$是等比数列，必须要证$\frac{a_{n+1}}{a_n}=2$恒成立，即要证$a_n \neq 0$恒成立，这可观察得到：由$a_1 \neq 0$得$a_2=2a_1 \neq 0$，由$a_2 \neq 0$得$a_3=3a_2 \neq 0$，所以$a_n \neq 0$恒成立. 这只是观察，但严格的证明应当是用数学归纳法. 而用等倍数列的定义及通项公式可一步得出答案：由$a_1=1$及$a_{n+1}=2a_n$，得$a_n=1 \cdot 2^{n-1}=2^{n-1}$.

教科书题 3 （《必修 5》第 62 页第 2 题）已知等比数列$\{a_n\}$的前n项和为S_n，求证：$S_7, S_{14}-S_7, S_{21}-S_{14}$也成等比数列.

《教师用书》第 62 页给出的解答是：

证明 因为

$$S_{14}-S_7=a_8+a_9+\cdots+a_{14}=q^7(a_1+a_2+\cdots+a_7)=q^7S_7$$

$$S_{21}-S_{14}=a_{15}+a_{16}+\cdots+a_{21}=q^{14}(a_1+a_2+\cdots+a_7)=q^{14}S_7$$

所以$S_7, S_{14}-S_7, S_{21}-S_{14}$成等比数列.

注 笔者认为此证明也不严谨. 必须还要证明$S_7 \neq 0$，证明如下：

当等比数列$\{a_n\}$的公比$q=1$时，$S_7=7a_1 \neq 0$；

当等比数列$\{a_n\}$的公比$q \neq 1$时，$S_7=\frac{a_1(1-q^7)}{1-q} \neq 0$(因为$a_1 \neq 0, q \neq 1$).

而要解答“已知等倍数列$\{a_n\}$的前n项和为S_n，求证：$S_7, S_{14}-S_7, S_{21}-S_{14}$也成等倍数列”就不需要以上那样繁杂了.

§11 谈谈对称式不等式的证明

普通高中课程标准实验教科书《数学选修4－5·A版·不等式选讲》(人民教育出版社,2007年第2版)(下简称《不等式选讲》)第22～23页的例3及第23页的第4题(其解答见与《不等式选讲》配套使用的《教师教学用书》(下简称《教师用书》)第24页)分别是:

题1 已知a,b是正数,求证:$a^ab^b\geqslant a^bb^a$,当且仅当$a=b$时,等号成立.

证明 将不等式两边相除,得

$$\frac{a^ab^b}{a^bb^a}\geqslant a^{a-b}b^{b-a}=\left(\frac{a}{b}\right)^{a-b}$$

根据要证的不等式的特点(交换a,b的位置,不等式不变),不妨设$a\geqslant b>0$,于是

$$\frac{a}{b}\geqslant 1,a-b\geqslant 0$$

所以

$$\left(\frac{a}{b}\right)^{a-b}\geqslant 1$$

当且仅当$a=b$时,等号成立.所以

$$a^ab^b\geqslant a^bb^a$$

当且仅当$a=b$时,等号成立.

题2 已知a,b,c是正数,求证:$a^{2a}b^{2b}c^{2c}\geqslant a^{b+c}b^{c+a}c^{a+b}$.

证明 因为a,b,c是正数,不妨设$a\geqslant b\geqslant c>0$,则

$$\left(\frac{a}{b}\right)^{a-b}\geqslant 1,\left(\frac{b}{c}\right)^{b-c}\geqslant 1,\left(\frac{c}{a}\right)^{a-b}\geqslant 1$$

因为$a^{b+c}b^{c+a}c^{a+b}>0$,且

$$\frac{a^{2a}b^{2b}c^{2c}}{a^{b+c}b^{c+a}c^{a+b}}=a^{2a-b-c}b^{2b-c-a}c^{2c-a-b}=\left(\frac{a}{b}\right)^{a-b}\left(\frac{b}{c}\right)^{b-c}\left(\frac{c}{a}\right)^{a-b}\geqslant 1$$

所以

$$a^{2a}b^{2b}c^{2c}\geqslant a^{b+c}b^{c+a}c^{a+b}$$

不少学生对题1的证明中的"根据要证的不等式的特点(交换a,b的位置,不等式不变),不妨设$a\geqslant b>0$"是怎么来的,不甚清楚;对题2的证明中的"因为a,b,c是正数,不妨设$a\geqslant b\geqslant c>0$"是怎么来的,更是一头雾水.

我们先来看题1,要证明的式子是$a^ab^b\geqslant a^bb^a$(当且仅当$a=b$时取等号),这个式子是关于a,b对称的,也就是说a,b的地位相同,即把a,b互换后得到的

不等式 $b^b a^a \geqslant b^a a^b$ 与原不等式 $a^a b^b \geqslant a^b b^a$ 是同一个不等式，所以，若能证得“$a \geqslant b$ 时原不等式成立”，则把这个证得的结论 a,b 互换后得到的结论也成立，也就是“$b \geqslant a$ 时原不等式成立”. 因为 $a \geqslant b, b \geqslant a$ 时原不等式均成立，所以欲证成立.

这就说明，若要证的不等式是关于 a,b 对称的，则证明时可添加条件“可不妨设 $a \geqslant b$”；若 a,b 都是正数，则证明时可添加条件“可不妨设 $a \geqslant b > 0$”.

再来看题 2，要证明的式子是 $a^{2a}b^{2b}c^{2c} \geqslant a^{b+c}b^{c+a}c^{a+b}$，这个式子是关于 a,b,c 对称的，也就是说 a,b,c 的地位相同，即把 a,b 互换后、b,c 互换后、c,a 互换后得到的不等式与原不等式是同一个不等式(请读者验证)，所以，若能证得“$a \geqslant b \geqslant c$ 时原不等式成立”，则把这个证得的结论 a,b 互换后、或 b,c 互换后、或 c,a 互换后得到的结论均成立，这样便得，对于 a,b,c 的所有大小顺序的情形(共 $A_3^3=6$ 种情形)均有欲证成立.

这就说明，若要证的不等式是关于 a,b,c 对称的，则证明时可添加条件“可不妨设 $a \geqslant b \geqslant c$”；若 a,b,c 都是正数，则证明时可添加条件“可不妨设 $a \geqslant b \geqslant c > 0$”.

运用题 1 的结论还可简证题 2

$$a^a b^b \geqslant a^b b^a, b^b c^c \geqslant b^c c^b, c^c a^a \geqslant c^a a^c$$

把它们相乘即得欲证.

下面再介绍几道典型的对称式不等式的证明：

例 1 已知 a,b,c 是正数，求证：$a^a b^b c^c \geqslant (abc)^{\frac{a+b+c}{3}}$.

证法 1 因为要证明的不等式关于 a,b,c 对称，所以可不妨设 $a \geqslant b \geqslant c > 0$，得 $a-b, b-c, a-c$ 均为非负数，$\frac{a}{b}, \frac{b}{c}, \frac{a}{c}$ 均不小于 1. 所以有

$$\frac{a^a b^b c^c}{(abc)^{\frac{a+b+c}{3}}} = a^{\frac{2a-b-c}{3}} b^{\frac{2b-a-c}{3}} c^{\frac{2c-a-b}{3}} = a^{\frac{a-b}{3}} a^{\frac{a-c}{3}} b^{\frac{b-a}{3}} b^{\frac{b-c}{3}} c^{\frac{c-a}{3}} c^{\frac{c-b}{3}} =$$

$$\left(\frac{a}{b}\right)^{\frac{a-b}{3}} \left(\frac{b}{c}\right)^{\frac{a-b}{3}} \left(\frac{a}{c}\right)^{\frac{a-c}{3}} \geqslant 1$$

得欲证成立.

证法 2 可不妨设 $a \geqslant b \geqslant c > 0$，得

$$a^{2a-b-c}b^{2b-c-a}c^{2c-a-b} \geqslant b^{2a-b-c}b^{2b-c-a}c^{2c-a-b} = b^{a+b-2c}c^{2c-a-b} = \left(\frac{b}{c}\right)^{a+b-2c} \geqslant 1$$

得欲证成立.

证法 3 由题 2 的结论，立得 $a^{3a}b^{3b}c^{3c} \geqslant a^{a+b+c}b^{c+a+b}c^{a+b+c}$，再得欲证.

注 可把例 1 的结论推广为：

若 $a_1, a_2, \cdots, a_n \in \mathbf{R}_+$，则 ${a_1}^{a_1}{a_2}^{a_2}\cdots{a_n}^{a_n} \geqslant (a_1 a_2 \cdots a_n)^{\frac{a_1+a_2+\cdots+a_n}{n}}$.

例 2 已知 a,b,c 是正数,求证:

(1) $\frac{a^4+b^4+c^4}{abc}\geqslant a+b+c$;

(2) $\frac{a^5+b^5+c^5}{abc}\geqslant a^2+b^2+c^2$.

证明 可不妨设 $a\geqslant b\geqslant c>0$,得

(1)
$$a^2(a^2-bc)+b^2(b^2-ca)+c^2(c^2-ab)\geqslant$$
$$b^2(a^2-bc)+b^2(b^2-ca)+b^2(c^2-ab)=$$
$$b^2(a^2+b^2+c^2-ab-bc-ca)=$$
$$\frac{1}{2}b^2[(a-b)^2+(b-c)^2+(c-a)^2]\geqslant 0$$

得欲证成立.

(2)
$$a^3(a^2-bc)+b^3(b^2-ca)+c^3(c^2-ab)\geqslant$$
$$b^3(a^2-bc)+b^3(b^2-ca)+c^3(c^2-ab)=$$
$$b^3(a^2+b^2-bc-ca)+c^3(c^2-ab)\geqslant$$
$$c^3(a^2+b^2+c^2-ab-bc-ca)=$$
$$\frac{1}{2}b^2[(a-b)^2+(b-c)^2+(c-a)^2]\geqslant 0$$

得欲证成立.

例 3 已知 a,b,c 是正数,求证:$\frac{a^2}{b+c}+\frac{b^2}{c+a}+\frac{c^2}{a+b}\geqslant\frac{a+b+c}{2}$.

证明 可不妨设 $a\geqslant b\geqslant c>0$,得

$$2\left(\frac{a^2}{b+c}+\frac{b^2}{c+a}+\frac{c^2}{a+b}-\frac{a+b+c}{2}\right)=$$
$$\frac{2a^2-ab-ac}{b+c}+\frac{2b^2-ba-bc}{c+a}+\frac{2c^2-ca-cb}{a+b}=$$
$$\frac{a(2a-b-c)}{b+c}+\frac{b(2b-a-c)}{c+a}+\frac{c(2c-a-b)}{a+b}\geqslant$$
$$\frac{b(2a-b-c)}{a+c}+\frac{b(2b-a-c)}{c+a}+\frac{c(2c-a-b)}{a+b}\geqslant$$
$$\frac{b(a+b-2c)}{a+c}+\frac{c(2c-a-b)}{a+b}=\frac{(b-c)(a+b-2c)}{a+c}\geqslant 0$$

得欲证成立.

例 4 (IMO25·1)设 x,y,z 是非负实数,且 $x+y+z=1$,证明:$0\leqslant yz+zx+xy-2xyz\leqslant\frac{7}{27}$.

证明 可不妨设 $x\geqslant y\geqslant z\geqslant 0$. 由 $x+y+z=1$,得 $z\leqslant\frac{1}{3}$,$x+y\geqslant\frac{2}{3}$,

所以

$$2xyz \leqslant \frac{2}{3}xy \leqslant xy$$

$$0 \leqslant yz + zx + xy - 2xyz$$

可设 $x + y = \frac{2}{3} + \varepsilon, z = \frac{1}{3} - \varepsilon\left(0 \leqslant \varepsilon \leqslant \frac{1}{3}\right)$，得

$$yz + zx + xy - 2xyz = z(x + y) + xy(1 - 2z) =$$

$$\left(\frac{1}{3} - \varepsilon\right)\left(\frac{2}{3} + \varepsilon\right) + xy\left(\frac{1}{3} + 2\varepsilon\right) \leqslant$$

$$\left(\frac{1}{3} - \varepsilon\right)\left(\frac{2}{3} + \varepsilon\right) + \left(\frac{1}{3} + \frac{\varepsilon}{2}\right)^2\left(\frac{1}{3} + 2\varepsilon\right) =$$

$$\frac{7}{27} - \frac{\varepsilon^2}{4} + \frac{\varepsilon^3}{2} = \frac{7}{27} - \frac{\varepsilon^2}{2}\left(\frac{1}{2} - \varepsilon\right) \leqslant \frac{7}{27}$$

最后，笔者要提醒的是，有些不等式貌似对称式不等式，实则不是，比如：

题 3　已知 a, b, c, d 是正数，求证：$\frac{1}{a^2} + \frac{1}{b^2} + \frac{1}{c^2} + \frac{1}{d^2} \geqslant \frac{1}{ab} + \frac{1}{bc} + \frac{1}{cd} + \frac{1}{da}$.

该题中的不等式就不是对称式不等式，因为把 a, b 互换后得到的不等式与原不等式不同，所以在证明时就不能添加条件“可不妨设 $a \geqslant b \geqslant b \geqslant d \geqslant 0$”.

这道题可用柯西(Cauchy, Augustin-Louis, 1789—1857) 不等式来证明

$$\left(\frac{1}{a^2} + \frac{1}{b^2} + \frac{1}{c^2} + \frac{1}{d^2}\right)\left(\frac{1}{b^2} + \frac{1}{c^2} + \frac{1}{d^2} + \frac{1}{a^2}\right) \geqslant \left(\frac{1}{ab} + \frac{1}{bc} + \frac{1}{cd} + \frac{1}{da}\right)^2$$

我们再来看与《不等式选讲》配套使用的教辅资料《世纪金榜》(未来出版社，2010 年印刷) 第 42 页的最后一题：

题 4　设 $x_1, x_2, \cdots, x_n \in \mathbf{R}_+$，求证

$$\frac{x_1^2}{x_2} + \frac{x_2^2}{x_3} + \cdots + \frac{x_{n-1}^2}{x_n} + \frac{x_n^2}{x_1} \geqslant x_1 + x_2 + \cdots + x_n$$

给出的解答是：

证明　不妨设 $x_1 \geqslant x_2 \geqslant \cdots \geqslant x_n > 0$，则

$$x_1^2 \geqslant x_2^2 \geqslant \cdots \geqslant x_n^2, \frac{1}{x_1} \leqslant \frac{1}{x_2} \leqslant \cdots \leqslant \frac{1}{x_n}$$

由排序不等式，得

$$\frac{x_1^2}{x_2} + \frac{x_2^2}{x_3} + \cdots + \frac{x_{n-1}^2}{x_n} + \frac{x_n^2}{x_1} \geqslant \frac{x_1^2}{x_1} + \frac{x_2^2}{x_2} + \cdots + \frac{x_n^2}{x_n} = x_1 + x_2 + \cdots + x_n$$

所以欲证成立.

因为式子 $\frac{x_1^2}{x_2} + \frac{x_2^2}{x_3} + \cdots + \frac{x_{n-1}^2}{x_n} + \frac{x_n^2}{x_1}$ 不是关于 $x_1, x_2, \cdots, x_n$ 的对称式，所以“不妨设 $x_1 \geqslant x_2 \geqslant \cdots \geqslant x_n > 0$”是错误的. 可这样证明：

证明　设 $x_{i_1} \geqslant x_{i_2} \geqslant \cdots \geqslant x_{i_n} > 0$，其中 $i_1, i_2, \cdots, i_n$ 是 $1, 2, \cdots, n$ 的一个

排列，则

$$x_{i_1}{}^2 \geqslant x_{i_2}{}^2 \geqslant \cdots \geqslant x_{i_n}{}^2, \frac{1}{x_{i_1}} \leqslant \frac{1}{x_{i_2}} \leqslant \cdots \leqslant \frac{1}{x_{i_n}}$$

由排序不等式知，反序和最小，从而

$$\frac{x_1{}^2}{x_2}+\frac{x_2{}^2}{x_3}+\cdots+\frac{x_{n-1}{}^2}{x_n}+\frac{x_n{}^2}{x_1} \geqslant \frac{1}{x_{i_1}}\cdot x_{i_1}{}^2+\frac{1}{x_{i_2}}\cdot x_{i_2}{}^2+\cdots+\frac{1}{x_{i_n}}\cdot x_{i_n}{}^2=$$
$$x_{i_1}+x_{i_2}+\cdots+x_{i_n}=$$
$$x_1+x_2+\cdots+x_n$$

所以欲证成立.

题 4 与《不等式选讲》第 45 页第 4 题实质相同，且《教师用书》第 38 页给出的解答是正确的.

题 3、题 4 中的不等式是轮换式对称不等式，即该不等式中的字母按一定顺序轮换，比如把 $x_1, x_2, \cdots, x_{n-1}, x_n$ 分别换为 $x_2, x_3, \cdots, x_n, x_1$ 后，得到的不等式没有改变(见李长明，周焕山编《初等数学研究》(高等教育出版社，1995) 第 76 页)；因而把 $x_2, x_3, \cdots, x_{n-1}, x_n, x_1$ 分别换为 $x_3, x_4, \cdots, x_n, x_1, x_2$ 后，得到的不等式没有改变；由此还得，把 $x_1, x_2, \cdots, x_{n-2}, x_{n-1}, x_n$ 分别换为 $x_3, x_4, \cdots, x_n, x_1, x_2$ 后，得到的不等式没有改变.

对称式不等式一定是轮换式对称不等式，轮换式对称不等式不一定是对称式不等式. 一般来说，只有在对称式不等式中才可以先排定这些字母的大小顺序.

题 5 (《不等式选讲》第 45 页第 2 题) 设已知 a, b, c 为正数，用排序不等式证明

$$2(a^3+b^3+c^3) \geqslant a^2(b+c)+b^2(a+c)+c^2(a+b)$$

《教师用书》第 37 页给出的解答是：

证明 由于要证的式子中 a, b, c 是轮换对称的，所以不妨假设 $a \leqslant b \leqslant c$. 于是 $a^2 \leqslant b^2 \leqslant c^2$. 由排序不等式，得

$$a^2a+b^2b+c^2c \geqslant a^2b+b^2c+c^2a$$
$$a^2a+b^2b+c^2c \geqslant a^2c+b^2a+c^2b$$

把它们相加，便得欲证.

该证明的开头说“由于要证的式子中 a, b, c 是轮换对称的，所以不妨假设 $a \leqslant b \leqslant c$”，这是不对的. 实际上，可以验证要证的式子中 a, b, c 是对称的，所以可不妨设 $a \leqslant b \leqslant c$.

题 6 (《不等式选讲》第 45 页第 3 题) 设 a_1, a_2, a_3 为正数，求证

$$\frac{a_1a_2}{a_3}+\frac{a_2a_3}{a_1}+\frac{a_3a_1}{a_2} \geqslant a_1+a_2+a_3$$

《教师用书》第 38 页给出的解答是：

证明 由于要证的式子中 a_1,a_2,a_3 是轮换对称的，所以不妨假设 $a_1 \geqslant a_2 \geqslant a_3$. 于是

$$\frac{1}{a_1} \leqslant \frac{1}{a_2} \leqslant \frac{1}{a_3}, a_2a_3 \leqslant a_3a_1 \leqslant a_1a_2$$

由排序不等式，得

$$\frac{a_1a_2}{a_3}+\frac{a_2a_3}{a_1}+\frac{a_3a_1}{a_2} \geqslant \frac{1}{a_3}\cdot a_2a_3+\frac{1}{a_1}\cdot a_3a_1+\frac{1}{a_2}\cdot a_1a_2=a_3+a_2+a_1$$

得欲证成立.

该证明的开头说“由于要证的式子中 a_1,a_2,a_3 是轮换对称的，所以不妨假设 $a_1 \geqslant a_2 \geqslant a_3$”，这也是不对的. 实际上，可以验证要证的式子中 a_1,a_2,a_3 是对称的，所以可不妨设 $a_1 \geqslant a_2 \geqslant a_3$.

§12　用柯西不等式求最值时要注意等号成立的条件

普通高中课程标准实验教科书《数学选修 4－5·A版·不等式选讲》(人民教育出版社,2007 年第 2 版)(下简称《不等式选讲》)第 37 页第 9 题是:

题 1　求函数 $y=3\sin x+4\sqrt{1+\cos 2x}$ 的最大值.

与《不等式选讲》配套使用的《教师教学用书》第 36 页对该题给出的解答是:

解　根据题意,有

$$y=3\sin x+4\sqrt{1+\cos 2x}=3\sin x+4\sqrt{2\cos^2 x}\leqslant\sqrt{(\sin^2 x+\cos^2 x)(9+32)}=\sqrt{41}$$

当且仅当 $\tan x=\pm\frac{3\sqrt{2}}{8}$ 时,函数有最大值 $\sqrt{41}$.

笔者发现此解答有误:当 $\tan x=\pm\frac{3\sqrt{2}}{8}$ 时,$\cos^2 x=\frac{32}{41}$,角 x 可在第三、四象限,得 $\sin x=-\frac{3}{\sqrt{41}}$,此时 $y=3\times\left(-\frac{3}{\sqrt{41}}\right)+4\sqrt{2\times\frac{32}{41}}=\frac{23}{\sqrt{41}}<\sqrt{41}$.

题 1 是二维形式的柯西不等式的巩固习题.《不等式选讲》第 32 页给出了以下结论:

结论 1　(二维形式的柯西不等式)若 $a,b,c,d\in\mathbf{R}$,则 $(a^2+b^2)(c^2+d^2)\geqslant(ac+bd)^2$(当且仅当 $ad=bc$ 时等号成立).

结论 2　若 $a,b,c,d\in\mathbf{R}$,则:

(1) $\sqrt{a^2+b^2}\cdot\sqrt{c^2+d^2}\geqslant|ac+bd|$(当且仅当 $ad=bc$ 时等号成立);

(2) $\sqrt{a^2+b^2}\cdot\sqrt{c^2+d^2}\geqslant|ac|+|bd|$(当且仅当 $|ad|=|bc|$ 时等号成立).

注　《不等式选讲》中没有给出结论 2 中取等号的条件,而这是很重要的,比如在用它们求最值时就要看等号能否取到.

下面用结论 2(2) 来给出题 1 的完整解答

$$y=3\sin x+4\sqrt{2}\,|\cos x|\leqslant 3|\sin x|+4\sqrt{2}\,|\cos x|\leqslant\sqrt{3^2+(4\sqrt{2})^2}\cdot\sqrt{\sin^2 x+\cos^2 x}=\sqrt{41}$$

在第一个“$\leqslant$”中当且仅当 $\sin x\geqslant 0$ 时等号成立;在第二个“$\leqslant$”中当且仅

当 $3|\cos x| = 4\sqrt{2}|\sin x|$ 即 $\tan x = \pm\frac{3\sqrt{2}}{8}$ 时等号成立. 所以当且仅当 $\begin{cases}\sin x \geqslant 0\\ \tan x = \pm\frac{3\sqrt{2}}{8}\end{cases}$ 即 $\begin{cases}\sin x = \frac{3}{\sqrt{41}}\\ \tan x = \pm\frac{3\sqrt{2}}{8}\end{cases}$ 也即 $\begin{cases}\sin x = \frac{3}{\sqrt{41}}\\ |\cos x| = \frac{4\sqrt{2}}{\sqrt{41}}\end{cases}$ 时 y 取到最大值，且最大值是 $\sqrt{41}$.

我们再来看与《不等式选讲》配套使用的教辅资料《世纪金榜》(未来出版社，2010 年印刷) 第 35 页的最后一题：

题 2 求函数 $f(x)=3\cos x + 4\sqrt{1+\sin^2 x}$ 的最大值，并求出相应的 x 的值.

参考答案 当且仅当 $\begin{cases}\sin x = \frac{\sqrt{7}}{5}\\ \cos x = \frac{3\sqrt{2}}{5}\end{cases}$ 时 $f(x)$ 取到最大值，且最大值是 $5\sqrt{2}$.

此答案也有误，完整解答如下：

解法 1 用结论 1 来解答

$$[f(x)]^2 \leqslant (3^2+4^2)(\cos^2 x + 1 + \sin^2 x) = 50$$

(当且仅当 $3\sqrt{1+\sin^2 x} = 4\cos x$ 即 $\cos x = \frac{3\sqrt{2}}{5}$ 时 $[f(x)]^2 = 50$).

进而可得，当且仅当 $\cos x = \frac{3\sqrt{2}}{5}$ 时 $f(x)$ 取到最大值，且最大值是 $5\sqrt{2}$.

解法 2 用结论 2(2) 来解答

$$f(x) \leqslant |3\cos x| + \left|4\sqrt{1+\sin^2 x}\right| \leqslant \sqrt{3^2+4^2}\cdot\sqrt{\cos^2 x + 1 + \sin^2 x} = 5\sqrt{2}$$

(当且仅当 $\begin{cases}\cos x \geqslant 0\\ 3\sqrt{1+\sin^2 x} = 4\cos x\end{cases}$ 即 $\cos x = \frac{3\sqrt{2}}{5}$ 时 $f(x)$ 取到最大值，且最大值是 $5\sqrt{2}$).

我们在用柯西不等式求最值时要注意等号成立的条件：一要注意求出来的最值能否取到，二要注意把取等号的条件写完整(不多不少且简洁).

早年对一般形式的柯西不等式的叙述有两种：

(1)(见比较权威的文献[1]，[2]) 若 $a_i, b_i \in \mathbf{R}(i=1,2,\cdots,n)$，则

$$(a_1b_1 + a_2b_2 + \cdots + a_nb_n)^2 \leqslant (a_1{}^2 + a_2{}^2 + \cdots + a_n{}^2)(b_1{}^2 + b_2{}^2 + \cdots + b_n{}^2)$$

(当且仅当 $\frac{a_1}{b_1} = \frac{a_2}{b_2} = \cdots = \frac{a_n}{b_n}$ 时等号成立)；

(2)(见比较权威的文献[3～5])若 $a_i, b_i \in \mathbf{R}(i=1,2,\cdots,n)$，则

$$(a_1b_1+a_2b_2+\cdots+a_nb_n)^2 \leqslant (a_1{}^2+a_2{}^2+\cdots+a_n{}^2)(b_1{}^2+b_2{}^2+\cdots+b_n{}^2)$$

(当且仅当存在一个常数 k 使得 $a_i=kb_i(i=1,2,\cdots,n)$ 时等号成立).

它们关于等号成立的条件的叙述均不对，文献[6]订正了该错误，即《不等式选讲》第 39 页的叙述：

设 $a_1,a_2,\cdots,a_n,b_1,b_2,\cdots,b_n$ 是实数，则

$$(a_1{}^2+a_2{}^2+\cdots+a_n{}^2)(b_1{}^2+b_2{}^2+\cdots+b_n{}^2) \geqslant$$
$$(a_1b_1+a_2b_2+\cdots+a_nb_n)^2$$

(当且仅当 $b_i=0(i=1,2,\cdots,n)$ 或存在一个常数 k 使得 $a_i=kb_i(i=1,2,\cdots,n)$ 时等号成立).

题 3 (第七届(1978 年)美国中学生数学竞赛(USAMO))已知实数 a,b,c,d,e 满足 $\begin{cases}a+b+c+d+e=8\\a^2+b^2+c^2+d^2+e^2=16\end{cases}$，求 e 的最大值.

解 由柯西不等式，得

$$(a^2+b^2+c^2+d^2)(1^2+1^2+1^2+1^2) \geqslant$$
$$(a+b+c+d)^2 \quad (\text{当且仅当 } a=b=c=d \text{ 时取等号})$$
$$4(16-e^2) \geqslant (8-e)^2$$
$$0 \leqslant e \leqslant \frac{16}{5}$$

进而可得，当且仅当 $a=b=c=d=2$ 时 $e=0$，当且仅当 $a=b=c=d=\frac{6}{5}$ 时 $e=16$，所以 e 的最大值是 16.

题 4 已知实数 a,b,c,d 满足 $a+b+c+d=3$，$a^2+2b^2+3c^2+6d^2=5$，求 a 的最大值和最小值.

分析 由题设及柯西不等式，得

$$(a^2+2b^2+3c^2+6d^2)\left(4+\frac{1}{2}+\frac{1}{3}+\frac{1}{6}\right) \geqslant$$
$$(2a+b+c+d)^2 \quad (\text{当且仅当}\frac{a}{2}=2b=3c=6d \text{ 时取等号})$$
$$25 \geqslant (a+3)^2$$
$$-8 \leqslant a \leqslant 2$$

进而可得，当且仅当 $(b,c,d)=\left(\frac{1}{2},\frac{1}{3},\frac{1}{6}\right)$ 时 $a=2$，所以 a 的最大值是 2(但这种解法求不出 a 的最小值).

解 由题设及柯西不等式，得

$$(2b^2+3c^2+6d^2)\left(\frac{1}{2}+\frac{1}{3}+\frac{1}{6}\right)\geqslant$$

$$(b+c+d)^2\quad（当且仅当\ 2b=3c=6d\ 时取等号）$$

$$5-a^2\geqslant(3-a)^2\quad（当且仅当\ 2b=3c=6d\ 时取等号）$$

$$1\leqslant a\leqslant 2\quad（当且仅当\ 2b=3c=6d\ 时取等号）$$

进而可得，当且仅当$(b,c,d)=\left(1,\frac{2}{3},\frac{1}{3}\right)$时 $a=1$，当且仅当$(b,c,d)=\left(\frac{1}{2},\frac{1}{3},\frac{1}{6}\right)$时 $a=2$. 所以 a 的最大值和最小值分别是 2，1.

参考文献

[1] 刘治和. 浅谈柯西不等式的证明及应用[J]. 数学通报，2000(5)：44-46.

[2] 徐利治，王兴华. 数学分析的方法及例题选讲(修订版)[M]. 2 版. 北京：高等教育出版社，1983. 125.

[3] 李长明，周焕山. 初等数学研究[M]. 北京：高等教育出版社，1995.

[4] 陈传理. 高中数学竞赛名师讲座(合订本)[M]. 武汉：华中师范大学出版社，1993.

[5] 常庚哲，李炯生. 高中数学竞赛教程[M]. 南京：江苏教育出版社，1989.

[6] 徐鸿迟. 柯西不等式的微小改动[J]. 数学通报，2002(2)：37.

§13　简证两角和的余弦公式

题 1　证明两角和的余弦公式 $C_{\alpha+\beta}$：$\cos(\alpha+\beta)=\cos\alpha\cos\beta-\sin\alpha\sin\beta$.

这是 2010 年数学高考四川理科卷第 19(1)① 题(满分 4 分). 大家都知道，这是课本上的公式，课本上也给出了详细证明. 笔者在多次培训会上听到知情人士说“这道小题的得分率相当低”. 我们还可想象：该题不仅仅得分率低，考生在这道小题上肯定花费了不少时间，“弃之可惜，做又不会”，结果还把心情搞得很糟，很是影响后面的答题.

只要考课本题，就考得差吗？这是很有道理的，原因是中国的师生为了高考的胜利，必须把解题做到极致！很多师生都认为，在高考试卷的 21 道(或 22 道)题里，若这种类型的题绝对不会考，我们就绝对不讲、不学、不练；若那种类型的题只会考小题；我们就不要把它弄得很清楚，也只对选填训练一下这种题；如果这种题多出现在高考压轴题中，我们就认真训练：做完近几年所有这种类型的高考题和模拟题，再归纳出题型，强调应用，人人过关；也有校长说，我们的办学目标就是办人民满意的教育，要多考取几个清华北大，所以我们就要扎扎实实地搞好应试教育，课堂要高效，高考考什么我们就教什么，不考的一概不能教，并且这一点要从高一就开始落实，否则是在作无用功，浪费了学生的宝贵时间，这是犯罪！所以就使得好多师生连课本都不重视，反而只重视习题集形式的教辅资料.

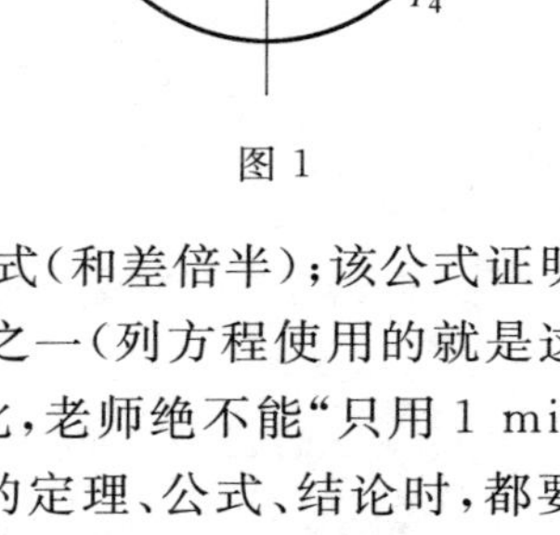

图 1

关于两角和的余弦公式，课本上是用“算两次”的方法来证明的(如图 1)，要用到圆的参数方程、三角形全等及两点间距离公式，如果老师没有在课堂上讲过并且学生也没有在课下研究过，在考场上肯定难以想出解法. 而不少老师可能只用 1 min 介绍了这个公式，再用 44 min 的时间练习这个公式的应用，自认为就把这个公式学好了，起码可以很好地对付考试了. 殊不知，这样的教法是错误的！该公式是众多三角公式(和差倍半)的基础，可以说，由这一个公式可以推导出所有的三角公式(和差倍半)；该公式证明使用的方法“算两次”是最重要、最常用的数学方法之一(列方程使用的就是这种方法)，这种方法需要进一步巩固和熟练掌握，因此，老师绝不能“只用 1 min 就介绍完这个公式”. 笔者认为，教学生学习课本上的定理、公式、结论时，都要教学生亲自证一遍. 一来，可使学生弄清其道理、来源、背景；二来，证明它们就是很好的例题:其方法多具有典型性、代表性、综合性.

题 2 叙述并证明勾股定理.

这是 1979 年数学高考全国卷第 4 题,考生的解答情况也很糟糕:有一阅卷人透漏“凡答案写到 3 行以上者,都给了一半的分数”[1].

题 3 在某校举行的数学竞赛中,全体参赛学生的竞赛成绩近似服从正态分布 $N(70,100)$. 已知成绩在 90 分以上(含 90 分)的学生有 12 名.

(1) 试问此次参赛学生总数约为多少人?

(2) 若该校计划奖励竞赛成绩排在前 50 名的学生,试问设奖的分数线约为多少分?

可共查阅的(部分)标准正态分布表 $\Phi(x_0)=P(x<x_0)$

x_0	0	1	2	3	4	5	6	7	8	9
1.2	0.884 9	0.886 9	0.888 0	0.890 7	0.892 5	0.894 4	0.896 2	0.898 0	0.899 7	0.901 5
1.3	0.903 2	0.904 9	0.906 6	0.908 2	0.909 9	0.911 5	0.913 1	0.914 7	0.916 2	0.917 7
1.4	0.919 2	0.920 7	0.922 2	0.923 6	0.925 1	0.926 5	0.927 8	0.929 2	0.930 6	0.931 9
1.9	0.971 3	0.971 9	0.972 6	0.973 2	0.973 8	0.974 4	0.975 0	0.975 6	0.976 2	0.976 7
2.0	0.977 2	0.977 8	0.978 3	0.978 8	0.979 3	0.979 8	0.980 3	0.980 8	0.981 2	0.981 7
2.1	0.982 1	0.982 6	0.983 0	0.983 4	0.983 8	0.984 2	0.984 6	0.985 0	0.985 4	0.985 7

这是 2006 年数学高考湖北理科卷第 19 题(满分 10 分),考生的解答情况同样很糟糕,原因是有不少高三师生都认为正态分布不会考大题,平时就特别不重视课本上的这部分知识. 实际上,只要把课本弄清楚,拿到这 10 分是轻而易举.

下面我们给出题 1 的一种简洁证法:

题 1 的简证 显然,只需证明 $\cos(\alpha-\beta)=\cos\alpha\cos\beta+\sin\alpha\sin\beta$.

可设 $\alpha=2k\pi+\alpha_0$, $\beta=2l\pi+\beta_0$ $(k,l\in\mathbf{Z},\ \alpha_0,\beta_0\in[0,2\pi))$,所以只需证明

$$\cos(\alpha_0-\beta_0)=\cos\alpha_0\cos\beta_0+\sin\alpha_0\sin\beta_0\quad(\alpha_0,\beta_0\in[0,2\pi))\qquad ①$$

如图 2,可设点 $A(\cos\alpha_0,\sin\alpha_0)$, $B(\cos\beta_0,\sin\beta_0)$ 是单位圆 $x^2+y^2=1$(设该单位圆与 x 轴的正向交于点 T)上的任意两点,则在一周之内,射线 OT 绕点 O 逆时针旋转到 OA, OB 时所转过的弧度数分别是 α_0, β_0,下面我们来证明向量 $\overrightarrow{OA}$, $\overrightarrow{OB}$ 的夹角是

$$<\overrightarrow{OA},\overrightarrow{OB}>=\pi-|\pi-|\alpha_0-\beta_0||\qquad ②$$

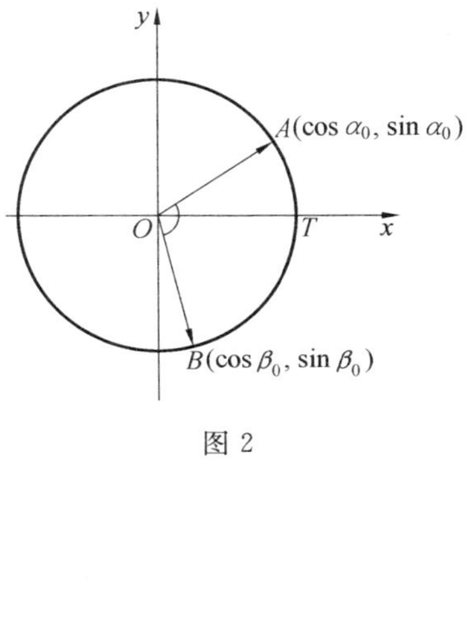

图 2

若 $|\alpha_0-\beta_0|\in[0,\pi]$,则 $<\overrightarrow{OA},\overrightarrow{OB}>=|\alpha_0-\beta_0|$,从而可得式 ② 成立;若 $|\alpha_0-\beta_0|\in$

$(\pi,2\pi)$,则 $<\overrightarrow{OA},\overrightarrow{OB}>=2\pi-|\alpha_0-\beta_0|$,也可得式 ② 成立. 所以式 ② 成立.

由 $\overrightarrow{OA}-\overrightarrow{OB}=\overrightarrow{BA}$,两边平方得

$$\overrightarrow{OA}^2-2\overrightarrow{OA}\cdot\overrightarrow{OB}+\overrightarrow{OB}^2=\overrightarrow{BA}^2 \quad ③$$

$$1-2\cos(\pi-|\pi-|\alpha_0-\beta_0||)+1=(\cos\alpha_0-\cos\beta_0)^2+(\sin\alpha_0-\sin\beta_0)^2$$

从而可得式 ① 成立,所以欲证成立.

注 文献[2],[3] 中也介绍了式 ②,该式很有用,比如推导两点间的球面距离公式时,就要用此式;在以上解答中不用式 ③ 用余弦定理也可.

参考文献

[1] 鹤侠. 勾股定理的考场遭遇[J]. 中学数学(高中),2010(4):64-65.

[2] 甘志国. 钟表上时针、分针、秒针所夹的角度[J]. 数学通讯,2000(7):35-36.

[3] 甘志国. 初等数学研究(Ⅱ)(下)[M]. 哈尔滨:哈尔滨工业大学出版社,2009.

§14　对地球卫星运行椭圆轨道的近地点、远地点的思考

我们先看人民教育出版社出版的教科书上的两道例题及其解答，其中题 1 是普通高中课程标准实验教科书《数学·选修 2－1·B版》第 48 页例 2（也即新课标教材《数学·选修 1－1·B版》第 40 页例 2），题 2 是全日制普通高级中学教科书（必修）《数学·第二册（上）》（2006 年第 2 版）第 110 ～ 111 页例 3，这种题目作为例题、习题在各种版本的高中数学教材中都有出现，且解法也完全一致.

题 1　我国某卫星发射基地升空的“探测一号”赤道星，运行的轨道是以地球的中心为一个焦点的椭圆，其近地点与地球表面相距 555 km，远地点与地球表面相距 74 051 km. 已知地球半径约为 6 371 km，求“探测一号”星运行轨道的近似方程（长、短半轴长精确到 1 km).

分析　如图 1，设“探测一号”星运行的椭圆形轨道的中心为点 O，地球的中心为点 F，则椭圆的长轴在直线 OF 上，长轴的两个端点分别是轨道上的近地点和远地点，适当建立平面直角坐标系，可求得轨道的标准方程.

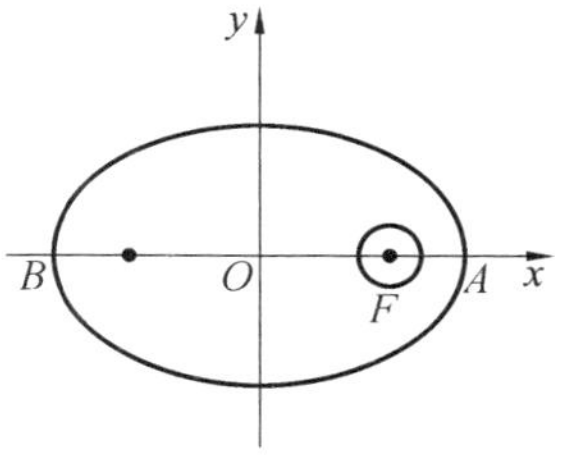

图 1

解　以“探测一号”星运行的椭圆形轨道的中心 O 为原点，如图 1 建立平面直角坐标系 xOy，使地球中心 F 在 x 轴上，点 $(c,0)$ 是椭圆的焦点，椭圆与 x 轴的交点 A，B 分别是近地点和远地点.

设所求的“探测一号”星运行轨道方程为$\dfrac{x^2}{a^2}+\dfrac{y^2}{b^2}=1(a>b>0)$.

由已知，得

$$a-c=|FA|=6\ 371+555=6\ 926$$
$$a+c=|FB|=6\ 371+74\ 051=80\ 422$$

解得

$$a=43\ 674$$

又可知

$$b=\sqrt{a^2-c^2}=\sqrt{(a+c)(a-c)}=\sqrt{80\ 422\times 6\ 926}\approx 23\ 601$$

因此，所求的运行轨迹近似方程为$\dfrac{x^2}{43\ 674^2}+\dfrac{y^2}{23\ 601^2}=1$.

题 2　如图 2，我国发射的第一颗人造地球卫星的运行轨道是以地心（地球

的中心)F_2 为一个焦点的椭圆. 已知它的近地点 A(离地面最近的点) 据地面 439 km,远地点 B(离地面最远的点) 据地面 2 384 km,并且 F_2,A,B 在同一直线上,地球半径约为 6 371 km. 求卫星运行的轨道方程(精确到 1 km).

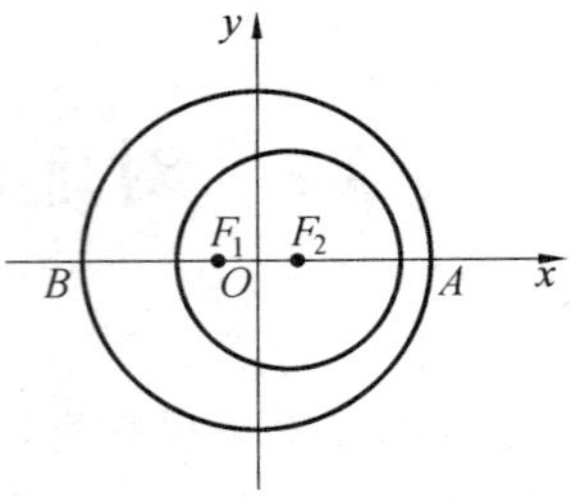

图 2

解 如图 2,建立直角坐标系,使点 A,B,F_2 在 x 轴上,F_2 为椭圆的右焦点(记 F_1 为左焦点).

因为椭圆的焦点在 x 轴上,所以设它的标准方程为

$$\frac{x^2}{a^2}+\frac{y^2}{b^2}=1 \quad (a>b>0)$$

则

$$a-c=|OA|-|OF_2|=|F_2A|=6\ 371+439=6\ 810$$
$$a+c=|OB|+|OF_2|=|F_2B|=6\ 371+2\ 384=8\ 755$$

解得

$$a=7\ 782.5, c=972.5$$

所以

$$b=\sqrt{a^2-c^2}=\sqrt{(a+c)(a-c)}=\sqrt{8\ 755\times 6\ 810}$$

用计算器求得 $b\approx 7\ 722$.(笔者注:这里有误,应为 $b=7\ 721.499\ 20\cdots\approx 7\ 721$.)

因此,卫星的轨道方程是

$$\frac{x^2}{7\ 783^2}+\frac{y^2}{7\ 722^2}=1$$

对于这两道题的解法,师生都会产生以下疑问:为什么地球卫星运行椭圆轨道的近地点、远地点均在该椭圆长轴的端点处?为什么不会出现图 3 的情形呢($|PF_1|<|AF_1|$)?所有的教科书首次运用此结论时均未证明而直接使用,并且在使用时有时又略显底气不足(怕读者对此结论不甚清楚)又给出提示,比如在题 2 中给出的“并且 F_2,A,B 在同一直线上”是多余的. 笔者认为数学是讲究严密推理的一门学问,教科书更应如此,所以教科书首次运用此结论时应予以证明或让学生研究其证明,不能敷衍了事. 证明也是容易的,用两点的距离公式(还可用椭圆的参数方程)可证,将来还可用椭圆的焦半径公式简洁证得.

该结论的另一种叙述是:如图 4,设椭圆 Γ 的右焦点、右顶点分别是 F,A,以点 F 为圆心 $|FA|$ 为半径画圆 Ω,则除点 A 外圆 Ω 上的点均在椭圆 Γ 内.

下面再给出该结论的推广.

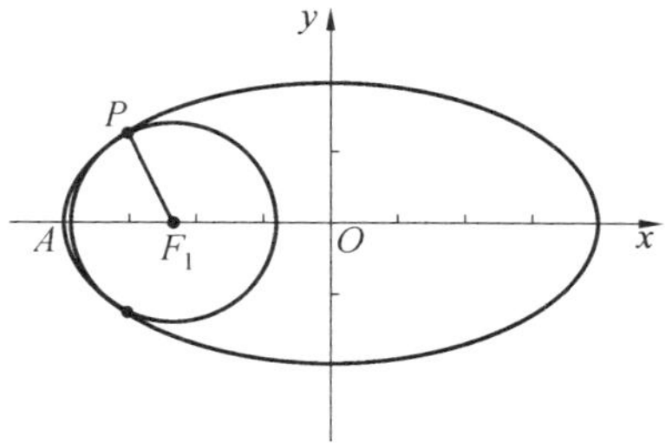

图 3

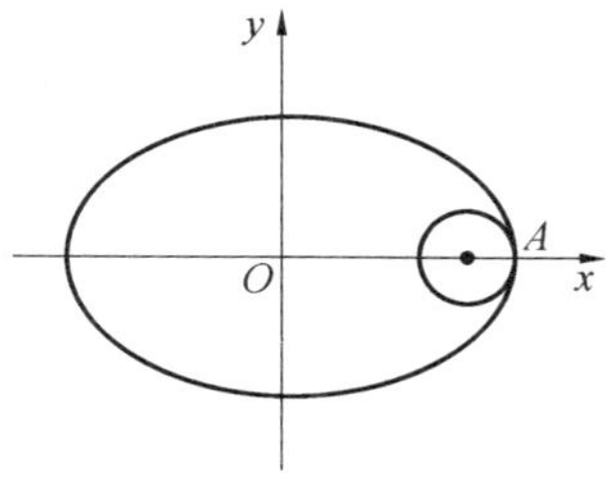

图 4

定理 1 如图 5,设椭圆 Γ:$\dfrac{x^2}{a^2}+\dfrac{y^2}{b^2}=1(a>b>0,c=\sqrt{a^2-b^2})$的右顶点为 A,以点 $C(t,0)(0<t<a)$ 为圆心$|CA|$为半径画圆 Ω,则除点 A 外圆 Ω 上的点均在椭圆 Γ 内的充要条件是$\dfrac{c^2}{a}\leqslant t<a$.

证明 椭圆 Γ 与圆 Ω 的公共点的个数即方程组

$$\begin{cases}b^2x^2+a^2y^2=a^2b^2 & (-a\leqslant x\leqslant a)\\(x-t)^2+y^2=(a-t)^2 & (2t-a\leqslant x\leqslant a)\end{cases}$$

的解的组数(x,y),也即方程

$$c^2x^2-2a^2tx+a^2(2at-c^2)=0\quad(2t-a\leqslant x\leqslant a)$$

的解 x 的个数.而该方程的解为

$$x=a\text{ 或 }x=\frac{a}{c^2}(2at-c^2)\quad(2t-a\leqslant x\leqslant a)$$

所以除点 $A(a,0)$ 外圆 Ω 上的点均在椭圆 Γ 内的充要条件是$\dfrac{a}{c^2}(2at-c^2)\geqslant a$ 或$\dfrac{a}{c^2}(2at-c^2)<2t-a$,即$\dfrac{c^2}{a}\leqslant t<a$.

定理 2 如图 6,设椭圆 Γ:$\dfrac{x^2}{a^2}+\dfrac{y^2}{b^2}=1(a>b>0,c=\sqrt{a^2-b^2})$的右顶点为 A,以点 $C(t,0)(t<0)$ 为圆心$|CA|$为半径画圆 Ω,则除点 A 外圆 Ω 上的点均在椭圆 Γ 外.

证明 同定理 1 可证,也可通过画图得出.

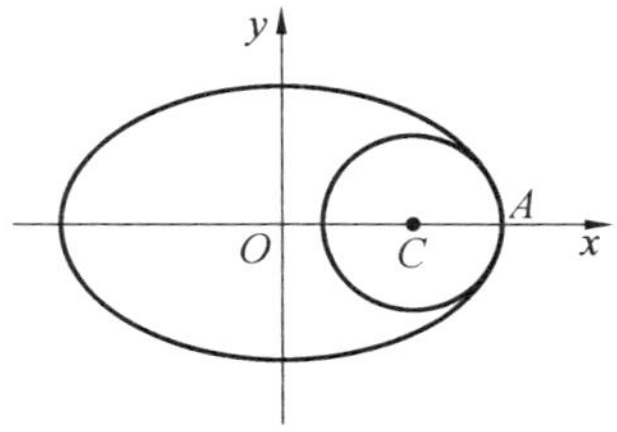

图 5

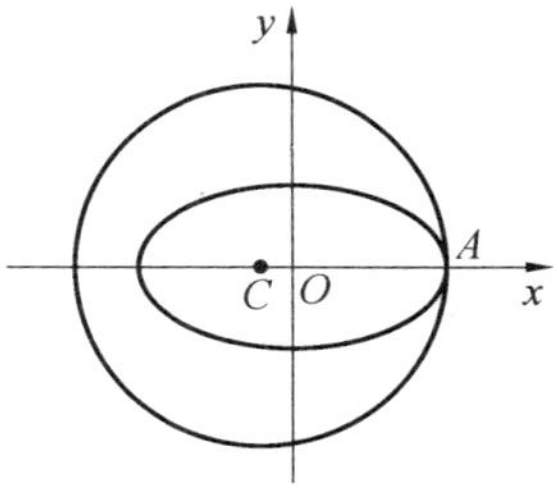

图 6

定理3 如图7,设双曲线的右支Γ:$\frac{x^2}{a^2}-\frac{y^2}{b^2}=1(a>0,b>0,c=\sqrt{a^2+b^2})$的右顶点为$A$,以点$C(t,0)(t>a)$为圆心$|CA|$为半径画圆$\Omega$,则除点$A$外圆$\Omega$上的点均在$\Gamma$内(指含$\Gamma$的焦点的区域)的充要条件是$a<t\leqslant\frac{c^2}{a}$.

证明 Γ与圆Ω的公共点的个数即方程组

$$\begin{cases}b^2x^2-a^2y^2=a^2b^2 & (x\geqslant a)\\(x-t)^2+y^2=(t-a)^2 & (a\leqslant x\leqslant 2t-a)\end{cases}$$

的解的组数(x,y),也即方程

$$c^2x^2-2a^2tx+a^2(2at-c^2)=0\quad(a\leqslant x\leqslant 2t-a)$$

的解x的个数.而该方程的解为

$$x=a\text{ 或 }x=\frac{a}{c^2}(2at-c^2)\quad(a\leqslant x\leqslant 2t-a)$$

所以除点$A(a,0)$外圆Ω上的点均在椭圆Γ内的充要条件是$\frac{a}{c^2}(2at-c^2)>2t-a$或$\frac{a}{c^2}(2at-c^2)\leqslant a$或$\frac{a}{c^2}(2at-c^2)>2t-a$,即$a<t\leqslant\frac{c^2}{a}$.

定理4 如图8,以点$C(t,0)(t>0)$为圆心$|CO|$(O为坐标原点)为半径画圆Ω,则除点O外圆Ω上的点均在抛物线Γ:$y^2=2px(p>0)$内(指含Γ的焦点的区域)的充要条件是$0<t\leqslant p$.

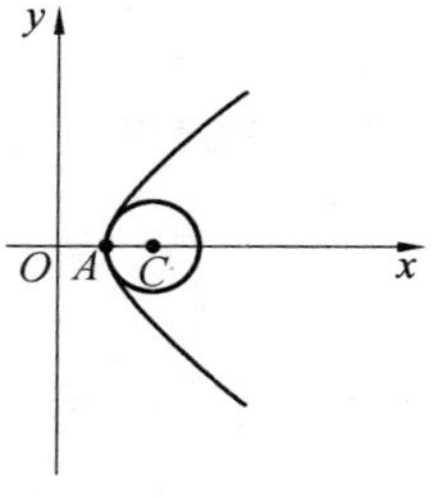

图7

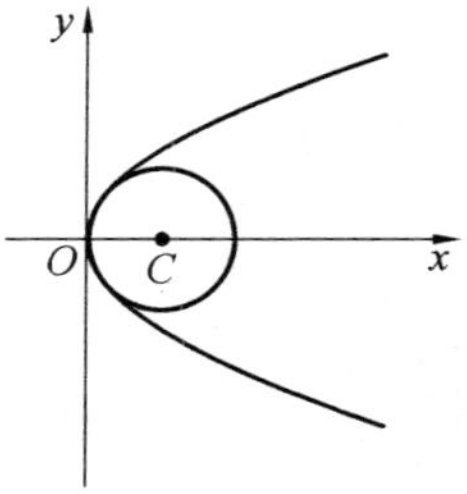

图8

证明 抛物线Γ与圆Ω的公共点的个数即方程组

$$\begin{cases}y^2=2px & (x\geqslant 0)\\(x-t)^2+y^2=t^2 & (0\leqslant x\leqslant 2t)\end{cases}$$

解的组数(x,y),也即方程

$$x(x+2p-2t)=0\quad(0\leqslant x\leqslant 2t)$$

的解x的个数.而该方程的解为

$$x=0\text{ 或 }x=2(t-p)\quad(0\leqslant x\leqslant 2t)$$

所以除点$O(0,0)$外圆Ω上的点均在抛物线Γ内的充要条件是$2(t-p)\leqslant 0$或$2(t-p)>2t$,即$0<t\leqslant p$.

例 1 在图 9 的四个图形中，点 F，A 分别是椭圆、双曲线、抛物线的(一个)焦点与顶点，圆的圆心均是点 F，半径均是 $|FA|$，则以下图形中正确的是(　　)

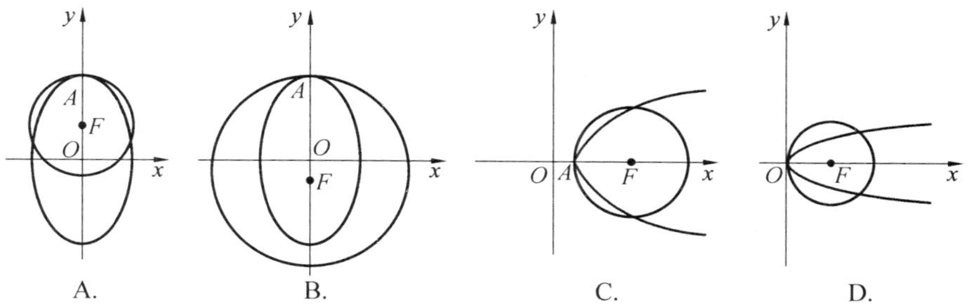

图 9

解 由以上定理 1 ～ 4 知，选 B.

例 2 设 O 是坐标原点，椭圆长轴的一个端点是 A，椭圆上存在点 P 使 $OP \perp PA$，求该椭圆离心率的取值范围.

解 可设椭圆的方程为 $\Gamma: \frac{x^2}{a^2}+\frac{y^2}{b^2}=1(a>b>0, c=\sqrt{a^2-b^2})$，还可设 $A(a,0)$，$P(a\cos\theta, b\sin\theta)\left(0<\theta<\frac{\pi}{2}\right)$. 由 $OP \perp PA$，得

$$\overrightarrow{OP} \cdot \overrightarrow{AP}=(a\cos\theta, b\sin\theta)\cdot(a\cos\theta-a, b\sin\theta)=0$$

$$c^2\cos^2\theta-a^2\cos\theta+a^2-c^2=0$$

$$\cos\theta=1 \text{ 或 } \cos\theta=\frac{a^2-c^2}{c^2}$$

因为 $0<\theta<\frac{\pi}{2}$，所以 $\cos\theta=\frac{a^2-c^2}{c^2}$，且 $0<\frac{a^2-c^2}{c^2}<1$，所以 $\frac{c}{a}>\frac{\sqrt{2}}{2}$.

得所求椭圆离心率的取值范围是 $\left(\frac{\sqrt{2}}{2}, 1\right)$.

另解 “椭圆上存在点 P 使 $OP \perp PA$”即以 OA 为直径的圆与该椭圆有公共点且公共点不能仅仅是点 A，由定理 1 知 $\frac{c^2}{a}>\frac{a}{2}$，从而可求得所求椭圆离心率的取值范围是 $\left(\frac{\sqrt{2}}{2}, 1\right)$.

§ 15　对教科书《选修 4－4》中《直线的参数方程》的改进

—— 兼谈过已知点求已知二次曲线的非中点弦所在直线方程问题的解决

1. 教科书的叙述及笔者的注记

普通高中课程标准实验教科书《数学·选修 4－4·A 版·坐标系与参数方程》(人民教育出版社,2007 年第 2 版)(下简称《选修 4－4》)第 35～37 页《三　直线的参数方程》部分是这样写的:

我们知道,经过点 $M_0(x_0,y_0)$,倾斜角为 $\alpha\left(\alpha\neq\dfrac{\pi}{2}\right)$ 的直线 l 的普通方程是

$$y-y_0=\tan\alpha(x-x_0) \qquad ①$$

怎样建立直线 l 的参数方程呢?

如图 1,在直线 l 上任取一点 $M(x,y)$,则

$$\overrightarrow{M_0M}=(x,y)-(x_0,y_0)=(x-x_0,y-y_0)$$

设 $\boldsymbol{e}$ 是直线 l 的单位方向向量(单位长度与坐标轴的单位长度相同),则

$$\boldsymbol{e}=(\cos\alpha,\sin\alpha)\quad(\alpha\in[0,\pi))$$

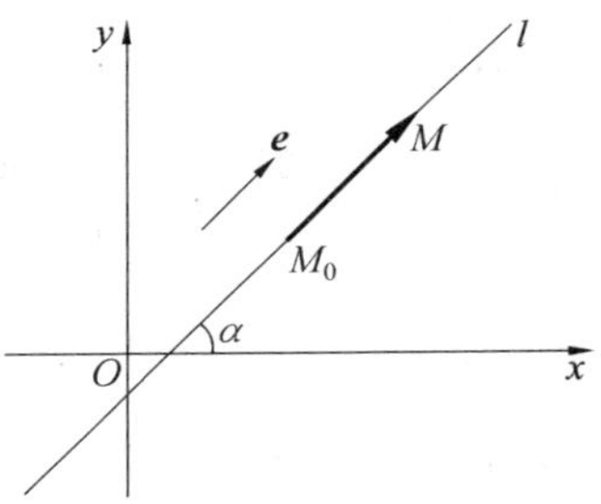

图 1

笔者注 1　这里的"$\alpha\in[0,\pi)$"与前面的"倾斜角为 $\alpha\left(\alpha\neq\dfrac{\pi}{2}\right)$"不一致.

因为 $\overrightarrow{M_0M}\parallel\boldsymbol{e}$,所以存在实数 $t\in\mathbf{R}$,使 $\overrightarrow{M_0M}=t\boldsymbol{e}$,即

$$(x-x_0,y-y_0)=t(\cos\alpha,\sin\alpha)$$

于是

$$x-x_0=t\cos\alpha,y-y_0=t\sin\alpha$$

即

$$x=x_0+t\cos\alpha,y=y_0+t\sin\alpha$$

因此,经过点 $M_0(x_0,y_0)$,倾斜角为 α 的直线 l 的参数方程为

$$\begin{cases}x=x_0+t\cos\alpha\\y=y_0+t\sin\alpha\end{cases}\quad(t\text{ 为参数})\qquad ②$$

笔者注 2　直线 l 的参数方程 ② 中是否包括 $\alpha=\dfrac{\pi}{2}$ 的情形,这里未作说明.

思考　由 $\overrightarrow{M_0M}=t\boldsymbol{e}$,你能得到直线 l 的参数方程 ② 中参数 t 的几何意义吗?

因为 $\boldsymbol{e}=(\cos\alpha,\sin\alpha)$，所以 $|\boldsymbol{e}|=1$. 由 $\overrightarrow{M_0M}=t\boldsymbol{e}$，得到 $|\overrightarrow{M_0M}|=|t|$. 因此，直线上的动点 M 到 M_0 的距离等于方程②中参数 t 的绝对值.

当 $0<\alpha<\pi$ 时，$\sin\alpha>0$，所以，直线 l 的单位方向向量 $\boldsymbol{e}$ 的方向总是向上. 此时，若 $t>0$，则 $\overrightarrow{M_0M}$ 的方向向上；若 $t<0$，则 $\overrightarrow{M_0M}$ 的方向向下；若 $t=0$，则点 M 与点 M_0 重合.

笔者注 3 这段话的末尾还应添上"当 $\alpha=0$ 时，$\overrightarrow{M_0M}$ 的方向向右."

例 1 已知直线 $l:x+y-1=0$ 与抛物线 $y=x^2$ 交于 A,B 两点，求线段 AB 的长和点 $M(-1,2)$ 到 A,B 两点的距离之积.

解 因为直线 l 过点 M，且 l 的倾斜角为 $\frac{3\pi}{4}$，所以它的参数方程是

$$\begin{cases} x=-1+t\cos\dfrac{3\pi}{4} \\ y=2+t\sin\dfrac{3\pi}{4} \end{cases} \quad (t\text{ 为参数})$$

即

$$\begin{cases} x=-1-\dfrac{\sqrt{2}}{2}t \\ y=2+\dfrac{\sqrt{2}}{2}t \end{cases} \quad (t\text{ 为参数})$$

把它代入抛物线的方程，得

$$t^2+\sqrt{2}t-2=0$$

解得 $t_1=\dfrac{-\sqrt{2}+\sqrt{10}}{2}$，$t_2=\dfrac{-\sqrt{2}-\sqrt{10}}{2}$.

由参数 t 的几何意义得

$$|AB|=|t_1-t_2|=\sqrt{10}$$

$$|MA|\cdot|MB|=|t_1t_2|=2$$

笔者注 4 由上面给出的参数 t 的几何意义得出 $|AB|=|t_1-t_2|$ 并不容易：应先结合图形得出点 M 是线段 AB 的内点，再由参数 t 的几何意义得 $|AB|=|MA|+|MB|=|t_1|+|t_2|=|t_1-t_2|$（因为 t_1,t_2 异号）.

探究 直线②与曲线 $y=f(x)$ 交于 M_1,M_2 两点，对应的参数分别为 t_1，t_2.

（1）曲线的弦 M_1M_2 的长是多少？

（2）线段 M_1M_2 的中点 M 对应的参数 t 的值是多少？

（3）你还能提出和解决哪些问题？

（与《选修 4－4》配套使用的《教师教学用书》第 29 页给出的答案是：

本题解答后，教科书提出了"探究"（第 36 页）. 本"探究"的结论比较重要，在解题时可以作为基本结论使用，教学时要引导学生认真解答. 答案如下：

弦 M_1M_2 的长 $|M_1M_2|=|t_1-t_2|$；

线段 M_1M_2 的中点 M 对应的参数 $t=\frac{t_1+t_2}{2}$.）

笔者注 5　由上面给出的参数 t 的几何意义得出这两个答案并不容易（均应分类讨论）：

（1）当点 $M_0(x_0,y_0)$ 是线段 M_1M_2 的内点时，上面的“笔者注 4”中已证；当点 $M_0(x_0,y_0)$ 在直线 M_1M_2 上且不是线段 M_1M_2 的内点时，由参数 t 的几何意义得 $|M_1M_2|=||M_0M_2|-|M_0M_1||=||t_1|-|t_2||=|t_1-t_2|$（因为 $t_1t_2\geqslant 0$）.

（2）由点 M 是线段 M_1M_2 的中点，得 $\overrightarrow{M_1M}=\overrightarrow{MM_2}$，$\overrightarrow{M_0M}=\frac{1}{2}(\overrightarrow{M_0M_1}+\overrightarrow{M_0M_2})$，接下来还要分 $\overrightarrow{M_0M_1}$，$\overrightarrow{M_0M_2}$ 同向、不同向讨论，才能得出 $t=\frac{t_1+t_2}{2}$.

例 2　经过点 $M(2,1)$ 作直线 l，交椭圆 $\frac{x^2}{16}+\frac{y^2}{4}=1$ 于 A，B 两点. 如果点 M 恰好为线段 AB 的中点，求直线 l 的方程.

解　设过点 $M(2,1)$ 的直线 l 的参数方程为

$$\begin{cases}x=2+t\cos\alpha\\ y=1+t\sin\alpha\end{cases}\quad(t\text{ 为参数})$$

代入椭圆方程，整理得

$$(3\sin^2\alpha+1)t^2+4(\cos\alpha+2\sin\alpha)t-8=0$$

由 t 的几何意义知，$|MA|=|t_1|$，$|MB|=|t_2|$. 因为点 M 在椭圆内，这个方程必有两个实根，所以

$$t_1+t_2=-\frac{4(\cos\alpha+2\sin\alpha)}{3\sin^2\alpha+1}$$

因为点 M 为线段 AB 的中点，所以 $\frac{t_1+t_2}{2}=0$，即

$$\cos\alpha+2\sin\alpha=0$$

于是直线 l 的斜率为

$$k=\tan\alpha=-\frac{1}{2}$$

因此，直线 l 的方程是

$$y-1=-\frac{1}{2}(x-2)$$

$$x+2y-4=0$$

思考　例 2 的解法对一般圆锥曲线适用吗？把“中点”改为“三等分点”，直线 l 的方程怎样求？

(《教师教学用书》第 29 页给出的答案是：

本例的解法对一般圆锥曲线也适用.

如果把"中点"改为"三等分点"，例如，$\overrightarrow{AM}=2\overrightarrow{MB}$，那么有

$$t=\frac{t_1+t_2}{3}$$

于是 $t_1=-2t_2$. 借助上述关于 t 的一元二次方程同样可以求直线的斜率.)

笔者注 6 下面给出这个"思考"的完整答案. 由

$$\begin{cases}t_1+t_2=-\dfrac{4(\cos\alpha+2\sin\alpha)}{3\sin^2\alpha+1}\\ t_1t_2=-\dfrac{8}{3\sin^2\alpha+1}\\ t_1=-2t_2\end{cases}$$

得

$$\begin{cases}t_2=\dfrac{4\cos\alpha+8\sin\alpha}{3\sin^2\alpha+1}\\ t_2^2=\dfrac{4}{3\sin^2\alpha+1}\end{cases}$$

把这两式相除后可得

$$\frac{4\cos\alpha+8\sin\alpha}{3\sin^2\alpha+1}=\frac{1}{\cos\alpha+2\sin\alpha}$$

$$3\cos^2\alpha+16\sin\alpha\cos\alpha+12\sin^2\alpha=0$$

$$12\tan^2\alpha+16\tan\alpha+3=0$$

$$k=\tan\alpha=\frac{-4\pm\sqrt{7}}{6}$$

可得直线 l 的方程是

$$(4\pm\sqrt{7})x+6y\mp2\sqrt{7}-14=0$$

下面再给出该思考题的一种简解：

由 $\overrightarrow{AM}=2\overrightarrow{MB}$ 知，可设 $A(x,y)$，$B(6-2x,3-2y)$. 又点 A,B 均在椭圆 $\frac{x^2}{16}+\frac{y^2}{4}=1$ 即 $x^2+4y^2=16$ 上，得

$$\begin{cases}x^2+4y^2=16\\(6-2x)^2+4(3-2y)^2=16\end{cases}$$

$$\begin{cases}x+2y=5\\x^2+4y^2=16\end{cases}$$

解得 $(x,y)=\left(\frac{5\pm\sqrt{7}}{2},\frac{5\mp\sqrt{7}}{4}\right)$，所以 $A\left(\frac{5\pm\sqrt{7}}{2},\frac{5\mp\sqrt{7}}{4}\right)$.

当点 A 的坐标是 $\left(\frac{5+\sqrt{7}}{2},\frac{5-\sqrt{7}}{4}\right)$ 时，由点 $M(2,1)$ 及点 A 均在直线 l 上，得直线 l 的方程是 $(4-\sqrt{7})x+6y+2\sqrt{7}-14=0$；

当点 A 的坐标是 $\left(\frac{5-\sqrt{7}}{2},\frac{5+\sqrt{7}}{4}\right)$ 时，可得直线 l 的方程是 $(4+\sqrt{7})x+6y-2\sqrt{7}-14=0$.

所以所求直线 l 的方程是 $(4\pm\sqrt{7})x+6y\mp2\sqrt{7}-14=0$.

2. 笔者的改进意见

笔者认为，把上述内容作以下改进后更为合理（也经过了教学实践的检验）.

经过点 $M_0(x_0,y_0)$，倾斜角为 $\alpha\left(\alpha\neq 0,\frac{\pi}{2}\right)$ 的直线 l 的普通方程可写成

$$y-y_0=\tan\alpha(x-x_0)$$

即

$$\frac{y-y_0}{\sin\alpha}=\frac{x-x_0}{\cos\alpha}$$

所以可设

$$\frac{y-y_0}{\sin\alpha}=\frac{x-x_0}{\cos\alpha}=t$$

得

$$\begin{cases}x=x_0+t\cos\alpha\\ y=y_0+t\sin\alpha\end{cases}\quad(t\text{ 为参数})\qquad ①'$$

实际上，参数方程 ①′ 就是经过点 $M_0(x_0,y_0)$，倾斜角为 $\alpha\left(\alpha\neq 0,\frac{\pi}{2}\right)$ 的直线 l 的参数方程. 还可验证该结论在 $\alpha=0$ 或 $\frac{\pi}{2}$ 时也成立.

由参数方程 ①′ 知，可在直线 l 上任取一点 $M(x_0+t\cos\alpha,y_0+t\sin\alpha)$，得

$$\overrightarrow{M_0M}=(x_0+t\cos\alpha,y_0+t\sin\alpha)-(x_0,y_0)=(t\cos\alpha,t\sin\alpha)$$

所以

$$\overrightarrow{M_0M}=t(\cos\alpha,\sin\alpha),\ |M_0M|=|t|\qquad ②'$$

式 ②′ 就是参数方程 ①′ 中 t 的几何意义，还可得 $(\cos\alpha,\sin\alpha)$ 表示直线 l 的向上或向右的单位方向向量（因为 $\sin\alpha\geqslant 0$）.

例 1′ 已知直线 l：$x+y-1=0$ 与抛物线 $y=x^2$ 交于 A,B 两点，求线段 AB 的长和点 $M(-1,2)$ 到 A,B 两点的距离之积.

解 因为直线 l 过点 M，且 l 的倾斜角为 $\frac{3\pi}{4}$，所以它的参数方程是

$$\begin{cases}x=-1+t\cos\dfrac{3\pi}{4}\\ y=2+t\sin\dfrac{3\pi}{4}\end{cases}\quad (t\text{ 为参数})$$

即
$$\begin{cases}x=-1-\dfrac{\sqrt{2}}{2}t\\ y=2+\dfrac{\sqrt{2}}{2}t\end{cases}\quad (t\text{ 为参数})$$

把它代入抛物线的方程，得

$$t^2+\sqrt{2}t-2=0$$

解得 $t_1=\dfrac{-\sqrt{2}+\sqrt{10}}{2}$，$t_2=\dfrac{-\sqrt{2}-\sqrt{10}}{2}$.

其中 t_1，t_2 就是直线 l 的参数方程中点 A，B 对应的参数，所以由式 ②′ 得

$$\overrightarrow{MA}=t_1(\cos\alpha,\sin\alpha),\ |MA|=|t_1|$$

$$\overrightarrow{MB}=t_2(\cos\alpha,\sin\alpha)$$

$$|MA|=|t_2|$$

$$|AB|=|\overrightarrow{AB}|=|\overrightarrow{MB}-\overrightarrow{MA}|=|(t_2-t_1)(\cos\alpha,\sin\alpha)|=|t_1-t_2|=\sqrt{10}$$

$$|MA|\cdot|MB|=|t_1|\cdot|t_2|=|t_1t_2|=2$$

探究直线 ②′ 与曲线 $y=f(x)$ 交于 M_1，M_2 两点，对应的参数分别为 t_1，t_2.

(1) 曲线的弦 M_1M_2 的长是多少？

(2) 线段 M_1M_2 的中点 M 对应的参数 t 的值是多少？

(3) 你还能提出和解决哪些问题？

笔者给出的答案：由式 ②′，得：

(1)
$$\overrightarrow{M_0M_1}=t_1(\cos\alpha,\sin\alpha),\ |M_0M_1|=|t_1|$$

$$\overrightarrow{M_0M_2}=t_2(\cos\alpha,\sin\alpha),\ |M_0M_2|=|t_2|$$

$$|M_1M_2|=|\overrightarrow{M_1M_2}|=|\overrightarrow{M_0M_2}-\overrightarrow{M_0M_1}|=|(t_2-t_1)(\cos\alpha,\sin\alpha)|=|t_1-t_2|$$

(2) 可设点 $M_i(x_0+t_i\cos\alpha,y_0+t_i\sin\alpha)(i=1,2)$，由中点坐标公式，得

$$M\left(x_0+\frac{t_1+t_2}{2}\cos\alpha,y_0+\frac{t_1+t_2}{2}\sin\alpha\right)$$

所以线段 M_1M_2 的中点 M 对应的参数 $t=\dfrac{t_1+t_2}{2}$.

(3) 若 $\overrightarrow{M_1M}=\lambda\overrightarrow{MM_2}(\lambda\neq-1)$，则点 M 对应的参数 $t=\dfrac{t_1+\lambda t_2}{2}$. 证明如下：

由 $\overrightarrow{M_1M}=\lambda\overrightarrow{MM_2}(\lambda\neq-1)$，可得

$$\overrightarrow{M_0M}=\frac{\overrightarrow{M_0M_1}+\lambda\overrightarrow{M_0M_2}}{1+\lambda}$$

$$t(\cos\alpha,\sin\alpha)=\frac{t_1(\cos\alpha,\sin\alpha)+\lambda t_2(\cos\alpha,\sin\alpha)}{1+\lambda}=\frac{t_1+\lambda t_2}{1+\lambda}(\cos\alpha,\sin\alpha)$$

$$t=\frac{t_1+\lambda t_2}{1+\lambda}$$

例 2 的题目及其解答，及其“思考”及其解答全同上.

3. 过已知点求已知二次曲线的中点弦、非中点弦所在直线的方程

题 1 已知双曲线 $x^2-\frac{y^2}{2}=1$，过点 $P(1,1)$ 能否作一条直线 l，与双曲线交于 A,B 两点，且点 P 是线段 AB 的中点.

这是普通高中课程标准实验教科书《数学·选修 2－1·A 版》(人民教育出版社，2007 年第 2 版)(下简称《选修 2－1》) 第 62 页第 4 题，与《选修 2－1》配套使用的《教师教学用书》(人民教育出版社，2007 年第 3 版) 第 59 页给出的解答是以下解法 1.

解法 1 设点 $A(x_1,y_1)$，$B(x_2,y_2)$ 在双曲线上，且线段 AB 的中点为 $P(1,1)$.

设经过点 P 的直线 l 的方程为 $y-1=k(x-1)$，即 $y=kx+1-k$，把它代入双曲线的方程 $x^2-\frac{y^2}{2}=1$，得

$$(k^2-2)x^2-2k(k-1)x+(k-1)^2+2=0\quad(k^2-2\neq 0)\qquad ③$$

所以
$$x_P=\frac{x_1+x_2}{2}=\frac{k(k-1)}{k^2-2}=1,k=2$$

但当 $k=2$ 时，方程 ③ 为

$$2x^2-4x+3=0$$

它无实数解，所以不能作直线 l 与双曲线交于 A,B 两点，且点 P 是线段 AB 的中点.

实际上，此题用点差法更容易求解：

解法 2 假设所求的直线 l 存在，且它与双曲线的交点为 $A(x_1,y_1)$，$B(x_2,y_2)$，得

$$x_1+x_2=y_1+y_2=2$$

$$x_1{}^2-\frac{y_1{}^2}{2}=1,x_2{}^2-\frac{y_2{}^2}{2}=1$$

$$\frac{y_1-y_2}{x_1-x_2}=\frac{2(x_1+x_2)}{y_1+y_2}=2$$

得所求直线 l 的斜率 $k=2$，从而可得所求直线 l 的方程只可能是

$$2x-y-1=0$$

但容易验证该直线与双曲线没有两个不同的交点 $A(x_1,y_1)$,$B(x_2,y_2)$,所以所求的直线不存在!

笔者曾在文献[1]第 16 ~ 18 页中给出了"过哪些点能作已知双曲线的中点弦"的完整结论(对于圆、椭圆、抛物线的情形很简洁). 我们还可提出以下有意义的问题:

题 2 若过点 $P(1,1)$ 能作直线 l 与双曲线 $\Gamma: x^2-\frac{y^2}{2}=1$ 交于不同的两点 P_1,P_2 使得 $\overrightarrow{P_1P}=\lambda\overrightarrow{PP_2}(\lambda\neq-1,0)$,求 λ 的取值范围 D 及直线 l 的斜率的取值范围 D'、直线 l 的方程(此时视 $\lambda(\lambda\in D)$ 是已知数).

解 由点 $P(1,1)$ 及 $\overrightarrow{P_1P}=\lambda\overrightarrow{PP_2}(\lambda\neq-1,0)$ 知,可设 $P_1(1+\lambda-\lambda x,1+\lambda-\lambda y)$,$P_2(x,y)$,再由 $P_1,P_2\in\Gamma$,可得

$$\begin{cases}2x^2-y^2=2\\2x-y=\dfrac{3}{2}-\dfrac{1}{2\lambda}\end{cases}$$

$$2\lambda x^2+2(1-3\lambda)x+\frac{17\lambda^2-6\lambda+1}{4\lambda}=0$$

由 $\lambda\neq-1,0$ 及其判别式 $\Delta\geqslant0$,得 λ 的取值范围是

$D=(-\infty,-1)\cup(-1,0)\cup(0,3-2\sqrt{2}]\cup[3+2\sqrt{2},+\infty)$

还可得 $P_2\left(\dfrac{6\lambda-2\pm\sqrt{2\lambda^2-12\lambda+2}}{4\lambda},\dfrac{3\lambda-1\pm\sqrt{2\lambda^2-12\lambda+2}}{2\lambda}\right)$,直线 l 的斜率为

$$k=\frac{8\lambda\pm(\lambda-1)\sqrt{2\lambda^2-12\lambda+2}}{(\lambda+1)^2}\quad(\lambda\in D)\qquad④$$

所以直线 l 的方程是 $y-1=k(x-1)$(k 由式 ④ 确定).

设直线 l 的倾斜角是 $\alpha(0\leqslant\alpha<\pi)$,得直线 l 的参数方程是

$$\begin{cases}x=1+t\cos\alpha\\y=1+t\sin\alpha\end{cases}\quad(t\text{ 为参数})$$

把它代入双曲线的方程,得

$$(2\cos^2\alpha-\sin^2\alpha)t^2+(4\cos\alpha-2\sin\alpha)t-1=0$$

由"交于不同的两点 P_1,P_2",得

$$\begin{cases}2\cos^2\alpha-\sin^2\alpha\neq0\\\Delta=(4\cos\alpha-2\sin\alpha)^2+4(2\cos^2\alpha-\sin^2\alpha)=8(3\cos^2\alpha-2\sin\alpha\cos\alpha)>0\end{cases}$$

所以直线 l 的斜率 $\tan\alpha$(可证 $\tan\alpha$ 存在)的取值范围是

$$D'=(-\infty,-\sqrt{2})\cup(-\sqrt{2},\sqrt{2})\cup\left(\sqrt{2},\frac{3}{2}\right)$$

注 在题 1 中,当 $\lambda=3\pm2\sqrt{2}$ 时,均可得直线 l 的方程是 $y=x$.

题 3 （文献[2]第141题）画图表示联结函数 $y=\frac{1}{x}$ 图象上的两点之线段的中点的全体集合.

解 题意即“若过点 $P(x_0,y_0)$ 能作双曲线 $\Gamma: xy=1$ 的中点弦 P_1P_2，求点 $P(x_0,y_0)$ 满足的条件”.

可设 $P_1(2x_0-x,2y_0-y)$，$P_2(x,y)$，再由 $P_1,P_2\in\Gamma$，可得以下方程组有解 (x,y)

$$\begin{cases}xy=1\\ y_0x+x_0y=2x_0y_0\end{cases}$$

① 当 $x_0=0$ 时，得 $y_0=0$.

② 当 $x_0\neq 0$ 时，得

$$y_0x^2-2x_0y_0x+x_0=0\quad (x_0y_0\neq 0)$$

此时以上方程组有解的充要条件是该方程的判别式 $\Delta\geqslant 0$，即 $x_0y_0(x_0y_0-1)\geqslant 0(x_0y_0\neq 0)$. 又点 P_1 与 P,P_2 均不重合，得 $x_0y_0(x_0y_0-1)>0$.

所以所求的集合为 $\{(x,y)\mid xy(xy-1)>0 \text{ 或 } x=y=0\}$.（关于画图，这里略去）

（这里得到的答案与文献[2]及文献[3]的答案完全一致.）

过已知点求已知二次曲线的中点弦所在直线方程问题，已有很多的方法可以解决，比如点差法、待定系数法、对称法（详见文献[4]或文献[1]第5～6页），但对于非中点弦的情形，笔者是在《选修4－4》中首次遇到这样的问题，而该问题用上面笔者给出的解法比《教师用书》的解法要简洁.

问题 对于已知的二次曲线 $\Gamma: Ax^2+Bxy+Cy^2+Dx+Ey+F=0$，若过点 $P(x_0,y_0)$ 能作直线 l 与 Γ 交于不同的两点 P_1,P_2，且满足 $\overrightarrow{P_1P}=\lambda\overrightarrow{PP_2}(\lambda\neq -1,0)$.

(1) 当 λ 已知时求点 $P(x_0,y_0)$ 满足的条件，又当点 $P(x_0,y_0)$ 也已知时求直线 l 的方程；

(2) 当点 $P(x_0,y_0)$ 已知时，求直线 l 的斜率（当斜率存在时）的取值范围 K_λ 及 λ 的取值范围 D_λ.

解 由点 $P(x_0,y_0)$ 及 $\overrightarrow{P_1P}=\lambda\overrightarrow{PP_2}(\lambda\neq-1,0)$ 知，可设 $P_1((\lambda+1)x_0-\lambda x,(\lambda+1)y_0-\lambda y)$，$P_2(x,y)$，再由 $P_1,P_2\in\Gamma$，得

$$\begin{cases}Ax^2+Bxy+Cy^2+Dx+Ey+F=0\\ A[(\lambda+1)x_0-\lambda x]2+B[(\lambda+1)x_0-\lambda x][(\lambda+1)y_0-\lambda y]+\\ C[(\lambda+1)y_0-\lambda y]2+D[(\lambda+1)x_0-\lambda x]+\\ E[(\lambda+1)y_0-\lambda y]+F=0\end{cases}$$

即

$$\begin{cases}Ax^2+Bxy+Cy^2+Dx+Ey+F=0\\ \lambda(2Ax_0+By_0+D)x+\lambda(Bx_0+2Cy_0+E)y=\\ (\lambda+1)(Ax_0{}^2+Bx_0y_0+Cy_0{}^2)+\\ Dx_0+Ey_0+(1-\lambda)F\end{cases} \quad ⑤$$

（1）当 $\lambda(\lambda\neq-1,0)$ 已知时，点 $P(x_0,y_0)$ 满足的条件是方程组 ⑤ 有实数解 (x,y)（但要验证此解满足 $\lambda\neq-1,0$，即点 P_1 与 P,P_2 均不重合）；若此时方程组 ⑤ 有实数解 $(x,y)=(s,t)$，由两已知点 $P(x_0,y_0),P_2(s,t)$（可得 P,Q 是不重合的两点）可求出直线 l 的方程.

（2）当点 $P(x_0,y_0)$ 已知时，λ 的取值范围 D_λ 由方程组 ⑤ 有实数解 (x,y) 及 $\lambda\neq-1,0$ 来确定.

当点 $P(x_0,y_0)$ 已知时，设方程组 ⑤ 的实数解是 $(x,y)=(s(\lambda),t(\lambda))$，则当直线 l 的斜率 k 存在时，得

$$k=\frac{t(\lambda)-y_0}{s(\lambda)-x_0}\quad(\lambda\in D_\lambda)$$

该函数的值域就是 K_λ（当方程组 ⑤ 有多组实数解时，K_λ 应当是得到的多个函数值域的并集）. 但这样求解 K_λ 很麻烦，下面用直线的参数方程来简洁求解 K_λ.

设直线 l 的倾斜角是 $\alpha(0\leqslant\alpha<\pi)$，得直线 l 的参数方程是

$$\begin{cases}x=x_0+t\cos\alpha\\ y=y_0+t\sin\alpha\end{cases}\quad(t\text{ 为参数})$$

把它代入曲线 Γ 的方程，得

$$(A\cos^2\alpha+B\sin\alpha\cos\alpha+C\sin^2\alpha)t^2+[(2Ax_0+By_0+D)\cos\alpha+(Bx_0+2Cy_0+E)\sin\alpha]t+Ax_0{}^2+Bx_0y_0+Cy_0{}^2+Dx_0+Ey_0+F=0$$

由“交于不同的两点 P_1,P_2”，得

$$\begin{cases}A\cos^2\alpha+B\sin\alpha\cos\alpha+C\sin^2\alpha\neq0\\ \Delta=[(2Ax_0+By_0+D)\cos\alpha+(Bx_0+2Cy_0+E)\sin\alpha]2-\\ \quad 4(Ax_0{}^2+Bx_0y_0+Cy_0{}^2+Dx_0+Ey_0+F)(A\cos^2\alpha+\\ \quad B\sin\alpha\cos\alpha+C\sin^2\alpha)>0\end{cases}$$

由此容易求出 K_λ（求法可见上面题 2 的解法）.

由本文的方法容易解决文献[3]末提出的问题 3.

参考文献

[1] 甘志国. 初等数学研究(Ⅱ)(下)[M]. 哈尔滨：哈尔滨工业大学出版社，2009.

[2] 李吉桂，曾畅. 日本各大学历年入学试题集数学题解（上册）[M]. 广州：科学普及出版社广州分社，1981.

[3] 阮太安. 再谈双曲线的中点弦问题[J]. 中学数学杂志，2011(5)：29.

[4] 甘志国. 对一道高考题的研究[J]. 数学通讯，2005(22)：21.

§16　对人教版教科书《数学1·必修·A版》的几点建议

笔者在使用普通高中课程标准实验教科书《数学1·必修·A版》(人民教育出版社,2007年第2版)(下简称《必修1》)进行教学时,也仔细研读了该书,现对该书提出几点建议(多是对一些语句上的推敲),不当之处,敬请读者批评指正.

1. 对"本书部分数学符号"的建议

(1) 把第二行中的"y不是集合A的一个元素"改为"y不是集合A的元素";

(2) 第四行中的"$\{x \in A \mid p(x)\}$　使命题$p(x)$为真的A中诸元素之集合"应改为"$\{x \in A \mid p(x)\}$满足条件$p(x)$的A中诸元素的集合",因为$\{x \in \mathbf{R} \mid x < 10\}$中的"$x < 10$"不是命题(命题是可以判断真假的语句)只是一个条件.并且最好改为"$\{x \mid p(x)\}$满足条件$p(x)$的诸元素的集合",理由见下文"3 集合$\{x \in \mathbf{R} \mid x < 10\}$的含义有歧义".

(3) 倒数第四行中的"$[a,b)$　$\mathbf{R}$中由a(含于内)到b的右半开区间"及倒数第三行中的"$(a,b]$　$\mathbf{R}$中由a到b(含于内)的左半开区间"含义不清(比如,何谓左半开区间),建议参照《必修1》第17页半开半闭区间的定义"满足不等式$a \leqslant x < b$或$a < x \leqslant b$的实数x的集合叫作半开半闭区间,分别表示为$[a,b)$,$(a,b]$"可把它们分别改述为"$[a,b)$　$\mathbf{R}$中由a(含于内)到b的半开半闭区间"、"$(a,b]$　$\mathbf{R}$中由a到b(含于内)的半开半闭区间"(不知能否分别改述为"$[a,b)$　$\mathbf{R}$中由a到b的左开右闭区间"、"$(a,b]$　$\mathbf{R}$中由a到b的左闭右开区间").另外,很容易把这里定义中的"满足不等式$a \leqslant x < b$或$a < x \leqslant b$的实数x的集合"理解成"$\{x \mid a \leqslant x < b$或$a < x \leqslant b\}$",所以建议把此定义改述为"把分别满足不等式$a \leqslant x < b$,$a < x \leqslant b$的实数$x$的集合均叫作半开半闭区间,可分别表示为$[a,b)$,$(a,b]$".

(4) 把倒数第二行"$f(x)$　函数f在x的值"改为"$f(x)$　数x在对应关系f下对应的值"(见《必修1》第16页函数的定义),因为"函数f"的说法不对(f是对应关系,只是函数的三要素"定义域、对应关系和值域"(见《必修1》第18页)之一),语句"函数在x的值"也不通顺,应为"函数在自变量取x时的值".

因为数集是由一些数组成的集合,所以数集一定是非空集合.因而建议把

《必修 1》第 16 页函数的定义“设 A,B 是非空的数集，如果按照某种确定的对应关系 f，使对于集合 A 中的任意一个数 x，在集合 B 中都有唯一确定的数 $f(x)$ 和它对应，那么就称 $f:A\to B$ 为从集合 A 到集合 B 的一个函数”改述为“如果按照某种确定的对应关系 f，使对于数集 A 中的任意一个元素 x，在数集 B 中都有唯一确定的元素 $f(x)$ 和它对应，那么就称 $f:A\to B$ 为从数集 A 到数集 B 的一个函数”.

(5) 把最后一行“$f:A\to B$　集合 A 到集合 B 的映射”改为“$f:A\to B$　集合 A 到集合 B 的对应关系是 f 的映射”(见《必修 1》第 22 页映射的定义).

2. 把“素数”改为“质数”

《必修 1》第 $2\sim5$ 页中有五处出现了“素数”，建议把它们都改为“质数”. 因为高一新生对“素数”都不熟悉(小学《数学》课本中只提质数，未提素数).

3. 集合 $\{x\in\mathbf{R}|x<10\}$ 的含义有歧义

《必修 1》第 4 页写道：“不等式 $x-7<3$ 的解集可以表示为 $\{x\in\mathbf{R}|x<10\}$”，笔者认为这样表示不妥：因为集合 $\{x\in\mathbf{R}|x<10\}$ 的代表元是“$x\in\mathbf{R}$”，所以该集合应当表示满足条件 $x<10$ 的所有关系式 $x\in\mathbf{R}$ 组成的集合 $\{5.01\in\mathbf{R},\cdots,5.1\in\mathbf{R},\cdots,6\in\mathbf{R},\cdots,7\in\mathbf{R},\cdots\}$，与“不等式 $x-7<3$ 的解集”完全不同，所以笔者认为还是用 $\{x\mid x\in\mathbf{R}$ 且 $x<10\}$ 或 $\{x\mid x<10\}$ 表示不等式 $x-7<3$ 的解集为好.

当然，《必修 1》中像这样的表述还很多，建议均作以上改述.

4. 对第 4 页“描述法”中两处叙述的改动

(1) 把“我们不能用列举法表示不等式 $x-7<3$ 的解集，因为这个集合中的元素是列举不完的”改述为“我们不能把不等式 $x-7<3$ 的解集中的所有元素逐一列举出来”：因为可数集合 $\mathbf{N}$ 的所有元素也是列举不完的，只能用 $\{0,1,2,\cdots,n,\cdots\}$ 表示 $\mathbf{N}$，但并未列举完 $\mathbf{N}$ 的所有元素.

(2) 把“任何一个奇数都可以表示为 $x=2k+1(k\in\mathbf{Z})$ 的形式. 所以，我们可以把所有奇数的集合表示为 $E=\{x\in\mathbf{Z}\mid x=2k+1,k\in\mathbf{Z}\}$”改述为“任何一个奇数都可以表示为 $x=2k+1(k\in\mathbf{Z})$ 的形式，且形如 $2k+1(k\in\mathbf{Z})$ 的数都是奇数. 所以，我们可以把由所有奇数组成的集合表示为 $E=\{x\mid x=2k+1,k\in\mathbf{Z}\}$”.

5. 应强调“倍数包括负倍数和 0，约数包括负约数”

《必修 1》第 7 页第 3(1)，(3) 题分别是判断集合“$A=\{1,2,4\}$，$B=\{x\mid x$

是 8 的约数}”、“$A=\{x \mid x$ 是 4 与 10 的公倍数,$x \in \mathbf{N}_+\}$,$B=\{x \mid x=20m, m \in \mathbf{N}_+\}$”之间的关系.既然这里将“$x$ 是 4 与 10 的公倍数”与“$x \in \mathbf{N}_+$”在同一个集合中列出,那就说明倍数指整数倍数(不仅仅指正倍数),由此可推知约数指非零整数约数(不仅仅指负约数).这与著名数学家谷超豪主编的《数学词典》(1992 年上海辞书出版社)第 6 页的定义“如果整数 a 能被整数 b 整除,即存在一个整数 q,使得 $a=bq$,则 a 称为 b 和 q 的倍数,b 和 q 都称为 a 的一个约数,亦称因数或因子”完全一致.小学《数学》是在正整数范围内讲述约数、倍数、整除的概念的,到了中学,因为学习了负数,所以约数、倍数、整除的概念也应随之推广,但初中《数学》中未提及这些概念,而高一新生对这些概念的推广可能不清楚,所以《必修 1》在此题中应注明“学习了有理数之后,约数、倍数应在整数范围内研究(不能仅仅在正整数范围内研究)”.

但全日制普通高级中学教科书(必修)《数学·(第一册(下)》(2006 年人民教育出版社)第 5 页的脚注是“如果没有特别说明,本书所提的约数指的都是正约数”,这是不科学的,不应当有此错误的约定,反而应有上述强调.

6. 建议把第 18 页“例 2　下列函数中哪个与函数 $y=x$ 相等”中的“哪个”改成“哪些”(因为“哪个”就是“哪一个”,而在解答之前不能确定答案是唯一的)

7. 第 24 ~ 25 页习题 1.2 中的 A 组第 8 题及 B 组第 2 题的答案有误

《必修 1》第 24 页的第 8 题是:

如图 1,矩形的面积为 10,如果矩形的长为 x,宽为 y,对角线长为 d,周长为 l,那么你能获得关于这些量的哪些函数?

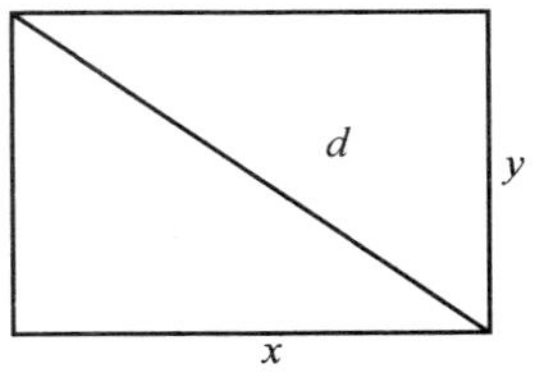

图 1

《教师用书 1》第 22 页给出的答案是:

例如,$y=\dfrac{10}{x}(x>0)$,$l=2x+\dfrac{10}{x}(x>0)$,$l=2\sqrt{d^2+20}(d>0)$.

这里要指出答案中的“$l=2\sqrt{d^2+20}(d>0)$”定义域“$d>0$”不对,应为“$d \geqslant 2\sqrt{5}$”;通常认为矩形的长不小于宽,所以答案中的“$y=\dfrac{10}{x}(x>0)$,$l=2x+\dfrac{10}{x}(x>0)$”定义域“$x>0$”均不对,均应为“$x \geqslant \sqrt{10}$”.

下面给出本题的全部答案(所求函数有 $A_4^2=12$ 个):

(1) 由 $xy=10(x \geqslant y)$,得两个函数:①$y=\dfrac{10}{x}(x \geqslant \sqrt{10})$,②$x=\dfrac{10}{y}(0<$

$y \leqslant \sqrt{10}$).

(2) 由 $xy=10(x \geqslant y)$ 及 $d^2=x^2+y^2$,得四个函数:③$d=\dfrac{\sqrt{x^4+100}}{x}(x \geqslant \sqrt{10})$,④$x=\dfrac{1}{2}\sqrt{2d^2+2\sqrt{d^4-400}}\ (d \geqslant 2\sqrt{5})$(由 ③ 并注意 $d^2=x^2+y^2 \leqslant 2x^2$ 得),⑤$d=\dfrac{\sqrt{y^4+100}}{y}(0<y \leqslant \sqrt{10})$,⑥$y=\dfrac{1}{2}\sqrt{2d^2-2\sqrt{d^4-400}}\ (d \geqslant 2\sqrt{5})$.

(3) 由 $xy=10(x \geqslant y)$ 及 $l=2x+2y$,得四个函数:⑦$l=2x+\dfrac{20}{x}(x \geqslant \sqrt{10})$,⑧$x=\dfrac{l+\sqrt{l^2-160}}{4}(l \geqslant 4\sqrt{10})$(由 ⑦ 并注意 $l \leqslant 4x$ 得),⑨ $l=2y+\dfrac{20}{y}(0<y \leqslant \sqrt{10})$,⑩$y=\dfrac{l-\sqrt{l^2-160}}{4}(l \geqslant 4\sqrt{10})$.

(4) 由 ④⑥ 及 $l=2x+2y$,得两个函数:⑪$l=2\sqrt{d^2+20}\ (d \geqslant 2\sqrt{5})$,⑫$d=\dfrac{1}{2}\sqrt{l^2-80}\ (l \geqslant 4\sqrt{10})$.

若不认为"矩形的长不小于宽",本题的全部答案也为 12 个函数:解析式同上,但上面定义域"$x \geqslant \sqrt{10}$"、"$0<y \leqslant \sqrt{10}$"应分别改为"$x>0$"、"$y>0$",其余不变.

注 以上推理中要用到均值不等式"若 $a,b \in \mathbf{R}_+$,则$\dfrac{a+b}{2} \geqslant \sqrt{ab}$(当且仅当 $a=b$ 时取等号)",它可由$(\sqrt{a}-\sqrt{b})^2 \geqslant 0$ 推得;以上失误进一步提醒我们,在求函数的定义域、值域等取值范围的题时,范围一定要精确,不能多也不能少.建议把题目中的"矩形的长为 x,宽为 y"改为"矩形的相邻两边长分别为 x,y".

《必修 1》第 25 页的第 2 题是:

画出定义域为$\{x \mid -3 \leqslant x \leqslant 8$,且 $x \neq 5\}$,值域为$\{y \mid -1 \leqslant y \leqslant 2$,且 $y \neq 0\}$ 的一个函数的图象.

(1) 将你的图象与其他同学的相比较,有什么差别吗?

(2) 如果平面直角坐标系中点 $P(x,y)$ 的坐标满足 $-3 \leqslant x \leqslant 8$,$-1 \leqslant y \leqslant 2$,那么其中哪些点不能在图象上?

《教师用书 1》第 23 页给出的答案是:

两个典型函数的图象如图 2 所示:

(1) 略.

(2) 点$(x,0)$ 和$(5,y)$,即纵坐标为 0 或横坐标为 5 的点不在图象上.

这里要指出的是第(2) 问的答案不对.

第(2) 问与第(1) 问无关,是在大前提"画出定义域为$\{x \mid -3 \leqslant x \leqslant 8$,且

$x \neq 5\}$，值域为$\{y \mid -1 \leqslant y \leqslant 2$，且 $y \neq 0\}$ 的一个函数的图象”下求解的. 在平面直角坐标系中满足 $-3 \leqslant x \leqslant 8$，$-1 \leqslant y \leqslant 2$ 的点 $P(x,y)$ 的集合是图 3 中的矩形区域 $ABCD$，当画出的一个函数的图象确定后，该矩形区域中有很多点不能在图象上. 而以上答案只说该矩形区域中的线段 EF，GH 上的点不能在图象上，显然不对.

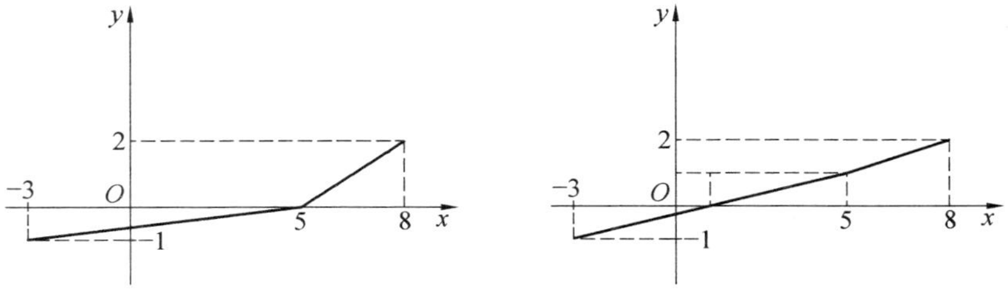

图 2

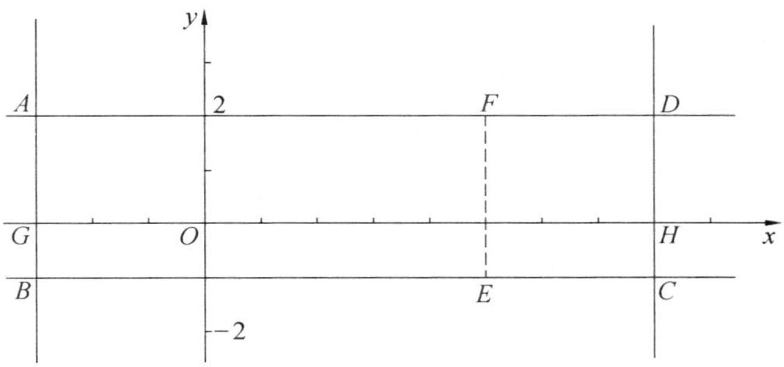

图 3

建议把第(2) 问改为“(2) 对于满足题设的任一个图象，平面直角坐标系中满足 $-3 \leqslant x \leqslant 8$，$-1 \leqslant y \leqslant 2$ 的点 $P(x,y)$ 中的哪些点一定不在图象上？”(答案同《教师用书 1》)

8. 如何写一个函数的单调区间

《必修 1》第 29 页给出了“单调区间”的定义及相应例题：

如果函数 $y=f(x)$ 在区间 D 上是增函数或减函数，那么就说函数 $y=f(x)$ 在这一区间具有(严格的) 单调性，区间 D 叫作 $y=f(x)$ 的单调区间.

例 1 图 4 是定义在区间$[-5,5]$上的函数 $y=f(x)$，根据图象说出函数的单调区间，以及在每一单调区间上，它是增函数还是减函数？

解 函数 $y=f(x)$ 的单调区间有$[-5,-2)$，$[-2,1)$，$[1,3)$，$[3,5]$. 其中 $y=f(x)$ 在区间$[-5,-2)$，$[1,3)$ 上是减函数，在区间$[-2,1)$，$[3,5]$ 上是增函数.

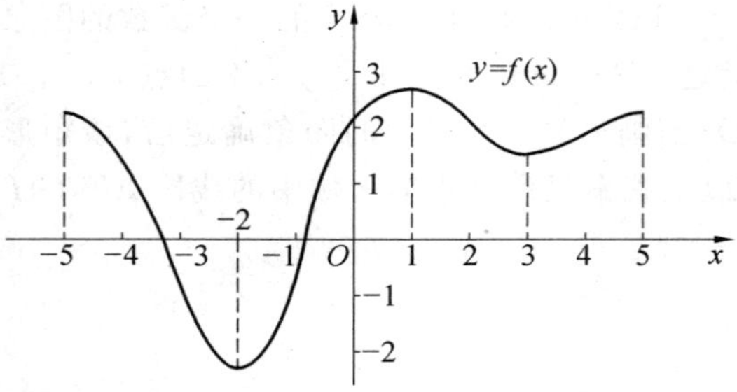

图 4

笔者认为:由单调区间的定义知,当区间 D 是函数 $f(x)$ 的单调区间时,若区间 $D_0 \subseteq D$(此时区间 D_0 叫作区间 D 的子区间),则区间 D_0 也是函数 $f(x)$ 的单调区间. 因为区间 D 的子区间有无数个,所以写一个函数的单调区间时,有无数种答案.

所以,建议《必修 1》中明确规定:写一个函数的单调区间时应使单调区间最大,但单调区间是开区间、闭区间、半开半闭区间还是无限区间(指区间中含有“∞” 的区间) 不作严格要求,只要满足单调区间的定义即可.

9. 第 25 页的第 4 题可以再增加设问

《必修 1》第 25 页第 4 题是一道生活背景很强且应用广泛的实际问题,但若在第(1) 问末再添上“并求 t 的最小值”,则实际意义更强. 对此题的深入研究请读者阅读拙文[1].

10. 第 39 页第 6 题的简洁答案

《必修 1》第 39 页第 6 题是:

已知函数 $f(x)$ 是定义在 $\mathbf{R}$ 上的奇函数,当 $x \geqslant 0$ 时,$f(x)=x(1+x)$. 画出函数 $f(x)$ 的图象,并求出函数的解析式.

《教师用书 1》第 33 页给出的答案是:图略,函数 $f(x)$ 的解析式为

$$f(x)=\begin{cases} x(1+x) & (x \geqslant 0) \\ x(1-x) & (x < 0) \end{cases}$$

由此可得本题的更简洁答案:函数 $f(x)$ 的解析式为 $f(x)=x(1+|x|)$ $(x \in \mathbf{R})$.

从而,可得本题的一种简洁解法 —— 验证法:

因为奇函数 $f(x)=x(1+|x|)(x \in \mathbf{R})$ 满足题设的条件“当 $x \geqslant 0$ 时,$f(x)=x(1+x)$”,又由奇函数的图象关于原点对称知满足题设的函数 $f(x)$ 的图象是唯一存在的,所以满足题设的函数 $f(x)$ 也是唯一存在的,所以

$f(x)=x(1+|x|)(x\in \mathbf{R})$ 就是所求函数的解析式.

11. 第 40 页的一处改动

《必修 1》第 40 页第四、五行中的"圆柱体的体积和表面积是其半径的函数，流体膨胀的体积是温度的函数，运动物体的路程是时间的函数"应改为"高一定的圆柱体的体积和表面积是其底面半径的函数，质量一定的流体膨胀的体积是温度的函数，速度一定的运动物体运动的路程是时间的函数".

12. 第 45 页第 2 题应作改动

《必修 1》第 45 页第 2 题是：已知非空集合 $A=\{x\in \mathbf{R}\,|\,x^2=a\}$，试求实数 a 的取值范围.

因为题目中的"集合 $A=\{x\in \mathbf{R}\,|\,x^2=a\}$"可以等价转化为"集合 $A=\mathbf{R}$"，也可以等价转化为"$A=\{x\in \mathbf{R}\,|\,x^2=b\}$"，这样均将无法求出实数 a 的取值范围. 建议将本题改为(或者删去此题)：化简集合 $\{a\,|\,a=x^2, x\in \mathbf{R}\}$.

13. 第 49 页的"2.1.1　指数与指数幂的运算"应改为"2.1.1　指数与幂的运算"(因为没有"指数幂"这个概念，只有"正整数指数幂"等概念)

14. 第 54 页第 2(1) 题的答案应为 $|x|^{\frac{2}{3}}$

《必修 1》第 54 页第 2(1) 题是：用分数指数幂表示 $\sqrt[3]{x^2}$，《教师用书 1》第 55 页给出的答案是 $x^{\frac{2}{3}}$.

笔者认为，《必修 1》只讲述了底数为非负数的分数指数幂，而未涉及负数的分数指数幂(这样处理也很合适)，所以该题的答案应为 $|x|^{\frac{2}{3}}$.(这种观点笔者在《数学通讯》2006 年第 9 期的《争鸣(问题 112)》中阐述过，但至今没有读者对此作出评析.)

15. 何谓指数型函数

《必修 1》第 58 页写道："形如 $y=ka^x(k\in \mathbf{R}$，且 $k\neq 0$；$a>0$，且 $a\neq 1)$ 的函数是一种指数型函数，这是非常有用的函数模型."由此知，何谓指数型函数并不清楚，这里只是给出了一种指数型函数.

《必修 1》第 82 页第 9(1) 题是：

牛奶保鲜时间因储藏时温度的不同而不同，假定保鲜时间与储藏温度间的关系为指数型函数. 若牛奶放在 0 ℃ 的冰箱中，保鲜时间约是 192 h，而在 22 ℃

的厨房中则约是 42 h. 写出保鲜时间 y(单位:h) 关于储藏温度 x(单位:℃) 的函数解析式.

《教师用书 1》第 70 页给出的答案是:

设保鲜时间 y 关于储藏温度 x 的函数解析式为 $y=ka^x$,所以,保鲜时间 y 关于储藏温度 x 的函数解析式为 $y=192\times 0.93^x$.

但这里认为指数型函数就是形如 $y=ka^x(k\in\mathbf{R}$,且 $k\neq 0;a>0$,且 $a\neq 1)$ 的函数,笔者认为不对,且认为指数型函数应当是"形如 $y=ka^x+b(k,b\in\mathbf{R}$,且 $k\neq 0;a>0$,且 $a\neq 1)$ 的函数",《必修 1》第 106 页第 2 题中就给出了函数模型 $y=pq^x+r$. 建议把上述第 9(1) 题中的"关系为指数型函数"改为"关系为指数型函数 $y=ka^x+b$".

《教师用书 1》第 3.2 节"函数模型及其应用"中也没有明确给出幂、指、对函数模型的确切含义,笔者认为可能是这样的:

形如 $y=k\cdot x^\alpha+b,y=ka^x+b,y=k\log_a x+b(k,b,\alpha\in\mathbf{R}$,且 $k\alpha\neq 0;a>0$,且 $a\neq 1)$ 的函数分别叫作幂、指、对函数模型.

另外,建议把《必修 1》第 57 页"例 8　截止到 1999 年底,我国人口约 13 亿. 如果今后能将人口年平均增长率控制在 1%,那么经过 20 年后,我国人口数最多为多少(精确到亿)?"中的"最多"两字去掉或把"控制在 1%"该为"控制为不超过 1%".

16. 建议把第 62 页倒数第二行开头的"当 $a>0,a\neq 1$ 时"改为"当 $a>0$,且 $a\neq 1$ 时"(因为《必修 1》的其他地方都是这样的)

17. 巧设妙解第 67 页的例 6

《必修 1》第 67 页的例 6 是:

生物机体内碳 14 的"半衰期"为 5 730 年,湖南长沙马王堆汉墓女尸出土时碳 14 的残余量约占原始含量的 76.7%,试推算马王堆古墓的年代.

解　我们先推算生物死亡 t 年后每克组织中的碳 14 含量. 设生物体死亡时,体内每克组织中的碳 14 的含量为 1,1 年后的残留量为 x,由于死亡机体中原有的碳 14 按确定的规律衰减,所以生物体的死亡年数 t 与其体内每克组织的碳 14 含量 P 有如下关系:

死亡年数 t	1	2	3	…	t	…
碳 14 含量 P	x	x^2	x^3	…	x^t	…

因此,生物死亡 t 年后体内碳 14 的含量 $P=x^t$.

由于大约每经过 5 730 年,死亡生物体的碳 14 含量衰减为原来的一半,所

以

$$\frac{1}{2}=x^{5\,730}$$

于是

$$x=\sqrt[5\,730]{\frac{1}{2}}=\left(\frac{1}{2}\right)^{\frac{1}{5\,730}}$$

这样生物死亡 t 年后体内碳 14 的含量 $P=\left(\frac{1}{2}\right)^{\frac{t}{5\,730}}$.

由对数与指数的关系,指数式 $P=\left(\frac{1}{2}\right)^{\frac{t}{5\,730}}$ 可写成对数式

$$t=\log_{\sqrt[5\,730]{\frac{1}{2}}}P$$

湖南长沙马王堆汉墓女尸中碳14的残留量约占原始含量的76.7%,即 $P=0.767$,那么

$$t=\log_{\sqrt[5\,730]{\frac{1}{2}}}0.767$$

由计算器可得

$$t\approx 2\,193$$

所以,马王堆古墓是近 2 200 年前的遗址.

学生难以理解以上解答,下面给出一种巧设妙解:

由生物机体内碳 14 的"半衰期"为 5 730 年,得生物体的死亡年数是 $5\,730n$ 年(可以理解为 n 个 5 730 年)时其体内碳 14 的含量 $P=\left(\frac{1}{2}\right)^{n}=0.767$.

所以 $n=\log_{\frac{1}{2}}0.767$,$5\,730n=5\,730\log_{\frac{1}{2}}0.767\approx 2\,193$,即马王堆古墓是近 2 200 年前的遗址.

18. 第 69 页倒数第五段末的"0 ～ 90°"应改为"0° ～ 90°"

19. 对 3.1 节"函数与方程"的若干建议

(1) 第 88 页黑体字这一段末的"这个 c 也就是方程 $f(x)=0$ 的根"应改为"…… 的一个根".

(2) 第 90 页的"用二分法求函数 $f(x)$ 零点近似值的步骤"应改为"用二分法求函数 $f(x)$ 的一个零点近似值的步骤",因为当 $f(a)\cdot f(b)<0$ 时,函数 $f(x)$ 在 (a,b) 上的零点可以有三个,而用该步骤一次只能求出一个.

(3) 第 92 页第 1 题是多选题,最好改成填空题(因为目前的数学选择题都是单选题),即把题干后的"(　　)"改成"________".

(4) 第 92 页第 2 题中的"函数 $f(x)$ 在哪几个区间内有零点"应改为"函数 $f(x)$ 在哪几个区间内一定有零点",因为函数 $f(x)$ 在区间(1,2)内可能有零点

也可能没有零点.

(5) 第 93 页第 3 题第(1) 问的条件“$g(x)=2-[f(x)]^2$”应作为总的已知条件,否则第(2),(3) 问无法解答.

20. 关于第 98 页练习第 2 题的答案

《教师用书 1》第 95 页给出的《必修 1》第 98 页练习第 2 题的解答是:

设第 1 轮病毒发作时有 $a_1=10$ 台被感染,第 2 轮,第 3 轮 …… 依次有 a_2 台,a_3 台 …… 被感染,依题意有

$$a_5=10\times 20^4=160$$

答:在第 5 轮病毒发作时会有 160 万台被感染.

显然,这里的“$=160$”应改为“$=160$ 万”.

21. 订正第 101 页的一处错误

《必修 1》第 101 页有以下叙述:

综上所述,在区间$(0,+\infty)$上,尽管函数 $y=a^x(a>1)$,$y=\log_a x(a>1)$和 $y=x^n(n>0)$ 都是增函数,但它们的增长速度不同,而且不在同一个“档次”上.随着 x 的增大,$y=a^x(a>1)$ 的增长速度越来越快,会超过并远远大于 $y=x^n(n>0)$ 的增长速度,而 $y=\log_a x(a>1)$ 的增长速度则会越来越慢.因此,总会存在一个 x_0,当 $x>x_0$ 时,就有$\log_a x<x^n<a^x$.

笔者认为,以上叙述中的“$\log_a x(a>1)$”均应改为“$\log_b x(b>1)$”,因为以上文字想阐述的意思就是《必修 1》第 111 页倒数第三段末的文字“直线上升、指数爆炸、对数增长”的意思(若对数函数、幂函数、指数函数都是增函数,则当自变量大到一定程度时,这三个函数的增长速度一个比一个快),所以以上叙述中并不需要限定对数函数的底数与指数函数的底数一致.

这一页的头三段话中所有的“$\log_a x(a>1)$”也均应改为“$\log_b x(b>1)$”,探究中的“$\log_a x(0<a<1)$”也均应改为“$\log_b x(0<b<1)$”.

还建议该教科书第 98 ~ 99 页中的“下面,我们不妨先以函数 $y=2^x$,$y=x^2$,$y=\log_2 x$ 为例进行研究 ……”改为“下面,我们不妨先以函数 $y=1.1^x$,$y=x^2$,$y=\log_{1.01}x$ 为例进行研究 ……”(后文也应作相应改动).

22. 第 107 页第 1 题的答案有误

《教师用书 1》第 97 ~ 98 页给出《必修 1》第 107 页第 1 题的解答中的“$d=kf+b$”应改为“$f=kd+b$”,答案“$d=14.4f-0.2$”应改为“$f=14.4d-0.2$”.

23. 对第 107 页第 3 题答案的疑问

《必修 1》第 107 页第 3 题是:

某人开汽车以 60 km/h 的速率从 A 地到 150 km 远处的 B 地，在 B 地停留 1 h 后，再以 50 km/h 的速率返回 A 地. 把汽车与 A 地的距离 x km 表示为时间 t h(从 A 地出发时开始) 的函数，并画出函数的图象；再把车速 v km/h 表示为时间 t h 的函数，并画出函数的图象.

《教师用书 1》第 98 ～ 99 页给出的答案是：

(1)
$$x=\begin{cases}60t & 0\leqslant t\leqslant \frac{5}{2}\\ 150 & \frac{5}{2}<t\leqslant \frac{7}{2}\\ 150-50\left(t-\frac{7}{2}\right) & \frac{7}{2}<t\leqslant \frac{13}{2}\end{cases}$$

(2)
$$v=\begin{cases}60 & 0\leqslant t\leqslant \frac{5}{2}\\ 0 & \frac{5}{2}<t\leqslant \frac{7}{2}\\ 50 & \frac{7}{2}<t\leqslant \frac{13}{2}\end{cases} \qquad ①$$

图略.

注 编号 ① 为笔者所加.

笔者对分段函数 ① 提出疑问：为什么 $t=\frac{5}{2}$ 时的瞬时速率是 60 而不是 0 呢？为什么 $t=\frac{7}{2}$ 时的瞬时速率是 0 而不是 50 呢？(这种观点笔者在《数学通讯》2007 年第 11 期的《争鸣(问题 139)》中阐述过，但至今没有读者对此作出评析.)

24. 对第 112 ～ 113 页第 8 题答案的完善

《必修 1》第 112 ～ 113 页第 8 题是：

某种放射性元素的原子数 N 随时间 t 的变化规律是 $N=N_0e^{-\lambda t}$，其中 N_0，λ 是正的常数.

(1) 说明函数是增函数还是减函数；

(2) 把 t 表示为原子数 N 的函数；

(3) 求当 $N=\frac{N_0}{2}$ 时，求 t 的值.

《教师用书 1》第 102 页给出的第(2) 问的答案是：$t=-\frac{1}{\lambda}\ln\frac{N}{N_0}$.

笔者认为解答此问时应注明函数的定义域(解决应用题时更是如此)：

由 $N=N_0e^{-\lambda t}(t\geqslant 0)$，得 $0<N\leqslant N_0$. 所以第(2)问的答案应当是：$t=-\frac{1}{\lambda}\ln\frac{N}{N_0}(0<N\leqslant N_0)$.

参考文献

[1] 甘志国.对人教社教科书《数学·A版必修①》中一道习题的研究性学习[J].中学数学教学，2009(6)：4-5.

§17　对人教版教科书《数学 2・必修・A 版》的几点建议

笔者在使用普通高中课程标准实验教科书《数学 2・必修・A 版》(人民教育出版社,2007 年第 3 版)(下简称《必修 2》)进行教学时,也仔细研读了该书,现对该书提出几点建议,不当之处,敬请读者批评指正.

1. 关于第 25 页例 2

《必修 2》第 25 页的例 2 是:

例 2　如图 1,一个圆台形花盆盆口直径为 20 cm,盆底直径为 15 cm,底部渗水圆孔直径为 1.5 cm,盆壁长 15 cm. 为了美化花盆的外观,需要涂油漆. 已知每平方米用 100 ml 油漆,涂 100 个 这样的花盆需要多少油漆(π 取 3.14,结果精确到 1 ml,可用计算器)?

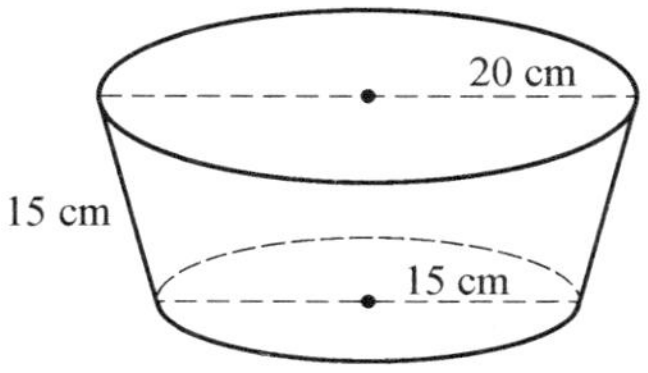

图 1

笔者认为,对于图 1 的花盆,"为了美化花盆的外观,需要涂油漆",一般认为只涂盆壁(因为盆底与地面接触,所以盆底涂不涂油漆,不会影响花盆的外观),而《必修 2》是按盆底也涂油漆来解答的,所以建议把题中的"需要涂油漆"改为"需要涂油漆(涂花盆的外表面)",这样题意就很清楚了.

2. 第 29 页第 1 题的答案有误

《必修 2》第 29 页的第 1 题是:

1. 图 2 是一个奖杯的三视图,试根据奖杯的三视图计算它的表面积和体积(尺寸如图,单位:cm,π 取 3.14,结果精确到 1 cm^3(笔者注:应把"精确到 1 cm^3"改为"分别精确到 1 cm^2,1 cm^3"),可用计算器).

与《必修 2》配套使用的《教师教学用书》(下简称《教师用书 2》)第 15 页给出的答案是:

由奖杯的三视图,我们知道,奖杯的上部是直径为 4 cm 的球;中部是一个四棱柱,其中上、下底面是边长分别为 8 cm,4 cm 的矩形,四个侧面中的两个侧面是边长分别为为 20 cm,8 cm 的矩形,另两个侧面是边长分别为为 20 cm,4 cm 的矩形;下部是一个四棱台,其中上底面是边长分别为 10 cm,8 cm 的矩形,下底面是边长分别为 20 cm,16 cm 的矩形,直棱台(笔者注:应把"直棱台"改为"四棱台")的高为 2 cm,因此它的表面积和体积分别为 1 193 cm^2,1 067 cm^3.

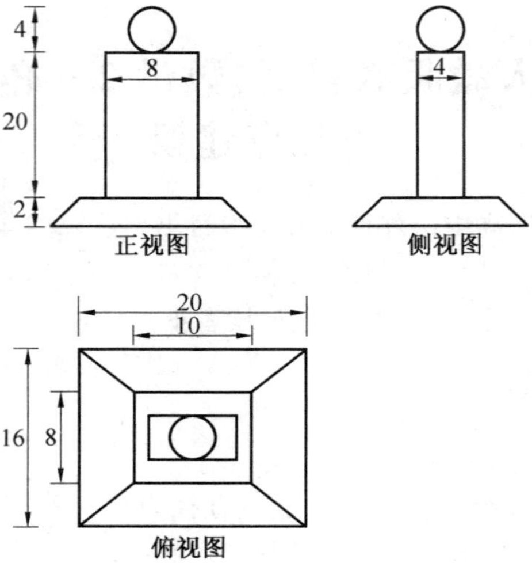

图 2

笔者已经计算过，本题的答案应当是“表面积和体积分别为 1 194 cm^2，1 047 cm^3”，计算过程如下

$$V=V_{球}+V_{柱}+V_{台}=\frac{\pi}{6}\times 4^3+8\times 4\times 20+\frac{1}{3}[10\times 8+\sqrt{(10\times 8)\times(16\times 20)}+16\times 20]\times 2=\frac{32}{3}\pi+640+\frac{1\ 120}{3}\approx 1\ 047\ cm^3$$

下面求表面积 $S_{表}=S_{球}+S_{柱侧}+S_{台}$，易知 $S_{球}=\pi\times 4^2=16\pi$，$S_{柱侧}=2\times(8+4)\times 20=480$，再来求 $S_{台}$，关键是要求棱台侧面（是等腰梯形）的高（叫棱台的斜高）：

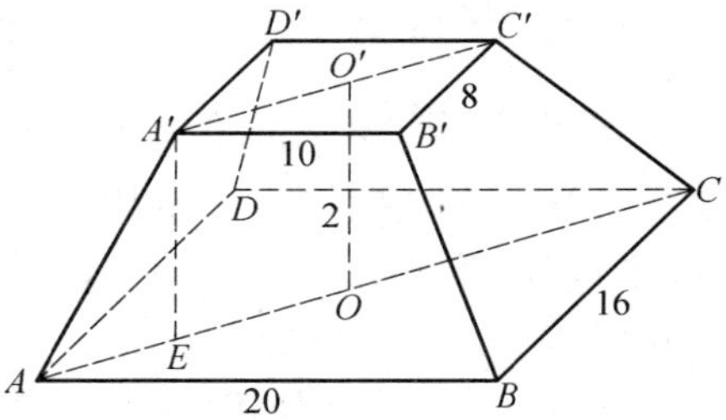

图 3

如图 3，设奖杯的下部是棱台 $A'B'C'D'-ABCD$，$A'B'=10$，$B'C'=8$，$AB=20$，$BC=16$（单位：cm，下同），设矩形 $A'B'C'D'$，$ABCD$ 的中心分别是点 O'，O，则 $O'O=2$. 在直角梯形 $A'O'OA$ 中，$A'O'=\sqrt{41}$，$AO=2\sqrt{41}$，所以 $AA'=BB'=3\sqrt{5}$，可再算得梯形 $A'B'BA$，$B'C'CB$ 的高分别是 $2\sqrt{5}$，$\sqrt{29}$，所以

$$S_{台}=8\times 10+16\times 20+\left[\frac{1}{2}(10+20)\times 2\sqrt{5}+\frac{1}{2}(8+16)\times\sqrt{29}\right]\times 2=400+60\sqrt{5}+24\sqrt{29}$$

$S_{表}=S_{球}+S_{柱侧}+S_{台}=16\pi+480+(400+60\sqrt{5}+24\sqrt{29})\approx 1\ 194\ \mathrm{cm}^2$

3. 对第 30 页第 3 题的研究

《必修 2》第 30 页的第 3 题是：

3. 分别以一个直角三角形的斜边、两直角边所在直线为轴，其余各边旋转一周形成的曲面围成三个几何体，画出它们的三视图和直观图，并探讨它们体积之间的关系.

《教师用书 2》第 15 页给出的答案是：

解　设直角三角形的两条直角边长分别为 a，b，斜边为 c（笔者注：结合下文，此句话应改为"设直角三角形 ABC 的两条直角边长分别为 $|BC|=a$，$|AC|=b$，斜边长为 $|AB|=c$"）.

以直角边 BC 所在直线为轴，其余各边旋转一周形成的曲面围成的几何体是圆锥，其体积为 $\frac{1}{3}\pi ab^2$. 同理，以直角边 AC 所在直线为轴，其余各边旋转一周形成的曲面围成的几何体也是圆锥，其体积为 $\frac{1}{3}\pi a^2 b$.

以斜边 AB 所在直线为轴，其余各边旋转一周形成的曲面围成的几何体是两个圆锥组合而成的简单组合体.

笔者猜测此解答没写完整，可能漏掉了下面的文字：

由图 4，可算得此组合体的体积为 $\frac{1}{3}\pi\left(\frac{ab}{c}\right)^2 c=\frac{\pi a^2 b^2}{3c}$.

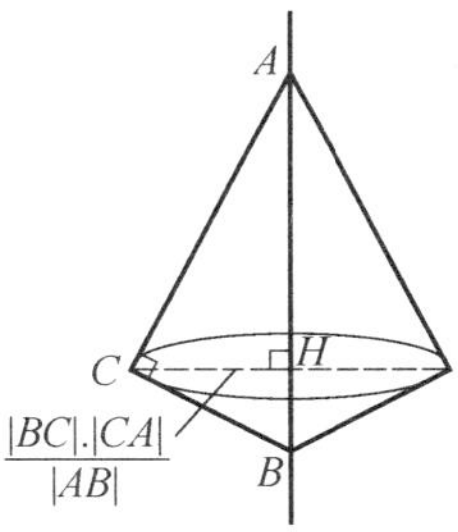

图 4

记 $V_{BC}=\frac{1}{3}\pi ab^2$，$V_{CA}=\frac{1}{3}\pi a^2 b$，$V_{AB}=\frac{\pi a^2 b^2}{3c}$，可得它们之间有如下关系（当然第二式可由第一式推得）

$$|BC|V_{BC}=|CA|V_{CA}=|AB|V_{AB}$$

$$\frac{1}{V_{BC}^2}+\frac{1}{V_{CA}^2}=\frac{1}{V_{AB}^2}\quad（因为\ |BC|^2+|CA|^2=|AB|^2）$$

关于画出围成的三个几何体的三视图和直观图，这里就略去了.

《必修 2》第 36 页的第 10 题是：

10. 直角三角形三边长分别是 3 cm，4 cm，5 cm，绕三边旋转一周分别形成三个几何体. 想象并说出三个几何体的结构，画出它们的三视图，求出它们的表面积和体积.

《教师用书 2》第 16 页给出的答案是：

它们的表面积分别为 $36\pi\ \text{cm}^2$，$24\pi\ \text{cm}^2$，$\frac{84}{5}\pi\ \text{cm}^2$；体积分别为 $16\pi\ \text{cm}^3$，$12\pi\ \text{cm}^3$，$\frac{144}{15}\pi\ \text{cm}^3$（笔者注：应把“$\frac{144}{15}$”改为“$\frac{48}{5}$”）；三视图略.

2009 年高考上海卷文科第 8 题是：

8. 若等腰直角三角形的直角边长为 2，则以一直角边所在的直线为轴旋转一周所成几何体的体积是________.

参考答案 $\frac{8}{3}\pi$.

下面研究这三道题的一般情形.

定理 1 设 $\triangle ABC$ 的面积为 S，以此三角形的边 BC，CA，AB 所在的直线为轴，其余各边旋转一周形成的曲面围成的几何体的体积分别是 V_{BC}，V_{CA}，V_{AB}，表面积分别是 S_{BC}，S_{CA}，S_{AB}，则：

(1) $|BC|V_{BC}=|CA|V_{CA}=|AB|V_{AB}=\frac{4\pi}{3}S^2$；

(2) $\frac{|BC|}{|CA|+|AB|}S_{BC}=\frac{|CA|}{|AB|+|BC|}S_{CA}=\frac{|AB|}{|BC|+|CA|}S_{AB}=2\pi S$.

证明 有 $\triangle ABC$ 的 AB 边上的高 $h_{AB}=\frac{2S}{|AB|}$.

对于图 5 的三种情形，均可得

$$V_{AB}=\frac{1}{3}\pi\left(\frac{2S}{|AB|}\right)^2|AB|=\frac{4\pi S^2}{3|AB|}$$

$$S_{AB}=\pi\cdot\frac{2S}{|AB|}(|BC|+|CA|)=\frac{2\pi S(|BC|+|CA|)}{|AB|}$$

同理，有

$$V_{BC}=\frac{4\pi S^2}{3|BC|},V_{CA}=\frac{4\pi S^2}{3|CA|}$$

$$S_{BC}=\frac{2\pi S(|CA|+|AB|)}{|BC|},S_{CA}=\frac{2\pi S(|AB|+|BC|)}{|CA|}$$

所以可得定理成立.

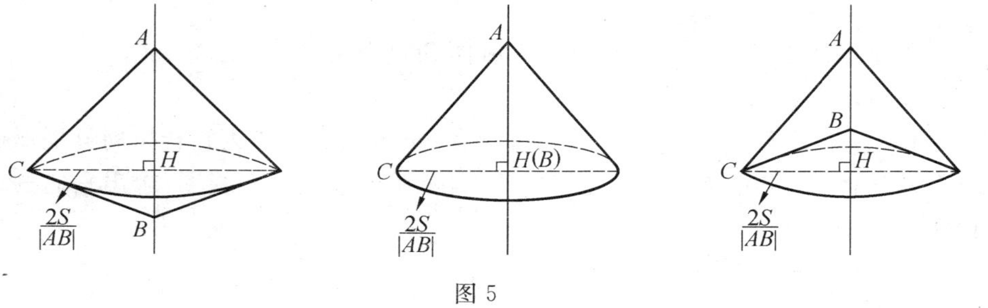

图 5

读者还可证得：

定理 2　设平行四边形 $ABCD$ 的面积为 S，周长为 l，以此平行四边形的边 AB，BC，CD，DA 所在的直线为轴，其余各边旋转一周形成的曲面围成的几何体的体积分别是 V_{AB}，V_{BC}，V_{CD}，V_{DA}，表面积分别是 S_{AB}，S_{BC}，S_{CD}，S_{DA}，则：

(1) $|AB|V_{AB}=|BC|V_{BC}=|CD|V_{CD}=|DA|V_{DA}=\pi S^2$；

(2) $|AB|S_{AB}=|BC|S_{BC}=|CD|S_{CD}=|DA|S_{DA}=\pi Sl$.

定理 2 的结论对于一般的四边形还成立吗？举一反例如下：

在四边形 $ABCD$ 中，$AB=DA=1$，$BC=2$，$\angle ABC=\angle DAB=\frac{\pi}{2}$，以此四边形的边 AB，BC，CD，DA 所在的直线为轴，其余各边旋转一周形成的曲面围成的几何体的体积分别是 V_{AB}，V_{BC}，V_{CD}，V_{DA}，表面积分别是 S_{AB}，S_{BC}，S_{CD}，S_{DA}，则

$$|AB|V_{AB}=\frac{7}{3}\pi,\ |BC|V_{BC}=\frac{8}{3}\pi,\ |CD|V_{CD}=\frac{7}{3}\pi$$

$$|DA|V_{DA}=\frac{5}{3}\pi,\ \pi S^2=\frac{9}{4}\pi$$

$$|AB|S_{AB}=(5+3\sqrt{2})\pi,\ |BC|S_{BC}=(6+2\sqrt{2})\pi$$

$$|CD|S_{CD}=8\pi,\ |DA|S_{DA}=(5+\sqrt{2})\pi,\ \pi Sl=\left(6+\frac{3}{2}\sqrt{2}\right)\pi$$

问题　设平面 n 边形 $A_1A_2\cdots A_n$ 的面积为 S，周长为 l，各边长分别是 $A_iA_{i+1}=a_i$（$i=1,2,\cdots,n$，且约定 $A_{n+1}=A_1$，$l=a_1+a_2+\cdots+a_n$），以此 n 边形的边 A_iA_{i+1} 所在的直线为轴，其余各边旋转一周形成的曲面围成的几何体的体积分别是 V_i，表面积分别是 S_i（$i=1,2,\cdots,n$），则 V_i（$i=1,2,\cdots,n$）之间是否存在普遍成立的等量关系？S_i（$i=1,2,\cdots,n$）之间呢？

4. 关于第 35 ～ 36 页的复习参考题的一些题目或答案的修正

《必修 2》第 35 页第 1 题的后三个小题是：

1. 填空：

(3) 正方形边长扩大 n 倍，其面积扩大________倍；正方体棱长扩大 n 倍，其表面积扩大________倍，体积扩大________倍.

(4) 圆半径扩大 n 倍，其面积扩大________倍；球半径扩大 n 倍，其表面积扩大________倍；体积扩大________倍.

(5) 圆柱的底面不变，体积扩大到原来的 n 倍，则高扩大到原来的________倍；反之，高不变，底面半径应扩大到原来的________倍.

《教师用书 2》第 16 页给出的答案是：(3) n^2，n^2，n^3；(4) n^2，n^2，n^3；(5) n，$\sqrt{n}$.

请注意，第(3)，(4) 小题中是“扩大”，而第(5) 小题中是“扩大到”，所以第

(3),(4) 小题的答案有误,应分别改为:(3) $(n+1)^2-1,(n+1)^2-1,(n+1)^3-1$;(4) $(n+1)^2-1,(n+1)^2-1,(n+1)^3-1$. 第(5) 小题的答案是正确的.

建议把这三道小题分别改为:

(3) 若把一个正方形的边长扩大到 n 倍,则其面积扩大到________倍;若把一个正方体的棱长扩大到 n 倍,则其表面积扩大到________倍,体积扩大到________倍.

(4) 若把一个圆的半径扩大到 n 倍,则其面积扩大到________倍;若把一个球的半径扩大到 n 倍,则其表面积扩大到________倍;体积扩大到________倍.

(5) 要想把一个圆柱的体积扩大到原来的 n 倍,若其的底面不变,则高应扩大到原来的________倍;反之,若高不变,则底面半径应扩大到原来的________倍.

这样改动后,《教师用书 2》给出的答案是正确的.

《必修 2》第 28 页第 1 题是“将一个气球的半径扩大 1 倍,它的体积扩大到原来的几倍? ”《教师用书 2》第 15 给出的答案是“8 倍”,这里就注意了“扩大”与“扩大到”的区别.

另外,《必修 2》第 35 页第 1 题的第(2) 小题是:

(2) 用铁丝作一个三角形,在三个顶点上分别固定一根筷子,把三根筷子的另一端也用铁丝连成一个三角形,从而获得一个几何体模型. 如果筷子的长度相同,那么这个几何体可能是________.

《教师用书 2》第 16 页给出的答案是“三棱柱或三棱台”. 建议把此题题目中的“筷子的长度相同”改为“筷子的长度相等且两个铁丝连成的三角形所在的平面平行”,否则上述答案不对.

《教师用书 2》第 16 页对《必修 2》第 36 页第 7 题的答案是“表面积约为 387,体积约为 176,三视图略”,这里的表面积应按下式计算

$$\pi(2^2+4^2+6^2)+\pi(2\sqrt{13}+4\times5+6\times3\sqrt{5})=$$

$$\pi(76+2\sqrt{13}+18\sqrt{5})\approx388$$

所以答案中的“表面积约为 387”不对,应改为“表面积约为 388”,题目中还应添上“(分别精确到 1 立方单位和 1 平方单位)”,该页第 6 题就有“(精确到 1 m^2)”的限制.

《必修 2》第 35 页第 5 题中的题设“底面直径与母线长相等”是多余的.

《必修 2》第 36 页第 9 题是:

9. 一个红色的棱长是 4 cm 的立方体,将其适当分割成棱长为 1 cm 的小正方体,问:

(1) 共得到多少个棱长为 1 cm 的小正方体? 表面积之和为多少?

(2) 三面涂色的小正方体有多少个？表面积之和为多少？

(3) 二面涂色的小正方体有多少个？表面积之和为多少？

(4) 一面涂色的小正方体有多少个？表面积之和为多少？

(5) 六个面均没有涂色的小正方体有多少个？表面积之和为多少？它们占有多少立方厘米的空间？

《教师用书 2》第 16 页给出的答案是：(1)64；(2)8；(3)24；(4)24；(5)8，48 cm^2，8 cm^3.

虽说“立方体”就是“正方体”，但《必修 2》中并没有立方体的概念，并且在小学、初中的数学教科书中也都未给出此概念，只给出了正方体的概念，并且该题前面说的是“立方体”，而后面说的是“正方体”，所以建议把此题改述为：

9. 把一个棱长是 4 cm 的正方体表面涂成红色，再将其分割成棱长为 1 cm 的小正方体，问：

(1) 共得到多少个棱长为 1 cm 的小正方体？这些小正方体的表面积之和为多少？

(2) 有三面被涂色的小正方体是多少个？这些小正方体的表面积之和为多少？

(3) 仅有两面被涂色的小正方体有多少个？这些小正方体的表面积之和为多少？

(4) 仅有一面被涂色的小正方体有多少个？这些小正方体的表面积之和为多少？

(5) 六个面均没有被涂色的小正方体有多少个？这些小正方体的表面积之和为多少？它们占有多少立方厘米的空间？

参考答案 (1)64，384 cm^2；(2)8，48 cm^2；(3)24，144 cm^2；(4)24，144 cm^2；(5)8，48 cm^2，8 cm^3.

5. 不共面的四点可以确定几个平面？

《必修 2》第 43 页第 2 题及第 52 页第 7 题分别是：

2. (1) 不共面的四点可以确定几个平面？

(2) 共点的三条直线可以确定几个平面？

7. 如图 6，三条直线两两平行且不共面，每两条直线确定一个平面，一共可以确定几个平面？如果三条直线相交于一点，它们最多可以确定几个平面？

《教师用书 2》第 28 页及第 29 页给出的答案分别是：

2. (1) 不共面的四点可确定 4 个平面；(2) 共点的三条直线可确定 1 个或 3 个平面.

7. 三条直线两两平行且不共面可以确定三个平面，如果三条直线交于一点则最多可以确定三个平面.

《教师用书2》第24页还写道“任给不在同一直线上的四个点,不一定有一个平面同时过这四个点”,由此知,这两道题均没说清楚,应修正为:

2.(1)过不共面的四点中的三点确定平面,一共可以确定几个?

(2)过共点的三条直线中的两条直线确定平面,一共可以确定几个平面?

7.如图6,三条直线两两平行且不共面,每两条直线确定一个平面,一共可以确定几个平面?如果三条直线相交于一点,每两条直线确定一个平面,它们最多可以确定几个平面?

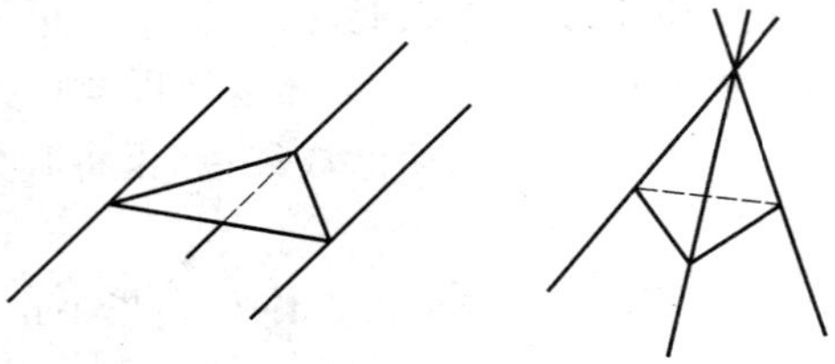

图6

6.一些定理的叙述应作改动

《必修2》第55页写道:

“**定理** 平面外一条直线与此平面内的一条直线平行,则该直线与此平面平行.”

命题可以写成“若……则……”或“如果……那么……”的形式,但若写成“……则……”或“……那么……”的形式笔者认为不妥,建议把它改述为:

“**定理** 若平面外一条直线与此平面内的一条直线平行,则该直线与此平面平行.”

《必修2》第57,59,65,71页的定理都应进行改动.

7.对一道题的微小改动

《必修2》第73页练习第2题是:

已知两个平面垂直,下列命题:

① 一个平面内已知直线必垂直于另一个平面内的任意一条直线.

② 一个平面内的已知直线必垂直于另一个平面的无数条直线.

③ 一个平面内的任一条直线必垂直于另一个平面.

④ 过一个平面内任意一点作交线的垂线,则此垂线必垂直于另一个平面.

其中正确命题的个数是(　　)

A.3　　B.2　　C.1　　D.0

建议把此题的四个选项分别改述为：

① 一个平面内的已知直线必垂直于另一个平面内的任意一条直线.

② 一个平面内的已知直线必垂直于另一个平面的无数条直线.

③ 一个平面内的任意一条直线必垂直于另一个平面.

④ 过一个平面内任意一点作交线的垂线，则此垂线必垂直于另一个平面.

8. 对第 74 页第 7 题答案的异议及对第 97 页第 1 题的改动

《必修 2》第 74 页的第 7 题是：

如图 7，正方体 $ABCD-A'B'C'D'$ 中，平面 $ABC'D'$ 与正方体的其他各个面所成二面角的大小分别是多少？

《教师用书 2》第 40 页给出的答案是“45°，90°”. 笔者对此答案提出以下异议(题中的“其他”两字应去掉，因为“正方体的各个面”指正方体的六个表面，所以平面 $ABC'D'$ 不在其之列)：

《必修 2》第 40 页写道“几何里的平面是无限延展的”，所以该题中的“平面 $ABC'D'$”是无限延展的，“正方体的各个面”不是无限延展的.

所以平面 $ABC'D'$ 与正方体的上、下面所成的二面角均有两个(如图 8)，大小均分别是 45°，135°；与正方体的左、右面所成的二面角均有两个，大小均是 90°；与正方体的前、后面所成的二面角均有两个，大小均分别是 45°，135°.

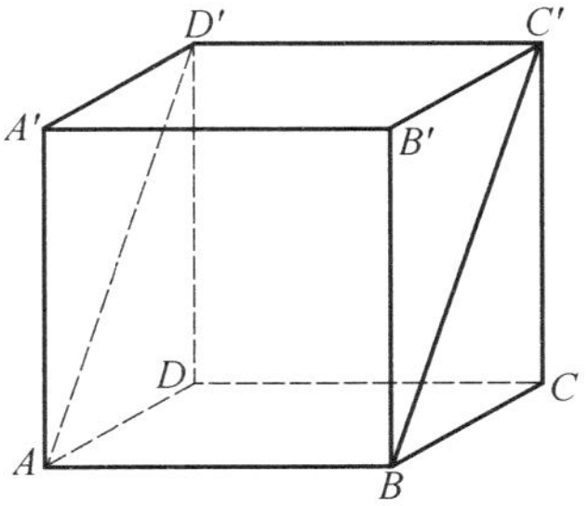

图 7

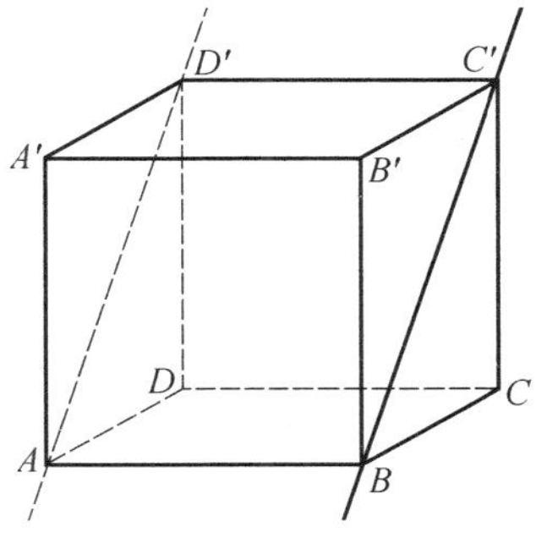

图 8

建议把第 79 页第 1 题改述为：

1. 如图 9，在边长为 2 的正方形 $ABCD$，点 E，F 分别在边 AB，BC 上，且 $BE=BF=\frac{1}{4}BC$，将 $\triangle AED$，$\triangle DCF$ 分别沿 DE，DF 折起，使 A，C 两点重合于点 A'.

(1) 求证：$A'D\perp EF$；

(2) 求三棱柱 $A'-EFD$ 的体积.

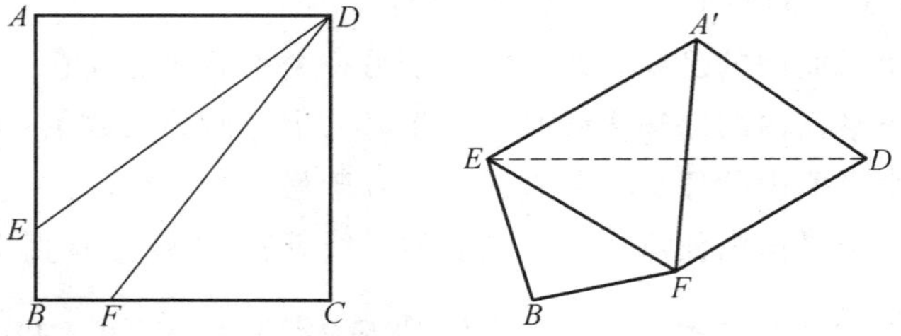

图 9

9. 对第 86 页脚注的异议

《必修 2》第 86 页的脚注是"我们约定：若没有特别说明，说'两条直线 l_1 和 l_2'时，一般是指两条不重合的直线."第 87 页又写道：

对于两条不重合的直线 l_1，l_2，其斜率分别为 k_1，k_2，有 $l_1 \parallel l_2 \Leftrightarrow k_1 = k_2$.

请注意：若直线 l_1 和 l_2 可能重合时，我们得到 $k_1 = k_2 \Leftrightarrow \begin{cases} l_1 \parallel l_2 \\ \text{或 } l_1 \text{ 与 } l_2 \text{ 重合} \end{cases}$.

由这些叙述，就使我们对脚注的话无所适从：在解题时，应不应当考虑两条直线是否重合呢？

再来看第 87 页的例 3：

已知 $A(2,3)$，$B(-4,0)$，$P(-3,1)$，$Q(-1,2)$，试判断直线 BA（建议把"BA"改成"AB"，下同）与 PQ 的位置关系，并证明你的结论.

解 如图（这里引用时略去了图形），直线 BA 的斜率 $k_{BA} = \dfrac{3-0}{2-(-4)} = \dfrac{1}{2}$，直线 PQ 的斜率 $k_{PQ} = \dfrac{2-1}{-1-(-3)} = \dfrac{1}{2}$.

因为 $k_{BA} = k_{PQ}$，所以直线 $BA \parallel PQ$.

第 89 页练习的第 1 题是：

判断下列各对直线平行还是垂直：

(1) 经过两点 $A(2,3)$，$B(-1,0)$ 的直线 l_1，与经过点 $P(1,0)$ 且斜率为 1 的直线 l_2；

(2) 经过两点 $C(3,1)$，$B(-2,0)$ 的直线 l_3，与经过点 $M(1,-4)$ 且斜率为 -5 的直线 l_4.

《教师用书 2》第 40 页给出的答案是：

(1) 因为 $k_1 = 1$，$k_2 = 1$，所以 $k_1 = k_2$，因此，直线 l_1 与直线 l_2 平行；

(2) 因为 $k_3 = \dfrac{1}{5}$，$k_4 = -5$，所以 $k_3k_4 = -1$，因此，直线 l_3 与 l_4 垂直.

显然，这些解法都没有考虑两条直线是否重合的情形.

第 89 页习题的第 6 题是：

判断下列各小题中的不同直线 l_1 与 l_2 是否平行：

(1)l_1 的斜率为 2，l_2 经过点 $A(1,2)$，$B(4,8)$；

(2)l_1 经过点 $P(3,3)$，$Q(-5,3)$，l_2 平行于 x 轴，但不经过 P，Q 两点；

(3)l_1 经过点 $M(-1,0)$，$N(-5,-2)$，l_2 经过点 $R(-4,3)$，$N(0,5)$.

从此题题干中的“不同直线 l_1 与 l_2”来看，说明我们以后解答此类题时，应考虑两条直线是否重合的情形.（第(2)小题中的条件“但不经过 P，Q 两点”应去掉，因为它与题干中的“不同直线 l_1 与 l_2”重复.）

第 94 页的例 2 是：

已知直线 $l_1: y=k_1x+b_1$，$l_2: y=k_2x+b_2$，试讨论：(1)$l_1 \parallel l_2$ 的条件是什么？(2)$l_1 \perp l_2$ 的条件是什么？

参考答案　(1)$k_1=k_2$ 且 $b_1 \neq b_2$；(2)$k_1k_2=-1$.

从此题的答案来看，说明以后解答此类题时，也应考虑两条直线是否重合的情形.

第 104 页练习的第 2 题及第 109 页习题的第 1 题中三个小题的答案均有两直线重合的情形.

所以我们在编拟此种题目时，难以保证两条直线没有重合的情形，因而建议去掉第 86 页的脚注，且此种题目的处理方法按老教材全日制普通高级中学教科书(必修)《数学·第二册(上)》(2006 年人民教育出版社)中的方式处理：考虑重合的情形，且应当先讲述“直线的方程”，再讲述“两条直线平行与垂直的判定”.

10. 关于第 99 页的脚注

《必修 2》第 99 页的脚注“法国数学家，解析几何创始人之一”是对笛卡尔的介绍，虽然该书第 111 ～ 112 页的阅读与思考“笛卡尔与解析几何”中对笛卡尔有较详细的介绍，但首次介绍笛卡尔时，还是应当介绍其生卒年. 建议将此脚注改为“笛卡尔(Descartes，1596—1650)，法国数学家，解析几何创始人之一”.

11. 关于第 103 页的“探究”

《必修 2》第 103 页的探究是：

当 λ 变化时，方程 $3x+4y-2+\lambda(2x+y+2)=0$ 表示什么图形？图形有什么特点？

《教师用书 2》第 67 页写道：

(3) 方程 $3x+4y-2+\lambda(2x+y+2)=0$ 表示经过两条直线 $3x+4y-2=0$ 与 $2x+y+2=0$ 交点的直线的集合 —— 直线束.

由集合的确定性知，该答案包括了直线 $2x+y+2=0$，而实际上正确答案是“方程 $3x+4y-2+\lambda(2x+y+2)=0$ 表示经过两条直线 $3x+4y-2=0$ 与 $2x+y+2=0$ 交点的直线（但不包括直线 $2x+y+2=0$，其余的直线均包括）”.

12. 关于第 109 ～ 110 页的五道题

《必修 2》第 109 页 A 组习题的第 5(1) 题是：

5. 求满足下列条件的直线的方程：

(1) 经过两条直线 $2x-3y+10=0$ 和 $3x+4y-2=0$ 的交点，且垂直于直线 $3x-2y+4=0$.

《教师用书 2》第 78 页给出的答案是 $2x+3y+2=0$. 该答案不对，正确的答案是 $2x+3y-2=0$. 在原解答中得到 $\lambda=-12$ 是对的，但而后得到的“$34x+51y+34=0$，即 $2x+3y+2=0$”有误，应改为“$34x+51y-34=0$，即 $2x+3y-2=0$”.

《必修 2》第 110 页 A 组习题的第 6 题是：

6. 已知点 $A(1,2)$，$B(2,0)$，$P(0,3)$，$Q(-1,1)$，$M(1,0)$，$N(-4,0)$ 六点，线段 AB，PQ，MN 能围成一个三角形吗？为什么？

《教师用书 2》第 78 页对该题的解答是“…… 因为 $|AB|+|PQ|<|MN|$，所以线段 AB，PQ，MN 不能围成三角形”.

笔者认为，线段与线段的长度是两个不同的概念，前者是一个图形，而后者是一个非负数. 不能认为两条长度相等的线段是同一条线段，所以线段 AB，PQ，MN 显然不能围成一个三角形（因为 A，B，P，Q，M，N 是不同的六个点）. 建议把此题改述为：

6. 已知点 $A(1,2)$，$B(2,0)$，$P(0,3)$，$Q(-1,1)$，$M(1,0)$，$N(-4,0)$ 六点，长度分别为 $|AB|$，$|PQ|$，$|MN|$ 的三条线段首尾顺次相接能围成一个三角形吗？为什么？

《必修 2》第 110 页 B 组习题的第 8 题是

8. 已知 $0<x<1$，$0<y<1$，求证：

$$\sqrt{x^2+y^2}+\sqrt{x^2+(1-y)^2}+\sqrt{(1-x)^2+y^2}+\sqrt{(1-x)^2+(1-y)^2}\geqslant 2\sqrt{2}$$

并求使等式成立的条件.

实际上，这里的条件“$0<x<1$，$0<y<1$”可以去掉或改为“$x,y\in\mathbf{R}$”，解答全同《教师用书 2》第 81 页对该题的解答，因为该解答可以不用到题设“$0<x<1$，$0<y<1$”.

另外，《教师用书 2》第 90 页给出的《必修 2》第 115 页第 10 题的答案中的“$x+3y+1=0$”应改为“$x+3y+7=0$”；《教师用书 2》第 110 页给出的《必修

2》第 123 页第 2(2) 题的答案中的“半径长是 1 的圆”应改为“半径长是$\sqrt{11}$的圆”.

13. 第 124 页缺少一道题

《必修 2》第 124 页习题 4.1 的 A 组有 6 道题，而《教师用书 2》第 112 页有 A 组第 6,7 题的答案，且第 7 题的答案就是《必修 2》第 6 题的答案(所以该题目的序号“6”应改为“7”). 根据《教师用书 2》第 112 页给出的第 6 题的答案：

6. **解**　设 $\triangle ABC$ 的顶点 A 的坐标为(x_0,y_0)，重心 G 的坐标为(x,y).

因为

$$x=\frac{x_A+x_B+x_C}{3}=\frac{x_0-3+2}{3},y=\frac{y_A+y_B+y_C}{3}=\frac{y_0-1+1}{3}$$

所以

$$x_0=3x+1,y_0=3y \quad ①$$

又点 A 在圆$(x+2)^2+(y-4)^2=4$ 上运动，所以

$$(x_0+2)^2+(y_0-4)^2=4 \quad ②$$

把式 ① 代入式 ②，得

$$(3x+3)^2+(3y-4)^2=4$$

整理得

$$(x+1)^2+\left(y-\frac{4}{3}\right)^2=\frac{4}{9}$$

所以，$\triangle ABC$ 的重心 G 的轨迹方程是$(x+1)^2+\left(y-\frac{4}{3}\right)^2=\frac{4}{9}$.

由此我们可以猜测出《必修 2》该页第 6 题的题目是：

6. 在 $\triangle ABC$ 中，点 B,C 的坐标分别是$(-3,-1)$，$(2,1)$，点 A 在圆$(x+2)^2+(y-4)^2=4$ 上运动，求 $\triangle ABC$ 的重心 G 的轨迹方程.

在以上解答中还应指出：可计算出直线 BC 的方程是 $2x-5y+1=0$，因为圆$(x+2)^2+(y-4)^2=4$ 的圆心$(-2,4)$到直线 BC 的距离$\frac{23}{\sqrt{29}}$大于该圆的半径 2，所以直线 BC 与该圆相离，所以不会出现 A,B,C 三点共线的情形，即点 A 可取圆$(x+2)^2+(y-4)^2=4$ 上的所有点，得所求轨迹方程就是$(x+1)^2+\left(y-\frac{4}{3}\right)^2=\frac{4}{9}$(若出现了 A,B,C 三点共线的情形，则所求轨迹上还应去掉一个或两个点).

第 125 页中的“王浩(1921—1999)”应改为“王浩(1921—1995)”(可见 1995 年第 6 期《哲学研究》第 79 页的文章《王浩教授在美逝世》).

14. 关于第127页例1、例2的解答

《必修2》第127页例1的解法之中只判断出了直线 l 与圆的位置关系是相交，但未求出交点的坐标，而该例题的末问是“如果相交，求它们交点的坐标”.另外，应把该题分析中的“判断直线 l 与圆的位置关系，就是看由它们的方程组成的方程组有无实数解”改成“判断直线 l 与圆的位置关系，就是看由它们的方程组成的方程组有几组实数解”.

《必修2》第127页例2的解答（在第128页第二、三行）中写道“因为直线 l 过点 $M(-3,-3)$，所以可设直线 l 的方程为 $y+3=k(x+3)$”，虽然这里有个“可”字，笔者认为还是不够严谨，应当先说明斜率存在：若直线 l 的斜率不存在，则 $l: x=-3$，它被圆 $x^2+y^2+4y-21=0$ 所截得的弦长为4，不合题意.

15. 关于第128页练习的第4题

《必修2》第128页练习的第4题是：

4. 已知直线 $l: y=x+6$，圆 $C: x^2+y^2-2y-4=0$. 试判断直线 l 与圆 C 有无公共点，有几个公共点.

《教师用书2》第123页末两行给出的答案是：

4. 圆 C 的圆心坐标是 $(0,1)$，半径长 $r=\sqrt{5}$，圆心到直线 $y=x+6$ 的距离 $d=\frac{5\sqrt{2}}{2}>\sqrt{5}$，所以直线 l 与圆 C 无公共点.

既然答案是“无公共点”，所以题目末设两问就是重复，建议把设问改为“试求直线 l 与圆 C 公共点的个数”.

参考答案 0

16. 对第129页例3的解法一的商榷

《必修2》第129页的例3是：

已知圆 $C_1: x^2+y^2+2x+8y-8=0$，圆 $C_2: x^2+y^2-4x-4y-2=0$，试判断圆 C_1 与圆 C_2 的关系.（笔者注：建议把这里的“关系”改为“位置关系”.）

分析：方法一，圆 C_1 与圆 C_2 有几个公共点，由它们的方程组成的方程组有几组实数解确定；方法二，可以依据连心线的长与两半径长的和 r_1+r_2 或两半径长的差的绝对值 $|r_1-r_2|$ 的大小关系，判断两圆的位置关系.

解法一 圆 C_1 与圆 C_2 的方程联立，得到方程组

$$\begin{cases} x^2+y^2+2x+8y-8=0 \\ x^2+y^2-4x-4y-2=0 \end{cases} \quad ③$$

相减，得

$$x+2y-1=0$$

$$y=\frac{1-x}{2} \quad ④$$

把它代入方程组中的第一个方程，整理得

$$x^2-2x-3=0 \quad ⑤$$

因为其判别式 $\Delta=16>0$，所以该方程有两个不相等的实数根 x_1, x_2，把 x_1, x_2 分别代入方程 ②，得到 y_1, y_2. 因此圆 C_1 与圆 C_2 有两个不同的公共点 $A(x_1, y_1), B(x_2, y_2)$.

我们仿照解法一来解答下面的例题：

例 1 若椭圆 $\frac{(x-a)^2}{2}+y^2=1$ 与抛物线 $y^2=\frac{1}{2}x$ 有公共点，求实数 a 的取值范围.

错解 由 $\begin{cases}\frac{(x-a)^2}{2}+y^2=1\\ y^2=\frac{1}{2}x\end{cases}$，得

$$x^2-(2a-1)x+a^2-2=0 \quad ⑥$$

由 $\Delta \geqslant 0$ 得，所以所求 a 的取值范围是 $(-\infty, \frac{9}{4}]$.

正解 题意即方程组 $\begin{cases}\frac{(x-a)^2}{2}+y^2=1\\ y^2=\frac{1}{2}x\end{cases}$ 有实数解，也即方程 ④ 有非负实数解（由 $y^2=\frac{1}{2}x$ 知 $x \geqslant 0$），它等价于（令 $f(x)=x^2-(2a-1)x+a^2-2$）

$$\begin{cases}\Delta \geqslant 0\\ f(0) \geqslant 0\\ \frac{2a-1}{2} \geqslant 0\end{cases} \quad 或 \quad f(0) \leqslant 0$$

解得 $a \in [-\sqrt{2}, \frac{9}{4}]$，此即为所求 a 的取值范围.

由此说明，《必修 2》的这道例题的解法存在缺陷：由方程 ⑤ 的判别式 $\Delta>0$ 只能得到方程 ⑤ 有两个不相等的实数解，而方程组 ③ 的解中的 x 是有取值范围的，所以以上解法理由不充分. 可把此解法修正为：

方程组 ③ 即

$$\begin{cases}(x+1)^2+(y+4)^2=5^2\\ (x-2)^2+(y-2)^2=10\end{cases}$$

得
$$\begin{cases}-5\leqslant x+1\leqslant 5\\ -\sqrt{10}\leqslant x-2\leqslant \sqrt{10}\end{cases}$$

所以 $2-\sqrt{10}\leqslant x\leqslant 4$.

又方程 ⑤ 的两个解是 $x_1=-1, x_2=3$，均在 $(2-\sqrt{10}, 4)$ 范围内，所以把 x_1, x_2 分别代入方程 ④，得到 y_1, y_2. 因此圆 C_1 与圆 C_2 有两个不同的公共点 $A(x_1, y_1), B(x_2, y_2)$.

两圆锥曲线的公共点个数即对应的方程组实数解的组数，但并不能简单地由方程组得到的一元二次方程的判别式 $\Delta>(=,<)0$ 来确定，还应注意这个一元二次方程根的范围. 下面再举例说明：

例 2 求抛物线 $y^2=x$ 与圆 $(x+2)^2+y^2=1$ 的公共点的个数.

错解 由 $\begin{cases}y^2=x\\ (x+2)^2+y^2=1\end{cases}$，得

$$x^2+5x+3=0 \qquad ⑦$$

由 $\Delta>0$，知方程 ⑦ 有两个不同的实数解，所以所求公共点的个数是 2.

正解 题意即方程组 $\begin{cases}y^2=x\\ (x+2)^2+y^2=1\end{cases}$ 的实数解的组数.

其中 x 的值即方程 ⑦ 的非负实数解（由 $y^2=x$ 知 $x\geqslant 0$），而方程 ⑦ 中的 x 显然是负数，所以该方程组无实数解，所求公共点的个数是 0.

注 以上方程组实数解的组数并不一定是方程 ⑦ 的实数解的个数，因为由方程 ⑦ 中的一个 x 可能得到两个 y. 这也是读者应当注意的.

例 3 求抛物线 $y^2=9x$ 与圆 $(x-\frac{5}{2})^2+y^2=\frac{9}{4}$ 的公共点的个数.

错解 由 $\begin{cases}y^2=9x\\ (x-\frac{5}{2})^2+y^2=\frac{9}{4}\end{cases}$，得

$$x^2+4x+4=0 \qquad ⑧$$

由 $\Delta=0$，知方程 ⑧ 有两个相等的实数解，所以所求公共点的个数是 1.

正解 题意即方程组 $\begin{cases}y^2=9x\\ (x-\frac{5}{2})^2+y^2=\frac{9}{4}\end{cases}$ 的实数解的组数.

其中 x 的值即方程 ⑧ 的非负实数解（由 $y^2=9x$ 知 $x\geqslant 0$），而方程 ⑧ 中的 $x=-2$，所以该方程组无实数解，所求公共点的个数是 0.

17. 关于第 132 ～ 133 页的三道题

《必修 2》第 132 页习题的第 1 题是：

1. 判断直线 $4x-3y=50$ 与圆 $x^2+y^2=100$ 的位置关系. 如果相交,求出交点坐标.

《教师用书 2》第 125～126 页给出的答案是:…… 所以直线与圆相切;…… 切点坐标是$(8,-6)$.

因此,建议把题末的"如果相交,求出交点坐标"改为"如果有公共点,求出公共点坐标".

《必修 2》第 133 页习题第 8 题中的"斜边 BC 为 m"应改为"斜边 BC 长为 m".

18. 建议删去第 138 页练习第 3 题

《必修 2》第 138 页练习的第 3 题及第 139 页习题 B 组的第 1 题分别是:

3. 求证:以 $A(10,-1,6)$,$B(4,1,9)$,$C(2,4,3)$ 三点为顶点的三角形是等腰三角形.

1. 求证:以 $A(4,1,9)$,$B(10,-1,6)$,$C(2,4,3)$ 为顶点的三角形是等腰直角三角形.

因为这两题有重复,所以建议删去前者保留后者. 并且《教师用书 2》第 134 页中对这两道题的解答中均出现了线段的长度是"$\sqrt{98}$",应把"应"字改成"建议"改成"$7\sqrt{2}$".

另外,《必修 2》第 139 页习题 B 组的第 3 题末的问话是"由以上问题,你得到了什么结论? 你能证明你的结论吗?",而《教师用书 2》第 135 页并没有给出此问的答案,笔者认为答案可以是:与两条异面直线都垂直且都相交的直线(叫作这两条异面直线的公垂线)被这两条异面直线所截得的线段(叫作这两条异面直线的公垂线段)是联结这两条异面直线上各点的线段中的最短者,用直角三角形中的斜边长大于直角边长可证此结论. 全日制普通高级中学教科书《数学·第二册(下 B)》(2006 年人民教育出版社)第 55 页叙述了这一结论.

19. 关于第 144 页复习参考题 B 组的第 2,4 题

《必修 2》第 144 页复习参考题 B 组的第 2 题是:

2. 已知点 $M(x,y)$ 与两个定点 M_1,M_2 距离的比是一个正数 m,求点 M 的轨迹方程,并说明轨迹是什么图形(考虑 $m=1$ 和 $m\neq 1$ 两种情形).

《教师用书 2》第 140 页给出的答案是:

以线段 M_1M_2 的中点为原点,直线 M_1M_2 为 x 轴,建立直角坐标系. 设 $M_1(-c,0)$,$M_2(c,0)$,$M(x,y)$,其中 $c>0$. ……

笔者认为,既然题中已给出了点 M 的坐标(x,y),那就说明题中已建立了坐标系,而题中并未建立坐标系,所以建议把此题题目改述为(答案不变):

2. 已知点 M 与两个定点 M_1，M_2 距离的比是已知的正数 m，求点 M 的轨迹方程，并说明轨迹是什么图形.（提示：应考虑 $m=1$ 和 $m\neq 1$ 两种情形）.

《必修 2》第 144 页复习参考题 B 组的第 4 题是：

4. 已知直线 l：$x-2y-5=0$ 与圆 C：$x^2+y^2=50$. 求：

(1) 交点 A，B 的坐标；

(2) $\triangle AOB$ 的面积.

建议把此题改述为：

4. 已知直线 l：$x-2y-5=0$ 与圆 C：$x^2+y^2=50$ 相交，且两个交点分别是 A，B. 求：

(1) 交点 A，B 的坐标；

(2) $\triangle AOB$ 的面积.

21. 第 144 页的复习参考题中应添上关于"4.3　空间直角坐标系"的题目

§18 对人教版教科书《数学3·必修·A版》的几点建议

笔者在使用普通高中课程标准实验教科书《数学3·必修·A版》(人民教育出版社,2007年第3版)(下简称《必修3》)进行教学时,也仔细研读了该书,现对该书提出六点建议,不当之处,敬请读者批评指正.

1. 建议对第6页表1－2最后一行连接点"○"的用途作说明

表1－2中共介绍了六类图形符号,《必修3》中只对前五类的应用作了举例,而后对第六类图形符号连接点"○"一直没有使用过,大部分学生仅仅根据其功能"连接程序框图的两部分"不知道在何时使用,与《必修3》配套使用的《教师教学用书》(下简称《教师用书3》)第7页也只对前五类图形符号的使用作了说明.建议《必修3》在第7页倒数第三行前写上:当我们书写程序框图时,一块地方不够时,可在另一块地方接着写,这时就要使用连接点"○".

2. 第38页的"思考"应作改动

第38页的"思考"是:

用秦九韶算法求 n 次多项式 $f(x)=a_nx^n+a_{n-1}x^{n-1}+\cdots+a_1x+a_0$ 当 $x=x_0$(x_0 是任意实数)时的值需要多少次乘法运算?多少次加法运算?

《教师用书3》第35页写道:"…… 通过这种转化,把运算的次数由至多 $\frac{(1+n)n}{2}$ 次乘法运算和 n 次加法运算,减少为至多 n 次乘法运算和 n 次加法运算,大大提高了运算效率."(笔者注:当 $a_n,a_{n-1},\cdots,a_1$ 中有 i 个1时就减少为 $n-i$ 次乘法运算,当 $a_n,a_{n-1},\cdots,a_1,a_0$ 中有 j 个0时就减少为 $n-j$ 次加法运算.)

所以,以上"思考"中的两个"多少次"均应改为"至多多少次".

3. 对第58页系统抽样的定义应作补充说明

第58页写道:

"我们按照这样的方法来抽样:首先将这500名学生从1开始进行编号,然后按号码顺序以一定的间隔进行抽取.由于 $\frac{500}{50}=10$,所以抽取的两个相邻号码之差可定为10,即从1～10中随机抽取一个号码,例如抽到的是6号,每次增加10,得到

$$6,16,26,36,\cdots,496.$$

这样我们就得到一个容量为 50 的样本. 这种抽样方法是一种**系统抽样**(systematic sampling). ”

《教师用书 3》第 59 页写道:

“教科书 …… 介绍了一种最简单的系统抽样 —— 等距抽样,……”

所以,应把上面的“这种抽样方法是一种**系统抽样**(systematic sampling)”改为“这种抽样方法是一种最简单的**系统抽样**(systematic sampling)—— 等距抽样,我们以后在高中范围内所说的系统抽样都是指等距抽样”.

注 在高中范围内所有涉及系统抽样的题目都是按等距抽样来解答的,所以解答这些题目时只有遵从了该约定后才能说解答是严谨的.

4. 对第 95 页第 1(3) 题解答的微小改动

第 95 页第 1 题的后两问是:

(2) 求出回归方程;

(3) 如果这座城市居民的年收入达到 40 亿元,估计这种商品的销售额是多少?

《教师用书 3》第 88 页给出的答案是:

(2) 回归方程为:$\hat{y}=1.447x-15.843$.

(3) 如果这座城市居民的年收入达到 40 亿元,估计这种商品的销售额为 $\hat{y}\approx 42.037$(万元).

笔者认为答案第(3) 问中的“$\approx$” 应改为“$=$”, 因为答案的第(2) 问中是“$=$”, 并且题目的第(3) 问中是“估计”, 估计是大约的意思, 估计后面再来个“$\approx$”,就是重复.

5. 建议对第 121 页的例题中的“扑克牌” 作介绍

第 121 页的例题题目是:

例 如果从不包括大小王的 52 张扑克牌中随机抽取一张,那么取到红心(事件 A) 的概率是$\frac{1}{4}$,取到方片(事件 B) 的概率是$\frac{1}{4}$,问:

(1) 取到红色牌(事件 C) 的概率是多少?

(2) 取到红色牌(事件 D) 的概率是多少?

虽说扑克牌的玩法世界流行,但也可能还有少数师生没玩过扑克牌,因而对扑克牌不熟悉,所以建议对扑克牌作简单介绍,把题中的“不包括大小王的 52 张扑克牌”改为“一副不包括大、小王的 52 张扑克牌(完整的一副扑克牌包括大、小王各一张和红心、方片、黑桃、黑梅花各 13 张)”. 教科书在第一次出现“扑克牌”时应作这样的介绍，以后再出现时可不再作介绍.

6. 建议把第 134 页第 4 题的(3)(4) 两问互换位置

第 134 页的第 4 题是：

4. A，B，C，D4 名学生按任意次序站成一排，试求下列事件的概率：

(1)A 在边上；

(2)A 和 B 都在边上；

(3)A 或 B 在边上；

(4)A 和 B 都不在边上.

因为学生解答该题时还没有学习排列组合，只能由列举基本事件及古典概型的定义来解答，所以学生直接解答第(3) 问是有难度的. 但(3)(4) 两问对应的事件是对立事件，而第(4) 问却容易解答，所以建议把(3)(4) 两问互换位置.

§19　对人教版教科书《数学 4·必修·A 版》的几点建议

笔者在使用普通高中课程标准实验教科书《数学 4·必修·A 版》(人民教育出版社,2007 年第 2 版)(下简称《必修 4》)进行教学时,也仔细研读了该书,现对该书提出几点建议,不当之处,敬请读者批评指正.

1. 第 5 页练习第 2 题应作改动

《必修 4》第 5 页练习的第 2 题是"(口答)今天是星期三,那么 $7k(k\in\mathbf{Z})$ 天后的那一天是星期几? $7k(k\in\mathbf{Z})$ 天前的那一天是星期几? 100 天后的那一天是星期几? ",建议将此题作一个说明:"-3 天前(后)"的意义就是"3 天后(前)"(这与负数的意义是一致的). 若有此说明,该题的头两问话是同一个意思,所以还应去掉一问(若不作说明,也可把两处"**Z**"均改成"**N**"). 按照这个意思还可以理解《必修 4》第 4 页黑体字中"角 α 与整数个周角的和"中负整数个周角的情形.

用这种理解还可把《必修 4》第 52 页的黑体字"函数 $y=A\sin(\omega x+\varphi)$(其中 $A>0,\omega>0$)的图象,可以看作用下面的方法得到:先画出函数 $y=\sin x$ 的图象;再把正弦曲线向左(右)平移 $|\varphi|$ 个单位长度,得到函数 $y=\sin(x+\varphi)$ 的图象;然后使曲线上各点的横坐标变为原来的 $\frac{1}{\omega}$ 倍,得到函数 $y=\sin(\omega x+\varphi)$ 的图象;最后把曲线上各点的纵坐标变为原来的 A 倍,这时的曲线就是函数 $y=A\sin(\omega x+\varphi)$ 的图象"简述为"函数 $y=A\sin(\omega x+\varphi)$(其中 $A>0,\omega>0$)的图象,可以看作用下面的方法得到:先画出函数 $y=\sin x$ 的图象;再把正弦曲线向左平移 φ 个单位长度,得到函数 $y=\sin(x+\varphi)$ 的图象;然后使曲线上各点的横坐标变为原来的 $\frac{1}{\omega}$ 倍,得到函数 $y=\sin(\omega x+\varphi)$ 的图象;最后把曲线上各点的纵坐标变为原来的 A 倍,这时的曲线就是函数 $y=A\sin(\omega x+\varphi)$ 的图象".

2. 第 15 ~ 17 页介绍三角函数线时第 16 页图 1.2－7 中还应添上角 α 的终边在坐标轴上的四种情形

3. "…… 在长度为一个周期的闭区间上的简图"说法不对

《必修 4》第 46 页习题 1.4 的第 10 题是:

10. 设函数 $f(x)(x\in\mathbf{R})$ 是以 2 为最小正周期的周期函数,且 $x\in[0,2]$ 时

$f(x)=(x-1)^2$. 求 $f(3)$, $f\left(\frac{7}{2}\right)$ 的值.

与《必修 4》配套使用的《教师教学用书》(下简称《教师用书 4》) 第 44 页给出的答案是:

由于 $f(x)$ 以 2 为最小正周期,所以对任意 $x\in\mathbf{R}$,有 $f(x+2)=f(x)$. 于是

$$f(3)=f(1+2)=f(1)=(1-1)^2=0$$

$$f\left(\frac{7}{2}\right)=f\left(\frac{3}{2}+2\right)=f\left(\frac{3}{2}\right)=\left(\frac{3}{2}-1\right)^2=\frac{1}{4}$$

变式 1 设周期函数 $f(x)(x\in\mathbf{R})$ 的一个周期为 2,且 $x\in[0,2]$ 时 $f(x)=(x-1)^2$. 求 $f(0)$, $f(2)$.

解法 1 直接运用题设"$x\in[0,2]$ 时 $f(x)=(x-1)^2$"求解: $f(0)=1$, $f(2)=1$.

解法 2 先运用题设"$x\in[0,2]$ 时 $f(x)=(x-1)^2$"只求 $f(0)$, $f(2)$ 中的一个,再由题设解"周期函数 $f(x)(x\in\mathbf{R})$ 的一个周期为 2"求出另一个: $f(0)=1$, $f(2)=f(0)=1$.

变式 2 设周期函数 $f(x)(x\in\mathbf{R})$ 的一个周期为 2,且 $x\in[0,2]$ 时 $f(x)=x^2$. 求 $f(0)$, $f(2)$.

解法 1 同变式 1 的解法 1,得 $f(0)=0$, $f(2)=4$.

解法 2 同变式 1 的解法 1,得 $f(0)=0$, $f(2)=f(0)=0$.

解法 3 同变式 1 的解法 1 但这里先求 $f(2)$,得 $f(2)=4$, $f(0)=f(2)=4$.

这三种解法均无误,为何会得到三种不同的结果呢? 那只有一种可能:就是题目本身有互相矛盾的条件! 正是如此. 若周期函数 $f(x)(x\in\mathbf{R})$ 的一个周期为 2,则只需要知道 $f(x)$ 在一个周期上的解析式就可以确定 $f(x)$ 的所有函数值. 而本题中 $f(x)$ 的一个周期可选自变量 $x\in[0,2)$ 或 $x\in(0,2]$,但不能选 $x\in[0,2]$. 若选 $x\in[0,2)$ 则下一个周期是 $x\in[2,4)$,若选 $x\in(0,2]$ 则下一个周期是 $x\in(2,4]$,这都是正确的;若选 $x\in[0,2]$,则下一个周期是什么呢? 因为周期函数的两个周期上函数图象形状是相同的只是位置不同(可以通过左右平移使之重合),所以下一个周期只能是 $x\in[2,4]$,那么 $x=2$ 时的图象在哪一个周期呢? 总不能说同在两个周期上吧! 所以说,是连续函数的周期函数在一个周期上的图象自变量的取值范围不能是闭区间,只能是半闭半开区间.

而这一点,《必修 4》也没注意.《必修 4》第 55 页练习的第 2 题是"画出下列函数在长度为一个周期的闭区间上的简图(有条件的请用计算器或计算机检

验)：(1) $y=\frac{1}{2}\sin x$；……”，第 70 页第 16 题是“画出下列函数在长度为一个周期的闭区间上的简图：(1) $y=\frac{1}{2}\sin\left(3x-\frac{\pi}{3}\right)$，$x\in\mathbf{R}$；……”，应当把这里的“函数在长度为一个周期的闭区间上的简图”改为“函数在一个周期上的简图”.

所以应把变式 2 题目中的“$x\in[0,2]$”改为“$x\in[0,2)$”(按解法 2 求解)或“$x\in(0,2]$”(按解法 3 求解).

为什么变式 1 的题目没有错呢？因为周期函数 $f(x)$ 的周期是 2，所以只需要知道 $f(x)$ 在 $x\in[0,2)$ 或 $x\in(0,2]$ 上的解析式就可以确定 $f(x)$ 的所有函数值，而本题 $x\in[0,2]$ 上的解析式，说明题目条件有多余，所以多余的条件应当是相容的(即不会产生矛盾)：必须有 $f(0)=f(2)$，而本题满足这一点！

我们再来看：

变式 3 设周期函数 $f(x)(x\in\mathbf{R})$ 的一个周期为 2，且 $x\in[0,2]$ 时 $f(x)=x^2$. 求 $f(3)$，$f\left(\frac{7}{2}\right)$.

按照《教师用书 4》的解法容易求得 $f(3)=1$，$f\left(\frac{7}{2}\right)=\frac{9}{4}$.

而实际上本题是一道错题！

所以我们在编拟数学题目时，一定要注意题目的条件不多余为好，若有多余的条件它们一定应当是相容的. 另外，我们在解题时，仅仅求出了答案还不能算是完整解答(哪怕求解过程中的每一步都理由充分)，还要检验求出的答案要满足题目的所有条件(也包括题目的所有条件应当是相容的). 而我们平时解题时很少做到这种检验，特别是检验题目的所有条件应当是相容的(尤其是多余的条件应当相容)，从这一点来说，教科书的这道习题虽说很巧(多余的条件是相容的)，但这样的题目也有不足(解答时需要检验多余的条件相容)，也不具有教科书上的习题应具有的代表性、典型性、广泛性等特点. 建议把该题中的“$x\in[0,2]$”改为“$x\in[0,2)$”.

4. 何谓相位、初相？它们均有无穷多个值吗？

《必修 4》第 54 页写道：

现在，我们再次回到本章开头(笔者注：不是本章开头而是本节开头)提到的“简谐运动的图象”. 可以证明，这个图象所对应的函数解析式有如下形式

$$y=A\sin(\omega x+\varphi),x\in[0,+\infty)$$

其中 $A>0$，$\omega>0$. 物理中，描述简谐运动的物理量，如振幅、周期和频率等都与这个解析式中的常数有关：

$\omega x+\varphi$ 称为相位(phase)；

$x=0$ 时的相位 φ 称为初相(initial phase).

《必修 4》第 56 页第 3,4 题,第 58 页第 3,4(下面记作 $3',4'$)题及第 70 页第 18 题的部分内容分别是(答案是《教师用书 4》给出的答案):

3. 函数 $y=\frac{2}{3}\sin\left(\frac{1}{2}x-\frac{\pi}{4}\right)$ 的振幅、周期和频率各是多少?

参考答案 $\frac{2}{3},4\pi,\frac{1}{4\pi}$.

4. 函数 $y=\sin\left(x+\frac{\pi}{12}\right),x\in[0,+\infty)$ 的初相是多少?

参考答案 $\frac{\pi}{12}$.

$3'$. 不画图,直接写出下列函数的振幅、周期与初相:(1)$y=8\sin\left(\frac{x}{4}-\frac{\pi}{8}\right)$, $x\in[0,+\infty)$;(2)$y=\frac{1}{3}\sin\left(3x+\frac{\pi}{7}\right),x\in[0,+\infty)$.

参考答案 $8,8\pi,-\frac{\pi}{8};\frac{1}{3},\frac{2\pi}{3},\frac{\pi}{7}$.

$4'$. 已知电流 i(单位:A) 随时间 t(单位:s) 变化的函数关系是 $i=5\sin\left(100\pi t+\frac{\pi}{3}\right),t\in[0,+\infty)$,求电流 i 变化的周期、频率、振幅及其初相.

参考答案 $\frac{1}{50},50,5,\frac{\pi}{3}$.

18. 不通过画图,写出下列函数的振幅、周期、初相:(1)$y=\sin\left(5x+\frac{\pi}{6}\right)$, $x\in\mathbf{R}$;(2)$y=2\sin\frac{1}{6}x,x\in\mathbf{R}$.

参考答案 $1,\frac{2\pi}{5},\frac{\pi}{6};2,12\pi,0$.

《必修 4》第 49 页写到“前面我们接触过形如 $y=A\sin(\omega x+\varphi)$(其中 A,ω,φ 都是常数)的函数”,而在第 52 页又写到“现在我们知道了 A,ω,φ 对函数 $y=A\sin(\omega x+\varphi)(A>0,\omega>0)$ 的图象变化的影响情况”,为什么对于函数 $y=A\sin(\omega x+\varphi)$,前面说“(其中 A,ω,φ 都是常数)”,而后面限定“$(A>0,\omega>0)$”呢?

实际上,所有形如 $y=A\sin(\omega x+\varphi)$(其中 A,ω,φ 都是常数且 $A\omega\neq0$)的函数都可化成 $y=A'\sin(\omega' x+\varphi')$(其中 A',ω',φ' 都是常数且 $A'>0,\omega'>0$, $0\leqslant\varphi'<2\pi$)的形式. 由教科书第 14 页的诱导公式一容易理解“$0\leqslant\varphi'<2\pi$”是怎么来的,再分以下四种情形来说明“$A'>0,\omega'>0$”是怎么来的:

(1) 当 $A>0,\omega>0$ 时已经成立;

(2) 当 $A<0$，$\omega<0$ 时也成立：$y=A\sin(\omega x+\varphi)=-A\sin(-\omega x-\varphi)$；

(3) 当 $A>0$，$\omega<0$ 时也成立：$y=A\sin(\omega x+\varphi)=A\sin(-\omega x-\varphi+\pi)$；

(4) 当 $A<0$，$\omega>0$ 时也成立：$y=A\sin(\omega x+\varphi)=-A\sin(\omega x+\varphi+\pi)$.

这一点，所有的教科书都没有说明，且老师往往也不会说明，所以学生往往也不明白以上的道理.

有了以上论述，说明在函数解析式 $y=A\sin(\omega x+\varphi)$，$x\in[0,+\infty)$ 中限定"$A>0$，$\omega>0$"是有道理的，但该函数解析式还可以改成 $y=A\sin(\omega x+\varphi+2k\pi)(k\in\mathbf{Z})$，$x\in[0,+\infty)$ 多种形式，那么根据以上定义，$\omega x+\varphi+2k\pi(k\in\mathbf{Z})$ 都叫该函数的相位吗？$\varphi+2k\pi(k\in\mathbf{Z})$ 都叫该函数的初相吗？函数解析式 $y=A\sin(\omega x+\varphi)$，$x\in[0,+\infty)$ 还可以改成 $y=A\cos\left(\omega x+\varphi-\frac{\pi}{2}+2k\pi\right)(k\in\mathbf{Z})$，$x\in[0,+\infty)$，其相位、初相又怎么定义呢？在定义中的函数解析式 $y=A\sin(\omega x+\varphi)$，$x\in[0,+\infty)$ 有定义域 $x\in[0,+\infty)$，而以上第 3，18 题均无此限制，这又是怎么回事呢？

在《必修 4》第 60 页例 1 的解答中，得出 $\varphi=\frac{3\pi}{4}$ 不对，应为 $\varphi=\frac{3\pi}{4}+2k\pi(k\in\mathbf{Z})$.

笔者猜测初相 φ 应满足 $\varphi\in(-\pi,\pi]$，即初相是唯一确定的；若初相是确定的，则相位也是确定的.

5. 第 71 页第 8(2) 题的答案不对

《必修 4》第 71 页第 8(2) 题是：函数 $y=\sin\left(-3x+\frac{\pi}{4}\right)$，$x\in\mathbf{R}$ 在什么区间上是增函数？

《教师用书 4》第 62 页给出的答案是 $\left[\frac{2k\pi}{3}-\frac{\pi}{12},\frac{2k\pi}{3}+\frac{\pi}{4}\right](k\in\mathbf{Z})$，而正确答案是 $\left[\frac{2k\pi}{3}+\frac{\pi}{4},\frac{2k\pi}{3}+\frac{7\pi}{12}\right](k\in\mathbf{Z})$，产生错误的原因是没有注意"复合函数的单调性——同增异减"，所以《必修 4》第 39～40 页例 5 的解答也是这样地欠严密.

6. cos(sin 2) 是何意义？

《必修 4》第 69 页第 11(3) 题需要用计算器求 cos(sin 2) 的值.《教师用书 4》第 43 页给出的答案是"0.614".

笔者认为"cos(sin 2)"的意义并不清楚：

因为 sin 2 是 2 弧度的正弦值，是一个实数；而 cos(sin 2) 要有意义的话，

sin 2 必须是角的大小.所以,cos(sin 2) 无意义!

笔者认为《必修 4》第 12 页例 1 上方写的"由于角的集合与实数集之间可以建立一一对应关系,三角函数可以看成是自变量为实数的函数"也没道理:当 α 是实数时,$\sin\alpha$ 没有意义;只有当 α 表示角的大小时,$\sin\alpha$ 才有意义.决不能说"由于角的集合与实数集之间可以建立一一对应关系,三角函数就可以看成以实数为自变量的函数",只能求角的三角函数(角的单位是弧度时可以省略不写,形式上变成了一个实数,但仍然表示的是多少弧度,绝不是实数),不能求实数的三角函数.

鉴于像"cos(sin 2)"这样的式子及"若 $0<\alpha<\frac{\pi}{2}$,求证:$\sin\alpha<\alpha<\tan\alpha$"这样的题目还很常见,都是把 cos(sin 2) 理解成 sin 2 弧度的余弦;把 $\sin\alpha<\alpha<\tan\alpha$ 中的第二个 α 理解成角 α 的弧度数 —— 是一个实数(而笔者认为 $\sin\alpha$,α 分别是实数与角,它们不能比较大小).所以应把《必修 4》第 12 页例 1 上方写的"由于角的集合与 …… 为自变量的函数"改述为"有时候,也会遇到 $\sin\alpha(\alpha\in\mathbf{R})$ 的情形,这时实数 α 应看成 α 弧度;在'若 $0<\alpha<\frac{\pi}{2}$,则 $\sin\alpha<\alpha<\tan\alpha$'中的第三个 α 也应理解成角 α 的弧度数 —— 是一个实数."

7. 应明确指出零向量的方向是任意的

《必修 4》第 75 页定义"既有大小,又有方向的量叫作向量","长度为 0 的向量叫作零向量,记作 $\mathbf{0}$"、第 76 页"规定:零向量与任一向量平行".

既然 $\mathbf{0}$ 也是向量,$\mathbf{0}$ 就应该有方向,但《必修 4》没有明确给出 $\mathbf{0}$ 的方向,从而导致规定 $\mathbf{0}$ 与任一向量平行的合理性无法解释.根据"$\mathbf{0}$ 与任一向量平行"是否暗示了"$\mathbf{0}$ 的方向是任意的"?如果是这样的暗示,为什么在讨论两向量垂直时又把 $\mathbf{0}$ 排除在外呢(见《必修 4》第 94 页的叙述)?

文献[1],[2]均建议:应明确指出 $\mathbf{0}$ 的方向是任意的,或者说 $\mathbf{0}$ 是唯一的方向不确定的向量,进一步认定 $\mathbf{0}$ 与任一向量平行,也与任一向量垂直.大学教材[3]也是这样的观点:第 131 页写道:"零向量的方向不确定,也就是说,零向量的方向可以看作是任意的."第 156 页又写道:"定理 4.5.2　两个向量 $\boldsymbol{a}$ 与 $\boldsymbol{b}$ 相互垂直的条件是 $\boldsymbol{a}\cdot\boldsymbol{b}=0$(教材[3]是分 $\boldsymbol{a}$,$\boldsymbol{b}$ 中有 $\mathbf{0}$、无 $\mathbf{0}$ 两种情形证明是充要条件的)".

《必修 4》第 98 页的结论"当且仅当 $x_1y_2-x_2y_1=0$ 时,向量 $\boldsymbol{a}$,$\boldsymbol{b}(\boldsymbol{b}\neq\mathbf{0})$ 共线"中的"$\boldsymbol{b}\neq\mathbf{0}$"可以去掉.[1]

8. 强烈建议印刷时不用黑体表示向量

《必修 4》第 75 页写道:"向量也可用字母 $\boldsymbol{a}$(印刷用黑体 $\boldsymbol{a}$,书写用 $\vec{a}$),$\boldsymbol{b}$,

$\boldsymbol{c}$，… 表示，或用表示向量的有向线段的起点和终点字母表示，例如，$\overrightarrow{AB}$，$\overrightarrow{CD}$.”第 79 页倒数第三段末也写道：“1912 年，兰格文用 $\vec{a}$ 表示向量，以后，字母上加箭头表示向量的方法逐渐流行，尤其在手写稿中. 为了方便印刷，用粗黑体小写字母 $\boldsymbol{a}$，$\boldsymbol{b}$ 等表示向量，这两种符号一直沿用至今.”这恐怕是所有数学教科书中唯独一处奇怪的约定：学生的写法与教科书的写法不一致！就是这一奇怪约定给学生带来了很大的误导，以至于还产生了不小的灾难：

笔者历次在教学《平面向量》这一章时，都会有众多学生出现书写向量时不加箭头，把 $\vec{a}$ 写成 a 几乎是普遍情形，老师向学生多次解释过两者的意义不同且学生当时也完全理解和接受，但学生而后还是依然我行我素（甚至到高三），比如，笔者任教的实验班学生学到《必修 4》第 91 页第 4(1) 题“化简 $\overrightarrow{AB}+\overrightarrow{BC}+\overrightarrow{CA}$”时，几乎全班学生的答案都是 0，而不是 $\vec{0}$. 笔者认为造成这种情形的主要原因是《必修 4》中写的是 $\boldsymbol{0}$，而不是学生应当正确书写的 $\vec{0}$，让学生把印刷体 $\boldsymbol{0}$ 改写成手写体 $\vec{0}$ 就是这么难啊！回想一下，难道诸位没有同样的经历吗？设身处地地为学生着想一下：高中生够辛苦了，烦恼事够多了，但还要为这样完全可以避免的一点小事没完没了地增添烦恼，太不值了！所以学生最信赖、最愿意模仿且使用最多的教科书《必修 4》中的粗黑体小写字母 $\boldsymbol{a}$，$\boldsymbol{b}$，$\boldsymbol{c}$，… 及 $\boldsymbol{0}$ 应一概废除、停止使用，改为 $\vec{a}$，$\vec{b}$，$\vec{c}$，… 及 $\vec{0}$. 这样，就不会出现上述书写错误. 因此，笔者强烈建议高中数学教科书中不用黑体小写字母 $\boldsymbol{a}$，$\boldsymbol{b}$，$\boldsymbol{c}$，… 及 $\boldsymbol{0}$ 表示向量.

9.《教师用书 4》对第 77 页练习第 3 题及习题第 1 题给出的答案均有误

《教师用书 4》第 71 页对《必修 4》第 77 页练习第 3 题给出的答案有误：题目中两格为一个单位长，而给出的答案是按一格为一个单位长来计算的. 建议把题目中的条件改为一格为一个单位长.

《必修 4》第 77 页习题 2.1 的第 1 题是：在图 1 所示的坐标纸中，用直尺和圆规画出下列向量：

(1) $|\overrightarrow{OA}|=4$，点 A 在点 O 正南方向；

(2) $|\overrightarrow{OB}|=2\sqrt{2}$，点 B 在点 O 北偏西 45° 方向；

(3) $|\overrightarrow{OC}|=2$，点 C 在点 O 南偏西 30° 方向.

对于该题，《教师用书 4》第 72 页给出的答案是：

本题的答案如图 2 所示：

说明　选定点 O 后，点 A，B，C 的位置就唯一确定. 点 A 在点 B 的什么方位是向量中经常涉及的问题，也是引入向量的直观例子. 教师应让学生熟悉这种表示方法.

图 1

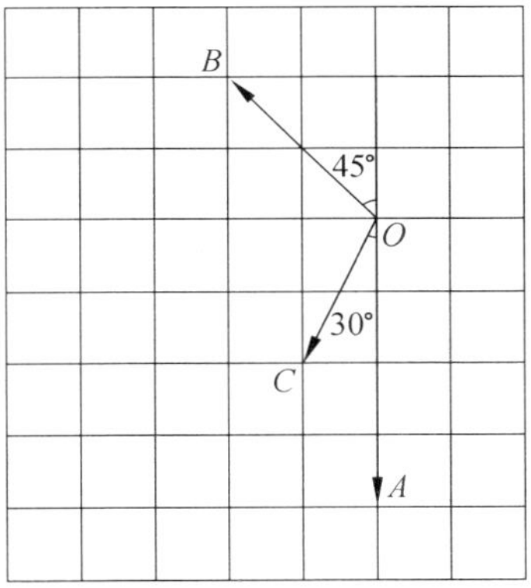

图 2

实际上,此解答的头两问是对的,最后一问不对:易知图 2 中的 $|\overrightarrow{OC}|=\sqrt{5}>2$,$\angle AOC<30^\circ$(因为 $\sin\angle AOC=\frac{1}{\sqrt{5}}<\frac{1}{2}=\sin 30^\circ$). 第(3) 问的正确答案是:从点 O 向西走 1 个单位再向南走$\sqrt{3}$ 个单位后,得到的点就是点 C 的位置;其作法是:可用尺规作图法作出 $\angle AOC=30^\circ$(点 C 在 OA 的左侧),在截取 $|\overrightarrow{OC}|=2$, 这就确定出了点 C 的位置.

10. 建议改动第 92 页第 5 题

《必修 4》第 92 页第 5 题是：

5. 已知 O 为四边形 $ABCD$ 所在平面内的一点，且向量$\overrightarrow{OA}$，$\overrightarrow{OB}$，$\overrightarrow{OC}$，$\overrightarrow{OD}$满足等式$\overrightarrow{OA}+\overrightarrow{OC}=\overrightarrow{OB}+\overrightarrow{OD}$.

(1) 作图观察四边形 $ABCD$ 的形状；

(2) 四边形 $ABCD$ 有什么特性？试证明你的猜想.

《教师用书 4》第 83 页仅给出了第(1) 问的答案：四边形 $ABCD$ 为平行四边形.

第(2) 问中四边形 $ABCD$ 的特性不就是平行四边形的性质吗，此设问是不必要的，建议将两问改成一问：作图观察四边形 $ABCD$ 的形状，并给出证明.

11. 第 97 页的黑体字未说清楚

《必修 4》第 96 ～ 97 页有三处黑体字：

(1) 两个向量和(差) 的坐标分别等于这两个向量相应坐标的和(差)；

(2) 实数与向量的积的坐标等于用这个实数乘原来向量的相应坐标；

(3) 一个向量的坐标等于表示此向量的有向线段的终点的坐标减去始点的坐标.

笔者认为(3) 的含义不清：因为坐标平面上两个点的横(纵) 坐标可以相减，而两个点的坐标(有序实数对) 如何相减均不清楚.

《必修 4》第 95 页说“若 $\boldsymbol{a}=x\boldsymbol{i}+y\boldsymbol{j}$(其中 $\boldsymbol{i}$，$\boldsymbol{j}$ 分别为与 x 轴，y 轴正方向相同的单位向量)，则把有序实数对(x,y)叫作向量 $\boldsymbol{a}$ 的坐标，记作 $\boldsymbol{a}=(x,y)$. ”可以再定义：在 $\boldsymbol{a}=(x,y)$ 中，x，y 分别叫作向量 $\boldsymbol{a}$ 的横坐标、纵坐标. 这样就可把以上内容表述得过清楚：

(1) 两个向量和(差) 的横、纵坐标分别等于这两个向量相应坐标的和(差)；

(2) 实数与向量的积的横、纵坐标分别等于这个实数与原来向量的相应坐标的积；

(3) 一个向量的横、纵坐标分别等于表示此向量的有向线段的终点的相应坐标减去始点的相应坐标.

12. 第 101 页练习第 6 题中应添上条件“点 O 是坐标原点”

《必修 4》第 101 页练习第 6 题是：

6. 已知向量$\overrightarrow{OA}=(2,3)$，$\overrightarrow{OB}=(6,-3)$，点 P 是线段 AB 的三等分点，求点 P 的坐标.

此题中应添上条件点 O 是坐标原点(该页习题第 7 题就有条件“已知点 $O(0,0)$”),否则无法求解. 添上这一条件后,可求得答案是 $\left(\frac{10}{3},1\right)$ 或 $\left(\frac{14}{3},-1\right)$,与《教师用书 4》第 89 页给出的答案一致.

13. 第 102 页第 3 题的简解

《必修 4》第 102 页第 3 题是:

3. 设 $\boldsymbol{e}_1,\boldsymbol{e}_2$ 是平面内一组基底,证明:当 $\lambda_1\boldsymbol{e}_1+\lambda_2\boldsymbol{e}_2=0$ 时,恒有 $\lambda_1=\lambda_2=0$.

《教师用书 4》第 91 页是用反证法证得的,下面给出一种简洁证法:

证明 有 $\boldsymbol{0}=0\cdot\boldsymbol{e}_1+0\cdot\boldsymbol{e}_2=\lambda_1\boldsymbol{e}_1+\lambda_2\boldsymbol{e}_2$,由《必修 4》第 94 页的平面向量基本定理知,表示方法是唯一的,所以 $\lambda_1=\lambda_2=0$.

14. 第 106 页第 3 题中可去掉条件“e 为单位向量”

《必修 4》第 106 页第 3 题是:

3. 已知 $|\boldsymbol{a}|=6$,$\boldsymbol{e}$ 为单位向量,当 $\boldsymbol{a},\boldsymbol{e}$ 之间的夹角 θ 分别等于 $45^\circ,90^\circ,135^\circ$ 时,画图表示 $\boldsymbol{a}$ 在 $\boldsymbol{e}$ 方向上的投影,并求其值.

这里的条件“$\boldsymbol{e}$ 为单位向量”可去掉,“之间”两字最好也去掉.

15.《教师用书 4》对第 108 页第 4 题的证法二是循环论证

《必修 4》第 108 页第 4 题是:

4. 求证:$(\lambda\boldsymbol{a})\cdot\boldsymbol{b}=\lambda(\boldsymbol{a}\cdot\boldsymbol{b})=\boldsymbol{a}\cdot(\lambda\boldsymbol{b})$.

此题即《必修 4》第 104 页数量积的三条运算律:

已知向量 $\boldsymbol{a}$、$\boldsymbol{b}$、$\boldsymbol{c}$ 和实数 λ,则:

(1)$\boldsymbol{a}\cdot\boldsymbol{b}=\boldsymbol{b}\cdot\boldsymbol{a}$;

(2)$(\lambda\boldsymbol{a})\cdot\boldsymbol{b}=\lambda(\boldsymbol{a}\cdot\boldsymbol{b})=\boldsymbol{a}\cdot(\lambda\boldsymbol{b})$;

(3)$(\boldsymbol{a}+\boldsymbol{b})\cdot\boldsymbol{c}=\boldsymbol{a}\cdot\boldsymbol{c}+\boldsymbol{b}\cdot\boldsymbol{c}$.

中的运算律(2).

《教师用书 4》第 97 页给出的证法二是:

设 $\boldsymbol{a}=(x_1,y_1)$,$\boldsymbol{b}=(x_2,y_2)$,那么

$$(\lambda\boldsymbol{a})\cdot\boldsymbol{b}=(\lambda x_1,\lambda y_1)\cdot(x_2,y_2)=\lambda x_1x_2+\lambda y_1y_2 \quad ①$$

$$\lambda(\boldsymbol{a}\cdot\boldsymbol{b})=\lambda(x_1,y_1)\cdot(x_2,y_2)=\lambda(x_1x_2+y_1y_2)=\lambda x_1x_2+\lambda y_1y_2 \quad ②$$

$$\boldsymbol{a}\cdot(\lambda\boldsymbol{b})=(x_1,y_1)\cdot(\lambda x_2,\lambda y_2)=\lambda x_1x_2+\lambda y_1y_2 \quad ③$$

所以 $(\lambda\boldsymbol{a})\cdot\boldsymbol{b}=\lambda(\boldsymbol{a}\cdot\boldsymbol{b})=\boldsymbol{a}\cdot(\lambda\boldsymbol{b})$.

注 编号 ①②③ 为笔者所加.

该坐标证法简洁明快,也无需分类讨论,师生都乐于接受. 那么,以上三条

运算律能否都这样证呢？都不行！因为此证法犯有循环论证的错误：

$\boldsymbol{a}=(x_1,y_1)$ 的含义是 $\boldsymbol{a}=x\boldsymbol{i}+y\boldsymbol{j}$，其中 $\boldsymbol{i},\boldsymbol{j}$ 分别为与 x 轴，y 轴正方向相同的单位向量（下同）（见教科书第 95 页），所以式 ① 的含义是

$$\lambda(x_1\boldsymbol{i}+y_1\boldsymbol{j})\cdot(x_2\boldsymbol{i}+y_2\boldsymbol{j})=(\lambda x_1\boldsymbol{i}+\lambda y_1\boldsymbol{j})\cdot(x_2\boldsymbol{i}+y_2\boldsymbol{j})=\lambda x_1x_2+\lambda y_1y_2$$

但该式最后一步（第二个等号）是怎么来的呢？必须先依据以上运算律(1)，(3) 展开

$$(\lambda x_1\boldsymbol{i}+\lambda y_1\boldsymbol{j})\cdot(x_2\boldsymbol{i}+y_2\boldsymbol{j})=\lambda x_1\boldsymbol{i}\cdot x_2\boldsymbol{i}+\lambda x_1\boldsymbol{i}\cdot y_2\boldsymbol{j}+\lambda y_1\boldsymbol{j}\cdot x_2\boldsymbol{i}+\lambda y_1\boldsymbol{j}\cdot y_2\boldsymbol{j}$$

接下来就必须使用运算律(2)（即原题）及 $\boldsymbol{i}^2=\boldsymbol{j}^2=1$，$\boldsymbol{i}\cdot\boldsymbol{j}=\boldsymbol{j}\cdot\boldsymbol{i}=0$，得到

$$(\lambda x_1\boldsymbol{i}+\lambda y_1\boldsymbol{j})\cdot(x_2\boldsymbol{i}+y_2\boldsymbol{j})=\lambda x_1x_2+\lambda y_1y_2$$

所以这种证法犯了循环论证的错误！并且还使用了后面才证明的运算律(3).

虽说《教师用书 4》的证法一很传统且有点繁锁（需要分类讨论），但严谨无误，与以前的教科书配套使用的《教师教学用书》（人民教育出版社，2006 年第 2 版）第 66 ～ 67 页就是这样证明的（且未给出错误的证法二）. 建议《教师用书 4》中删去此证法.

16.《教师用书 4》对第 121 页第(3) 小题的答案不对

《必修 4》第 121 页第(3) 小题的第一小问是：

设直线 l_1 和 l_2 的方程分别是 $l_1: A_1x+B_1y+C_1=0$，$l_2: A_2x+B_2y+C_2=0$，那么，$l_1 \parallel l_2$ 的条件是什么？

《教师用书 4》第 107 页给出的答案“当 $A_1B_2-A_2B_1=0$ 时，$l_1 \parallel l_2$”不对，应改为“当且仅当 $A_1B_2=A_2B_1$ 且 $A_1C_2\neq A_2C_1$ 或 $B_1C_2\neq B_2C_1$ 时，$l_1 \parallel l_2$”. 理由如下：

定理　对于两条直线 $l_i: A_ix+B_iy+C_i=0(|A_i|+|B_i|\neq 0)(i=1,2)$，有：

(1) l_1 与 l_2 相交 $\Leftrightarrow A_1B_2\neq A_2B_1$（特例：$l_1\perp l_2 \Leftrightarrow A_1A_2+B_1B_2=0$）；

(2) $l_1 \parallel l_2 \Leftrightarrow \begin{cases} A_1B_2=A_2B_1 \\ A_1C_2\neq A_2C_1 \text{ 或 } B_1C_2\neq B_2C_1; \end{cases}$

(3) l_1 与 l_2 重合 $\Leftrightarrow \begin{cases} A_1B_2=A_2B_1 \\ A_1C_2=A_2C_1 \\ B_1C_2=B_2C_1. \end{cases}$

证明　全日制普通高级中学教科书（必修）《数学·第二册（上）》（人民教育出版社，2006 年）第 61 页第 2 节的叙述知：向量 $\boldsymbol{n}_i=(A_i,B_i)$ 与直线 l_i 垂直 $(i=1,2)$，所以 l_1 与 l_2 平行或重合（即不相交）时，均有 $\boldsymbol{n}_1 \parallel \boldsymbol{n}_2$，即 $A_1B_2=A_2B_1$. 由此，得：

(1)l_1 与 l_2 相交 $\Leftrightarrow \boldsymbol{n}_1$ 与 $\boldsymbol{n}_2$ 不平行 $\Leftrightarrow A_1B_2 \neq A_2B_1$($l_1 \perp l_2 \Leftrightarrow \boldsymbol{n}_1 \perp \boldsymbol{n}_2 \Leftrightarrow A_1A_2 + B_1B_2 = 0$).

(2)$\Leftarrow$　只需证明方程组$\begin{cases}A_1x + B_1y + C_1 = 0\\ A_2x + B_2y + C_2 = 0\end{cases}$无解.

假设该方程组有解$(x,y)=(x_0,y_0)$,得

$$\begin{cases}A_1x_0 + B_1y_0 + C_1 = 0\\ A_2x_0 + B_2y_0 + C_2 = 0\end{cases}$$

所以

$$\begin{cases}A_1A_2x_0 + A_2B_1y_0 + A_2C_1 = 0\\ A_1A_2x_0 + A_1B_2y_0 + A_1C_2 = 0\end{cases}$$

$$(A_1B_2 - A_2B_1)y_0 + A_1C_2 - A_2C_1 = 0$$

即

$$A_1C_2 = A_2C_1$$

还可得

$$\begin{cases}A_1B_2x_0 + B_1B_2y_0 + B_2C_1 = 0\\ A_2B_1x_0 + B_1B_2y_0 + B_1C_2 = 0\end{cases}$$

进而得

$$B_1C_2 = B_2C_1$$

所以 $A_1C_2 = A_2C_1$ 且 $B_1C_2 = B_2C_1$,这与题设"$A_1C_2 \neq A_2C_1$ 或 $B_1C_2 \neq B_2C_1$"矛盾!所以假设错误,"$\Leftarrow$"获证.

$\Rightarrow$　只需证明 $l_1 \parallel l_2 \Rightarrow (A_1C_2 \neq A_2C_1$ 或 $B_1C_2 \neq B_2C_1)$,下面证明其逆否命题

$$\left.\begin{matrix}A_1C_2 = A_2C_1\\ B_1C_2 = B_2C_1\end{matrix}\right\} \Rightarrow l_1 \text{ 与 } l_2 \text{ 不平行}$$

若 $A_1 = 0$,由 $A_1C_2 = A_2C_1$,得 $A_2 = 0$ 或 $C_1 = 0$:

若 $A_2 = 0$,得 $A_1 = A_2 = 0$,$B_1B_2 \neq 0$,由 $B_1C_2 = B_2C_1$,得 $-\dfrac{C_1}{B_1} = -\dfrac{C_2}{B_2}$,此时 $l_1: y = -\dfrac{C_1}{B_1}$ 与 $l_2: y = -\dfrac{C_2}{B_2}$ 是两条重合直线;

若 $A_2 \neq 0$,得 $A_1 = C_1 = 0$,$B_1 \neq 0$,由 $B_1C_2 = B_2C_1 = 0$,得 $C_2 = 0$,此时 $l_1: y = -\dfrac{C_1}{B_1}$ 与 $l_2: x = -\dfrac{B_2}{A_2}y$ 是两条相交直线.

即 $A_1 = 0$ 时,要证结论成立;同理可证 $A_2 = 0$ 时,或 $B_1 = 0$ 时,或 $B_2 = 0$ 时,要证结论均成立. 又可证得 $A_1A_2B_1B_2 \neq 0$ 时 l_1 与 l_2 不平行:

若 $C_1 = 0$,得 $C_2 = 0$,所以直线 l_1 与 l_2 都经过坐标原点,当然不会平行;

若 $C_1 \neq 0$,得 $C_2 \neq 0$,所以$\dfrac{A_1}{A_2} = \dfrac{B_1}{B_2} = \dfrac{C_1}{C_2}$,$l_1$ 与 l_2 重合.

"$\Rightarrow$"也获证.

(3)$\Leftarrow$　可先证 $A_1=0$ 时成立，同理可证 $A_2=0$ 时，或 $B_1=0$ 时，或 $B_2=0$ 时，要证结论均成立．还可证得 $A_1A_2B_1B_2\neq 0$ 时也成立．所以"$\Leftarrow$"获证．

$\Rightarrow$　只需证明 l_1 与 l_2 重合 $\Rightarrow\begin{cases}A_1C_2=A_2C_1\\B_1C_2=B_2C_1.\end{cases}$

这只需证明：若 $A_1B_2=A_2B_1$ 且方程组 $\begin{cases}A_1x+B_1y+C_1=0\\A_2x+B_2y+C_2=0\end{cases}$ 有解，则 $\begin{cases}A_1C_2=A_2C_1\\B_1C_2=B_2C_1.\end{cases}$

这在(2)的"$\Leftarrow$"中已证．所以"$\Rightarrow$"也获证．

注　(1)因为同一平面上的两条直线有且只有相交、平行、重合三种位置关系，所以若证得了定理中的任意两个结论，第三个结论自然成立．

(2)结论(3)中右边的三个条件缺一不可，比如，直线 $l_1:0\cdot x+y+0=0$，$l_2:0\cdot x+y+1=0$ 满足 $A_1B_2=A_2B_1$，$A_1C_2=A_2C_1$，$B_1C_2\neq B_2C_1$，但 l_1 与 l_2 不重合．

17. 第 125 页"以上结果是在 $\alpha,\beta,\alpha-\beta$ 都是锐角，且 $\alpha>\beta$ 的情况下得到的"中的"，且 $\alpha>\beta$"可去掉

18. 第 137 页第 12 题有两解

《必修 4》第 137 页第 12 题是：

12. 在 $\triangle ABC$ 中，$AD\perp BC$，垂足为 D，且 $BD:DC:AD=2:3:6$，求 $\angle BAC$ 的度数．

《必修 4》第 123 页给出的答案是 45°．

实际上，该题有两解，以上只给出了 $\angle ABC$ 是锐角的情形；应当还有 $\angle ABC$ 是钝角的情形，此时可得 $\angle BAC=\left(\frac{180}{\pi}\arctan\frac{1}{7}\right)^\circ$．

因为《教师用书 4》中没有讲述反三角，所以建议将此题中添上条件"点 D 在边 BC 上"．

参考文献

[1] 胡典顺，等．对高中数学新教材的若干建议[J]．中学数学(高中)，2005(5)：10-12．

[2] 路见可．谈有关向量教学中的几点建议——中学数学笔谈之十七[J]．数学通讯，2000(11)：1-3．

[3] 吕林根，张紫霞，孙存金．解析几何[M]．北京：高等教育出版社，1988．

§20　对人教版教科书《数学5·必修·A版》的几点建议

笔者在使用普通高中课程标准实验教科书《数学5·必修·A版》(人民教育出版社,2007年第3版)(下简称《必修5》)进行教学时,也仔细研读了该书,现对该书提出几点建议,不当之处,敬请读者批评指正.

1.“本书部分常用符号”中的“cot x　x的余切”可去掉

因为《必修5》中没有涉及“cot x　x的余切”,并且普通高中课程标准实验教科书《数学4·必修·A版》(人民教育出版社,2007年第2版)第12页只介绍了正弦、余弦、正切三种三角函数,所以这套A版教科书中不会出现“cot x　x的余切”,建议此处去掉它.

2. 部分题目没有指定精确度

《必修5》第3～24页的例题、习题中有部分题目给出了精确度的要求,但也有一些题目没有给出精确度的要求,比如第15页练习2,3题,第16页练习题,第19～20页习题第3～6,8～10,第24页第6题,而与《必修5》配套使用的《教师教学用书》(下简称《教师用书5》)给出的是精确度不一致的近似数.

《教师用书5》第6页写道:“在本章中,复杂的计算是借助计算器计算的.当使用计算器时,约定当计算器所示的三角函数值是准确数时用等号,当取其近似值时,相应的运算结果用约等号,但一般的代数运算结果按通常的运算规则,是近似值时用约等号.”但仅由此也不能知道以上各题的精确度是多少,所以建议注明以上各题的精确度,且把《教师用书5》的这段话写在《必修5》上.

3. 解“边边角”问题可用余弦定理

解三角形中困难的一类问题是“边边角”问题(即已知三角形的两边与其中一边的对角解三角形),因为这类问题有两解、一解及无解的情形.《必修5》第8～9页的“探究与发现”《解三角形的进一步讨论》用正弦定理给出了这类问题的解法及结论,但均很繁杂.且解决“边边角”问题时,所有的教科书都是用正弦定理来求解的,比如《必修5》第3页及全日制普通高级中学教科书(必修)《数学·第一册(下)》(2003年人民教育出版社)第130页都有明确的说明,而笔者认为,此类问题若用余弦定理来求解将更简洁!

定理　若在$\triangle ABC$中已知$a,b,A(a>0,b>0,0°<A<180°)$解三角

形，则 c 就是用余弦定理得到的关于 c 的一元二次方程

$$a^2=b^2+c^2-2bc\cos A \quad (c>0) \tag{①}$$

的解，且解此三角形解的组数就是方程 ① 的解 c 的个数.

证明 由三角形全等的“边边边”公理知，只需证明由方程 ① 求得的解 c 及已知的 a，b 是满足已知条件 a，b，$A(a>0, b>0, 0°<A<180°)$ 的 $\triangle ABC$ 的三边

$$①\Leftrightarrow \overrightarrow{BC}^2=(\overrightarrow{BA}+\overrightarrow{AC})^2\Leftrightarrow$$

$$\overrightarrow{BC}=\overrightarrow{BA}+\overrightarrow{AC}\Leftrightarrow$$

$\triangle ABC$ 存在(因为 $0°<A<180°$)

注 由此定理解“边边角”问题(本质上就是用余弦定理解此类三角形)无需检验.

下面来解答《必修 5》第 8 页的《解三角形的进一步讨论》一文开头的问题：

在 $\triangle ABC$ 中，$a=22$ cm，$b=25$ cm，$A=133°$，解三角形.

解 由余弦定理，得

$$22^2=25^2+c^2-50c\cos 133°$$

即

$$c^2+(50\cos 47°)c+141=0$$

此方程显然没有正数解，所以该题无解.

推论 若在 $\triangle ABC$ 中已知 a，b，$A(a>0, b>0, 0°<A<180°)$ 解三角形，则解的组数分别是：

(1) 当 $0°<A<90°$ 时：

① 若又 $a<b\sin A$，则无解；

② 若又 $a=b\sin A$ 则为一组解；

③ 若又 $b\sin A<a<b$，则为两组解；

④ 若又 $a\geqslant b$，则为一组解.

(2) 当 $90°\leqslant A<180°$ 时：

① 若又 $a>b$，则为一组解；

② 若又 $a\leqslant b$，则无解.

4. 建议第 18 页添上三个乘号

建议把《必修 5》第 18 页例 5(2) 解答中的“$bc\ \dfrac{b^2+c^2-a^2}{2bc}+ca\ \dfrac{c^2+a^2-b^2}{2ca}+ab\ \dfrac{a^2+b^2-c^2}{2ab}$”改为“$bc\cdot\dfrac{b^2+c^2-a^2}{2bc}+ca\cdot\dfrac{c^2+a^2-b^2}{2ca}+ab\cdot\dfrac{a^2+b^2-c^2}{2ab}$”，这样规范些，也避免与带分数相混淆(而带分数中表示加法，这里却表示乘法).

5. 第 19 页第 3,6 题及第 25 页第 3 题均应稍作改动

《必修 5》第 19 页第 3 题中的"一艘船以 30 n mile/h 的速度往北偏东 10° 的 A 岛行驶"应改为"一艘船以 30 n mile/h 的速度从点 C 往北偏东 10° 的 A 岛行驶",第 6 题中的"飞机离两个探照灯的距离是多少"应改为"飞机离两个探照灯的距离各是多少".

第 25 页第 3 题是:

3. 研究一下,是否存在一个三角形具有以下性质:

(1) 三边是连续的三个自然数;

(2) 最大角是最小角的 2 倍.

此题应改为:

3. 研究一下,是否存在一个三角形同时具有以下性质?若存在,求出其三边长度;若不存在,说明理由:

(1) 三边长是连续的三个自然数;

(2) 最大角是最小角的 2 倍.

6. 对第 29 页例 1 的修正

《必修 5》第 29 ~ 30 页的例 1 是:

例 1 写出下面数列的一个通项公式,使它的前 4 项分别是下列各数:

(1) $1,-\frac{1}{2},\frac{1}{3},-\frac{1}{4}$;

(2) $2,0,2,0$.

解 (1) $a_n=\frac{(-1)^{n+1}}{n}$.

(2) $a_n=(-1)^{n+1}+1$.

笔者对此题及其解法提出以下异议:

由《必修 5》第 28 页的叙述知,数列分为有穷数列和无穷数列两种,所以数列的一般形式也有两种

$$a_1,a_2,\cdots,a_n$$

或

$$a_1,a_2,\cdots,a_n,\cdots$$

(所以笔者认为《必修 5》第 28 页说"数列的一般形式可以写成 $a_1,a_2,\cdots,a_n,\cdots$"有误) 而例 1 中"下面数列"的(1) 是有穷数列,所以(1) 的正确答案应是"$a_n=\frac{(-1)^{n+1}}{n}(n=1,2,3,4)$".

但从原解答来看,以上正确答案不是出题者的本意,所以建议把例 1 中的"使它的前 4 项分别是下列各数"改为"使它的前 4 项分别是所给的数",再把

“(1)1，$-\frac{1}{2}$，$\frac{1}{3}$，$-\frac{1}{4}$；”改为“(1)1，$-\frac{1}{2}$，$\frac{1}{3}$，$-\frac{1}{4}$，…；”，这样原答案也不变.

建议例1的其他小题及《必修5》第31页的4题，第33页第3，5题，第34页第1题，第67页第2题均作以上类似的改动.

另外，《必修5》第31页练习的第3题是：分别就例1(即上题)中的两个数列写出与其解答不同的一个通项公式.

《教师用书5》第38页给出的答案是：

$$(1)a_n=\begin{cases}-\frac{1}{n}(n=2m,m\in\mathbf{N}^*)\\ \frac{1}{n}(n=2m-1,m\in\mathbf{N}^*)\end{cases};$$

$(2)a_n=\begin{cases}2(n=2m,m\in\mathbf{N}^*)\\ 0(n=2m-1,m\in\mathbf{N}^*)\end{cases}$.(笔者注：此答案有误，应改为 $a_n=\begin{cases}0\quad(n=2m,m\in\mathbf{N}^*)\\ 2\quad(n=2m-1,m\in\mathbf{N}^*)\end{cases}$.)

笔者认为，该答案与前者(1)$a_n=\frac{(-1)^{n+1}}{n}$；(2)$a_n=(-1)^{n+1}+1$形异质同，所以不能算是“解答不同”. 该题可用拉格朗日插值公式(见文献[1]第401页)来解答：

任何一个次数不超过$n(n\in\mathbf{N}^*)$的多项式$f(x)$都可唯一地表示为

$$f(x)=\frac{(x-x_1)(x-x_2)\cdots(x-x_n)}{(x_0-x_1)(x_0-x_2)\cdots(x_0-x_n)}\cdot f(x_0)+\frac{(x-x_0)(x-x_2)\cdots(x-x_n)}{(x_1-x_0)(x_1-x_2)\cdots(x_1-x_n)}\cdot f(x_1)+\cdots+\frac{(x-x_0)(x-x_1)\cdots(x-x_{n-1})}{(x_n-x_0)(x_n-x_1)\cdots(x_n-x_{n-1})}\cdot f(x_n)$$

其中$x_0,x_1,\cdots,x_n$两两不同.

由此公式，可以写出它们的一个答案均是三次多项式，也可用待定系数法求解，比如，(2)的一个答案是$a_n=-\frac{4}{3}n^3+10n^2-\frac{68}{3}n+16$，它们与原答案有质的不同.

7. 关于数列的第二种分类

《必修5》第28页写道：“从第2项起，每一项都大于它的前一项的数列叫作递增数列；从第2项起，每一项都小于它的前一项的数列叫作递减数列；各项相等的数列叫作常数列；从第2项起，有些项大于它的前一项，有些项小于它的前一项的数列叫作摆动数列.”

《教师用书5》第34页又写道："对数列的两种分类：有穷数列、无穷数列；递增数列、递减数列、常数列、摆动数列．这些分类的严格定义不要求学生记忆，只要学生知道上述分类是依据不同分类标准作出的、能够对所给数列的类别作出准确判断就可以了．"再由分类的标准是"不重不漏"知，任一数列必是递增数列、递减数列、常数列、摆动数列之一，但数列

$$1,2,2,2,2,\cdots$$

属于哪一类呢？显然，都不是．

8. 递推公式不应包括初始条件

《必修5》第30～31页写道：

如果一个数列$\{a_n\}$的首项$a_1=1$，从第2项起每一项等于它的前一项的2倍再加1，即

$$a_n=2a_{n-1}+1 \quad (n>1)$$

那么

$$a_2=2a_1+1=3$$
$$a_3=2a_2+1=7$$
$$\vdots$$

像这样给出数列的方法叫作递推法，其中

$$a_n=2a_{n-1}+1 \quad (n>1)$$

称为递推公式．递推公式也是数列的一种表示方法．

全日制普通高级中学教科书(必修)《数学·第一册(上)》(人民教育出版社，2006年)第121页写道：

像上面这样，如果已知数列$\{a_n\}$的第1项(或前几项)，且任一项a_n与它的前一项a_{n-1}(或前几项)间的关系可以用一个公式来表示，那么这个公式就叫作这个数列的递推公式．递推公式也是给出数列的一种方法．

《数学·第一册(上)》第149页第1(1)题是判断"如果已知一个数列的递推公式，那么可以写出这个数列的任何一项"是否正确，与该教科书配套使用的《教师教学用书》给出的答案是"正确"．

笔者的质疑是：如果把$a_n=2a_{n-1}+1(n>1)$叫作数列$\{a_n\}$的递推公式，那么仅由此递推公式就不能确定数列$\{a_n\}$．

建议把上述《必修5》、《数学·第一册(上)》中的叙述分别改为：

……称为递推公式，$a_1=1$叫作初始条件．把初始条件和递推公式合起来也是给出数列的一种方法．

……叫作这个数列的递推公式，数列$\{a_n\}$的第1项(或前几项)叫作初始条件．把初始条件和递推公式合起来也是给出数列的一种方法．

这与文献[1]第 16 页的叙述是一致的：

对于数列$\{x_n\}$，若x_{n+k}与项$x_n, x_{n+1}, \cdots, x_{n+k-1}$之间满足函数关系式

$$F(x_{n+k}, x_{n+k-1}, \cdots, x_n) = 0$$

或

$$x_{n+k} = f(x_{n+k-1}, \cdots, x_n) \quad (n \geqslant 1)$$

则称此关系式为 k 阶递推式(又叫递归式)，由此递推式和初始值$x_1, x_2, \cdots, x_k$所确定的数列$\{x_n\}$称为(k 阶)递推数列，又叫递归数列.

9. 第 31 页的练习差第 5 题

《必修 5》第 31 页的练习共 1,2,3,4 四道题，而《教师用书 5》第 38 页给出了这四道题的答案后，还给出了第 5 题的答案，这说明《必修 5》第 31 页少了第 5 题.

笔者把这一情况通过《必修 5》的后记中给出的联系方式向该书的主要编者及责任编辑俞求是先生告诉了这一情况，俞先生迅速给出了回信：

甘先生：

您好！谢谢您，正好在今年春节后，我有一段时间再检查数学五，我也发现您信中的问题，我也很惊讶到现在仍存在这样明显而不能原谅的错误，是我们工作中的严重失误，感到很惭愧. 您是至今唯一与我联系指出此错误的人，所以更要特别感谢您，我会尽快修订此错误. 再次感谢！

俞求是

而后，俞先生又来信说“原来的题目大意是：求前面观察中的几个数列的通项公式”，即这道题的题目和答案是：

5. 求下面数列的通项公式：

(1) 全体自然数构成的数列

$$0, 1, 2, 3, \cdots$$

(2)1996 ～ 2002 年某市普通高中生人数(单位：万人)构成数列

$$82, 93, 105, 119, 129, 130, 132$$

(3) 无穷多个 3 构成数列

$$3, 3, 3, 3, \cdots$$

(4) 目前通用的人民币面额按从大到小的顺序构成数列(单位：元)

$$100, 50, 20, 10, 5, 2, 1, 0.5, 0.2, 0.1. 0.05, 0.02, 0.01$$

(5) -1 的一次幂，二次幂，三次幂，四次幂 …… 构成数列

$$-1, 1, -1, 1, \cdots$$

(6) $\sqrt{2}$ 的精确到 1,0.1,0.01,0.001,… 的不足近似值与过剩近似值分别构成数列

$$1, 1.4, 1.41, 1.414, \cdots$$
$$2, 1.5, 1.42, 1.415, \cdots$$

参考答案　(1)$a_n = n - 1(n \in \mathbf{N})$;(2) 无;(3)$a_n = 3(n \in \mathbf{N})$;(4) 无;(5)$a_n = (-1)^n(n \in \mathbf{N})$;(6) 无.

显然,答案中的三个"**N**"均应改为"$\mathbf{N}^*$",因为**N**是自然数集,$\mathbf{N}^*$ 是正整数集.

另外,对于(2)(4)(6)题的答案笔者也提出异议:由以上拉格朗日插值公式或待定系数法可知(2)(4)题分别有6次、12次的多项式通项公式,当然也有更高次的多项式通项公式;第(6)题也有通项公式,分别为$a_n = \frac{[10^{n-1}\sqrt{2}]}{10^{n-1}}(n \in \mathbf{N}^*)$,$a_n = \frac{[10^{n-1}\sqrt{2}]+1}{10^{n-1}}(n \in \mathbf{N}^*)$,其中$[x]$是高斯函数,表示不大于实数$x$的最大整数.

由《必修5》第29页给出的定义"如果数列$\{a_n\}$的第n项与序号n之间的关系可以用一个式子来表示,那么这个公式叫作这个数列的通项公式"知,数列都有通项公式,甚至分段函数的形式也是可以的,只能说某数列没有某种形式的通项公式,比如可以证明全体质数按从小到大的顺序组成的数列的通项公式不能是项数n的多项式.

10. 关于第39页练习的第4题

《必修5》第39页练习的第4题是:

4. 已知一个无穷等差数列$\{a_n\}$的首项为a_1,公差为d.

(1) 略;

(2) 取出数列中的所有奇数项,组成一个新的数列,……

(3) 如果取出数列中所有序号为7的倍数的项,组成一个新的数列呢?

笔者认为"取出数列中的所有奇数项,组成一个新的数列"应理解为"取出数列中的所有是奇数的项,组成一个新的数列",所以建议将它改为"取出数列中的第奇数项且按原来的先后顺序组成一个新的数列"或"取出数列中项数为奇数的项且按原来的先后顺序组成一个新的数列"或"取出数列中序号为奇数的项且按原来的先后顺序组成一个新的数列".该题第(3)问及第53页第3题也应作类似的改动.

11. 第42页探究上面第四、五行中的"$n-1$"应改为"$(n-1)$",第43页第三行中的"n个"应前移至大括号的中间

12. 关于第51页的例4

《必修5》第51页的例4是"例4　已知$\{a_n\}$ $\{b_n\}$是项数相同的等比数列,

仿照下表中的例子填写表格. 从中你能得出什么结论？证明你的结论. ……”

本题的结论是$\{a_n \cdot b_n\}$是等比数列. 但是按照$\{a_n\}$，$\{b_n\}$均是无穷数列来证明的，高中生不能认为“两个无穷等比数列的项数相同”（只有对有穷数列才能谈项数，“$+\infty$”不是数）.

建议，把例 4 题目中的第一句话改为“已知$\{a_n\}$，$\{b_n\}$都是无穷等比数列”，若证出了无穷的情形，则有穷的情形自然成立.

13. 关于第 52 ～ 53 页的练习第 2,3 题

《必修 5》第 52 页练习第 2 题是：

2. 在利用电子邮件传播病毒的例子中，如果第一轮感染的计算机数是 80 台，并且从第一轮起，以后各轮的每一台计算机都可以感染下一轮的 20 台计算机，到第 5 轮可以感染到多少台计算机？

《教师用书 5》第 54 页给出的解答是：

由题意可知，每一轮被感染的计算机台数构成一个首项为$a_1=80$，公比为$q=20$的等比数列，则第 5 轮被感染的计算机台数a_5为

$$a_5=a_1q^4=80\times 20^4=1.28\times 10^7$$

再来看普通高中课程标准实验教科书《数学 1 · 必修 · A 版》（人民教育出版社，2007 年第 2 版）第 98 页练习第 2 题是：

2. 某种计算机病毒是通过电子邮件进行传播的，如果某台计算机感染上这种病毒，那么它就会在下一轮病毒发作时传播一次病毒，并感染其他 20 台未感染病毒的计算机. 现有 10 台计算机被第 1 轮病毒感染，问：被第 5 轮病毒感染的计算机有多少台？

与该教科书配套使用的《教师教学用书》第 95 页给出的解答是：

设第 1 轮病毒发作时有$a_1=10$台被感染，第 2 轮，第 3 轮 …… 依次有a_2台，a_3台 …… 被感染，依题意有

$$a_5=10\times 20^4=160$$

答：在第 5 轮病毒发作时会有 160 万台被感染.（显然，这里的“$=160$”应改为“$=160$ 万”.）

这两道题很相似，但后者不会产生歧义，前者很容易产生歧义：会认为答案是

$$a_1+a_2+a_3+a_4+a_5=80\times(1+20+20^2+20^3+20^4)=\cdots$$

所以建议把前者的问话改为“问：被第 5 轮感染的计算机有多少台？”. 因为有重复的感觉，所以建议把前者的问话改为“到第 5 轮共可以感染到多少台计算机？”作为“2.5　等比数列的前 n 项和”的练习题（第 58 页）.

《必修 5》第 53 页练习第 3(3) 题是：

已知$\{a_n\}$是一个无穷等比数列，公比为q. 在数列$\{a_n\}$中，每隔10项取出一项，组成一个新的数列，这个新数列是等比数列吗？如果是，它的公比是多少？你能根据得到的结论作出一个猜想吗？

《教师用书5》第55页给出的解答是：

在$\{a_n\}$中每隔10项取出一项组成的数列是$a_1,a_{12},a_{23},\cdots$，则

$$\frac{a_{12}}{a_1}=\frac{a_{23}}{a_{12}}=\cdots=\frac{a_{11k+1}}{a_{11k-10}}=\cdots=q^{11}\quad(k\geqslant 1)$$

所以数列$a_1,a_{12},a_{23},\cdots$是以a_1为首项，q^{11}为公比的等比数列.

猜想 在数列$\{a_n\}$中每隔m(m是一个正整数)项取出一项，组成一个新的数列，这个数列是以a_1为首项，q^{m+1}为公比的等比数列.

说明 在等比数列中下标为等差数列的子数列也构成等比数列.

笔者要询问的是，在数列$\{a_n\}$中a_1与a_{12}是隔10项吗？也许你会说，这是显然的，隔了$a_2,a_3,\cdots,a_{11}$这10项. 那么，照此说法，a_1与a_2是隔了0项，但一般我们认为a_1与a_1是隔了0项.

或许，“在数列$\{a_n\}$中，a_1与a_1,a_2均隔0项”都是正确的，但笔者讲解此题时，学生还是争论不休，说其他课的老师不是这样讲的，所以建议把此小题中的“每隔10项取出一项，组成一个新的数列”改成“取出下标被10除余1的项按原顺序组成一个新的数列”，这样就不会产生歧义.

14. 关于第56页的例1

《必修5》第56页的例1是：

例1 求下列等比数列前8项的和：

(1) $\frac{1}{2},\frac{1}{4},\frac{1}{8},\cdots$;

(2) $a_1=\frac{1}{27},a_9=\frac{1}{243},q<0$.

建议把此题改述为：

例1 求下列各等比数列$\{a_n\}$(其公比为q)的前8项和：

(1) $\frac{1}{2},\frac{1}{4},\frac{1}{8},\cdots,a_n,\cdots$;

(2) $a_1=\frac{1}{27},a_9=\frac{1}{243},q<0$.

15. 关于第62页第1题

《必修5》第62页第1题是：

1. 利用等比数列的前n项和的公式证明：如果$a\neq b$，且a,b都不为0，则

$$a^n + a^{n-1}b + a^{n-2}b^2 + \cdots + ab^{n-1} + b^n = \frac{a^{n+1} - b^{n+1}}{a - b}$$

其中 $n \in \mathbf{N}^*$，a，b 是不为 0 的常数，且 $a \neq b$.

此题的叙述有重复，建议改述为：

1. 利用等比数列的前 n 项和的公式证明：若 $a \neq b$，且 a，b 都不为 0，$n \in \mathbf{N}^*$，则

$$a^n + a^{n-1}b + a^{n-2}b^2 + \cdots + ab^{n-1} + b^n = \frac{a^{n+1} - b^{n+1}}{a - b}$$

下面再对此题多说两句.

《必修 5》第 61 页第 4(3) 题及其解答是(解答见《教师用书 5》第 61 页)：

题目 求和：$1 + 2x + 3x^2 + \cdots + nx^{n-1}$.

解 设 $S_n = 1 + 2x + 3x^2 + \cdots + nx^{n-1}$，得

$$(1 - x)S_n = 1 + x + x^2 + \cdots + x^{n-1} - nx^n$$

当 $x = 1$ 时，$S_n = 1 + 2 + 3 + \cdots + n = \frac{n(n+1)}{2}$；

当 $x \neq 1$ 时，得

$$S_n = \frac{1 - x^n}{(1 - x)^2} - \frac{nx^n}{1 - x}$$

笔者认为，此解答的最后一步来得有些快：

该步的依据是 $1 + x + x^2 + \cdots + x^{n-1} = \frac{1 - x^n}{1 - x}(x \neq 1)$，而此式是如何来的呢？

想法 1 是用等比数列的前 n 项和公式

$$a_1 + a_1q + a_1q^2 + \cdots + a_1q^{n-1} = \frac{a_1(1 - q^n)}{1 - q} \quad (a_1q \neq 0 \text{ 且 } q \neq 1) \qquad ②$$

得到的(令 $a_1 = 1$，$q = x$)，但 $x = 0$ 时需另作说明.

想法 2 是用《必修 5》第 62 页第 1 题的公式

$$a^n + a^{n-1}b + a^{n-2}b^2 + \cdots + ab^{n-1} + b^n = \frac{a^{n+1} - b^{n+1}}{a - b} \quad (a \neq b, ab \neq 0, n \in \mathbf{N}^*) \qquad ③$$

得到的(令 $a = 1$，$b = x$，$n = n' - 1$)，但 $x = 0$ 时也需另作说明.

所以，公式 ②③ 可以分别加强为

$$a_1 + a_1q + a_1q^2 + \cdots + a_1q^{n-1} = \frac{a_1(1 - q^n)}{1 - q} \quad (a_1, q \in \mathbf{R} \text{ 且 } q \neq 1)$$

$$a^n + a^{n-1}b + a^{n-2}b^2 + \cdots + ab^{n-1} + b^n = \frac{a^{n+1} - b^{n+1}}{a - b} \quad (a \neq b, n \in \mathbf{N}^*)$$

《教师用书 5》第 61 页对《必修 5》第 61 页第 4(1) 题的解答也存在这种问

题.

16.《教师用书5》对第62页第3,5题的解答均有误

《教师用书5》第62页对《必修5》第62页第3题给出的答案是:

$$\cdots\cdots S_9 = \cdots \approx 2\ 080\ \text{t}$$

可节约土地为

$$1\ 650 \times 4 = 8\ 320\ \text{m}^2$$

这里最后一步有印刷错误,应改为

$$2\ 080 \times 4 = 8\ 320\ \text{m}^2$$

《必修5》第62页第5题是:

5.购房问题:某家庭打算在2010年的年底花40万元购一套商品房,为此,计划从2004年初开始,每年年初存入一笔购房专用款,使这笔款到2010年底连本代息共有40万元.如果每年的存款数额相同,依年利息2%并按复利计算,问每年应该存入多少钱?

《教师用书5》第63页给出的解答是:

设每年应存入x万元,则

$$\frac{x(1+2\%)(1-1.02^7)}{1-1.02}=40$$

解得

$$x \approx 52\ 498(\text{元})$$

答:每年大约应存入52 498元.

笔者按计算器算过,答案为$x \approx 5.274\ 978\ 6$.

建议把题目中的"2010年的年底"、"问每年应该存入多少钱?"分别改为"2010年底"、"问每年应该存入多少钱(精确到元)?";把解答中的"$x \approx 52\ 498$(元)"、"答:每年大约应存入52 498元"分别改为"$x \approx 5.275\ 0$"(不能带上单位)、"答:每年应该存入52 750元".

17.《教师用书5》第65页对《必修5》第67页第3(3)题的答案"$a_n = (10^n - 1)\dfrac{7}{9}$"应改为"$a_n = \dfrac{7}{9}(10^n - 1)$"

18.《教师用书5》第67页对《必修5》第69页第6题的解答不严谨

《必修5》第69页第6题是:已知数列$\{a_n\}$中,$a_1 = 5$,$a_2 = 2$,$a_n = 2a_{n-1} + 3a_{n-2}(n \geqslant 3)$,对于这个数列的通项公式作一研究,能否写出它的通项公式?

对于该题,《教师用书5》第67页给出的解答是(解答中的编号④~⑨是笔者所加):

解　由 $a_n=2a_{n-1}+3a_{n-2}$，得

$$a_n+a_{n-1}=3(a_{n-1}+a_{n-2}) \quad ④$$

以及

$$a_n-3a_{n-1}=-(a_{n-1}-3a_{n-2}) \quad ⑤$$

所以

$$a_n+a_{n-1}=3^{n-2}(a_2+a_1)=3^{n-2}\times 7 \quad ⑥$$

$$a_n-3a_{n-1}=(-1)^{n-2}(a_2-3a_1)=(-1)^{n-1}\times 13 \quad ⑦$$

由式 ⑥⑦，得

$$4a_n=3^{n-1}\times 7+(-1)^{n-1}\times 13 \quad ⑧$$

所以，数列的通项公式是

$$a_n=\frac{1}{4}[3^{n-1}\times 7+(-1)^{n-1}\times 13] \quad ⑨$$

此解答中有较多省略，这里把省略的部分也重述一下：

(1)④⑤ 两式是怎么想到的？

《必修 5》中重点讲述了等差数列、等比数列这两类最基本的数列，所以，我们在求解数列问题时，首先应想到尽可能地把所给数列问题转化成等差数列或等比数列来解决. 题中的数列 $\{a_n\}$ 是最简单的二阶递归数列，其解题思路是用待定系数法构造等比数列：

由 $a_n=2a_{n-1}+3a_{n-2}$ 知，当 $x\neq 2$ 时，有

$$a_n-xa_{n-1}=(2-x)\left(a_{n-1}-\frac{3}{x-2}a_{n-2}\right) \quad ⑩$$

令

$$x=\frac{3}{x-2}$$

即 $x=-1$ 或 $x=3$.

在式 ⑩ 中分别令 $x=-1$，$x=3$ 后，立得 ④⑤ 两式.

(2)⑥⑦ 两式是怎么得到的？

设 $b_n=a_n+a_{n-1}(n\geqslant 2)$，由式 ④ 可得数列 $\{b_n\}_{n\geqslant 2}$ 满足后一项总是前一项的 3 倍，所以

$$b_3=b_2\cdot 3, b_4=b_3\cdot 3=b_2\cdot 3^2, b_5=b_4\cdot 3=b_2\cdot 3^3, \cdots$$

一般地，有 $b_n=b_2\cdot 3^{n-2}(n\geqslant 2)$，再由 $b_2=a_2+a_1=7$ 便得式 ⑥. 同理，可得式 ⑦.

(3) 由式 ⑥⑦ 直接得到式 ⑧⑨，欠严谨！

因为式 ⑥⑦ 中均有 $n\geqslant 3$ 的限制，所以式 ⑥⑦ 得到的式 ⑧⑨ 中也应有“$n\geqslant 3$”的限制，即还需验证式 ⑨ 对 $n=1,2$ 也成立，所以所求数列的通项公式就是式 ⑨.

也可把题 2 的上述解法作微调，得到以下简洁解法：

先同原解法得出 ④⑤ 两式，再由它们可得

$$a_{n+1}+a_n=(a_2+a_1)\cdot 3^{n-1}=7\cdot 3^{n-1}\quad (n\in \mathbf{N}^*)$$

$$a_{n+1}-3a_n=(a_2-3a_1)(-1)^{n-1}=13(-1)^n\quad (n\in \mathbf{N}^*)$$

所以

$$a_n=\frac{1}{4}[7\cdot 3^{n-1}-13(-1)^n]$$

这就是所求数列的通项公式.

19. 第 70 页(该页没标页码)右下角一段文字中的句号“。”应改为“.”，段末也应有句号“.”

20. 关于第 75 页第 4,5 题

《教师用书 5》第 76 页对《必修 5》第 75 页第 4 题给出的答案有误，应改为

$$\begin{cases}x\in \mathbf{N}^*\\4x<48\\0<5x-48<5\\3(x+5)<48\\4(x+5)>48\end{cases}$$

《必修 5》第 75 页第 5 题是：

5. 某市环保局为增加城市的绿地面积，提出两个投资方案：方案 A 为一次性投资 500 万元；方案 B 为第一年投资 5 万元，以后每年都比前一年增加 10 万元. 列出不等式表示“经 n 年之后，方案 B 的投入不少于方案 A 的投入”.

《教师用书 5》第 76 页给出的解答是：

设方案的期限为 n 年时，方案 B 的投入不少于方案 A 的投入，所以

$$5n+\frac{n(n-1)}{2}\times 10\geqslant 500$$

即

$$n^2\geqslant 100$$

建议把题目中的“n”改为“$n(n\in \mathbf{N}^*)$”，解答末添上“$n\geqslant 10(n\in \mathbf{N}^*)$”.

21. 对第 76 页问题的完整解答

《必修 5》第 76 页写道：

某同学要把自己的计算机接入因特网. 现有两家 ISP 公司(即因特网服务公司)可供选择. 公司 A 每小时收费 1.5 元(不足 1 h 按 1 h 计算)；公司 B 的收费原则如图 1 所示，即在用户上网的第 1 h 内(含恰好 1 小时，下同)收费 1.7 元，

第 2 小时内收费 1.6 元，以后每小时减少 0.1 元(若用户一次上网时间超过 17 h，按 17 h 计算).

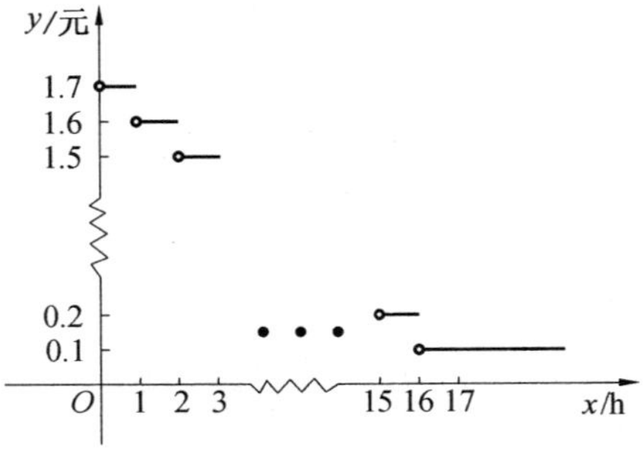

图 1

一般来说，一次上网时间不会超过 17 h，所以，不妨假设一次上网时间总小于 17 h. 那么，一次上网在多长时间以内能够保证选择公司 A 的上网费用小于或等于选择公司 B 所需费用?

假设一次上网 x h，则公司 A 收取的费用为 $1.5x$(元)，公司 B 收取的费用为$\frac{x(35-x)}{20}$(元).

如果能够保证选择公司 A 比选择公司 B 所需费用少(笔者注：此句话应改为"若选择公司 A 的费用不超过选择公司 B 的费用")，则

$$\frac{x(35-x)}{20} \geqslant 1.5x$$

整理得

$$x^2-5x \leqslant 0$$

所以，一元二次不等式 $x^2-5x \leqslant 0$ 的解集是$\{x \mid 0 \leqslant x \leqslant 5\}$.

笔者注　答案为$\{x \mid 0 < x \leqslant 5\}$.

所以，当一次上网时间在 5 h 以内(含恰好 5 h)时，选择公司 A 的费用小于或等于选择公司 B 的费用；超过 5 h，选择公司 B 的费用少.

以上解答不对：比如，上网 1.5 h，选择公司 A 应付费 $1.5\times2=3$(元)，选择公司 B 应付费 $1.7+1.6=3.3$(元)；而按以上解答应分别付费 $1.5\times1.5=2.25$(元)，$\frac{1.5(35-1.5)}{20}=2.5125$(元).

要完整解答此问题，需要先给出下述定义：

定义[1]　设 $x\in\mathbf{R}$，用$[x]$表示不大于 x 的最小整数，用$]x[$表示不小于 x 的最小整数，用$\langle x\rangle$($x-\frac{1}{2}\notin\mathbf{Z}$) 表示与 x 最接近的整数.

文献[1] 第 359 页还把$[x]$，$]x[$，$\langle x\rangle$ 分别叫"地板函数"、"天花板函数"、

“吊灯函数”—— 意即$[x] \leqslant \langle x \rangle \leqslant]x[$，因为吊灯介于地板和天花板之间.

（可证：小于实数 x 的最大整数是$]x[-1$.）

若一次上网 $x(x>0)$ h，则公司 A 收费 $F(x)=1.5]x[$（元）；下面再求公司 B 的收费 $G(x)$（元），设 x h 的单价为 $g(x)$（元），则

$$g(x)=\begin{cases}1.8-0.1]x[& (0<x\leqslant 17)\\ 0.1 & (x>17)\end{cases}$$

所以，当 $x=0$ 时，$G(x)=0$；

当 $0<x\leqslant 17$ 时，由等差数列的前 n 项和公式可得

$$G(x)=\frac{1}{2}]x[(1.7+1.8-0.1]x[)=\frac{1}{20}]x[(35-]x[)$$

当 $x>17$ 时，$G(x)=\frac{1}{20}\times 17\times(35-17)=15.3$.

即
$$G(x)=\begin{cases}\frac{1}{20}]x[(35-]x[) & (0<x\leqslant 17)\\ 15.3 & (x>17)\end{cases}$$

当 $0<x\leqslant 17$ 时，若选择公司 A 的费用不超过选择公司 B 的费用，则

$$\begin{cases}0<x\leqslant 17\\ 1.5]x[\leqslant \frac{1}{20}]x[(35-]x[)\end{cases}$$

即$\begin{cases}0<x\leqslant 17\\ 0<]x[\leqslant 5\end{cases}$，也即 $0<x\leqslant 5$.

当 $x>17$ 时，选择公司 A 的费用一定超过选择公司 B 的费用：$F(x)>F(17)=1.5\times 17>15.3=G(x)$.

所以，若一次上网时间不超过 5 h，选择公司 A 的费用不会超过选择公司 B 的费用；若超过 5 h，选择公司 B 的费用少一些.

此结论与原解答得到的结论一致.若用此问题引入一元二次不等式的解法显然过难，建议改成另外一道较简单的一元二次不等式应用问题.

22. 关于第 80 页第 5 题及第 81 页第 6，4 题

《必修 5》第 80 页第 5 题是：

5. 在一次体育课上，某同学以初速度 $v_0=12$ m/s 竖直上抛一排球，该排球能够在抛出点 2 m 以上的位置最多停留多长时间？（注：若不计空气阻力，则竖直上抛的物体距离抛出点的高度 h 与时间 x 满足关系 $h=v_0t-\frac{1}{2}gt^2$，其中 $g=9.8$ m/s^2.）

笔者认为，应把题目中的“能够在抛出点 2 m 以上的位置最多停留”、“时间

x”分别改成“在抛出点 2 m 以上的高度运动了”、“时间 t”，题末还应添上“精确到 s”.

《教师用书 5》第 80 页给出的解答是：

设能够在抛出点 2 m 以上的位置最多停留 t s. 依题意，有

$$v_0 t - \frac{1}{2}gt^2 > 2$$

即 $12t - 4.9t^2 > 2$. 这里 $t > 0$. 所以 t 最大为 2(精确到 s).

答：能够在抛出点 2 m 以上的位置最多停留 2 s.

解答中的“$12t - 4.9t^2 > 2$. 这里 $t > 0$. 所以 t 最大为 2(精确到 s)”显然有误，因为由“$12t - 4.9t^2 > 2$”得 $0.179\cdots < t < 2.269\cdots$，不能得“$t$ 最大为 2(精确到 s)”.

建议把此解答修正为：

设排球抛出 t s 时高度在 2 m 以上，得

$$12t - 4.9t^2 > 2$$

即

$$4.9t^2 - 12t + 2 < 0$$

设方程 $4.9t^2 - 12t + 2 = 0$ 的两个根是 t_1, t_2，则

$$t_1 + t_2 = \frac{12}{4.9}, t_1 t_2 = \frac{2}{4.9}$$

$$(t_1 - t_2)^2 = (t_1 + t_2)^2 - 4t_1 t_2 \approx \left(\frac{12}{5}\right)^2 - 4 \times \frac{2}{5} = \frac{104}{25} \approx 4, |t_1 - t_2| \approx 2$$

《必修 5》第 81 页第 6 题是：

6. 某文具店购进一批新型台灯，若按每盏台灯 15 元的价格销售，每天能卖出 30 盏；若售价每提高 1 元，日销售量将减少 2 盏. 为了使这批台灯每天获得 400 元以上的销售收入，应怎样制定这批台灯的销售价格？

《教师用书 5》第 80 页给出的解答是：

设每盏台灯售价 x 元，则

$$\begin{cases} x \geqslant 15 \\ x[30 - 2(x - 15)] > 400 \end{cases}$$

即 $15 \leqslant x < 20$. 所以售价 $x \in \{x \mid 15 \leqslant x < 20\}$.

笔者认为，由题设“若售价每提高 1 元，日销售量将减少 2 盏”知，价格只能一元一元地提高，即这是数列问题：若售价提高 $n(n \in \mathbf{N})$ 元，日销售量将减少 $a_n = 2n$ 盏. 由此知，不能推得“若售价每提高 0.5 元，日销售量将减少 1 盏”，更不能推得“若售价每提高 $x(x \geqslant 0)$ 元，日销售量将减少 $2x$ 盏”(因为由题设并不能得到“日销售量的减少量与售价的提高量成正比”，何况“$2x$ 盏”中的 $2x \in \mathbf{N}$)，即这样的问题不是连续函数问题. 所以，本题的正确解答是：

设每盏台灯售价 $x(x \geqslant 15, x \in \mathbf{N})$ 元，则

$$\begin{cases} x \geqslant 15 \\ x[30-2(x-15)] > 400 \end{cases}$$

即 $15 \leqslant x < 20$. 所以售价为 15,16,17,18,或 19 元.

全日制普通高级中学教科书(必修)《数学·第一册(上)》(2006 年人民教育出版社)第 99 页的第 4 题是:

某人开汽车沿一条直路以 60 km/h 的速度从 A 地到 150 km 远处的 B 地,在 B 地停留 1 h 后,再以 50 km/h 的速度返回 A 地. 把汽车与 A 地的距离 x(单位:km)表示为时间 t(单位:h)(从 A 地出发时开始)的函数,并画出函数的图象;再把车速 v 表示为时间 t 的函数,并画出函数的图象.

与《数学·第一册(上)》配套使用的《教师教学用书》第 61 页给出的答案是:

汽车与 A 地的距离 x(单位:km)表示为时间 t(单位:h)之间的函数关系式是

$$x=\begin{cases} 60t & t\in[0,2.5] \\ 150 & t\in[2.5,3.5] \\ 150-50(t-3.5) & t\in[3.5,6.5] \end{cases}$$

笔者认为这里的"60 km/h"也是数列问题,而不是连续函数问题:因为"60 km/h"只是"每 h 行驶 60 km"的一种符号书写,即第 1 h 行了 60 km,第 2 h 行了 120 km,至于第 1.5 h 行了多少是无从知晓的,所以何时行至 150 km 远处的 B 地也无法求出,即本题无法求解,除非题目添上条件"两次运动都是匀速直线运动(即在任意相等的时间内运动的位移都相等)"或者把题中的"速度"、"车速"分别改为"平均速度"、"汽车的平均速度",这样才能用上面的思路求解,即是连续函数问题.

普通高中课程标准实验教科书《数学 1·必修·A 版》(人民教育出版社,2007 年第 2 版)第 25 页的第 4 题就注意了这类问题(题中用的是"平均速度"),《必修 5》第 19 ~ 20 页的第 1,2,3,7,9 题都没有注意这类问题[2].

《教师用书 5》第 80 页对《必修 5》第 81 页第 4 题的解答中的"450°"、"影响时间为 15 h"应分别改为"450^2"、"影响时间为 15.0 h"(因为题目要求"(精确到 0.1 h)").

23. 第 81 页第 2 题的解答不严密

《必修 5》第 81 页第 2 题是:

2. m 是什么实数时,关于 x 的一元二次方程 $mx^2-(1-m)x+m=0$ 没有实数根?

《教师用书 5》第 80 页给出的解答是:

由 $\Delta=(1-m)^2-4m^2<0$,整理,得

$$3m^2+2m-1>0$$

因为方程 $3m^2+2m-1=0$ 有两个实数根 -1 和 $\frac{1}{3}$,所以 $m_1<-1$,或 $m_2>\frac{1}{3}$,m 的取值范围是 $\left\{m \middle| m<-1,或\ m>\frac{1}{3}\right\}$.

笔者认为,该解答不严密(只有一元二次方程才能有判别式,以上 m_1,m_2 的用法也不妥当),应改为:

由 $\begin{cases} m\neq 0 \\ \Delta=(1-m)^2-4m^2<0 \end{cases}$,得 m 的取值范围是

$$\left\{m \middle| m<-1,或\ m>\frac{1}{3}\right\}$$

24. 关于第 82 页"二元一次不等式组"的定义

《必修 5》第 82 页写道:我们把含有两个未知数,并且未知数的次数是 1(笔者建议改为"都是 1")的不等式称为**二元一次不等式**,由此可知,这里的"称为"就是下定义.

该页还写道:我们把由几个二元一次不等式组成的不等式组称为**二元一次不等式组**.笔者认为此定义不对,因为 $\begin{cases} x+y=1 \\ x-y=2 \end{cases}$,$\begin{cases} x+y=1 \\ x=2 \end{cases}$,$\begin{cases} x=1 \\ y=2 \end{cases}$ 都是二元一次方程组,所以 $\begin{cases} x+y>1 \\ x-y\geqslant 2 \end{cases}$,$\begin{cases} x+y>1 \\ x<2 \end{cases}$,$\begin{cases} x>1 \\ y\leqslant 2 \end{cases}$ 也都是二元一次不等式组,《必修 5》第 82,85 ~ 89,91,93 页给出的不等式组也都是二元一次不等式组并且这些不等式组中都有一元一次不等式.可把此定义改述为:若一个不等式组中共含两个未知数,且未知数的次数都是 1,就把这样的不等式组叫作**二元一次不等式组**.

参考文献

[1] 陈传理.高中数学竞赛名师讲座[M].武汉:华中师范大学出版社,1993.

[2] 甘志国.这是数列问题而不是连续函数问题[J].中学数学(高中),2010(6):23-24,36.

[3] 甘志国.对人教版教科书《数学 5 · 必修 · A 版》的几点建议[J].中学数学杂志,2013(7):16-18.

§21　对人教版教科书《数学·选修 1－1·A 版》的几点建议

笔者在使用普通高中课程标准实验教科书《数学·选修 1－1·A 版》(人民教育出版社,2007 年第 2 版)(下简称《选修 1－1》)进行教学时,也仔细研读了该书,现对该书提出几点建议,不当之处,敬请读者批评指正.

1. 有三处"整数"均应去掉

第 3 页例 1(2)"若整数 a 是素数,则 a 是奇数"中的"整数"应去掉,因为素数一定是整数,数学的表述应简洁,更不应重复.

第 3 页例 2(1)"若整数 a 能被 2 整除,则 a 是偶数"中的"整数"也应去掉;第 4 页第 2(1)题"能被 6 整除的整数一定能被 3 整除"中的"整"字应去掉.因为"整除"都是在整数范围内谈及的.

第 10 页第 1(3)题中的"整数"也应去掉;第 26 页第 3(2)题中的"整"字应去掉.

2. 第 33 页对椭圆标准方程的推导及第 46 页对双曲线标准方程的推导均不严谨

这是因为在推导过程中都有两次平方,所以还应证明得到的标准方程与起初的等式等价.文献[1]第 250 ～ 252 页对此作了详尽的论述.

3. 建议把第 36 页给出的例 3 的答案作改动

建议把该答案"$\frac{x^2}{25}+\frac{y^2}{\frac{100}{9}}=1(x\neq\pm 5)$"改为更简洁的答案"$\frac{x^2}{25}+\frac{y^2}{\frac{100}{9}}=1(y\neq 0)$".

第 42 页第 7 题中的"A 是圆 O 内一个定点"应改成"A 是圆 O 内非圆心的一个定点",否则与《选修 1－1》配套使用的《教师教学用书》(人民教育出版社,2007 年第 2 版)(下简称《教师用书 1－1》)给出的该题答案不对,应为:当点 O,A 重合时,点 Q 的轨迹是以 O 为圆心,$\frac{r}{2}$ 为半径的圆;当点 O,A 不重合时,点 Q 的轨迹是以 O,A 为焦点,r 为长轴长的椭圆.改动后,《教师用书 1－1》的答案是正确的.

4. 第 45 页给出的双曲线定义不严谨

第 52 页给出的双曲线定义是“我们把平面内与两个定点 F_1，F_2 的距离的差的绝对值等于常数（小于 $|F_1F_2|$）的点的轨迹叫作双曲线. 这两个定点叫作双曲线的焦点，两焦点的距离叫作双曲线的焦距”，此定义不严谨，应把“（小于 $|F_1F_2|$）”改为“（大于 0 且小于 $|F_1F_2|$）”. 文献[1] 第 247 页对此作了详尽的论述.

5. 应把第 51 页第三、四行中的“半实轴长”、“半虚轴长”分别改为“实半轴长”、“虚半轴长”

因为第 39 页在椭圆给出的是“长半轴长”、“短半轴长”，这样才一致. 并且原来的各种人教版教材中出现的也是“长半轴长”、“短半轴长”与“实半轴长”、“虚半轴长”.

6. 建议把第 52 ～ 53 页的例 5 作改动

第 52 页的例 5 是“…… 求点 M 的轨迹”，第 53 页给出的答案是“点 M 的轨迹是实轴、虚轴长分别为 8，6 的双曲线”.

笔者认为这个答案不是太清楚，建议把题目改为“…… 求点 M 的轨迹方程”.

7. 第 63 页第 1 题中的“标准”两字均应去掉

第 63 页第 1 题的题目是“1. 求适合下列条件的抛物线的标准方程：(1)……；(4)……”中的“标准”两字应去掉，因为由这四个小题求出的方程都是抛物线的标准方程.

8. 第 69 页第 4 题的图形有误

文献[2] 指出了第 69 页第 4 题的图形有误，原图中的第二次反射光线 NO_1，MO_1 应分别修正为 NF_1，MF_1.

9. 关于《选修 1 － 1》中函数极值的定义，是否应当讲清极限的定义，请参阅文献[3]

10. 关于《选修 1 － 1》中导数的定义的讲述方法的异议，请参阅本书中的文章《谈谈新课标教材中导数的定义》

11. 指出几道题目答案的错误及两点建议

① 建议把第 83 页中的 $\mathbf{Q}^*$ 改为 $\mathbf{Q}$；

②《教师用书 1—1》第 85 页对《选修 1—1》第 93 页第 2 题的答案有误；

③《教师用书 1—1》第 88 ～ 89 页对《选修 1—1》第 99 页第 5 题的第(1) 小题及第 6 题的第(1),(4) 小题的解答均有误；

④ 第 97 ～ 98 页的求函数最值的步骤应作改动；

⑤《教师用书 1—1》第 100 页对《选修 1—1》第 111 页第 11 题的解答有误.

关于它们的详尽论述,请参阅本书中的文章《对人教版教科书(数学·选修 2—2·A 版) 的几点建议》.

12. 第 102 ～ 103 页例 3 的解答有误,详见本书中的文章《对两道教科书问题的完整解答》

参考文献

[1] 甘志国. 初等数学研究(Ⅱ)(下)[M]. 哈尔滨:哈尔滨工业大学出版社,2009.

[2] 陆学政,袁家锋. 课本中一副望远镜原理图的修正[J]. 中学数学教学,2011(2):33.

[3] 甘志国. 谈谈人教版教材中函数极值的定义[J]. 中学数学杂志,2011(5):15-16.

§22　对人教版教科书《数学·选修1—2·A版》的三点建议

笔者在使用普通高中课程标准实验教科书《数学·选修1—2·A版》(人民教育出版社，2007年第2版)(下简称《选修1—2》)进行教学时，也仔细研读了该书，现对该书提出三点建议，不当之处，敬请读者批评指正.

1. 对第9页第1题第(3)小题答案的订正

《选修1—2》第90页第1题第(3)小题问的是“误差是多少”，而误差是非负数，所以与《选修1—2》配套使用的《教师教学用书》第13页给出的答案“相差—4 275.5”不对，应为“误差是4 275.5”.(笔者认为两个实数相差的值也是非负数.)

2. 对《3.2　独立性检验的基本思想及其初步应用》中一处推导的改进

详见本书中的文章《对人教版教科书〈数学·选修2—3·A版〉的几点建议》.

3. 第56～57页对“复数加法的几何意义”的论述不严谨，不能认为“若一一对应，则可互相代换”，应给予严格证明(详见文献[1])

参考文献

[1] 甘志国.复数相乘≠对应的向量相乘[J].中学数学(高中)，2011(7)：10-11.

§23 对人教版教科书《数学·选修 2－1·A 版》的几点建议

笔者在使用普通高中课程标准实验教科书《数学·选修 2－1·A 版》(人民教育出版社,2007 年第 2 版)(下简称《选修 2－1》)进行教学时,也仔细研读了该书,现对该书提出几点建议,不当之处,敬请读者批评指正.

1. 有三处"整数"均应去掉

第 2 页例 1(2)"若整数 a 是素数,则 a 是奇数"中的"整数"应去掉,因为素数一定是整数,数学的表述应简洁,更不应重复.

第 3 页例 2(1)"若整数 a 能被 2 整除,则 a 是偶数"中的"整数"也应去掉;第 4 页第 2(1)题"能被 6 整除的整数一定能被 3 整除"中的"整"字应去掉.因为"整除"都是在整数范围内谈及的.

第 10 页第 1(3)题中的"整数"也应去掉;第 27 页第 3(2)题中的"整"字应去掉.

与《选修 2－1》配套使用的《教师教学用书》(人民教育出版社,2007 年第 2 版)(下简称《教师用书 2－1》)第 11 页给出的《选修 2－1》第 10 页 3(2)题的答案不对.

2. 关于习题 2.1 的第 2,4 题

《选修 2－1》第 37 页习题 2.1 的第 2 题是:

2. 求和点 $O(0,0)$,$A(c,0)$ 距离的平方差为常数 c 的点的轨迹方程.

《教师用书 2－1》第 40 页给出的答案是"当 $c \neq 0$ 时,轨迹方程为 $x=\dfrac{c \pm 1}{2}$;当 $c=0$ 时,轨迹为整个坐标平面",应把它改为"当 $c \neq 0$ 时,轨迹方程为 $x=\dfrac{c+1}{2}$;当 $c=0$ 时,轨迹方程为 $0 \cdot x=0$",建议把该题中的"轨迹方程"改为"轨迹".

《选修 2－1》第 37 页习题 2.1 的第 4 题是:

4. 过原点的直线与圆 $x^2+y^2-6x+5=0$ 相交于 A,B 两点,求弦 AB 的中点 M 的轨迹方程.

《教师用书 2－1》第 40 页给出的答案是"$x^2+y^2-3x=0$,$\dfrac{5}{3} \leqslant x \leqslant 3$".笔者认为,由"弦 AB"知点 A,B 不能重合,所以答案应当是"$x^2+y^2-3x=0$,

$\frac{5}{3} < x \leqslant 3$”，也即“$x^2 + y^2 - 3x = 0\left(x > \frac{5}{3}\right)$”.

笔者认为，由“线段 AB”知点 A,B 也不能重合，所以《选修 2－1》第 41 页例 2 的答案应改为“点 M 的轨迹是一个椭圆(去掉长轴的两个端点)”.

3. 第 39 页对椭圆标准方程的推导及第 53 页对双曲线标准方程的推导均不严谨

这是因为在推导过程中都有两次平方，所以还应证明得到的标准方程与起初的等式等价. 文献[1]第 250 ～ 252 页对此作了详尽的论述.

4. 建议把第 42 页给出的例 3 的答案作改动，第 42 页第 7 题也有改动

建议把该答案“$\frac{x^2}{25} + \frac{y^2}{\frac{100}{9}} = 1 (x \neq \pm 5)$”改为更简洁的答案“$\frac{x^2}{25} + \frac{y^2}{\frac{100}{9}} = 1\ (y \neq 0)$”.

第 42 页第九行“$AE + AF = AB + AC = BC$”应改为“$AE + AF = AB + AC = BC > EF$”，这样才能得到“截口曲线是椭圆”.

第 42 页第 7 题中的“A 是圆 O 内一个定点”应改成“A 是圆 O 内非圆心的一个定点”，否则《教师用书 2－1》第 48 页给出的该题答案不对，应为：当点 O，A 重合时，点 Q 的轨迹是以 O 为圆心，$\frac{r}{2}$ 为半径的圆；当点 O,A 不重合时，点 Q 的轨迹是以 O,A 为焦点，r 为长轴长的椭圆. 改动后，《教师用书 2－1》的答案是正确的.

5. 建议把第 47 页例 7 解答中的“直线 l 与椭圆不相交”改为“直线 l 与椭圆相离”

因为直线与椭圆有“相离、相切、相交”三种位置关系，说直线与椭圆的位置关系不能仅说“不相交”，要说更清楚的位置关系.

6. 应区分“交点”和“公共点”

第 48 页第 6(1) 题是“6. 求下列直线和椭圆的交点坐标：(1)$3x + 10y - 25 = 0$，$\frac{x^2}{25} + \frac{y^2}{4} = 1$”，《教师用书 2－1》第 47 页给出的答案是“$\left(3, \frac{8}{5}\right)$”.

第 61 页第 5(2) 题是“5. 求下列直线和双曲线的交点坐标：(1)$4x - 3y - 16 = 0$，$\frac{x^2}{25} - \frac{y^2}{16} = 1$”，《教师用书 2－1》第 58 页给出的答案是“$\left(\frac{25}{4}, 3\right)$”.

笔者认为这两道题均未注意“交点”和“公共点”的区别[2]：

公共点是交点和切点的统称，交点和切点是对立的. 但有的直线与曲线既相交又相切，因为相交、相切都是局部概念. 例如，曲线 $y=x^3$ 与直线 $y=3x+2$ 在点$(-1,-1)$处相切，在点$(2,8)$处相交.

建议把这两道题中的“交点”均改为“公共点”.

7. 第 52 页给出的双曲线定义不严谨

第 52 页给出的双曲线定义是“我们把平面内与两个定点 F_1,F_2 的距离的差的绝对值等于常数(小于 $|F_1F_2|$) 的点的轨迹叫作双曲线. 这两个定点叫作双曲线的焦点，两焦点的距离叫作双曲线的焦距”，此定义不严谨，应把“(小于 $|F_1F_2|$)”改为“(大于0且小于 $|F_1F_2|$)”. 文献[1]第 247 页对此作了详尽的论述.

8. 应把第 57 页头两行中的“半实轴长”、“半虚轴长”分别改为“实半轴长”、“虚半轴长”

因为第 45 页在椭圆给出的是“长半轴长”、“短半轴长”，这样才一致. 并且原来的各种人教版教材中出现的也是“长半轴长”、“短半轴长”与“实半轴长”、“虚半轴长”.

9. 建议把第 59 页的例 5 作改动

第 59 页的例 5 是“…… 求点 M 的轨迹”，答案是“点 M 的轨迹是实轴、虚轴长分别为 8，6 的双曲线”.

笔者认为这个答案不是太清楚，建议把题目改为“…… 求点 M 的轨迹方程”.

10. 第 61 ～ 62 页中两道习题的答案不完整

《教师用书 2－1》第 58 页对《选修 2－1》第 61 页习题 A 组第 3 题给出的答案不完整，没有给出渐近线方程，建议添上.

《教师用书 2－1》第 58 页对《选修 2－1》第 61 页习题 B 组第 3 题给出的答案是“$\frac{x^2}{a^2}-\frac{y^2}{b^2}=1$”. 因为题目中没有数据 b，所以答案应为“$\frac{x^2}{a^2}-\frac{y^2}{c^2-a^2}=1$”或“$\frac{x^2}{a^2}-\frac{y^2}{b^2}=1$(其中 $b^2=c^2-a^2$)”.

11. 第 72 页第 1 题及第 73 页第 4 题题目中的“标准”两字均应去掉

第 72 页第 1 题的题目是"1. 求适合下列条件的抛物线的标准方程：(1)……；(4)……"中的"标准"两字应去掉，因为由这四个小题求出的方程都是抛物线的标准方程.

第 73 页第 4 题题目中的"标准"两字也应去掉，理由同上.

12. 第 81 页第 4 题的图形有误

文献[3]指出了第 81 页第 4 题的图形有误，原图中的第二次反射光线 NO_1，MO_1 应分别修正为 NF_1，MF_1.

13. 对第 86 页给出的共线向量的定义应作补充

第 86 页给出的共线向量的定义是"如果表示空间向量的有向线段所在的直线互相平行或重合，则这些向量叫作共线向量(collinear vectors)或平行向量(parallel vectors)". 笔者认为，对此定义还应作补充：**0** 与任意向量都是共线向量(即平行向量).

14. 建议把第 87 页第二行及第 93 页定理中的"存在"均改成"存在唯一的"(原叙述无误，但改动后结论更强)

15.《教师用书 2－1》第 86 页对《选修 2－1》第 89 页第 1(2)，(3)题给出的答案"(2) $\overrightarrow{AG}$，(3) $\overrightarrow{MG}$"均有误，应分别改为"(2) $\overrightarrow{AF}$，(3) $\overrightarrow{EF}$"

16. 文献[4]指出了第 91～92 页例 3(用向量法证明线面垂直的判定定理)是循环论证

17. 还应讲述向量在任意基底下的坐标的定义

第 93～94 页讲述了向量 $\boldsymbol{p}$ 在单位正交基底下的坐标的定义及求法，但没有讲述向量 $\boldsymbol{p}$ 在任意基底下的坐标的定义及求法，而第 98 页第 11 题正是求向量 $\boldsymbol{p}$ 在任意基底下的坐标的问题，所以无法解答.

建议把第 93 页的定理及后面的叙述改述为：

定理 如果三个向量 $\boldsymbol{a}$，$\boldsymbol{b}$，$\boldsymbol{c}$ 不共面，那么对空间任一向量 $\boldsymbol{p}$，存在唯一的有序实数组 $\{x,y,z\}$，使得

$$\boldsymbol{p}=x\boldsymbol{a}+y\boldsymbol{b}+z\boldsymbol{c}$$

由此可知，如果三个向量 $\boldsymbol{a}$，$\boldsymbol{b}$，$\boldsymbol{c}$ 不共面，那么所有空间向量组成的集合就是 $\{\boldsymbol{p}\mid\boldsymbol{p}=x\boldsymbol{a}+y\boldsymbol{b}+z\boldsymbol{c},x,y,z\in\mathbf{R}\}$. 这个集合可看作是由向量 $\boldsymbol{a}$，$\boldsymbol{b}$，$\boldsymbol{c}$ 生成的，我们把 $\{\boldsymbol{a},\boldsymbol{b},\boldsymbol{c}\}$ 叫作空间的一组基底(base)，$\boldsymbol{a}$，$\boldsymbol{b}$，$\boldsymbol{c}$ 都叫作基向量

(base vectors). 空间任何三个不共面的向量都可构成空间的一个基底. 我们把 x,y,z 称作向量 $\boldsymbol{p}$ 在基底 $\{\boldsymbol{a},\boldsymbol{b},\boldsymbol{c}\}$ 下的坐标,记作 $\boldsymbol{p}=(x,y,z)$.

18. 第 95 页中的"$\boldsymbol{a}\ /\!/\ \boldsymbol{b}\Leftrightarrow\boldsymbol{a}=\lambda\boldsymbol{b}\Leftrightarrow a_1=\lambda b_1,\cdots$" 应改为"若 $\boldsymbol{b}\neq\boldsymbol{0}$,则 $\boldsymbol{a}\ /\!/\ \boldsymbol{b}\Leftrightarrow\boldsymbol{a}=\lambda\boldsymbol{b}\Leftrightarrow a_1=\lambda b_1,\cdots$"

19.《教师用书 2-1》第 89 页对《选修 2-1》第 98 页第 11 题给出的答案"$-\frac{1}{9}$" 不对,应为"$\frac{1}{9}$",因为要求的是异面直线所成角的余弦值,而原答案给出的是 $\cos<\overrightarrow{CM},\overrightarrow{D_1N}>$

20. 第 104 页的第四行"$l\ /\!/\ \alpha\Leftrightarrow\boldsymbol{a}\perp\boldsymbol{u}\Leftrightarrow\boldsymbol{a}\cdot\boldsymbol{u}=0$" 应改为"$l\ /\!/\ \alpha$ 或 $l\subset\alpha\Leftrightarrow\boldsymbol{a}\perp\boldsymbol{u}\Leftrightarrow\boldsymbol{a}\cdot\boldsymbol{u}=0$"

21. 第 107 ~ 108 页例 3 的题目及答案均应作改动

第 107 ~ 108 页例 3 答案中的"$\frac{500}{\sqrt{6}}$" 应分母有理化,改为"$\frac{250}{3}\sqrt{6}$". 还应注意:原问题"这三个力最小都为多少时,才能提起这块钢板" 是无法回答的,建议把此问改为"这三个大小相等的力满足怎样的条件才能提起这块钢板".

22.《教师用书 2-1》第 102 页对《选修 2-1》第 113 页第 10 题解答中的"$x=12\sqrt{3}$" 应改为"$x=\pm 12\sqrt{3}$",最后得到的答案不变

23. 第 119 页第 2,3 题的答案均有误

《选修 2-1》第 119 页第 2(2) 题问的是"求平面 AEF 与平面 D_1B_1BD 所成角的余弦值",《教师用书 2-1》第 105 页给出的答案是"$\frac{12\sqrt{2}}{25}$",这不对,答案应为"$\pm\frac{12\sqrt{2}}{25}$".

《选修 2-1》第 119 页第 3(2) 题问的是"求面 SCD 与面 SAB 所成二面角的大小",《教师用书 2-1》第 105 页给出的答案是"$\cos\theta=\cdots=\frac{\sqrt{6}}{3}$". 因为新课标教材中未介绍反三角函数符号,而本题的答案又不是特殊角,所以建议把此问改为"求侧面 SCD 与底面 SAB 所成二面角大小的余弦值"(答案为$\frac{\sqrt{6}}{3}$).

参考文献

[1] 甘志国. 初等数学研究(Ⅱ)(下)[M]. 哈尔滨:哈尔滨工业大学出版社,2009.

[2] 甘志国.应区分“交点”与“公共点”[J].中学数学教学,2009(3):37.
[3] 陆学政,袁家锋.课本中一副望远镜原理图的修正[J].中学数学教学,2011(2):33.
[4] 司永斌.向量法证明线面垂直的商榷[J].中学数学教学,2011(6):23.

§24 对人教版教科书《数学·选修 2－2·A 版》的几点建议

笔者在使用普通高中课程标准实验教科书《数学·选修 2－2·A 版》(人民教育出版社,2007 年第 2 版)(下简称《选修 2－2》)进行教学时,也仔细研读了该书,现对该书提出几点建议,不当之处,敬请读者批评指正.

1. 关于《选修 2－2》中函数极值的定义,是否应当讲清极限的定义,请参阅文献[1]

2. 关于《选修 2－2》中导数的定义的讲述方法的异议,请参阅本书中的文章《谈谈新课标教材中导数的定义》

3. 建议把第 14 页中的"$\mathbf{Q}^*$"改为"$\mathbf{Q}$"

《选修 2－2》第 14 页给出了基本初等函数的导数公式,其中第 2 个是:

2. 若 $f(x)=x^{\alpha}(\alpha\in\mathbf{Q}^*)$,则 $f'(x)=\alpha x^{\alpha-1}$;

多数老师都不明确这里的"$\mathbf{Q}^*$"是何意义,并产生了以下两种观点:

观点 1 $\mathbf{Q}^*$ 表示正有理数集. 因为普通高中课程标准实验教科书《数学·必修 1·A 版》(2007 年第 2 版)中明确写道 $\mathbf{N}^*$ 和 $\mathbf{N}_+$ 都表示正整数集,所以对于任意数集 A,都有 $A^*=A_+=\{x\mid x\in A,x>0\}$. 由此知,$\mathbf{Q}^*=\mathbf{Q}_+$=正有理数集.

观点 2 在以前所有的高中教科书中,字母的右上角带星号的只有一处,那就是 $\mathbf{N}^*$. 这里的符号 $\mathbf{Q}^*$ 是第一次出现,以前也没交代过其意义,也没有出现过 $\mathbf{Q}_+$,$\mathbf{Q}_-$ 这样的符号,并且当 $\alpha\in\mathbf{Q}$ 时,以上导数公式 2 是正确的(刘玉琏,傅沛仁编《数学分析讲义(上册)》(人民教育出版社,1981 年第 2 版)第 164 页"导数公式表"的第 2 个是"$(x^{\alpha})'=\alpha x^{\alpha-1}$,其中 α 是实数"),所以这里可能是印刷错误,把"$\mathbf{Q}$"误印成了"$\mathbf{Q}^*$".

这两种观点孰是孰非?"$\mathbf{Q}^*$"究竟是何意义呢?

借助网络,搜索网页 http://zhidao.baidu.com/question/162549940.html?push=related 便知,$\mathbf{Q}^*$ 表示非零有理数集.

2002 年 8 月,湖北省开始使用大纲教材,笔者在这时正好任教高一的大纲教材,即全日制普通高级中学教科书(实验修订本·必修)《数学·第一册(上)》(人民教育出版社),也认真研读了与该教科书配套使用的《教师教学用书》. 现在还记得,该《教师教学用书》中明确写道:"集合 $\mathbf{N}^*$ 指正整数集 $\mathbf{N}$ 中去掉 0 之后剩下的元素组成的集合,集合 $\mathbf{N}_+$ 指正整数集 $\mathbf{N}$ 中的正数组成的集合”. 所以，我当时就明确了“$\mathbf{N}^* = \mathbf{N}_+ =$正整数集”的道理（它不是规定，而是推导出来的）.

由此可知，以上并没有出现印刷错误，$\mathbf{Q}^*$ 表示非零有理数集，$\mathbf{Q}_+$ 表示正有理数集. 并且还可得，$\mathbf{Z}^*$，$\mathbf{R}^*$ 分别表示非零整数集、非零实数集.

以上教科书《数学·选修 2－2·A 版》的第 2 个导数公式中为何要强调 $\alpha \in \mathbf{Q}^*$ 呢？可能是编者认为该公式在 $\alpha = 0$ 的情形时应注意定义域：

若 $f(x) = 1(x \neq 0)$，则 $f'(x) = 0(x \neq 0)$.

但笔者认为这是没有必要的，因为让该公式在 $\alpha = 0$ 时成立，就自然会注意到定义域的问题.

所以，笔者还是建议把该公式中的“$\mathbf{Q}^*$”改为“$\mathbf{Q}$”.

4. 第 26 页第 2 题的答案有误

与《选修 2－2》配套使用的《教师教学用书》（人民教育出版社，2007 年第 2 版）（下简称《教师用书 2－2》）对此题的解答有误，详见本书中的文章《谈谈新课标教材中导数的定义》.

5. 第 31 页的求函数最值的步骤应作改动

第 31 页给出了求函数 $y = f(x)$ 在 $[a, b]$ 上的最大值与最小值的步骤：

(1) 求函数 $y = f(x)$ 在 (a, b) 内的极值；

(2) 将函数 $y = f(x)$ 的各极值与端点处的函数值 $f(a)$，$f(b)$ 比较，其中最大的一个是最大值，最小的一个是最小值.

应把第(2) 步改为：

(2) 当函数 $y = f(x)$ 在 (a, b) 内无极值时，则所求最大值就是 $f(a)$，$f(b)$ 中较大的，最小值就是 $f(a)$，$f(b)$ 中较小的；当函数 $y = f(x)$ 在 (a, b) 内有极值时，将函数 $y = f(x)$ 的各极值与端点处的函数值 $f(a)$，$f(b)$ 比较，其中最大的一个是最大值，最小的一个是最小值.

6. 第 32 页有三道小题的答案有误

《教师用书 2－2》对《选修 2－2》第 32 页第 5 题的第(1) 小题及第 6 题的第(1)，(4) 小题的解答均有误. 这三道小题分别是：

5. 求下列函数的极值：(1) $f(x) = 6x^2 + x + 2$.

6. 参照第 5 题，求下列函数在给定区间上的最大值与最小值：

(1) $f(x) = 6x^2 + x + 2, x \in [-1, 1]$；(4) $f(x) = 48x - x^3, x \in [-3, 5]$.

《教师用书》给出的答案是：5. (1) 极小值为 $f\left(-\frac{1}{12}\right) = -\frac{49}{24}$.

6.（1）最大值为 9，最小值为 $-\frac{49}{24}$；（4）最大值为 128，最小值为 -128.

正确答案应为：5.（1）极小值为 $f\left(-\frac{1}{12}\right)=\frac{47}{24}$.

6.（1）最大值为 9，最小值为$\frac{47}{24}$；（4）最大值为 128，最小值为 -117.

7. 第 35 ～ 36 页例 3 的解答有误

《选修 2－2》第 35 ～ 36 页例 3（也即全日制普通高级中学教科书《数学·第三册（选修 Ⅱ）》（人民教育出版社，2006 年第 2 版）第 155 ～ 156 页的例 2）是：

例 3　磁盘的最大存储量问题

（1）你知道计算机是如何存储、检索信息的吗？

（2）你知道磁盘的结构吗？

（3）如何使一个圆环状的磁盘存储尽可能多的信息？

【背景知识】　计算机把数据存储在磁盘上. 磁盘是带有磁性介质的圆盘，并由操作系统将其格式化成磁道和扇区. 磁道是指不同半径所构成的同心圆轨道，扇区是指被圆心角分割成的扇形区域. 磁道上的定长的弧可作为基本存储单元，根据其磁化与否可分别记录数据 0 或 1，这个基本单元通常称为比特（bit）. 磁盘的构造如图 1 所示.

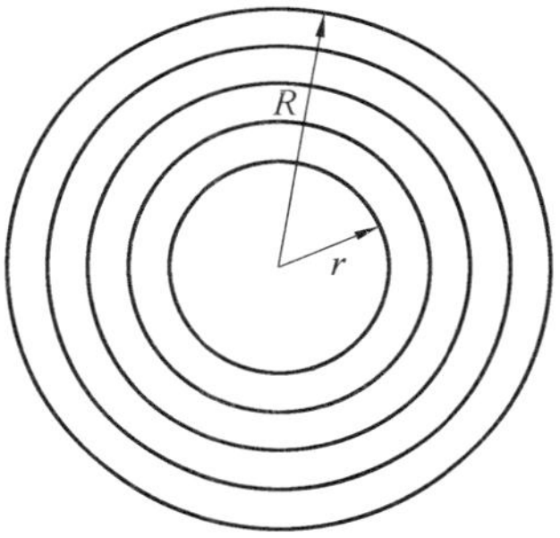

图 1

为了保障磁盘的分辨率，磁道之间的宽度必须大于 m，每比特所占用的磁道长度不得小于 n. 为了数据检索的方便，磁盘格式化时要求所有磁道具有相同的比特数.

问题　现有一张半径为 R 的磁盘，它的存储区是半径介于 r 与 R 的环形区域.

（1）是不是 r 越小，磁盘的存储量越大？

（2）r 为多少时，磁盘具有最大存储量（最外面的磁道不存储任何信息）？

解　存储量＝磁道数 × 每磁道的比特数.

设存储区的半径介于 r 与 R 之间，由于磁道之间的宽度必须大于 m，且最外面的磁道不存储任何信息，所以磁道数最多可达$\frac{R-r}{m}$. 又由于每条磁道上的比特数相同，为获得最大的存储量，最内一条磁道必须装满，即每条磁道上的比特数可达到$\frac{2\pi r}{n}$. 所以，磁盘总存储量

$$f(r)=\frac{R-r}{m}\cdot\frac{2\pi r}{n}=\frac{2\pi}{mn}r(R-r)$$

(1) 它是一个关于 r 的二次函数,从函数的解析式上可以判断,不是 r 越小,磁盘的存储量越大.

(2) 为求 $f(r)$ 的最大值,计算 $f'(r)=0$.

$$f'(r)=\frac{2\pi}{mn}(R-2r)$$

令 $f'(r)=0$,解得 $r=\frac{R}{2}$.

当 $r<\frac{R}{2}$ 时,$f'(r)>0$;当 $r>\frac{R}{2}$ 时,$f'(r)<0$.

因此,当 $r=\frac{R}{2}$ 时,磁盘具有最大存储量,最大存储量为 $\frac{\pi R^2}{2mn}$.

在此解答中,因为"(最外面的磁道不存储任何信息)",所以应把"存储量=磁道数×每磁道的比特数"改为"存储量=可存储信息的磁道数×每道磁道的比特数=(磁道数-1)×每道磁道的比特数".另外,也没有注意磁道数、每条磁道上的比特数及磁盘的存储量、磁盘的最大存储量均应是自然数.

要完整解答此问题,需要先给出下述定义:

定义[2] 设 $x\in\mathbf{R}$,用 $[x]$ 表示不大于 x 的最大整数,用 $]x[$ 表示不小于 x 的最小整数,用 $\langle x\rangle\left(x-\frac{1}{2}\notin\mathbf{Z}\right)$ 表示与 x 最接近的整数.

文献[2]第359页还把 $[x]$,$]x[$,$\langle x\rangle$ 分别叫"地板函数"、"天花板函数"、"吊灯函数"—— 意即 $[x]\leqslant\langle x\rangle\leqslant]x[$,因为吊灯介于地板和天花板之间.

(可证:小于实数 x 的最大整数是 $]x[-1$.)

下面给出该题的两种解题思路:

思路1 当 $\frac{R-r}{m}\in\mathbf{N}^*$ 时,磁道数是 $\frac{R-r}{m}$(在图1中,$\frac{R-r}{m}=4$,所以磁道数是4,因为"磁道之间的宽度必须大于 m");当 $\frac{R-r}{m}\notin\mathbf{N}^*$ 即 $\frac{R-r}{m}\notin\mathbf{Z}$ 时,磁道数是 $\left[\frac{R-r}{m}\right]+1$(在图1中,让 R 增加 ε ($\varepsilon\to 0^+$),便得磁道数是5,当然也满足"磁道之间的宽度必须大于 m").所以磁道数是不小于 $\frac{R-r}{m}$ 的最小整数 $\left]\frac{R-r}{m}\right[$,所以磁盘存储量

$$f(r)=\left(\left]\frac{R-r}{m}\right[-1\right)\cdot\left[\frac{2\pi r}{n}\right]\quad(0<r<R)\qquad①$$

本题即求此函数的最大值(其中 R,m,n 是已知的正数,π 是圆周率).

结论 1 $f(r)=0\Leftrightarrow R\leqslant m+\dfrac{n}{2\pi}$.

证明 只需证明 $R>m+\dfrac{n}{2\pi}\Leftrightarrow f(r)\geqslant 1$.

$\Rightarrow$ 由题设知，可让磁盘最内的磁道半径 $r=\dfrac{n}{2\pi}$（则该磁道的周长是 n），该磁盘上还有第二道磁道（且满足“磁道之间的宽度必须大于 m”），所以此时磁盘总存储量 $f(r)\geqslant 1$.

$\Leftarrow$ 由式 ① 及题设，得 $\left]\dfrac{R-r}{m}\right[\geqslant 2$ 且 $\dfrac{2\pi r}{n}\geqslant 1$.

由 $\dfrac{2\pi r}{n}\geqslant 1$，得 $r\geqslant\dfrac{n}{2\pi}$；再由 $\left]\dfrac{R-r}{m}\right[\geqslant 2$，得 $\dfrac{R-r}{m}>1, R-m>r$.

所以 $R-m>r\geqslant\dfrac{n}{2\pi}, R>m+\dfrac{n}{2\pi}$.

结论 2 若 $R>m+\dfrac{n}{2\pi}$，则 $\dfrac{\pi}{2mn}\left(R-m-\dfrac{n}{2\pi}\right)^2<(f(r))_{\max}<\dfrac{\pi R^2}{2mn}$.

证明 由式 ① 可得

$$f(r)=\left(\left]\frac{R-r}{m}\right[-1\right)\cdot\left[\frac{2\pi r}{n}\right]>\left(\frac{R-r}{m}-1\right)\left(\frac{2\pi r}{n}-1\right)=$$
$$\frac{2\pi}{mn}(R-m-r)\left(r-\frac{n}{2\pi}\right)$$

又由题设可求得函数 $g(r)=\dfrac{2\pi}{mn}(R-m-r)\left(r-\dfrac{n}{2\pi}\right)(0<r<R)$ 的最大值是 $\dfrac{\pi}{2mn}\left(R-m-\dfrac{n}{2\pi}\right)^2$，所以

$$(f(r))_{\max}>(g(r))_{\max}=\frac{\pi}{2mn}\left(R-m-\frac{n}{2\pi}\right)^2$$

由式 ① 还可得

$$f(r)=\left(\left]\frac{R-r}{m}\right[-1\right)\cdot\left[\frac{2\pi r}{n}\right]<\frac{R-r}{m}\cdot\frac{2\pi r}{n}=\frac{2\pi}{mn}r(R-r)\leqslant\frac{\pi R^2}{2mn}$$

所以

$$(f(r))_{\max}<\frac{\pi R^2}{2mn}$$

得结论 2 成立.

先举例说明函数 $f(r)$ 的最大值的求法.

例 1 当 $R=10, m=3, n=2$ 时，求函数 ① 即 $f(r)=\left(\left]\dfrac{10-r}{3}\right[-1\right)\cdot[\pi r](0<r<10)$ 的最大值.

解 因为求最大值，所以可先让 $\pi r\geqslant 1$，得

$$r\geqslant\frac{1}{\pi},\ \frac{10-r}{3}\leqslant\frac{10-\frac{1}{\pi}}{3}<4,\ \left]\frac{10-r}{3}\right[=1,2,3,\text{或 }4$$

(1) 当$\left]\dfrac{10-r}{3}\right[=1$时，$f(r)=0$；

(2) 当$\left]\dfrac{10-r}{3}\right[=2$即$1<\dfrac{10-r}{3}\leqslant 2$也即$4\leqslant r<7$时，$f(r)=[\pi r]\leqslant 21$；

(3) 当$\left]\dfrac{10-r}{3}\right[=3$即$2<\dfrac{10-r}{3}\leqslant 3$也即$1\leqslant r<4$时，$f(r)=2[\pi r]\leqslant 24$；

(4) 当$\left]\dfrac{10-r}{3}\right[=4$即$3<\dfrac{10-r}{3}\leqslant 4$也即$\dfrac{1}{\pi}\leqslant r<1$时，$f(r)=3[\pi r]\leqslant 9$.

所以当且仅当$r\in\left[\dfrac{12}{\pi},4\right)$时$f(r)$取到最大值，且最大值是 24.

结论 3 $(f(r))_{\max}=\max\left\{i\left(\left]\dfrac{2\pi}{n}(R-im)\right[-1\right)\right\}_{i\in\mathbf{N}^*\text{ 且 }i\leqslant\left]\frac{R-\frac{n}{2\pi}}{m}\right[-1}$.

证明 因为求最大值，所以可先让$\dfrac{2\pi r}{n}\geqslant 1$，得

$$r\geqslant\frac{n}{2\pi},\ \frac{R-r}{m}\leqslant\frac{R-\frac{n}{2\pi}}{m}$$

设$\left]\dfrac{R-r}{m}\right[$，得$\left]\dfrac{R-r}{m}\right[$的值可取 2，3，…，或 t.

设$\left]\dfrac{R-r}{m}\right[=i+1(i=1,2,\cdots,\text{或 }t-1)$，得

$$i<\frac{R-r}{m}\leqslant i+1$$

$$R-(i+1)m\leqslant r<R-im$$

$$\frac{2\pi}{n}(R-(i+1)m)\leqslant\frac{2\pi r}{n}<\frac{2\pi}{n}(R-im)$$

所以此时

$$\left[\frac{2\pi r}{n}\right]_{\max}=\left]\frac{2\pi}{n}(R-im)\right[-1$$

$$(f(r))_{\max}=\left(i\left[\frac{2\pi r}{n}\right]\right)_{\max}=i\left(\left]\frac{2\pi}{n}(R-im)\right[-1\right)$$

从而可得结论 3 成立(请读者简化结论 3).

猜想 有穷数列$\left\{i\left(\left]\dfrac{2\pi}{n}(R-im)\right[-1\right)\right\}_{i\in\mathbf{N}^*\text{ 且 }i\leqslant\left]\frac{R-\frac{n}{2\pi}}{m}\right[-1}$具有单峰性(组

合数组成的数列$\{C_n^i\}_{i\in \mathbf{N}且i\leqslant n}$也具有单峰性).

思路 2 因为“存储量 =(磁道数 − 1)× 每道磁道的比特数”,所以应使磁道数尽可能地增加,最内的磁道半径 r 也应尽可能地增加,所以最外面的磁道就是磁盘的边缘[3].

结论 1′ 当且仅当 $0 < R \leqslant m + \frac{n}{2\pi}$ 时,磁盘的存储量为 0.

证明 当 $0 < R \leqslant m + \frac{n}{2\pi}\left(R > m + \frac{n}{2\pi}\right)$ 时,对于磁盘,从外到内让磁盘的边缘为第一磁道,则第二磁道半径小于(不小于) $\frac{n}{2\pi}$,所以第二磁道的周长小于(不小于)n,说明第二磁道的存储量为 0(大于 0),所以磁盘的存储量为 0(大于 0).

把磁盘从外到内的各磁道依次叫第一磁道(即磁盘的边缘)、第二磁道、……. 先让磁道宽度是 m,则最内的磁道(即第 k 磁道)半径 $r = R - km > \frac{n}{2\pi}$,该磁道的存储量是$\left[\frac{2\pi}{n}(R - km)\right]$.

若$\frac{2\pi}{n}(R - km) \in \mathbf{N}$ 即$\frac{2\pi}{n}(R - km) \in \mathbf{N}^*$(因为 $r = R - km > 0$),由磁道宽度大于 m,得第 k 磁道的存储量是$\left[\frac{2\pi}{n}(R - km)\right] - 1$(且这时可把第 k 磁道的半径缩短 $\varepsilon(\varepsilon \to 0^+)$ 使该磁道的存储量是$\left[\frac{2\pi}{n}(R - km)\right] - 1$,且磁道宽度变成 $m + \frac{\varepsilon}{k} > m$).

若$\frac{2\pi}{n}(R - km) \notin N$,可把第 k 磁道的半径缩短 $\varepsilon(\varepsilon \to 0^+)$ 使该磁道的存储量仍是$\left[\frac{2\pi}{n}(R - km)\right]$,且磁道宽度变成 $m + \frac{\varepsilon}{k} > m$.

所以第 k 磁道的存储量是小于$\frac{2\pi}{n}(R - km)$的最大整数$\left]\frac{2\pi}{n}(R - km)\right[- 1$,得

$$a_k = k\left(\left]\frac{2\pi}{n}(R - km)\right[- 1\right) \quad \left(R - km > \frac{n}{2\pi} 且 k \in \mathbf{N}^*\right) \qquad ②$$

本题即求此函数的最大值(其中 R, m, n 是已知的正数,π 是圆周率).

由式 ② 更容易证得结论 3 成立,从这里也看出两种思路的结果一致,思路 2 更显巧妙、简洁.

例 1′ 求 $R = 10, m = 3, n = 2$ 时函数 ② 即 $a_k = k(]\pi(10 - 3k)[- 1)(k = 1,2,3)$ 的最大值.

解 极易得出答案:当且仅当 $k = 2$ 时,a_k 取到最大值,且最大值是 24.

结论 2′　若 $R > m + \frac{n}{2\pi}$，则 $g(k_0) < (a_k)_{\max} < \frac{\pi R^2}{2mn}$，其中 $g(k) = k\left(\frac{2\pi}{n}(R-km)-1\right)$，$k_0 = \langle \frac{1}{2m}\left(R-\frac{n}{2\pi}\right) \rangle$（但 $\frac{1}{2m}\left(R-\frac{n}{2\pi}\right) = \frac{1}{2}$ 时，$k_0 = \frac{1}{2m}\left(R-\frac{n}{2\pi}\right) \pm \frac{1}{2}$）.

证明　由式 ② 可得

$$a_k = k\left[\frac{2\pi}{n}(R-km)\right]' \geqslant k\left(\frac{2\pi}{n}(R-km)-1\right) \quad \left(\frac{2\pi}{n}(R-km)>1, k\in \mathbf{N}^*\right)$$

又由题设可求得函数

$$g(k) = k\left(\frac{2\pi}{n}(R-km)-1\right)\left(\frac{2\pi}{n}(R-km)>1, k\in \mathbf{N}^*\right)$$

的最大值是 $g(k_0)$，所以 $(a_k)_{\max} > g(k_0)$.

由式 ② 还可得

$$a_k = k\left[\frac{2\pi}{n}(R-km)\right]' < k\cdot\frac{2\pi}{n}(R-km) \leqslant \frac{\pi R^2}{2mn}$$

$$\left(\frac{2\pi}{n}(R-km)>1, k\in \mathbf{N}^*\right)$$

所以结论 2′ 成立.

《选修 2－2》的这个问题是数列问题，而不是连续函数问题[4]，我们在求解此类问题时应注意解答正确.

8. 第 66 页第 14 题的第(4) 小题是错题，第 11 题的解答有误

第 66 页第 14 题的第(4) 小题是：计算定积分 $\int_0^{\frac{\pi}{2}} \frac{\cos 2x}{\cos x - \sin x} dx$.

这道题是错题！因为当 $x = \frac{\pi}{4}$ 时，$\frac{\cos 2x}{\cos x - \sin x}$ 无意义.

建议把此题修正为：计算定积分 $\int_0^{\frac{\pi}{6}} \frac{\cos 2x}{\cos x - \sin x} dx$.

参考答案　$\frac{3-\sqrt{3}}{2}$.

函数最基本的问题是定义域，所以在研究数列、导数、定积分等与函数有关的问题时，要严格注意"定义域优先".

第 66 页的第 11 题是：

11. 团体旅行

某旅行社在暑假期间推出如下旅游团组团办法：达到 100 人的团体，每人收费 1 000 元. 如果团体的人数超过 100 人，那么每超过 1 人，每人平均收费降低 5 元，但团体人数不能超过 180 人. 如何组团，可使旅行社的收费最多？

《教师用书 2－2》对该题的解答是：

设旅游团人数为 $100+x$ 时，旅行社费用为

$$y=f(x)=(100+x)(1\,000-5x)=$$
$$-5x^2+500x+100\,000\quad(0\leqslant x\leqslant 80, x\in\mathbf{N})$$

令 $f'(x)=0$，即 $-10x+500=0$，$x=50$.

又 $f(0)=100\,000$，$f(80)=108\,000$，$f(50)=112\,500$，所以，$x=50$ 是函数 $f(x)$ 的最大值点.

答：当旅游团人数为 150 时，可使旅行社收费最多.

因为以上得到的函数 $y=f(x)$ 并不可导，所以以上解答有误，可改正为：

可设旅游团人数为 $100+x(x\in\mathbf{N})$，则旅行社的收费为

$$y=(100+x)(1\,000-5x)=$$
$$-5x^2+500x+100\,000\quad(x\leqslant 80, x\in\mathbf{N})$$

我们先求函数

$$f(x)=-5x^2+500x+100\,000\quad(x\in\mathbf{R})$$

的最大值：

得 $f'(x)=-10x+500$. 令 $f'(x)=0$，得 $x=50$.

当 $x\in(-\infty,50)$ 时，$f(x)$ 是增函数；当 $x\in(50,+\infty)$ 时，$f(x)$ 是减函数. 所以当且仅当 $x=50$ 时 $f(x)$ 取到最大值.

所以当且仅当 $x=50$ 时函数 $y=-5x^2+500x+100\,000(x\leqslant 80, x\in\mathbf{N})$ 取到最大值.

答：当且仅当旅游团人数为 150 时，可使旅行社收费最多.

9.《教师用书 2－2》对《选修 2－2》第 66 页给出的答案“0. 686 J”不对，应为“0. 196 J”，详见文献[5]

10. 第 107 ～ 108 页对“复数加法的几何意义”的论述不严谨，不能认为“若一一对应，则可互相代换”，应给予严格的证明. 详见文献[6]

参考文献

[1] 甘志国. 谈谈人教版教材中函数极值的定义[J]. 中学数学杂志，2011(5)：15-16.

[2] 陈传理. 高中数学竞赛名师讲座[M]. 武汉：华中师范大学出版社，1993.

[3] 甘志国. 初等数学研究(Ⅰ)[M]. 哈尔滨：哈尔滨工业大学出版社，2008.

[4] 甘志国. 这是数列问题而不是连续函数问题[J]. 中学数学(高中)，2010(6)：23-24，36.

[5] 甘志国. 订正人教版教科书中一道复习参考题的答案[J]. 数学教学研究，2011(7)：34.

[6] 甘志国. 复数相乘 ≠ 对应的向量相乘[J]. 中学数学(高中)，2011(7)：10-11.

§25　对人教版教科书《数学·选修 2－3·A 版》的几点建议

笔者在使用普通高中课程标准实验教科书《数学·选修 2－3·A 版》(人民教育出版社，2009 年第 3 版)(下简称《选修 2－3》)进行教学时，也仔细研读了该书，现对该书提出几点建议，不当之处，敬请读者批评指正.

1. 建议把第 9 页例 9 题目中的"英文字母"改为"大写英文字母"

2. 第 19 页例 3(2) 的题目中应添加条件

第 19 页的例 3(2) 是"从 5 种不同的书中买 3 本送给 3 名同学，每人各 1 本，共有多少种不同的送法？

参考答案　$5\times5\times5=125$)"，笔者认为该小题中应添上条件"每种书至少 3 本"(否则原答案不对).

文献[1]第 260 页也指出了这种错误.

3. 第 28 页第 17 题、第 37 页第 6 题、第 53 页第 1 题的解答均有印刷错误

与《选修 2－3》配套使用的《教师教学用书》(下简称《教师用书 2－3》)第 20 页对《选修 2－3》第 28 页第 17 题第(4)小题的"解法 1：$C_{198}^{3}=C_{2}^{1}\cdot C_{198}^{4}=125\ 508\ 306$"中的"$=$"应改为"$+$".

《教师用书 2－3》第 27 页对《选修 2－3》第 37 页第 6 题第(1)小题解答的第三行"$T_{n+1}=(-1)^{n}C_{2n}^{r}$"应改为"$T_{n+1}=(-1)^{n}C_{2n}^{n}$".

建议在《选修 2－3》第 37 页第 1 题第(1)小题"1. 用二项式定理证明：(1)$(n+1)^{n}-1$ 能被 n^{2} 整除"中添上条件"$n\in\mathbf{N}^{*}$".

《教师用书 2－3》第 58～59 页对《选修 2－3》第 53 页第 1 题三种解法的答案均为"$\frac{3}{51}$"，显然均应改为最简分数"$\frac{1}{17}$".

4. 建议把第 35 页第 1(1) 题作改动

第 35 页第 1(1) 题是"1. 填空：(1) $(a+b)^{n}$ 的各二项式系数的最大值是________"《教师用书 2－3》第 26 页给出的答案是"当 n 是偶数时，最大值是 $C_{n}^{\frac{n}{2}}$；当 n 是奇数时，最大值是 $C_{n}^{\frac{n-1}{2}}$".

把这道题作下面的改动后，才适合作为填空题："(1) 当 n 是奇数时 $(a+b)^n$ 的各二项式系数的最大值是________，当 n 是偶数时 $(a+b)^n$ 的各二项式系数的最大值是________".

5. 对超几何分布的定义应作改动

笔者认为，对第 48 页的超几何分布的定义应作改动，详见本书中的文章《对超几何分布的分布列的微小改动》.

6. 对第 58 页探究与发现的两处改动

$$\frac{P(X=k)}{P(X=k-1)}=\frac{(10-k+1)\cdot 0.8}{k\cdot 0.2}=1+\frac{11\cdot 0.8-k}{k\cdot 0.2},k=0,1,2,\cdots,10$$

中的"$k=0,1,2,\cdots,10$"应改为"$k=1,2,\cdots,10$"，否则会出现"$P(X=-1)$，C_{10}^{-1}，分母为 0"的情形(它们均无意义)；"当 $k<8.8$ 时，$P(X=k-1)<P(X=k)$；当 $k>8.8$ 时，$P(X=k-1)>P(X=k)$"也应改为"当 $k=1,2,\cdots,8$ 时，$P(X=k-1)<P(X=k)$；当 $k=9,10$ 时，$P(X=k-1)>P(X=k)$".

7. 对第 59 页 B 组第 1 题解法的质疑

笔者认为，《教师用书 2－3》第 62 页对《选修 2－3》第 59 页 B 组第 1 题的解法答案正确但理由不充分. 笔者在本书中的文章《谈谈教科书〈选修 2－3〉中一道习题的解法》对此作了详尽的论述.

《教师用书 2－3》第 63 页对《选修 2－3》第 59 页 B 组第 3 题第(1)小题的解答中的"$P(X=1)=C_3^1\times 0.02\times(1-0.02)^2=3\times 0.02\times 0.98^2\approx 0.057\,624$"中的"≈"应改为"＝".

8. 对第 90 页第 1 题第(3)小题答案的订正

《选修 2－3》第 90 页第 1 题第(3)小题问的是"误差是多少"，而误差是非负数，所以《教师用书 2－3》第 104 页给出的答案"相差 －4 275.5"不对，应为"误差是 4 275.5".(笔者认为两个实数相差的值也是非负数.)

9. 对《3.2　独立性检验的基本思想及其初步应用》中一处推导的改进

《选修 2－3》第 92～93 页写道：

……

通过数据和图形分析，我们得到的直观判断是"吸烟和患肺癌有关"，那么这种判断是否可靠呢？

为了回答上述问题，我们先假设

$$H_0\text{:吸烟与患肺癌没有关系}$$

用A表示不吸烟，B表示不患肺癌，则“吸烟与患肺癌没有关系”等价于“吸烟与患肺癌独立”，即假设 H_0 等价于

$$P(AB)=P(A)P(B)$$

把表 3.7 中的数字用字母代替，得到如下字母表示的列联表：

表 3.8　吸烟与患肺癌列联表　单位：人

	不患肺癌	患肺癌	总计
不吸烟	a	b	$a+b$
吸烟	c	d	$c+d$
总计	$a+c$	$b+d$	$a+b+c+d$

在表 3.8 中，a 恰好为事件AB 发生的频数；$a+b$ 和 $a+c$ 恰好分别为事件A 和 B 发生的频数. 因为频率近似于概率，所以在 H_0 成立的条件下应该有

$$\frac{a}{n}\approx\frac{a+b}{n}\cdot\frac{a+c}{n}$$

其中 $n=a+b+c+d$ 为样本容量，即

$$(a+b+c+d)a\approx(a+b)(a+c)$$

即

$$ad\approx bc$$

因此，$|ad-bc|$ 越小，说明吸烟与患肺癌之间关系越弱；$|ad-bc|$ 越大，说明吸烟与患肺癌之间关系越强.

在以上推理中，为什么会有“吸烟与患肺癌独立（即 $\overline{A}$ 与 $\overline{B}$ 独立）”等价于“$P(AB)=P(A)P(B)$”呢？这要用到《选修 2－3》第 54 页的结论“如果事件 A 与 B 相互独立，那么 A 与 $\overline{B}$，$\overline{A}$ 与 B，$\overline{A}$ 与 $\overline{B}$ 也都相互独立”.

实际上，以上推理过程可以简化为（省略的部分表示与以上叙述相同）：

……

用A表示吸烟，B表示患肺癌，则“吸烟与患肺癌没有关系”等价于“吸烟与患肺癌独立”，即假设 H_0 等价于

$$P(AB)=P(A)P(B)$$

所以在 H_0 成立的条件下应该有

$$\frac{d}{n}\approx\frac{c+d}{n}\cdot\frac{b+d}{n}$$

其中 $n=a+b+c+d$ 为样本容量，即

$$d(a+b+c+d)\approx(b+d)(c+d)$$

即

$$ad\approx bc$$

因此，$|ad-bc|$越小，说明吸烟与患肺癌之间关系越弱；$|ad-bc|$越大，说明吸烟与患肺癌之间关系越强.

显然，《选修 2－3》对此内容的推导不必要地增加了难度，建议改进为以上的直接推导.

参考文献

[1] 甘志国. 初等数学研究(Ⅱ)(下)[M]. 哈尔滨：哈尔滨工业大学出版社，2009.

§26　对人教版教科书《数学·选修 4－1·A 版》的三点建议

笔者在使用普通高中课程标准实验教科书《数学·选修 4－1·A 版》(人民教育出版社，2007 年第 2 版)(下简称《选修 4－1》)进行教学时，也仔细研读了该书，现对该书提出几点建议，不当之处，敬请读者批评指正.

1. 用四点共圆简证第 41 页的第 7，8 题(即下文的题 1，2)

题 1　如图 1，已知 $\triangle ABC$ 的三条高 AD，BE，CF 交于点 H，AD 的延长线交 $\triangle ABC$ 的外接圆于点 G，求证：$DH=DG$.

与《选修 4－1》配套使用的《教师教学用书》(下简称《教师用书 4－1》)第 31 页给出的证明是：

如图 2，连 GC. 因为 $\angle 1$ 和 $\angle 2$ 是同弧上的圆周角，所以 $\angle 1=\angle 2$.

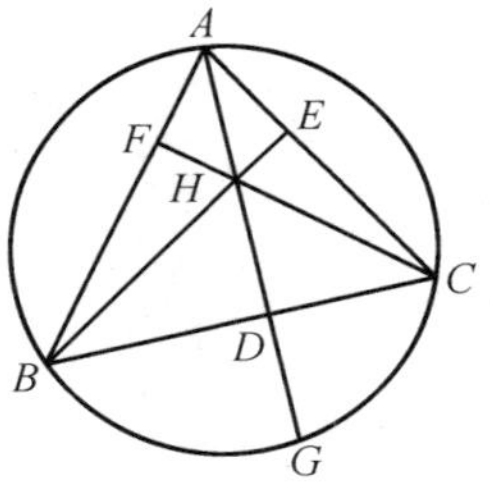

图 1

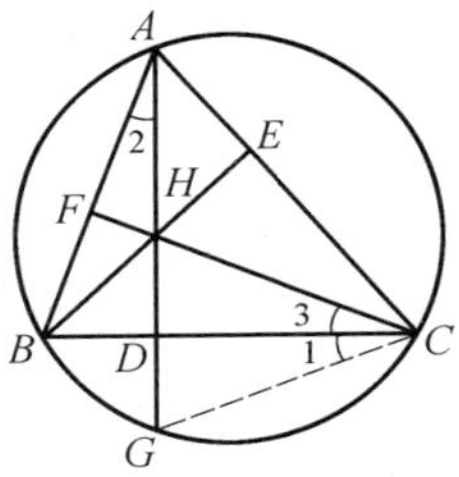

图 2

因为 $AD\perp BC$，$CF\perp AB$，所以 $\angle 2=90^\circ-\angle ABD$，$\angle 3=90^\circ-\angle ABD$. 所以 $\angle 2=\angle 3$，$\angle 1=\angle 3$. 所以 $\mathrm{Rt}\triangle CHD\cong\mathrm{Rt}\triangle CGD$，$DH=DG$.

简证　如图 1，因为 $\angle BFH+\angle BDH=90^\circ+90^\circ=180^\circ$，所以 B，D，H，F 四点共圆，所以 $\angle CHG=\angle ABC$.

又由同弧所对的圆周角相等，得 $\angle ABC=\angle HGC$，所以 $\angle CHG=\angle HGC$，得 $CG=CH$.

再由等腰三角形的三线合一，得 $DH=DG$.

题 2　如图 3，圆 O 的直径 AB 的延长线与弦 CD 的延长线相交于点 P，E 为圆 O 上一点，$\overset{\frown}{AE}=\overset{\frown}{AC}$，$DE$ 交 AB 于点 F. 求证：$PF\cdot PO=PA\cdot PB$.

《教师用书 4－1》第 31 ～ 32 页给出的证明是：

如图 4，连 OC，则 $\angle AOC$ 等于 $\overset{\frown}{AC}$ 的度数.

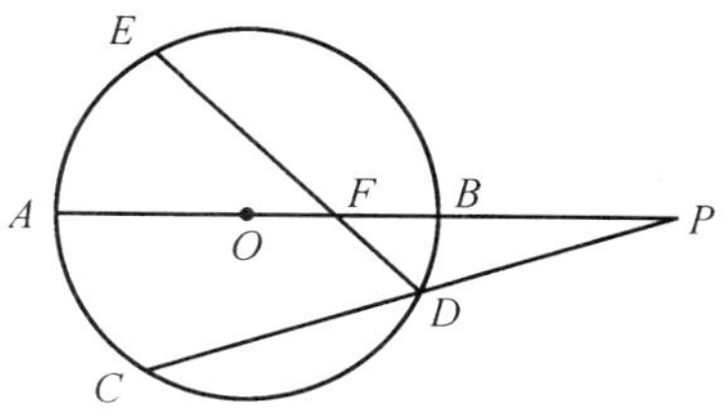

图 3

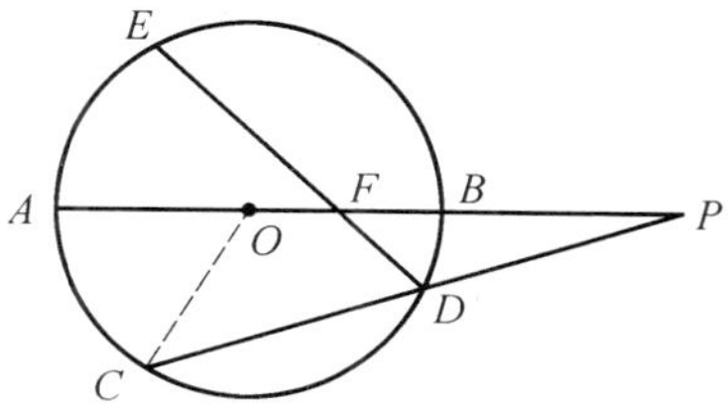

图 4

因为 $\angle CDE$ 等于$\overset{\frown}{EAC}$ 度数的一半，而$\overset{\frown}{AE}=\overset{\frown}{AC}$，所以 $\angle AOC=\angle CDE$，$\angle POC=\angle PDF$.

又因为 $\angle DPF=\angle OPC$，所以 $\triangle POC \backsim \triangle PDF$，$\dfrac{PO}{PD}=\dfrac{PC}{PF}$，$PO \cdot PF = PC \cdot PD$.

又因为 $PC \cdot PD = PA \cdot PB$，所以 $PF \cdot PO = PA \cdot PB$.

简证 由$\overset{\frown}{AE}=\overset{\frown}{AC}$ 可得 $\angle AOC=\angle CDF$，所以 O,C,D,F 四点共圆.

再由圆的切割线定理，得 $PF \cdot PO = PD \cdot PC = PA \cdot PB$.

注 《教师用书 4－1》对这两道题的证法都是因为没有看出 O,C,D,F 四点共圆，所以证法不够简洁.

2.《教师用书》对第 40 页的第 2,4 题的解答不对

《选修 4－1》第 40 页的第 2,4 题分别是：

题 3 图 5 为一根轴的纵断面图，求这根轴的全长.

容易求得该题的答案是：$196+3\sqrt{119}\approx 229$.

而《教师用书 4－1》第 30 页是把图 5 中的数据“30”改成“40”来求解的，且求出的答案“226 或 166”不对，因为由图形知，应舍去“166”.

题 4 如图 6，圆 O 的割线 PAB 交圆 O 于 A，B 两点，割线 PCD 经过圆心. 已知 $PA=6$，$AB=7\dfrac{1}{3}$，$PO=12$. 求圆 O 的半径.

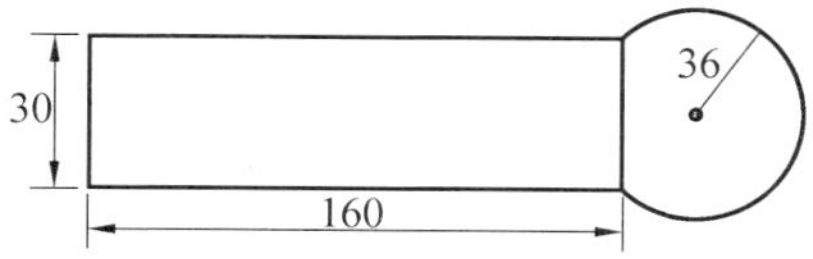

图 5

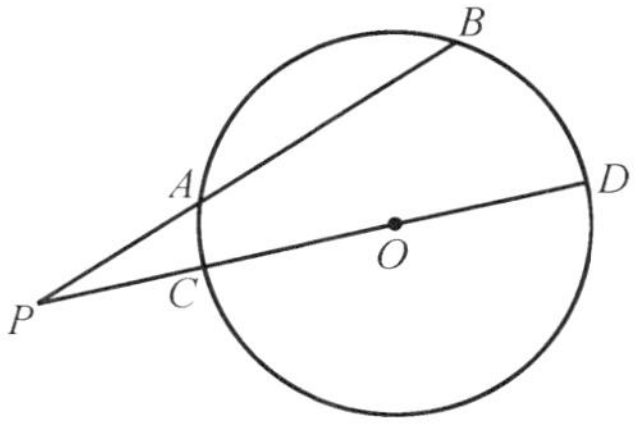

图 6

容易求得该题的答案是：8.

而《教师用书 4－1》第 30 ～ 31 页是把题 4 中的数据“$7\frac{1}{3}$”改成“$7\frac{1}{2}$”来求解的，且得到的答案“15”不对(该解答未说“$6\times\frac{27}{2}=(12-x)(12+x)$，$x=15$”，这不对)，应为“$3\sqrt{7}$”.

3. 第 44 页的定义有误

第 44 页给出了下述定义：

定义　平面上到两个定点的距离之和等于定长的点的轨迹叫作椭圆.

显然此定义有误，应改为

定义　平面上到两个定点的距离之和等于定长(且定长大于两个定点的距离)的点的轨迹叫作椭圆.

在第46页定理1上方第二行“由于 AD 为定值，故点 P 的轨迹是椭圆”改为“由于 AD 为定值，且 $AD=PF_1+PF_2=G_2F_1+G_2F_2>G_2F_1>F_1F_2$，故点 P 的轨迹是椭圆”.

§27 对人教版教科书《数学·选修 4－4·A 版》的两点建议

笔者在使用普通高中课程标准实验教科书《数学·选修 2－3·A 版》(人民教育出版社,2007 年第 2 版)(下简称《选修 4－4》)进行教学时,也仔细研读了该书,现对该书提出两点建议,不当之处,敬请读者批评指正.

1. 建议在第 14 页作一处注明

题目 求极坐标方程 $\rho=1$ 与 $\theta=\frac{\pi}{2}$ 表示的曲线的公共点.

解法 1 由《选修 4－4》第 9 页极坐标的定义及其约定“一般地,不作特殊说明时,我们认为 $\rho\geqslant 0$,θ 可取任意实数”知,$\rho=1$ 表示的曲线是以极点为圆心半径为 1 的圆,$\theta=\frac{\pi}{2}$ 表示一条射线,所以两者公共点的极坐标是 $\left(1,\frac{\pi}{2}\right)$.

解法 2 《选修 4－4》第 13～14 页讲述“2. 直线的极坐标方程”时,规定“在极坐标系中,点 $M(\rho,\theta)$ 与点 $P(-\rho,\theta)$ 关于极点对称”,还得“$\theta=\frac{\pi}{4}(\rho\in\mathbf{R})$ 表示一条直线”. 若按此论述,则 $\theta=\frac{\pi}{4}$ 可以表示一条直线. 这样就得 $\rho=1$ 与 $\theta=\frac{\pi}{2}$ 表示的曲线的公共点有两个,它们的极坐标分别是 $\left(1,\frac{\pi}{2}\right)$,$\left(1,-\frac{\pi}{2}\right)$.

这两种解法谁更合理呢? 即在极坐标系中 $\theta=\frac{\pi}{2}$ 是表示直线还是表示射线呢?

笔者建议在第 14 页例 2 的前一行作一处注明“约定:在以后的极坐标方程中,若有 $\rho\in\mathbf{R}$ 的注明就以此注明为准,说明点 (ρ,θ) 与点 $(-\rho,\theta)$ 关于极点对称;若没有 $\rho\in\mathbf{R}$ 的注明就以本书第 9 页的约定‘一般地,不作特殊说明时,我们认为 $\rho\geqslant 0$,θ 可取任意实数’为准.”

若按此约定,则解法 1 正确.

2. 建议对第 28～29 页例 1 的解答作微小改动

《选修 4－4》第 28～29 页的例 1 是:

例 1 在椭圆 $\frac{x^2}{9}+\frac{y^2}{4}=1$ 上求一点 M,使点 M 到直线 $x+2y-10=0$ 的距离最小,并求出最小距离.

解　因为椭圆的参数方程为

$$\begin{cases}x=3\cos\varphi\\y=2\sin\varphi\end{cases}\quad(\varphi\text{ 为参数})$$

所以可设点 M 的坐标为 $(3\cos\varphi,2\sin\varphi)$.

由点到直线的距离公式，得到点 M 到直线的距离为

$$d=\frac{|3\cos\varphi+4\sin\varphi-10|}{\sqrt{5}}=\frac{\left|5\left(\cos\varphi\cdot\frac{3}{5}+\sin\varphi\cdot\frac{4}{5}\right)-10\right|}{\sqrt{5}}=\frac{1}{\sqrt{5}}|5\cos(\varphi-\varphi_0)-10|$$

其中 φ_0 满足 $\cos\varphi_0=\frac{3}{5}$，$\sin\varphi_0=\frac{4}{5}$.

由三角函数性质知，当 $\varphi-\varphi_0=0$ 时，d 取最小值 $\sqrt{5}$. 此时

$$3\cos\varphi=3\cos\varphi_0=\frac{9}{5},2\sin\varphi=2\sin\varphi_0=\frac{8}{5}$$

因此，当点 M 位于 $\left(\frac{9}{5},\frac{8}{5}\right)$ 时，点 M 与直线 $x+2y-10=0$ 的距离取最小值 $\sqrt{5}$.

笔者认为，把此解答中的后三行作如下改动为好：

当且仅当 $\cos(\varphi-\varphi_0)=1$ 即 $\varphi-\varphi_0=2k\pi(k\in\mathbf{Z})$ 时，d 取最小值 $\sqrt{5}$. 此时

$$3\cos\varphi=3\cos\varphi_0=\frac{9}{5},2\sin\varphi=2\sin\varphi_0=\frac{8}{5}$$

因此，当且仅当点 M 的坐标是 $\left(\frac{9}{5},\frac{8}{5}\right)$ 时，点 M 到直线 $x+2y-10=0$ 的距离最小，且最小距离是 $\sqrt{5}$.

这道例题还可这样来解答：

另解 1　可设点 M 的坐标为 $(3\cos\varphi,2\sin\varphi)(0\leqslant\varphi<2\pi)$.

由点到直线的距离公式，得到点 M 到直线的距离为

$$d=\frac{|3\cos\varphi+4\sin\varphi-10|}{\sqrt{5}}=\frac{\left|5\left(\cos\varphi\cdot\frac{3}{5}+\sin\varphi\cdot\frac{4}{5}\right)-10\right|}{\sqrt{5}}=\frac{1}{\sqrt{5}}|5\cos(\varphi-\varphi_0)-10|$$

其中 φ_0 满足 $\cos\varphi_0=\frac{3}{5}$，$\sin\varphi_0=\frac{4}{5}(0\leqslant\varphi_0<2\pi)$.

当且仅当 $\cos(\varphi-\varphi_0)=1$ 即 $\varphi-\varphi_0=0$ 时，d 取最小值$\sqrt{5}$. 此时

$$3\cos\varphi=3\cos\varphi_0=\frac{9}{5},2\sin\varphi=2\sin\varphi_0=\frac{8}{5}$$

因此，当且仅当点 M 的坐标是$\left(\frac{9}{5},\frac{8}{5}\right)$时，点 M 到直线 $x+2y-10=0$ 的距离最小，且最小距离是$\sqrt{5}$.

另解 2　可设点 M 的坐标为$(3\cos\varphi,2\sin\varphi)$.

由点到直线的距离公式，得到点 M 到直线的距离为

$$d=\frac{|3\cos\varphi+4\sin\varphi-10|}{\sqrt{5}}$$

易知 $3\cos\varphi+4\sin\varphi$ 的取值范围是$[-\sqrt{3^2+4^2},\sqrt{3^2+4^2}]$即$[-5,5]$，所以当且仅当 $3\cos\varphi+4\sin\varphi=5$ 即 $\sin\varphi=\frac{4}{5}$，$\cos\varphi=\frac{3}{5}$（因为$\sin^2\varphi+\cos^2\varphi=1$）时也即点 M 的坐标是$\left(\frac{9}{5},\frac{8}{5}\right)$时，点 M 到直线 $x+2y-10=0$ 的距离最小，且最小距离是$\sqrt{5}$.

注　对于例 1 这种问题，普通高中课程标准实验教科书《数学 · 选修 2－1 · A 版》（人民教育出版社，2007 年第 2 版）第 47 ～ 48 页的例 7 是用相切（$\Delta=0$）来求解的，运算量要大一些.

§28 对人教版教科书《数学·选修 4－5·A 版》的三点建议

笔者在使用普通高中课程标准实验教科书《数学·选修 4－5·A 版》(人民教育出版社,2007 年第 2 版)(下简称《选修 4－5》)进行教学时,也仔细研读了该书,现对该书提出几点建议,不当之处,敬请读者批评指正.

1. 在第 22 页例 3 的解答中为何可以"不妨设 $a \geqslant b > 0$"?

因为学生对对称式不等式的概念并不清楚,所以对第 22 ～ 23 页的例 3 的解答中为何可以"不妨设 $a \geqslant b > 0$"也弄不明白,解答第 23 页第 4 题时也会存在这个问题.

与《选修 4－5》配套使用的《教师教学用书》(下简称《教师用书 4－5》)第 37 页在解答《选修 4－5》第 45 页第 2 题时说"由于要证的式子中 a,b,c 是轮换对称的,所以不妨假设 $a \leqslant b \leqslant c$"是不对的,因为只有要证的不等式是关于 a,b,c 的对称式不等式时才能说"不妨假设 $a \leqslant b \leqslant c$"(当要证的不等式是关于 a,b,c 的轮换对称式不等式时不能说"不妨假设 $a \leqslant b \leqslant c$").

《教师用书 4－5》第 38 页在解答《选修 4－5》第 45 页第 3 题时说"由于要证的式子中 a_1,a_2,a_3 是轮换对称的,所以不妨假设 $a_1 \geqslant a_2 \geqslant a_3$"也是不对的.

可见理解"对称式不等式"是有难度的,《教师用书 4－5》对此一笔带过是不妥当的.关于此的详尽论述及处理方法读者可参看文献[1].

2. 第 37 页第 9 题的答案有误

第 37 页第 9 题是:

9. 求函数 $y=3\sin x+4\sqrt{1+\cos 2x}$ 的最大值.

《教师教学用书 4－5》第 36 页对该题给出的解答是:

$$y=3\sin x+4\sqrt{1+\cos 2x}=3\sin x+4\sqrt{2\cos^2 x}\leqslant \sqrt{(\sin^2 x+\cos^2 x)(9+32)}=\sqrt{41}$$

当且仅当 $\tan x=\pm\frac{3\sqrt{2}}{8}$ 时,函数有最大值 $\sqrt{41}$.

笔者发现此解答有误:当 $\tan x=\pm\frac{3\sqrt{2}}{8}$ 时,$\cos^2 x=\frac{32}{41}$,角 x 可在第三、四象限,得 $\sin x=-\frac{3}{\sqrt{41}}$,此时

$$y=3\times\left(-\frac{3}{\sqrt{41}}\right)+4\sqrt{2\times\frac{32}{41}}=\frac{23}{\sqrt{41}}<\sqrt{41}$$

该题是二维形式的柯西不等式的巩固习题.《选修 4－5》第 32 页给出了以下结论：

结论 1 （二维形式的柯西不等式）若 $a,b,c,d\in\mathbf{R}$，则 $(a^2+b^2)(c^2+d^2)\geqslant(ac+bd)^2$（当且仅当 $ad=bc$ 时等号成立）.

结论 2 若 $a,b,c,d\in\mathbf{R}$，则：

(1) $\sqrt{a^2+b^2}\cdot\sqrt{c^2+d^2}\geqslant|ac+bd|$（当且仅当 $ad=bc$ 时等号成立）；

(2) $\sqrt{a^2+b^2}\cdot\sqrt{c^2+d^2}\geqslant|ac|+|bd|$（当且仅当 $|ad|=|bc|$ 时等号成立）.

注 《选修 4－5》中没有给出结论 2 中取等号的条件，而这是很重要的，比如在用它们求最值时就要看等号能否取到.

下面用结论 2(2) 来给出该题的完整解答

$$\begin{aligned}y=3\sin x+4\sqrt{2}\,|\cos x|\leqslant&\\3|\sin x|+4\sqrt{2}\,|\cos x|\leqslant&\\\sqrt{3^2+(4\sqrt{2})^2}\cdot\sqrt{\sin^2x+\cos^2x}=\sqrt{41}&\end{aligned}$$

在第一个“$\leqslant$”中当且仅当 $\sin x\geqslant0$ 时等号成立；在第二个“$\leqslant$”中当且仅当 $3|\cos x|=4\sqrt{2}|\sin x|$ 即 $\tan x=\pm\frac{3\sqrt{2}}{8}$ 时等号成立. 所以当且仅当 $\begin{cases}\sin x\geqslant0\\\tan x=\pm\frac{3\sqrt{2}}{8}\end{cases}$ 即 $\begin{cases}\sin x=\frac{3}{\sqrt{41}}\\\tan x=\pm\frac{3\sqrt{2}}{8}\end{cases}$ 也即 $\begin{cases}\sin x=\frac{3}{\sqrt{41}}\\|\cos x|=\frac{4\sqrt{2}}{\sqrt{41}}\end{cases}$ 时 y 取到最大值，且最大值是 $\sqrt{41}$.

3. 第 46 页的一个不等式有误

第 46 页第一段给出了三个不等式，其中的最后一个为

$$(1+x)^n>1+nx\quad(x>-1,n\in\mathbf{N}_+)$$

该不等式有误，可把其中的“$>$”改为“$\geqslant$”(因为当 $x=0$ 或 $n=1$ 时取等号，该不等式实质上就是贝努利不等式(见《选修 4－5》第 51 页的例 3)).

参考文献

[1] 甘志国. 谈谈对称式不等式的证明[J]. 中小学数学(高中)，2011(6)：36-38.

§ 29　对鄂教版教科书《数学 1(必修)》及《数学 4(必修)》的几点建议

笔者研读了普通高中课程标准实验教科书《数学 1(必修)》及《数学 4(必修)》(2006 年湖北教育出版社)(下分别简称《鄂版必修 1》及《鄂版必修 4》),现对它们提出几点建议,不当之处,敬请读者批评指正.

1. 对《鄂版必修 1》的建议

1.1　集合$\{x \in \mathbf{R} \mid 2x+3>0\}$的含义有歧义

《鄂版必修 1》第 7 页写道:

不等式 $2x+3>0$ 的解集可以表示为$\{x \mid 2x+3>0\}$. 如果有必要强调 x 是实数,也可以表示为$\{x \in \mathbf{R} \mid 2x+3>0\}$,或$\{x \mid 2x+3>0, x \in \mathbf{R}\}$.

笔者认为这样表示不妥:因为集合$\{x \in \mathbf{R} \mid 2x+3>0\}$即$\{x \in \mathbf{R} \mid x>-1.5\}$的代表元是"$x \in \mathbf{R}$",所以该集合应当表示满足条件 $x>-1.5$ 的所有关系式 $x \in \mathbf{R}$ 组成的集合$\{-1.499 \in \mathbf{R}, \cdots, -1.4 \in \mathbf{R}, \cdots, -1 \in \mathbf{R}, \cdots, 0 \in \mathbf{R}, \cdots\}$,与"不等式 $2x+3>0$ 的解集"完全不同,所以笔者认为还是用$\{x \mid 2x+3>0\}$或$\{x \mid 2x+3>0, x \in \mathbf{R}\}$表示不等式 $2x+3>0$ 的解集为好.

1.2　区间(a,b)中应限定 $a<b$

《鄂版必修 1》第 9 页写道:

一般地,我们把集合$\{x \mid a<x<b\}$称为一个开区间,记作(a,b);……

笔者建议把它改述为:

一般地,设 $a<b$,我们把集合$\{x \mid a<x<b\}$称为一个开区间,记作(a,b);……

理由是区间均不能是 $\varnothing$ 且是无限集,而集合$\{x \mid a<x<b\}$可以是 $\varnothing$,比如经常会遇到这样的题目:已知$\{x \mid a<x<2a\} \cap [0,1]=\varnothing$,求实数 a 的取值范围. 易知该题的正确答案为$\{a \mid a \leqslant 0$ 或 $a \geqslant 1\}$,而当 $a \leqslant 0$ 时$\{x \mid a<x<2a\}=\varnothing$.

1.3　把"素数"改为"质数"

《鄂版必修 1》第 9 页练习第 2(1) 题及习题第 3(3) 题中均出现了名词"素数",该页习题第 1(1) 题中出现了名词"素因数",这两个名词学生都不熟悉,建议把"素数"改为"质数"、"素因数"改为"质因数". 因为在小学《数学》课本中只提质数,未提素数.

1.4　现在认为"太阳系内九大行星"的说法是错误的

《鄂版必修1》第9页习题第3(1)题是：

用适当的方法表示集合"太阳系内的九大行星",并说明它是有限集还是无限集.

请注意，太阳系有九大行星已经成为一个错误的说法了(见 http://baike.baidu.com/view/441284.htm? fr=ala0_1,还可参见《鄂版必修1》第72页例1).

1.5　第10页"第三个文件夹可用 $\varnothing$ 表示"可改为"第三个文件夹的内容可用 $\varnothing$ 表示"

1.6　两个集合的"$\cup$"不宜作为最后结果

《鄂版必修1》第24页例1的答案是"$\left[-\frac{2}{3},2\right)\cup(2,+\infty)$",笔者认为,几个集合的并集不宜作为答案的最后结果,建议把它改为

$$\left\{x\left|-\frac{2}{3}\leqslant x<2\text{ 或 }x>2\right.\right\}$$

1.7　第40～41页例1、例2的解答中有误

《鄂版必修1》第40页例1的解答中说"函数 $f(x)=3x^2-5x+2,x\in[0,2]$ 的对称轴为 $x=\frac{5}{6}$"是不对的,因为该函数没有对称轴,建议改述为"函数 $y=3x^2-5x+2,x\in\mathbf{R}$ 的对称轴为 $x=\frac{5}{6}$".解这种题要注意函数的定义域,并注意这种先把定义域扩大的解题技巧. 第40～41页例2的解答中说"函数 $f(x)=x^2+ax+3,x\in[-1,1]$ 的对称轴为 $x=-\frac{a}{2}$"也是不对的,因为该函数不一定有对称轴,建议改述为"函数 $y=x^2+ax+3,x\in\mathbf{R}$ 的对称轴为 $x=\frac{5}{6}$".

1.8　第44页第5题中的两处"$0\leqslant$"均应去掉(因为题中的"$t\in\mathbf{N}$"已包含了此条件)

1.9　$\sqrt[3]{x^2}=?$

《鄂版必修1》第52页第2题的(1)(3)小题及第79页第1(2)题分别是：

用分数指数幂表示下列各式：$\sqrt[3]{x^2}$；$\sqrt[3]{(m-n)^2}$；$\sqrt[5]{a^3b^4}$.

笔者不知道与《鄂版必修1》配套使用的《教师教学用书》(下简称《鄂版教师用书1》)对于这些题给出的答案是怎样的,但普通高中课程标准实验教科书《数学1·必修·A版》(人民教育出版社,2007年第2版)(下简称《必修1》)第54页第2(1)题是用分数指数幂表示 $\sqrt[3]{x^2}$,与该教科书配套使用的《教师教学

用书》(下简称《教师用书1》)第55页给出的答案是$x^{\frac{2}{3}}$;全日制普通高级中学教科书(必修)《数学·第一册(上)》(2003年人民教育出版社)第70页第2(3)题是用分数指数幂表示$\sqrt[3]{(a-b)^2}$($a,b\in \mathbf{R}_+$),与该教科书配套使用的《教师教学用书》第55页给出的答案是$(a-b)^{\frac{2}{3}}$.

笔者认为,《鄂版必修1》只讲述了底数为非负数的分数指数幂,而未涉及负数的分数指数幂(这样处理也很合适),所以以上前两道小题的答案应分别为$|x|^{\frac{2}{3}}$,$|m-n|^{\frac{2}{3}}$,最后一题应添上条件$a\geqslant 0$,得到的答案为$a^{\frac{3}{5}}|b|^{\frac{4}{5}}$.(这种观点笔者在《数学通讯》2006年第9期的《争鸣(问题112)》中阐述过,但至今没有读者对此给出评析.)

1.10　第80页第4题中还应再添条件

《鄂版必修1》第80页第4题是:

利用换底公式证明(其中a,b都大于0且不等于1):

(1) $\log_{a^n}b^n=\log_a b$; (2) $\log_{a^m}b^n=\frac{n}{m}\log_a b$.

该题中既然对a,b给出了限定条件,那么对m,n也必须添加限定条件(否则会出现对数的底数为1的情形),即(1)中还应添上"$n\neq 0$",(2)中还应添上"$m\neq 0$".另外,因为第(1)小题显然是第(2)小题的推论,所以建议删去第(1)小题,或者把这两小题交换位置.

1.11　对第95页第5题答案的完善

《鄂版必修1》第95页第5题是:

某种放射性元素的原子数N随时间t的变化规律是$N=N_0e^{-\lambda t}$,其中N_0,λ是正的常数.

(1) 说明函数是增函数还是减函数;

(2) 把t表示为原子数N的函数;

(3) 求当$N=\frac{N_0}{2}$时,求t的值.

笔者也不知道《鄂版教师用书1》对这道题给出的答案是怎样的,但《必修1》第112～113页也有这道题,且《教师用书1》第102页给出的第(2)问的答案是:$t=-\frac{1}{\lambda}\ln\frac{N}{N_0}$.

笔者认为解答此问时应注明函数的定义域(解决应用题时更是如此):

由$N=N_0e^{-\lambda t}(t\geqslant 0)$,得$0<N\leqslant N_0$.所以第(2)问的答案应当是:$t=-\frac{1}{\lambda}\ln\frac{N}{N_0}(0<N\leqslant N_0)$.

2　对《鄂版必修 4》的建议

2.1　第 14 页介绍三角函数线时图 1～8 中还应添上角 α 的终边在坐标轴上的四种情形

2.2　第 27 页单位圆的说法不对

《鄂版必修 4》第 14 页写到"单位圆(圆心在原点 O,半径等于单位长度的圆)";而《鄂版必修 4》第 27 页又写到"在直角坐标系的 x 轴(负方向)上任取一点 O_1,以 O_1 为圆心,作单位圆".

这两处是有矛盾的! 单位圆的定义是怎样的?

由著名数学家谷超豪主编的《数学词典》(1992 年上海辞书出版社)第 108 页给出的定义是"单位圆(unit circle)以坐标轴的原点为圆心,以等于单位长的线段为半径所作的圆".

由此看来,《鄂版必修 4》第 27 页的相应内容应改述为"在直角坐标系的 x 轴(负方向)上任取一点 O_1,以 O_1 为圆心,作半径为单位长的圆".

2.3　何谓相位、初相? 它们均有无穷多个值吗?

《鄂版必修 4》第 42 页写道:

一般地,当用函数 $y=A\sin(\omega x+\varphi)(x\in[0,+\infty),A>0,\omega>0)$ 描述物理中的振子的简谐振动时,……;$\omega x+\varphi$ 叫作相位(phase),$x=0$ 时的相位 φ 叫作初相(initial phase).

但函数 $y=A\sin(\omega x+\varphi)(x\in[0,+\infty),A>0,\omega>0)$ 的解析式还可以改成 $y=A\sin(\omega x+\varphi+2k\pi)(x\in[0,+\infty),k\in\mathbf{Z})$ 多种形式,那么根据以上定义,$\omega x+\varphi+2k\pi(k\in\mathbf{Z})$ 都叫该函数的相位吗? $\varphi+2k\pi(k\in\mathbf{Z})$ 都叫该函数的初相吗? 函数解析式 $y=A\sin(\omega x+\varphi)(x\in[0,+\infty))$ 还可以改成 $y=A\cos\left(\omega x+\varphi-\frac{\pi}{2}+2k\pi\right)(x\in[0,+\infty),k\in\mathbf{Z})$,其相位、初相又怎么定义呢?

在定义中的函数解析式 $y=A\sin(\omega x+\varphi)(x\in[0,+\infty))$ 有定义域 $x\in[0,+\infty)$,而《鄂版必修 4》第 43 页第 2 题"指出函数 $y=3\sin\left(2x+\frac{\pi}{7}\right)(x\in\mathbf{R})$ 的振幅、周期和初相"无此限制,这又是怎么回事呢?

2.4　第 49 页第 11 题应作修改

《鄂版必修 4》第 49 页第 11 题填表内容的第五栏即"已知 $\pi<x<2\pi$,$\sin x=-\frac{\sqrt{3}}{2}$,求 $x,\cos x,\tan x$ 的值".

该题有两组答案:$x=\frac{4\pi}{3},\cos x=-\frac{1}{2},\tan x=\sqrt{3}$;$x=\frac{5\pi}{3},\cos x=\frac{1}{2},\tan x=-\sqrt{3}$.但两组答案的题又不适合填表,所以建议把"$\sin x=-\frac{\sqrt{3}}{2}$"改为

“$\sin x = -1$”.

2.5 cos(sin α) 是何意义？

《鄂版必修 4》第 51 页第 7 题中出现了 $\cos(\sin \alpha)$ 的式子，但笔者认为“$\cos(\sin 2)$”的意义并不清楚：

因为“sin”是角 α 的正弦值，是一个实数；而 $\cos(\sin \alpha)$ 要有意义的话，$\sin \alpha$ 必须是角的大小. 所以，$\cos(\sin \alpha)$ 无意义！

《鄂版必修 4》第 13 ～ 14 页写道：“正弦、余弦、正切分别建立了一个角的集合到一个比值的集合的映射. 因此，正弦、余弦、正切都是以角为自变量，以比值为函数值的函数”，由此知，当 β 是实数时，$\cos \beta$ 无意义；只有当 β 表示角的大小时，$\cos \beta$ 才有意义. 决不能说三角函数就可以看成以实数为自变量的函数，只能求角的三角函数(角的单位是弧度时可以省略不写，形式上变成了一个实数，但仍然表示的是多少弧度，绝不是实数)，不能求实数的三角函数.

鉴于像“$\cos(\sin \alpha)$”这样的式子及“若 $0 < \alpha < \frac{\pi}{2}$，求证：$\sin \alpha < \alpha < \tan \alpha$”这样的题目还很常见，都是把 $\cos(\sin \alpha)$ 理解成 $\sin \alpha$ 弧度的余弦；把 $\sin \alpha < \alpha < \tan \alpha$ 中的第二个 α 理解成角 α 的弧度数 —— 是一个实数(而笔者认为 $\sin \alpha$，α 分别是实数与角，它们不能比较大小). 所以应在《鄂版必修 4》适当的地方注明：有时候，也会遇到 $\sin \alpha (\alpha \in \mathbf{R})$ 的情形，这时实数 α 应看成 α 弧度；在“若 $0 < \alpha < \frac{\pi}{2}$，则 $\sin \alpha < \alpha < \tan \alpha$”中第三个 α 也应理解成角 α 的弧度数 —— 是一个实数.

2.6 强烈建议印刷时不用黑体表示向量

《鄂版必修 4》第 54 页写道：我们还经常用黑体的小写字母 $\boldsymbol{a}$，$\boldsymbol{b}$ 等表示向量，手写时 $\boldsymbol{a}$ 可写为 $\vec{a}$. 这恐怕是所有数学教科书中唯独一处奇怪的约定：学生的写法与教科书的写法不一致！就是这一奇怪约定也带来了很大的误导，以至于还产生了不小的灾难：

笔者历次在教学《平面向量》这一章时，都会有众多学生出现书写向量时不加箭头，把 $\vec{a}$ 写成 $\boldsymbol{a}$ 几乎是普遍情形，老师向学生多次解释过两者的意义不同且学生当时也完全理解和接受，但学生而后还是依然我行我素(甚至到高三)，比如，笔者任教的实验班学生学到《鄂版必修 4》第 63 页习题第 1 题“化简 (3) $\overrightarrow{AB} + \overrightarrow{CD} + \overrightarrow{BC} + \overrightarrow{DE} + \overrightarrow{EA}$；(4) $\overrightarrow{OA} - \overrightarrow{OD} + \overrightarrow{AD}$”时，几乎全班学生的答案都是 0，而不是 $\overrightarrow{0}$. 笔者认为造成这种情形的主要原因是《鄂版必修 4》中写的是 $\mathbf{0}$，而不是学生应当正确书写的 $\overrightarrow{0}$，让学生把印刷体 $\mathbf{0}$ 改写成手写体 $\overrightarrow{0}$ 就是这么难啊！回想一下，难道诸位没有同样的经历吗？设身处地地为学生着想一下：高中生够辛苦了，烦恼事够多了，但还要为这样完全可以避免的一点小事没完没了地增添烦恼，太不值了！所以学生最信赖、最愿意模仿且使用最多的教科书《鄂版必修 4》中的粗黑体小写字母 $\boldsymbol{a},\boldsymbol{b},\boldsymbol{c},\cdots$ 及 $\boldsymbol{0}$ 应一概废除、停止使用，改为 $\vec{a},\vec{b},\vec{c},\cdots$ 及 $\overrightarrow{0}$. 这样，就不会出现上述书写错误. 因此，笔者强烈建议高中数学教科书中不用黑体小写字母 $\boldsymbol{a},\boldsymbol{b},\boldsymbol{c},\cdots$ 及 $\boldsymbol{0}$ 表示向量.

2.7　第 68 页的一句话未说清楚

《鄂版必修 4》第 68 页有三处叙述：

(1) 两个向量和与差的坐标分别等于这两个向量对应的坐标的和与差；

(2) 实数与向量的积的坐标等于用这个实数乘以原来向量的对应坐标所得的坐标；

(3) 一个向量的坐标等于表示此向量的有向线段的终点的坐标减去始点的坐标.

笔者认为(1)，(2) 两句话的含义比较清楚，(3) 的含义不清：因为坐标平面上两个点的横（纵）坐标可以相减，而两个点的坐标（有序实数对）如何相减均不清楚.《鄂版必修 4》第 67 页说“若 $\boldsymbol{a}=x\boldsymbol{i}+y\boldsymbol{j}$（其中 $\boldsymbol{i},\boldsymbol{j}$ 分别为与 x 轴，y 轴正方向相同的单位向量），则把有序实数对 (x,y) 叫作向量 $\boldsymbol{a}$ 的坐标，记作 $\boldsymbol{a}=(x,y)$.”可以再定义：在 $\boldsymbol{a}=(x,y)$ 中，x,y 分别叫作向量 $\boldsymbol{a}$ 的横坐标、纵坐标. 这样就可把以上内容改述为：

(1) 两个向量和（差）的横、纵坐标分别等于这两个向量相应坐标的和（差）；

(2) 实数与向量的积的横、纵坐标分别等于这个实数与原来向量的相应坐标的积；

(3) 一个向量的横、纵坐标分别等于表示此向量的有向线段的终点的相应坐标减去始点的相应坐标.

2.8　建议改动第 75 页第 2(1) 题

《鄂版必修 4》第 75 页第 2(1) 题是判断命题“若 $\boldsymbol{a}\cdot\boldsymbol{b}=0$，则 $\boldsymbol{a}=\boldsymbol{0}$ 或 $\boldsymbol{b}=\boldsymbol{0}$”是否成立，建议将此题改为判断命题“若 $\boldsymbol{a}\cdot\boldsymbol{b}=0$，则 $\boldsymbol{a}=\boldsymbol{0}$ 或 $\boldsymbol{b}=\boldsymbol{0}$”的真假.

2.9　第 77 页第 6 题中可去掉条件“单位向量”

《鄂版必修 4》第 77 页第 6 题是：

已知 $|\boldsymbol{a}|=6$，$\boldsymbol{a}$ 与单位向量 $\boldsymbol{e}$ 的夹角 θ 分别为 $45°,90°,150°$ 时，求 $\boldsymbol{a}$ 在 $\boldsymbol{e}$ 方向上的投影，并作出图形.

这里的条件“单位向量”可去掉.

2.10　第 85 页第 3 题的结论有误

《鄂版必修 4》第 85 页第 3 题是：

已知直线 $l_1: A_1x+B_1y+C_1=0, l_2: A_2x+B_2y+C_2=0$，求证：$l_1 /\!/ l_2 \Leftrightarrow A_1B_2-A_2B_1=0$.

该题的结论有误，应改为“$l_1 /\!/ l_2 \Leftrightarrow A_1B_2=A_2B_1$ 且 $(A_1C_2\neq A_2C_1$ 或

$B_1C_2 \neq B_2C_1$).”理由如下：

定理　对于两条直线 $l_i: A_ix+B_iy+C_i=0(|A_i|+|B_i|\neq 0)(i=1,2)$，有：

(1) l_1 与 l_2 相交 $\Leftrightarrow A_1B_2 \neq A_2B_1$（特例：$l_1 \perp l_2 \Leftrightarrow A_1A_2+B_1B_2=0$）；

(2) $l_1 /\!/ l_2 \Leftrightarrow \begin{cases} A_1B_2=A_2B_1 \\ A_1C_2 \neq A_2C_1 \text{ 或 } B_1C_2 \neq B_2C_1 \end{cases}$；

(3) l_1 与 l_2 重合 $\Leftrightarrow \begin{cases} A_1B_2=A_2B_1 \\ A_1C_2=A_2C_1 \\ B_1C_2=B_2C_1 \end{cases}$.

证明　由《鄂版必修 4》第 84 ～ 85 页的论述知：向量 $\boldsymbol{n}_i=(A_i, B_i)$ 与直线 l_i 垂直($i=1,2$)，所以 l_1 与 l_2 平行或重合（即不相交）时，均有 $\boldsymbol{n}_1 /\!/ \boldsymbol{n}_2$，即 $A_1B_2=A_2B_1$. 由此，得：

(1) l_1 与 l_2 相交 $\Leftrightarrow \boldsymbol{n}_1$ 与 $\boldsymbol{n}_2$ 不平行 $\Leftrightarrow A_1B_2 \neq A_2B_1$（$l_1 \perp l_2 \Leftrightarrow \boldsymbol{n}_1 \perp \boldsymbol{n}_2 \Leftrightarrow A_1A_2+B_1B_2=0$）.

(2) $\Leftarrow$　只需证明方程组 $\begin{cases} A_1x+B_1y+C_1=0 \\ A_2x+B_2y+C_2=0 \end{cases}$ 无解.

假设该方程组有解 $(x, y)=(x_0, y_0)$，得

$$\begin{cases} A_1x_0+B_1y_0+C_1=0 \\ A_2x_0+B_2y_0+C_2=0 \end{cases}$$

所以

$$\begin{cases} A_1A_2x_0+A_2B_1y_0+A_2C_1=0 \\ A_1A_2x_0+A_1B_2y_0+A_1C_2=0 \end{cases}$$

$$(A_1B_2-A_2B_1)y_0+A_1C_2-A_2C_1=0$$

即

$$A_1C_2=A_2C_1$$

还可得

$$\begin{cases} A_1B_2x_0+B_1B_2y_0+B_2C_1=0 \\ A_2B_1x_0+B_1B_2y_0+B_1C_2=0 \end{cases}$$

进而得

$$B_1C_2=B_2C_1$$

所以 $A_1C_2=A_2C_1$ 且 $B_1C_2=B_2C_1$，这与题设“$A_1C_2 \neq A_2C_1$ 或 $B_1C_2 \neq B_2C_1$”矛盾！所以假设错误，“$\Leftarrow$”获证.

$\Rightarrow$　只需证明 $l_1 /\!/ l_2 \Rightarrow A_1C_2 \neq A_2C_1$ 或 $B_1C_2 \neq B_2C_1$，下面证明其逆否命题

$$\left.\begin{matrix} A_1C_2=A_2C_1 \\ B_1C_2=B_2C_1 \end{matrix}\right\} \Rightarrow l_1 \text{ 与 } l_2 \text{ 不平行}$$

若 $A_1=0$，由 $A_1C_2=A_2C_1$，得 $A_2=0$ 或 $C_1=0$：

若 $A_2=0$，得 $A_1=A_2=0$，$B_1B_2\neq 0$，由 $B_1C_2=B_2C_1$，得 $-\frac{C_1}{B_1}=-\frac{C_2}{B_2}$，此时 $l_1: y=-\frac{C_1}{B_1}$ 与 $l_2: y=-\frac{C_2}{B_2}$ 是两条重合直线；

若 $A_2\neq 0$，得 $A_1=C_1=0$，$B_1\neq 0$，由 $B_1C_2=B_2C_1=0$，得 $C_2=0$，此时 l_1：$y=-\frac{C_1}{B_1}$ 与 $l_2: x=-\frac{B_2}{A_2}y$ 是两条相交直线.

即 $A_1=0$ 时，要证结论成立；同理可证 $A_2=0$ 时，或 $B_1=0$ 时，或 $B_2=0$ 时，要证结论均成立. 又可证得 $A_1A_2B_1B_2\neq 0$ 时，l_1 与 l_2 不平行：

若 $C_1=0$，得 $C_2=0$，所以直线 l_1 与 l_2 都经过坐标原点，当然不会平行；

若 $C_1\neq 0$，得 $C_2\neq 0$，所以 $\frac{A_1}{A_2}=\frac{B_1}{B_2}=\frac{C_1}{C_2}$，$l_1$ 与 l_2 重合.

"⇒"也获证.

(3)⇐　可先证 $A_1=0$ 时成立，同理可证 $A_2=0$ 时，或 $B_1=0$ 时，或 $B_2=0$ 时，要证结论均成立. 还可证得 $A_1A_2B_1B_2\neq 0$ 时也成立. 所以"⇐"获证.

⇒　只需证明 l_1 与 l_2 重合 $\Rightarrow\begin{cases}A_1C_2=A_2C_1\\B_1C_2=B_2C_1\end{cases}$.

这只需证明：若 $A_1B_2=A_2B_1$ 且方程组 $\begin{cases}A_1x+B_1y+C_1=0\\A_2x+B_2y+C_2=0\end{cases}$ 有解，则 $\begin{cases}A_1C_2=A_2C_1\\B_1C_2=B_2C_1\end{cases}$.

这在(2)的"⇐"中已证. 所以"⇒"也获证.

注　(1) 因为同一平面上的两条直线有且只有相交、平行、重合三种位置关系，所以若证得了定理中的任意两个结论，第三个结论自然成立.

(2) 结论(3)中右边的三个条件缺一不可. 比如，直线 $l_1: 0x+y+0=0$，l_2：$0x+y+1=0$ 满足($A_1B_2=A_2B_1$，$A_1C_2=A_2C_1$，$B_1C_2\neq B_2C_1$)，但 l_1 与 l_2 不重合.

参考文献

[1] 甘志国. 对人教版教科书《数学 4・A 版必修》的几点建议[J]. 中学数学杂志(高中)，2010(3)：13-17.

[2] 甘志国. 初等数学研究(Ⅱ)(下)[M]. 哈尔滨：哈尔滨工业大学出版社，2009.

§30 对2010年高考江苏卷压轴题的两点分析

2010年高考江苏卷的压轴题(即第23题)是:

已知$\triangle ABC$的三边长都是有理数.

(1) 求证:$\cos A$是有理数;

(2) 求证:对任意正整数n,$\cos nA$是有理数.

第(1)问由余弦定理立得,下面来分析第(2)问的解答.

全日制普通高级中学教科书《数学·第三册(选修Ⅱ)》(2006年人民教育出版社)第172页的脚注②介绍了复数乘方的棣莫弗(Abraham de Moivre,1667—1754)公式(此公式也可用数学归纳法给予证明)

$$(\cos A+\mathrm{i}\sin A)^n=\cos nA+\mathrm{i}\sin nA\quad(n\in\mathbf{N}^*)$$

用二项式定理把左边展开,得

$$(\cos^n A-\mathrm{C}_n^2\cos^{n-2}A\sin^2 A+\mathrm{C}_n^4\cos^{n-4}A\sin^4 A-\cdots)+$$
$$\mathrm{i}(\mathrm{C}_n^1\cos^{n-1}A\sin A-\mathrm{C}_n^3\cos^{n-3}A\sin^3 A+\mathrm{C}_n^5\cos^{n-5}A\sin^5 A-\cdots)=$$
$$\cos nA+\mathrm{i}\sin nA$$

由复数相等的定义,得

$$\cos nA=\cos^n A-\mathrm{C}_n^2\cos^{n-2}A\sin^2 A+\mathrm{C}_n^4\cos^{n-4}A\sin^4 A-\cdots$$

由第(1)问的结论,得$\cos A$;$\sin^2 A,\sin^4 A,\cdots$均是有理数,所以$\cos nA$是有理数.

但新课标教材中没有介绍棣莫弗公式,所以我们再寻找别的证法.

另证1 用数学归纳法来证明.难在第二步:由$\cos kA(k\in\mathbf{N}^*)$是有理数,如何证得$\cos(k+1)A$也是有理数.因为

$$\cos(k+1)A=\cos A\cos kA-\sin A\sin kA$$

且$\cos A\cos kA$是有理数,所以还需证明一个新的命题"$\sin A\sin kA(k\in\mathbf{N}^*)$是有理数".而这是难以办到的,但可以加强命题:用数学归纳法证明$\cos nA$,$\sin A\sin nA$在$n\in\mathbf{N}^*$时均是有理数.

易证$n=1$时成立.

假设$n=k(k\in\mathbf{N}^*)$时成立:$\cos kA$,$\sin A\sin kA$均是有理数.

当$n=k+1$时,由

$$\cos(k+1)A=\cos A\cos kA-\sin A\sin kA\qquad①$$
$$\sin A\sin(k+1)A=\sin A\sin A\cos kA+\sin A\sin kA\cos A$$

及归纳假设知,$n=k+1$时也成立,所以欲证成立.

另证2 用数学归纳法来证明.难在第二步:由$\cos kA(k\in\mathbf{N}^*)$是有理数,如何证得$\cos(k+1)A$也是有理数.同另证1知,还需证明$\sin A\sin kA(k\in\mathbf{N}^*)$

是有理数. 而已知的是 $\cos A$, $\cos kA$ 是有理数,所以自然想到把 $\sin A\sin kA$ 化成余弦的形式,那就是积化和差公式

$$\sin A\sin kA = -\frac{1}{2}[\cos(k+1)A - \cos(k-1)A]$$

再由式 ① 可得

$$\cos(k+1)A = 2\cos A\cos kA - \cos(k-1)A \quad ②$$

所以还需证明 $\cos(k-1)A$ 是有理数,但仅从题设与归纳假设难以证出. 所以我们就想到构造新的数学归纳法 —— 步长为 2 的数学归纳法:

对于命题 $P(n)(n \in \mathbf{N}^*)$,若能证得:

(1) 当 $n=1,2$ 时均成立;

(2) 假设 $n=k,k+1(k \in \mathbf{N}^*)$ 时均成立,证得 $n=k+2$ 时也成立.

则命题 $P(n)$ 在 $n \in \mathbf{N}^*$ 时均成立.

注 学生若对课本上介绍的数学归纳法理解得很清楚,则自己是可以构造出各种数学归纳法的.

下面用步长为 2 的数学归纳法来证明第(2) 问.

易证 $n=1,2$ 时成立.

假设 $n=k,k+1(k \in \mathbf{N}^*)$ 时均成立,$\therefore \cos kA$, $\cos(k+1)A$ 均是有理数.

由式 ② 得

$$\cos(k+2)A = 2\cos A\cos(k+1)A - \cos kA$$

所以 $\cos(k+2)A$ 是有理数,即 $n=k+2$ 时也成立,所以欲证成立.

《中小学数学》(高中) 主编章建跃(1958—) 先生(人民教育出版社编审) 在该刊2011年第3期发表了"编后漫笔"——《过程自然才能使学生"会"》. 我们的教学要力求使过程自然,少来点"天上掉下个林妹妹",要讲清知识的来龙去脉,多点拨为什么要这样解(证),少讲点解(证) 的详细过程. 这就需要老师深入备课,特别是多参加集体备课活动,这对于老教师、经验丰富的老师也是必要的,有利于自己的提高,也有利于年轻教师的快速进步. 笔者于2011年4月23日来到美丽的无锡,参加了为期一周的"全国中学教师专业发展研讨暨江苏省锡山高级中学有效教研与有效课堂教学现场观摩学习活动" 全国性会议. 会议期间,聆听了上海市静安区教育学院附属学校特级校长张人利先生的讲座. 张校长说,西南联大是硬件软软件硬,硬件软到晚上连电灯都没有,软件硬到是当时清华北大的教授聚集在一起任教. 但诺贝尔物理学奖获得者杨振宁(1922—) 就读西南联大时,有些时候物理课在课堂上只能听懂一半(这可能是杨教授谦虚的说法,但说明杨教授也有听不懂课的时候),但在晚上与同学聊一聊就全会了(因为晚上没有电灯,所以上晚自习时只能"聊" 学习,没有动笔的作业). 这也说明,哪怕是著名教授对优秀学生讲课,也要注意授课技巧,还应当给学生讨论的机会,可能这就是当前大力提倡的生本教育最起码的要求吧!

§ 31　只需简单的有效方法，不需复杂的完整结论

—— 一个典型例题比什么都重要

2008年第10期《教师博览》的文章《一个青年教师的生活阅读报告》(作者：李培林）中介绍了王老师讲述的故事：

文革时期，有一个工人生了一个儿子，取名叫爱国．一年后，老二出生了，这位工人毫不含糊地为他取名为爱民．又过了一年，老三来了，憨厚的工人想了想，给老三取名为爱党．老三满月那天，造反派来了，把这位工人抓走了．工人问："我犯了什么错误，你们抓我？" 造反派头头说："你的大儿子叫什么？""爱国．""二儿子叫什么？""爱民．""爱国爱民，你装得倒挺像的，要不是你的三儿子出世，我们还都被你这老奸巨猾的反革命给蒙蔽了．""我三儿子怎么啦？""你三儿子不是叫爱党吗？爱国爱民爱党，提取公因式，爱国民党．"

讲完故事后，王老师在黑板上写下一个式子：

爱国＋爱民＋爱党＝爱(国＋民＋党)

王老师的一位学生在周记中说，这是他最难忘的一堂课，还说他就算忘掉所有的数学知识，也不会忘记提取公因式法分解因式．

我们再来看一个生活中的例子：

设想一个外地人 ω 第一次来到繁华的都市 Ω(如图 1)，都市有很多的街道，ω 要从都市的 A 处到 B 处办事，但不知怎么走，就问知晓都市 Ω 所有道路的 ξ，ξ 热心肠地告知 ω：可先从 A 到 A_1 再到 A_2，…，最后到 B；也可先从 A 到 A_1 再到 B_2，…，最后到 B；还可……；如果从 A 到 A_1 后 A_1 到 A_2，B_2，C_2 的三条路都堵车可以迅速返回到 A，再到 B_1 或 C_1，…，ξ 还想不厌其烦地介绍，甚至拿起纸和笔画起都市 Ω 的地图来．ω 早已听得心烦意乱且不得要领，就赶忙改问路旁的小学生 ε，ε 回答：可以先向南走 3 个街道口到标志物 C，再向东走 3 个街道口就到另一个标志物 B 了．

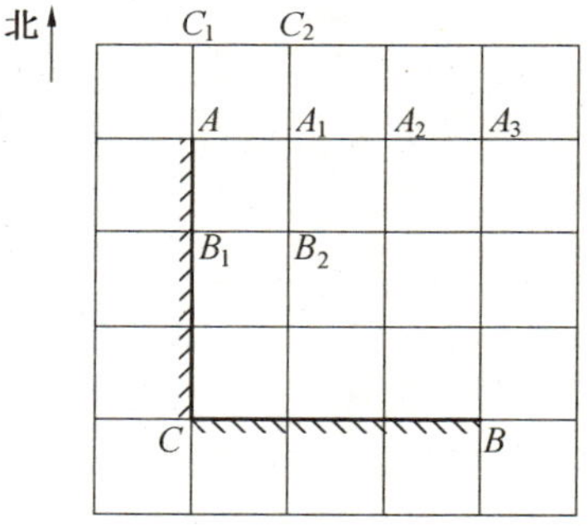

图 1

如果你是学生 ω，面对难题从繁华都市 Ω 的 A 处到 B 处，是接受知晓都市 Ω 所有道路的 ξ 的热心肠的告知，还是聆听小学生 ε 的回答呢？显然，对于第一次来到繁华都市 Ω 的外地人 ω 来说，小学生 ε 的回答是最好的：简单有效！即使你对都市 Ω 的道路有一定的了解，ξ 热心肠的告知你都记得住吗？若能记得住，那

也绝不是 ξ 的讲解起的作用，而一定是学生 ω 对都市 Ω 的道路了解到一定程度之后通过内化自己得到的结论. 可能 ξ 的目的是想使你多一些到达目的地的方法、快一些到达目的地，但从全局来看，各条路径并无本质区别，走近路、走快路只要注意最终目标即可！但 ξ 不应当对第一次来到繁华都市 Ω 的外地人 ω 讲这些：因为它虽然完整，但确实复杂！这样完整的结论应当靠 ω 自己来感悟、总结.

笔者作为一名高中数学老师，常与所教学生一起侃侃而谈，文科学生常感慨怕三角题. 起初笔者认为这是一大怪事：虽说三角公式多，但规律性很强，乱做都做得出来(因为目标往往是明确的，比如解决三角函数问题时，一般是先把函数表达式化为 $f(x)=A\sin(\omega x+\varphi)+k$ 的形式；所以用的方法、公式也很多，有时把不常用的万能公式、积化和差公式也用上了，当然解法也是最简洁的). 出现这样的现象应当不足为怪：老师认为简单，是因为自己站到了一定的高度，能总揽全局，迅速找到直达目标的简洁解法；而学生只是初学者，难以迅速找到直达目标的简洁解法是很正常的！这时，老师在教学时，只能讲解最一般、最基本的方法，切不可像热心肠的 ξ 那样讲解，因为那是极其有害的教学方法，学生打好基础之后自然会达到融会贯通的地步，不可急于求成！

我们知道，已知两边及其中一边的对角解三角形(即“边边角”问题)时，有两解、一解、无解三种情形，全日制普通高级中学教科书(必修)《数学 · 第一册(下)》(人民教育出版社，2003 年)第 130 页运用正弦定理从运动变化的角度，以“图形语言”形象地说明了解的情况及其判定方法，虽说结论完整，但情形多，确实难以记忆和套用；普通高中课程标准实验教科书《数学 5 · 必修 · A 版》(人民教育出版社，2007 年第 3 版)第 8 ~ 9 页的“探究与发现”——《解三角形的进一步讨论》用正弦定理给出了“边边角”问题的解法及结论，但均很繁杂；且解决这类问题时，所有的教科书都是用正弦定理来求解的. 下面用余弦定理可给出这类问题的简洁解答 —— 只需讲清一道典型例题即可.

例 1　在 $\triangle ABC$ 中，已知 $A=60^\circ$，$a=2$，$b=1$，求 c.

解　假设满足条件的 $\triangle ABC$ 存在，由余弦定理，得

$$a^2=b^2+c^2-2bc\cos A\quad (c>0)\qquad ①$$

$$c^2-c-3=0\quad (c>0)$$

$$c=\frac{1+\sqrt{13}}{2}$$

即所求的 c 唯一存在：$c=\dfrac{1+\sqrt{13}}{2}$.

注　用此解法还无需检验，因为余弦定理 ①$\Leftrightarrow \overrightarrow{BC}^2=(\overrightarrow{BA}+\overrightarrow{AC})^2\Leftrightarrow \overrightarrow{BC}=\overrightarrow{BA}+\overrightarrow{AC}\Leftrightarrow\triangle ABC$ 存在(因为 $0^\circ<A<180^\circ$).

由例题的解法立得以下一般性的结论：

若在$\triangle ABC$中已知$a,b,A(a>0,b>0,0^\circ<A<180^\circ)$解三角形，则$c$就是用余弦定理得到的关于$c$的一元二次方程$a^2=b^2+c^2-2bc\cos A(c>0)$的解，且解此三角形解的组数就是该方程的解$c$的个数.

这一教学难点不就轻易解决了嘛！对于各种学生，这都应当是成功的教学方法.学生还可自愿研究：用两种方法解决这类解三角形问题得到的结论一致吗？

我们再来看2008年高考陕西卷理科压轴题的第(1)问：

已知数列$\{a_n\}$的首项$a_1=\frac{3}{5}$，$a_{n+1}=\frac{3a_n}{2a_n+1}$，$n=1,2,\cdots$.求$\{a_n\}$的通项公式.

解　由题设及数学归纳法可证得$a_n>0(n\in\mathbf{N}^*)$，所以可以在式子$a_{n+1}=\frac{3a_n}{2a_n+1}$两边取倒数，得

$$\frac{1}{a_{n+1}}=\frac{1}{3a_n}+\frac{2}{3}$$

$$\frac{1}{a_{n+1}}-1=\frac{1}{3}\left(\frac{1}{a_n}-1\right)$$

所以可求得

$$a_n=\frac{3^n}{3^n+2}$$

鉴于像"求由递推公式$a_{n+1}=\frac{ca_n+d}{aa_n+b}$($a_1$已知，$a\neq 0,ad\neq bc$)确定的数列$\{a_n\}$的通项公式"这样的问题很普遍(在2007年高考全国卷Ⅰ理科压轴题、2009年高考重庆卷理科第14题、2009年高考陕西卷理科压轴题、2012年高考大纲全国卷文科压轴题都有此背景)，所以有的老师就在课堂上给学生介绍了此题的一般初等解法，这也是绝对没有必要的，一个典型例题就足够了！

例2　(2009·江西·理22(1))各项均为正数的数列$\{a_n\}$，$a_1=\frac{1}{2}$，$a_2=\frac{4}{5}$，且对满足$m+n=p+q$的正整数m,n,p,q，都有$\frac{a_m+a_n}{(1+a_m)(1+a_n)}=\frac{a_p+a_q}{(1+a_p)(1+a_q)}$，求通项$a_n$.

解　由题意，可得$\frac{a_1+a_n}{(1+a_1)(1+a_n)}=\frac{a_2+a_{n-1}}{(1+a_2)(1+a_{n-1})}$，再由$a_1=\frac{1}{2}$，$a_2=\frac{4}{5}$，得$a_n=\frac{2a_{n-1}+1}{a_{n-1}+2}$.

本题即求由递推公式 $a_{n+1}=\dfrac{2a_n+1}{a_n+2}(n\in\mathbf{N}^*,a_1=\dfrac{1}{2})$ 确定的数列 $\{a_n\}$ 的通项公式.

令 $a_n=b_n+x(n\in\mathbf{N}^*)$,得

$$b_{n+1}+x=\frac{2b_n+2x+1}{b_n+x+2},b_{n+1}=\frac{(2-x)b_n-x^2+1}{b_n+x+2}$$

令 $-x^2+1=0$,得 $x=\pm1$. 可选 $x=1$,得 $b_{n+1}=\dfrac{b_n}{b_n+3}$.

由题设及数学归纳法可证得 $-3<b_n<0(n\in\mathbf{N}^*)$,所以可以在式子 $b_{n+1}=\dfrac{b_n}{b_n+3}$ 两边取倒数,得 $\dfrac{1}{b_{n+1}}=\dfrac{3}{b_n}+1$. 令 $\dfrac{1}{b_n}=c_n(n\in\mathbf{N}^*)$,得

$$c_{n+1}=3c_n+1$$

$$c_{n+1}+y=3c_n+1+y=3\left(c_n+\frac{1+y}{3}\right)$$

令 $y=\dfrac{1+y}{3}$,得 $y=\dfrac{1}{2}$,所以

$$c_{n+1}+\frac{1}{2}=3\left(c_n+\frac{1}{2}\right)$$

$$c_n+\frac{1}{2}=-\frac{3}{2}\cdot3^{n-1},c_n=-\frac{3^n+1}{2},b_n=\frac{1}{c_n}=-\frac{2}{3^n+1}$$

$$a_n=b_n+1=\frac{3^n-1}{3^n+1}$$

还可验证 $a_n=\dfrac{3^n-1}{3^n+1}$ 满足题设的所有条件,所以所求通项 $a_n=\dfrac{3^n-1}{3^n+1}$.

注　该题在高考时没有一人获满分,且得分率很低.

教学的主阵地是课堂,而课堂只有 45 min(笔者所在学校每节课是 40 min),所以一定要注意数学教学与数学研究的重大区别:课堂教学的对象是全班学生,一定要注意课堂教学的可接受性原则、有效性原则、适时性原则、灵活性原则(要用 60 种方法教一个学生,切不可用一种方法教 60 个学生).

§32 “思、探、练、变、提”的解题教学

高中数学教学在一定程度上来说就是解题教学，因为数学高考就是解那21或22道高考题，殊不知，为了这几道高考题，考生要在高中阶段训练千万道题，高考试题又要求学生在极为有限的时间里作出完整的解答，所以必须快、准、稳.据说，只要出现了一道新颖的高考题(比如2007年高考湖北理科卷第19题开正态分布为大题之先河)，马上就会编出一百道类似的题让你来训练.学生成了解题的机器，课堂就是对答案且不重视知识的产生发展过程只重结果，教师是“教死书、死教书、教书死”，课堂满堂灌、缺乏生气，师生没有活力的情形绝不是个别、短暂的现象.金属也会出现疲劳，何况活生生的青年学生能长期经受得住“题海战术”的煎熬、毒害吗？以至于一年一度的高考结束之后，好多师生都在惊叹：“做了好多无用功啊，练了、讲了、考了那么多题，怎么没有今年的高考题呢？”[1] 原因何在？笔者认为原因就是学生解题解得太快了、太多了，学生在解题数量的强大压力、竞争下，不得不拿起题就解，有时连题目都没看完，因为学生遇到的重复题太多了，老师只知道从网上复制、粘贴后让学生挤出一切时间来完成(据说今年多名湖北考生把头两道解答题写错了位置——今年湖北卷的头两道解答题分别是概率与三角)，根本无暇思考总结：为什么要这样解？这种题及其解法有何规律？出这道题的意图是什么？我真正掌握这类题了吗？

这使我想到了一篇文章《从清兵“放枪不瞄准”的毛病说起》[3]：

《历史不忍细看》(文欢主编，河南文艺出版社，2007年)一书中提到，1894年甲午兵败于“放枪不瞄准”有关.当时清兵每仗争先恐后放枪，放完就撤退.到了1900年的义和团时期，万名清兵攻不下一座外国使馆.一位外国记者这样记述：“使馆只见弹飞如雨，很少伤到人”.原来，清兵只管朝天放枪，把子弹打完算数，好像在放炮仗.这段历史，现在读来，仍然令人哭笑不得，又感慨万分.试问：会装子弹会开枪，就算掌握了洋枪洋炮吗？

由此想到数学教学，不免产生一种忧虑.我们的学生会做许多题目.据说教师要求学生，对于高考题必须“一看就会，一做就对”.至于问为什么做这些题目，则不知道，无非是为了高考，考后就丢了！仔细想想，这和“放枪不瞄准”似乎很有些相像.

清代学者袁枚说：“学如箭镞，才如弓弩，识以领之，方能中鹄”.考试成绩好，说明掌握了一定知识，也有解题的能力，至于用这些知识和能力达到什么目标，则不知道也不想知道，那和“放枪不瞄准”有什么两样？

要做到击中目标，需要“识以领之”. 对于数学教学来说，就是要具有数学意识，整体地全面把握，局部地深入理解，知道数学的来龙去脉，才是数学教学的真正目的. 可惜的是，现在教学的目标常被忽视.

今天我们不忍细看，在 100 多年前的“放枪不瞄准”，将来也许会不忍细看今天教学中的“放枪不瞄准”.

做一道题的目的是为了掌握这方面的知识，所以应当做慢点并及时总结，今天做好这道题就是为了明天不再训练这种题. 笔者在二十多年的数学教学实践中总结出“思、探、练、变、提”解题法效果突出，深受学生、同行喜爱，现简要地介绍给大家，供师生在解题时揣摩、借鉴和发挥.

“思、探、练、变、提”解题法是指对于呈现的问题要先思考，不能盲目动笔求解；对于问题还要进行多方位的探索，哪怕对该问题本身的解决相距甚远的探索也是珍贵的、有益的；通过探索或老师的少量提示再解答该问题；对于该问题还要有实质性的变式训练；完满解决一个问题之后还应当及时总结并提出新的类似问题.

下面以全日制普通高级中学教科书(必修)《数学 · 第一册(上)》(人民教育出版社，2006 年) 第 96 页练习第 2(2) 题再来说明什么是“思、探、练、变、提”解题法. 这道题是：

在等差数列 $\{a_n\}$ 中，已知 $a_3=9, a_9=3$，求 a_{12}.

思 —— 何谓等差数列？常见的等差数列题如何求解？等差数列的通项公式、前 n 项和公式是怎样的？知道等差数列中的任意两项如何求通项？本题的数据有怎样的特殊规律？……

探 ——

探索 1 猜测 $a_{12}=a_3+a_9=12$.

探索 2 由等差数列的通项公式 $a_n=a_1+(n-1)d$ 求解：

先由等差数列的通项公式列方程组求出首项 a_1 和公差 d，再由通项公式求出 a_{12}.

探索 3 用函数的观点求解：

可把等差数列的通项公式 $a_n=a_1+(n-1)d$ 看成 a_n 是 n 的形式上的一次函数(即当 $d=0$ 时也当作一次函数)，所以公差 d 是该直线的斜率. 可先由直线的斜率公式求出 d

$$d=\frac{a_9-a_3}{9-3}=\cdots$$

练 —— $d=\dfrac{a_9-a_3}{9-3}=\dfrac{3-9}{9-3}=-1, a_{12}=a_9+3d=3+3\times(-1)=0.$

变 ——

变式 1 在等差数列 $\{a_n\}$ 中，$a_p=q, a_q=p(p\neq q)$，求 a_{p+q} 的值.

变式 2　设等差数列$\{a_n\}$的前n项和是S_n，$S_p=q$，$S_q=p(p\neq q)$，求S_{p+q}的值.

解　由等差数列$\{a_n\}$的前n项和S_n的公式$S_n=na_1+\frac{1}{2}n(n-1)d$知，可设

$$S_n=An^2+Bn\quad (A,B\in\mathbf{R}\text{且公差}d=2A)$$

由题设，得

$$\begin{cases}S_p=Ap^2+Bp=q & ①\\ S_q=Aq^2+Bq=p & ②\end{cases}$$

①－②，可得$A(p+q)+B=-1$，所以

$$S_{p+q}=(p+q)[A(p+q)+B]=-p-q$$

变式 3　设等差数列$\{a_n\}$的前n项和是S_n，$S_p=p$，$S_q=q(p\neq q)$，求S_{p+q}的值.

解法 1　可设$S_n=An^2+Bn(A,B\in\mathbf{R})$.

由题设，得

$$\begin{cases}S_p=Ap^2+Bp=p & ③\\ S_q=Aq^2+Bq=q & ④\end{cases}$$

③－④，可得$A(p+q)+B=1$，所以

$$S_{p+q}=(p+q)[A(p+q)+B]=p+q$$

解法 2　可不妨设$p<q$，得

$$S_q-S_p=a_{p+1}+a_{p+2}+\cdots+a_q=q-p$$

$$\frac{1}{2}(q-p)(a_{p+1}+a_q)=q-p$$

$$a_{p+1}+a_q=2,a_1+a_{p+q}=2$$

$$S_{p+q}=\frac{1}{2}(p+q)(a_1+a_{p+q})=p+q$$

变式 4　设等差数列$\{a_n\}$的前n项和是S_n，$S_p=S_q(p\neq q)$，求S_{p+q}的值.

解法 1　可设$S_n=An^2+Bn(A,B\in\mathbf{R})$.

由$S_p=S_q(p\neq q)$，得$A(p+q)+B=0$，所以

$$S_{p+q}=(p+q)[A(p+q)+B]=0$$

解法 2　可不妨设$p<q$，得

$$S_q-S_p=a_{p+1}+a_{p+2}+\cdots+a_q=0$$

$$\frac{1}{2}(q-p)(a_{p+1}+a_q)=0$$

$$a_1+a_{p+q}=0$$

$$S_{p+q}=\frac{1}{2}(p+q)(a_1+a_{p+q})=0$$

解法 3 可设 $S_n=An^2+Bn(A,B\in\mathbf{R})$.

若 $A=0$,得 $\{S_n\}$ 是等差数列;再由 $S_p=S_q(p\neq q)$ 及 $S_n=An^2+Bn(A,B\in\mathbf{R})$,得 $S_n=0$. 所以 $S_{p+q}=0$.

若 $A\neq 0$,得函数 $S_n=An^2+Bn(n\in\mathbf{N}^*)$ 的图象是抛物线 $f(x)=Ax^2+Bx(x\in\mathbf{R})$ 上的一些点.

由 $S_p=S_q(p\neq q)$,得 $f(p)=f(q)$,所以该抛物线的对称轴是直线 $x=\frac{p+q}{2}$,得 $f(p+q)=f(0)=0$,所以 $S_{p+q}=f(p+q)=0$.

(这种扩大定义域的解题方法值得读者重视)

提 —— 等差数列和等比数列可以通过类比进行学习:若等差数列有一条怎样的性质,则等比数列往往也有一条类似的性质. 请问:可以得出等比数列怎样的类似性质?

也不是解每道题都需要"思、探、练、变、提"这五个步骤,也不是提出的问题要立即解决,若时间来不及完全可以往后放一放,重要的是"解一题,知一类",达到胸有成竹、越学越轻松的状态!

参考文献

[1] 甘志国. 应对高考需要研究性备考——兼评2008年高考试题陕西卷(理科)压轴题[J]. 中学数学研究(广州),2009(5):28-30.

[2] 甘志国. 初等数学研究(Ⅱ)(上)[M]. 哈尔滨:哈尔滨工业大学出版社,2009.

[3] 张奠宙,赵小平. 从清兵"放枪不瞄准"的毛病说起[J]. 数学教学,2008(4):封底.

§33　教育者也要关注另一个1%
—— 谈数学特困生的成长

针对现在的奥数热，有专家指出“只有 1% 的学生适合学数学竞赛”，我们就把这 1% 的学生叫数学天才吧！他们喜欢数学，对数学的接受能力、自学能力及探究能力都很强，对数学有敏锐的洞察力、科学的思维方法和良好的思维品质，敢于打破常规并发表自己独到的见解，能轻松愉悦地学习数学，对数学有良好的感觉、永远充满自信，还会主动啃数学难题.

全日制普通高级中学教科书《数学·第三册(选修Ⅱ)》(人民教育出版社，2006 年) 第 34 页写道：“在设计中遇到的许多随机现象都服从或近似服从正态分布. 例如：生产中，在正常生产条件下各种产品的质量指标一般都服从正态分布.” 由此可以假设每位学生对数学的学习状况也服从正态分布(图 1)，所以还有 1% 的学生对数学的爱好程度、掌握知识的容量、应用率及学习动机等几乎都是零(没有)，他们厌恶数学，从来没听懂过数学老师的连续 5 min 讲课，连自己最要好的朋友给他讲数学题也不能完全听懂，对数学完全没有感觉，数学作业要么不完成要么疲于应付(大部分是照抄)，对于考试只能做小题(选择题和填空题)，平时背诵过的题才能在考场上“得心应手”，所以每次考试都备受打击，对数学也完全失去信心，他们的一致呼唤是“要是不学数学该有多好！”我们就把这 1% 的学生叫数学特困生吧！

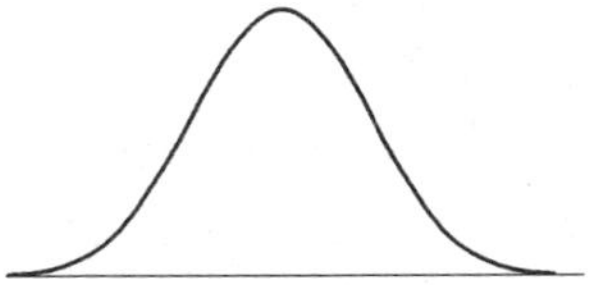

图 1

然而，在中华民族众多的“脊梁”中，数学特困生还真不少. 远的不说，仅以民国以来的历史为例，便可窥见一斑.[1]

1917 年，罗家伦(1897—1969) 报考北京大学文科，恰逢胡适(1891—1962) 判阅其作文试卷. 胡适毫不犹豫地打了满分，并向学校招生委员会荐才. 可校委们察看罗家伦的成绩单后大吃一惊 —— 罗家伦的数学成绩竟是零分，其他各科分数也平平. 在取弃的争论之际，主持招生会议的蔡元培校长力排众议，破格录取罗家伦. 罗家伦后来也成为“五四”风云人物，民主与科学“新文化”运动的旗手，传诵一时的《五四宣言》也出自他的手笔.

碰巧的是，12 年后，已是清华大学校长的罗家伦在招生中也遇到了偏才 —— 钱钟书(1910—1998). 钱钟书当时“国文特优，英文满分，数学 15 分”，比罗家伦当年考北大的成绩略胜一筹. 于是，罗家伦在钱钟书的名字上大笔一勾，破格录取.

在大胆破格录用偏才方面，清华似乎比北大更果决. 国学大师季羡林(1911—2009)，从上小学开始，便文理偏科严重. 报考清华时，数学只考了 4 分(满分为 100 分). 尽管如此，季羡林还是被清华大学西洋文学系录取.

闻一多(1899—1946) 也是一位敢于破除学科偏见的教育家，著名文学家臧克家(1905—2004) 就是他发现和培养的. 1930 年，臧克家报考国立青岛大学(1932 年改为国立山东大学)，他入学考试时数学也是零分.

著名历史学家吴晗(1909—1969) 报考北大史学系时，入学考试成绩让人大跌眼镜：文史、英语都是满分，数学则是零分，按北大"得了一门零分不录取"的规定，吴晗上北大不成，马上转报清华大学史学系. 结果吴晗入学考试成绩依旧：文史、英语都是满分，数学则是零分. 当时，清华录取新生的规定和北大相同，考生有一门得了零分就不能录取. 不过与北大不同的是，吴晗的文科成绩如此之好，引起了校方的重视. 胡适也写信给清华大学校长翁文灏(1889—1971)，请清华大力培养吴晗. 最后，清华首开特例，破格录取了吴晗. 清华的这个决定轰动了北大，胡适一再对人说："北大考试制度太不合理，像吴晗这样有才华的学生，竟因数学不及格而未被录取，太可惜了！"

数学天才倍受教育者的关注，因为他们往往可以产生明星效应，给其所在的学校、地区甚至教育者带来无限的荣耀；而与之相反的是，对于数学特困生，教育者记得的只是他们的负面效应(拖了班级人平均分、影响了学校的高考成绩). 因为有众多的数学特困生成为了中华民族的"脊梁"(他们是幸运的！但绝不是所有的数学特困生都是幸运的)，所以教育者也要关注另一个 1%—— 数学特困生的成长，应使他们健康成长，得到较好的发展，甚至成为非数学的天才，照样能对全人类作出不可磨灭的贡献！

教育者应当深思：对于数学特困生，更应承担起自己的责任，以达到教育的全面和谐！

下面根据笔者二十多年来深入教学一线的经历，谈谈使数学特困生成人成才的途径和做法(也对数学特困生产生的原因作了分析).

1. 降低起点　夯实基础

2009 年秋季，湖北省也进行新课改了，笔者恰好任教新课改的第一届高一，也感受到了一些不和谐. 有个学生黄××，就是做题慢了些(初中老师叫他"慢慢有准")，竟使得九门课程的学习总是忙不过来，而他花在数学(他中考数学成绩很不错) 一科的时间要占 1/3 以上，但数学成绩还是不能提高且近期下降得越来越厉害、没有弄懂的地方也越来越多、自信心及主动性也每况愈下. 起初数学考试时只是两三个大题来不及动笔(但做完了的题几乎不会扣分)，现在来不及动笔的题在增多、做了的题也会出现错误. 我们都在担忧黄×× 将来的数学学习，可能会成为数学特困生.

"就是做题慢了些"，应当说这不是错，老师如果按照他的习惯进行教学，也可师生和谐，在不受紧张时间的限制下完全能学好将来在学习、工作、生活甚至科学研究中必备的数学基础知识. 即使高考时这个学生也是来不及做完所有的题目，但他若能有机会进入大学深造（无论是否选择数学系），也一定能对社会作出应有的贡献.

《庄子杂篇·列御寇三十二》中有这样一个故事：朱泙漫向支离益学习杀龙的技术，花费了家中所有的钱，三年学成，但是本领无处施展（因为世间根本没有龙）. 把所有的人都花力气培养成"朱泙漫"，没有必要（也不可能），因为建设祖国需要各方面的人才. 假若有一大批教育家把全人类都培养成了著名科学家、资深院士，那么这批教育家有无过错呢？"三百六十行行行出状元"，可不要全然被忘却！

当前的高中数学教学在一定程度上来说就是解题教学，因为数学高考就是解那 21 或 22 道高考题，殊不知，为了这几道高考题，考生要在高中阶段训练千万道题，高考试题又要求学生在极为有限的时间里作出完整的解答，所以必须快、准、稳. 学生成了解题的机器，课堂就是对答案且只重结果不重视知识的产生过程，师生没有活力的情形绝不是个别、短暂的现象. 在强大的题海战术下，学生根本无暇思考总结：为什么要这样解？这种题及其解法有何规律？出这道题的意图是什么？我真正掌握这类题了吗？

做一道题的目的是为了掌握这方面的知识，所以应当做慢点并及时总结，今天做好这道题就是为了明天不再训练这种题. 巧合的是，笔者在数学教学实践中总结出的"思、探、练、变、提"解题法[2]与张文质先生提倡的"慢教育"观点一致. 在高中数学教学中，师生都应当坚信，只有先慢下来，而后才能快起来！俗话说，"磨刀不误砍柴工"就是这个道理. 而在现实中，急功近利、严重违背教育规律的"特快教育"太普遍了. 我们的数学训练，多得没有尽头，单元复习、月考复习、期中复习、期末复习也几乎都是做题，高考更是漫长的复习，大量压缩正常教学时间，有的重点高中竟一年上完课本，两年四轮复习备考（基础复习、专题复习、压轴复习、保温复习）. 没完没了地复习，不乏刁难习题. 请浏览笑话《免予起诉》：

法官：你被控殴打你的邻居老师，有这事吗？

被告：有，不过我要澄清一些事实.

法官：什么事实？

被告：他见到我时，总想为难我. 他前天还问我："如果一只半母鸡一天半下一个半鸡蛋，那么两只四分之三的母鸡 15 天下多少鸡蛋？"

法官：明白了，你被免予起诉，可以回家了.

学习数学，如同盖楼.首先，地基要牢，否则盖得越高隐患越大；其次，结构要好，否则表面再漂亮，也不稳固.对于大部分学生的数学学习，弄清数学基本原理及其来龙去脉、知识结构，做适当习题加以巩固就可以了.苦练、傻练，练得学生熟练有余，创新不足，昏天黑地，也练得数学老师形象大损（数学老师只会占用学生的时间）.没完没了地解题，如同重复粉刷已经很光滑的墙面.结果，练得童年没有了幻想，少年没有了梦想，青年没有了理想.苦海无边，何处是岸？

有的教育主管领导还公然提出一堂好课的标准是“大容量、快节奏、高效率”.搞教学，可不能用“多、快、好、省”来要求和评价，评价的客观标准必须是学生学习的效果和愉悦程度（包括学生付出的多少）.新课改对教师提出了更高的要求，因为教学内容有较大数量的增加（我地在高一两学期《数学》要分别学完普通高中课程标准实验教科书A版《必修1》《必修4》（人民教育出版社，2007年第2版）、《必修5》《必修2》（人民教育出版社，2007年第3版）共13章内容，而以前是5章），内容不能说不多[3]（分块编写的四册课本《代数（上、下册）》《立体几何》《平面解析几何》很薄很精，用过者都说感觉良好），但有的老师还擅自补充教学内容（把选修中的内容提前到必修中讲授，老教材中被删去的内容也舍不得丢掉），总以为讲授的越多（因而就越快）对学生就越好.这样必然适得其反，欲速则不达，反而制造出越来越多的数学特困生.

在高一起始阶段的教学中，切记慢慢有准、慢慢有效、降低起点、减少容量，盲目贪多造成一知半解，不如减少许多而弄懂弄透，这不就是一种让数学特困生欢迎的高效教学嘛！

当然，这里的“慢教育”是指先要慢下来，把课本上的基本知识、基本方法通过老师的讲解和学生自身的训练彻底弄懂，而后再见识、发现、掌握各种解题技巧，从而使解题自然而然地快起来！绝不是说，学习数学不需要勤奋，不需要快.[4]

2.合作交流　享受成功

科学巨匠爱因斯坦（Albert Einstein，1879—1955）曾说过：“兴趣是最好的老师.”怎么培养数学特困生对数学的兴趣呢？著名心理学家马斯洛（Maslow，1908—1970）把人的需要分为五个层次，其中的最高层次是自我实现的需要.所以，教育者要尽可能地给学生提供成功的机会，让学生“跳一跳，够得着”.在教育改革方面取得巨大成功的山东杜郎口中学每节课（45 min）教师讲解少于10 min，学生活动（主要是展示自己的成果）多于35 min，这一教育理念就注重了“学生是教育主体，让学生在学习中得到充分的肯定”，因而都是成功的教育.

“三个臭皮匠合成一个诸葛亮”，所以对于数学特困生的学习要少灌输，多让他们合作交流，教育者要适时启发，不怕花时间.要坚信获取知识是需要花时间的，学得快必定也忘得快，通过争论、探究获取的知识能产生深刻印象、灵活运用.

下面是笔者亲临的六名数学特困生（他们是一个研究性学习小组，其中有一名组长）的一次研究性学习过程（老师只是向组长交代了研究性学习的主题 —— 如何确定“边边角”问题解的组数）.

组长：请同学们对“如何求解‘边边角’问题”发表见解.

生 1：什么是“边边角”问题？

生 2：已知 $\triangle ABC$ 的两边 a，b 与其中一边 a 的对角 A 解三角形（还画图作了解释）.

生 3：用正弦定理 $\frac{a}{\sin A}=\frac{b}{\sin B}$ 可求得 $\sin B$，再得角 B 的大小，由 $A+B+C=180^\circ$ 得角 C 的大小；又由 $\frac{a}{\sin A}=\frac{c}{\sin C}$ 可求得 c，解答完毕！

组长：对于此解答还应补充些什么吗？

生 4：求得 $\sin B$ 后再求 B 一般有两个解 B_1，B_2，且 $B_1+B_2=180^\circ$.

组长：老师，今天的研究性学习已圆满完成，得到的结论是：

若已知 a，b，A 解 $\triangle ABC$，则解的组数是：

(1) 当 $b\sin A=a$ 时，$B=90^\circ$，有一组解；

(2) 当 $b\sin A\neq a$ 时，$B\neq 90^\circ$，有两组解.

老师：同学们得到的结论(1)是对的，(2)不对，比如，当 $A\geqslant 90^\circ$ 时，有几组解？

生 5：当 $A\geqslant 90^\circ$ 时，有一组解.

组长：因为“大边对大角”，所以当 $A\geqslant 90^\circ$ 时，若 $a>b$，有一组解；若 $a\leqslant b$，无解.

老师：对！应注意无解的情形. 要把“边边角”问题进行到底 —— 请再把得到的结论修正得完整无误.

生 6：我发现课本第 8 ～ 9 页的“探究与发现”——《解三角形的进一步讨论》已用正弦定理给出了这类问题的完整解法及结论，但我看不懂.

老师：我深信你们能寻找出比课本更简洁的方法！友情提示 —— 只要方法，不要完整的结论，猜测也可，因为“没有大胆的猜测，就没有科学的进步！”正确的猜测也是良好感觉的积累，学习数学要有感觉，跟着感觉走！

组长：我们研究出了一种好方法 —— 先由 $\frac{a}{\sin A}=\frac{b}{\sin B}$ 求得 $\sin B$，再分情况判断：

(1) 若 $\sin B>1$ 即 $b\sin A>a$，则无解；

(2) 若 $b\sin A=a$，$B=90^\circ$，则有一组解；

(3) 若 $b\sin A < a$，先求出 B 的两个值 B_1，B_2($B_1 + B_2 = 180°$)，再用三角形内角和定理检验：满足 $A + B < 180°$ 的 B 有几个值就有几组解.

老师：这种方法确实很好 —— 简洁实用！若论方法，比课本的还要好，若看结论的完整，确实比不上课本. 同学们，我们是要复杂完整的结论，还是要简捷有效的方法？

老师：上面是用正弦定理求解的，还能用余弦定理求解吗？

组长：同学们，我们一起来研究吧！

……

组长：老师，我们也解决了！下面请生 6 汇报.

生 6：由余弦定理得 $a^2 = b^2 + c^2 - 2bc\cos A(c > 0)$，所求解的组数就是此一元二次方程的解 c 的个数，请注意 c 是正数.

老师：带头鼓掌！

组长：老师，这两种方法谁更好？

老师：你们在实践中去检验吧？老师倾向于用余弦定理更简洁.

同学们：今天真高兴！原来数学也容易学会，我们几个臭皮匠一起讨论，还得出了比课本更好的方法，反正这种题以后我们都不怕了. 以后要多讨论哟，约好了！

难点被轻松地解决，且是六名数学特困生自己解决的，更重要的是他们还享受到了巨大的成功，增强了信心，也增加了学习的主动性.

"变要我学为我要学"、"只有教不好的老师，没有教不好的学生" 在这里也得到了验证. 没有哪个电视台的节目因为收视率低而去责怪听众，节目主持人只能从自身找原因.

即使这些数学特困生还有一些问题没有弄得很清楚：能对这两种方法的正确性给予严格证明吗？由这两种方法得到的结果与课本的结果一致吗？但这些绝不会影响他们的数学学习：自愿研究，放弃也可. 放弃也是一种美丽，也是明智的选择！对于数学特困生，必须适当地放弃，尽可能地放弃！用十个手指头捉十个虱子，肯定一个也捉不住.

3. 自主学习　注重研究

做学问，应有学有问. 只学不问，难题解决不了，到一定时候会停滞不前；不学只问，印象不深刻，等于没学. 做学问，应九学一问，所以数学特困生的学习也应注重自主学习和研究，要多花时间获取每一点知识，老师要充分相信学生，不可过多讲解，不要怕学生失败. "师讲生听" 的被动学习效率远小于学生主动学习的效率，因为课堂效率 = 老师的效率(可以认为是 100%) × 学生的效率(即参与的程度) = 学生的参与度. 教育者要坚信"老师盲目地讲十道题不如学生自己钻研一道题，哪怕是与同学、老师共同完成一道题，甚至连一道简单题的解答都有纰漏"，"就题论题地做完十道题不如把一道题研究三次[2]，前者是题海战术，十不抵一，而后者是研究性学习，举一反三，做一题知一类"，"是学生学习而不是老师学习，学生必须学会这道题，老师只需指导、鼓励学生彻底弄懂这道题并形成知识的建构即可"，"只有自主学习了，经历了失败、过程、淘汰、选择、总结，也经历了时间，才是自己的，否则，知识不会轻易成为自己的，永远是别人（老师）的"这些观点．

是的，不能贪多求快，做题要做慢点，慢才有效．题目是做不完的，并且很多题都是相似的，差异不大，万变不离其宗．一遍一遍地重复做题也好比一遍一遍地用清水漂洗衣服，你一定感觉漂洗得越来越干净了，但干净程度的提高率在逐渐降低（由文献[5]的计算可知，三次以后的漂洗几乎没有意义），何况每次漂洗衣服时，要充分利用清水就要花越来越大的力气越来越多的时间充分揉搓才能使污物均匀分布在清水中，所以次数过多的漂洗必然会产生消极怠工，且效果只是浪费宝贵的清水（不是好比浪费学生珍贵的时间吗）．

搞数学研究，不要认为只是数学家的事儿，或数学天才才能做．他们干大的研究，数学特困生也可以作小研究，也必须作研究．深钻弄透一道题目就是小研究，归类题目总结规律就是大研究，从小研究到大研究，数学特困生也可以做好．

《必修1》第25页B组的第4题是：如图2所示，一座小岛距离海岸线上最近的点 P 的距离是2 km，从点 P 沿海岸正东12 km处有一个城镇．

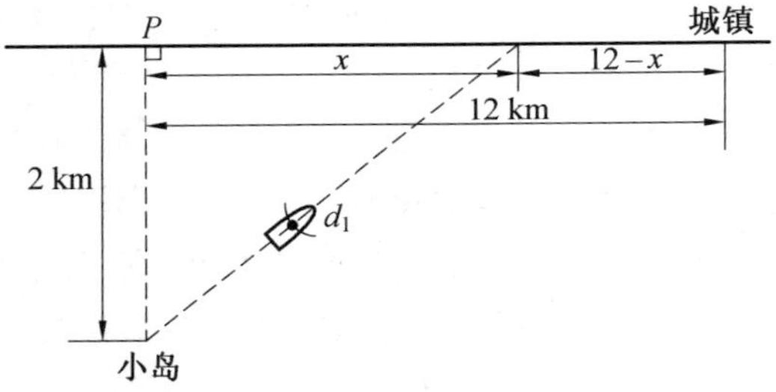

图 2

（1）假设一个人驾驶的小船的平均速度为3 km/h，步行的速度是5 km/h，t（单位：h）表示他从小岛到城镇的时间，x（单位：km）表示此人将船停在海岸处距点 P 的距离．请将 t 表示为 x 的函数．

（2）如果将船停在距点 P 4 km处，那么从小岛到城镇要多长时间（精确到1 h）？

与《必修1》配套使用的《教师教学用书》第23页给出的答案是（没有过程）：

(1) $t(x)=\dfrac{\sqrt{x^2+4}}{3}+\dfrac{12-x}{5}, 0\leqslant x\leqslant 12$；

(2) $t(4)=\dfrac{2\sqrt{5}}{3}+\dfrac{8}{5}\approx 3\ \text{h}$.

这是给高一新生眼前一亮的一道应用题，解决他并不难，但更有意义的是研究此题，比如老师引导数学特困生结合实际生活，提出以下(部分)问题[6]，就是成功的数学研究，对提高他们的数学兴趣、素养及培养学以致用的科学态度都是大有益处的：

问题1　求函数 $t(x)=\dfrac{\sqrt{x^2+4}}{3}+\dfrac{12-x}{5}(0\leqslant x\leqslant 12)$ 的最小值.

问题2　(1) 求函数 $y=5\sqrt{x^2+4}-5x(x\geqslant 0)$ 的值域；

(2) 求函数 $y=5\sqrt{x^2+4}-5x(x\in\mathbf{R})$ 的值域.

问题3　总结这类问题的解法.

数学研究的良好开端就是提出问题，它比解决问题更重要，“问题是数学的心脏”，培养数学特困生的数学兴趣应从提出问题开始.

请看《数学教学》2010年第3期第38页刊登的文章[7]：

【编者按】　这里发表四川省绵阳南山中学双语学校高三(2)班学生的几篇作业，指导教师是陈应礼. 学习数学，需要做题，也需要欣赏. 有人把数学课堂形容为干涸的沙漠. 但是，陈老师的数学教学，却好像一片绿色的田野. 学生们用自己的眼睛看数学，用自己的思考理解数学. 这些短小美文的数学欣赏，教材上没有、公开课上难见、研究论文少谈，但是别具一格，引人深思.

长江后浪推前浪. 90后的高中生怎样看待数学？怎样欣赏数学？了解他们，学习他们，服务他们，关系着数学教育的未来.

我们先来欣赏王磊同学的文章《我为曲线贵妇们画像》头两段文字：

我是著名的几何画家，圆锥局长安排我为三位贵妇画肖像，我激动不已.

第一位是椭圆夫人，只见她圆润丰满的身体，处处透露着富贵的气息，我一眼就看出了这位夫人的对称性，横竖对称呀！定眼一瞧，她身上的两颗钻石闪闪发光，外形轮廓上任意一点到两颗钻石的距离之和相等，两颗钻石之间的距离为 $2c$，她的身高为 $2a$，腰宽为 $2b$，她的身体胖瘦比例与 $\dfrac{c}{a}$ 有密切的关系，$\dfrac{c}{a}$ 越大，身体越瘦，我把她上下分别画上两条准线 $\dfrac{a^2}{c}$，我抓住她这些特点，长舒一口气，提笔便画，一挥而就，我有意把 $\dfrac{c}{a}$ 画得略大，她身体看起来有些苗条，但又不失端庄典雅，椭圆夫人一看，不禁大喜，高兴而去.

能写出这样文章的同学对椭圆的基本知识一定学得好、学得活！对数学特困生进行适当的引导、训练、欣赏、肯定，他们也一定能写出这样的美文.

数学课外活动是数学课堂的延续和补充，数学课外活动开展得好，可以提高学生对数学的兴趣，有助于数学成绩的提高. 对数学特困生要开展数学课外活动，建议各小组长自己主持，老师只需做好指导和评价. 以上数学作文也可以指导学生在数学课外活动中完成.

4. 补差复制　是否有效

笔者的岳父张昌齐(1944—　)先生，祖籍湖北孝感，从孝感高中考取了武汉师范学院(现湖北大学)数学系，1966 年毕业后分配到湖北省十堰市竹溪县第三中学当校长并任教全校所有高二毕业班(当时高中是两年制，该校共一文一理两个高中毕业班)数学. 与众多热血男儿一样，岳父满怀雄心壮志，决心在教育的这片土地上干出一些成绩来. 第三中学昔日的高考很差，几乎年年“剃光头”. 岳父的方法是重点辅导，把四个有希望考学的学生叫到家里重点辅导，每晚一小时，从不间断. 要知道那个年代的这种辅导都是老师奉献，绝无半点补课费而言，可想而知岳父的奉献精神有多强，但最终这四个学生中只有颜自强一个考取了中专，这四个之外还有一个竟考取了大专. 笔者曾从一所学校调到竹溪县第一中学立即任教高三，颜自强老师(岳父曾对笔者说过他的第一届学生颜自强也在县第一中学教生物)也恰好和笔者一起教这一届高三. 一次年级主任和所有高三教师一起商量培优补差事宜：是否培(补)？怎么培(补)？当时颜老师就谈了他当年高考的感受：我当年高考时，张昌齐老师每晚给我单独补课，奉献很多，虽然我也考取了，但现在回想起来，当时的补课弊大于利，高三学生很忙，自己知道需要培(补)的地方是什么，自行安排为好，没有必要统一安排培优补差，但老师可以根据学生的需要个别培(补). 笔者当时听到这些话后很不是滋味：怎能这样对待恩师的默默奉献(可能当时颜老师不知道张老师就是笔者的岳父)！现在想来，颜老师的话不无道理，也不能说颜老师说了实话就是不尊敬老师.

读者也听说过这样的事吧！家长不惜花重金、托关系找各科名师辅导孩子学习，但孩子的考试成绩却下降得厉害，孩子最后向家长说了实话：“节假日让我学，我只有平时在学校抓紧时间休息.”

子曰：“唯上知与下愚不移.”(《论语·阳货第十七》)意思是说，只有最上等的智慧和最下等的愚人是后天无法改变的. 对于数学差生，教育者不能急着去“转化”，应尽可能地作出鉴别，区分出可转化和不可转化的. 有些数学差生，或因不擅长数学，或因数学学习欠缺太多，知识链几乎无法修补. 如果不顾实际，强制补差，补得怨天哀地，定会损害学生的心理健康甚至要付出更大的代价. 教育者可以了解他们在其他方面的爱好或专长，大幅度地降低数学学习的要求，为他们在其他方面的发展提供条件.

一个强国必是一个科技强国、一个数学强国,但并不意味着每个人的数学都是优秀的.社会是丰富多彩的,对人才的需求也不同.若仅仅满足于生活的需要,由于电子计算器、电脑的普及和使用便捷、价格便宜,有 1% 的人研究数学就足够了.央视主持人王小丫(1968—)两次参加高考都未过关,两次数学成绩最好的是 20 分.虽然他们的成功不是因为数学差,但数学差也并未影响他们的成功.

《庄子内篇·应帝王第七》中介绍了这样一个故事:南海的大帝名叫儵,北海的大帝名叫忽,中央的大帝叫混沌.混沌脸上光秃秃的,没有眼睛、耳朵、鼻子和嘴.儵与忽常常相会于混沌之处,混沌每次都丰盛地款待他们,儵和忽就在一起商量如何报答混沌的深情厚谊:"人人都有眼耳口鼻七个窍孔用来视、听、吃和呼吸,唯独混沌没有,我们试着为他凿开七窍."他们每天凿出混沌的一个孔窍,凿了七天混沌也就死去了.儵和忽两位大帝,知恩图报,想为混沌复制出一个与他们自己一样的孔窍.没想到这复制的结果,却置对方于死地.

各科全面发展,文理兼通,本无可厚非.社会需要这样的通才,但不能因此而埋没甚至窒息学有专长的人.对于数学优秀的学生,不一定要用"全面发展"来平衡他们,对于数学学习确实难以为继的学生,也不一定要以"全面发展"来折磨他们.一味地把他们复制成别人的模样,"此亦治教者之过也"!

一味地培优补差,就相当于把我们的学生复制成一个样,让他们如同流水线生产出来的商品,模样标准却缺乏个性.我国是发展中国家,需要大量的技术熟练工,或许用复制的模式培养出来的人才还有合理的一面.但随着国力的增强,振兴中华民族,重温强国之梦,更需要具有创造能力的高精尖人才,这样的人才是无法复制的.

至今的 8 位华人自然科学诺贝尔奖获得者与中国内地的教育与学术都没啥关系;至今的中国国家最高科学技术奖 22 位获奖者中,只有袁隆平(1910—)、王选(1937—2006)、王永志(1932—)、李振声(1931—)、孙家栋(1929—)、王小谟(1938—)6 位是新中国成立后培养出的大学生.新中国教育发展 64 年,必须承认在杰出人才的培养上存在严重的不足——不仅与美国相比如此,与当年西南联大的办学,以及中国香港、台湾的办学相比,也存在明显的差距.[8]

《庄子外篇·天地第十二》中还介绍了这样一个故事:一个生懒病的人,半夜里生了孩子,赶紧拿起火来照看,急急惶惶的,唯恐孩子和自己长得一样.把学生都复制成教育者的模样,肯定不是好事.[9]

5.优化教法　高效教学

一名合格的教育工作者,应对教育事业充满激情.创造了教育神话的河北省衡水中学一直流传着这样的话:“教师是一团火在燃烧,学生是燃烧的一团火”.曾国藩曾在其家书中告诫自己的后代,交友一定要交有嗜好有癖之人.后代不解,追问没有嗜好没有癖的人有何不可,曾先生说:“其没有深情也!”对某项事业某种物件某位佳人一往情深是一个人幸福的基础,也是事业成功的必要条件.你喜欢教书这个职业吗?你喜欢你的学生吗?你的学生喜欢你的教学吗?做到了这三个喜欢,就是对教育事业的热爱,你就能尽快掌握教育规律,工作顺利.

能发表一篇好文章不容易,老师也应当把每一次授课作为对学生发表见解来谨慎对待.要用60种方法教一个学生,不要用一种方法去教60个学生;这个世界就是这样,你对它简单,它对你就简单.搞教育,决不能图简单,一定要花大力气.北京市一中易南轩老师40岁才从事中学数学教学,但他从教学的第一天起,直至退休的这20年教学生涯中,都是精心备课直到将整堂课的内容都装在脑子里.上课时什么也不带,课堂上就凭“一支粉笔驰骋黑板”(当然现在提倡有适当的多媒体教学),教学能做到“得心应手、运用自如”,且能应付课堂上的“突发事件”,曾被学生们戏称为一绝(这是因为学生还未遇到过第二位老师一直这样坚持教学的)[10].

一节好数学课要有虎头、驼峰、凤尾.虎头就是要有引人入胜的开头(但要精短),比如讲述“等比数列的前 n 项和”时可以选用国王奖赏国际象棋的发明者或猪八戒向猴哥借款的例子来引入新课;驼峰是指要突出一节课的主要内容;凤尾指课堂小结要画龙点睛,达到“余音缭绕,三日不绝”的效果.在数学教学中,老师还要注意把抽象的数学知识转化成生动的生活语言.

教数学特困生的老师更应担当起自己的神圣使命,搞好这份工作,是实现人生价值的最好途径.北京教育学院王建明教授说,北京市著名特级教师张思明(1951—)所在的学校总是安排最好的老师教基础最差的班级.实际上,这是对数学特困生的高度负责,也给最好的老师提供了施展才能的舞台.把数学天才教好不算本事,把数学特困生教好才是大本事.像教育改革家魏书生(1950—)、著名全国优秀教师李镇西(1958—)都是由此走向成功的.

教数学特困生还应注意课堂是教学的主阵地,绝大部分问题都应当在课堂上解决,课外不能留较多任务,切记学生健康要紧,课外时间有限,应当让学生在课外干自己爱干的事,老师不能干涉过多.魏书生曾说过,学生在课堂上把所有问题都弄清楚了,我若再布置课外作业,那就是体力劳动而不是脑力劳动了.对于数学特困生的课堂教学,更应注重有效性原则和可接受性原则,关于此,读者还可阅读文献[11].

6. 改革考试　科学评价

文献[8]分析了中国当前考试的一些不科学及教育的不和谐:

发表于2008年12月24日《中国青年报》的《寂静钱钟书》被选为福建省2009年高考语文阅读题,原文作者近日自己试做了一遍题,总分15分中只拿了1分.尤为荒谬的是,一个被作者认为"说出了我内心真实意图"的选项,参考答案却判定为错误.而作为高考命题之怪现状的注释,还有许多事例让人叹为观止.2005年,北京有6个外籍教师做当年的英语高考试题,这6个外教平均分为71分(满分150分).外教诚惶诚恐地质疑:"你们这是考英语吗?"也在北京,一所重点中学组织该校教师限时做一套所教学科的高考试题,结果约10%的教师不及格.北大中文系钱理群(1939—)教授评价某年度全国高考语文试题说:"面对这份试卷,脑子里一片空白,弄懂题目要求就费了极大的劲,有的至今也没有弄得太清楚."

过分的应试倾向,使得我们的教育陷入了某种困境.有企业人事经理表示"这几年做企业人事工作,感触最深的是应聘的人才似乎'满腹经纶',但却一无是处.他们只会做题,应付考试,或者复述书本上的东西,一旦遇到实际问题就不知道如何解决了;换言之,他们既没有'活学',更不会'活用',知识对他们来说实际上是一种负担."

当前的数学教学(解题教学)、考试不可能培养出大面积的研究型、创新型人才,甚至对一个人的发展(更不用说全面发展)都很不利或者说有害.

数学特困生产生的原因之一,就是考试的不科学带来的.校园都在流传着"考,考,老师的法宝;分,分,学生的命根".高一新生进校第一次周考的题目就是从高考题、竞赛题中挑选出来的;每个知识点都有难题,"集合"中也能挖出竞赛般的难题供学生"享用";文献[12]曾阐述观点"数学高考的最佳模拟次数是7",但谁还记得清如今的高中生经历了多少次考试?这些考试都是认真组织的吗?达到了考试的目的(督促学生及时复习,让老师查漏补缺)了吗?考试的负面效应有多少(过频的考试严重影响着与学生有关联的所有人的心理健康,大大扰乱了正常的教学进度)?现在有多少学生盼望着某一次数学考试的来临?笔者读小学、初中时,班上的绝大部分学生及其家长都很盼望期中考试(小学期中考试学生要抄题做),因为考完后学校要开大会举行隆重的表彰活动,考前也没有很多题做,考后也不搞全班(全年级)排名.而现在的众多考试只是一次次地练习而已,做数学题需要有宽松的环境,这样才能能静下心来思考,在众目睽睽之下、老师的监督之下,很可能会做的题也做得丢三落四、一塌糊涂,所以现在的学生都厌恶频繁的考试,尤其是数学考试.某重点中学还流传着"课堂自习化,自习考试化".现在的考试猛如虎啊!

很多考试题大部分是从网上下载后复制、粘贴、拼凑出来的,很少有出卷人的脑力劳动,所以里面的不科学乃至错误也常有,重点高中的期中考试卷、期末统考卷中也有这样的情况(分别见文献[8],[13]).也有的老师出卷时心态不正，有整学生、考老师的想法，出偏题、怪题，不注意试卷的结构合理性.

即使一篇差文章发表在权威刊物上，产生的负面效应也不是很大，因为你可以不看它，还可以再发表不同的见解来纠正它；而把一份粗制滥造的试卷给你的学生（全年级）考试，危害就很大，因为学生不得不花时间完成，且对学生以后的学习会产生有力的错误导向. 前面列举的是非数学专业的人才考不好数学（他们也是数学特困生），实际上，也有的著名数学家考不好数学：埃尔米特（Charies Hermite，1822—1901）是 19 世纪最伟大的代数几何学家，但是他大学入学考试重考了五次，而每次失败的原因都是数学考不好. 他的大学读到几乎毕不了业的程度，每次考不好的原因还是因为数学这一科. 数学是他一生的至爱，但数学考试是他一生的噩梦. 不过这无法改变他的伟大：这位法国数学家仅仅毕业于巴黎综合工科学校，但他曾任法兰西学院、巴黎高等师范学校、巴黎大学教授，在函数论、高等代数、微分方程等方面都有重要发现，在现代数学各分支中以他的姓氏命名的概念很多，如“埃尔米特二次型”、“埃尔米特算子”等[14]. 或许文献[8]强烈推荐的两种数学考试题型 —— 阅读题和作文题很适合数学天才埃尔米特考试，并且一定能考得优异成绩.

近几年出现了多省数科高考自主命题的新生事物，但也出现了高考命题的一些不科学：有的题目过难，比如 2008 年江西高考卷数学理科压轴题，它就是 2004 年中国西部数学奥林匹克竞赛中一道题的姊妹题（见文献[15] ～ [17]）；2005 年高考湖北卷数学文科概率统计题的参考答案都是错的，题目也超纲（要用文科生不学的连续型随机变量）；2007 年高考湖北卷数学文科压轴题（即理科第 19 题，是解析几何大题）是考前做过的原题，2009 年湖北高考卷数学理科压轴题超冷过难竟无一生全对（听命题者透露，湖北省教育考试院要求压轴题做全对者不能超过 500 人，高考题是由一些命题专家对一道题进行多次加工后得到的，所以也有改过来改过去最终又改回到原模样的情形）. 2003 年高考数学江苏卷第一道小题（选择题）让 12 位院士陷入热烈的争论（《南方周末》有大片报道，《中学数学教学参考》也发文讨论），2007 年高考湖北卷数学理科第 19 题首开大题考正态分布之先河（该题满分 10 分，以前的大题都是至少 12 分），而当年的考纲明确指出对正态分布只作了解.

学习数学需要考试，但考试要合理、科学、有助于学生的成长成才. 对于数学特困生的数学学习也需要考试，但要注意以下几方面：

（1）试卷以基础题、课本题为主，要有不少送分题（并且要送得出去），重视高频考点.

如果对数学特困生的教学、考试一直注意这些，绝不会导致他们的高考数学分数太低，考五、六十分，甚至接近及格也不是不可能. 因为高考题相对科学，有“题在书外，根在书中”的特点[18].

有些高三后期的联考题，简直就是竞赛题，难度太大. 高考题一般注重通性通法，而高难度的竞赛题是一题一法，命题者一定要注意两者的区别.

(2) 试卷有坡度，结构合理，无知识性错误，题意不会产生歧义.

切不可第一个选择题就让学生算半天，或普遍落入陷阱，整份试卷应从易到难，大题应多设问，前问对后问有提示作用(但这种提示应恰到好处，不能反而对解题产生负面效应)，让每位考生对每道题都能动笔且能得分. 应当杜绝"题意含糊，学生只有按出题者的意图(这道题可能会考查某个知识点)猜测题目的意思来作出解答"的现象.

(3) 试卷要给学生提供选择的余地.

一份好的试卷应当有较大信息量，出卷者有很多好题难以割舍时，可以把它们列在试卷上作为一个大题，让学生从这几个题中选择一道来解答，还要注明，只能解答一题(否则批改试卷时不好评分，学有余力者可考试结束后钻研它们，老师也可评讲这些题). 笔者读大学时，老师喜欢出这种考题，很受学生欢迎. 实际上，完成这种考题，对学生的能力要求较高，学生要能迅速选择出其中会做且书写量小又能得到更多分数的题目.

这在2008年数学高考的宁夏、海南卷文理科及江苏卷理科，2009年数学理科高考中的福建卷、辽宁卷也有体现. 不过，它们都是选修内容. 必修内容也可以出这样的题.

(4) 考试时尽可能地遵从学生意愿，给学生提供宽松的环境.

学生可以申请带计算器，可以翻阅教科书及公式集等资料(但不能翻阅作业本及习题集、高考辅导资料)，考试中途也可以上厕所，也可以申请找一个安静、封闭的地方(比如老师办公室、自己家里)考试，若学生建议老师不要居高临下地坐在讲台上或不需老师监考，老师也应尽量满足.

笔者听说，俄罗斯的数学高考题难度与中国差不多，但考试时间多一倍，"就是做题慢了些"的学生要是在俄罗斯学习数学就更和谐了，也可能中国"做题特快"的学生在俄罗斯学习数学反而不和谐. 所以，教育者在教学、考试时应尽可能地适应各种学生：对于"就是做题慢了些"的学生允许他们考试时慢一些、少做点题，把它们弄懂比贪多求错效率要高.

(5) 批卷时以鼓励为主，动笔给分.

教育者要充分理解数学特困生学习数学的巨大难度，要同情、扶持弱势群体，所以在批阅他们的数学试卷时，以鼓励为主，在试卷上给一些真诚的表扬，给分时不可太吝啬，可动笔给分，见字给分，因为这可以促使他们看题，比在考场上发呆、无所事事要好. 笔者常听一些高中生说"数学没考及格过"、"这次数学考及格了，我们全家都高兴".

(6) 对于极少数完全学不好数学的学生，高考时数学可不作要求，但要增加别的考查.

“以史为鉴,可知兴替.”放眼当下,尽管通吃各科的“考霸”层出不穷,却鲜见以专科专业见长的“偏才怪杰”.究其原委,一是围绕高考指挥棒的学生不敢拿自己的个性“赌”明天,二是标准化的招生制度扼杀了偏才.而缺乏偏才的社会往往缺少深度与活力,因为有时偏才与大师仅一步之遥.全面发展,引多少英才竞折腰.

术业有专攻,闻道有先后,定有极少数学生完全学不好数学,笔者认为他们高考时可以不考数学(但平时要学数学,并有切实可行的要求及考查方法),但要增加别的考查,比如由专家考查这位考生最拿手的那一样.总之,不能让美丽有用的数学成为数学特困生成长成才的拦路虎!何时需要数学,可随时学习.

参考文献

[1] 刘宜章.偏才大师与他们的伯乐[J].教师博览,2010(5):22-23.

[2] 甘志国.“思、探、练、变、提”的解题教学[J].中小学数学(高中),2009(12):7.

[3] 张维忠,刘次律.高中数学新课程改革中存在的主要问题与教学建议[J].中学数学教学参考(上旬),2010(4):65-67,71.

[4] 甘志国.数学教学更需要“慢教育”[J].中学数学月刊,2010(3):22-23.

[5] 甘志国.初等数学研究(Ⅰ)[M].哈尔滨:哈尔滨工业大学出版社,2008.

[6] 甘志国.对人教社教科书《数学·A版必修①》中一道习题的研究性学习[J].中学数学教学,2009(6):4-5.

[7] 王磊,王国栋,李宁,等.数学欣赏作文一束——90后的视角[J].数学教学,2010(3):38-39.

[8] 甘志国.强烈推荐两种数学考试题型——阅读题和作文题[J].中学数学(高中),2010(4):11-15,63.

[9] 刘茂全.混沌之死——教育复制的悲哀[J].中学数学杂志,2010(4):1-4.

[10] 易南轩.勤奋　兼通　创新[J].数学通报,2002(3):封二-2.

[11] 甘志国.数学教学要注意有效性原则和可接受性原则[J].数学教学,2010(5):8-9,封底.

[12] 裴光亚.从高考数学的最佳模拟次数谈起[J].数学通讯,1995(12):17-18.

[13] 甘志国.更正两道流传很广的函数题的答案[J].中学数学杂志,2009(11):63.

[14] 甘志国.数学是他一生的至爱,但数学考试是他一生的噩梦——不擅长数学考试的数学大师埃尔米特[J].中学数学杂志(高中),2010(5):65-封底.

[15] 甘志国.新题征展(107)[J].中学数学(高中),2009(5):29-32.

[16] 武瑞新.解答一道新题征解题[J].中学数学(高中),2009(10):41-43.

[17] 甘志国.初等数学研究(Ⅱ)(下)[M].哈尔滨:哈尔滨工业大学出版社,2009.

[18] 甘志国.应对高考需要研究性备考——兼评2008年高考试题陕西卷(理科)压轴题[J].中学数学研究(广州),2009(5):28-30.

§34 数学教学更需要“慢教育”

笔者近日在2008年第3期《教师博览》上读到了一篇文章《“慢教育”的思考》(作者:余岱宗,原载2007年10月31日《中华读书报》),该文引起了笔者的共鸣和深思.文章说:张文质一贯提倡“慢教育”,即如何才能让如今越来越功利化的教育“慢”下来,真正地让老师感受到传授知识的平静中的乐趣与平凡中的圣洁感,真正地让让学生体验学校生活中无比充实的多彩和青春少年才有的朝气与骄傲.如今的“应试”、“应查”、“应评”教育不“慢”下来,又如何实现得了素质教育的目标呢?文章末尾说:张文质反复思虑和提倡的“慢教育”,是改变当前中国教育消极面的一个值得探索的教育改革理念.这种“慢教育”,就是以智慧主导下的耐心和爱心瓦解粗暴、劝导贪婪,并进而消除心灵的贫困过程.

高中数学教学在一定程度上来说就是解题教学,因为数学高考就是解那21或22道高考题,殊不知,为了这几道高考题,考生要在高中阶段训练千万道题,高考试题又要求学生在极为有限的时间里作出完整的解答,所以必须快、准、稳.据说,只要出现了一道新颖的高考题(比如2007年高考湖北理科卷第19题首开正态分布为大题之先河),马上就会编出一百道类似的题让你来训练.学生成了解题的机器,课堂就是对答案且不重视知识的产生发展过程只重结果,教师是“教死书、死教书、教书死”,课堂满堂灌、缺乏生气,师生没有活力的情形绝不是个别、短暂的现象.金属也会出现疲劳,何况活生生的青年学生能长期经受得住“题海战术”的煎熬、毒害吗?以至于一年一度的高考结束之后,好多师生都在惊叹:“做了好多无用功啊,练了、讲了、考了那么多题,怎么没有今年的高考题呢!”[1,2] 原因何在?笔者认为原因就是学生解题解得太快了、太多了,学生在解题数量的强大压力、竞争下,不得不拿起题就解,有时连题目都没看完(因为学生遇到的重复题太多了),老师只知道从网上复制、粘贴后让学生挤出一切时间来完成(据说2009年多名湖北考生把头两道解答题写错了位置——这一年湖北卷的头两道解答题分别是概率与三角),根本无暇思考总结:为什么要这样解?这种题及其解法有何规律?出这道题的意图是什么?我真正掌握这类题了吗?

做一道题的目的是为了掌握这方面的知识,所以应当做慢点并及时总结,今天做好这道题就是为了明天不再训练这种题.笔者在二十多年的数学教学实践中总结出“思、探、练、变、提”解题法[3]:对于呈现的问题要先思考,不能盲目动笔求解;对于问题还要进行多方位的探索,哪怕对该问题本身的解决相距甚远的探索也是珍贵的、有益的;通过探索或老师的少量提示再规范地解答该问题；对于该问题还要有实质性的变式训练；完满解决一个问题之后应当及时总结并提出新的类似问题.

巧合的是，拙文[3]与张先生提倡的“慢教育”观点一致.在高中数学教学中，师生都应当坚信，只有先慢下来，而后才能快起来！俗话说，“磨刀不误砍柴工”就是这个道理.而在现实中，急功近利、严重违背教育规律的“特快教育”太普遍了，在高三复习课中更是普遍，有的教育主管部门领导还公然提出一堂好课的标准是“大容量、快节奏、高效率”.搞教学，可不能用“多、快、好、省”来要求和评价，因为评价的客观标准必须是学生学习的效果.从2009年秋季，湖北省也进入新课改了.新课改对教师提出了更高的要求，因为教学内容有较大数量的增加(我地在高一上学期《数学》要学完普通高中课程标准实验教科书A版《必修1》和《必修4》(人民教育出版社，2007年第2版)共六章内容，而以前只需学习三章内容).笔者发现，有的老师没有领会新课改的精神，擅自补充教学内容(把选修中的内容提前到必修中讲授，还把老教材中被删去的内容也舍不得丢掉，总以为讲授的越多(因而就越快)对学生就越好)，而学生手中还有配套的两本资料，一本是学校自己订的《世纪金榜》，还有一本是当地教科院编的资料《新学案》(珠海出版社出版)，而每一本资料中还夹着一本厚厚的测试卷，这些“快”老师还把它们都处理完了——让学生做完、老师讲完(且很少删减).请注意，这还是高一，还只是高一中数学一科的教学！而对于作业，有的老师对于书上的例题都不讲(只需让学生自学)，老师只讲难题；对于书上的练习题、习题、复习参考题全部不让学生做，只给学生难题做，还美其名曰“难题会做了，简单题自然就会做了”；对于测试，从进校的第一次周考开始就是从高考题、竞赛题中挑选出来的.还听说，有的重点高中，一年上完课本，两年复习备考(包括竞赛培训)，“快”之程度，可想而知！

《必修4》第23～27页讲述了“1.3　三角函数的诱导公式”，有的老师在教学此节内容时首先就给出口诀“奇变偶不变，符号看象限”，然后就解释口诀的含义并举例说明口诀的应用.

这又是犯了急功近利、本末倒置的“快教育”错误！

在教学时，应当先指出诱导公式一可以把任意角的三角函数转化成$[0,2\pi)$上的角的三角函数，接下来，再提出$[0,2\pi)$上的象限角即$\left(0,\frac{\pi}{2}\right)$，$\left(\frac{\pi}{2},\pi\right)$，$\left(\pi,\frac{3\pi}{2}\right)$，$\left(\frac{3\pi}{2},2\pi\right)$上的角的三角函数如何化成锐角三角函数.前者已经是锐角，后三者中的角可以分别表示为$\pi-\alpha$，$\pi+\alpha$，$2\pi-\alpha$(其中α是锐角)，所以分别需要学习关于$\pi-\alpha$，$\pi+\alpha$，$-\alpha$的诱导公式(因为$2\pi-\alpha$与$-\alpha$的同名三角函数相等)，即《必修4》第24页中的诱导公式四、二、三.接下来才是对这三组公式进行证明、识记、运用. 然后再学习诱导公式五、六(是关于$\frac{\pi}{2}-\alpha$,$\frac{\pi}{2}+\alpha$的公式),只有在学完这六组诱导公式后,才能总结出口诀“奇变偶不变,符号看象限”,因其含义复杂,没有直接使用诱导公式来得快,所以此口诀也可不介绍(《必修 4》中就没作介绍,而老教材中作了介绍).

当然,本文提出的“慢教育”所指的是,先一定要慢下来,把课本上的基本知识、基本方法通过老师的讲解和学生自身的训练彻底弄懂,而后再见识、发现、掌握各种解题技巧,从而使解题自然而然地快起来! 绝不是说,在数学学习中不需要勤奋,不需要快.

工业化和城市化的高歌猛进的确给我们带来了物质上前所未有的相对富足,然而,这不能成为让学生丧失睡眠和该有的天真而被训练成考试机器的足够理由.“慢教育”的教育理念包含着一种以从容应对高压态势造就的粗暴冷酷、以沉稳对峙急功近利的肤浅、以智慧瓦解手忙脚乱的自作聪明、以诗意找回生活学习应该获得的情趣和乐趣的意蕴.

数学老师(学生):教(学)时慢下来了吗?

参考文献

[1] 甘志国. 应对高考需要研究性备考——兼评2008年高考试题陕西卷(理科)压轴题[J]. 中学数学研究(广州),2009(5):28-30.

[2] 甘志国. 初等数学研究(Ⅱ)(上)[M]. 哈尔滨:哈尔滨工业大学出版社,2009.

[3] 甘志国.“思、探、练、变、提”的解题教学[J]. 中小学数学(高中),2009(12):7.

§35　数学教学要注意有效性原则和可接受性原则

—— 数学老师:你是费力不讨好,还是讨好不费力

近日,笔者在文章《新课标下教师角色的另类思考》(作者:李培林,刊于《教师博览》2008 年第 2 期)中看到了下面的两则故事:

第一个故事叫“268 =? ”.我(指一位先生)在北京进修的时候,有一次家里打来电话说女儿成绩退步了,我心里好着急,但因学习紧张一时又分不开身,便写了一大段关于如何调整心态、改正习惯、寻找错因等有助于提高学习成绩的话通过手机发给妻子.当我把花了半个小时辛辛苦苦写好的稿子发出后,收到的却是“你发那么多的问号是什么意思”,怎么回事?我发的不是问号,而是“感叹号”—— 解决问题的有效方法呀!第二天我把这事跟同学说了,有同学问我:你妻子用的是不是小灵通?我说是.同学说:“那就对了,一定是你发的内容太多,小灵通无法容纳!”不错,我的手机可容纳 268 个字符,我只顾尽力满载,却忘了小灵通的容量限制.

第二个故事是:球迷甲因外出而未能看到欧锦赛半决赛的现场直播,于是赶回家去看他妻子为他录下的比赛录像.甲在半路上碰到了球迷乙,乙见到甲就迫不及待地告诉甲:希腊队输了.甲一听大怒并挥拳打乙,乙不解,问为何打他,甲答:谁让你告诉我结局,我要自己去看过程.

这里再讲述你可能切身体验过的第三个故事:一个外地人 ω 第一次来到繁华的都市 Ω(如图 1),都市有很多的街道,ω 要从都市的 A 处到 B 处办事,但不知怎么走,就问知晓都市 Ω 所有道路的 ξ,ξ 热心肠地告知 ω:可先从 A 到 A_1 再到 A_2,…,最后到 B;也可先从 A 到 A_1 再到 B_2,…,最后到 B;还可 ……;如果从 A 到 A_1 后,A_1 到 A_2,B_2,C_2 的三条路都堵车可返回到 A……,这样不厌其烦地介绍,甚至拿起纸和笔画起都市 Ω 的地图来.ω 早已听得心烦意乱且不得要领,就赶忙改问路旁的小学生 ε,ε 回答:可以先向南走 3 个街道口到标志物 C,再向东走 3 个街道口就到另一个标志物 B 了.

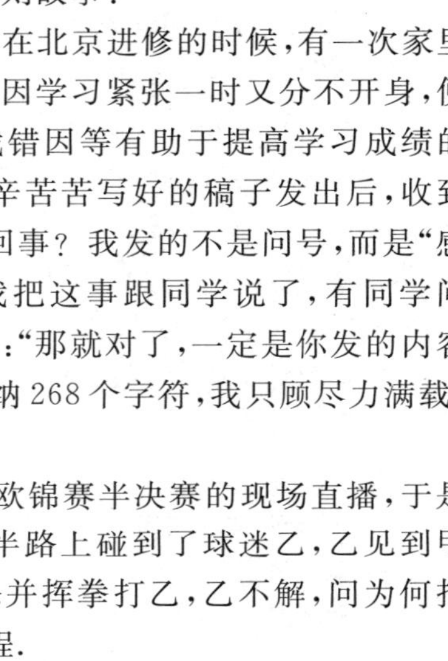

图 1

对于我们当高中数学老师的,是否也犯过以上故事中的错误?甚至是经常犯呢?对于第一个故事,我们应当反思 —— 作为大容量的老师(并且这些老师的大容量往往只是课堂表面上的大容量:讲得快、讲得多、讲得熟练),是不是经

常在犯这样的错误？在给学生输入一大堆“？”的同时还责怪学生“不识好歹”？对于第二个故事，我们应当反思——有些话、有些事人家压根就不想知道，你却喋喋不休地硬往他耳朵里灌，这不是有意骚扰人家、破坏人家心绪吗？想想那些大面积辅导、全方位讲评试卷的老师不挨打，真是侥幸．对于第三个故事——如果你是学生ω，面对难题从繁华都市Ω的A处到B处，是接受知晓都市Ω所有道路的ξ的热心肠的告知，还是聆听小学生ε的回答呢？显然，对于第一次来到繁华都市Ω的外地人ω来说，小学生ε的回答是最好的：简单有效！即使你对都市Ω的道路有一定的了解，ξ热心肠的告知你都记得住吗？若能记得住，那也绝不是ξ的讲解起的作用，而一定是ω对都市Ω的道路了解到一定程度之后再通过内化而得到的结论．可能ξ的目的是想使你多一些到达目的地的方法、快一些到达目的地，但从全局来看，各条路径并无本质区别，走近路、走快路只要注意最终目标即可！而ξ不应当对第一次来到繁华都市Ω的外地人ω讲这些：因为它虽然完整，但确实复杂！这样完整的结论应当靠ω自己来感悟、总结．

在高中数学教学中，要注意教师传授知识的有效性原则和学生接受知识的可接受性原则．从2009年秋季，湖北省也进入新课改了．新课改对教师提出了更高的要求，因为教学内容有较大数量的增加(在高一上学期《数学》(人民教育出版社，2007年第2版)要学完普通高中课程标准实验教科书A版《必修1》和《必修4》共六章内容，而以前只需学习三章内容)，所以教师在教学中更应注意有效性原则和可接受性原则，否则，肯定会很大程度地加重学生的学习负担且效果很差，造成“费力不讨好”的局面．

案例1　任意角的三角函数定义的教学．

《必修4》第11～15页讲述了“1.2.1　任意角的三角函数”(第一课时)即“任意角的三角函数定义”，有的老师在教学此节内容时仍按照老教材讲述了六种三角函数的定义(正弦$\sin\alpha$、余弦$\cos\alpha$、正切$\tan\alpha$、余切$\cot\alpha$、正割$\sec\alpha$、余割$\csc\alpha$)，而《必修4》只介绍了前三种．这位老师的理由是：三角函数就是x，y，r中任意两个的比值，有且仅有六个，所以介绍完这六种三角函数也是顺便的事；在学习“1.2.2　同角三角函数的基本关系”也便于用正六边形法统一记忆同角三角函数的三类八个基本关系：

倒数关系：　$\sin\alpha\cdot\csc\alpha=1,\cos\alpha\cdot\sec\alpha=1,\tan\alpha\cdot\cot\alpha=1$；

商的关系：　$\tan\alpha=\dfrac{\sin\alpha}{\cos\alpha},\cot\alpha=\dfrac{\cos\alpha}{\sin\alpha}$；

平方关系：　$\sin^2\alpha+\cos^2\alpha=1,\tan^2\alpha+1=\sec^2\alpha,\cot^2\alpha+1=\csc^2\alpha$．

而《必修4》只介绍了$\sin^2\alpha+\cos^2\alpha=1$，$\tan\alpha=\dfrac{\sin\alpha}{\cos\alpha}$这两个公式，但这位老

师认为在求函数 $f(x)=x+\sqrt{x^2-1}$ 的值域时需设 $x=\sec\alpha$ $\left(0\leqslant\alpha\leqslant\pi \text{ 且 } \alpha\neq\frac{\pi}{2}\right)$. 所以有必要补充后三种三角函数.

实际上,这是完全没有必要的. 既然教科书上没有讲述后三种三角函数,所以在高考试题中也不会出现,因而我们也没有必要补充. 对于求函数 $f(x)=x+\sqrt{x^2-1}$ 的值域,可以在遇到这样的问题时再补充"设 $x=\sec\alpha$ $\left(0\leqslant\alpha\leqslant\pi \text{ 且 } \alpha\neq\frac{\pi}{2}\right)$"这种三角换元也不迟,何况这样的问题在将来用导数也是容易解决的.

在高中数学教学中,应当反对急功近利、贪多求全,用后面的知识能简单解决的问题不要急于现在解决. 否则,就是"费力不讨好"!

案例 2 三角函数的诱导公式的教学.

《必修 4》第 23 ~ 27 页讲述了"1.3 三角函数的诱导公式",有的老师在教学此节内容时首先就给出口诀"奇变偶不变,符号看象限",然后就解释口诀的含义并举例说明口诀的应用.

这又是没有注意教学的有效性原则和可接受性原则,犯了急功近利、本末倒置的错误,又是"费力不讨好"!

在教学时,应当先指出诱导公式一可以把任意角的三角函数转化成 $[0,2\pi)$ 上角的三角函数,接下来,再提出 $[0,2\pi)$ 上的象限角即 $\left(0,\frac{\pi}{2}\right)$, $\left(\frac{\pi}{2},\pi\right)$, $\left(\pi,\frac{3\pi}{2}\right)$, $\left(\frac{3\pi}{2},2\pi\right)$ 上的角的三角函数如何化成锐角三角函数. 前者已经是锐角,后三者中的角可分别表示为 $\pi-\alpha$, $\pi+\alpha$, $2\pi-\alpha$(其中 α 是锐角),所以分别需要学习关于 $\pi-\alpha$, $\pi+\alpha$, $-\alpha$ 的诱导公式(因为 $2\pi-\alpha$ 与 $-\alpha$ 的同名三角函数相等),即《必修 4》第 24 页中的诱导公式四、二、三. 接下来应当对这三组公式进行证明、识记和运用.

然后再学习诱导公式五、六(是关于 $\frac{\pi}{2}-\alpha$, $\frac{\pi}{2}+\alpha$ 的公式),只有在学完这六组诱导公式后,才能总结出口诀"奇变偶不变,符号看象限",因其含义复杂,没有直接使用诱导公式来得快,所以此口诀也可不介绍(《必修 4》中就没作介绍,而老教材中作了介绍).

案例 3 已知两边及其中一边的对角解三角形.

我们知道,已知两边及其中一边的对角解三角形(即"边边角"问题)时,有两解、一解、无解三种情形,全日制普通高级中学教科书(必修)《数学 · 第一册(下)》(人民教育出版社,2003 年)第 130 页运用正弦定理从运动变化的角度,以"图形语言"形象地说明了解的情况及其判定方法,虽说结论完整,但情形多,确实难以记忆和套用；普通高中课程标准实验教科书《数学 5（必修 A 版）》（人民教育出版社，2007 年第 3 版）第 8 ～ 9 页的“探究与发现”——《解三角形的进一步讨论》用正弦定理给出了“边边角”问题的解法及结论，但均很繁杂；且解决这类问题时，所有的教科书都是用正弦定理来求解的. 下面用余弦定理可给出这类问题的简洁解答 —— 只需讲清一道典型例题即可.

例 在 $\triangle ABC$ 中，已知 $A=60^\circ$，$a=2$，$b=1$，求 c.

解 假设满足条件的 $\triangle ABC$ 存在，由余弦定理，得

$$a^2=b^2+c^2-2bc\cos A \quad (c>0) \qquad ①$$

$$c^2-c-3=0 \quad (c>0)$$

$$c=\frac{1+\sqrt{13}}{2}$$

即所求的 c 唯一存在：$c=\dfrac{1+\sqrt{13}}{2}$.

注 用此解法还无需检验，因为余弦定理 ①$\Leftrightarrow \overrightarrow{BC}^2=(\overrightarrow{BA}+\overrightarrow{AC})^2 \Leftrightarrow \overrightarrow{BC}=\overrightarrow{BA}+\overrightarrow{AC} \Leftrightarrow \triangle ABC$ 存在（因为 $0^\circ<A<180^\circ$）.

由例题的解法立得以下一般性的结论：

若在 $\triangle ABC$ 中已知 $a,b,A(a>0,b>0,0^\circ<A<180^\circ)$ 解三角形，则 c 就是用余弦定理得到的关于 c 的一元二次方程 $a^2=b^2+c^2-2bc\cos A(c>0)$ 的解，且解此三角形解的组数就是该方程的解 c 的个数.

这一教学难点不就轻易解决了嘛！对于各种学生，这都应当是成功的教学方法. 学生还可自愿研究：用两种方法解决这类解三角形问题得到的结论一致吗？

一个典型例题比什么都重要，学生往往只需简单的有效方法，不需复杂的完整结论，这就是很好的注重了数学教学的有效性原则和可接受性原则，这就是“讨好不费力”，而不是“费力不讨好”！

§36　利滚利、漂洗衣服与题海战术

1. 利滚利

一个财主手上有100元钱，想让它生出利息来，就把它借给穷人用30天，并商定好日利率1%且财主可随时向穷人按利滚利结算.

财主询问账房先生：怎样结算，可获最大利润？工于计算的账房先生提供了多种结算方式：

方式1　只结算1次，可收回

$$a_1 = 100(1 + 1\% \times 30) = 130(\text{元})$$

方式2　只结算2次(各次期限一样，下同)，可收回

$$a_2 = 100\,(1 + 1\% \times 15)^2 = 132.25(\text{元})$$

只是换一种结算方式，竟合情合理地多出了2.25元！财主喜出望外.

方式3　只结算3次，可收回

$$a_3 = 100\,(1 + 1\% \times 10)^3 = 133.1(\text{元})$$

财主：又多了0.85元！仅靠这100元本钱，有了你这个聪明人，我就可以发财了！

方式4　只结算4次，可收回

$$a_4 = 100\,(1 + 1\% \times 7.5)^4 = 133.546\,914\,062\,5(\text{元})$$

还多了0.446 914 062 5元，再接着算.(这里允许期限不是整数天，也不管钱的最小单位，下同)

方式5　只结算5次，可收回

$$a_5 = 100\,(1 + 1\% \times 6)^5 = 133.822\,557\,76(\text{元})$$

财主：还在多.并且我还发现结算的次数越多，收回的钱也越多.快！按结算10 000次算一下.

方式6　结算10 000次，可收回

$$a_{10\,000} = 100\left(1 + 1\% \times \frac{30}{10\,000}\right)^{10\,000} = 134.985\,2\cdots(\text{元})$$

怎么只多了1.162 7…元，把结算次数再增加.

方式7　只结算100 000 000次，可收回

$$a_{100\,000\,000} = 100\left(1 + 1\% \times \frac{30}{100\,000\,000}\right)^{100\,000\,000} = 134.985\,8\cdots(\text{元})$$

财主：怎么可能？即使穷人不嫌麻烦，我也不怕腿跑断地多结算99 000 000次(与钱有关的事我决不让仆人去办)，才多出0.000 6…元，我的上

帝，没出错吧！

账房先生，你再想办法，反正我要最多的回报.那只有结算 ∞ 次了 —— 可收回

$$a_{\infty}=\lim_{n\to\infty}100\left(1+1\%\times\frac{30}{n}\right)^{n}=100\lim_{n\to\infty}\left[\left(1+\frac{0.3}{n}\right)^{\frac{n}{0.3}}\right]^{0.3}=$$

$$100\mathrm{e}^{0.3}=1.349\ 858\cdots(\text{元})$$

收回的钱几乎一样，我的付出到了极限，怎么回报却几乎没多？

2. 漂洗衣服

在洗衣服时，衣服上已打好了肥皂，揉搓得很充分了，再拧一拧，当然不能把水全部拧干，设衣服上还有残留污物10^5 mg的污水 1 kg，用 30 kg 水（当然是清水，即不含污物的纯净水，下同）来漂洗，怎样才能漂洗得更干净？

方案 1　把衣服一下子放到 30 kg 水中，那么连同衣服上那 1 kg 污水，一共 31 kg 污水.让污物均匀分布到这 31 kg 污水中，拧“干”后，衣服上还有 1 kg 污水，所以污物残留量是原来的

$$\rho_1=\frac{1}{31}$$

所剩污物的质量是

$$m_1=10^5\rho_1=3\ 225.806\ 4\cdots\ \text{mg}$$

方案 2　通常我们会把 30 kg 水分两次用，比如，第一次用 20 kg，可使污物减少到$\frac{1}{21}$；再用 10 kg 水，污物又减少到$\frac{1}{21}$ 的$\frac{1}{11}$，即$\frac{1}{231}$.分两次漂洗，效果好多了！

同样分两次漂洗，也可以每次用 15 kg 水（以下各次都是平均使用水，可以证明这样效果最好[1]），每次可使污物减少到原来的$\frac{1}{16}$，两次漂洗后，污物减少到原来的

$$\rho_2=\frac{1}{256}$$

所剩污物的质量是

$$m_2=10^5\rho_2=390.625\ \text{mg}$$

方案 3　若把 30 kg 水分 n 次平均使用，则经 n 次漂洗后，污物减少到原来的

$$\rho_n=\frac{1}{\left(1+\frac{30}{n}\right)^{n}}$$

所剩污物的质量是

$$m_n = 10^5 \rho_n = \frac{10^5}{\left(1+\frac{30}{n}\right)^n} \text{ mg}$$

下面对各种方案的效果进行列表比较：

分 n 次漂洗	污物减少到原来的 $\rho_n = \frac{1}{\left(1+\frac{30}{n}\right)^n}$	所剩污物的质量 $m_n = 10^5\rho_n$ mg	衣服的干净度 $1-\rho_n$	干净度较上次的提高率 $p_n = \frac{(1-\rho_n)-(1-\rho_{n-1})}{1-\rho_n}$ $(n \geqslant 2)$
1	$\frac{1}{31}$	3 225.806 4…	$\frac{30}{31}$	
2	$\frac{1}{256}$	390.625	$\frac{255}{256}$	$\frac{45}{1\ 581} = 0.028\ 462\cdots$
3	$\frac{1}{1\ 331}$	75.131 4…	$\frac{1\ 330}{1\ 331}$	$\frac{215}{68\ 096} = 0.003\ 157\cdots$
4	$\frac{16}{83\ 521}$	19.156 8…	$\frac{83\ 505}{83\ 521}$	$\frac{12\ 445}{22\ 229\ 031} = 0.000\ 559\cdots$
5	$\frac{1}{16\ 807}$	5.949 9…	$\frac{16\ 806}{16\ 807}$	$\frac{185\ 391}{1\ 403\ 653\ 926} = 0.000\ 132\cdots$
6	$\frac{1}{46\ 656}$	2.143 3…	$\frac{46\ 655}{46\ 656}$	$\frac{29\ 849}{784\ 130\ 585} = 0.000\ 038\cdots$
10	0.000 000…	0.095 3…	0.999 999…	$\approx 9 \times 10^{-7}$

此表最后两栏告诉我们：

一次性使用 30 kg 水来漂洗，只要使污物均匀分布在水中，再尽可能地拧"干"，就可使污物减少很多，比如衣服的干净度可达到$\frac{30}{31} \approx 96.77\%$；分两次来漂洗，只要把这些水充分用好，就可使污物减少更多，干净度可达到$\frac{255}{256} \approx 99.61\%$，提高了 2.85%；分三次来漂洗，干净度可达到$\frac{1\ 330}{1\ 331} \approx 99.92\%$，提高了0.32%；……

是的，衣服的干净度随着漂洗次数的增加再不断升高. 但你注意到了吗？每增加一次漂洗次数，需要多付出多少劳动：要充分揉搓 —— 让污物均匀分布在水中，使劲拧"干"—— 把污物从衣服上赶走. 但回报了多少？每次都是同样的付出（虽然洗衣服的水在减少，但洗衣服所花的力气可认为是一样的），提高率却在急剧减少：2.85%，0.32%，0.06%，⋯.

3. 题海战术

当前的高中数学教学在一定程度上来说就是解题教学，因为数学高考就是解那 21 或 22 道高考题，殊不知，为了这几道高考题，考生要在高中阶段训练千万道题，高考试题又要求学生在极为有限的时间里作出完整的解答，所以必须快、准、稳. 学生成了解题的机器，课堂就是对答案且只重结果而不重视知识的产生过程，师生没有活力的情形绝不是个别、短暂的现象. 在强大的题海战术下，学生根本无暇思考总结：为什么要这样解？这种题及其解法有何规律？出这道题的意图是什么？我真正掌握这类题了吗？

做一道题的目的是为了掌握这方面的知识，所以应当做慢点并及时总结，今天做好这道题就是为了明天不再训练这种题. 笔者在数学教学实践中总结出的“思、探、练、变、提”解题法[2] 与张文质先生提倡的“慢教育”观点一致. 在高中数学教学中，师生都应当坚信，只有先慢下来，而后才能快起来！俗话说，“磨刀不误砍柴工”就是这个道理. 而在现实中，急功近利、严重违背教育规律的“特快教育”太普遍了[3]. 我们的数学训练，多得没有尽头，单元复习、月考复习、期中复习、期末复习也几乎都是做题，高考更是漫长的复习，大量压缩正常教学时间，有的重点高中竟一年上完课本，两年四轮复习备考（基础复习、专题复习、压轴复习、保温复习）外加竞赛培训. 没完没了地复习，不乏苦练、傻练，练得学生熟练有余，创新不足，昏天黑地，也练得数学老师形象大损（数学老师只会占用学生时间）. 没完没了地解题，如同重复粉刷已经很光滑的墙面，结果是练得童年没有了幻想，少年没有了梦想，青年没有了理想. 苦海无边，何处是岸？

一遍一遍地重复做题，好比利滚利中的不断增加结算次数，穷人总是不厌其烦地听从财主安排 —— 可以随时来结算，财主还感觉良好 —— 回报在与日俱增，可以发大财了！而结果只是“财主跑断腿、穷人受尽扰”. 实际上，财主要想获得更多的回报，不能依赖于增加结算次数，而应增加本金和提高利率. 数学老师要想提高学生的成绩，不能光想着“做一道题就有一道题的收获，做得越多，学生的能力就提高得越快并且越来越快”，而应当夯实学生的基础，提高学生的解题能力、研究能力.

一遍一遍地简单、重复地做题，也好比一遍一遍地漂洗衣服，你一定感觉越来越干净了，但干净程度的提高率却在急剧降低，迅速变成提高率几乎为零. 因为每次漂洗时，要充分利用水就要花越来越多的力气和时间充分揉搓才能使污物均匀分布在水中，所以次数过多的漂洗必然会产生消极怠工，消极怠工的效果只是浪费宝贵的水资源. 联想到现在祖国西南百年不遇的旱情，这里竟还在一遍一遍地漂洗衣服，良心何在？要把衣服漂洗干净，只需用足够的水、充分揉搓、使劲拧“干”、次数适当即可，关键是要认真（即揉搓、拧“干”），增加次数意义不大！数学老师要想提高学生的成绩，不能光想着“让学生不断地做题，只要见到学生没做过的题都要让他们做一遍，考前复习时还要再做一遍（不然老师不放心)；竭力增加考试次数，考试能使学生做题的印象更深刻”，而应当逐步提高学生的解题能力、自主探究能力和良好的学习习惯，当然也包括先要打好基础(只要不太急功近利，这对于大部分学生都是可以做到的). 虽说数学题很多，但高中数学的知识点并不是太多，高频知识点就更是可以学好学透的. 题目是做不完的，但很多题都是相似的，差异不大，万变不离其宗，若一位老师总是让学生重复单调地一直解这些“似曾相识但少有深交”的题目，则在个性鲜明的学生中出现“消极怠工”的现象纯属正常，其结果只是产生“诸多不和谐、大量浪费学生珍贵时间”的情形，这是犯罪！

教育者要坚信“就题论题地做完十道题不如把一道题研究三次[2]，前者是题海战术，十不抵一，而后者是研究性学习，举一反三，做一题知一类”，“是学生学习而不是老师学习，学生必须学会这道题，老师只需要指导、鼓励学生彻底弄懂这道题并形成知识的建构即可”，“只有自主学习了，经历了失败、过程、淘汰、选择、总结，也经历了时间，才是自己的，否则，知识不会轻易成为自己的，永远是别人(老师)的”这些观点.

笔者编拟了一则调侃教育者的笑话，您读后有何感受？

一天，一位低年级小学老师突发奇想，对他的小学生说：“今天，同学们可以给我布置作业，我一定保质保量地完成.”

语文科代表：“老师，把第八课课文背诵一百遍，生字抄写两百遍.”

数学科代表：“老师，把课本上第八单元的每一道题做一千遍，错一道罚三千遍；再出一万份试卷，并给出详细解答. 别忘了，家长要签字.”

英语科代表：“老师，把 26 个英文字母每个抄写一百遍，请注意大小写字母都要抄；第九课单词每个读五百遍，要录音；写九十篇英语作文，每篇字数不少于……”

班长：“老师，作业要注意创新，决不允许复印.”

老师：“同学们，怎么给老师布置这么多作业呀？”

同学们齐声回答：“不多，相对于我们平时所做的作业来说，老师的作业一点也不多，因为老师做得快呀！”

老师无奈，只有自我解嘲：“我一分钟就把作业完成了——只需把四位班干部的话完整地写在纸上.”

同学们：“老师，怎么能没有诚信？判无期徒刑——罚老师以后(包括退休)每天做这么多作业，不过，你的家人可以帮忙. 若还做不完，那只有网上见了.”

由此可以看出童真时代的低年级小学生模仿能力有多强，权力用得多么好，对老师的怨恨有多深啊！

笔者儿子读幼儿园时的作业就多得吓人，搞得我这个家长苦不堪言(期间他妈妈在湖北教育学院进修外语本科)，小班时作业是剪剪贴贴，每天都有，多则要剪贴八页纸；大班时的作业多是给课文注拼音之类，有一天竟要注七课拼音. 自小学一年级开始，每天就有两项固定作业(周六、周日也照常)，语文是听写20个词，还要注拼音；数学是出20道计算题，还要计算. 寒暑假的作业更不会少，只有在期末考试中考了满分者才可以不做. 当时儿子读三年级，我这个家长辅导作业、检查签字(签字时还必须写上一段话)，花费了不少精力和时间，比我的高中教学累多了. 虽然培养儿子是重中之重，但这么几年就快要把我累垮了(累的主要原因是太单调了又花时间). 儿子所读的学校(幼儿园)，还都是当地的名校.

专著《初等数学研究(Ⅰ)》[1] 的《序言》中提出了"高胜任教师"的概念，只有善于研究的教师才可能是一位高胜任教师[4]. 当今的高考复习备考需要的就是这种高胜任教师，题海战术真的过时了，你的题海战术浪费了高三学生最宝贵的东西 —— 时间，也损害了其他各科的统一备考，必将遭到整个班集体的唾弃. 教学生解题时要注意效率，教给学生"一片一片"的解题方法不正是高效率的教法嘛！"授之以鱼，不如授之以渔"就是这个道理吧！时代要求我们都要做高胜任教师[5]. 数学教学要注意有效性原则和可接受性原则[6]，绝不可以用简单的题海战术赌学生的一生，那样的结局定是学生、老师及与他们有关联的人全输掉了.

作为一名深入高中教学一线二十多年的老兵(教学的同时，笔者也丝毫没有放松自己的提高)，回首自己的教学和培养出来的人才与时代要求的差距[7]；也作为一名仅仅当了六年的学生家长(当时儿子才上了三年幼儿园、三年小学)，亲历了猛如虎的题海战术给孩子带来的苦难及自己搭进去的精力和时间，而在此疾呼：各位教育工作者，不要迷恋于题海战术！少布置点作业，精心准备一下你要布置的题目，效果一定不会差！

笔者生于湖北十堰竹溪，那是一个山清水秀，又偏僻落后的地方. 在2007年的竹溪县全县教育工作会上，县教育局局长王玺先生(也是笔者的恩师)提出：我们要努力把最好的心情给孩子，把最好的校舍给孩子，把最好的环境给孩子，把最好的教育给孩子.

孩子们露出了甜美的笑脸：今天作业只有一道题！

参考文献

[1] 甘志国. 初等数学研究(Ⅰ)[M]. 哈尔滨：哈尔滨工业大学出版社，2008.

[2] 甘志国. "思、探、练、变、提"的解题教学[J]. 中小学数学(高中)，2009(12)：7.

[3] 甘志国. 数学教学更需要"慢教育"[J]. 中学数学月刊，2010(3)：22-23.

[4] 刘培杰.《初等数学研究(Ⅰ)》序[J]. 中学数学教学参考(上旬)，2009(10)：63.

[5] 甘志国. 应对高考需要研究性备考 —— 兼评2008年高考试题陕西卷(理科)压轴题

[J]. 中学数学研究(广州),2009(5):28-30.

[6] 甘志国. 数学教学要注意有效性原则和可接受性原则[J]. 数学教学,2010(5):8-9,封底.

[7] 甘志国. 强烈推荐两种数学考试题型 —— 阅读题和作文题[J]. 中学数学(高中),2010(4):11-15,63.

§37 数学教学更需要直白

大概是《读者》杂志里的一篇文章介绍了这样一个故事：

日内瓦湖前面有一条隧道，隧道管理者在隧道口立了告示牌，要求司机即使是白天在隧道里行驶也要亮灯.但是，从隧道出来的许多司机都忘记了关灯，这样，他们停下来一段时间后，汽车就没有电不能打火了.面对司机们的抱怨，管理者想到在出口处也立一块牌子，提醒司机们“出隧道后关车灯”.但这样写显然是不行的：晚上司机也要关灯吗？这样一来，告示就要写上很多字：白天如何，晚上如何，下雨天、阴霾天又如何.可是，司机如果要看清这么多条文，车可能就冲进日内瓦湖中去了！写少了不清楚，写多了来不及看.后来一位管理者想出一个办法，只在告示牌上写一句话：“你的车灯还亮着吗？”于是所有的问题都解决了.

这里有什么哲学意味呢？原来的管理者没有想到自己服务对象的生命性，只想到“我告诉你”，而后者则依托了生命，让生命机制起作用，从而使事情变得简单而高效.

管理者类似于我们要说的老师，而司机类似于学生.在这则故事中，管理者从忽视司机的（生命的）能动性，到相信司机的能动性，从而使整个信息的运作过程转化到真正的主体身上——自己解决自己的问题.这显然是对于只考虑管理者如何把告示写得周全的思维的一次小小的革命.

要把学生当成生命，不要把他们当作傻瓜来看待，不要把他们当作弱智者来教.说起来太简单，甚至是在贬低我们教育者，但是我们教育者做到了这一最基本的要求了吗？

我们来看看高一、高二数学老师在课堂上各讲解的一道例题.下面是笔者听课时抄录下来的授课老师的真实板书（指解答过程，当然老师讲解时有学生的积极参与——老师问得勤，优秀学生也回答得准确，老师还书写得快、靓）.

题1 （高一）设 a 是已知的实数，解关于 x 的不等式 $ax^2-(a^2+1)x+a>0$.

解 （1）当 $a>0$ 时，解方程 $ax^2-(a^2+1)x+a=0$，得 $x_1=a$，$x_2=\frac{1}{a}$.

① 又当 $a>\frac{1}{a}$ 即 $a>1$ 时，所求解集为 $\left(-\infty,\frac{1}{a}\right)\cup(a,+\infty)$；

② 又当 $a=\frac{1}{a}$ 即 $a=1$ 时，所求解集为 $(-\infty,1)\cup(1,+\infty)$；

③ 又当 $a<\frac{1}{a}$ 即 $0<a<1$ 时，所求解集为 $(-\infty,a)\cup\left(\frac{1}{a},+\infty\right)$.

(2) 当 $a=0$ 时，所求解集为$(-\infty,0)$.

(3) 当 $a<0$ 时，解方程 $ax^2-(a^2+1)x+a=0$，得 $x_1=a, x_2=\frac{1}{a}$.

① 又当 $a>\frac{1}{a}$ 即 $-1<a<0$ 时，所求解集为$\left(\frac{1}{a},a\right)$；

② 又当 $a=\frac{1}{a}$ 即 $a=-1$ 时，所求解集为 $\varnothing$；

③ 又当 $a<\frac{1}{a}$ 即 $a<-1$ 时，所求解集为$\left(a,\frac{1}{a}\right)$.

综上所述，得：

当 $a<-1$ 时，所求解集为$\left(a,\frac{1}{a}\right)$；当 $a=-1$ 时，所求解集为 φ；当 $-1<a<0$ 时，所求解集为$\left(\frac{1}{a},a\right)$；当 $a=0$ 时，所求解集为$(-\infty,0)$；当 $0<a\leqslant 1$ 时，所求解集为$(-\infty,a)\cup\left(\frac{1}{a},+\infty\right)$；当 $a>1$ 时，所求解集为$\left(-\infty,\frac{1}{a}\right)\cup(a,+\infty)$.

题 2 （高二，2009 年高考辽宁卷（理科）解析几何大题的最后一问）已知 $A\left(1,\frac{3}{2}\right)$ 是椭圆 C：$\frac{x^2}{4}+\frac{y^2}{3}=1$ 上的定点，E,F 是 C 上的两个动点，直线 AE,AF 的斜率互为相反数，证明：直线 EF 的斜率为定值，并求出这个定值.

解 可设 AE：$y=k(x-1)+\frac{3}{2}$，把它与 C：$\frac{x^2}{4}+\frac{y^2}{3}=1$ 联立，得

$$(4k^2+3)x^2+4k(3-2k)x+4\left(k-\frac{3}{2}\right)^2-12=0$$

因为该方程有一根为 $x=1$，所以由一元二次方程根与系数的关系，得另一根为 $x_E=\frac{4\left(k-\frac{3}{2}\right)^2-12}{4k^2+3}$. 又点 $E(x_E,y_E)$ 在直线 AE：$y=k(x-1)+\frac{3}{2}$ 上，所以 $y_E=kx_E+\frac{3}{2}-k$.

又直线 AE,AF 的斜率互为相反数，所以把以上结论中的 k 换成 $-k$，得

$$x_F=\frac{4\left(k+\frac{3}{2}\right)^2-12}{4k^2+3},\ y_F=-kx_F+\frac{3}{2}+k$$

所以直线 EF 的斜率为 $\frac{y_E-y_F}{x_E-x_F}=\frac{k(x_E+x_F)-2k}{x_E-x_F}=\frac{1}{2}$.

对高一这位老师的评课意见是：恰当地运用了分类讨论思想、函数与方程思想解题；层次清楚，思维严谨；课堂气氛活跃，教学效率高；板书整齐，给学生

以良好的示范……；对高二这位老师的评课意见是：以生为本，师生互动频繁；选题精当，注重通性通法又注重了本题的特殊性，解法巧妙，达到了事半功倍的效果；层次清楚，思维严谨，板书整齐，给学生以良好的示范…….

这可能是同行之间相互评课的通病：多说（只说）优点，少说（不说）缺点.讲课者也是：自欺欺人，有把听课者当外行之嫌，让他们看看热闹即可.到头来，老师难以提高教学艺术，学生对公开课也不怎么欣赏，甚至感觉受尽其害，其缘由还是没有注意学生的主观能动性.对于基础年级的高一、高二学生，仍可以点拨、启发、练习为主，讲授、板书为辅.

对于题1可这样讲授：

本题的难点是什么？（对参数 a 进行讨论.）

怎么讨论？（分 $a>0$、$a=0$、$a<0$ 三种情形.）

当 $a>0$ 时，如何求解？（先解方程，求得 $x_1=f(a)$，$x_2=g(a)$，再写出解集.）

如何写出解集？（需要对 x_1，x_2 的大小再进行讨论.）

同学们，能解答此题吗？（试试，……，能！）

对于题2可这样讲授：

怎么证明？（需要求出直线 EF 的斜率.）

怎么求？（用公式 $k_{EF}=\dfrac{y_E-y_F}{x_E-x_F}$.）

那就要求坐标 $E(x_E,y_E)$，$F(x_F,y_F)$，同学们，能求出它们吗？请你们自己完成.（老师不要怕学生看不出所得一元二次方程有一根是1，也不要怕学生陷入计算的泥潭——没有事半功倍.）

当绝大部分学生解完之后，对对答案即可.

此题巧在哪里？同学们能编拟一道类似的题吗？（读者可见文献[1]的题3.）

著名教育改革家郭思乐教授在专著《教育激扬生命》[2]的“序言”中写道：

生本教育就是以生命为本的教育，教育的宗旨不应该是控制生命，而是要激扬生命，教要皈依学，让生命自己行动.犹如老燕子不必繁琐地教小燕子如何飞到南方——那样反而会让许多小燕子迷失方向，它真正需要做的是依托小燕子飞翔的本能，教它飞向蓝天，飞得更高更远.

我们由此想起了鲧和禹父子俩治水的故事.鲧用“堵”法，失败了；禹用“导”法，成功了.原因在于前者违背而后者顺应了水的本性——水向低处流.那么，教育的成败是否也同违背还是顺应人性有关呢？人性是什么？人往高处走，天天向上，在自我实现中获得高峰体验，这就是人的本性.而且如同水的本性体现在水的自主行为之中一样，人的本性也是除去外加之性而呈现的本质.

教育如果违背甚至不自觉地扼制人的这种本性，当然会处处受阻，步履维艰；反之，则会春光旖旎，大道如发，犹同大禹治水，必然取得成功.

所以，教必须转化为学，学校就是学校，而不是"教堂". 然而我们长期以来，认为教就是耳闻目授的单向传输. 在我们的教育理论中，学生一般都只是出现在次要内容中，我们叙述怎样教，我们争论怎样教. 在管理者看来，抓住了教师的教，就是抓住了教育的关键. 于是，我们尽管说要重视学生，但是实际上研究探讨的就是怎样教. 我们的教育格言反映了我们这种"教"的情结：我们是蜡烛，燃烧了自己，却照亮了别人；我们拥有长流水，把水源源不断地装进学生的杯子里；我们是人类灵魂的工程师，设计了教育对象的灵魂. 学生在哪里呢？他不会发光，等待着别人照亮；他不会产生水，等待着让人装满；他的灵魂是别人设计的结果，他自己躲在"教育"的"教"的左下方，小小的.

大诗人白居易说，诗歌必须既写得真实可信，又浅显易懂，还便于入乐歌唱，才算达到了极致. 传说，白居易总是把写好的诗先念给不太懂诗文的老百姓听，并请他们提出修改意见(白居易的一个要求是他们都能知晓这首诗的意思). 难道解题训练有素的数学老师还不能把每一道数学题讲到使每一位学生都能轻松愉悦地接受吗？数学教学更需要直白，就是数学老师要把抽象的数学知识转化成生动的生活语言，简洁直接、清楚明白！这也是文献[3]的观点：数学教学要注意有效性原则和可接受性原则 —— 数学老师：你是费力不讨好，还是讨好不费力？

另外，师教、生学数学都不能太匆忙，要慢一些！[4,5]

参考文献

[1] 甘志国. 强烈推荐两种数学考试题型 —— 阅读题和作文题[J]. 中学数学(高中)，2010(4)：11-15，63.

[2] 郭思乐. 教育激扬生命 —— 再论教育走向生本[M]. 北京：人民教育出版社，2007.

[3] 甘志国. 数学教学要注意有效性原则和可接受性原则[J]. 数学教学，2010(5)：8-9，封底.

[4] 甘志国. 数学教学更需要"慢教育"[J]. 中学数学月刊，2010(3)：22-23.

[5] 甘志国. "思、探、练、变、提"的解题教学[J]. 中小学数学(高中)，2009(12)：7.

§38　学生听课才叫累！
——老师：请管住你的嘴

一所省示范高中在每个周末都要召开全校教师会，规定的时间是下午4：30到5：00，先由主任讲，再由副校长、书记讲，最后是校长作总结性发言．讲话者往往都做了充分准备，一般要分析欲完成的某项任务的重要性和具体的目标要求、实施步骤，有的领导还会结合案例进行讲解．一个比一个讲得生动、讲得务实、准备充足、发挥得淋漓尽致……这一发挥，时间就过6：00了，有不少听会的老师(外语教研组就有很多这样的年轻妈妈)要到幼儿园或小学去接自己年幼的孩子，但又不能提前离开会场，只有让自己的宝贝蛋儿在那里孤零零地等着，等到自己急匆匆地赶去接孩子时还要受老师的难看脸色和提醒："请你早点儿来呀，孩子等着好难受，何况我家里也有事儿呀！"那个急呀，讲话者(学校领导)哪里知晓，所以每次周末开全校教师会时，都会"涛声依旧"！

说实在的，笔者深信，这所学校的每位领导都讲得很好，因为他们也多次听会所以耳闻目染、潜移默化地积累了不少讲话技巧和演讲才能；又因为听会的是全校教师，还有其他领导(他们都是能轻易听懂讲话内容的内行)，所以一定要充分地准备，包括讲话的内容和技巧，都不会有丝毫的松懈．但多位领导在同一次教师会中都要讲，且讲话的内容多是同一个主题，所以难免会有重复，何况每个周末都要开这样的会，因而大量出现重复的话、重复的内容，甚至重复的演讲技巧就是必然的了．作为高级知识分子的老师们真是早就厌恶这种开会了，但又不得不每周经受一次"黎明前的黑暗"．

在一个周一的下午，外语教研组长来到校长室对校长说："本周周三下午两点半，请您能在百忙中抽出时间到我们外语组来指导外语教研及其他各项工作，我们组的全体老师都热切地盼望着校长的光临．"校长心想，我一个数学特级教师到外语大组(外语是该校所有高考科目中的最强项，在当地享有极高声誉)去指导工作还是头一次，也深感荣幸！就说："哪里哪里，作为一名数学老师，能到人才济济、享有盛誉的我心爱的外语教研组学习，乃是我荣幸之事；作为一校之长，到教研组去看望一下各位老师、了解一下实际情况也是本人职责之所在，对学校的发展也大有好处，所以，再忙我也要按时去，你就不用客气了，但你一定要做好准备哟！"

到了周三下午2：25，校长准时来到外语教研组，双方客套一番之后，教研组长宣布视导工作开始："第一项，请校长随全组老师一起听一节汇报课和一节示范课，主讲人分别是高一年级的张老师和高三年级的王老师．"年近六旬的老校长听完两节课后随老师们一起来到外语教研组的办公室，已深感体力不支，差点要晕倒，艰难地坐了下来，所有的外语老师也都看到了这一点．教研组长宣布视导工作继续：“第二项，请校长对这两节汇报课作指导．”校长是初中毕业后上的简易师范数学班，而后在教学实践中通过自学成长起来的一位高中数学特级教师，在数学行业里也算是名副其实的内行，但外语单词一个不懂，语法不知何物，也不知道两节课是怎么听下来的，自己出现了哪些严重的失态．老校长赶忙说：“各位老师，外语你们是行家，你们先讲，你们先讲，我最后讲，我最后讲．”

因为全组近40个外语老师在组长的安排下提前都做好了评课准备（有在网上搜索的，也有从刊书报上查到的）并且还演练过，所以人人发言，个个精彩，既说优点又说不足：有的老师谈一般性的外语教学法，有的老师结合本校实际谈外语的学科特点，有的老师谈外语与中文两学科的互补，有的还结合这两节课的内容、教学艺术谈开去……有几个老师还使用了当前流行的“2＋2”评课法（评课者至少要说出讲课者的两条优点和两条缺点）．场面甚是热闹，声音一浪高过一浪，每位老师的评课都很实在，且演讲技巧也颇高还几乎没有重复的话，时不时地有老师还来点儿原声态的外语．发言者的顺序也基本是按照从低年级到高年级，从年轻者到年长者自觉进行的．最后一位发言的老师是教研组长：“张老师和王老师给我们精心准备了两节课，其他各位老师也都调好了课认真欣赏了这两节课，还积极参加了评课，无论是授课者还是听课、评课者，都从中获得了不少收获．我们还要感谢校长能在百忙中抽出时间来我们外语组指导本次教研活动．下面，请校长给我们讲话．”老师们的掌声随之响起，但老校长坚持的时间已经近乎极限，看了看时间，已过6：00，就无赖地说：“很晚了，我家里还有点事儿，今天就不进了，以后有机会再讲．”教研组长接着宣布：“再一次地感谢校长光临指导外语组的本次教研活动．下周三的讲课老师是高二年级的李老师和我，欢迎校长到时再来指导工作．”老师们都看到校长情绪很低落，好像要哭了……

老校长坚持的时间已经近乎极限，那他一定很累．累在何处？绝不是体力，因为老校长没有讲一分钟的课，也没有评一句话的课，总共只说了不到20个字的话，既没有体力劳动也没有脑力劳动，何累之有？

既没有体力劳动也没有脑力劳动，就不累了吗？

既没有体力劳动也没有脑力劳动，那才是最累！老校长在每个周一上午都要召开全校行政例会（所有行政干部参加的会），在每个周二下午都要召开全校班主任会，隔周一次的周三下午要召开全校教研组长会，不定期的还要召开学生会干部会、学生代表座谈会、老师代表座谈会……，周五上午要接待学生家长，不定期的还要接待教师家属……，挺忙的，但年近六旬的老校长却把这些事情(它们只是他工作的极少一部分,大部分精力还得抓学校的教学质量和硬件、软件建设及老师的福利待遇,当地市(是一个小小地地级市)内就有三所示范高中,高考的竞争异常激烈)都做得有条不紊,甚至还显得朝气蓬勃、意气风发、越干越年轻,简直是在享受工作的过程,也享受着劳动的成果.老校长讲话、开会一定是最大的享受,突然有一个半天几乎不能讲一句话,也听不懂讲话者的半句还不能干别的事情,那个难受程度是可想而知的.

好在通过外语教研组全体同仁的斗争,老校长已有了觉醒并改正很快,校长办公会作出决定:学校所有会议要节省时间,尽量开短会,把事情讲清楚即可.老校长还率先垂范:30 min能开完的会绝不会拖到31 min才散会.

联想到我们的学科教学及班主任工作,学生嫌老师讲得过多、重复啰嗦的绝不在少数.有一名数学老师在上课前就走进教室,一进教室就开始讲题,讲完两道小题上课铃才响,这时学生也才陆陆续续地到齐(学生没有错,是按规矩来的,就是这名数学老师不讲规矩).老师一直讲,讲得滔滔不绝、永不停息、一致激昂,语速和讲解的节奏也越来越快,时不时地还手舞足蹈、唾液四溅(有学生在网上称这位老师是“喷水壶”).期间,也很少提问,偶尔的提问,要么很简单,学生只需表决式地回答(答“是”或“不是”、“对”或“错”);要么学生答不上来老师也不提示、启发,自己赶忙说出答案;要么给出一个问题后根本不提问学生也不给全班学生思考(更不用说让学生讨论、交流了)的时间,立马开始讲解答案.下课铃终于响了,这名老师是不会停下讲课的(无论那道题是正好讲完了还是刚开始讲或者是讲到中途),因为学生都知道他们的这名老师这时的习惯——“抢着搞一道”!

一节课是45 min,下课时间只有10 min(还包括预备2 min,预备铃响,学生都会步入教室准备上课).这名老师一定认为下课时间太长了,专家给出的一节课45 min太短了,起码数学课是这样的,因为数学抽象呀,难学呀,要讲解的题目太多了呀(试想,数学题讲得完吗?学习数学的目的就是解数学题和听懂别人给你讲数学题吗?)…….假若给这个班上课的老师都是那儿样的“抢时间、大容量、快节奏”甚至一个比一个厉害,该班还有一个学生今天肠胃不好在闹肚子,学生受得了吗?学校一切教育的出发点和落脚点都应当是促进学生的健康成长和发展.笔者曾听一位老师抱怨现在的学生真难教,老师比家长还着急.离高考越来越近了,班上的一个学生考清华、北大很有希望,但就是还不够特别勤奋,课外活动时还会打打羽毛球,我请来他的家长,善意地对他提醒:你的孩子脑子灵,各科基础都很扎实,要是再把时间抓得紧一些,更加勤奋一点儿,多钻点儿难题,特别是高考压轴题和竞赛题,考取考清华、北大就更保险了.你猜,这位家长怎么说的?把我气死了,他说:“孩子只要尽力了,随便考取哪个大学都可以,但一定不能把身体搞垮了,进大学后还可以再发展嘛!”实际上,笔者通过这位学生的家长了解到，这位学生并不是不够勤奋，每晚都是0：00以后才放下手中的笔上床休息（睡前几乎都不洗刷，因为他太困了），有时睡下后还会起来把一道难题解答完整，因为他只有坚持到特别困的时候才会在床上躺下，在床上还会坚持学习的：舒服一下筋骨，休息一会儿眼睛后，大脑还要思考没有做完的难题．只不过这位老师教育学生的习惯方法是“鞭赶快牛”．

读者可能也见过这样的现象，在长途汽车上，开车的不累，坐车的却累得很．一名老师教得好（素养高，讲解全），但学生学得并不好（掌握知识不牢固，多次考试成绩不佳）．随着教育民主化程度的提高，学生对这名老师也逐渐产生了“今天佩服，明天平淡，后天讨厌”“老师整节课都在忽悠我们”的看法．好多老师（特别是年龄稍大者）有一种职业病——喜欢讲，并且一讲到底，讲话时还有不少口头禅：“听懂了没？听懂了！”“是不是？是！”听说早年的一位特级教师把自己的一堂课录音下来后自己听，竟听出了近一百处相同的口头禅．1993年7月，笔者（参加本科函授学习）有幸成为华中师范大学原数学系副主任毛经中（1940—）教授的学生，毛老师给我们讲授《组合数学》，从不带书和资料，总是“玩空手道”．毛老师的每节都是准时上课，上课前总是把黑板擦得干干净净，讲课时思路异常清晰，深入浅出，能把这样的数学竞赛内容讲到我们函授学员都能听懂，话没有一个多余的字，板书完整美观，到下课时一定准时下课（且一定不会出现下课时间到了一道题没讲完的情形），下课时毛老师的手上也干干净净（笔者所在学校一年轻数学老师下课时总是上衣、裤子、手上、头发上全是粉笔灰），可见毛老师的授课风格，这给笔者一直留下深刻印象．

河北省衡水中学创造了教育的神话，在2005年的高考就有40余人考取清华、北大，那年笔者到该校参观，就知道该校有一条硬性规定“每节课堂上，老师连续讲课不能超过5 min”，当时笔者对此很不能接受，现在看来，他们的教学理念远远走在了那个时代的前面．

新课标教材自2004年开始已使用多年了，但很多老师还是习惯“穿新鞋，走老路”，究其原因，就是老教材（大纲版教材）教起来轻松，很多时候是只管教不管学生学的效果．新课标教材教学内容的呈现方式是“问题情境→学生活动→意义建构→数学理论→数学运用→回顾反思”，而以前的传统方式是“数学理论→数学运用”．传统的教学习惯是一步到位，而新课标重视螺旋上升，后者才是学生的认知规律．教育部副部长陈小娅说：“开弓没有回头箭，新课改势在必行．所有的都改了，若教法不改，不仅自己会被淘汰，学生也跟着倒霉．”

有一种失败叫占领．许多老师都钻进了一个“恶性循环”的死胡同：老师用几乎全部的课堂时间讲题，让学生用大量的重复练习占领课外时间．任贤齐《心太软》歌词中的“你”不就是这样的老师吗？这样必然会带来学生厌学，后劲不足.有一种成功叫撤退.著名教育家陶行知先生说过:“好的教师不是教书,也不是教学生,而是教学生学.”所有的教改理念都归结为“促使学生主动学”.

教育者要做学生生命中的贵人,这也是崇高师德的要求.课堂上,多给学生自主权、发言权,让学生上台讲讲,多一点互动、讨论;在课外,多给学生一些独立思考的时间,让他们干自己爱干的事(多数学生会步入到学习中去的,并且还会深入思考,高考这件事学生是不会忘却的),这样的老师和那个“抢时间”的老师比较起来,不就是学生生命中的贵人吗?1983年,笔者读初二,教我们班外语的是一位刚刚步入教坛的年轻老师,他最大的特点就是责任心极强,节节课拖堂,课间10 min总要占去8,9分,不管学生听不听,他总是认真讲.一天上午的最后一节课是外语,下课铃响了很久老师还照样在讲,因这一次笔者饿得特别厉害,就把课本收拾完毕,等老师一宣布下课就冲向食堂.谁知老师宣布下课后却让我留下来,问我上课时桌面上怎么没有课本,我只有撒谎:“对不起,今天我忘记带课本了.”老师说:“你去吃饭吧.”谁知,我上下一节外语课时,无论如何在课桌里也找不到课本.原来,那天老师等我走后就把我的课本没收了.经过这件事后,外语课堂上我总是坐得端端正正、认真听讲,不过有些时候是装出来的.

老师在教学时一定要管住自己的嘴,可尽力做到下面四点:

1.语言需简洁

大概是《读者》杂志里的一篇文章介绍了这样一个故事:

日内瓦湖前面有一条隧道,隧道管理者在隧道口立了告示牌,要求司机即使是白天在隧道里行驶也要亮灯.但是,从隧道出来的许多司机都忘记了关灯,这样,他们停下来一段时间后,汽车就没有电不能打火了.面对司机们的抱怨,管理者想到在出口处也立一块牌子,提醒司机们“出隧道后关车灯”.但这样写显然是不行的:晚上司机也要关灯吗?这样一来,告示就要写上很多字:白天如何,晚上如何,下雨天、阴霾天又如何.可是,司机如果要看清这么多条文,车可能就冲进日内瓦湖中去了!写少了不清楚,写多了来不及看.后来一位管理者想出一个办法,只在告示牌上写一句话:“你的车灯还亮着吗?”于是所有的问题都解决了.

这里有什么哲学意味呢?原来的管理者没有想到自己服务对象的生命性,只想到“我告诉你”,而后者则依托了生命,让生命机制起作用,从而使事情变得简单而高效.

管理者类似于我们要说的老师,而司机类似于学生.在这则故事中,管理者从忽视司机的(生命的)能动性,到相信司机的能动性,从而使整个信息的运作过程转化到真正的主体身上——自己解决自己的问题.这显然是对于只考虑管理者如何把告示写得周全的思维的一次小小的革命.

要把学生当成生命,不要把他们当作傻瓜来看待,不要把他们当作弱智者来教.说起来太简单,甚至是在贬低我们教育者,但是我们教育者做到了这一最基本的要求了吗?

著名教育改革家郭思乐教授在专著《教育激扬生命》[1]的"序言"中写道:

生本教育就是以生命为本的教育,教育的宗旨不应该是控制生命,而是要激扬生命,教要皈依学,让生命自己行动.犹如老燕子不必繁琐地教小燕子如何飞到南方——那样反而会让许多小燕子迷失方向,它真正需要做的是依托小燕子飞翔的本能,教它飞向蓝天,飞得更高更远.

所以,教必须转化为学,学校就是学校,而不是"教堂".然而我们长期以来,认为教就是耳闻目授的单向传输.在我们的教育理论中,学生一般都只是出现在次要内容中,我们叙述怎样教,我们争论怎样教.在管理者看来,抓住了教师的教,就是抓住了教育的关键.于是,我们尽管说要重视学生,但是实际上研究探讨的就是怎样教.我们的教育格言反映了我们这种"教"的情结:我们是蜡烛,燃烧了自己,却照亮了别人;我们拥有长流水,把水源源不断地装进学生的杯子里;我们是人类灵魂的工程师,设计了教育对象的灵魂.学生在哪里呢?他不会发光,等待着别人照亮;他不会产生水,等待着让人装满;他的灵魂是别人设计的结果,他自己躲在"教育"的"教"的左下方,小小的.

2. 内容要精短

文献[2]介绍了一个叫"268=?"的故事.我(指一位先生)在北京进修的时候,有一次家里打来电话说女儿成绩退步了,我心里好着急,但因学习紧张一时又分不开身,便写了一大段关于如何调整心态、改正习惯、寻找错因等有助于提高学习成绩的话通过手机发给妻子.当我把花了半个小时辛辛苦苦写好的稿子发出后,收到的却是"你发那么多的问号是什么意思",怎么回事?我发的不是问号,而是"感叹号"——解决问题的有效方法呀!第二天我把这事跟同学说了,有同学问我:"你妻子用的是不是小灵通?"我说:"是."同学说:"那就对了,一定是你发的内容太多,小灵通无法容纳!"不错,我的手机可容纳268个字符,我只顾尽力满载,却忘了小灵通的容量限制.

3. 一个好的例子胜过一千条说教

文献[2]还介绍了这样的一个案例:

案例 已知两边及其中一边的对角解三角形.

我们知道,已知两边及其中一边的对角解三角形(即"边边角"问题)时,有两解、一解、无解三种情形,全日制普通高级中学教科书(必修)《数学·第一册

（下）》（人民教育出版社，2003年）第130页运用正弦定理从运动变化的角度，以“图形语言”形象地说明了解的情况及其判定方法，虽说结论完整，但情形多，确实难以记忆和套用；普通高中课程标准实验教科书《数学5(必修A版)》（人民教育出版社，2007年第3版）第8～9页的“探究与发现”——《解三角形的进一步讨论》用正弦定理给出了“边边角”问题的解法及结论，但均很繁杂；且解决这类问题时，所有的教科书都是用正弦定理来求解的. 下面用余弦定理可给出这类问题的简洁解答 —— 只需讲清一道典型例题即可.

例 在$\triangle ABC$中，已知$A=60^\circ$，$a=2$，$b=1$，求c.

解 假设满足条件的$\triangle ABC$存在，由余弦定理，得

$$a^2=b^2+c^2-2bc\cos A \quad (c>0) \qquad ①$$

$$c^2-c-3=0 \quad (c>0)$$

$$c=\frac{1+\sqrt{13}}{2}$$

即所求的c唯一存在：$c=\dfrac{1+\sqrt{13}}{2}$.

注 用此解法还无需检验，因为余弦定理①$\Leftrightarrow \overrightarrow{BC}^2=(\overrightarrow{BA}+\overrightarrow{AC})^2 \Leftrightarrow \overrightarrow{BC}=\overrightarrow{BA}+\overrightarrow{AC} \Leftrightarrow \triangle ABC$存在（因为$0^\circ<A<180^\circ$）.

由例题的解法立得以下一般性的结论：

若在$\triangle ABC$中已知$a,b,A(a>0,b>0,0^\circ<A<180^\circ)$解三角形，则$c$就是用余弦定理得到的关于$c$的一元二次方程$a^2=b^2+c^2-2bc\cos A(c>0)$的解，且解此三角形解的组数就是该方程的解$c$的个数.

这一教学难点不就轻易解决了嘛！对于各种学生，这都应当是成功的教学方法. 学生还可自愿研究：用两种方法解决这类解三角形问题得到的结论一致吗？

一个典型例题比什么都重要，学生往往只需简单的有效方法，不需要复杂的完整结论，这就是很好的注重了数学教学的有效性原则和可接受性原则，这就是“讨好不费力”，而不是“费力不讨好”！

4. 教学要慢下来[3]

高中数学教学在一定程度上来说就是解题教学，因为数学高考就是解那21或22道高考题，殊不知，为了这几道高考题，考生要在高中阶段训练千万道题，高考试题又要求学生在极为有限的时间里作出完整的解答，所以必须快、准、稳. 学生成了解题的机器，课堂就是对答案且不重视知识的产生发展过程只重结果，教师是“教死书、死教书、教书死”，课堂满堂灌、缺乏生气，师生没有活力的情形绝不是个别、短暂的现象. 金属也会出现疲劳，何况活生生的青年学生

能长期经受得住“题海战术”的煎熬、毒害吗？以至于一年一度的高考结束之后，好多师生都在惊叹：“做了好多无用功啊！练了、讲了、考了那么多题，怎么没有今年的高考题呢？”原因何在？笔者认为原因就是学生解题解得太快了、太多了，学生在解题数量的强大压力、竞争下，不得不拿起题就解，有时连题目都没看完（因为学生遇到的重复题太多了），根本无暇思考总结：为什么要这样解？这种题及其解法有何规律？出这道题的意图是什么？我真正掌握这类题了吗？

做一道题的目的是为了掌握这方面的知识，所以应当做慢点并及时总结，今天做好这道题就是为了明天不再训练这种题. 笔者在二十多年的数学教学实践中总结出“思、探、练、变、提”解题法[4]：对于呈现的问题要先思考，不能盲目动笔求解；对于问题还要进行多方位的探索，哪怕对该问题本身的解决相距甚远的探索也是珍贵的、有益的；通过探索或老师的少量提示再规范地解答该问题；对于该问题还要有实质性的变式训练；完满解决一个问题之后应当及时总结并提出新的类似问题.

工业化和城市化的高歌猛进的确给我们带来了物质上前所未有的相对富足，然而，这不能成为让学生丧失睡眠和该有的天真而被训练成考试机器的足够理由. “慢教育”的教育理念包含着一种以从容应对高压态势造就的粗暴冷酷、以沉稳对峙急功近利的肤浅、以智慧瓦解手忙脚乱的自作聪明、以诗意找回生活学习应该获得的情趣和乐趣的意蕴.

参考文献

[1] 郭思乐. 教育激扬生命——再论教育走向生本[M]. 北京：人民教育出版社，2007.

[2] 甘志国. 数学教学要注意有效性原则和可接受性原则[J]. 数学教学，2010(5)：8-9，封底.

[3] 甘志国. 数学教学更需要“慢教育”[J]. 中学数学月刊，2010(3)：22-23.

[4] 甘志国. “思、探、练、变、提”的解题教学[J]. 中小学数学(高中)，2009(12)：7.

§39　崇高的师德:教育者要做学生生命中的贵人

一般来说,一个人的成长离不开合作交流、互相帮助;一个人在奋斗的征程中,若有贵人相助,就可较快地获得成功.历史上这样的例子很多:1669年10月27日,巴罗(1630—1677)为了提携牛顿(Isaac Newton,1643－1727)而辞去了教授之职,26岁的牛顿晋升为数学教授,如果没有牛顿的舅父和巴罗的帮助,牛顿这匹千里马可能就不会驰骋在科学的大道上,巴罗让贤,在科学史上一直被传为佳话;尽管欧拉(Leonhard Euler,1707—1783)的天赋很高,但如果没有约翰·伯努利(Johann Bernoulli,1667—1748)的教育,结果也很难想象,由于伯努利以其丰富的阅历和对数学发展状况的深刻了解,能给欧拉以重要的指点,使欧拉一开始就学习那些虽然难学却十分必要的书,少走了不少弯路,这段历史对欧拉的影响极大,以至于欧拉成为大科学家之后仍不忘记培育新人,这主要体现在编写教科书和直接培养有才华的数学工作者,其中包括后来成为大数学家的拉格朗日(Joseph Louis Lagrange,1736—1813);高斯(Carl Friedrich Gauss,1777—1855)曾说服哥廷根大学授予"女扮男装"的数学家[1]热尔曼(Sophie German,1776—1831)名誉博士学位;1917年,罗家伦报考北京大学文科,胡适判阅其作文试卷,胡适毫不犹豫地打了满分,并向学校招生委员会荐才,可校委们察看罗家伦的成绩单后大吃一惊——罗家伦的数学成绩竟是零分,其他各科分数也平平,在取弃的争论之际,主持招生会议的蔡元培校长力排众议,破格录取罗家伦,罗家伦后来也成为"五四"风云人物,民主与科学"新文化"运动的旗手,传诵一时的《五四宣言》也出自他的手笔,碰巧的是,12年后,已是清华大学校长的罗家伦在招生中也遇到了偏才——钱钟书,钱钟书当时"国文特优,英文满分,数学15分",于是,罗家伦在钱钟书的名字上大笔一勾,破格录取[2];康托(Georg Cantor ,1845—1918)、伽罗华(Galois,1811—1832)在科学研究中获得巨大成就后因没有遇到贵人相助反而造成了科学史上的巨大冤案.

2008年5月12日,川北大地震突然爆发,以其罕见的震级和烈度震惊了世界.随同灾难一起爆发的是我们这个民族平时如火山一样潜伏着的美德:善良、勇敢、同情、牺牲、互助、先人后己……那段日子,我们听到或看到了太多太多感人至深、催人泪下的英雄事迹.如果要问,在这一次大灾难当中,人类精神的伟大在哪些人身上得到了最充分的体现?我想,得票率最高的肯定包含着这样一个群体——人民教师!平凡和崇高,就这样在山崩地裂的顷刻间完成了转换.他们用鲜血和生命诠释了师德!瞿万容、胡蓉、严佳萍……哪个英雄的事

迹不足以感天动地？从他们身上，我们同样看到了以天下兴亡为己任的师德的光芒.[3]

本文将以叙述故事的形式阐释崇高的师德：教育者要做学生生命中的贵人.

1. 爱心

我们高一数学备课组的老师除我之外都是年轻人，且多是刚分配来的大学生.这些青年男女都把稍稍年长一点的备课组长赵涛叫“涛哥”，把我叫“甘教授”，我们也叫他们“慧慧”“晓燕”…… 这一叫，整个备课组老师之间的关系就拉近了，人人抢着干每件事，大家也互相帮助、共同提高，甚是和谐.连学生进办公室后也“涛哥”“甘蔗”“慧姐”“燕姐”地叫个不停.

教育者对学生要有爱心，没有爱就没有教育.一班主任把一调皮学生一直放在进教室门口的位置坐着(而其他同学的座位轮流交换)，并对他不闻不问.而该班的数学老师在每节课下课时总是走到这名学生跟前同他说会儿话(很多话与数学并无关系)，有时还抚摸一下他的头.结果，这名学生对数学开始产生兴趣，成绩也不断提高.这可能就是俗话所说的“亲其师，信其道”吧！师爱可以从对学生的称呼做起，我们的师弟、师妹和学生就很好地注意了这一点，所以年长的老师也要与时俱进，发展好与师、生间的称呼.关于此，我们先来听听故事——《幸福在老师的称呼里》[4]：

“赵老师，您怎么不太叫您班学生的大名啊？”小李老师问.“就是啊，听您班学生说，平时您不是叫他们‘毛毛’，就是叫‘豆豆’，甚至还有叫‘乖乖’‘宝贝蛋’的.”小张接着说，“上次在您班上完《幸福在哪里》一课后，问学生最幸福的一件事情是什么时，竟然有很多人说是在您叫他们‘乖乖’的时候！”“一说起称呼，您班学生兴奋得两眼噌噌地朝外直冒光！”小李玩笑似地接过了话茬.“哈哈哈……”办公室的其他人被两位活泼的年轻人的一唱一和引得笑语不断.

“无论怎么叫，叫什么，其实都是向学生表达一个‘爱’字.学生虽小，但却能从语气和称呼上分辨出老师是否喜欢自己.作为学生还有比让老师喜欢自己更幸福的事情吗？”赵老师慢条斯理地说.“原来如此啊！”两个年轻人恍然大悟.“那也不能因为喜欢，全班六七十个人都叫‘乖乖’‘宝贝’啊.”他们俩异口同声地说道.

“称呼学生的方法有很多.”赵老师不紧不慢略带自豪地说.

“首先可以据家庭称谓叫.如‘孩子’‘小弟’‘宝贝’‘乖乖’、乳名，让学生听后在情感上有一种被宠爱、被呵护的幸福感.这样的方法，看起来或许幼稚，但这种天真可爱的智慧恰好适应学生本身纯真的思维模式，拉近了师生间的距离，甚至可能会改变一个学生的性格和命运."

"其次可以省其姓呼其名.古人有'省姓呼名'的称呼传统，很多时候，对于学生我都只称呼其名，不称呼其姓.如对'马朝晖'只叫'朝晖'就可以了.对于名只有一个字的学生可以叠名称呼.如'马艳'叫'艳艳'即可.这看似寻常的做法，却可以让学生从语气中体会到老师对他所特有的亲切感和尊重感，再加上浸透感情的语气、语调，一定会让学生倍感幸福与温馨."

"再有一种就是借代法.如学生在某方面与电视、电影、小说或社会中的某些正面人物相似或相关时，老师也可用其名字来称呼学生.如我班的李亮篮球打得很棒，我就叫他'姚明'；王飞跑得很快，我就叫他'刘翔'等.这样就会让他们有一种成就感，也能感受到老师对他们的欣赏和重视."

"以上主要是针对个体来说的，当面对学生整体时，为了表示老师和学生亲如一家，可运用'自己人的效应'来缩短因称呼不当而引发的情感上的距离，一般以用'咱们、孩子们、我们'之类的词语称呼比较好."

"为什么我称学生'孩子们'时他们总发笑呢？"小李老师疑惑地问道."你？孩子？"诧异之余，赵老师忍俊不禁，"你可真是聪明一世，糊涂一时啊！你叫六年级的学生为孩子们，你才多大啊？"一句话说得小李不好意思起来."您是说这三种称呼的方法应当结合当时、当地的情况因人而异，不能随便乱用，老师如果年龄不同，对学生的称呼也应该不一样？""还是你聪明！"赵老师玩笑似地冲着小张老师竖起了大拇指.'孩子们''宝宝'或乳名，只适合于我们这些中老年教师称呼，你们小青年可以把学生称作'小弟''小妹'.赵老师接着说，"如果场合不同，则称呼也应不同.如'马朝晖'，适合在表扬、嘉奖等庄重场合叫；而'朝晖'，则适合比较随意宽松的场合.教师在课余与学生玩耍时，可称呼学生中流传的雅号、网名、英文名和善意的绰号."

"另外，根据师生间关系的亲疏不同，称呼也可以有所变化.老师如果和学生家人及亲属关系比较亲密，就可称呼学生的乳名或者叠名，如'小晖''晖晖'."

"再者就是，目的不同则称呼也应不同.如批评学生时为了让学生减少心理上对教师批评教育的抵触情绪，让学生感觉到'老师爱我，老师喜欢我'，可以称呼其乳名或者叠名；表扬时，为了渲染一种庄重气氛，可以直呼其姓名."

"想不到，称呼竟有如此多的学问啊！"小李感慨道，"听您一席话，胜读十年书啊！"

"是啊，有人说名字就是一个符号.确实，称呼事小，但人与人之间的关系却是大事.可能一声不经意的称呼使你失去了一个朋友，也可能一声亲切的呼唤能使两个人成为莫逆之交.善用称呼可以让你的人际关系更和谐，也可以为你赢得意想不到的收获.如果我们每位教育者都能用心为学生送去一声亲切的呼唤，那么你会发现：孩子们是那样的可爱，教育是那么的伟大，做学生、做教育者都是人生中的一大幸事！”

“我们马上到班级检验您的经验去了，可不能忽悠我们啊！”随着银铃般的欢笑声，两位青年教师已向教室走去……

在人生旅途中，有些人注定要伴您走完人生之路，分享喜怒哀乐；而有些人只是给你带来瞬间的精彩，他们只是匆匆的过客. 但有些精彩可以影响人的一生，它值得我们去感恩，去默念. 老师的爱，应当是大爱、深爱、真诚的爱，是天底下最无私的爱.

我们再来欣赏故事——《那一句话》[5] 对师爱的阐释吧！

12 岁时，我考进了县城里的一中.

面对一班优越感极强的城里同学，我犹如一只误闯鹤群的灰雀，来自农村的我有种本能的自卑. 更要命的是，我第一次远离父母当寄宿生，而且还没交上要好的朋友. 每天傍晚，我都孤零零地呆在自习的教室里流泪，想家.

我们的班主任卢老师是一位中年妇女. 她总是面带微笑地给我们上课，慈爱而有威信. 期中考试下来，除卢老师所任的历史课我考得还过得去，其他科目一塌糊涂. 我甚至动了转回乡下中学就读的念头——在我熟悉的乡镇中学里，我才能找回我的自信.

卢老师找了个放学的时间找我谈话. 她很亲昵地扶着我的肩，和我边谈边往食堂走. “卢老师，这是你女儿吧？”在食堂门口，一位工友指着我问. “我要是有个这么聪明漂亮的女儿就好了！”卢老师笑着拍拍我的肩膀说. 顿时，我愣住了，不敢相信她会说出这样的话. 卢老师的女儿，我见过——一个漂亮而又优雅的小公主，在本校读初二.

多年以后，我已经记不起卢老师后来还跟我讲什么了，但那句话却常常如雷贯耳. “我要是有个这么聪明漂亮的女儿就好了！”它永远印在我 12 岁的心灵里. 在我感到迷茫的时候，我总会想起那一声亲切的赞美，它会穿越时空来抚慰我. 那句话，不管当时老师是由衷地说的，还是为了鼓励我而刻意地说的，我都发自心底地感谢她！

在我自卑得像一条毛毛虫的时候，卢老师用她爱的语言，让我有了信心去耐心等待化蛹成蝶的机会.

2. 尊重

安东·谢苗诺维奇·马卡连柯(Антон Семёнович Макаренко，1888—1939)是苏联杰出的教育家、作家，他有一句名言“我的基本原则永远是尽量多地要求一个人，同时也尽可能地尊重一个人.”我们再来读读他的教育故事——《信任与尊重》[6].

马卡连柯在波尔塔瓦创办并主持儿童犯劳动教养院时，本着“应该新的方法造就新人”的原则，大胆革新，创造性地工作，发挥集体教育的威力，挽救了“几百个生活受了残酷的、侮辱性的蹂躏的孩子”．农民的儿子谢苗·卡拉邦诺夫就是其中的一个．

有一次，恶习未改的谢苗和同伴又去盗窃他人财物，马卡连柯狠狠地惩罚了他．谢苗一赌气逃离了教养院．不久他又返回来，但情绪一直不稳定．马卡连柯思虑良久，大胆尝试用一种新的教育方式来改造谢苗麻木堕落的心灵．

这天，马卡连柯把谢苗叫到跟前，对他说：“这是委托书．你到财务处去取500卢布．”谢苗不知所措，他张大了嘴巴，张口结舌地说：“取500卢布？还有什么事？”马卡连柯说：“没有别的事．就是说给我把钱取回来．”最后他补充说：“骑马去，这是手枪，拿去以防万一．”谢苗惊奇地看了一眼手枪，迅速地塞进衣袋，什么话也没说就走了．傍晚的时候，谢苗回来了，他走进马卡连柯的办公室，默默地把一沓钞票和手枪放在桌子上．马卡连柯拿起钞票，问了一句：“数了没有”，顺手丢进抽屉里．

过了两个星期，马卡连柯为了巩固“信任”的成果，决心再次考验谢苗．他告诉谢苗：“你去取2 000卢布．”同上次一样，谢苗把手枪塞进衣袋准备出门，他迟疑地忘了马卡连柯好一会儿，然后一字一顿地说：“2 000卢布？要是我取了钱不回来呢？”马卡连柯用信任而又责备的口气说：“少说这种傻话！既然把委托书交给你，你就去取．”谢苗耸耸肩，含糊地低声说：“好，去就去……”

行程一切顺利，谢苗很快返回，把钱交给马卡连柯，并客气地说：“请您数一数．”“为什么？”谢苗坚持说：“请您数一数．”马卡连柯说：“你这个人真奇怪，你不是数了吗？”谢苗加重了语气又说了一遍：“对您说，请您数一数．”马卡连柯装作生气地样子说：“不要啰嗦！”谢苗很激动但又好像受了委屈似地喊道：“您是在捉弄我，您不可能这样信任我．您是在故意冒险．”

马卡连柯认真地说：“我叫你做了事，你付出的代价肯定不小．”谢苗把身子往前一伸，抓住窗子栏杆大声说：“我骑在马上一路在想：要是树林里有强盗冲出来袭击我，不管有多少，我都要开枪打他们，像狗一样扑上去咬他们，撕他们，除非他们把我杀死！我也知道，您在这里一定在想：他不知会不会把钱拿回来．您是在冒险，对吗？”

马卡连柯郑重地说：“钱财的事永远都是要冒险的．不过我是这样想的：如果你去取钱，危险性就少一些．你年轻力壮，骑马又骑得非常好，随便碰到什么强盗你都可以逃得过，像我这样，就很容易被他们抓住．”谢苗听了松了一口气，他第一次感受到了做人的尊严，感受到了受信任的那种难以形容的激动心情．于是他跑着、跳着、唱着歌，飞快地离开了马卡连柯的办公室．从此以后，取钱的任务就交给了谢苗．他每次都能圆满地完成任务．

马卡连柯用信任的方式恢复了谢苗做人的尊严. 他认为，当一个人失掉了做人的尊严的时候，他是什么事情都做得出来的. 只有先恢复他做人的尊严，再进行教育才会有效.

这个故事说明了信任与尊重在教育中的力量. 马卡连柯正是运用这一力量，激起了受教育者的自尊感，把他从自暴自弃、自卑、失望和堕落的深渊中解救出来；为他点燃起新生活的希望.

3. 激励

培养学生学习的兴趣、采取成功的激励措施都是高效教育方法. 请欣赏故事——《老师的胜利》[7].

我第一天授课时，曾在班上宣布："我只有一条规则——尊重你自己和教室里所有其他的人."

后来，有个名叫卡莉·韦斯特的女生突然莫名其妙地有了一种"不好的行为". 我讲话的时候，她会直望着我的眼睛，大声打呵欠. 她的呵欠总是历时长久又动作夸张，还具有感染力，会使许多别的学生也都打起呵欠来.

卡莉每打完一个呵欠，都会露出可爱的笑容，并且装作很诚恳地道歉. 当然，我和她都知道她一点也无歉意，这显然是对教师的考验.

经过慎重考虑，我写了封短信给卡莉的父母韦斯特夫妇，告诉他们说，我对于有卡莉这样的孩子在我班上，感到非常高兴，因为她聪明伶俐、风趣可爱，而且成绩不错，总平均是乙. 我没有把信封口. 第二天，卡莉第一次打哈欠之后，我就把信递给了她，请她交给父母.

到了下星期一，她走到我的讲台前："约翰逊小姐，谢谢您那封信，"她说，"我母亲把它贴在了冰箱上让大家看，在我家，那里就是光荣榜，不过我父亲不相信我在您教的那科能拿到乙."

"我看不出为什么不能."我回答说，"你很聪明，总是最先交作业."

"不错，"卡莉说，"但我从未得过甲."

"那是因为你总是不把作业做完，如果你把作业做完，你会得甲的.""可是我的测验成绩也从未得过甲."卡莉说时，低头瞧着她的笔记本，"我总是拿丙."

"你是否从来不温习？"

"是的."

"我敢打赌，要是你肯用功温习，就会拿甲."我用手指轻敲她的笔记本，直到她抬起头来看着我，"我是说真的."

"您确实认为我很风趣？"她问.

"是的."我点头说.

下一次考试时，卡莉拿到了乙上.到了年底，她英文的成绩拿到了甲.

这个成就令我很受鼓舞，我决定给每个学生写信.我分三批写.第一批写给“坏”学生，因为我认为他们最需要鼓励.有时候我要想很久才能想到一些好话，但是我从不说假话，我在每一封信里都说，由于这孩子品性纯良、彬彬有礼、善于与人相处，我对于有他在我班上，感到很开心.

我的工夫并没有白费，只有少数学生依然故我，大部分都已改正了以往的不足，杰森不再是个贫嘴的小鬼，他已成为一个聪明机智的年轻人.班上进行讨论时，他的言论常常能够提供一些受人欢迎的风趣.雪梨是个成绩只勉强及格的学生，但是她总是把头抬得高高的，充满自信，觉得自己是个衣着不俗而举止娴雅的少女.

给“模范学生”的信很容易写，我赞扬他们字写得好，不缺课，测验分数高，而且我也没有忘记赞扬他们的行为和性情，因为孩子对这些比对学业荣誉重视得多.我开始写第三批信给那些既不特别好，也不特别坏的“中间”学生时，骇然发觉自己对他们之中的一部分人竟然毫无印象.然后，我惊语为什么会有那么多好孩子这么容易在我这儿被遗忘.他们说话不粗声粗气、举止比较斯文、性格不偏激，他们不惹是生非，也不喜欢出风头.他们在莘莘学子中默默无闻，而他们之所以会这样，往往是出于自愿，但有时则是由于被别人比了下去.

最后一批我写得特别小心，花了许多时间.我把它们分发给学生时，双眼一直看着他们的脸，直至看到他们也对我回看，才把视线移开.

给每个学生都写信之后，我感觉到学生渐渐对我都亲密起来，那种感受美妙极了.我发觉教室里的气氛也已改变，那些学生真正相信我对他们每个人都有了认识，对我不再采取对立的态度了，我们互相尊重.

4. 欣赏

教育的最高境界是欣赏，对于那些有“棱角”的学生，更应当善待他们，还要以欣赏的眼光看待他们所做的每一件事，因为有“棱角”是个性张扬的表现，绝不是错误，而且他们往往在其他方面有超常的能力.一位初中物理老师在给全班同学津津乐道地讲述“摩擦力”:“表面越粗糙，摩擦力就越大……”而坐在后排的女生吴丽带听不听、歪斜着，很是影响老师的情绪和周围学生的学习状态.老师实在忍不住了，走到这个学生面前对她说:“吴丽，你怎么不好好听讲，老师讲错了吗？”吴丽站起来慷慨陈词:“老师，您昨天在纸上备课，得到了上述结论；我昨晚在网上备课，得到了下面的结论:关于摩擦力有多种假说，您讲的只是其中的一种.还有一种假说是这样的，当两个接触的物体表面光滑到一定程度时，表面越光滑，摩擦力就越大.比如，两块玻璃中间还有水时，你能把这两块玻璃推得开吗？”能说这样的学生不认真听讲吗？不认真学习吗？学习方法不好吗？不够谦虚吗？不尊敬老师吗？性格不好吗？…… 而笔者认为，这位学生的“独立之性格，民族之精神”正是新时代的教育要大力弘扬的，教育者应当培养出更多这样的学生. 诸葛亮尚能七擒孟获，而教育者却不能容忍、欣赏学生的创造力，岂不怪哉！我们再来读下面的故事——《棱角学生》[8]，读完之后你对这位“棱角学生”及其老师有何评价呢？

从教以来，我十分赞同并一直倡导在课堂上师生之间相互探讨问题，因为只有采取这种民主的方法，才能引导学生积极思考，充分挖掘他们的创造力. 但是，如果学生在课堂上“戳二音”，我无论如何也无法容忍. 若发生这样的事，我会窝一肚子火. 虽然时常告诫自己在学生面前要有涵养，一定要忍住，不能在学生面前发火，忍一忍，再忍一忍. 这样的话，虽然火气被忍住了，但再往下讲，那教学效果就会大打折扣. 我再也不会和颜悦色、声情并茂地讲解了. 尽管脸上假装异常平静，但心中却是翻江倒海，甚至疼痛. 更糟糕的是该讲的内容也讲不完整了.

有一天，我刚讲完一道试题，有个新生马上打断我的话说：“根本没有那种用法！”声音十分响亮还带着一股火药味. 他的话立刻语惊四座，同学们都举目张望，把我的脸看得热辣辣的，有点发烫. 但我还是克制住自己，心平气和地问：“请问，有何根据？”“《高考必备》上没有！《牛津字典》上也没有啊！”我并没有责怪那个学生，仍然和蔼地说：“你说得很正确，这也说明你很善于动脑筋. 是啊！我也查过，那两本工具书上都没有这个词条，但在《朗文字典》的第 1315 页的右上角第五行有这个词条，并附有与这个练习同样的例句.”这下，同学们都用钦佩的目光望着我，我用眼角扫了一下那位同学的表情，他的脸红得像关公，十分痛苦地低下了他那“放荡不羁”的头颅. 多么可爱的学生啊！在班里有这样的学生，上课才会有刺激，才会体验到生活无时无刻在向我们发起一个个挑战. 课后我想：这个学生很不简单，他的英语水平很高，而且自学能力也很强，美中不足就是有点“棱角”. 任何一位老师遇上这样的学生都会感到很棘手的.

经过一段时间的观察，我在这个学生身上发现了几个与众不同的特点：第一，我偶尔在课间遇上他，总是对他微笑，但这个学生很不领情，经常是用仇视的目光瞪我几眼，然后一阵风擦肩而过，气势汹汹，寒气逼人. 绝大多数学生从心理上，把老师要么比作父母，要么比作朋友，他却视老师为仇敌，好像对老师怀有深仇大恨，这说明他从心理上还没有真正接纳我. 第二，上课的时候，我在上面讲，他不看黑板，也从不正眼看我. 他其实听课很认真，他那种姿势或者是一种假象，或者是一种听课的习惯. 因为我讲到哪里，他的眼睛看到哪里，而且还时不时地翻动他的《牛津字典》，这说明他在思考并通过查阅字典来印证老师所讲的是否正确. 这一点我是很欣赏的. 因此我对其奇怪的上课姿势假装视而不见. 第三，一天七八个课间，他至少有四五个课间往他以前的英语老师那里跑,最初见了我从不打招呼,就像不认识一样;后来,总是偷偷摸摸,见了我就好像做了什么亏心事似的.由于同一年级的英语教师都在一个办公室办公,所以,几乎他每次来都能遇见我.我为了有意回避这种尴尬,要么装作干这干那,要么赶快离开办公室.我认为师生之间的交流毕竟对学生的学习有好处,于是,我在课堂上说:“你们来自不同的班级,你们以前的英语老师教得都不错,他们的知识比我渊博,教学经验也比我丰富,并且在指导学生学习方面都有独到之处.我希望你们继续与以前的英语老师保持联系,在学习上有什么问题,若不愿意与我谈,完全可以找以前的英语老师谈,不要有所顾虑!”

又过了几天,我讲了一个单选题,涉及动词的现在分词作原因状语的内容,出乎我意料的情况又发生了.还是那位同学,他立刻从座位上站起来驳斥,我很清楚,他这次是有备而来的,是报上次“受辱之仇”的.

他说:“你讲得根本就不对!”这时,教室里顿时寂然,全班同学都瞪大眼睛望着我,甚至屏住了呼吸.我只觉得空气都凝固了,甚至时间在此也搁浅了.我说:“请问,你说我错在哪里?”他说:“动词的现在分词中根本就没有这种用法.”我说:“有,它不但有这种用法,还有其他的用法.”于是,我就把动词的现在分词的功能与作用全面系统地给同学们讲解完了.最后我说:“咱们班上,各种版本的语法书一定不少,其中都有这方面的讲解.下面请大家拿出来并翻到非谓语动词中现在分词一章,看我所讲的与书上所讲的有没有出入.”这时,大家迅速行动起来了,很快有十几个同学说:“老师,我们找到了!找到了!与你讲的用法一样,就是所举的例子大同小异.”我说:“找到了就行,课后再认真研究一下,以巩固我所讲的内容.”现在,同学们用敬佩的目光望着我.

这时,下课铃声响了,我边走边想:我这一节课,虽然没有完成计划内容,但解决了同学们的一个疑惑,他们也算有所收获.同时也暗自庆幸:自己能够应对此类突发事件,多亏了扎实的基础知识,记得上函授专科的时候,英语语法是我最拿手的,这一科,我曾经获得德州地区第一名的好成绩.这一点,恐怕学生永远也不会知道.我心中还是捏着一把汗,我根本无法预测那位学生下一步又会给我出什么样的难题,但我隐隐约约预感到,这个“棱角”学生还会让我更加难堪.不管怎样,我得坚持一个原则:用自己的学识、人品、工作态度去征服学生,在任何情况下都不能冲动,更不能发火.但现在去找那位同学谈心还不是时候,因为我要赢得的不是这一个“棱角”学生,而是全班学生.

又过了大约一周,我既担心又盼望的事情终于发生了.

那一天,我正讲 The Emperor's New Clothes(皇帝的新装)一课,文中的皇帝说:“Is it possible that I am a fool? Am I not for my post? No,no……”我翻译:“我是个傻子,那可能吗?我不称职吗?不,不……”刚翻译到这里,那个“棱角”学生却插嘴说:“Yes! Yes!”他的意思就是:你是个傻子;是的,你不称职.他的声音不算很大,至少比前两次声音小.我讲解的时候,除了我讲课的声音外没有其他的声音,所以,我估计每一位同学都听到了他的“二音”.我虽然没抬头,但我能猜测到,那时有的同学可能在挤眉弄眼.我的脸如中芒刺一般,热辣辣的;又好像一把刺刀直戳我的心脏,一阵剜心似的绞痛.与其说前两次他是为了探讨学问,那么这一次就是对我公然进行侮辱了.我当时的感觉无异于当众被人脱光了衣服.我顿时义愤填膺,但还是长舒一口气,强压怒火,继续讲课.但大脑在嗡嗡作响,就好像一群苍蝇在我眼前飞旋,幸亏他说了那句话之后,我只讲了五分钟,下课时间就到了.在这短暂的时间内,整个课堂被一种肃杀的气氛所笼罩着,全班同学没有一个抬头的,都埋头听讲.

那一天正好是连堂,下一节还要在这个班上课.我将如何面对全班同学呢?去向学生们为自己辩护说,我有学位,教了多届高中毕业生,参加过国家级高中骨干教师培训,曾经发表过多篇教育论文来证明我很称职吗?不!向学生们说这个是很苍白的,那简直就是一堆废话.我必须用事实说话!

课间,我在办公室喝了两杯白开水,就匆匆回到了教室.我在讲台上表现得异常平静,而且在脸上也装出了笑容,可能那笑容很不自然,但我必须这样做!我说:“同学们,我一向主张‘师不必贤于弟子’,所以,我想给同学们一次施展才华的机会,《皇帝的新装》这一课,我基本讲完了,还剩两小段.今天,我来操作录音机,请大家推选一位英语最出色的学生为你们讲两段,你们说让谁来讲啊?”

大家先是惊讶,然后,一致推选那位“棱角”学生来讲,我微笑着对他说:“请你上讲台来讲吧!”这位学生毫不含糊,三步并做两步,跨到讲台上.一幅踌躇满志的样子.我放一段录音,他讲一段.他声音洪亮,抑扬顿挫,我暗暗佩服他的胆量.他讲完之后,我问他:“你还有补充的吗?”他说:“没有了.”我说:“谢谢你!你可以回到座位上去了.”我又问全班同学:“你们听懂了吗?”有的说:“没懂!”还有的说:“他讲的我们自己都能看懂,但我们不懂的好几个地方,他却一点也没讲啊!”我说:“没关系,这位同学在没有准备的情况下,讲到这样的程度已经很不错了,下面我只补充几点,我讲完后,你们有问题再问.”我补充了四点,然后,我问:“你们现在还有不懂的地方吗?”同学们用折服的目光望着我并齐声回答:“全懂了.”我发现那位“棱角”学生已经把头低到桌面以下了……

课外活动时间,我让英语课代表叫那位“棱角”学生来我办公室,叫了两次,没请动.我只好“亲自出马”把他请到办公室.我和颜悦色地问他:“你知道我为什么把你叫来吗?”他低着头用很小的声音柔和地回答:“知道,老师我错了,在课堂上,我说话太随便.因为我在以前那个班就这样,已经习惯了,总也克制不住.”我说:“知道错了就好,你们还只是十几岁的孩子,犯错误是正常的.

你的英语基础不错，也很有潜力．在高中阶段，你们不但要学会学习，而且要学会做人．将来，你们走向社会，还要融入一个大的集体中，你要懂得，说话不慎重会伤害别人的感情的．当然，在课堂上我一直坚持民主，在知识方面，我提倡同学们善于发现问题，善于提出问题，对老师在讲解中所出现的错误也可以大胆提出来；但与学习无关的话最好克制一下，少说，甚至不说行吗？”“老师，我懂了，今后我一定改正．你就看我的表现吧！”

从此，这位同学的英语成绩更加出色了．他仍然有“棱角”，但他的“棱角”仅限于提出那些与课堂有关的内容．有他在班级中，课堂气氛显得活跃，因为他能提出其他同学不能提出的问题，而且能够带动同学们积极思考．另外，他每周至少来我办公室三四次问问题……

5. 转化

有一位教育家说过，“只有教不好的老师，没有教不好的学生”，这句话在教育者中就产生了很大的争议．先听听下面的故事——《从“曹操”到“包公”》（该文的作者地址：武汉市洪山区教师小区 24 栋 304 室）[9] 再说吧！

我所任教的一所乡镇级高中是省委、省政府命名的“双文明建设先进集体”，又是省里的体育、音乐、美术三所学院的对口招生单位，还是原国家教委、国家体委授牌的“足球传统项目学校”，而我却在这个格局的形成中完成了从“曹操”到“包公”的转化．

我在“文革”结束不久，就当上了这所学校的校长．当时，虽然恢复了中考，可是升入高中的学生有不少还得补小学的课，有的还“造反派脾气”十足．这些“后进生”都被称为“差生”，有的甚至被斥为“文盲加流氓”，转化他们已成为学校的当务之急和最艰巨的任务．面对这个现实，我在学校提出了“转变一个差生胜过送一个学生进北大清华”的口号．县教委很感兴趣，决定在我们学校办一个转差实验班，由我兼任班主任．消息一传出，就门庭若市，一下子招了 83 人！

外界称这个超级大班为“83 万人马”，我似乎感到这不是什么好兆头：曹操率领号称“83 万人马”的那一仗是以失败告终的，我带的这个班号称“83 万人马”，我岂不成了曹操？是的，我虽有几例“转差”成功的经验，但对带好这么大一个班确实诚惶诚恐．好在当时有句时髦话叫“摸着石头过河”，我也就摸着石头趟这股激流吧！

可是，这个班也差得太可怜了：入学测验语数两科及格的只有寥寥 4 人，一开学，调皮捣蛋的事就没间断过．教室门前的一块草坪中间被踏出了一条路，总务处修补好了，用铁丝围起来，竖了块“严禁穿行”的标牌，没过两天铁丝就被人弄断了，标牌上面还被写上了“两点之间线段最短”的字．这事还没处理完，食堂又闹得人声鼎沸，原来是班上的同学为食堂画了两幅讽刺浪费粮食现象的漫画，一幅讽刺给馒头剥皮，题名“剥皮能手”，可是那位“能手”的轮廓竟与王老师一模一样，还特写出她的纤纤玉指；另一幅讽刺洒饭现象，题名“洒饭专家”，可是那位“专家”竟把林老师的神态表现得惟妙惟肖，还夸张出血盆大口．影响太恶劣了，我只得专门来处理这件事．正忙得不可开交，区政府又来“请”，为的是班上的学生上晚自习时翻院墙到区政府看电视，被拒之电视室外，他们竟群起指责区政府“封锁改革开放的声音”，我到场时，他们正在与区政府领导搞“大辩论”……

真是折腾得我心力交瘁．却不料就在这“山重水复疑无路”时，来了个“柳暗花明又一村”．原来学校发出的筹建学生会的通知，使班上的活跃分子一下子转了向：拟组建方案、拟竞选条例、办“竞选专号”黑板报、到处演说……乱七八糟的事竟一下子绝了迹．竞选结果自然是大获全胜，主席、文体部长和生活部长都在我们班．还真没想到这些“差生”一当上干部，就由恢复教学秩序的阻力变成了助力：值班守夜、办刊办报、建校园广播站、评教评学、开展文体活动……使学校生机勃勃！我与他们的关系也融洽了．他们搞的“创建五星级班级和寝室”活动，还在全地区推广！这使我明白了一个道理：所谓“差生”其实不差，只要找到适合他们特点的途径，使他们的聪明才智能施展、青春活力能焕发，也许他们个个都是英雄．就像大禹治水，只有导，水才能流入大海；若是一味地堵，即使把堤坝筑成铜壁铁墙也有被冲垮的一天．我写下了李冰在都江堰留下的两句话“深掏滩，低筑堰”作为指导思想．不久，以这个班为基础组建的学校体育队和文艺队在县双双夺冠，很快足球队就打出了地区，打出了省，并在全国中学生“拼搏杯”赛中获得第三名．

但是，我深知这些都不是上面和社会要求的“转差”结果．教委提醒：“老杨呀，转差班是转进大学的班，不是引着玩的班．”家长唠叨：“孩子千转变万转变都没用，我们盼的是有个出路．”还有人嘀咕：“高考就是火烧赤壁，等着看‘83万人马’丢盔弃甲吧！”这使我想到了柳宗元写的两篇富有教育哲理的人物小传，《梓人传》里的那位叫杨潜的都料匠，别看他是“床阙足而不能理”的“差生”，但他却是能指挥上千工匠修建京兆尹官署的将才．《郭橐驼传》里的种树经“顺木之天以致其性”为什么不能用呢？我们怎样按这83位“杨潜”的个性培养、发挥他们的特长呢？我终于想出了变“大批量标准件生产”为“小批量多规格生产”的办法，立即与省里的体、音、美院校联系专业老师，在学校修建标准化足球场、琴房、画室，一次就购进15台钢琴．人们笑我真有统帅83万人马的曹操气魄，教委也等着秋后算账．

可是，高考结束后，连我自己也没料到我竟然放了一个震撼地区的响炮：这83人中有51人考上大学，其中文理科只有8人，其他的都是体音美；余下的32人，18人或在乡镇工作，或在深圳等地创业（可惜高考没这两类），14人复读后也考上了大学.从此我校一直保持着文、理、外、体、音、美全面培养的格局,我在省先代会上发言的题目是《我们平反了83位"差生"的冤假错案》,在报上发表文章的题目是《郭橐驼工程》.

我退休后,2004年在深圳讲学,这"83万人马"中的28人在海景酒店宴请我,并送我一尊包公塑像,基座上有两行金字:"冤假错案幸有包公平反,八十三万未步曹操后尘."转差竟把我从"曹操"转成了"包公",乖乖!

著名教育改革家郭思乐教授在专著《教育激扬生命》[10]的"序言"中写道:

生本教育就是以生命为本的教育,教育的宗旨不应该是控制生命,而是要激扬生命,教要皈依学,让生命自己行动.犹如老燕子不必繁琐地教小燕子如何飞到南方——那样反而会让许多小燕子迷失方向,它真正需要做的,是依托小燕子飞翔的本能,教它飞向蓝天,飞得更高更远.

我们由此想起了鲧和禹父子俩治水的故事.鲧用"堵"法,失败了;禹用"导"法,成功了.原因在于前者违背而后者顺应了水的本性——水向低处流.那么,教育的成败是否也同违背还是顺应人性有关呢?人性是什么?人往高处走,天天向上,在自我实现中获得高峰体验,这就是人的本性.而且如同水的本性体现在水的自主行为之中一样,人的本性也是除去外加之性而呈现的本质.教育如果违背甚至不自觉地扼制人的这种本性,当然会处处受阻,步履维艰;反之,则会春光旖旎,大道如发,犹同大禹治水,必然取得成功.

所以,教必须转化为学,学校就是学校,而不是"教堂".然而我们长期以来,认为教就是耳闻目授单向传输.在我们的教育理论中,学生一般都只是出现在次要内容中,我们叙述怎样教,我们争论怎样教.在管理者看来,抓住了教师的教,就是抓住了教育的关键.于是,我们尽管说要重视学生,但是实际上研究探讨的就是怎样教.我们的教育格言反映了我们这种"教"的情结:我们是蜡烛,燃烧了自己,却照亮了别人;我们拥有长流水,把水源源不断地装进学生的杯子里;我们是人类灵魂的工程师,设计了教育对象的灵魂.学生在哪里呢?他不会发光,等待着别人照亮;他不会产生水,等待着让人装满;他的灵魂是别人设计的结果,他自己躲在"教育"的"教"的左下方,小小的.

这两段教育经历间隔几十年,但两者的教育理念是一致的,就是当前大力推行的生本教育.

6. 细致

教师是塑造人类灵魂的工程师,所以教育工作者必须认真细致,有强烈的责任心.老师(特别是班主任和毕业班的老师)的工作时间长、压力大,但能不能说每位老师的工作都很认真细致呢?我们来一起倾听故事《在德国看病是一种享受》[11]吧!

前一阵，在德国考察学习时，大概是因为水土不服，我的风湿病发作了.第二天凌晨，同事打电话到附近的一家医院，将我的症状说了一遍，没想到医院很快就作出了回应，并说已经给我排定了治疗时间和主治医生，请我们准时过去.

同事刚陪我来到医院，门前一名护士就迎上前来，笑着问道："你们是不是早上打电话过来要求治疗风湿病的？"我点了点头，她带我们乘电梯到了6楼.一位40多岁的女大夫接待了我们.她先叫一旁的护士小姐用酒精将我膝关节上的疼痛部位擦拭干净，然后反复按摩，并询问我具体的疼痛情况，接着她又详细地询问了我的风湿病病史.

当时我心里想，这风湿也不是个大病，到了我这个年纪，十有五六会有患病的可能，也没放在心上.可是，这位医生却非常详细地问了我年龄、饮食等十来个问题.我本来只是膝关节有痛感，她却要检查我的全身.小小风湿，她竟然检查了一个多小时，然后她才给我开药方.我心里惊慌，这回没准儿要被人家宰了.

拿着药方，我问去哪儿取药，没想到医生告诉我，在德国，医院和药店是分开的，医院只看病，开处方，不卖药，这药必须去药店买.来到药店，工作人员的细致程度不亚于医生.一位女士接过处方，输入电脑，打印了3张小单子，并在每张上面都注明了时间、我的姓名、药剂员姓名、每日用量、食用时间，等.有一种药每日吃3次，所以药盒上就有3个格子，吃一次划去一格.而为了不至于吃错，每种药的颜色也在小单上标明，防止一种药片混入另一药盒内.药剂员给药时，又过来一位女士，好像是复核似的，把处方和单子详细地对照了一遍，又按小单子向我的同事交代了一遍.

没想到，这次看病我总共只花了10欧元，之前对医生的误解全部释然.

我吃了两天药，膝关节的疼痛果然轻了不少.在这两天中，那位给我看病的大夫每天都会打一次电话过来，询问药效如何，还问我有没有不良反应.……

7.负责

认真负责、责任心强是干一件事的基本要求，所以教书育人也不例外.下面的文章——《什么样的大学老师最可爱》[12]对中小学教育者也有很强的借鉴意义.

在大学里，提起上课经常点名的"名捕"，考试不留情面的"关公"，往往让人一回想起来就直吐舌头，简直可以用"望而生畏"来形容.许多同学在选课时经常挑宽松的老师，在提意见时希望老师能更好一点，不知不觉间，"包容"学生成了评判"好老师"的标准.

然而不久前，同济大学建筑与城市规划学院举办的"可爱老师"现场投票活动，却彻底颠覆了这种观点，让学生和老师都大跌眼镜.在对"可爱老师"的各种选择理由中,“负责任”“严格”等字眼替代了“包容性”,成为出现频率最高的词语,更出人意料的是,有学生以“经常点名”“批评严厉”等理由,选择出心目中的“可爱老师”.

铁面无私的“名捕”“关公”也是学生心目中的“可爱老师”?一时间,各大校园里众说纷纭,热论不断.究竟是学生的标准改变了,还是在学生的心目中,有些标准一直没有改变?

冯卫国是上海交通大学数学系的老师,教授《概率》与《数理统计》,被学校里的学生一致称为“好人”,只要是上过他的课,就算得到的成绩不高,也同样心服口服,原因就是他的课讲得好,是用心在上课.“你知道吗?他除了讲课精彩,还关注学生的存在.”一位学生告诉笔者,“我曾经在作业里一激动用了另类解法解出一道概率题,老师居然将我的解法写入了他的 PPT,还署了我的名字,当我看到 PPT 上这些熟悉的符号时,我彻底被这位老师折服了.”

上海交大数学系的一位学生告诉笔者,去年 10 月份冯老师遭遇车祸,腿上打起了石膏,仍然拄着拐杖坚持上课.“那次老师还没到教室,教室里已经座无虚席,当老师走上讲台开始讲课的时候,教室里的掌声长时间没有断过,我的手都拍痛了!”

这些老师许多都是年过半百的“老先生”,他们给学生的分数也常在及格以上.尽管如此,他们依然被学生们坚决奉为“偶像”,追随者源源不断.可爱的老师,原来在学生的心里,从来不是那些以耍嘴皮子迎合学生口味的老师.那些真正用心讲课,讲好课,有师德的老师,才是学生心中的“王道”.

同济大学汽车学院的胡凌楠同学说,有些老师看起来“很好”,上课不来不管,迟到早退不管,作业不交不管,考试作弊不管,成绩下降不管……但最终吃亏的是学生,大学四年光阴就这么在松松垮垮中虚度了,还不如选个严师好好地督促一下自己.“他们是真正为你好的.”胡凌楠深有感触地说.大多数学子还是盼望着老师能够高标准、严要求,放任学生为所欲为的老师得不到学生的支持.

曾经有位学生送给严师一句话:“有了您,生活是灰暗的;没有您,生活是黑暗的.”这句话的意思是,老师对学生的要求严格,所以学生感到压力很大,生活“灰暗”;但没有严师的督促,前途将一片黑暗.

一位学生告诉笔者:“我过去一直对‘关公’老师很畏惧,但是有一次在食堂,我听见这位上课一丝不苟的老师和其他老师讲笑话.我突然发现他笑的时候还蛮可爱的,这让我和几个女生对他的好感倍增.如果他不上课的时候能对我们也这么笑一笑,一定有更多的同学崇拜他.”

由此看来,“名捕”“关公”变身“可爱老师”完全在情理之中,同学们心中“可爱老师”的标准一直没有变:有专业知识,有爱心,有教学热诚和教学技巧.

铁面无私的“名捕”“关公”,早已具备了这样的素质,只要多笑一笑,加点“亲和”指数,就是学生心目中最可爱的老师.

针对这一评选结果,《文汇报》还发表了文章《学生心中有杆秤》[13]:同济大学“可爱老师”的评选结果有些让人意外,“严厉”和“可爱”画上等号.可见,当代的大学生,还是敬重那些授课认真、讲课精彩的严师,学生们并没有因为追求读书生活的轻松而对平庸的老师盲目讨好.如今,各所高校都在致力于提高教学质量,而提高教学质量的关键在教师.如果教师把传道、授业、解惑放在至高无上的地位,他就会抱着强烈的责任心和使命感严肃地对待教学,他就会追求知识传授的最佳形式,不管形式是温和的还是严肃的,都会得到学生的肯定,相反,在课堂上糊弄学生的老师,是永远得不到学生的尊重的.

8. 结语

专著《初等数学研究(Ⅰ)》[14]的《序言》中提出了“高胜任教师”的概念,只有善于研究的教师才可能是一位高胜任教师[15].当今的高考复习备考需要的就是这种高胜任教师,在某些地方还有市场甚至盛行的题海战术真的过时了,因为你的题海战术浪费了高三学生最宝贵的东西——时间,也损害了其他各科的统一备考,必将遭到整个班集体的唾弃.教学生解题时要注意效率,教给学生“一片一片”的解题方法不正是高效率的教法嘛!“授之以鱼,不如授之以渔”就是这个道理吧!时代要求我们都要做高胜任教师[16].数学教学要注意有效性原则和可接受性原则[17],绝不可以用简单的题海战术赌学生的一生,那样的结局定是学生、老师及与他们有关联的人全输掉了.

作为一名深入高中教学一线二十多年的老兵(教学的同时,笔者也丝毫没有放松自己的提高),回首自己的教学和培养出来的人才与时代要求的差距[18];也作为一名仅仅当了六年的学生家长(当时儿子才上了三年幼儿园、三年小学),亲历了猛如虎的题海战术给孩子们带来的苦难及自己搭进去的精力和时间,而在此疾呼:各位教育工作者,不要迷恋于题海战术!少布置点作业,精心准备一下你要布置的题目,效果一定不会差!

笔者生于湖北十堰竹溪,那是一个山清水秀,又偏僻落后的地方.在2007年的竹溪县全县教育工作会上,县教育局局长王玺先生(也是笔者的恩师)提出:我们要努力把最好的心情给孩子,把最好的校舍给孩子,把最好的环境给孩子,把最好的教育给孩子.[19]

教育者若对学生做到了爱心、信任、激励、欣赏、转化、细致、负责,那你就一定会成为学生生命中的贵人!

参考文献

[1] 黄友初.史上著名的女性数学家[J].数学通报,2010(3):32-35.

[2] 刘宜章.偏才大师与他们的伯乐[J].教师博览,2010(5):22-23.

[3] 袁海波,等.四川大地震:废墟之中闪耀师德的光辉[J].教师博览,2008(6):36-38.

[4] 赵作银.幸福在老师的称呼里[J].教师博览,2007(3):8-9.

[5] 佚名.师恩难忘[J].教师博览,2008(6):34-35.

[6] 马玉凤.信任与尊重[J].人民教育,2010(11):62.

[7] 艾尔·约翰逊.老师的胜利[J].意林,2006(21):63.

[8] 刘爱华.棱角学生[J].教师博览,2007(3):27.

[9] 杨孟琪.从"曹操"到"包公"[J].教师博览,2007(3):46-47.

[10] 郭思乐.教育激扬生命——再论教育走向生本[M].北京:人民教育出版社,2007.

[11] 江南子.在德国看病是一种享受[N].4版.青年参考,2006-12-15.

[12] 屠仕超,徐晶卉.什么样的大学老师最可爱[J].教师博览,2007(3):16-17.

[13] 金谷.学生心中有杆秤[N].4版.文汇报,2007-1-4.

[14] 甘志国.初等数学研究(Ⅰ)[M].哈尔滨:哈尔滨工业大学出版社,2008.

[15] 刘培杰.《初等数学研究(Ⅰ)》序[J].中学数学教学参考,2009(10):63.

[16] 甘志国.应对高考需要研究性备考——兼评2008年高考试题陕西卷(理科)压轴题[J].中学数学研究(广州),2009(5):28-30.

[17] 甘志国.数学教学要注意有效性原则和可接受性原则[J].数学教学,2010(5):8-9,封底.

[18] 甘志国.强烈推荐两种数学考试题型——阅读题和作文题[J].中学数学(高中),2010(4):11-15,63.

[19] 甘志国.利滚利、漂洗衣服与题海战术[J].中学数学(高中),2011(3):8-10.

§40　有感于顾泠沅教授谈师德

笔者于2011年4月23日来到美丽的无锡，参加了为期一周的“全国中学教师专业发展研讨暨江苏省锡山高级中学有效教研与有效课堂教学现场观摩学习活动”全国性会议.会议期间，聆听了专家讲座，参观了百年老校——江苏省锡山高级中学，亲临课堂观摩了老师授课，所以这次会议使我受益匪浅，感触很多.但使我感触最深的还是顾泠沅(1944—　)教授的一段闲聊.

顾教授是著名教育家，会议的首场讲座就是顾老的《校本行动学习——造就名师团队之路》(图1).顾老说，在听一个人的讲座之前，应当对作讲座的人的工作背景有所了解，所以我先说说我的成长经历：

图1

我的主要工作是做一名中小学教师，1967年毕业于复旦大学数学系，导师是苏步青(1902—2003)先生，学习微分几何.在“文革”期间，苏先生被打到，所以我也被分配到上海市青浦区的一个生产队教小学低年级的复式班语文，教书的地方是一个空空的尼姑庵.因为这里太偏僻，几乎没有人会来管理这所学校，所以我就有了一点改革的主动权，就把我当学生时我的语文老师教我的好方法现在拿来教我的学生，学生成绩同以前比较起来上升很快.而后受到当时的教育部长何东昌(1923—)先生的重视，要把我作为未来的教育家(共三位)来培养. 但我是非师范类大学毕业，要补师范大学的课程，因为我当时在上海市青浦区负责教改试验，所以我不能到北京去学习，最后决定由华东师范大学给我补师范大学的课程. 当时的华东师大校长是刘佛年(1914—2001) 教授(刘教授1978 年出任华东师范大学校长)，刘校长本人及六个系的系主任亲自给我授课.

在寒冷的冬天，我去华东师大上课也得早上4：00起床，转三次公交车到师大校门口，这时才七点多. 我就给刘校长打电话(当时的电话是投币电话，投一个硬币只能打两分钟，两分钟一会儿就过去了，必须再投硬币，才能再打)：

“刘校长，您好！我到校门口了，今天在哪儿上课呀？”

“你说在哪儿上课好呀？”

“还是您决定在哪儿上课吧？”

“我家里有火盆呀！”

“那就在您家里上课好吗？”

“好！好！”

……

顾教授接着说，启发式教学就是拐个弯儿说法，启发是需要花时间的. 刘校长给我严谨认真地上完课后，把我从三楼送到一楼，再把我目送到看不见为止才上楼回到自己家里. 我上完课了还要到教务处去登记今天上了什么课，往回走时天下起了雨. 等我走到刘校长住的楼下时，刘校长左手拿着雨伞右手拿着雨鞋已在那里等我很久了，等我走近了，刘校长说：“小顾呀，天下起了雨，我家里正好多一套雨具，你用它们可以回家了.”实际上，我最后才知道，刘校长家总共才两套雨具. 一个老师对学生这么关心体贴，还有哪位学生不会认真学习、听老师的话呢？严师出高徒，宽容的老师也能出高徒！

在讲座中途的休息时间，我与顾教授也谈论了师德的话题，受益匪浅，还与顾教授合影留念(图 2).

《中学数学》(高中)2011 年第 2 期发表了董建华老师的文章《数学老师教研的重点不是解题》，该文第三、九、十一段分别写道：

“课外，利用休息时间，来到学生中间，询问他们对笔者授课的看法，对于上课表现不好的学生找来询问原因，开展学习和心理辅导，对成绩优异的学生，适当增加解题难度，对基础不好的学生，更多地与他们谈话，让他们感受到老师对他们的重视.”

“初上高三，学校给我们安排了一个数学成绩特差的班级，吸取了以往的经验，将教研的重点放在如何帮学生补基础，让学生能听懂课，激发学生学习数学的热情上面. 很快就建立了融洽的师生关系，学生学习数学的积极性高涨. 当时在所有高三老师中，笔者解的数学题目是最少的，但学生的高考成绩是最好的.”

图 2

“数学老师的教研重点应该放在了解学生、观察学生、做学生思想工作和引导学生寻找学习方法的层面.只会解题的老师,能力再强,不与学生的学习状况相结合,解题速度越快,学生成绩会越差,因为过于关注自己解题的老师,容易忽视学生思维过程的形成.”

我们欣喜地看到年轻的董老师迅速成长为一名优秀的数学老师,笔者认为董老师成功的关键就在于他具有崇高的师德,正像顾教授所说,一个老师对学生这么关心体贴,还有哪位学生不会认真学习、听老师的话呢?严师出高徒,宽容的老师也能出高徒!

曾国藩曾在其家书中告诫自己的后代,交友一定要交有嗜好有癖之人.后代不解,追问没有嗜好没有癖的人有何不可,曾国藩说:“其没有深情也!”对某项事业某种物件某位佳人一往情深是一个人幸福的基础,也是事业成功的必要条件.作为一名老师,要时常问自己三个问题:你喜欢教书这个职业吗?你喜欢你的学生吗?你的学生喜欢你的教学吗?若做到了这三个喜欢,就是对教育事业的热爱,你就能尽快掌握教育规律,工作顺利.

高中数学老师,由于数学的高度抽象性和难度较大,更应注重自己的崇高师德,这才是搞好教学的前提.否则,极易出现学生放弃数学这一科而专攻别的科目,只有数学老师本人在钻研题、讲解题的局面.关于此,笔者也有一些思考和总结,但远没有顾教授理解得好,这里大胆写出来请读者不吝赐教:

(1) 教师的崇高师德,应当是教育者要做学生生命中的贵人.

文章[1] 末尾说，教育者若对学生做到了爱心、信任、激励、欣赏、转化、细致、负责，那你就一定会成为学生生命中的贵人！

(2) 数学教学更需要“慢教育”[2].

当前数学教学中存在着大量的特快教育现象，而效果却往往是欲速则不达，也使得数学老师形象受损.数学老师在教学中应当努力克服这种现象，要回归教育的本来面目，做到静待花开，和谐提高.

(3) 不要再迷恋于题海战术.

文章[3] 末尾疾呼：各位教育工作者，不要迷恋于题海战术！少布置点作业，精心准备一下你要布置的题目，效果一定不会差！

(4) 教育者也要关注另一个 1%—— 谈数学特困生的成长[2].

数学天才备受教育者的关注，但还有众多的数学特困生也成了中华民族的“脊梁”(他们是幸运的！但绝不是所有的数学特困生都是幸运的)，所以教育者也要关注另一个 1%—— 数学特困生的成长，应使他们健康成长，得到较好的发展，甚至成为非数学的天才，照样能对全人类作出不可磨灭的贡献！教育者应当深思：对于数学特困生，更应承担起自己的责任，以达到教育的全面和谐！

使数学特困生成人成才的途径和做法有：① 降低起点，夯实基础；② 合作交流，享受成功；③ 自主学习，注重研究；④ 补差复制，是否有效；⑤ 优化教法，高效教学.

参考文献

[1] 甘志国.崇高的师德：教育者要做学生生命中的贵人.http：// wex.hengqian.com/cmd.asp? do = blogs&id = 5124&uid = 145.

[2] 甘志国.数学教学更需要“慢教育”[J].中学数学月刊，2010(3)：22-23.

[3] 甘志国.利滚利、漂洗衣服与题海战术[J].中小学数学(高中)，2011(3)：8-10.

[4] 甘志国.教育者也要关注另一个 1%—— 谈数学特困生的成长[J].中国数学教育(高中)，2011(1 ～ 2)：16-19.

§ 41　别让参考答案禁锢了解题者的思维

绝大部分数学题都是命题专家精心编制出来的，做这些题对锻炼思维起到了良好的训练、提升作用；但也有些题目的最后一问的编制显得不自然，其解答也似“天上掉下个林妹妹”. 而且有不少老师在做这些难题时又先看答案，讲题时也往往只是照本宣科，不能讲清其来龙去脉. 长此以往，就会使学生对数学的兴趣下降，数学成绩也下降. 笔者认为这一切都是参考答案惹的祸，是参考答案禁锢了解题者的思维. 实际上，不少题都有比参考答案更简洁、更自然、更节省解题力量[1] 的解法.

题 1　(2009 · 宁夏、海南 · 理 · 8) 已知函数 $f(x)=A\cos(\omega x+\varphi)$ 的图象如图 1 所示，$f\left(\frac{\pi}{2}\right)=-\frac{2}{3}$，则 $f(0)=($　　$)$

A. $-\frac{2}{3}$　　B. $\frac{2}{3}$　　C. $-\frac{1}{2}$　　D. $\frac{1}{2}$

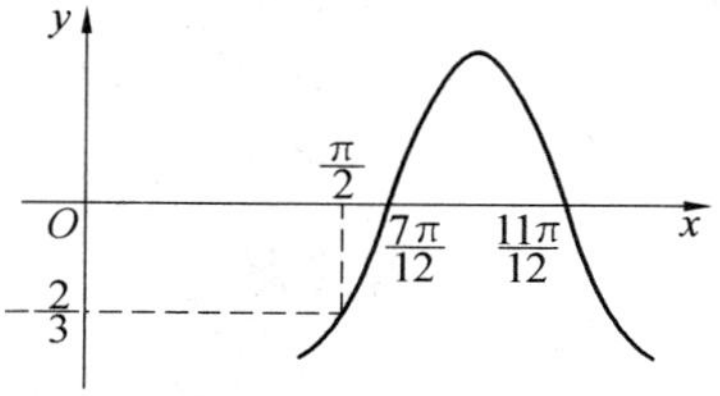

图 1

参考答案　B. 由图象可得最小正周期为 $\frac{2}{3}\pi$，于是 $f(0)=f\left(\frac{2}{3}\pi\right)$. 注意到 $\frac{2}{3}\pi$ 与 $\frac{\pi}{2}$ 关于 $\frac{7}{12}\pi$ 对称，所以 $f\left(\frac{2}{3}\pi\right)=-f\left(\frac{\pi}{2}\right)=\frac{2}{3}$.

对题 1 及其参考答案的分析　该解答很简洁，但考生在考场上难以用对称作答. 实际上，该题的自然解法是函数 $f(x)=A\cos(\omega x+\varphi)$ 图象的五点法.

解　B. 可得 $T=2\left(\frac{11}{12}\pi-\frac{7}{12}\pi\right)=\frac{2}{3}\pi=\frac{2}{\omega}\pi$，$\omega=3$.

由五点法知，$3\cdot\frac{7}{12}\pi+\varphi=2k\pi+\frac{3}{2}\pi(k\in\mathbf{Z})$，$\varphi=2k\pi-\frac{\pi}{4}(k\in\mathbf{Z})$，

$f(x)=A\cos\left(3x-\frac{\pi}{4}\right)$.

由 $f\left(\frac{\pi}{2}\right)=-\frac{2}{3}$，得 $A=\frac{2}{3}\sqrt{2}$. 所以 $f(x)=\frac{2}{3}\sqrt{2}\cos\left(3x-\frac{\pi}{4}\right)$.

题 2　(1) 若不等式 $\ln x<kx$ 在 $x\in(0,+\infty)$ 上恒成立，求实数 k 的取

值范围；

(2) 若 $x_1>0, x_2>0, x_1+x_2<\mathrm{e}$（e 是自然对数的底），求证：$x_1+x_2>x_1x_2$.

参考答案　(1) 题意即$\frac{\ln x}{x}<k$在$x\in(0,+\infty)$上恒成立. 设函数$f(x)=\frac{\ln x}{x}(x>0)$，得 $f'(x)=\frac{1-\ln x}{x^2}(x>0)$，进而可得函数 $f(x)$ 在$(0,\mathrm{e})$、$(\mathrm{e},+\infty)$上分别是增函数、减函数，所以$[f(x)]_{\max}=f(\mathrm{e})=\frac{1}{\mathrm{e}}$，得$k$的取值范围是$\left(\frac{1}{\mathrm{e}},+\infty\right)$.

(2) 有 $0<x_1<x_1+x_2<\mathrm{e}$，因为在(1) 的解答中已得函数 $f(x)=\frac{\ln x}{x}$ 在$(0,\mathrm{e})$上是增函数，所以

$$\frac{\ln x_1}{x_1}<\frac{\ln(x_1+x_2)}{x_1+x_2}$$

$$\ln x_1<\frac{x_1}{x_1+x_2}\ln(x_1+x_2)$$

同理，有

$$\ln x_2<\frac{x_2}{x_1+x_2}\ln(x_1+x_2)$$

把得到的两式相加，得

$$\ln x_1x_2<\ln(x_1+x_2), x_1x_2<x_1+x_2$$

对题 2 及其参考答案的分析　第(1) 问常规基础，第(2) 问欲证的结论“$x_1+x_2>x_1x_2$”很简洁，但以上证法却有“杀鸡用牛刀”之嫌，所以解法也很不自然. 老师若按照此解答给学生讲解，初学者肯定感到“天外来客”，所以老师在备课时，应当寻找此题的常规解法及推广.

下面直接解答第(2) 问 —— 证明第(2) 问的加强：

若 $a\geqslant 0, b\geqslant 0, a+b\leqslant 4$，则 $a+b\geqslant ab$（当且仅当 $a=b=2$ 或 $a=b=0$ 时取等号）.

证法 1　可设 $a=r\sin^2\alpha, b=r\cos^2\alpha, 0\leqslant r\leqslant 4, 0\leqslant\alpha\leqslant\frac{\pi}{2}$. 当 $r=0$ 时显然成立，下证 $0<r\leqslant 4$ 时成立：此时可得

$$a+b\geqslant ab\Leftrightarrow 1\geqslant r\sin^2\alpha\cos^2\alpha\Leftrightarrow 4\geqslant r\sin^2 2\alpha$$

进而可得欲证成立.

证法 2　可得 $ab\leqslant\left(\frac{a+b}{2}\right)^2\leqslant 4$，所以

$$a+b\geqslant 2\sqrt{ab}\geqslant ab$$

进而可得欲证成立.

证法 3 即证$(a-1)(b-1)\leqslant 1$. 设$a-1=p,b-1=q$,得定理等价于以下结论:

若$p\geqslant -1,q\geqslant -1,p+q\leqslant 2$,则$pq\leqslant 1$(当且仅当$p=q=\pm 1$时取等号).

证明如下:可得$-2\leqslant p+q\leqslant 2,|p+q|\leqslant 2$,所以

$$4pq\leqslant |p+q|^2\leqslant 4,pq\leqslant 1$$

进而可得欲证成立.

题 3 设函数$f(x)=x^4+ax^3+2x^2+b(a,b\in \mathbf{R})$.

(1) 若函数$f(x)$仅在$x=0$处有极值,求a的取值范围;

(2) 若对于任意的$a\in[-2,2]$,不等式$f(x)\leqslant 1$在$x\in[-1,0]$上恒成立,求b的取值范围.

参考答案 $f'(x)=4x^3+3ax^2+4x=x(4x^2+3ax+4)$.

(1) 一元二次方程$4x^2+3ax+4=0$的判别式为$\Delta=9a^2-64$.

当$\Delta>0$时,方程$f'(x)=x(4x^2+3ax+4)=0$有三个不相等的实根,可得函数$f(x)$在这三个实根处均有极值;当$\Delta=0$时,得$f'(x)=4x^3+3ax^2+4x=4x(x\pm 1)^2$,进而可得函数$f(x)$仅在$x=0$处有极值;当$\Delta<0$时,可得函数$f(x)$仅在$x=0$处有极值.

所以a的取值范围是$\left[-\dfrac{8}{3},\dfrac{8}{3}\right]$.

(2) 因为$[-2,2]\subseteq\left[-\dfrac{8}{3},\dfrac{8}{3}\right]$,所以函数$f(x)$仅在$x=0$处有极值,进而得$f(x)$在$x\in[-1,0]$时是减函数,所以题意即

$$[f(x)]_{\max}=f(-1)=b-a+3\leqslant 1$$
$$a-2\geqslant b$$

再得

$$(a-2)_{\min}=-4\geqslant b$$

故b的取值范围是$(-\infty,-4]$.

对题 3 及其参考答案的分析 第(1)问常规基础,第(2)问的解答用到了第(1)问的结论,但用得并不自然,初学者不易想到,所以老师在备课时,应当寻找常规、自然的解法.

下面给出第(2)问的直接解法(这种解法也是解决双参数问题的一种通法):

设$f(x)=x^4+ax^3+2x^2+b=g(a)$. 因为$x\in[-1,0]$,所以$x^3\in[-1,0]$,得$g(a)$是$a$的减函数或常数函数,所以题意即

$$[g(a)]_{\max}=g(-2)=x^4-2x^3+2x^2+b\leqslant 1$$
$$x^4-2x^3+2x^2\leqslant 1-b$$

设 $$h(x)=x^4-2x^3+2x^2 \quad (-1\leqslant x\leqslant 0)$$

则 $$h'(x)=4x^3-6x^2+4x=4x\left[\left(x-\frac{3}{4}\right)^2+\frac{7}{16}\right]\leqslant 0 \quad (-1\leqslant x\leqslant 0)$$

所以 $$[h(x)]_{\max}=h(-1)=5$$

得题意即 $5\leqslant 1-b$，$b\leqslant -4$，所以 b 的取值范围是 $(-\infty,-4]$.

题 4　设 α，β 分别是方程 $x\mathrm{e}^x=2$，$x\ln x=2$（其中 e 是自然对数的底）的实根，求 $\alpha\beta$ 的值.

参考答案　如图 1，方程 $x\mathrm{e}^x=2$ 即 $\mathrm{e}^x=\frac{2}{x}$，其根 α 就是曲线 $y=\mathrm{e}^x$ 与 $y=\frac{2}{x}(x>0)$ 交点 A 的横坐标，得 $A\left(\alpha,\frac{2}{\alpha}\right)$；方程 $x\ln x=2$ 即 $\ln x=\frac{2}{x}$，其根 β 就是曲线 $y=\ln x$ 与 $y=\frac{2}{x}(x>0)$ 交点 B 的横坐标，得 $B\left(\beta,\frac{2}{\beta}\right)$.

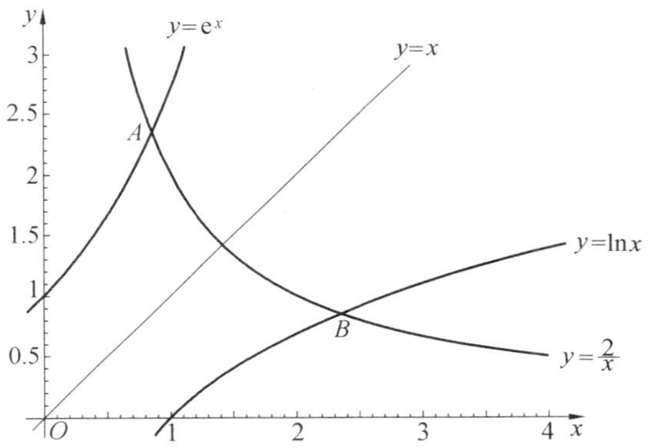

图 1

因为曲线 $y=\mathrm{e}^x$ 与 $y=\ln x$ 关于直线 $y=x$ 对称，曲线 $y=\frac{2}{x}(x>0)$ 也关于直线 $y=x$ 对称，所以点 $A\left(\alpha,\frac{2}{\alpha}\right)$ 与点 $B\left(\beta,\frac{2}{\beta}\right)$ 也关于直线 $y=x$ 对称，得 $\frac{2}{\alpha}=\beta$，$\alpha\beta=2$.

对题 4 参考答案的分析　该解答算是常规流行的，经老师点拨后学生也能掌握. 年年岁岁题相似，岁岁年年解不同！老师应当不断地寻求一道题的常规的简洁解法，把最美丽的知识奉献给学生，也使教师自身的解题能力、教学艺术较快提高.

下面给出该题的一种简洁解法：

有 $\alpha\mathrm{e}^\alpha=2$，$\beta\ln\beta=2$，下证 $\alpha\beta=2$，只需证明 $\frac{2}{\beta}$ 是方程 $x\mathrm{e}^x=2$ 的唯一根. 因

为函数 $f(x)=x\mathrm{e}^x(x>0)$ 是增函数，值域为 $(0,+\infty)$，所以方程 $x\mathrm{e}^x=2$ 有唯一正根，又该方程没有非负数根，所以该方程有唯一根. 只需证明 $\frac{2}{\beta}$ 是方程 $x\mathrm{e}^x=2$ 的根，即证

$$\frac{2}{\beta}\mathrm{e}^{\frac{2}{\beta}}=2,\mathrm{e}^{\frac{2}{\beta}}=\beta,\frac{2}{\beta}=\ln\beta$$

$$\beta\ln\beta=2$$

而这是题设，所以欲证成立，得 $\alpha\beta=2$.

题 5 （文献[2]的例6）求证：$\frac{1}{2}+\frac{1}{3}+\frac{1}{4}+\cdots+\frac{1}{n}<\ln n<n+\frac{1}{2}+\frac{1}{3}+\frac{1}{4}+\cdots+\frac{1}{n-1}(n\in\mathbf{N}$ 且 $n\geqslant 2)$.

文献[2]的解答 构造函数 $f(x)=\frac{1-x}{x}+\ln x$，则 $f'(x)=\frac{x-1}{x^2}$，得 $f(x)$ 在 $[1,+\infty)$ 上是增函数.

所以，当 $n\geqslant 2$ 时，$f\left(\frac{n}{n-1}\right)=\ln\frac{n}{n-1}-\frac{1}{n}>f(1)=0$，得 $\frac{1}{n}<\ln\frac{n}{n-1}$.

所以 $\frac{1}{2}+\frac{1}{3}+\frac{1}{4}+\cdots+\frac{1}{n}<\ln\frac{2}{1}+\ln\frac{3}{2}+\cdots+\ln\frac{n}{n-1}=\ln n$.

设 $g(x)=\ln x-x$，则 $g'(x)=\frac{1}{x}-1$，所以 $g(x)$ 在 $[1,+\infty)$ 上是减函数.

当 $n\geqslant 2$ 时，$g\left(\frac{n}{n-1}\right)=\ln\frac{n}{n-1}-\frac{n}{n-1}<g(1)=-1<0$，即 $\ln\frac{n}{n-1}<1+\frac{1}{n-1}$.

所以 $\ln\frac{2}{1}+\ln\frac{3}{2}+\cdots+\ln\frac{n}{n-1}<\left(1+\frac{1}{n-1}\right)+\left(1+\frac{1}{n-2}\right)+\cdots+\left(1+\frac{1}{1}\right)=n+\frac{1}{2}+\frac{1}{3}+\frac{1}{4}+\cdots+\frac{1}{n-1}$.

评注 例6证明起来比较困难，利用函数单调性证明不等式和比较大小是常见的方法，特别是在引入导数后，单调性的应用将更加普遍.

对题5及其参考答案的分析 由我们耳熟能详的“指数爆炸，直线上升，对数缓慢”可猜测出结论“$\ln n<n(n\in\mathbf{N}^*)$”，所以欲证结论的右边可能有简洁证法. 解答中构造的函数是不易想到的，所以应当寻求本题的常规证法. 笔者发表的文献[3]对该题给出的解法就很常规：

用导数极易证得 $\ln x\leqslant x-1(x\geqslant 1)$，因其使用频率很高，所以它也算是一个常用不等式了，由其立得

$$\ln n<n-1<n+\frac{1}{2}+\frac{1}{3}+\frac{1}{4}+\cdots+\frac{1}{n-1}\quad(n\in\mathbf{N}\text{ 且 }n\geqslant 2)$$

由此知，欲证不等式的右边那一大堆无意义. 而左边用数学归纳法及导数也极易解决（无需构造函数并用累加法）：

当 $n=2$ 时显然成立.

假设 $n=k$ 时成立：$\frac{1}{2}+\frac{1}{3}+\frac{1}{4}+\cdots+\frac{1}{k}<\ln k\quad(k\in\mathbf{N}$ 且 $k\geqslant 2)$，下证 $n=k+1$ 时成立：$\frac{1}{2}+\frac{1}{3}+\frac{1}{4}+\cdots+\frac{1}{k+1}<\ln(k+1)\quad(k\in\mathbf{N}$ 且 $k\geqslant 2)$. 只需证明

$$\ln k+\frac{1}{k+1}<\ln(k+1)\quad(k\in\mathbf{N}\text{ 且 }k\geqslant 2)$$

$$\ln\left(1+\frac{1}{k}\right)>\frac{1}{k+1}\quad(k\in\mathbf{N}\text{ 且 }k\geqslant 2)$$

这只需用导数证明

$$\ln\left(1+\frac{1}{x}\right)-\frac{1}{x+1}>0\quad(x>0)\qquad ①$$

用导数可证 $h(x)=\ln\left(1+\frac{1}{x}\right)-\frac{1}{x+1}(x>0)$ 和 $g(x)$ 是减函数. 又 $\lim\limits_{x\to+\infty}g(x)=0$，所以 $g(x)>0$，得式 ① 成立，所以要证结论的左边也成立！

题 6 （普通高中课程标准实验教科书《数学 4 · A 版 · 必修》（人民教育出版社，2007 年第 2 版）（下简称教科书）第 147 页复习参考题 B 组第 4 题）已知 $\cos\left(\frac{\pi}{4}+x\right)=\frac{3}{5}$，$\frac{17\pi}{12}<x<\frac{7\pi}{4}$，求 $\frac{\sin 2x+2\sin^2 x}{1-\tan x}$.

与教科书配套使用的《教师教学用书》第 130 页给出的解答是：

$$\frac{\sin 2x+2\sin^2 x}{1-\tan x}=\frac{2\sin x\cos x+2\sin^2 x}{1-\frac{\sin x}{\cos x}}=\frac{2\sin x\cos x(\cos x+\sin x)}{\cos x-\sin x}=$$

$$\sin 2x\cdot\frac{1+\tan x}{1-\tan x}=\sin 2x\cdot\tan\left(\frac{\pi}{4}+x\right)$$

由 $\frac{17\pi}{12}<x<\frac{7\pi}{4}$ 得 $\frac{5\pi}{3}<x+\frac{\pi}{4}<2\pi$，又 $\cos\left(\frac{\pi}{4}+x\right)=\frac{3}{5}$，所以

$$\sin\left(\frac{\pi}{4}+x\right)=-\frac{4}{5},\tan\left(\frac{\pi}{4}+x\right)=-\frac{4}{3}$$

$$\cos x=\cos\left[\left(\frac{\pi}{4}+x\right)-\frac{\pi}{4}\right]=-\frac{\sqrt{2}}{10},\sin x=-\frac{7\sqrt{2}}{10},\sin 2x=\frac{7}{25}$$

所以 $\frac{\sin 2x+2\sin^2 x}{1-\tan x}=-\frac{28}{75}$.

对题 6 的解法的分析 该解法可能只有少数人能掌握，自己能独立想到这种解法的恐怕会更少.

下面给出该题的一种直接解法(该解法对初学者一定很适用):

若能求出 $\sin x$,$\cos x$,则问题即可解决.

由 $\cos\left(\frac{\pi}{4}+x\right)=\frac{3}{5}$,$\frac{5\pi}{3}<\frac{\pi}{4}+x<2\pi$,得$\frac{\pi}{4}+x$是唯一确定的角,所以 x 也是唯一确定的角,$\sin x$,$\cos x$ 也是唯一确定的值. 下面就是如何求出方程组

$$\begin{cases}\cos x-\sin x=\frac{3}{5}\sqrt{2}\\ \sin^2 x+\cos^2 x=1\end{cases}\quad\left(\frac{17\pi}{12}<x<\frac{7\pi}{4}\right)$$

唯一解($\sin x$,$\cos x$).

由$\frac{17\pi}{12}<x<\frac{7\pi}{4}$得$-1\leqslant\sin x<-\frac{\sqrt{2}}{2}$,$\frac{\sqrt{2}-\sqrt{6}}{4}<\cos x<\frac{\sqrt{2}}{2}$,所以根据此范围一定能求出上述方程组的唯一解($\sin x$,$\cos x$). 我们先求 $\sin x$,可能要简洁一些. 先得

$$\sin^2 x+\left(\sin x+\frac{3}{5}\sqrt{2}\right)^2=1$$

$$\sin x=-\frac{7}{10}\sqrt{2},\frac{\sqrt{2}}{10}$$

因为 $\sin x<0$,所以 $\sin x=-\frac{7}{10}\sqrt{2}$,进而得 $\cos x=-\frac{\sqrt{2}}{10}$,所以

$$\frac{\sin 2x+2\sin^2 x}{1-\tan x}=-\frac{28}{75}$$

对三角函数的变形比较熟悉者,也可介绍下面两种巧解:

巧解 1 由 $\cos\left(\frac{\pi}{4}+x\right)=\frac{3}{5}$,$\frac{5\pi}{3}<\frac{\pi}{4}+x<2\pi$,得 $\sin\left(\frac{\pi}{4}+x\right)=-\frac{4}{5}$,所以

$$\begin{cases}\cos x-\sin x=\frac{3}{5}\sqrt{2}\\ \cos x+\sin x=-\frac{4}{5}\sqrt{2}\end{cases},\begin{cases}\sin x=-\frac{7}{10}\sqrt{2}\\ \cos x=-\frac{\sqrt{2}}{10}\end{cases}$$

所以$\frac{\sin 2x+2\sin^2 x}{1-\tan x}=-\frac{28}{75}$.

巧解 2 由 $\cos\left(\frac{\pi}{4}+x\right)=\frac{3}{5}$,得 $\cos x-\sin x=\frac{3}{5}\sqrt{2}$,设 $\cos x+\sin x=m$,把这两式相加、相减可得

$$2\cos x=m+\frac{3}{5}\sqrt{2},2\sin x=m-\frac{3}{5}\sqrt{2}$$

再把它们平方相加,可得 $m=\pm\frac{4}{5}\sqrt{2}$. 又由$\frac{17\pi}{12}<x<\frac{7\pi}{4}$得 $\sin x<0$,所

以 $m<\frac{3}{5}\sqrt{2}$，得 $m=-\frac{4}{5}\sqrt{2}$，所以 $\sin x=-\frac{7}{10}\sqrt{2}$，$\cos x=-\frac{\sqrt{2}}{10}$，$\frac{\sin 2x+2\sin^2 x}{1-\tan x}=-\frac{28}{75}$.

题 7 （2009·湖北·理·19(2)）已知数列$\{a_n\}$的前n项和$S_n=-a_n-\left(\frac{1}{2}\right)^{n-1}+2$($n$为正整数)，令$c_n=\frac{n+1}{n}a_n$，$T_n=c_1+c_2+\cdots+c_n$，试比较$T_n$与$\frac{5n}{2n+1}$的大小，并予以证明.

参考答案 先求出a_n，再求出c_n，用错位相减法求出T_n，……

对题7参考答案的分析 这道高考题及其解答均常规自然，老师能否再来点“岁岁年年解不同”呢？我们先看文献[4]给出的简解：

可得

$$a_n=\frac{n}{2^n},T_n=2\times\frac{1}{2}+3\times\left(\frac{1}{2}\right)^2+4\times\left(\frac{1}{2}\right)^3+\cdots+(n+1)\left(\frac{1}{2}\right)^n$$

所以

$$T_1=1<\frac{5\times 1}{2\times 1+1},T_2=\frac{7}{4}<\frac{5\times 2}{2\times 2+1},T_3=\frac{9}{4}>\frac{5\times 3}{2\times 3+1}$$

当$n\geqslant 4$时，$T_n\geqslant 2\times\frac{1}{2}+3\times\left(\frac{1}{2}\right)^2+4\times\left(\frac{1}{2}\right)^3+5\times\left(\frac{1}{2}\right)^4=\frac{41}{16}>\frac{40}{16}=\frac{5}{2}>\frac{5n}{2n+1}$.

所以：当$n=1,2$时，$T_n<\frac{5n}{2n+1}$；当$n\geqslant 3$时，$T_n>\frac{5n}{2n+1}$.

我们再来分析产生这种简解的原因：$T_n=3-\frac{n+3}{2^n}$，$\lim\limits_{n\to\infty}T_n=\lim\limits_{n\to\infty}\left(3-\frac{n+3}{2^n}\right)=3>\frac{5}{2}=\lim\limits_{n\to\infty}\frac{5n}{2n+1}$，说明当$n\to\infty$时，$T_n\to 3$，所以取$T_n=2\times\frac{1}{2}+3\times\left(\frac{1}{2}\right)^2+4\times\left(\frac{1}{2}\right)^3+\cdots+(n+1)\left(\frac{1}{2}\right)^n$中的前若干项的和就可大于$\frac{5}{2}$，因而出现了文献[4]的简洁证法.

所以，可将此问作如下改动：试比较T_n与$\frac{6n}{2n+1}$的大小，并予以证明.

解 因为$T_n=3-\frac{n+3}{2^n}$，$\frac{6n}{2n+1}=3-\frac{3}{2n+1}$，所以只需比较$\frac{n+3}{2^n}$与$\frac{3}{2n+1}$的大小.

当$n=1,2,3,4$时，可得$\frac{n+3}{2^n}>\frac{3}{2n+1}$；下证当$n\geqslant 5$时，$\frac{n+3}{2^n}<\frac{3}{2n+1}$，

即证 $2n^2+7n+3<3\cdot 2^n$，这用数学归纳法极易获证，下面用二项式定理来证：

$$2^n=(1+1)^n\geqslant C_n^0+C_n^1+C_n^2+C_n^{n-2}+C_n^{n-1}+C_n^n(\text{因为 } n\geqslant 5)=$$
$$2\left[1+n+\frac{n(n-1)}{2}\right]=n^2+n+2$$

所以只需证明 $2n^2+7n+3<3(n^2+n+2)$，$(n-1)(n-3)>0$，这由 $n\geqslant 5$ 立得.

所以：当 $n=1,2,3,4$ 时，$T_n<\frac{6n}{2n+1}$；当 $n\geqslant 5$ 时，$T_n>\frac{6n}{2n+1}$.

（因为 $\lim\limits_{n\to\infty}T_n=\lim\limits_{n\to\infty}\left(3-\frac{n+3}{2^n}\right)=3=\lim\limits_{n\to\infty}\frac{6n}{2n+1}$，所以不会出现取 $T_n=2\times\frac{1}{2}+3\times\left(\frac{1}{2}\right)^2+4\times\left(\frac{1}{2}\right)^3+\cdots+(n+1)\left(\frac{1}{2}\right)^n$ 中的前若干项的和就可大于 3，又由 $3>\frac{6n}{2n+1}$ 获得文献[4]那样的简证.）

2011 年高考四川卷压轴题压轴问（即第 22（Ⅲ）题）作等价变形后分别是：

文科：证明：$\sqrt{1}+\sqrt{2}+\sqrt{3}+\cdots+\sqrt{n}<\frac{4n+3}{6}\sqrt{n}-\frac{1}{6}(n\in\mathbf{N},n\geqslant 2)$.

理科：证明：$\sqrt{1}+\sqrt{2}+\sqrt{3}+\cdots+\sqrt{100}<671.5$.

显然，理科是文科的特例，并且文科的结论用数学归纳法极易证出，这种证法比参考答案简洁自然得多.

题 8 已知数列 $\{a_n\}$ 的前 n 项和 S_n 满足 $S_n=2a_n+(-1)^n(n\in\mathbf{N}^*)$.

(1) 求数列 $\{a_n\}$ 的通项公式；

(2) 求证：对任意的整数 $m>4$，有 $\frac{1}{a_4}+\frac{1}{a_5}+\cdots+\frac{1}{a_m}<\frac{13}{15}$.

解 (1) 当 $n\in\mathbf{N}^*$ 时，有

$$S_n=2a_n+(-1)^n,S_{n+1}=2a_{n+1}-(-1)^n$$

相减后，可得

$$a_{n+1}=2a_n+2(-1)^n$$
$$a_{n+1}+\frac{2}{3}(-1)^{n+1}=2\left[a_n+\frac{2}{3}(-1)^n\right]$$

在 $S_n=2a_n+(-1)^n$ 中令 $n=1$ 后可求得 $a_1=1$，所以 $\left\{a_n+\frac{2}{3}(-1)^n\right\}$ 是首项为 $\frac{1}{3}$ 公比为 2 的等比数列，得

$$a_n+\frac{2}{3}(-1)^n=\frac{1}{3}\cdot 2^{n-1}$$
$$a_n=\frac{2}{3}[2^{n-2}-(-1)^n]$$

(2) 因为$\frac{1}{a_4}=\frac{1}{2}$，$\frac{1}{a_5}=\frac{1}{6}$，所以$\frac{1}{a_4}+\frac{1}{a_5}=\frac{2}{3}<\frac{13}{15}$.

当 $m\geqslant 6$ 时，可证得

$$\frac{1}{a_m}=\frac{3}{2}\left[\frac{1}{2^{m-2}-(-1)^m}\right]\leqslant\frac{32}{5}\cdot\frac{1}{2^m}\quad(\text{当且仅当 } m=6 \text{ 时取等号})\qquad②$$

所以

$$\frac{1}{a_4}+\frac{1}{a_5}+\cdots+\frac{1}{a_m}\leqslant\frac{1}{2}+\frac{1}{6}+\frac{32}{5}\left(\frac{1}{2^6}+\frac{1}{2^7}+\cdots\frac{1}{2^m}\right)=$$

$$\frac{2}{3}+\frac{32}{5}\cdot\frac{\frac{1}{2^6}\left(1-\frac{1}{2^{m-5}}\right)}{1-\frac{1}{2}}=$$

$$\frac{2}{3}+\frac{1}{5}\left(1-\frac{1}{2^{m-5}}\right)<$$

$$\frac{2}{3}+\frac{1}{5}=\frac{13}{15}$$

可得欲证成立.

对题8参考答案的分析　结论②是如何想到的呢？一定要分类讨论吗？

因为欲证不等式$\frac{1}{a_4}+\frac{1}{a_5}+\cdots+\frac{1}{a_m}<\frac{13}{15}$的左边的和式不易求出，自然就想到放缩.如何放缩？应使得放缩后的和式容易求出.欲将$\frac{1}{a_m}$放大，即将 a_m 缩小，结合 a_m 的表达式，想到寻找最大的正数 λ 使

$$a_m=\frac{2}{3}[2^{m-2}-(-1)^m]\geqslant\frac{2}{3}\cdot\lambda\cdot 2^{m-2}\quad(m\geqslant 5)$$

恒成立，即

$$1-\left(-\frac{1}{2}\right)^{m-2}\geqslant\lambda\quad(m\geqslant 5)$$

$$\lambda\leqslant\frac{15}{16}$$

所以

$$a_m=\frac{2}{3}[2^{m-2}-(-1)^m]\geqslant\frac{2}{3}\cdot\frac{15}{16}\cdot 2^{m-2}=\frac{5}{8}\cdot 2^{m-2}\quad(m\geqslant 5)$$

即

$$\frac{1}{a_m}\leqslant\frac{32}{5}\cdot\frac{1}{2^m}\quad(m\geqslant 5)$$

恒成立，得对任意的整数 $m>4$，有

$$\frac{1}{a_4}+\frac{1}{a_5}+\cdots+\frac{1}{a_m}\leqslant\frac{1}{2}+\frac{32}{5}\left(\frac{1}{2^5}+\frac{1}{2^6}+\cdots+\frac{1}{2^m}\right)=\cdots<\frac{9}{10}$$

但$\frac{9}{10}>\frac{13}{15}$,即这种方法证不出,原因是放的太大.如何改进呢?可以让一些项不放大(取精确值),把剩下的项放大.从而就产生出了参考答案的证法.

题9 设函数$f(x)=px-\frac{q}{x}-2\ln x$,且$f(\mathrm{e})=q\mathrm{e}-\frac{p}{\mathrm{e}}-2$(e为自然对数的底数).

(1) 求实数p与q的关系;

(2) 若函数$f(x)$在其定义域内为单调函数,求实数p的取值范围,并指出函数$f(x)$在其定义域上的增减性;

(3) 设$g(x)=\frac{2\mathrm{e}}{x}$,若存在$x_0\in[1,\mathrm{e}]$,使得$f(x_0)>g(x_0)$成立,求实数$p$的取值范围.

参考答案 (1)(过程略)$p=q$.

(2)(过程略)用分离常数法可求得实数p的取值范围是$(-\infty,0]\cup[1,+\infty)$,且$p\in(-\infty,0]$时函数$f(x)$在其定义域上为减函数,$p\in[1,+\infty)$时函数$f(x)$在其定义域上为增函数.

(3) 因为函数$g(x)=\frac{2\mathrm{e}}{x}$在$[1,\mathrm{e}]$上是减函数,得函数$g(x)$在$[1,\mathrm{e}]$上的值域是$[2,2\mathrm{e}]$.

① 当$p\leqslant 0$时,由(2)知函数$f(x)$在$[1,\mathrm{e}]$上是减函数,所以$[f(x)]_{\max}=f(1)=0<2$,说明此时不合题意.

② 当$0<p<1$时,可得$f(x)=p\left(x-\frac{1}{x}\right)-2\ln x\leqslant x-\frac{1}{x}-2\ln x$.

再由(2)得,当$p=1$时,$f(x)=x-\frac{1}{x}-2\ln x$在$[1,\mathrm{e}]$上是增函数,所以$f(x)=x-\frac{1}{x}-2\ln x\leqslant \mathrm{e}-\frac{1}{\mathrm{e}}-2<2$,说明此时也不合题意.

③ 当$p\geqslant 1$时,由(2)知函数$f(x)$在$[1,\mathrm{e}]$上是增函数,所以$f(1)=0<2$;又函数$g(x)$在$[1,\mathrm{e}]$上是减函数,所以题意即$[f(x)]_{\max}>[g(x)]_{\min}=2$,也即

$$p\left(\mathrm{e}-\frac{1}{\mathrm{e}}\right)-2\ln \mathrm{e}>2,\ p>\frac{4\mathrm{e}}{\mathrm{e}^2-1}$$

所以,所求实数p的取值范围是$\left(\frac{4\mathrm{e}}{\mathrm{e}^2-1},+\infty\right)$.

对题9参考答案的分析 前两问是常规的,最后一问的上述解法考生是难以想到的,而其最自然的解法还是分离常数法,但分离常数法能解决次问吗?

题9第(3)问的分离常数法解法 题意即存在$x_0\in[1,\mathrm{e}]$,使得

$$\frac{p}{2} > \frac{x_0 \ln x_0 + e}{x_0{}^2 - 1}$$

需求函数 $h(x) = \frac{x\ln x + e}{x^2 - 1}(1 < x \leqslant e)$ 的最小值. 可用导数来试试,得

$$h'(x) = -\frac{x^2 \ln x - x^2 + \ln x + 2ex + 1}{(x^2 - 1)^2}$$

因为不易解出方程 $h'(x) = 0$(猜也猜不出),所以可大胆猜测此方程无实根. 进而还可猜测出

$$x^2 \ln x - x^2 + \ln x + 2ex + 1 > 0(1 < x \leqslant e)$$

恒成立. 而这是显然成立的:$2ex > x^2(1 < x \leqslant e)$ 恒成立.

所以 $h'(x) < 0(1 < x \leqslant e)$ 恒成立,函数 $h(x)$ 在$[1,e]$上是减函数,题意即

$$\frac{p}{2} > [h(x)]_{\min} = h(e) = \frac{2e}{e^2 - 1}$$

所以,所求实数 p 的取值范围是$\left(\frac{4e}{e^2 - 1}, +\infty\right)$.

美国 Los Angeles 的水晶宫大教堂的一位名叫 Schuler 的路德派牧师,在其布道时曾以一位数学家为例,说的是线性规划之父丹齐克(G. B. Dantzig),在一次听著名数学家冯・诺依曼(V. Neyman)的课时迟到了几个小时,于是他就将黑板上的两个问题抄了下来,当成课外作业去做了. 几天后,他解决了这两个问题,万万没想到这竟是统计学中两个著名的未解决问题,Schuler 说如果丹齐克当初知道这些可能会丧失勇气,从而绝不会解决它们. (见文献[5]的序言第 3 页)

美国有个名人叫瓦伦达,是一个高考钢索表演者. 有一次,他在一个重大活动中进行表演. 上场前,他不断提醒自己:"这次太重要了,不能失败,绝不能失败."

然而,他在表演中不幸坠地身亡. 每次表演前,他总是专心准备,总是想着怎么走钢索,从不关心其他事,也不会为成败担心. 而这次太看重成功了,反而付出了生命的代价.

这件事,后来成为心理学上的经典案例,叫作"瓦伦达心态".

还有一个相反的例子发生在数学史上. 1796 年,在德国哥廷根大学,有一个很有数学天赋的 19 岁学生叫高斯. 每天,高斯要做出老师布置的三道数学作业. 这天,他顺利做完了前面的两道题,可是,第三道题,他做得非常吃力. 这道题的要求是:只用圆规和一把没有刻度的直尺,画出一个正十七边形. 他用尽所学知识而毫无进展. 于是,他试着用超常规的方法去解开这道数学题.

第二天,他把答案交给了导师. 导师看过后,非常惊奇,问道:"这是你做出

来的吗？”高斯回答："是我用一个通宵做出来的."导师激动地喊道："你解开了一个有两千多年历史的数学悬案！”原来，多年来，这位导师一直试图解开这道题，而他把这道题误交给了高斯. 高斯后来回忆说："如果知道这道题两千多年来无人能解，我可能永远也没有信心解开它."

我们在解题教学时要恰当地利用这种心态的奇妙力量[6].

正如文献[7]所说，数学老师的每节课几乎都离不开解题，特别是高三老师，备课往往就是解题，与学生有所不同的是，老师的问题都有参考答案，但老师要讲好题，就应想学生之所想，急学生之所急，就不要急着看参考答案，自己先解，只有这样，你才知道怎么想，从何处想，遇到困难怎么克服，才能把老师自身的解题本领传授给学生.

数学老师若要把解题讲得自然些，若要较快提升自己的解题能力，那就不要过多地依赖于参考答案. 关于如何解题、讲题，读者还可阅读文献[8]，[9].

参考文献

[1] 罗增儒. 节省解题力量　开发解题智慧[J]. 中学数学教学参考，2000(11)：32-34.

[2] 袁如标. 在证明不等式中感受函数的魅力[J]. 中学数学月刊，2008(9)：38-39.

[3] 甘志国. 改成小于多好——例谈编拟数学题要注意考查知识的有效性[J]. 中学数学(高中)，2010(8)：54-56.

[4] 汪文国. 对 2009 年湖北数学高考理科第 19 题的一孔之见[J]. 数学通讯，2009(7下)：43.

[5] 刘培杰、马国选. 500 个最新世界著名数学智力趣题[M]. 哈尔滨：哈尔滨工业大学出版社，2006.

[6] 王金战，隋永双. 英才是怎样造就的[M]. 重庆：重庆出版社，2006.

[7] 童其林. 谈谈对数学教师解题的看法和思考[J]. 中学数学杂志，2011(5)：3-6.

[8] 甘志国. "思、探、练、变、提"的解题教学[J]. 中小学数学(高中)，2009(12)：7.

[9] 甘志国. 用待定系数法证明一类不等式[J]. 中国数学教育(高中版)，2010(6)：39-40.

§42 “专家引领、同行互助、自我反思”是教师专业化成长的三大通道

人民教师是红烛,无私地燃烧自己,照亮别人,这一提法盛行了多年.但伴随着教育改革的劲风吹遍祖国大地,教师的专业化成长在教师队伍中被悄然提出,自高中新课程的实施以来,这种提法更加响亮了.教师在教学生不断付出的同时,切莫忘了自身的长足发展.笔者根据自身的成长经历,提出“专家引领、同行互助、自我反思”是教师专业化成长的三大通道,供青年教师们借鉴.

1. 专家引领

一名教师成长为优秀教师,除了自身刻苦努力,也离不开专家引领.专家,就是某一专业领域里的行家.他们往往具有高尚的品德,高深的原问;往往既占领理论制高点,又有丰富的教育教学实践经验;往往更能敏锐地洞察问题的本质,抓住问题的要害.在一名教师成长的过程中,若能得到专家的指导和引领,就可少走弯路,较快成长.

著名数学教育家、美国总统的数学决策顾问团“National Mathematics Advisory Panel”成员马立平博士曾在1969年被指派到一所民办小学教两个年级的复式班,感到很困难.她通过一位朋友认识了当时“靠边”在家的刘佛年教授(1978年出任华东师范大学校长),向年过花甲的老先生诉说了想要学习教育理论的心愿,老先生的眼光默默地流露着赞赏和欣慰,并指出五条:“一、要有主见,认准了正确的目标,要尽量努力去达到,不要怕别人议论和讥笑;二、要多看书多实践;三、为了能看更多的书籍,是否可自学英语? 四、教育学的教科书可以看,了解一下范畴,但主要是阅读教育家的名著;五、历史上的教育家都有自己的历史地位和影响,应该予以重视和肯定.”在文献[1]中,马立平博士说刘佛年老校长是她的恩人,可见专家引领在马立平博士快速成长中的重要作用.

尽管欧拉(Leonhard Euler,1707—1783)的天赋很高,但如果没有约翰·伯努利(Johann Bernoulli,1667—1748)的教育,结果也很难想象,由于伯努利以其丰富的阅历和对数学发展状况的深刻了解,能给欧拉以重要的指点,使欧拉一开始就学习那些虽然难学却十分必要的书,少走了不少弯路,这段历史对欧拉的影响极大,以至于欧拉成为大科学家之后仍不忘记培育新人,这主要体现在编写教科书和直接培养有才华的数学工作者,其中包括后来成为大数学家的拉格朗日(Joseph Louis Lagrange,1736—1813).

拉格朗日是稍后于欧拉的大数学家，从19岁起和欧拉通信，讨论等周问题的一般解法，这引起变分法的诞生．等周问题是欧拉多年来苦心考虑的问题，拉格朗日的解法博得了欧拉的热烈赞扬，1759年10月2日欧拉在回信中盛赞拉格朗日的成就，并谦虚地压下自己在这方面较不成熟的作品暂不发表，使年轻的拉格朗日的工作得以发表和流传，并赢得巨大的声誉．他晚年的时候，欧洲所有的数学家都把他当作老师，著名数学家拉普拉斯(Pierre Simon Laplace，1749—1827)曾说过："读读欧拉，他是我们大家的老师！"

笔者在初等数学研究中，也得到了中国科学院张景中(1936—)院士、原武汉大学校长齐民友(1962—)教授、原湖北省数学会理事长路见可(1922—)教授、哈尔滨工业大学数论专家曹珍富(1962—)教授、《数学通报》主编张英伯教授、北京师范大学博导王世强(1927—)教授及特级教师甘大旺(1959—)先生等一大批专家学者的悉心指导和鼓励，才使得笔者的初等数学研究较为顺利，也取得了少许成绩．

2．同伴互助

虽说自己在高中数学教学中已有二十余载，对教材整合、教法选择、解题研究及学生管理都有一些独到之处，也使自己能较快地成长为一名特级教师．回顾自己的成长过程，深深地感受到了"同伴互助"所起的巨大作用．下面主要谈谈"同伴教我学电脑"．

最先接触电脑是在20世纪90年代初，那是提高学历时学习BASIC语言．因为当时是几人共用一台电脑，又加上自己学习动力、兴趣均不足，而使自己几乎没有学到电脑知识．而后又有两次提高学历的学习(直到21世纪初)，均因同样的原因，使自己的电脑知识没有任何长进．

到了2007年，笔者才买了笔记本电脑，在同一备课组的赵涛等多位年轻老师不厌其烦的帮助下，才艰难学会了"搜狗"打字、复制粘贴、网上下载、传递邮件等基本知识，也体验到了使用电脑带来的方便、快捷、高效．读者肯定难以置信：同伴教我学会这些基本知识，他们付出了多么艰辛的努力呀！听听笔者起初学习电脑的感受吧：笔者学习电脑就好比一个原始社会的人在学习现代文明，现代文明太有用了，但这位原始人除了新奇之外却总是难以驾驭它们．

而后要学习画图，起初又感到难以学会，笔者就买了数码相机来解决作图问题，但效果较差且所占容量大而使得传输电子邮件时极慢甚至传不出去，所以笔者又不得不认真学习电脑制图了，在同一备课组的夏巨星等多位年轻老师的指导下，终于学会了Word画图和几何画板画图．现在还会使用课件上课并会制作简单的CAI，这些对我讲公开课、专题讲座都带来了极大方便并获得了良好的效果．

俗话说，三人行，必有我师焉. 在同一备课组的备课活动中、倾听领导的讲话中、回味同行的一种解题方法时以及揣摩学生的一个问题时都可能使笔者获得创作的灵感.

苏州市 2009—2010 学年度高一（必修 1＋必修 4）上学期期末统考测试题第 11 题是如下一道选择题（可谓是一道经典题目）：

若方程 $\sin\frac{\pi x}{2}=\log_a x\ (a>0$ 且 $a\neq 1)$ 恰有三个不相等的实数根，则实数 a 的取值范围是（　　）

A. $\varnothing$　　B. $(5,9)$　　C. $\left(\frac{1}{7},\frac{1}{3}\right)$　　D. $\left(\frac{1}{7},\frac{1}{3}\right)\cup(5,9)$

参考答案　D（没有解答过程），笔者猜测这道经典题目的传统解法是这样的：

解　当 $0<a<1$ 时，可以画出函数 $y=\sin\frac{\pi x}{2}\ (x>0)$ 与 $y=\log_a x$ 的图象（草图）如图 1 所示，此时“方程 $\sin\frac{\pi x}{2}=\log_a x$ 恰有三个不相等的实数根”即“这两个函数的图象恰有三个不同的交点”，得 $\begin{cases}0<a<1\\ \log_a 3>-1\\ \log_a 7<-1\end{cases}$，即 $\frac{1}{7}<a<\frac{1}{3}$；当 $a>1$ 时，可以画出函数 $y=\sin\frac{\pi x}{2}\ (x>0)$ 与 $y=\log_a x$ 的图象（草图）如图 2 所示，此时得 $\begin{cases}a>1\\ \log_a 5<1\\ \log_a 9>1\end{cases}$，即 $5<a<9$. 所以所求 a 的取值范围是 $\left(\frac{1}{7},\frac{1}{3}\right)\cup(5,9)$，选 D.

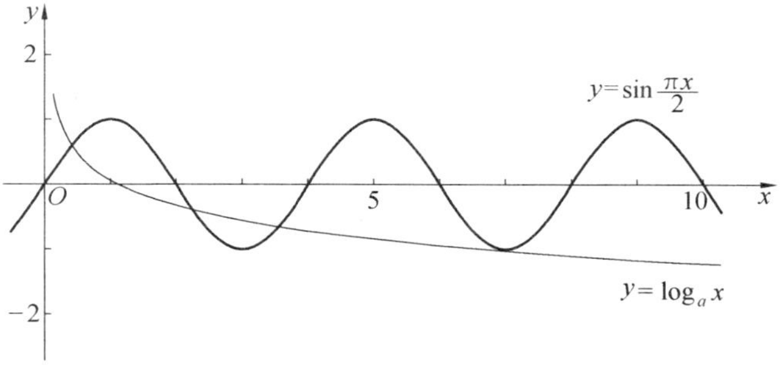

图 1

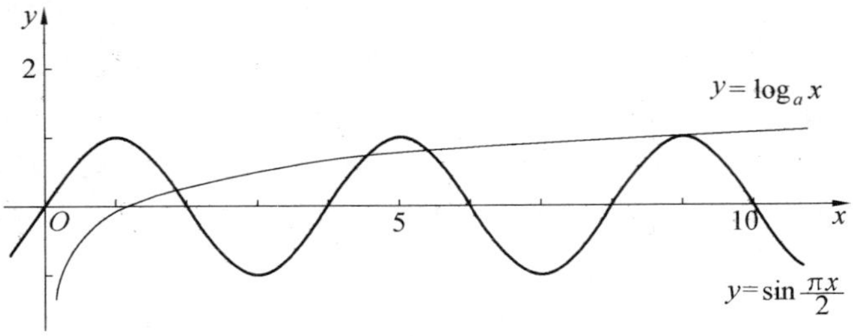

图 2

笔者把以上解法讲述给学生时，却引起了一位学生的质疑. 笔者在经过深思，认为这位学生的质疑是有道理的，这就引出了拙文《这道经典题目的结论和解答都是错误的》[2].

笔者也喜欢与同行讨论，甚至给他们提意见，但能做到"直而不犯"(可以直率地提出别人的意见但不能侵犯别人的利益)，所以笔者的这些言行常常受到同行的尊敬，使我们在成长中互惠互利、彼此双赢.

3. 自我反思

3.1　对数学教学的反思

从 2009 年秋季开始，湖北省也进入新课改了. 新课改对教师提出了更高的要求，因为教学内容有较大数量的增加(在高一上学期《数学》要学完普通高中课程标准实验教科书 A 版《必修 1》和《必修 4》(人民教育出版社，2007 年第 2 版) 共六章内容，而以前只需学习三章内容). 很多老师(也包括笔者在内) 没有很好地领会新课改的精神，擅自补充教学内容(把选修中的内容提前到必修中讲授，还把老教材中被删去的内容也舍不得丢掉，总以为讲授的越多(因而就越快) 对学生就越好)，而学生手中还有配套的两本资料，一本是学校自己订的《世纪金榜》，还有一本是当地教科院编的资料《新学案》(珠海出版社出版)，而每一本资料中还夹着一本厚厚的测试卷，这些"快" 老师还把它们都处理完了 —— 让学生做完、老师讲完(且很少删减). 请注意，这还是高一，还只是高一中数学一科的教学啊！ 而对于作业，有的老师对于书上的例题都不讲(只需让学生自学)，老师只讲难题；对于书上的练习题、习题、复习参考题全部不让学生做，只给学生难题做，还美其名曰"难题会做了，简单题自然就会做了"；对于测试，从进校的第一次周考开始就是从高考题、竞赛题中挑选出来的. 还听说，有的重点高中，一年上完课本，两年复习备考(包括竞赛培训)，"快" 之程度，可想而知！ 而教学效果却是糟糕透了：学生苦不堪言，老师也在疲于奔命，从考试得到的反馈是学生连基础知识都掌握得很差！ 笔者就带领高一数学备课组的全体老师针对这一状况作了深刻反思：我们的教学必须先慢下来. 从而也使我们的教学效果迅速得到了回升. 笔者又经过总结、提升, 还发表了文章《数学教学"慢教育"》[3]、《"思、探、练、变、提"的解题教学》[4].

笔者曾发现一个时期的数学教学很是流行结论的完整性、完备性、完美性, 而完全不管学生的接受能力, 使得学生连老师在课堂上推导出的"优美"结论尚不知是何物, 更不用说如何套用、推导过程及其中使用的数学思想方法了, 教学效果当然是大打折扣. 笔者针对此作出了深刻反思: 一个典型例题比什么都重要, 学生往往只需简单的有效方法, 不需复杂的完整结论, 这就是说数学教学必须注重有效性原则和可接受性原则, 老师要做到"讨好不费力", 而不是"费力不讨好"! [5]

著名教育改革家郭思乐(1944—) 教授的生本教育正如火如荼地在我地推广, 但仍有些老师(多是年长者) 我行我素的干着他的"老一套", 笔者对此也作了深思:

教必须转化为学, 学校就是学校, 而不是"教堂". 然而我们长期以来, 认为教就是耳闻目授的单向传输. 在我们的教育理论中, 学生一般都只是出现在次要内容中, 我们叙述怎样教, 我们争论怎样教, 在管理者看来, 抓住了教师的教, 就是抓住了教育的关键. 于是, 我们尽管说要重视学生, 但是实际上研究探讨的就是怎样教. 我们的教育格言反映了我们这种"教"的情结: 我们是蜡烛, 燃烧了自己, 却照亮了别人; 我们拥有长流水, 把水源源不断地装进学生的杯子里; 我们是人类灵魂的工程师, 设计了教育对象的灵魂. 学生在哪里呢? 他不会发光, 等待着别人照亮; 他不会产生水, 等待着让人装满; 他的灵魂是别人设计的结果, 他自己躲在"教育"的"教"的左下方, 小小的.

大诗人白居易说, 诗歌必须既写得真实可信, 又浅显易懂, 还便于入乐歌唱, 才算达到了极致. 传说, 白居易总是把写好的诗先念给不太懂诗文的老百姓听, 并请他们提出修改意见(白居易的一个要求是他们都能知晓这首诗的意思). 难道解题训练有素的数学老师还不能把每一道数学题讲到使每一位学生都能轻松愉悦地接受吗? 数学教学更需要直白, 就是数学老师要把抽象的数学知识转化成生动的生活语言, 简洁直接、清楚明白!

3.2 对当前学生作业量的反思

当前的高中数学教学在一定程度上来说就是解题教学, 因为数学高考就是解那 21 或 22 道高考题, 殊不知, 为了这几道高考题, 考生要在高中阶段训练千万道题, 高考试题又要求学生在极为有限的时间里作出完整的解答, 所以必须快、准、稳. 学生成了解题的机器, 课堂就是对答案且只重结果而不重视知识的产生过程, 师生没有活力的情形绝不是个别、短暂的现象. 在强大的题海战术下, 学生根本无暇思考总结: 为什么要这样解? 这种题及其解法有何规律? 出这道题的意图是什么? 我真正掌握这类题了吗?

做一道题的目的是为了掌握这方面的知识，所以应当做慢点并及时总结，今天做好这道题就是为了明天不再训练这种题. 笔者在数学教学实践中总结出的“思、探、练、变、提”解题法[2] 与张文质先生提倡的“慢教育”观点一致. 在高中数学教学中，师生都应当坚信，只有先慢下来，而后才能快起来！俗话说，“磨刀不误砍柴工”就是这个道理. 而在现实中，急功近利、严重违背教育规律的“特快教育”太普遍了[3]. 我们的数学训练，多得没有尽头，单元复习、月考复习、期中复习、期末复习也几乎都是做题，高考更是漫长的复习，大量压缩正常教学时间，有的重点高中竟一年上完课本，两年四轮复习备考(基础复习、专题复习、压轴复习、保温复习)外加竞赛培训. 没完没了地复习，不乏苦练、傻练，练得学生熟练有余，创新不足，昏天黑地，也练得数学老师形象大损(数学老师只会占用学生时间). 没完没了地解题，如同重复粉刷已经很光滑的墙面，结果是练得童年没有了幻想，少年没有了梦想，青年没有了理想. 苦海无边，何处是岸？

一遍一遍地重复做题，好比利滚利中的不断增加结算次数，穷人总是不厌其烦地听从财主安排 —— 可以随时来结算，财主还感觉良好 —— 回报在与日俱增，可以发大财了！而结果只是“财主跑断腿、穷人受尽扰”. 实际上，财主要想获得更多的回报，不能依赖于增加结算次数，而应增加本金和提高利率. 数学老师要想提高学生的成绩，不能光想着“做一道题就有一道题的收获，做得越多，学生的能力就提高得越快并且越来越快”，而应当夯实学生的基础，提高学生的解题能力、研究能力.

一遍一遍地简单、重复地做题，也好比一遍一遍地漂洗衣服，你一定感觉越来越干净了，但干净程度的提高率却在急剧降低，迅速变成提高率几乎为零. 因为每次漂洗时，要充分利用水就要花越来越多的力气和时间充分揉搓才能使污物均匀分布在水中，所以次数过多的漂洗必然会产生消极怠工，消极怠工的效果只是浪费宝贵的水资源. 联想到现在祖国西南百年不遇的旱情，这里竟还在一遍一遍地漂洗衣服，良心何在！要把衣服漂洗干净，只需用足够的水、充分揉搓、使劲拧“干”、次数适当即可，关键是要认真(即揉搓、拧“干”)，增加次数意义不大！数学老师要想提高学生的成绩，不能光想着“让学生不断地做题，只要见到学生没做过的题都要让他们做一遍，考前复习时还要再做一遍(不然老师不放心)；竭力增加考试次数，考试能使学生做题的印象更深刻”，而应当逐步提高学生的解题能力、自主探究能力和良好的学习习惯，当然也包括先要打好基础(只要不太急功近利，这对于大部分学生都是可以做到的). 虽说数学题很多，但高中数学的知识点并不是太多，高频知识点就更是可以学好学透的. 题目是做不完的，但很多题都是相似的，差异不大，万变不离其宗，若一位老师总是让学生重复单调地一直解这些“似曾相识但少有深交”的题目，则在个性鲜明的学生中出现“消极怠工”的现象纯属正常，其结果只是产生“诸多不和谐、大量浪费学生珍贵时间”的情形，这是犯罪！

教育者要坚信“就题论题地做完十道题不如把一道题研究三次[4]，前者是题海战术，十不抵一，而后者是研究性学习，举一反三，做一题知一类”，“是学生学习而不是老师学习，学生必须学会这道题，老师只需指导、鼓励学生彻底弄懂这道题并形成知识的建构即可”，“只有自主学习了，经历了失败、过程、淘汰、选择、总结，也经历了时间，才是自己的，否则，知识不会轻易成为自己的，永远是别人（老师）的”这些观点.

专著《初等数学研究（Ⅰ）》[6]的《序言》中提出了“高胜任教师”的概念，只有善于研究的教师才可能是一位高胜任教师[7]. 当今的高考复习备考需要的就是这种高胜任教师，题海战术真的过时了，你的题海战术浪费了高三学生最宝贵的东西——时间，也损害了其他各科的统一备考，必将遭到整个班集体的唾弃. 教学生解题时要注意效率，教给学生“一片一片”的解题方法不正是高效率的教法嘛！“授之以鱼，不如授之以渔”就是这个道理吧！时代要求我们都要做高胜任教师[8]. 数学教学要注意有效性原则和可接受性原则[5]，绝不可以用简单的题海战术赌学生的一生，那样的结局定是学生、老师及与他们有关联的人全输掉了[9].

3.3 对数学解题的反思

用错位相减法求数列$\{a_n\cdot b_n\}$（其中$\{a_n\}$，$\{b_n\}$分别是等差数列，等比数列（其公比不为1））的前n项和S_n，实在是运算量太大，所以难以算出正确结果，笔者就钻研了一般情形，得到了下述定理：

定理[10] 若$\{a_n\}$，$\{b_n\}$分别是等差数列，等比数列（其公比$q\neq 1$），且a_1，b_1都是与n无关的常数，则数列$\{a_n\cdot b_n\}$的前n项和$S_n=(an+b)q^n-b$，其中a，b是常数.

有了该定理，就可用待定系数法代替常规的错位相减法解决相应的数列求和问题，一定会使计算量大为减少，准确率大为提高. 不信？读者可试试：

练习 求以下各数列的前n项和：(1)$\{(2n-1)\cdot 3^n\}$；(2)$\left\{\dfrac{3n-1}{2^n}\right\}$.

参考答案 (1)$(n-1)\cdot 3^{n+1}+3$；(2)$5-\dfrac{3n+5}{2^n}$.

对一些考试（特别是大型考试）题，也应当对其科学性、严密性、规范性、适用性作出深刻反思. 比如，笔者发现有一些考题没有注意考查知识的有效性[11].

3.4 对数学高考的反思

一年一度的高考结束之后，好多师生都在惊叹：“做了好多无用功啊，练了、讲了、考了那么多题，怎么没有今年的高考题呢？”每年高考一结束，笔者就要通过书籍、网络等各种媒体在第一时间里钻研各套高考试题，钻研每一道高考题(无论是大题，还是小题)的巧解、背景、编制过程等，笔者发现它们大多是专家精心给出的好题，精彩之处甚多，特别是可以很好地检查和培养学生的数学素养和能力水平．细看这些高考题，我们还会发现“题在书外，根在书中”是高考题的又一真实写照，所以我们老师不要一味地埋怨高考题偏怪难，而应当深思平时的教学和复习备考，尤其要注意深钻教材，把课本题讲深讲透、拓展清楚，这才是高考备考所需要的．[8],[12]

由中国目前考试的一些不科学及带来的不和谐教育(导致“高分不高能”的现象严重，研究型人才匮乏，创新型人才稀少；这已经在很大程度上阻碍了我国科学技术的进步、经济的良性发展与社会的和谐稳定)，笔者经过长时间的深思后，大胆提出了“强烈推荐两种数学考试题型 —— 阅读题和作文题”这一新颖的观点．[13]

3.5　对数学教材的反思

中小学教材的科学性、权威性都是最高的，但笔者在多年的高中数学教学中对数学教材也作了深刻的思考，并提出了不少质疑及合理化的建议：

对于老教材全日制普通高级中学教科书(必修)《数学》(2006 年人民教育出版社)，笔者在文献[14] ～ [25] 中指出了其中的若干商榷之处及疑问；对于新教材普通高中课程标准实验教科书(必修·A 版)《数学》(2007 年人民教育出版社)，笔者在文献[25] ～ [28] 中也指出了其中的若干商榷之处及疑问．

2010 年高考广东卷理科第 20(2) 题就涉及“交点”的概念，事实上，交点、切点是两个对立的概念[15]，而该题给出的解答没有区分“交点”与“切点”．

参考文献

[1] 程靖，马立平．伴随一位数学教育研究者成功之路的三个故事 —— 马立平博士访谈录[J]．数学教学，2010(2)：12-18．

[2] 甘志国．这道经典题目的结论和解答都是错误的[J]．数学教学，2010(7)：23-24，封底．

[3] 甘志国．数学教学“慢教育”[J]．中学数学月刊，2010(3)：22-23．

[4] 甘志国．“思、探、练、变、提”的解题教学[J]．中小学数学(高中)，2009(12)：7．

[5] 甘志国．数学教学要注意有效性原则和可接受性原则[J]．数学教学，2010(5)：8-9，封底．

[6] 甘志国．初等数学研究(Ⅰ)[M]．哈尔滨：哈尔滨工业大学出版社，2008．

[7] 刘培杰．《初等数学研究(Ⅰ)》序[J]．中学数学教学参考(上旬)，2009(10)：63．

[8] 甘志国．应对高考需要研究性备考 —— 兼评 2008 年高考试题陕西卷(理科)压轴题[J]．中学数学研究(广州)，2009(5)：28-30．

[9] 甘志国．利滚利、漂洗衣服与题海战术[J]．中学数学(高中)，2011(3)：8-10．

[10] 甘志国.初等数学研究(Ⅱ)上[M].哈尔滨:哈尔滨工业大学出版社,2009.

[11] 甘志国.改成小于多好——例谈编拟数学题要注意考查知识的有效性[J].中学数学(高中),2010(8):54-56.

[12] 甘志国."注重基础、紧扣课本"是2010年高考数学湖北卷的最大特色[J].数学通讯,2010(8下):46-50.

[13] 甘志国.强烈推荐两种数学考试题型——阅读题和作文题[J].中学数学(高中),2010(4):11-15,63.

[14] 甘志国.应区分"交点"与"公共点"[J].中学数学教学,2009(3):37.

[15] 甘志国.已经试验过的事件不是随机事件[J].中学数学杂志(高中),2004(4):60-61.

[16] 甘志国.深入挖掘圆锥曲线的定义[J].中学数学杂志(高中),2007(6):33-34.

[17] 甘志国.棱柱、棱锥是凸多面体吗?[J].中学数学研究(广州),2009(10):36.

[18] 甘志国.争鸣(问题107)[J].数学通讯,2006(5):26.

[19] 甘志国.争鸣(问题112)[J].数学通讯,2006(9):25.

[20] 甘志国.争鸣(问题134)[J].数学通讯,2007(7):24.

[21] 甘志国.争鸣(问题139)[J].数学通讯,2007(11):31-32.

[22] 甘志国.争鸣(问题154)[J].数学通讯,2008(3):27.

[23] 甘志国.争鸣(问题157)[J].数学通讯,2008(5):28.

[24] 甘志国.初等数学研究(Ⅱ)(下)[M].哈尔滨:哈尔滨工业大学出版社,2009.

[25] 甘志国.这是数列问题而不是连续函数问题[J].中学数学(高中),2010(6):23-24,36.

[26] 甘志国.对人教版教科书《数学·A版必修④》的几点建议[J].中学数学杂志,2010(3):13-17.

[27] 甘志国.条件"墙长18 m"多余吗?[J].中学数学(高中),2010(7):15-16.

[28] 甘志国.是很巧,还是有不足?[J].中学生数学(高中),2010(8):4-5.

§43　渐开线与摆线的参数方程均能化为普通方程

普通高中课程标准实验教科书《数学·选修 4－4·A 版》(人民教育出版社,2007 年第 2 版)(下简称《选修 4－4》)第 40～42 页讲述了圆的渐开线与摆线的参数方程分别是

$$\begin{cases}x=r(\cos\varphi+\varphi\sin\varphi)\\y=r(\sin\varphi-\varphi\cos\varphi)\end{cases}\quad(\varphi\text{ 是参数})\qquad①$$

注　由《选修 4－4》第 40 页的图 2～17 或图 2～18 知式 ① 中参数 φ 的取值范围是 $[0,+\infty)$.

$$\begin{cases}x=r(\varphi-\sin\varphi)\\y=r(1-\cos\varphi)\end{cases}\quad(\varphi\text{ 是参数})\qquad②$$

注　《选修 4－4》第 42 页写道:“思考　在摆线的参数方程 ② 中参数 φ 的取值范围是什么? 一个拱的宽度与高度各是多少? ”与《选修 4－4》配套使用的《教师教学用书》(下简称《教师用书》)第 29 页给出的答案是:“参数 φ 的取值范围是 $[0,+\infty)$;一个拱的宽度是 $2\pi r$,高度是 $2r$(其中 r 是滚动圆的半径).”由此知,方程 ② 中参数 φ 的取值范围是 $[0,+\infty)$.

但笔者认为《教师用书》第 29 页所写的“圆的渐开线的参数方程不能化为普通方程”及第 30 页所写的“摆线的参数方程也不能化为普通方程”均不对.

我们先把摆线的参数方程 ② 化成普通方程.

摆线 ② 第 $k(k\in\mathbf{N}^*)$ 拱前半拱的参数方程是

$$\begin{cases}x=r(\varphi-\sin\varphi)\\y=r(1-\cos\varphi)\end{cases}\quad(\text{参数 }\varphi\in[2(k-1)\pi,2k\pi-\pi])$$

由 $y=r(1-\cos\varphi)$,得 $\cos[\varphi-2(k-1)\pi]=\dfrac{r-y}{r}$ 且 $\varphi-2(k-1)\pi\in[0,\pi]$,所以

$$\varphi-2(k-1)\pi=\arccos\frac{r-y}{r}$$

$$\varphi=2(k-1)\pi+\arccos\frac{r-y}{r}$$

把它代入 $x=r(\varphi-\sin\varphi)$,得

$$x=2(k-1)\pi r+r\arccos\frac{r-y}{r}-\sqrt{2ry-y^2}$$

这就是摆线 ② 第 $k(k\in\mathbf{N}^*)$ 拱前半拱的普通方程.

同理可求得摆线②第 $k(k\in\mathbf{N}^*)$ 拱后半拱的普通方程是

$$x=2k\pi r-r\arccos\frac{r-y}{r}+\sqrt{2ry-y^2}$$

所以摆线②的第 $k(k\in\mathbf{N}^*)$ 拱的普通方程是

$$\left[x-2(k-1)\pi r-r\arccos\frac{r-y}{r}+\sqrt{2ry-y^2}\right]\cdot\left[x-2k\pi r+r\arccos\frac{r-y}{r}-\sqrt{2ry-y^2}\right]=0$$

摆线②的普通方程是

$$\left[x-2(k-1)\pi r-r\arccos\frac{r-y}{r}+\sqrt{2ry-y^2}\right]\cdot\left[x-2k\pi r+r\arccos\frac{r-y}{r}-\sqrt{2ry-y^2}\right]=0\quad(k\in\mathbf{N}^*)\qquad ③$$

也可写成

$$\prod_{k=1}^{\infty}\left[x-2(k-1)\pi r-r\arccos\frac{r-y}{r}+\sqrt{2ry-y^2}\right]\cdot\left[x-2k\pi r+r\arccos\frac{r-y}{r}-\sqrt{2ry-y^2}\right]=0\qquad ④$$

再来把圆的渐开线的参数方程①化成普通方程.

由方程①可得

$$\begin{cases}\sin\varphi=\dfrac{\varphi x+y}{r(\varphi^2+1)}\\[2ex]\cos\varphi=\dfrac{x-\varphi y}{r(\varphi^2+1)}\end{cases}$$

再由 $\sin^2\varphi+\cos^2\varphi=1(\varphi\geqslant 0)$，得

$$\varphi=\sqrt{\frac{x^2+y^2-r^2}{r^2}}$$

把它代入方程①，可得圆的渐开线的普通方程是下面两式之一（它们等价）

$$x=r\cos\sqrt{\frac{x^2+y^2-r^2}{r^2}}+\sqrt{x^2+y^2-r^2}\sin\sqrt{\frac{x^2+y^2-r^2}{r^2}}\qquad ⑤$$

$$y=r\sin\sqrt{\frac{x^2+y^2-r^2}{r^2}}-\sqrt{x^2+y^2-r^2}\cos\sqrt{\frac{x^2+y^2-r^2}{r^2}}\qquad ⑥$$

显然，圆的渐开线的参数方程①比普通方程⑤，⑥都要简洁适用，摆线的参数方程②比普通方程③，④也都要简洁适用，所以把参数方程①，②化成普通方程没有必要，但绝不能说“参数方程①，②均不能化成普通方程”.

但要注意，有的曲线只能用参数方程表示，而不能用普通方程表示，例如参数方程

$$\begin{cases} x = e^t + t + \lg t^2 \\ y = t + \sin t + \arcsin t \end{cases} \quad (t \text{ 为参数})$$

便是这样的例子.(见吕林根,张紫霞,孙存金编《解析几何》(高等教育出版社,1988 年) 第 70 页)

§44 数学老师的一次辅导

这是一位数学老师给一位学生的一次辅导：

学生：老师，您好！我近期在研究已知扇形的内接矩形面积的最大值问题.

老师：很好！深入学习数学就是要搞研究.说来听听.

学生：设已知扇形的半径为 $R(R>0)$，当此扇形的圆心角 $\alpha\in\left(0,\frac{\pi}{2}\right]$ 时，通过画图实验可知，作此扇形的内接矩形只有两种情形(见以下图 1，图 2；当矩形的一边在半径 OB 上时，与图 1 的情形相同)

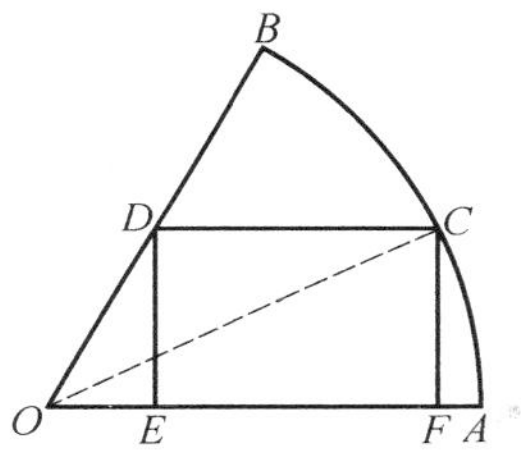

图 1

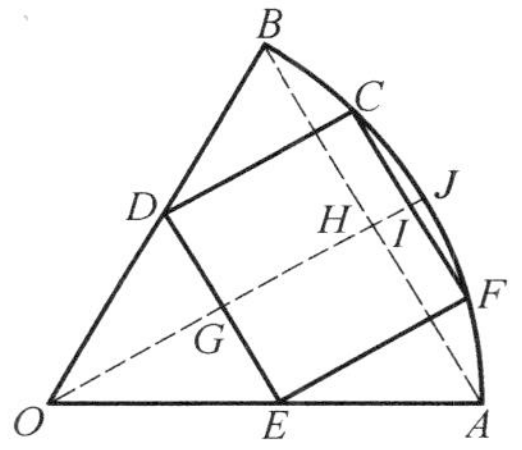

图 2

老师：这是正确的！接下来呢？

学生：对于图 1，我已经求得了此时内接矩形面积的最大值是 $\frac{1}{2}R^2\tan\frac{\alpha}{2}$(当且仅当 C 是 $\overparen{AB}$ 的中点时取到最大值).

老师：这也是正确的！通过你作辅助线的方法，我还知道你的解法也是正确的！

学生：谢谢老师夸奖.请问，对于图 2 的情形将如何解决呢？

老师：按照图 2 的辅助线，我相信你完全能够独立地解决.不过，我想你还应当有所创新.

……

而后，这位学生自己提出问题，并且解答得很好.

问题 (1) 求图 2 中扇形的内接矩形面积的最大值；

(2) 求半径为 $R(R>0)$，圆心角为 $\alpha\left(0<\alpha\leqslant\frac{\pi}{2}\right)$ 的扇形的内接矩形面积的最大值.

解答 (1) 在图 2 中，设矩形 $CDEF$ 是扇形 OAB 面积最大的内接矩形，又设 J 是 $\overparen{AB}$ 的中点，则在扇形 OAJ，OBJ 中分别运用图 1 的结论，可得答案为

$2 \cdot \frac{1}{2}R^2\tan\frac{\alpha}{4}=R^2\tan\frac{\alpha}{4}$.

(2) 又由 $\alpha\in\left(0,\frac{\pi}{2}\right]$，可证 $R^2\tan\frac{\alpha}{4}<\frac{1}{2}R^2\tan\frac{\alpha}{2}$，所以只有在图1的情形中，点 C 是 $\overset{\frown}{AB}$ 的中点时所求内接矩形 $CDEF$ 的面积最大，且最大值为 $\frac{1}{2}R^2\tan\frac{\alpha}{2}$.

两点感悟

① 老师要用智慧点燃智慧.

由于时代的进步，现在的孩子所处的环境很先进，一定程度上说也很利于学习，所以现在的孩子都很聪明. 老师对学生的辅导应当是以点拨、启发为主，不可灌输，应力求达到愤悱的状态，轻松愉悦、通过实践来学习深刻的知识.

老师绝不可把学生当奴隶来教，一定要教学生做知识的主人，探索、研究、发现和运用知识.

② 反对千人一面的考题.

也可把上面的一次辅导过程改编成一道三角题，这种三角题应尽早步入试卷，可改变数学题的抽象、繁难、机械、冷酷、无用的局面. 多考点儿想，少考点儿算，突出高考选拔人才的功能.

参考文献

[1] 甘志国. 利滚利、漂洗衣服与题海战术[J]. 中小学数学(高中)，2011(3)：8-10.

[2] 甘志国. 教育者也要关注另一个1%——谈数学特困生的成长[J]. 中国数学教育(高中)，2011(1～2)：16-19.

[3] 甘志国. 数学教学要注意有效性原则和可接受性原则[J]. 数学教学，2010(5)：8-9，封底.

[4] 甘志国. 数学教学更需要"慢教育"[J]. 中学数学月刊，2010(3)：22-23.

[5] 甘志国. 强烈推荐两种数学考试题型——阅读题和作文题[J]. 中学数学(高中)，2010(4)：11-15，63.

[6] 甘志国. 2011年高考湖北数学卷创新点预测[J]. 数学通讯，2011(3下)：45-50.

§ 45　谈谈用数形结合思想解题

在高考中,充分利用选择题和填空题的题型特点,为考查数形结合的思想提供了方便,能突出考查考生将复杂的数量关系转化为直观的几何图形问题来解决的意识,而在解答题中,考虑到推理论证的严密性,对数量关系问题的研究仍突出代数的方法而不提倡使用几何的方法,解答题中对数形结合思想的考查以由"形"到"数"的转化为主.

数形结合的思想应用广泛,高考命题会在选择题、填空题中设置较多,考查内容可能会涉及解方程和解不等式问题,求函数的值域、最值问题,三角函数问题等.

数形结合思想是一种很重要的数学思想. 数与形是事物的两个方面,正是基于对数与形的抽象研究才产生了数学这门学科,才能使人们能够从不同的侧面认识事物. 华罗庚先生说过:"数缺形时少直观,形缺数时难入微,数形结合千般好,数形分离万事休." 把数量关系的研究转化为图形性质的研究,或者把图形性质的研究转化为数量关系的研究. 这种解决问题过程中"数"与"形"相互转化的研究策略,就是数形结合的思想. 数形结合的思想就是要使抽象的数学语言与直观的图形结合起来,使抽象的思维与形象思维结合起来.

在使用过程中,由"形"到"数"的转化,往往比较明显,而由"数"到"形"的转化却需要转化的意识,因此,数形结合思想的使用往往偏重于由"数"到"形"的转化.

运用数形结合思想,不仅容易发现解题途径,而且能避免复杂的计算与推理,大大简化了解题过程. 要注意培养这种思想意识,要胸中有图、见数想图,以开拓自己的思维视野.

1. 利用数形结合讨论方程的解

讨论方程的解可构造两个函数(其中一个可以是常数函数),使求方程的解的问题转化为讨论两曲线交点的问题. 但用图象法讨论方程的解,一定要注意图象的精确性、全面性.

例 1　若 $\sin\alpha+\cos\alpha=\tan\alpha\left(0<\alpha<\frac{\pi}{2}\right)$,则 $\alpha\in$(　　)

A. $\left(0,\frac{\pi}{6}\right)$　　B. $\left(\frac{\pi}{6},\frac{\pi}{4}\right)$　　C. $\left(\frac{\pi}{4},\frac{\pi}{3}\right)$　　D. $\left(\frac{\pi}{3},\frac{\pi}{2}\right)$

解　C. 令 $f(x)=\sin x+\cos x=\sqrt{2}\sin\left(x+\frac{\pi}{4}\right)$,$g(x)=\tan x$,作出它们

图象的草图如图 1 所示，显然两者交点 P 的横坐标 $x_P > \frac{\pi}{4}$，再令 $x=\frac{\pi}{3}$，得 $\sin\frac{\pi}{3}+\cos\frac{\pi}{3}=\frac{1+\sqrt{3}}{2}\approx 1.366$. 再由图 1 得 $x_P<\frac{\pi}{3}$.

点评　构造函数，利用数形结合使问题化难为易. 但本题若作图不准确，容易答错.

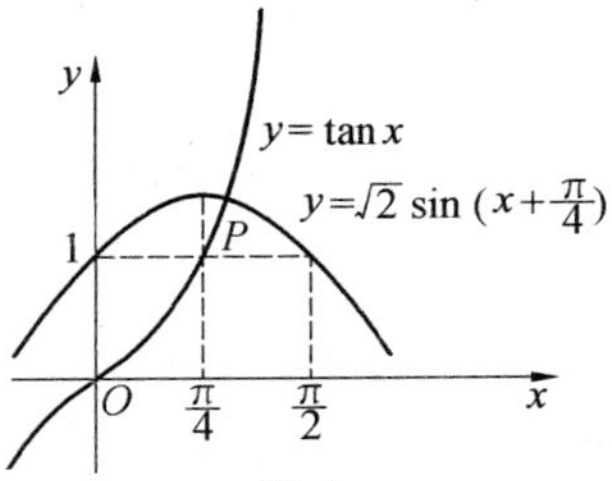

图 1

跟踪练习　(1) 设函数 $f(x)=\begin{cases} x^2+bx+cx \leqslant 0 \\ 2x>0 \end{cases}$，若 $f(-4)=f(0)$，$f(-2)=-2$，则关于 x 的方程 $f(x)=x$ 解的个数为(　　)

A. 1　　　　B. 2　　　　C. 3　　　　D. 4

(2) 求函数 $y=2^x$ 与 $y=x^2$ 的图象的公共点个数.

(3) 设 α，β 分别是方程 $x\mathrm{e}^x=2$，$x\ln x=2$(其中 e 是自然对数的底) 的实根，求 $\alpha\beta$ 的值.

2. 利用数形结合解不等式或求参数的取值范围

例 2　若不等式 $\sqrt{9-x^2}\leqslant k(x+2)-\sqrt{2}$ 的解集为区间 $[a,b]$，且 $b-a=2$，则 $k=$________.

解　$\sqrt{2}$. 设函数 $f(x)=\sqrt{9-x^2}$，$g(x)=k(x+2)-\sqrt{2}$. 易知函数 $f(x)$ 的图象是以坐标原点为圆心，半径为 3 的上半圆，函数 $g(x)$ 的图象是经过定点 $(-2,-\sqrt{2})$ 的直线. 如图 2 所示，欲使 $b-a=2$，直线 $y=k(x+2)-\sqrt{2}$ 必须经过点 $(1,2\sqrt{2})$，所以该直线的斜率 $k=\frac{2\sqrt{2}+\sqrt{2}}{1+2}=\sqrt{2}$.

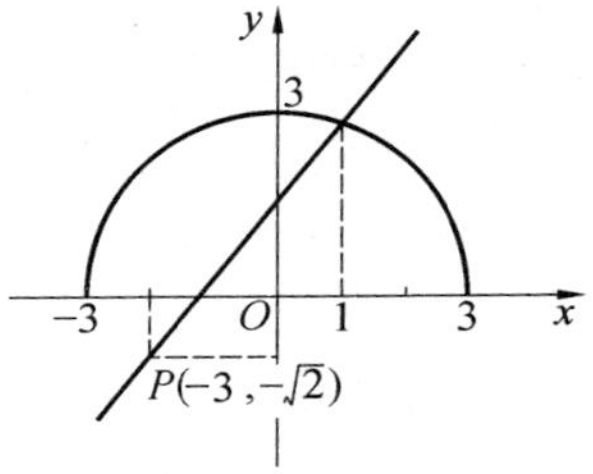

图 2

点评　用数形结合解不等式的理论依据是：$f(x)>g(x)$ 的解集就是曲线 $y=f(x)$ 在曲线 $y=g(x)$ 的上方时对应的 x 的取值范围；$f(x)<g(x)$ 的解集就是曲线 $y=f(x)$ 在曲线 $y=g(x)$ 的下方时对应的 x 的取值范围. 所以在研究不等关系时，可以通过函数图象来解决.

跟踪练习　(4) 若 $|x-a|+\frac{1}{x}\geqslant\frac{1}{2}$ 在 $x>0$ 时恒成立，求实数 a 的取值范围.

(5) 已知不等式 $x^2-\log_m x<0$ 在 $x\in\left(0,\frac{1}{2}\right)$ 时恒成立，则实数 m 的取值范围是(　　)

A. $(0,1)$　　　　B. $\left[\frac{1}{16},1\right)$　　　　C. $(1,+\infty)$　　　　D. $\left(0,\frac{1}{16}\right]$

(6) 若 $0 < x < \frac{\pi}{2}$,则 $2x$ 与 $3\sin x$ 的大小关系是(　　)

A. $2x > 3\sin x$　　B. $2x < 3\sin x$

C. $2x = 3\sin x$　　D. 与 x 的取值有关

(7) 设集合 $A=\left[0,\frac{1}{2}\right)$, $B=\left[\frac{1}{2},1\right]$,函数 $f(x)=\begin{cases}x+\frac{1}{2}, x\in A\\ 2(1-x), x\in B\end{cases}$. 若 $x_0\in[0,1]$,且 $f[f(x_0)]\in A$,则 x_0 的取值范围是________.

3. 利用数形结合求最值(值域)

例 3　函数 $y=\frac{\sin x}{2+\cos x}$ 的最大值为________;最小值为________.

解　$\frac{\sqrt{3}}{3}$, $-\frac{\sqrt{3}}{3}$. $y=\frac{\sin x-0}{\cos x-(-2)}$ 表示点 $P(\cos x, \sin x)$ 与点 $A(-2,0)$ 连线的斜率,而点 P 在单位圆上,如图 3,过点 A 作单位圆的切线 AB, AC. 易知 $k_{AB}=\frac{\sqrt{3}}{3}$, $k_{AC}=-\frac{\sqrt{3}}{3}$ 分别为斜率的最大值和最小值,所以函数 y 的最大值和最小值分别为 $\frac{\sqrt{3}}{3}$, $-\frac{\sqrt{3}}{3}$.

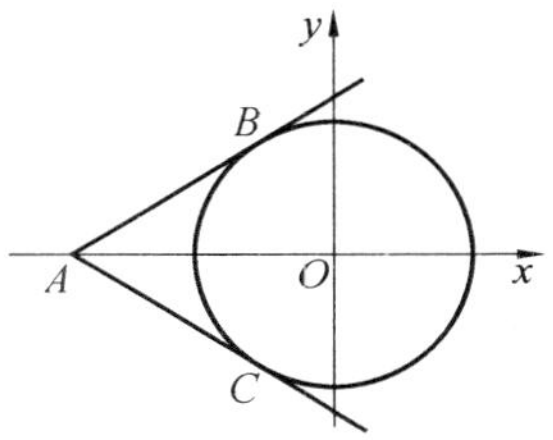

图 3

点评　分式函数的值域可考虑用斜率模型来解决.

跟踪练习　(8) 设函数 $g(x)=x^2-2(x\in\mathbf{R})$, $f(x)=\begin{cases}g(x)+x+4x<g(x)\\ g(x)-xx\geqslant g(x)\end{cases}$,则 $f(x)$ 的值域是(　　)

A. $\left[-\frac{9}{4},0\right]\cup(1,+\infty)$　　B. $[0,+\infty)$

C. $\left[-\frac{9}{4},+\infty\right)$　　D. $\left[-\frac{9}{4},0\right]\cup(2,+\infty)$

(9) 函数 $y=\sqrt{x^2+1}+\sqrt{x^2-4x+8}$ 的最小值是________.

(10) 若抛物线 $y=x^2$ 的动弦 AB 的长为 2,则 AB 的中点的纵坐标的最小值是________.

4. 利用数形结合解决解析几何中的参数问题

例 4　已知双曲线 $\frac{x^2}{12}-\frac{y^2}{4}=1$ 的右焦点为 F,若过点 F 的直线与双曲线的右支有且只有一个交点,则此直线的斜率的取值范围是(　　)

A. $\left(-\frac{\sqrt{3}}{3},\frac{\sqrt{3}}{3}\right)$　B. $(-\sqrt{3},\sqrt{3})$　C. $[-\sqrt{3},\sqrt{3}]$　D. $\left[-\frac{\sqrt{3}}{3},\frac{\sqrt{3}}{3}\right]$

解　D. 如图 4,当过右焦点的直线与渐近线平行时,由双曲线的性质得,此时直线与双曲线的右支有且只有一个交点(且与整个双曲线也仅此一个交点). 当过右焦点的直线位于两条渐近线之间时,直线与双曲线左右两支均交于一点,也符合题意.

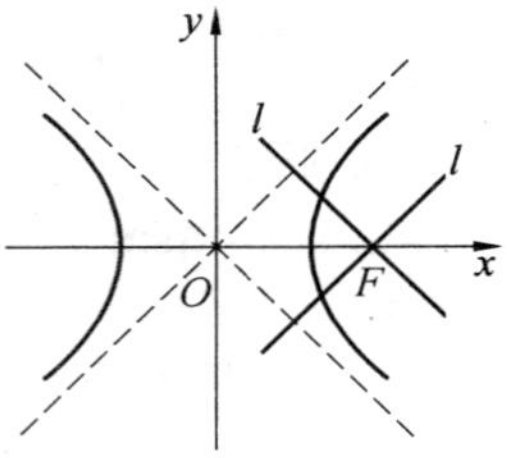

图 4

双曲线的渐近线方程为 $y=\pm\frac{\sqrt{3}}{3}x$,所以所求直线的斜率的取值范围是 $\left[-\frac{\sqrt{3}}{3},\frac{\sqrt{3}}{3}\right]$.

点评　本题如果用直线方程后再将其与双曲线方程联立求解,但这样比较费时,没有此解法简洁.

跟踪练习　(11) 已知抛物线 $C:y^2=2px\ (p>0)$ 的准线为 l,过点 $M(1,0)$ 且斜率为 $\sqrt{3}$ 的直线与 l 相交于点 A,与 C 的一个交点为 B. 若 $\overrightarrow{AM}=\overrightarrow{MB}$,则 $p=$ ________.

跟踪练习参考答案

(1)C. 由 $f(-4)=f(0)$,$f(-2)=-2$,可得 $b=4$,$c=2$,所以 $f(x)=\begin{cases}x^2+4x+2 & (x\leqslant 0)\\ 2 & (x>0)\end{cases}$. 该函数的图象如图 5 所示,可得它与直线 $y=x$ 有三个交点.

(2) 应注意,当 x 充分大时,函数 $y=2^x$ 的图象比 $y=x^2$ 的图象上升速度快,所以当 x 充分大时 $2^x>x^2$ 恒成立,由此就可画出草图 6,得所求公共点的个数是 3.

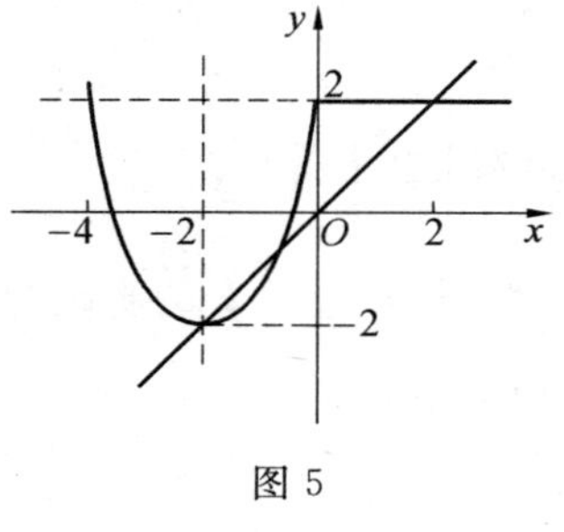

图 5

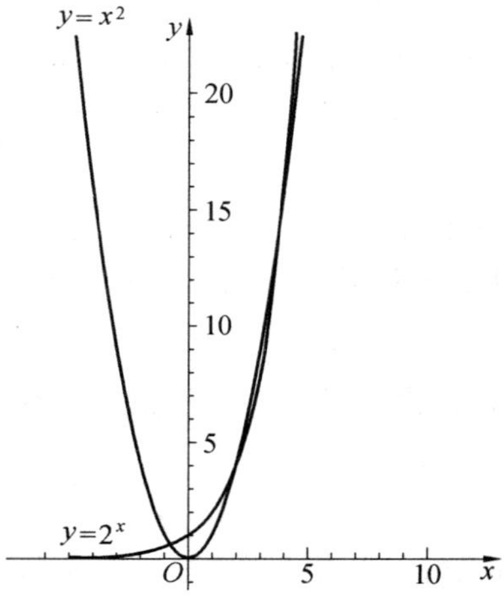

图 6

(3) $(-\infty,2]$. 不等式 $|x-a|+\frac{1}{x}\geqslant\frac{1}{2}$ 即 $|x-a|\geqslant\frac{1}{2}-\frac{1}{x}$.

题意即曲线 $y=|x-a|(x>0)$ 都不在曲线 $y=\frac{1}{2}-\frac{1}{x}(x>0)$ 的下方，由图 7 知，$a\leqslant 2$.

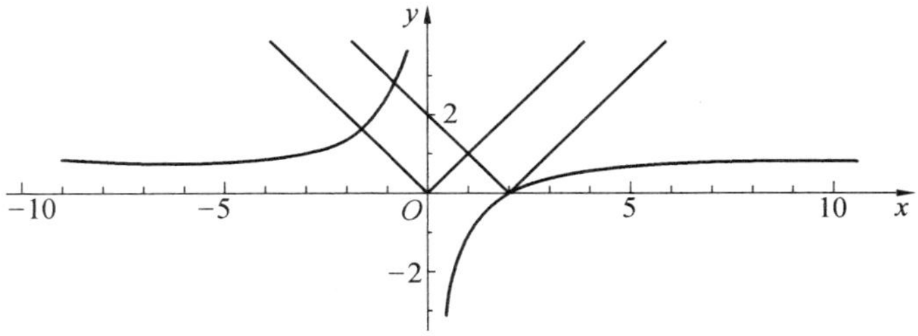

图 7

(4) 如图 8，方程 $xe^x=2$ 即 $e^x=\frac{2}{x}$，其根 α 就是曲线 $y=e^x$ 与 $y=\frac{2}{x}(x>0)$ 交点 A 的横坐标，得 $A\left(\alpha,\frac{2}{\alpha}\right)$；方程 $x\ln x=2$ 即 $\ln x=\frac{2}{x}$，其根 β 就是曲线 $y=\ln x$ 与 $y=\frac{2}{x}(x>0)$ 交点 B 的横坐标，得 $B\left(\beta,\frac{2}{\beta}\right)$.

因为曲线 $y=e^x$ 与 $y=\ln x$ 关于直线 $y=x$ 对称，曲线 $y=\frac{2}{x}(x>0)$ 也关于直线 $y=x$ 对称，所以点 $A\left(\alpha,\frac{2}{\alpha}\right)$ 与点 $B\left(\beta,\frac{2}{\beta}\right)$ 也关于直线 $y=x$ 对称，得 $\frac{2}{\alpha}=\beta,\alpha\beta=2$.

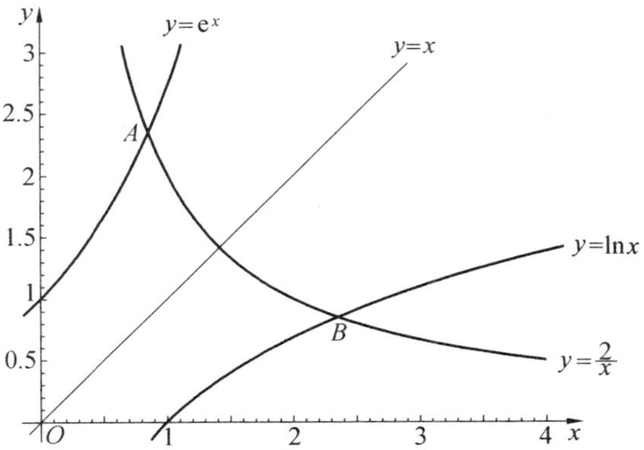

图 8

(5)D. 如图 9，画出 $y=x^2$ 与 $y=\log_m x$ 在 $\left(0,\frac{1}{2}\right)$ 内的图象，欲使曲线 $y=x^2$

在曲线 $y=\log_m x$ 的下方，m 必须在区间 $(0,1)$ 内，图象过点 $\left(\frac{1}{2},\frac{1}{4}\right)$ 是一条分界线，此时解得 $m=\frac{1}{16}$，且 $0<m<\frac{1}{16}$ 也满足题意，所以选 D.

(6) 作为选择题，很容易选出正确答案 D（具体的情形见图 10）.

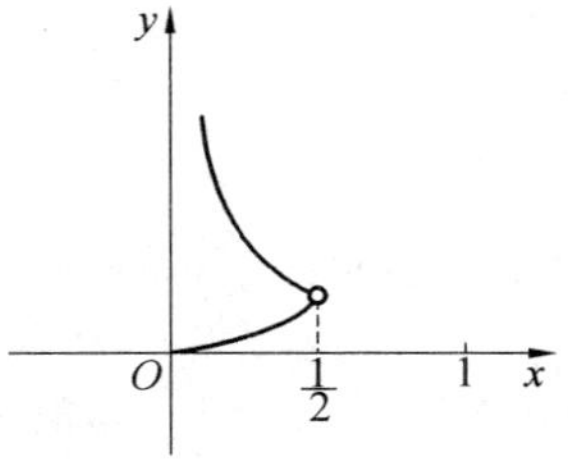

图 9

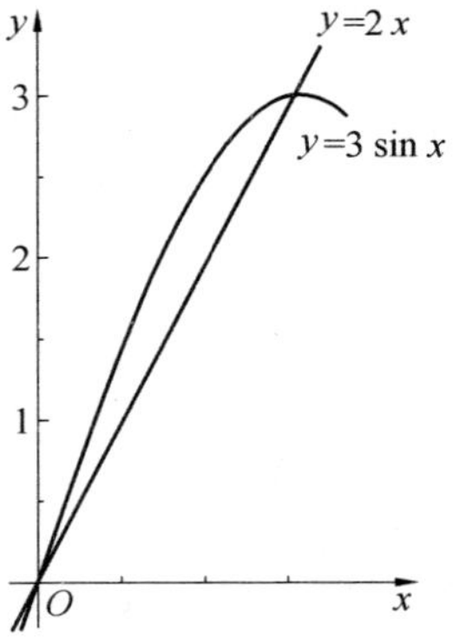

图 10

(7) 先画出函数 $f(x)$ 的图象后，由 $f[f(x_0)]\in\left[0,\frac{1}{2}\right)$ 可得 $f(x_0)\in\left(\frac{3}{4},1\right]$，再由图象可得 x_0 的取值范围是 $\left(\frac{1}{4},\frac{5}{8}\right)$.

(8)D. 得 $f(x)=\begin{cases}\left(x+\frac{1}{2}\right)^2+\frac{7}{4}, x\in(-\infty,-1)\cup(2,+\infty)\\ \left(x-\frac{1}{2}\right)^2-\frac{9}{4}, x\in[-1,2]\end{cases}$，作出其图象如图 11 后，可得 $f(x)$ 的值域是 $\left[-\frac{9}{4},0\right]\cup(2,+\infty)$.

(9) $\sqrt{13}$. 得 $y=\sqrt{(x-0)^2+(0-1)^2}+\sqrt{(x-2)^2+(0-2)^2}$ 表示动点 $P(x,0)$ 与点 $A(0,1)$，$B(2,2)$ 的距离之和.

如图 12，作点 B 关于 x 轴的对称点 $B'(2,-2)$，联结 AB' 与 x 轴交于点 P，此时 $|AB'|$ 为所求. 可得 $|AB'|=\sqrt{(0-2)^2+(1+2)^2}=\sqrt{13}$. 还可求得 $P\left(\frac{2}{3},0\right)$.

(10) $\frac{3}{4}$. 如图 13，得 $|MM'|=\frac{1}{2}(|AA'|+|BB'|)=\frac{1}{2}(|AF|+|BF|)\geqslant\frac{1}{2}|AB|=1$（其中 F 是抛物线的焦点），所以 $y_M\geqslant 1-\frac{1}{4}=\frac{3}{4}$，当且仅当点 A，F，B 共线时 $y_M=\frac{3}{4}$. 所以所求最小值是 $\frac{3}{4}$.

(11)2. 如图 14,过点 B 作 $BE\perp l$ 于点 E. 由 $\overrightarrow{AM}=\overrightarrow{MB}$ 得 M 为 AB 的中点,所以 $|BM|=\frac{1}{2}|AB|$. 又 $k_{AB}=\sqrt{3}$, $\angle BAE=30°$, 所以 $|BE|=\frac{1}{2}|AB|$, $|BM|=|BE|$, 得 M 为抛物线的焦点,所以 $p=2$.

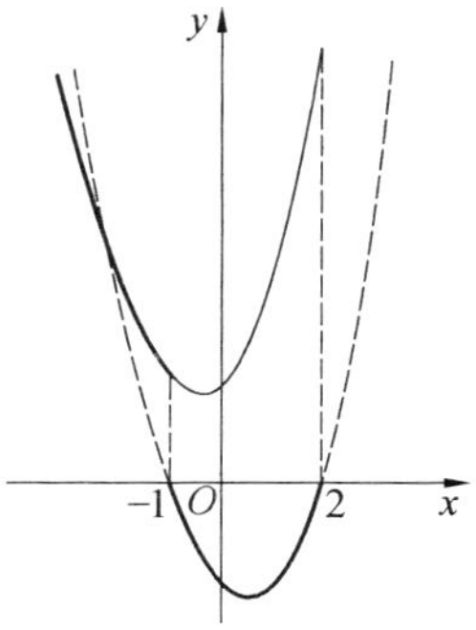

图 11

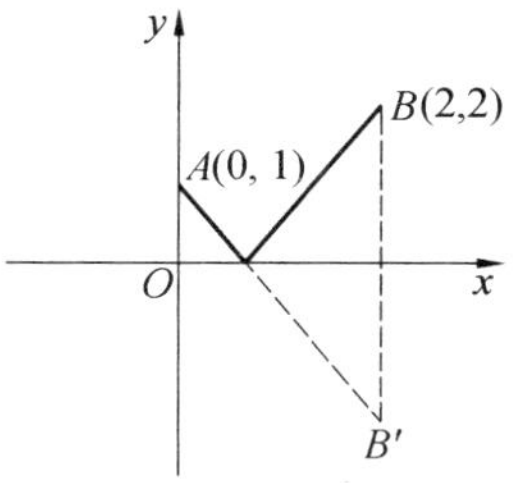

图 12

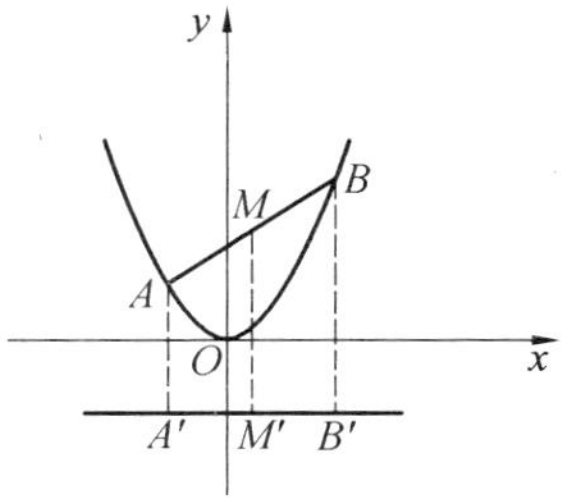

图 13

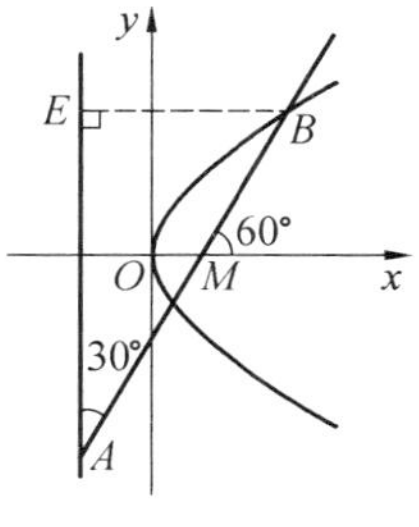

图 14

§ 46　在平面三角中应区别和澄清的一些概念

1. 应区分"三角函数"与"三角函数值","正弦函数、余弦函数、正切函数"应分别改为"正弦、余弦、正切"

我们先看普通高中课程标准实验教科书《数学 4 · 必修 · A 版》(人民教育出版社出版,2007 年第 2 版)(下简称《必修 4》)第 12 页给出的任意角的三角函数定义:

如图 1,设 α 是一个任意角,它的终边与单位圆交于点 $P(x,y)$,那么:

(1) y 叫作 α 的正弦(sin e),记作 $\sin\alpha$,即 $\sin\alpha = y$;

(2) x 叫作 α 的余弦(cosin e),记作 $\cos\alpha$,即 $\cos\alpha = x$;

(3) $\frac{y}{x}$ 叫作 α 的正切(tangent),记作 $\tan\alpha$,即 $\tan\alpha = \frac{y}{x}(x \neq 0)$.

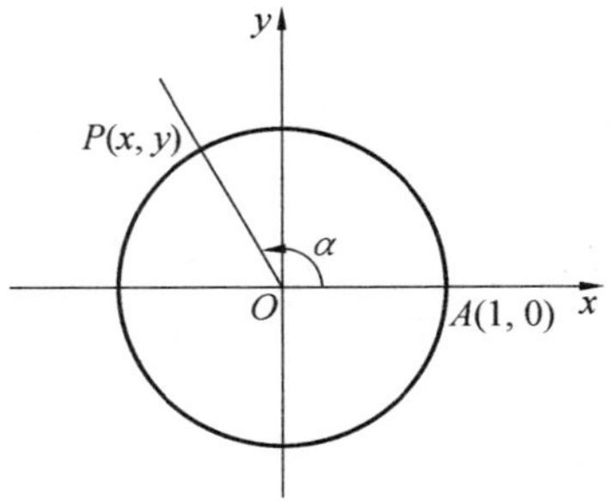

图 1

可以看出,当 $\alpha = \frac{\pi}{2} + k\pi(k \in \mathbf{Z})$ 时,α 的终边在 y 轴上,这时点 P 的横坐标 x 等于 0,所以 $\tan\alpha = \frac{y}{x}$ 无意义. 除此之外,对于确定的角 α,上述三个值都是唯一确定的. 所以,正弦、余弦、正切都是以角为自变量,以单位圆上点的坐标或坐标的比值为函数值的函数,我们将它们统称为三角函数(trigonometric function). 由于角的集合与实数集之间可以建立一一对应关系,三角函数可以看成是自变量为实数的函数.

著名数学家及数学教育家、中国科学院院士、国家最高科技奖获得者谷超豪(1926—2012)教授主编的《数学词典》第 108 页写到"正弦、余弦、正切均是三角函数之一". 由此可知,"三角函数"与"三角函数值"是有区别的:前者是"函数"而后者是"函数值". 所以,"正弦"与"正弦值"、"余弦"与"余弦值"、"正切"与"正切值"也都是有区别的:前者是"函数"而后者是"函数值". 比如,我们应当说"30° 的正弦值",不能说"30° 的正弦";可以说"任意角的三角函数",也可以说"任意角的三角函数值",但两者的意义不一样:任意角的正弦的值域是[−1,1],任意角的正弦值在闭区间[−1,1]上.

顺便再指出:"正弦函数、余弦函数、正切函数"应分别改为"正弦、余弦、正切”，因为“正弦、余弦、正切”本身就是函数，所以“正弦函数、余弦函数、正切函数”均是重复的说法，也是错误的！

人民教育出版社出版的普通高中课程标准实验教科书《必修 4》、《数学 5·必修·A 版》(2007 年第 3 版)(下简称《必修 5》)及《数学·选修 2－1·A 版》(2007 年第 2 版)(下简称《选修 2－1》)中也有对“三角函数(包括正弦、余弦、正切)”与“三角函数值(包括正弦值、余弦值、正切值)”使用不恰当的地方：

(1)《必修 4》第 18 页的“1.2.2　同角三角函数的基本关系”应改为“1.2.2　同角三角函数值的基本关系”；第 19 页又写道：“同一个角 α 的正弦、余弦的平方和等于 1，商等于角 α 的正切”，笔者认为这里的“正弦”、“余弦”、“正切”应改为“正弦值”、“余弦值”、“余弦值”.

(2)《必修 4》第 27 ～ 28 页的练习第 1，5 题分别是：

1. 将下列三角函数转化为锐角三角函数，并填在题中横线上：(1)$\cos\dfrac{13}{9}\pi=$ ________；……

5. 将下列三角函数转化为锐角三角函数，并填在题中横线上：(1)$\tan\dfrac{3}{5}\pi=$ ________；……

第 29 页的习题第 1 题是：

1. 将下列三角函数转化为锐角三角函数，并填在题中横线上：(1)$\cos 210^\circ=$ ________；……

笔者认为这里的“三角函数”、“锐角三角函数”均应分别改为“三角函数值”、“锐角三角函数值”.

(3)《必修 4》第 124 页的“3.1　两角和与差的正弦、余弦和正切公式”、“3.1.1　两角差的余弦公式”，第 128 页的“3.1.2　两角和与差的正弦、余弦、正切公式”、“两角和的余弦公式”中用的均是“正弦”、“余弦”、“正切”，笔者认为均应分别改为“正弦值”、“余弦值”、“正切值”.

《必修 4》第 128 页写道：“探究　上面我们得到了两角和与差的余弦(笔者认为这里的“余弦”应改为“余弦值”)公式. 我们知道，用诱导公式五(或六)可以实现正弦、余弦的互化. 你能根据 $C_{(\alpha+\beta)}$，$C_{(\alpha-\beta)}$ 及诱导公式五(或六)，推导出用任意角 α，β 的正弦、余弦值表示 $\sin(\alpha+\beta)$，$\sin(\alpha-\beta)$ 的公式吗？”.

第 129 页又写道：“探究　你能根据正切函数与正弦、余弦函数(笔者认为应改为“正切与正弦、余弦”)的关系，从 $C_{(\alpha\pm\beta)}$，$S_{(\alpha\pm\beta)}$ 出发，推导出用任意角 α，β 的正切(笔者认为这里的“正切”应改为“正切值”)表示 $\tan(\alpha+\beta)$，$\tan(\alpha-\beta)$ 的公式吗？”.

(4)《必修 5》第 3 页写道：“正弦定理(law of sines)　在一个三角形中，各边和它所对角的正弦的比相等，即 …….”(笔者认为这里的“正弦定理”、“正弦”应分别改为“正弦值定理”、“正弦值”).

第 8 页末又写道:“另一边的对角的正弦值”(笔者认为这里用“正弦值”是正确的).

第 5 ～ 6 页还写道:“余弦定理(law of cosines)　三角形中任何一边的平方等于其他两边的平方的和减去这两边与它们的夹角的余弦积的两倍,即…….”(笔者认为这里的“余弦定理”、“余弦”应分别改为“余弦值定理”、“余弦值”).

(5)《选修 2－1》第 97 页第 3 题、第 106 页例 2、第 107 页第六行末、第 112 页第 4 题、第 113 页第 2 题、第 118 页第 10 题、第 119 页第 1,2 题中出现的均是“余弦值”,第 113 页第 11 题、第 114 页第 3 题中出现的均是“正切值”.《选修 2－1》中没有出现“正弦”、“余弦”、“正切”这三个词. 笔者认为这均是正确的.

2. 用诱导公式一 ～ 四并不能把任意角的三角函数转化为锐角三角函数

《必修 4》第 25 页写道:

利用公式一 ～ 四把任意角的三角函数转化为锐角三角函数,一般可以按下面的步骤进行:

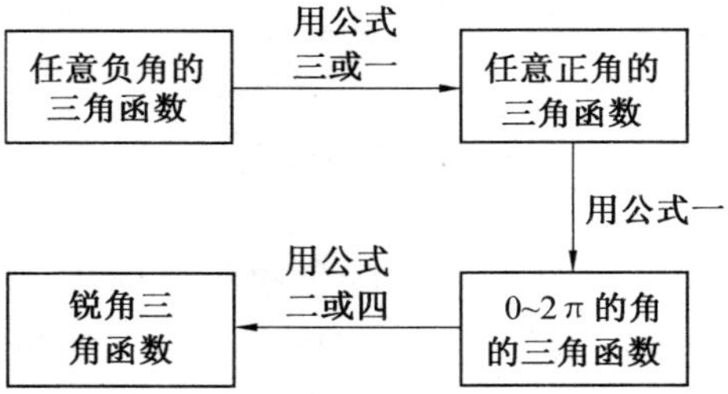

实际上,在第三步中,用公式二或四并不能把 0 ～ 2π 即$[0,2\pi)$上的角的三角函数都转化为锐角三角函数. 比如,无论如何也不能把 $\sin 0$ 转化成某个锐角的三角函数值,因为前者是 0 而后者是正数.

正确的说法应当是:在第三步中,用公式二或四可把 0 ～ 2π 即$[0,2\pi)$上的角的三角函数转化为$\left[0,\frac{\pi}{2}\right]$上角的三角函数.

(记得笔者在读高一时(1985 年),教科书上写的是“今后我们常在直角坐标系内讨论角. 为了讨论问题的方便,我们使角的顶点与原点重合,角的始边与 x 轴的正半轴重合”,而到了笔者任教高中时,新的教科书就把这里的“x 轴的正半轴”改成了“x 轴的非负半轴”(可见《必修 4》第 3 页). 事实上,前者是错误的,后者才是正确的、严谨的!)

笔者认为,若按照下面的方法讲述《三角函数的诱导公式》,比《必修 4》的方法要简洁.

公式 1　$\sin\alpha=-\sin(\alpha\pm\pi)$,$\cos\alpha=-\cos(\alpha\pm\pi)$,$\tan\alpha=\tan(\alpha\pm\pi)$.

证明　先按照《必修 4》的方法可证得公式二成立,即公式 1 中的“±”取“+”时成立.

在公式二中令 $\alpha=\alpha'-\pi$ 后可得公式 1 中的“±”取“—? ”时也成立.

可以把公式 1 表述为:**角度加减 π,弦变切不变.**

注　这里“角度”指角的大小(见互动百科词条的解释 http://www.hudong.com/wiki/%E8%A7%92%E5%BA%A6).

推论　$\sin\alpha=(-1)^k\sin(\alpha+k\pi)$,$\cos\alpha=(-1)^k\cos(\alpha+k\pi)$,$\tan\alpha=\tan(\alpha+k\pi)$,其中 $k\in\mathbf{Z}$.

公式 2　即《必修 4》中的公式三

$$\sin(-\alpha)=-\sin\alpha,\cos(-\alpha)=\cos\alpha,\tan(-\alpha)=-\tan\alpha$$

利用公式 1,2 就可把任意角的三角函数转化为 $\left[0,\frac{\pi}{2}\right]$ 上的角的三角函数:

任意角的三角函数 $\xrightarrow{\text{用公式 1}}$ $\left(-\frac{\pi}{2},\frac{\pi}{2}\right]$ 上的角的三角函数 $\xrightarrow{\text{用公式 2}}$ $\left[0,\frac{\pi}{2}\right]$ 上的角的三角函数

注　《必修 4》的方法需要三步,而这里的方法只需两步,且前者的第二步是加减若干个 2π 即 $360°$,而这里的第一步是加减若干个 π 即 $180°$,所以这里的方法要简洁得多.

3. 应当把“函数在长度为一个周期的闭区间上的简图”改为“函数在一个周期上的简图”

文献[1]对此作了详述,但并没引起读者和有关部门的重视,这里再作详述.

《必修 4》第 46 页习题 1.4 的第 10 题是:

10. 设函数 $f(x)(x\in\mathbf{R})$ 是以 2 为最小正周期的周期函数,且 $x\in[0,2]$ 时 $f(x)=(x-1)^2$. 求 $f(3)$,$f\left(\frac{7}{2}\right)$ 的值.

与《必修 4》配套使用的《教师教学用书》(下简称《教师用书 4》)第 44 页给出的答案是:

由于 $f(x)$ 以 2 为最小正周期,所以对任意 $x\in\mathbf{R}$,有 $f(x+2)=f(x)$. 于是

$$f(3)=f(1+2)=f(1)=(1-1)^2=0$$

$$f\left(\frac{7}{2}\right)=f\left(\frac{3}{2}+2\right)=f\left(\frac{3}{2}\right)=\left(\frac{3}{2}-1\right)^2=\frac{1}{4}$$

变式 1　设周期函数 $f(x)(x\in\mathbf{R})$ 的一个周期为 2，且 $x\in[0,2]$ 时 $f(x)=(x-1)^2$. 求 $f(0),f(2)$.

解法 1　直接运用题设“$x\in[0,2]$ 时 $f(x)=(x-1)^2$”求解：$f(0)=1$，$f(2)=1$.

解法 2　先运用题设“$x\in[0,2]$ 时 $f(x)=(x-1)^2$”只求 $f(0),f(2)$ 中的一个，再由题设解“周期函数 $f(x)(x\in\mathbf{R})$ 的一个周期为 2”求出另一个：$f(0)=1,f(2)=f(0)=1$.

变式 2　设周期函数 $f(x)(x\in\mathbf{R})$ 的一个周期为 2，且 $x\in[0,2]$ 时 $f(x)=x^2$. 求 $f(0),f(2)$.

解法 1　同变式 1 的解法 1，得 $f(0)=0,f(2)=4$.

解法 2　同变式 1 的解法 1，得 $f(0)=0,f(2)=f(0)=0$.

解法 3　同变式 1 的解法 1 但这里先求 $f(2)$，得 $f(2)=4,f(0)=f(2)=4$.

这三种解法均无误，为何会得到三种不同的结果呢？那只有一种可能：就是题目本身有互相矛盾的条件！正是如此. 若周期函数 $f(x)(x\in\mathbf{R})$ 的一个周期为 2，则只需要知道 $f(x)$ 在一个周期上的解析式就可以确定 $f(x)$ 的所有函数值. 而本题中 $f(x)$ 的一个周期可选自变量 $x\in[0,2)$ 或 $x\in(0,2]$，但不能选 $x\in[0,2]$. 若选 $x\in[0,2)$ 则下一个周期是 $x\in[2,4)$，若选 $x\in(0,2]$ 则下一个周期是 $x\in(2,4]$，这都是正确的；若选 $x\in[0,2]$，则下一个周期是什么呢？因为周期函数的两个周期上函数图象形状是相同的只是位置不同(可以通过左右平移使之重合)，所以下一个周期只能是 $x\in[2,4]$，那么 $x=2$ 时的图象在哪一个周期呢？总不能说同在两个周期上吧！所以说，是连续函数的周期函数在一个周期上的图象自变量的取值范围不能是闭区间，只能是半闭半开区间.

而这一点，《必修 4》也没注意.《必修 4》第 55 页练习的第 2 题是“画出下列函数在长度为一个周期的闭区间上的简图(有条件的请用计算器或计算机检验)：(1)$y=\frac{1}{2}\sin x$；……”，第 70 页第 16 题是“画出下列函数在长度为一个周期的闭区间上的简图：(1)$y=\frac{1}{2}\sin\left(3x-\frac{\pi}{3}\right)$，$x\in\mathbf{R}$；……”，应当把这里的“函数在长度为一个周期的闭区间上的简图”改为“函数在一个周期上的简图”.

4. 何谓相位、初相？它们均有无穷多个值吗？

文献[1]对此也作了详述，但至今没有读者回答，所以这里再作详述.

《必修 4》第 54 页写道：

现在，我们再次回到本章开头（笔者注：不是本章开头而是本大节开头）提到的“简谐运动的图象”. 可以证明，这个图象所对应的函数解析式有如下形式

$$y=A\sin(\omega x+\varphi),x\in[0,+\infty)$$

其中 $A>0,\omega>0$. 物理中，描述简谐运动的物理量，如振幅、周期和频率等都与这个解析式中的常数有关：

$\omega x+\varphi$ 称为相位(phase)；

$x=0$ 时的相位 φ 称为初相(initial phase).

《必修 4》第 56 页第 3，4 题，第 58 页第 3，4（下面记作 3′，4′）题及第 70 页第 18 题的部分内容分别是（答案是《教师用书 4》给出的答案）：

3. 函数 $y=\frac{2}{3}\sin\left(\frac{1}{2}x-\frac{\pi}{4}\right)$ 的振幅、周期和频率各是多少？

参考答案 $\frac{2}{3},4\pi,\frac{1}{4\pi}$.

4. 函数 $y=\sin\left(x+\frac{\pi}{12}\right),x\in[0,+\infty)$ 的初相是多少？

参考答案 $\frac{\pi}{12}$.

3′. 不画图，直接写出下列函数的振幅、周期与初相：

(1) $y=8\sin\left(\frac{x}{4}-\frac{\pi}{8}\right),x\in[0,+\infty)$；

(2) $y=\frac{1}{3}\sin\left(3x+\frac{\pi}{7}\right),x\in[0,+\infty)$.

参考答案 (1) $8,8\pi,-\frac{\pi}{8}$；(2) $\frac{1}{3},\frac{2\pi}{3},\frac{\pi}{7}$

4′. 已知电流 i（单位：A）随时间 t（单位：s）变化的函数关系是 $i=5\sin\left(100\pi t+\frac{\pi}{3}\right),t\in[0,+\infty)$，求电流 i 变化的周期、频率、振幅及其初相.

参考答案 $\frac{1}{50},50,5,\frac{\pi}{3}$.

18. 不通过画图，写出下列函数的振幅、周期、初相：(1) $y=\sin\left(5x+\frac{\pi}{6}\right),x\in\mathbf{R}$；(2) $y=2\sin\frac{1}{6}x,x\in\mathbf{R}$.

参考答案 (1) $1,\frac{2\pi}{5},\frac{\pi}{6}$；(2) $2,12\pi,0$.

《必修 4》第 49 页写到“前面我们接触过形如 $y=A\sin(\omega x+\varphi)$（其中 A,ω,φ 都是常数）的函数”，而在第 52 页又写到“现在我们知道了 A,ω,φ 对函数 $y=$

$A\sin(\omega x+\varphi)(A>0,\omega>0)$ 的图象变化的影响情况”，为什么对于函数 $y=A\sin(\omega x+\varphi)$，前面说“其中 A,ω,φ 都是常数”，而后面限定“$A>0,\omega>0$”呢？

实际上，所有形如 $y=A\sin(\omega x+\varphi)$（其中 A,ω,φ 都是常数且 $A\omega\neq 0$）的函数都可化成 $y=A'\sin(\omega' x+\varphi')$（其中 A',ω',φ' 都是常数且 $A'>0,\omega'>0,0\leqslant\varphi'<2\pi$）的形式. 由教科书第 14 页的诱导公式一容易理解“$0\leqslant\varphi'<2\pi$”是怎么来的，再分以下四种情形来说明“$A'>0,\omega'>0$”是怎么来的：

(1) 当 $(A>0,\omega>0)$ 时已经成立；

(2) 当 $(A<0,\omega<0)$ 时也成立：$y=A\sin(\omega x+\varphi)=-A\sin(-\omega x-\varphi)$；

(3) 当 $(A>0,\omega<0)$ 时也成立：$y=A\sin(\omega x+\varphi)=A\sin(-\omega x-\varphi+\pi)$；

(4) 当 $(A<0,\omega>0)$ 时也成立：$y=A\sin(\omega x+\varphi)=-A\sin(\omega x+\varphi+\pi)$.

这一点，所有的教科书都没有说明，且老师往往也不会说明，所以学生往往也不明白以上的道理.

有了以上论述，说明在函数解析式 $y=A\sin(\omega x+\varphi),x\in[0,+\infty)$ 中限定“$A>0,\omega>0$”是有道理的，但该函数解析式还可以改成 $y=A\sin(\omega x+\varphi+2k\pi)(k\in\mathbf{Z}),x\in[0,+\infty)$ 的多种形式，那么根据以上定义，$\omega x+\varphi+2k\pi(k\in\mathbf{Z})$ 都叫该函数的相位吗？$\varphi+2k\pi(k\in\mathbf{Z})$ 都叫该函数的初相吗？函数解析式 $y=A\sin(\omega x+\varphi),x\in[0,+\infty)$ 还可以改成 $y=A\cos\left(\omega x+\varphi-\frac{\pi}{2}+2k\pi\right)(k\in\mathbf{Z}),x\in[0,+\infty)$，其相位、初相又怎么定义呢？在定义中的函数解析式 $y=A\sin(\omega x+\varphi),x\in[0,+\infty)$ 有定义域 $x\in[0,+\infty)$，而以上第 3,18 题均无此限制，这又是怎么回事呢？

5. cos(sin 2) 是何意义？

文献[1] 对此也作了详述，但并没引起读者和有关部门的重视，这里再作详述.

《必修 4》第 69 页第 11(3) 题需要用计算器求 $\cos(\sin 2)$ 的值.《教师用书 4》第 43 页给出的答案是“0.614”.

笔者认为“$\cos(\sin 2)$”的意义并不清楚：

因为 $\sin 2$ 是 2 弧度的正弦值，是一个实数；而 $\cos(\sin 2)$ 要有意义的话，$\sin 2$ 必须是角的大小. 所以，$\cos(\sin 2)$ 无意义！

笔者认为《必修 4》第 12 页例 1 上方写的“由于角的集合与实数集之间可以建立一一对应关系，三角函数可以看成是自变量为实数的函数”也没道理：当 α 是实数时，$\sin\alpha$ 没有意义；只有当 α 表示角的大小时，$\sin\alpha$ 才有意义. 决不能说“由于角的集合与实数集之间可以建立一一对应关系，三角函数就可以看成以实数为自变量的函数”，只能求角的三角函数(角的单位是弧度时可以省略不写，形式上变成了一个实数，但仍然表示的是多少弧度，绝不是实数)，不能求实数的三角函数.

鉴于像“cos(sin 2)”这样的式子及“若 $0<\alpha<\frac{\pi}{2}$，求证：$\sin\alpha<\alpha<\tan\alpha$”这样的题目还很常见，都是把 cos(sin 2) 理解成 sin 2 弧度的余弦；把 $\sin\alpha<\alpha<\tan\alpha$ 中的第二个 α 理解成角 α 的弧度数 —— 是一个实数(而笔者认为 $\sin\alpha$，α 分别是实数与角，它们不能比较大小). 所以应把《必修 4》第 12 页例 1 上方写的“由于角的集合与 …… 为自变量的函数” 改述为“有时候，也会遇到 $\sin\alpha$ $(\alpha\in\mathbf{R})$ 的情形，这时实数 α 应看成 α 弧度；在‘若 $0<\alpha<\frac{\pi}{2}$，则 $\sin\alpha<\alpha<\tan\alpha$’中的第三个 α 也应理解成角 α 的弧度数 —— 是一个实数.”

对教材的研究，读者还可研读拙文[1] ～ [16].

参考文献

[1] 甘志国. 对人教版教科书《数学 · A 版必修 ④》的几点建议[J]. 中学数学杂志，2010(3)：13-17.

[2] 甘志国. 题设最好别多余[J]. 数学教学，2012(4)：41-45.

[3] 陆学政，甘志国. 理解试验，理解概率[J]. 数学通讯，2011(9 下)：18-20.

[4] 甘志国. 复数相乘 ≠ 对应的向量相乘[J]. 中学数学(高中)，2011(7)：10-11.

[5] 甘志国. 对地球卫星运行椭圆轨道的近地点、远地点的思考[J]. 中学数学杂志，2011(9)：62-64.

[6] 甘志国. 订正人教社教科书中一道复习参考题的答案[J]. 数学教学研究，2011(7)：34.

[7] 甘志国. 谈谈对称式不等式的证明[J]. 中小学数学(高中)，2011(6)：36-38.

[8] 甘志国. 谈谈人教版教材中函数极值的定义[J]. 中学数学杂志 2011(5)：15-16.

[9] 甘志国. 改成小于多好 —— 例谈编拟数学题要注意考查知识的有效性[J]. 中学数学(高中)2010(8)：54-56.

[10] 甘志国. 是很巧，还是有不足？[J]. 中学生数学，2010(8)：4-5.

[11] 甘志国. 条件“墙长 18m” 多余吗？[J]. 中学数学(高中)，2010(7)：15-16.

[12] 甘志国. 这是数列问题而不是连续函数问题[J]. 中学数学(高中)，2010(6)：23-24，36.

[13] 甘志国. 棱柱、棱锥是凸多面体吗？[J]. 中学数学研究(广州)，2009(10)：36.

[14] 甘志国. 应区分“交点” 与“公共点”[J]. 中学数学教学，2009(3)：37.

[15] 甘志国. 深入挖掘圆锥曲线的定义[J]. 中学数学杂志(高中)，2007(6)：33-34.

[16] 甘志国. 初等数学研究(Ⅱ)(下)[M]. 哈尔滨：哈尔滨工业大学出版社，2009.

§47 题设最好别多余

某校重点高中2012届高三10月联考第4题是(答案是B,没有解答过程):

题1 如图1所示,D,E分别是$\triangle ABC$的AC,BC边的中点,点O在线段DE上,且有$\overrightarrow{OA}+2\overrightarrow{OB}+3\overrightarrow{OC}=0$,则$\triangle AEC$,$\triangle AOC$的面积之比为( )

A. 2　　B. $\frac{3}{2}$　　C. 3　　D. $\frac{5}{3}$

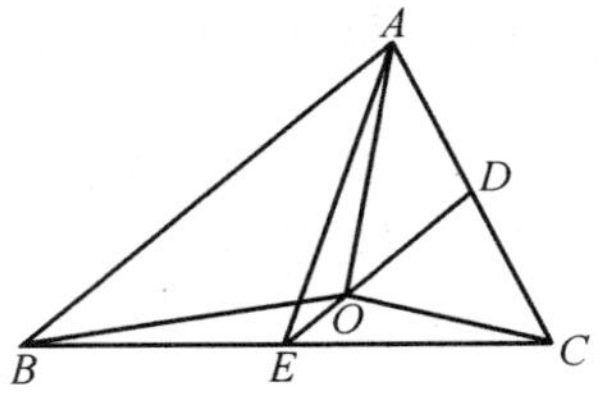

图1

笔者看到这个题后,不是盲目地寻求答案,而是按照"思、探、练、变、提"的步骤研究这道题的解法[1],发现这道题目的题设有多余:

当$\triangle ABC$确定后,由$\overrightarrow{OA}+2\overrightarrow{OB}+3\overrightarrow{OC}=\mathbf{0}$知点$O$也是确定的:在平面直角坐标系中,可设$A(6x_1,6y_1)$,$B(6x_2,6y_2)$,$C(6x_3,6y_3)$,得$O(x_1+2x_2+3x_3,y_1+2y_2+3y_3)$.当$\triangle ABC$确定后,边$AC$,$BC$的中点$D$,$E$也是确定的,但本题能保证题设"点$O$在线段$DE$上"一定成立吗?这是需要验证的:在平面直角坐标系中,可设$A(6x_1,6y_1)$,$B(6x_2,6y_2)$,$C(6x_3,6y_3)$,由D,E分别是$\triangle ABC$的AC,BC边的中点得$D(3x_1+3x_3,3y_1+3y_3)$,$E(3x_2+3x_3,3y_2+3y_3)$,所以可得$\overrightarrow{DO}=2\overrightarrow{OE}$,即题设"点$O$在线段$DE$上"一定成立.幸好,题设是相容的!

笔者认为,题设最好别多余!题设若是相容的,该题有解,但作为大题解答时要检验题设相容,挺麻烦的;题设若是不相容的,该题无解,但作为大题解答时要检验出题设不相容,也挺麻烦的.

可把题1改为下面的题2或题3,题设就不多余了.

题2 如图1所示,E是$\triangle ABC$的边BC的中点,点O满足$\overrightarrow{OA}+2\overrightarrow{OB}+3\overrightarrow{OC}=\mathbf{0}$,则$\triangle AEC$,$\triangle AOC$的面积之比为( )

A. 2　　B. $\frac{3}{2}$　　C. 3　　D. $\frac{5}{3}$

解 如图2,作$\overrightarrow{OB'}=2\overrightarrow{OB}$,$\overrightarrow{OC'}=3\overrightarrow{OC}$,得$\overrightarrow{OA}+\overrightarrow{OB'}+\overrightarrow{OC'}=\mathbf{0}$,所以点$O$是$\triangle ABC$的重心,得$S_{\triangle OAB'}=S_{\triangle OB'C'}=S_{\triangle OAC'}$,即$2S_{\triangle OAB}=6S_{\triangle OBC}=3S_{\triangle OAC}$.

设$S_{\triangle OAC}=2$,得$S_{\triangle OAB}=3$,$S_{\triangle OBC}=1$,$S_{\triangle OBE}=S_{\triangle OCE}=\frac{1}{2}$,所以$S_{\triangle AEC}=\frac{1}{2}S_{\triangle ABC}=3$,$\frac{S_{\triangle AEC}}{S_{\triangle AOC}}=\frac{3}{2}$.

题3 如图1所示,D,E分别是$\triangle ABC$的边AC,BC的中点,点O是线段

DE 的靠近点 E 的三等分点，则 $\triangle AEC$，$\triangle AOC$ 的面积之比为（　　）

A. 2　　B. $\frac{3}{2}$　　C. 3　　D. $\frac{5}{3}$

解　如图 3，作 $OH \perp AC$ 于点 H，$EH' \perp AC$ 于点 H'，可得

$$\frac{S_{\triangle AEC}}{S_{\triangle AOC}}=\frac{EH'}{OH}=\frac{ED}{OD}=\frac{3}{2}$$

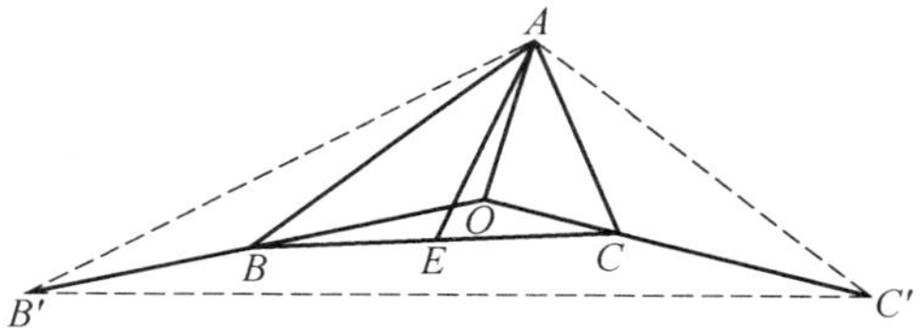

图 2

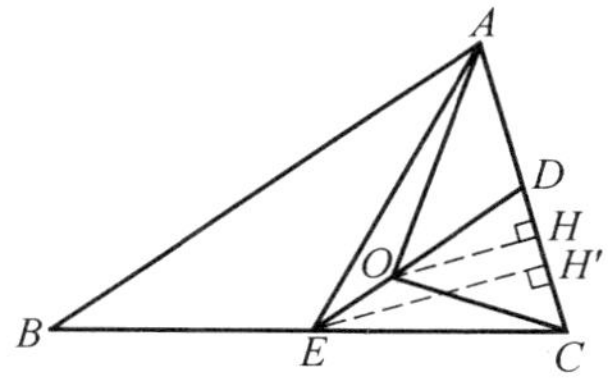

图 3

题 4　（文献[2]的例 6）求证：$\frac{1}{2}+\frac{1}{3}+\frac{1}{4}+\cdots+\frac{1}{n}<\ln n<n+\frac{1}{2}+\frac{1}{3}+\frac{1}{4}+\cdots+\frac{1}{n-1}$（$n\in\mathbf{N}$ 且 $n\geqslant 2$）.

原解答　构造函数 $f(x)=\frac{1-x}{x}+\ln x$，则 $f'(x)=\frac{x-1}{x^2}$，得 $f(x)$ 在 $[1,+\infty)$ 上是增函数.

所以，当 $n\geqslant 2$ 时

$$f\left(\frac{n}{n-1}\right)=\ln\frac{n}{n-1}-\frac{1}{n}>f(1)=0$$

得 $\frac{1}{n}<\ln\frac{n}{n-1}$.

所以

$$\frac{1}{2}+\frac{1}{3}+\frac{1}{4}+\cdots+\frac{1}{n}<\ln\frac{2}{1}+\ln\frac{3}{2}+\cdots+\ln\frac{n}{n-1}=\ln n$$

设 $g(x)=\ln x-x$，则 $g'(x)=\frac{1}{x}-1$，所以 $g(x)$ 在 $[1,+\infty)$ 上是减函数.

当 $n\geqslant 2$ 时

$$g\left(\frac{n}{n-1}\right)=\ln\frac{n}{n-1}-\frac{n}{n-1}<g(1)=-1<0$$

即

$$\ln\frac{n}{n-1}<1+\frac{1}{n-1}$$

所以

$$\ln\frac{2}{1}+\ln\frac{3}{2}+\cdots+\ln\frac{n}{n-1}<\left(1+\frac{1}{n-1}\right)+\left(1+\frac{1}{n-2}\right)+\cdots+\left(1+\frac{1}{1}\right)=$$

$$n+\frac{1}{2}+\frac{1}{3}+\frac{1}{4}+\cdots+\frac{1}{n-1}$$

评注　该例证明起来比较困难，利用函数单调性证明不等式和比较大小是常见的方法，特别是在引入导数后，单调性的应用将更加普遍.

对题4及其参考答案的分析　由我们耳熟能详的“指数爆炸，直线上升，对数缓慢”可猜测出结论“$\ln n < n(n \in \mathbf{N}^*)$”，所以欲证结论的右边可能有简洁证法. 解答中构造的函数是不易想到的，所以应当寻求本题的常规证法. 笔者发表的文献[3]对该题给出的解法就很常规：

用导数极易证得 $\ln x \leqslant x-1(x \geqslant 1)$，因其使用频率很高，所以它也算是一个常用不等式了，由其立得

$$\ln n < n-1 < n+\frac{1}{2}+\frac{1}{3}+\frac{1}{4}+\cdots+\frac{1}{n-1} \quad (n \in \mathbf{N} \text{ 且 } n \geqslant 2)$$

由此知，欲证不等式的右边那一大堆无意义. 而左边用数学归纳法及导数也极易解决（无需构造函数并用累加法）：

当 $n=2$ 时显然成立.

假设 $n=k$ 时成立：$\frac{1}{2}+\frac{1}{3}+\frac{1}{4}+\cdots+\frac{1}{k} < \ln k(k \in \mathbf{N}$ 且 $k \geqslant 2)$，下证 $n=k+1$ 时成立：$\frac{1}{2}+\frac{1}{3}+\frac{1}{4}+\cdots+\frac{1}{k+1} < \ln(k+1)(k \in \mathbf{N}$ 且 $k \geqslant 2)$. 只需证明

$$\ln k+\frac{1}{k+1} < \ln(k+1) \quad (k \in \mathbf{N} \text{ 且 } k \geqslant 2)$$

$$\ln\left(1+\frac{1}{k}\right) > \frac{1}{k+1} \quad (k \in \mathbf{N} \text{ 且 } k \geqslant 2)$$

这只需用导数证明

$$\ln\left(1+\frac{1}{x}\right)-\frac{1}{x+1} > 0 \quad (x > 0) \qquad ①$$

用导数可证 $h(x)=\ln\left(1+\frac{1}{x}\right)-\frac{1}{x+1}(x > 0)$ 是 $g(x)$ 是减函数. 又 $\lim\limits_{x \to +\infty} g(x)=0$，所以 $g(x) > 0$，得式①成立，所以要证结论的左边也成立！

这里题4右边的不等式也有“题设”多余之嫌：题设太充足了.

题5[3]　设 $\{a_n\}$ 是由正数组成的数列，其前 n 项和是 S_n，且对于 $n \in \mathbf{N}^*$，都有 $8S_n=(a_n+2)^2$.

(1) 写出数列 $\{a_n\}$ 的前3项；

(2) 求数列 $\{a_n\}$ 的通项公式；

(3) 设 $b_n=\frac{4}{a_n a_{n+1}}$，$T_n$ 是数列 $\{b_n\}$ 的前 n 项和，若 $T_n > \frac{m}{20}$ 对于 $n \in \mathbf{N}^*$ 恒

成立，求正整数 m 的最大值.

参考答案 (1)$a_1=2, a_2=6, a_3=10$.

(2)$a_n=4n-2$.

(3)$b_n=\frac{1}{2}\left(\frac{1}{2n-1}-\frac{1}{2n+1}\right)$，$T_n=\frac{1}{2}\left(1-\frac{1}{2n+1}\right)$，$(T_n)_{\min}=T_1=\frac{1}{3}$.

$T_n>\frac{m}{20}$ 对于 $n\in\mathbf{N}^*$ 恒成立 $\Leftrightarrow (T_n)_{\min}=T_1=\frac{1}{3}>\frac{m}{20}\Leftrightarrow m<6\frac{2}{3}$，所以所求 m 的最大值是 6.

文献[3]对第(3)问的注记 因为 $b_n=\frac{4}{a_na_{n+1}}$，$a_n=4n-2>0$，$a_{n+1}=4n+2>0$，所以 $T_n=b_1+b_2+\cdots+b_n$ 的各项 $b_1, b_2, \cdots, b_n$ 都是正数，$(T_n)_{\min}=T_1$. 说明此题不需要求 T_n，这可能是出题者始料未及的，因为命题者的意图是考查裂项法求和与恒成立问题.

出现此情形的原因也是题设太充足了.

题 6 (2009·湖北·理 19(2)) 已知数列 $\{a_n\}$ 的前 n 项和 $S_n=-a_n-\left(\frac{1}{2}\right)^{n-1}+2$($n$ 为正整数)，令 $c_n=\frac{n+1}{n}a_n$，$T_n=c_1+c_2+\cdots+c_n$，试比较 T_n 与 $\frac{5n}{2n+1}$ 的大小，并予以证明.

参考答案 先求出 a_n，再求出 c_n，用错位相减法求出 T_n.

对题6参考答案的分析 这道高考题及其解答均常规自然，老师能否再来点“岁岁年年解不同”呢？我们先看文献[4]给出的简解：

可得

$$a_n=\frac{n}{2^n}, T_n=2\times\frac{1}{2}+3\times\left(\frac{1}{2}\right)^2+4\times\left(\frac{1}{2}\right)^3+\cdots+(n+1)\left(\frac{1}{2}\right)^n$$

所以

$$T_1=1<\frac{5\times1}{2\times1+1}, T_2=\frac{7}{4}<\frac{5\times2}{2\times2+1}, T_3=\frac{9}{4}>\frac{5\times3}{2\times3+1}$$

当 $n\geqslant 4$ 时

$$T_n\geqslant 2\times\frac{1}{2}+3\times\left(\frac{1}{2}\right)^2+4\times\left(\frac{1}{2}\right)^3+5\times\left(\frac{1}{2}\right)^4=\frac{41}{16}>\frac{40}{16}=\frac{5}{2}>\frac{5n}{2n+1}$$

所以：当 $n=1,2$ 时，$T_n<\frac{5n}{2n+1}$；当 $n\geqslant 3$ 时，$T_n>\frac{5n}{2n+1}$.

我们再来分析产生这种简解的原因：

$$T_n=3-\frac{n+3}{2^n}, \lim_{n\to\infty}T_n=\lim_{n\to\infty}\left(3-\frac{n+3}{2^n}\right)=3>\frac{5}{2}=\lim_{n\to\infty}\frac{5n}{2n+1}$$

说明当 $n\to\infty$ 时，$T_n\to 3$，所以取

$$T_n = 2 \times \frac{1}{2} + 3 \times \left(\frac{1}{2}\right)^2 + 4 \times \left(\frac{1}{2}\right)^3 + \cdots + (n+1)\left(\frac{1}{2}\right)^n$$

中的前若干项的和就可大于$\frac{5}{2}$,因而出现了文献[4]的简洁证法.

所以,可将此问作如下改动:试比较 T_n 与$\frac{6n}{2n+1}$的大小,并予以证明.

解 因为 $T_n = 3 - \frac{n+3}{2^n}$,$\frac{6n}{2n+1} = 3 - \frac{3}{2n+1}$,所以只需比较$\frac{n+3}{2^n}$与$\frac{3}{2n+1}$的大小.

当 $n=1,2,3,4$ 时,可得$\frac{n+3}{2^n} > \frac{3}{2n+1}$;下证当 $n \geqslant 5$ 时,$\frac{n+3}{2^n} < \frac{3}{2n+1}$,即证 $2n^2 + 7n + 3 < 3 \cdot 2^n$,这用数学归纳法极易获证,下面用二项式定理来证

$$2^n = (1+1)^n \geqslant C_n^0 + C_n^1 + C_n^2 + C_n^{n-2} + C_n^{n-1} + C_n^n(\text{因为 } n \geqslant 5) =$$

$$2\left[1 + n + \frac{n(n-1)}{2}\right] = n^2 + n + 2$$

所以只需证明 $2n^2 + 7n + 3 < 3(n^2 + n + 2)$,$(n-1)(n-3) > 0$,这由 $n \geqslant 5$ 立得.

所以:当 $n=1,2,3,4$ 时,$T_n < \frac{6n}{2n+1}$;当 $n \geqslant 5$ 时,$T_n > \frac{6n}{2n+1}$.

(因为$\lim\limits_{n\to\infty} T_n = \lim\limits_{n\to\infty}\left(3 - \frac{n+3}{2^n}\right) = 3 = \lim\limits_{n\to\infty}\frac{6n}{2n+1}$,所以不会出现取 $T_n = 2 \times \frac{1}{2} + 3 \times \left(\frac{1}{2}\right)^2 + 4 \times \left(\frac{1}{2}\right)^3 + \cdots + (n+1)\left(\frac{1}{2}\right)^n$ 中的前若干项的和就可大于 3,又由 $3 > \frac{6n}{2n+1}$ 获得文献[4]那样的简证.)

出现此情形的原因还是题设太充足了.

笔者建议,编拟数学题时不要让题设太充足了,更不要出现题设多余甚至互不相容的情形.

普通高中课程标准实验教科书《数学 4 · A 版 · 必修》(人民教育出版社,2007 年第 2 版)(下简称教科书) 第 46 页习题 1.4 的第 10 题是[5]:

题 7 设函数 $f(x)(x \in \mathbf{R})$ 是以 2 为最小正周期的周期函数,且 $x \in [0, 2]$ 时 $f(x) = (x-1)^2$. 求 $f(3)$,$f\left(\frac{7}{2}\right)$的值.

与教科书配套使用的《教师教学用书》第 44 页给出的答案是:

由于 $f(x)$ 以 2 为最小正周期,所以对任意 $x \in \mathbf{R}$,有 $f(x+2) = f(x)$. 于是

$$f(3) = f(1+2) = f(1) = (1-1)^2 = 0$$

$$f\left(\frac{7}{2}\right)=f\left(\frac{3}{2}+2\right)=f\left(\frac{3}{2}\right)=\left(\frac{3}{2}-1\right)^2=\frac{1}{4}$$

变式 1 设周期函数 $f(x)(x\in\mathbf{R})$ 的一个周期为 2，且 $x\in[0,2]$ 时 $f(x)=(x-1)^2$. 求 $f(0)$，$f(2)$.

解法 1 直接运用题设"$x\in[0,2]$ 时 $f(x)=(x-1)^2$"求解：$f(0)=1$，$f(2)=1$.

解法 2 先运用题设"$x\in[0,2]$ 时 $f(x)=(x-1)^2$"只求 $f(0)$，$f(2)$ 中的一个，再由题设解"周期函数 $f(x)(x\in\mathbf{R})$ 的一个周期为 2"求出另一个：$f(0)=1$，$f(2)=f(0)=1$.

变式 2 设周期函数 $f(x)(x\in\mathbf{R})$ 的一个周期为 2，且 $x\in[0,2]$ 时 $f(x)=x^2$. 求 $f(0)$，$f(2)$.

解法 1 同变式 1 的解法 1，得 $f(0)=0$，$f(2)=4$.

解法 2 同变式 1 的解法 1，得 $f(0)=0$，$f(2)=f(0)=0$.

解法 3 同变式 1 的解法 1 但这里先求 $f(2)$，得 $f(2)=4$，$f(0)=f(2)=4$.

这三种解法均无误，为何会得到三种不同的结果呢？那只有一种可能：就是题目本身有互相矛盾的条件！正是如此. 若周期函数 $f(x)(x\in\mathbf{R})$ 的一个周期为 2，则只需要知道 $f(x)$ 在一个周期上的解析式就可以确定 $f(x)$ 的所有函数值. 而本题中 $f(x)$ 的一个周期可选自变量 $x\in[0,2)$ 或 $x\in(0,2]$，但不能选 $x\in[0,2]$. 若选 $x\in[0,2)$ 则下一个周期是 $x\in[2,4)$，若选 $x\in(0,2]$ 则下一个周期是 $x\in(2,4]$，这都是正确的；若选 $x\in[0,2]$，则下一个周期是什么呢？因为周期函数的两个周期上函数图象形状是相同的只是位置不同（可以通过左右平移使之重合），所以下一个周期只能是 $x\in[2,4]$，那么 $x=2$ 时的图象在哪一个周期呢？总不能说同在两个周期上吧！所以说，是连续函数的周期函数在一个周期上的图象自变量的取值范围不能是闭区间，只能是半闭半开区间.

而这一点，教科书上也没注意. 教科书第 55 页练习的第 2 题是"画出下列函数在长度为一个周期的闭区间上的简图（有条件的请用计算器或计算机检验）：(1) $y=\frac{1}{2}\sin x$；……"，第 70 页第 16 题是"画出下列函数在长度为一个周期的闭区间上的简图：(1) $y=\frac{1}{2}\sin\left(3x-\frac{\pi}{3}\right)$，$x\in\mathbf{R}$；……"，应当把这里的"函数在长度为一个周期的闭区间上的简图"改为"函数在一个周期上的简图".

所以应把变式 2 题目中的"$x\in[0,2]$"改为"$x\in[0,2)$"（按解法 2 求解）或"$x\in(0,2]$"（按解法 3 求解）.

为什么变式 1 的题目没有错呢？因为周期函数 $f(x)$ 的周期是 2，所以只需

要知道 $f(x)$ 在 $x\in[0,2)$ 或 $x\in(0,2]$ 上的解析式就可以确定 $f(x)$ 的所有函数值，而本题 $x\in[0,2]$ 上的解析式，说明题目条件有多余，所以多余的条件应当是相容的(即不会产生矛盾)：必须有 $f(0)=f(2)$，而本题满足这一点！

我们再来看：

变式 3 设周期函数 $f(x)(x\in\mathbf{R})$ 的一个周期为 2，且 $x\in[0,2]$ 时 $f(x)=x^2$. 求 $f(3)$，$f\left(\frac{7}{2}\right)$.

按照《教师教学用书》的解法容易求得 $f(3)=1$，$f\left(\frac{7}{2}\right)=\frac{9}{4}$.

而实际上本题是一道错题！

题 8 (2009 年 12 月 31 日印出的《数理天地》(高中版)增刊第 3 页第 17 题)已知函数 $f(x)$ 对一切 $x_1,x_2\in\mathbf{R}$ 都有 $f(x_1)+f(x_2)=f(x_1+x_2)$，且 $f(x+5)=f(x-3)$，若 $f(6)+f(15)=1$，则 $f(2\ 010)$ 的值是(　　)

A. 1　　　B. -1　　　C. 22　　　D. $-2\ 010$

该刊第 9 页给出的答案是：

由题设，得 $f(0)+f(0)=f(0)$，所以 $f(0)=0$.

由 $f(x)+f(-x)=f(x-x)=f(0)=0$，得 $f(-x)=-f(x)$，所以 $f(x)$ 是 $\mathbf{R}$ 上的奇函数.

由 $f(x+5)=f(x-3)$，得 $f(x+8)=f(x)$，所以 $f(x)$ 是以 8 为周期的函数，得

$$f(16)=f(8\times 2+0)=f(0)=0$$

$$f(6)=1-f(15)=1-f(2\times 8-1)=1-f(-1)=1+f(1)=1$$

注：为何 $f(1)=0$？原文没有交代，可见以下解法 2.

$$f(2\ 010)=f(8\times 252-6)=f(-6)=-f(6)=-1$$

选 B.

此题也是一道错题.

由题设"函数 $f(x)$ 对一切 $x_1,x_2\in\mathbf{R}$ 都有 $f(x_1)+f(x_2)=f(x_1+x_2)$"可得

$$\begin{aligned}f(x_1+x_2+x_3)=f[x_1+(x_2+x_3)]=\\ f(x_1)+f(x_2+x_3)=\\ f(x_1)+f(x_2)+f(x_3)\end{aligned}$$

同理，有

$$f(x_1)+f(x_2)+\cdots+f(x_n)=f(x_1+x_2+\cdots+x_n)\quad (n\in\mathbf{N}^*)$$

下面再给出两种解法：

解法 1 由 $f(6)+f(15)=1$，得

$$6f(1)+15f(1)=1, f(1)=\frac{1}{21}$$

所以

$$f(2\ 010)=2\ 010f(1)=\frac{670}{7}$$

一般地,可得

$$f(n)=nf(1)=\frac{n}{21}\quad(n\in\mathbf{N})$$

还可得

$$f(n)=nf(1)=\frac{n}{21}\quad(n\in\mathbf{Q})$$

解法 2 由 $f(x+5)=f(x-3)$,得

$$f(x+8)=f(x), f(1)=f(9)=9f(1), f(1)=0$$

所以

$$f(2\ 010)=2\ 010f(1)=0$$

一般地,可得 $f(n)=0(n\in\mathbf{Q})$.

从这里可以看出这道题出错的原因是两个条件"$f(x+5)=f(x-3)$","$f(6)+f(15)=1$"是不相容的.

建议把此题改为填空题,且两个条件"$f(x+5)=f(x-3)$","$f(6)+f(15)=1$"应去掉一个.

题 9 (2012 届高三复习资料《世纪金榜——高中新课程全程复习方略(数学)》(张泉等编著,延边大学出版社,2010 年)的配套课时作业卷((四十七)第 5 题)已知长方体 $ABCD-A_1B_1C_1D_1$ 中,$A(1,2,1)$,$B(1,5,1)$,$C(3,2,1)$,$D_1(1,2,6)$,则这个长方体的体积是(　　)

A. $6\sqrt{39}$　　B. $15\sqrt{13}$　　C. $30\sqrt{3}$　　D. 无法确定

参考答案 A. 由两点间距离公式,可得 $|AB|=3$,$|BC|=\sqrt{13}$,$|D_1A|=5$. 再由长方体 $ABCD-A_1B_1C_1D_1$,得 $|D_1D|=\sqrt{|D_1A|^2-|AD|^2}=\sqrt{|D_1A|^2-|BC|^2}=2\sqrt{3}$,所以这个长方体的体积是 $|AB|\cdot|BC|\cdot|D_1D|=3\cdot\sqrt{13}\cdot2\sqrt{3}=6\sqrt{39}$.

对此解答的分析 该题还有一种解法是:由长方体 $ABCD-A_1B_1C_1D_1$ 可得 $\overrightarrow{AD}=\overrightarrow{BC}$,由此可求出 $D(3,-1,1)$. 再由两点间距离公式得 $|DA|=\sqrt{13}$,$|DC|=3$,$|DD_1|=\sqrt{38}$,所以这个长方体的体积是

$$|DA|\cdot|DC|\cdot|DD_1|=\sqrt{13}\cdot3\cdot\sqrt{38}=3\sqrt{494}$$

两种解法均推理严密,为什么会算出两个不同的答案来呢?那只有一种可能——题目有误!还可在 Rt△ABC 中算得斜边 $|AC|=2$,又 $|AB|=3$,所以

斜边 $|AC| <$ 直角边 $|AB|$，这不可能！

实际上，由 A,B,C 三点已知，得 $\triangle ABC$ 也是确定的，不能再随便添加题设 $\mathrm{Rt}\triangle ABC$. 因为 $\overrightarrow{BA}\cdot\overrightarrow{BC}=(0,-3,0)\cdot(2,-3,0)=9\neq 0$，所以 $\angle ABC\neq 90°$，这与题设"长方体 $ABCD-A_1B_1C_1D_1$"相矛盾！本题又是题设多余了！可把此题改述为：

已知直平行六面体 $ABCD-A_1B_1C_1D_1$ 中，$A(1,2,1)$，$B(1,5,1)$，$C(3,2,1)$，$D_1(1,2,6)$，则这个长方体的体积是________.

参考答案 $3\sqrt{494}$.

题 10 （文献[6]例 4）若 $n\in\mathbf{N}^*$，求证：$1+\frac{1}{2}+\frac{1}{3}+\frac{1}{4}+\cdots+\frac{1}{n}\geqslant\ln\frac{e^n}{n!}$.

证明 即证 $(1+\ln 1)+\left(\frac{1}{2}+\ln 2\right)+\left(\frac{1}{3}+\ln 3\right)+\cdots+\left(\frac{1}{n}+\ln n\right)\geqslant n$，而极易证得

$$(1+\ln 1)=1,\frac{1}{2}+\ln 2>1,\frac{1}{3}+\ln 3>1,\cdots,\frac{1}{n}+\ln n>1$$

所以欲证成立.

注 能如此简证（文献[6]的证法要复杂得多），也是题设太充足了.

文献[7]还指出了 2011 年高考浙江卷理科第 20 题中的题设"$BC=8$"也是多余的：

题 11 如图 4，在三棱锥 $P-ABC$ 中，$AB=AC$，D 为 BC 的中点，$PO\perp$ 平面 ABC，垂足 O 落在线段 AD 上，已知 $BC=8$，$PO=4$，$AO=3$，$OD=2$.

(1) 证明：$AP\perp BC$；

(2) 在线段 AP 上是否存在一点 M 使得二面角 $A-MC-B$ 为直二面角？若存在，求出 AM 的长；若不存在，请说明理由.

解 下面不需要题设"$BC=8$"来给出本题的完整解答.

(1) 如图 4，可证 $BC\perp$ 面 AOP，所以 $AP\perp BC$.

(2) 如图 5，可得 PD 是线段 BC 的中垂线，所以 $PB=PC$，进而得 $\triangle PAB\cong\triangle PAC$，所以 $\triangle MAB\cong\triangle MAC$，又得二面角 $A-MC-B$ 为直二面角 $\Leftrightarrow AM\perp$ 面 $MBC\Leftrightarrow AM\perp MD$.

可求得 $AP=AD=5$，所以，当 $AM\perp MD$ 时，DM，PO 分别是等腰 $\triangle APD$ 两腰上的高，得 $AM=AO=3$.

即在线段 AP 上是否存在一点 M 使得二面角 $A-MC-B$ 为直二面角，且 $AM=3$.

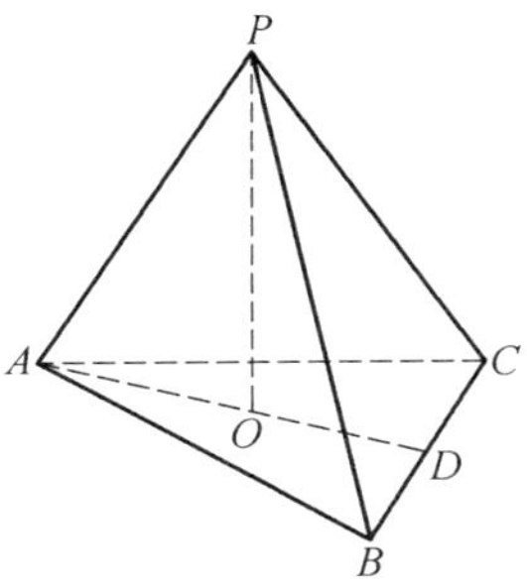

图 4

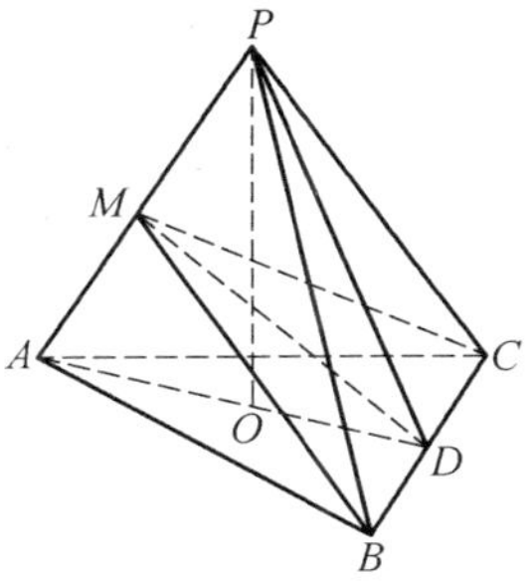

图 5

所以我们在编拟数学题目时，一定要注意题目的条件不多余为好，若有多余的条件它们一定应当是相容的. 另外，我们在解题时，仅仅求出了答案还不能算是完整解答（哪怕求解过程中的每一步都理由充分），还要检验求出的答案要满足题目的所有条件（也包括题目的所有条件应当是相容的）. 而我们平时解题时很少做到这种检验，特别是检验题目的所有条件应当是相容的（尤其是多余的条件应当相容），从这一点来说，教科书的这道习题（即以上题 7）虽说很巧（多余的条件是相容的），但这样的题目也有不足（解答时需要检验多余的条件相容），也不具有教科书上的习题应具有的代表性、典型性、广泛性. 建议把该题中的"$x \in [0,2]$"改为"$x \in [0,2)$".

参考文献

[1] 甘志国."思、探、练、变、提"的解题教学[J]. 中小学数学，2009(12)：7.

[2] 袁如标. 在证明不等式中感受函数的魅力[J]. 中学数学月刊，2008(9)：38-39.

[3] 甘志国. 改成小于多好 —— 例谈编拟数学题要注意考查知识的有效性[J]. 中学数学(高中)，2010(8)：54-56.

[4] 汪文国. 对 2009 年湖北数学高考理科第 19 题的一孔之见[J]. 数学通讯，2009(7 下)：43.

[5] 甘志国. 是很巧，还是有不足？[J]. 中学生数学，2010(8 上)：4-5.

[6] 刘永良. 一类数列不等式的根源及程序化证明[J]. 数学通讯，2012(6 下)：25-27.

[7] 徐美松. 一道条件过剩的高考题[J]. 数学通讯，2012(6 下)：53.

§48　编拟习题时应注意问题的存在性

题 1　若正三棱锥 $P-ABC$ 的侧面积、体积分别为 12,4,求点 A 到面 PBC 的距离.

解　可得该正三棱锥的侧面 PBC 的面积是 4,由等体积法可求得点 A 到面 PBC 的距离为 3.

此解答正确吗？请见：

定理　设正 $n(n\in\mathbf{N}^*,n\geqslant 3)$ 棱锥的侧面积、体积分别是 S,V,侧面与底面所成角是 $\theta\left(0<\theta<\frac{\pi}{2}\right)$.

(1) 若 S 是定值,则 V 的取值范围是 $\left(0,\frac{S}{9}\sqrt{\frac{2\sqrt{3}S}{n\tan\frac{\pi}{n}}}\right]$ (且当且仅当 $\cos\theta=\frac{\sqrt{3}}{3}$ 时 V 取最大值);

(2) 若 V 是定值,则 S 的取值范围是 $\left[\frac{3}{2}\sqrt[3]{4\sqrt{3}n\tan\frac{\pi}{n}V^2},+\infty\right)$ (且当且仅当 $\cos\theta=\frac{\sqrt{3}}{3}$ 时 S 取最小值).

证明　(1) 可设该正 n 棱锥底面边长、底面积、高分别是正数 $a,S_{底},h$,可得

$$S_{底}=\frac{na^2}{4\tan\frac{\pi}{n}},h=\frac{a\tan\theta}{2\tan\frac{\pi}{n}}$$

又由 $\cos\theta=\frac{S_{底}}{S}$,得

$$S_{底}=S\cos\theta=\frac{na^2}{4\tan\frac{\pi}{n}}$$

$$a^2=\frac{4}{n}S\tan\frac{\pi}{n}\cos\theta$$

$$V=\frac{1}{3}S_{底}h=\frac{1}{3}\cdot S\cos\theta\cdot\frac{a\tan\theta}{2\tan\frac{\pi}{n}}=\frac{aS}{6\tan\frac{\pi}{n}}\sin\theta$$

$$V^2=\frac{S^2}{36\tan^2\frac{\pi}{n}}\cdot\sin^2\theta\cdot\frac{4}{n}S\tan\frac{\pi}{n}\cos\theta=\frac{S^3}{9n\tan\frac{\pi}{n}}\cdot\sin^2\theta\cos\theta$$

当 $0<\theta<\frac{\pi}{2}$ 时，可得

$$2\sin^4\theta\cos^2\theta=2\cos^2\theta(1-\cos^2\theta)^2\leqslant$$
$$\left[\frac{2\cos^2\theta+(1-\cos^2\theta)+(1-\cos^2\theta)}{3}\right]^3=\frac{8}{27}$$

则 $\sin^2\theta\cos\theta$ 的取值范围是 $\left(0,\frac{2}{9}\sqrt{3}\right]$（当且仅当 $\theta=\arccos\frac{\sqrt{3}}{3}$ 时 $\sin^2\theta\cos\theta=\frac{2}{9}\sqrt{3}$）.

从而可得结论(1)成立.

(2)由结论(1)立得.

由定理立知本文开头的题目是道错题：当正三棱锥的侧面积是 12 时，体积的取值范围是 $\left(0,\frac{8}{3}\sqrt{2}\right]$（而 $\frac{8}{3}\sqrt{2}<4$）；当正三棱锥的体积是 4 时，侧面积的取值范围是 $[6\sqrt[3]{9},+\infty)$（而 $6\sqrt[3]{9}>12$）.

我们在编拟习题时，应注意问题的存在性.

马茂年主编《高中数学竞赛实战演练·高一分册》(浙江大学出版社，2007 年第 2 版)第 75 页第 6 题(解答在第 168 页)是：

题 2 已知 $\dfrac{\sin^3\alpha}{\sin\left(\frac{\pi}{6}-3\alpha\right)}=\dfrac{\cos^3\alpha}{\cos\left(\frac{\pi}{6}-3\alpha\right)}=\sqrt{3}\left(\alpha\neq\frac{k}{4}\pi,k\in\mathbf{Z}\right)$，则 $\tan 2\alpha=$(　　)

A. $\frac{\sqrt{3}}{4}$　　B. $-\frac{\sqrt{3}}{2}$　　C. $-\frac{\sqrt{3}}{4}$　　D. $\frac{\sqrt{3}}{2}$

解 A.

$$1=\sin^2\alpha+\cos^2\alpha=\frac{\sqrt{3}\sin\left(\frac{\pi}{6}-3\alpha\right)}{\sin\alpha}+\frac{\sqrt{3}\cos\left(\frac{\pi}{6}-3\alpha\right)}{\cos\alpha}=$$
$$\frac{2\sqrt{3}\sin\left(\frac{\pi}{6}-2\alpha\right)}{\sin 2\alpha}=2\sqrt{3}\left(\frac{1}{2\tan 2\alpha}-\frac{\sqrt{3}}{2}\right)$$

得 $\tan 2\alpha=\frac{\sqrt{3}}{4}$.

这道题目也是错题：错在没有注意问题的存在性.

由题设得

$$\frac{\sin^3\alpha}{\frac{1}{2}\cos 3\alpha-\frac{\sqrt{3}}{2}\sin 3\alpha}=\frac{\cos^3\alpha}{\frac{\sqrt{3}}{2}\cos 3\alpha+\frac{1}{2}\sin 3\alpha}=\sqrt{3}$$

$$\begin{cases}\frac{\sqrt{3}}{2}\cos 3\alpha-\frac{3}{2}\sin 3\alpha=\sin^3\alpha\\ \frac{3}{2}\cos 3\alpha+\frac{\sqrt{3}}{2}\sin 3\alpha=\cos^3\alpha\end{cases}$$

$$\begin{cases}2\sqrt{3}\sin 3\alpha=\cos^3\alpha-\sqrt{3}\sin^3\alpha\\ 2\sqrt{3}\cos 3\alpha=\sin^3\alpha+\sqrt{3}\cos^3\alpha\end{cases}$$

$$\begin{aligned}12=(2\sqrt{3}\sin 3\alpha)^2+(2\sqrt{3}\cos 3\alpha)^2=\\ (\cos^3\alpha-\sqrt{3}\ \sin^3\alpha)^2+(\sin^3\alpha+\sqrt{3}\ \cos^3\alpha)^2=\\ 4(\sin^6\alpha+\cos^6\alpha)\end{aligned}$$

$$\sin^6\alpha+\cos^6\alpha=3$$

而$\sin^6\alpha+\cos^6\alpha=(\sin^2\alpha)^3+(\cos^2\alpha)^3<1^3+1^3=2$，所以$3<2$，这不可能！所以原题是道错题. 出错的原因是题设中的一个未知数α的两个方程是不相容的，这样的α不存在.

题3　已知函数$f(x)$的定义域为D，若对于任意的$x_1,x_2\in D$，当$x_1<x_2$时，都有$f(x_1)\leqslant f(x_2)$，则称函数$f(x)$在D上为非减函数. 设函数$f(x)$在D上为非减函数，且满足以下三个条件：①$f(0)=0$；②$f\left(\frac{x}{3}\right)=\frac{1}{2}f(x)$；③$f(1-x)=1-f(x)$，则$f\left(\frac{1}{3}\right)+f\left(\frac{1}{8}\right)=$________.

解　$\frac{3}{4}$. 在条件③中令$x=0$，可得$f(1)=1$；再在条件②中令$x=1$，得$f\left(\frac{1}{3}\right)=\frac{1}{2}$；又在条件③中令$x=\frac{1}{3}$，得$f\left(\frac{2}{3}\right)=\frac{1}{2}$.

再由函数$f(x)$在D上为非减函数及$\frac{1}{3}<\frac{3}{8}<\frac{2}{3}$，得$f\left(\frac{3}{8}\right)=\frac{1}{2}$.

在条件②中令$x=\frac{3}{8}$，得$f\left(\frac{1}{8}\right)=\frac{1}{4}$.

所以$f\left(\frac{1}{3}\right)+f\left(\frac{1}{8}\right)=\frac{1}{2}+\frac{1}{4}=\frac{3}{4}$.

这是某资料上的一道题，笔者发现它也是一道错题.

条件②即条件④$f(3x)=2f(x)$，由此可得条件⑤$f(3-3x)=2f(1-x)$. ④+⑤后，用条件③，得$f(3x)+f(3-3x)=2$，即$f(x)+f(3-x)=2$. 再由条件③，得$f(3-x)-f(1-x)=1$，即条件⑥$f(x+2)=f(x)+1$.

在原解法中已求得$f(1)=1$，再由条件⑥可求得$f(3)=2$，$f(5)=3$，$f(7)=4$，$f(9)=5$.

另一方面，由$f(1)=1$及条件④可求得$f(3)=2$，$f(9)=4$.

前后矛盾！

§49 “有意义”应贯穿于数学活动的始终

《2012年普通高等学校招生全国统一考试答题适应性训练·数学》的理工类、文史类两份试卷(湖北省教育考试院命制,2012年3月24日下午使用)选择压轴题(即第10题)均是:

题1 已知函数 $f(x)=2x-1(x\in\mathbf{R})$. 规定:给定一个实数 x_0,赋值 $x_1=f(x_0)$,若 $x_1\leqslant 257$,则继续赋值 $x_2=f(x_1)$;若 $x_2\leqslant 257$,则继续赋值 $x_3=f(x_2)$;…,以此类推. 若 $x_{n-1}\leqslant 257$,则 $x_n=f(x_{n-1})$,否则停止赋值. 已知赋值 $k(k\in\mathbf{N}^*)$ 次后该过程停止,则 x_0 的取值范围是(　　)

A. $(2^{7-k}+1,2^{8-k}+1]$　　　B. $(2^{8-k}+1,2^{9-k}+1]$

C. $(2^{9-k}+1,2^{10-k}+1]$　　　D. $(2^{8-k},2^{9-k}]$

笔者先给出该题的完整解答:

解 易求得 $x_1=f(x_0)=2x_0-1,x_2=f(x_1)=4x_0-3,x_3=f(x_2)=8x_0-7,\cdots$, 还可用数学归纳法证得 $x_n=2^n x_0-2^n+1(n\in\mathbf{N}^*)$.

当 $k=1$ 时,即赋值1次后该过程停止,得 $x_1=2x_0-1>257,x_0>129$,即此时 x_0 的取值范围是 $(129,+\infty)$.

注 由此可排除所有选项,说明题1是道错题!

当 $k\geqslant 2$ 时,即赋值 $k(k-1\in\mathbf{N}^*)$ 次后该过程停止,得 $x_1\leqslant 257,x_2\leqslant 257,\cdots,x_{k-1}\leqslant 257,x_k>257$ 同时成立.

由 $\begin{cases}x_{k-1}\leqslant 257\\ x_k>257\end{cases}$ 可求得 $k\in(2^{8-k}+1,2^{9-k}+1]$. 又当 $x_0>1$ 时可证数列 $\{x_n\}$ 是递增数列,所以当 $k\in(2^{8-k}+1,2^{9-k}+1]$ 时,有 $x_1<x_2<\cdots<x_{k-1}$,所以得 $x_1\leqslant 257,x_2\leqslant 257,\cdots,x_{k-1}\leqslant 257,x_k>257$ 同时成立.

所以当 $k\geqslant 2$ 时,x_0 的取值范围是 $(2^{8-k}+1,2^{9-k}+1]$.

注 若把题1中的“$k(k\in\mathbf{N}^*)$”改成“$k(k-1\in\mathbf{N}^*)$”,该题就无误了,且答案选B.

我们在解决数列问题“已知数列 $\{a_n\}$ 的前 n 项和 S_n 求通项公式 a_n”时,依据的是公式 $a_n=\begin{cases}S_1 & (n=1)\\ S_n-S_{n-1} & (n\geqslant 2)\end{cases}$,再使用 $a_n=S_n-S_{n-1}$ 时总是要强调 $n\geqslant 2$,因为该式在 $n=1$ 时无意义.

那在题1的解答中,“由 $\begin{cases}x_{k-1}\leqslant 257\\ x_k>257\end{cases}$ 求得 $k\in(2^{8-k}+1,2^{9-k}+1]$”也应当是在 $k\geqslant 2$ 的前提下. 编题者、解题者若注意了这一点就不会出错了,所以说,“有

意义”应贯穿于数学活动(数学活动包括解题、编题、进行数学研究等)的始终,否则极易出错,我们一直强调的“定义域优先”也不过如此!

笔者上网搜索了一下这道题,发现类似的错题在各类名校试卷中还频频出现,比如打开网址 http://www.jyeoo.com/math2/ques/detail/a0fd3a1a-edba-4c45-8fef-49678c4a3e10 后会出现下面的题 2(并有该题的详细解答),还有 11 套名校试题,这些试题的选择压轴题均是以下题 2,并且《2009—2010 学年重庆市八中高三(上)期中数学试卷(理科)》《2010—2011 学年重庆市八中高三(上)第三次月考数学试卷(理科)》都选用了这道错题:

题 2 已知函数 $f(x)=3x-2(x\in \mathbf{R})$. 规定:给定一个实数 x_0,赋值 $x_1=f(x_0)$,若 $x_1\leqslant 244$,则继续赋值 $x_2=f(x_1)$;…,以此类推. 若 $x_{n-1}\leqslant 244$,则 $x_n=f(x_{n-1})$,否则停止赋值. 若得到 x_n 就称赋值了 $n(n\in \mathbf{N}^*)$ 次. 已知赋值 k 次后该过程停止,则 x_0 的取值范围是(　　)

A. $(3^{k-6},3^{k-5}]$　　B. $(3^{k-6}+1,3^{k-5}+1]$

C. $(3^{5-k}+1,3^{6-k}+1]$　　D. $(3^{4-k}+1,3^{5-k}+1]$

参考答案　C.

注　虽说该题中没有注明 $k\in \mathbf{N}^*$,但该题给出的解答中明确注明了 $k\in \mathbf{N}^*$,所以该题是错题,应把该题中的“k”改成“$k(k-1\in \mathbf{N}^*)$”,并且答案依然是 C.

题 3 某地需要修建一条大型输油管道通过 120 km 宽的沙漠地带,该段输油管道两端的输油站已建好,余下的工程只需要在该段两端已建好的输油站之间铺设输油管道和等距离修建增压站. 经预算,修建一个增压站的费用为 432 万元,铺设距离为 x km 的输油管道费用为 x^3+x 万元. 问需修建多少个增压站才能使余下工程的总费用最少?

解　设需修建 $k(k\in \mathbf{N})$ 个增压站,余下工程的总费用为 y 万元,得

$$(k+1)x=120,k=\frac{120}{x}-1\quad(x\text{ 是 120 的正约数})$$

所以

$$y=432k+(k+1)(x^3+x)=432\left(\frac{120}{x}-1\right)+\frac{120}{x}(x^3+x)$$

即

$$y=120x^2+\frac{51\ 840}{x}-312\quad(x\text{ 是 120 的正约数})\qquad ①$$

我们先用导数求函数 $y=120x^2+\frac{51\ 840}{x}-312(x>0)$ 的最小值:

因为 $y'=\frac{240}{x^2}(x^3-6^3)(x>0)$,所以函数 y 在$(0,6)$,$(6,+\infty)$上分别是

减函数、增函数，得当且仅当 $x=6$ 时函数 y 取最小值. 又 6 是 120 的正约数，所以函数 ① 也当且仅当 $x=6$ 时取最小值.

又 $x=6$ 时，$k=19$，所以需修建 19 个增压站才能使余下工程的总费用最少.

注 解答本题时应注意函数 ① 的定义域不能写错；求函数 ① 的最小值时应先把定义域扩大，否则不能用导数求其最值.

§50 在数学教与学中要谨防“滑过”现象

我们在冰天雪地里走路，…… 幸好，滑过来了，安然无恙！但在数学教与学中，要谨防“滑过”现象.

案例1 小学数学教材中推导“平行四边形面积公式”的过程.

义务教育课程标准实验教科书《数学·五年级（上册）》（人民教育出版社，2005年）第81页是这样推导“平行四边形面积公式”的：

观察拼出的长方形和原来的平行四边形，你发现了什么？

平行四边形的面积＝____________________

如果用 S 表示平行四边形的面积，用 a 表示平行四边形的底，用 h 表示平行四边形的高，那么平行四边形面积的计算公式可以写成

$$S=ah$$

该教科书第83页第6题是：

6. 下图中正方形的周长是 32 cm.

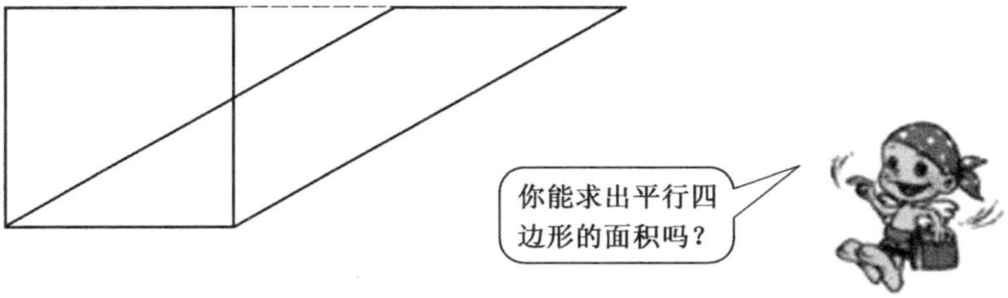

我们要问，如何将第 6 题中的平行四边形割补成长方形呢？原来，教材中推导公式时是有滑过现象的：对于此种情形，教材并未讲清楚.

如图 1，在不是长方形的平行四边形 $ABCD$ 中，可不妨设 $\angle ABC$ 是锐角．作 $AH \perp$ 直线 BC 于点 H，则垂足 H 在边 BC 的延长线上的充要条件是 $\angle ACB$ 是钝角，此时 $\triangle ACD$ 中的 $\angle ACD$，$\angle ADC$ 均是锐角．所以，作 $AH' \perp$ 直线 CD 于点 H' 时，垂足 H' 在边 CD 上且不会是端点．此时也可用把平行四边形 $ABCD$ 割补成长方形：把 $\mathrm{Rt}\triangle AH'D$ 剪下来放在 $\mathrm{Rt}\triangle BH''C$ 的位置，便把平行四边形 $ABCD$ 割补成长方形 $ABH''H'$.

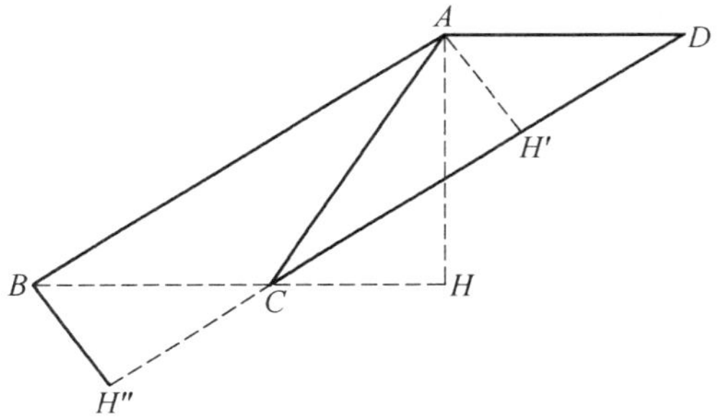

图 1

还可得：如图 1，在不是长方形的平行四边形 $ABCD$ 中，总有一组对角是锐角（可不妨设 $\angle ABC = \angle ADC$ 是锐角），还可不妨设 $AB \geqslant BC$（即 $CD \geqslant AD$，所以 $\angle ACD$ 是锐角），作 $AH' \perp$ 直线 CD 于点 H' 时，垂足 H' 一定在边 CD 上且不会是端点．此时也可用上面的方法割补.

小学课本上没必要写得这么清楚，但也可以思考题的形式讲清楚，也避免了这一“滑过”现象：

思考　对于图 2 中的平行四边形 $ABCD$，如何把它割补成长方形呢？

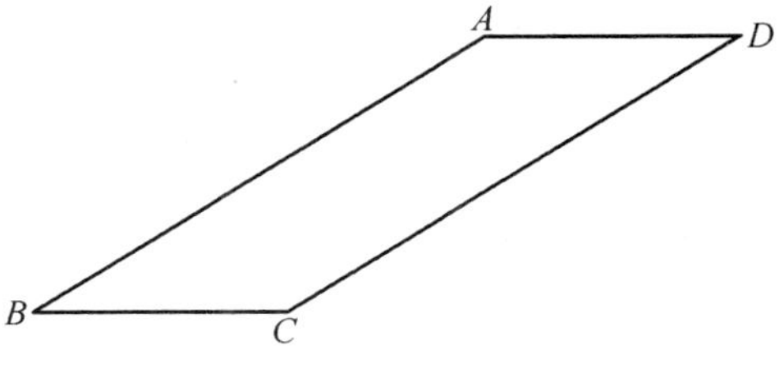

图 2

案例 2　解关于 x 的方程 $x^2-ax-2a^2=0$.

解　由一元二次方程的求根公式，得

$$x=\frac{a\pm 3\sqrt{a^2}}{2}=\frac{a\pm 3a}{2}$$

$$x_1=2a, x_2=-a$$

实际上，该解题过程也有"滑过"现象：为何 $\frac{a\pm 3\sqrt{a^2}}{2}=\frac{a\pm 3a}{2}$？不是 $\frac{a\pm 3\sqrt{a^2}}{2}=\frac{a\pm 3|a|}{2}$ 吗？

应当从集合的观点理解 $\frac{a\pm 3\sqrt{a^2}}{2}=\frac{a\pm 3a}{2}$ 等式是正确的：由 $|a|=\pm a$，得 $\{+|a|,-|a|\}=\{+a,-a\}$，所以 $\frac{a\pm 3\sqrt{a^2}}{2}=\frac{a\pm 3|a|}{2}=\frac{a\pm 3a}{2}$. 这也是老师应给学生讲述清楚并使学生明白的.

案例 3　推证求二面角的射影面积公式.

全日制普通高级中学教科书(必修)《数学・第二册(下 B)》(人民教育出版社，2006 年)第 91 页第 2 题是：已知 $\triangle ABC$ 的面积是 S，平面 ABC 与平面 α 所成的锐角为 θ，$\triangle ABC$ 在平面 α 内的正射影为 $\triangle A'B'C'$，其面积为 S'，求证：$S'=S\cos\theta$.

数理化自学丛书编委会数学编写小组编《立体几何》(上海科学技术出版社，1978 年)第 90～91 页的例 2 是：过三角形一边的平面与三角形所在平面所成的二面角为 α，求证：三角形在这平面内的射影的面积等于这个三角形的面积乘以这二面角 α 的余弦.

该书是由图 3 来证明的. 证完后又给出了：

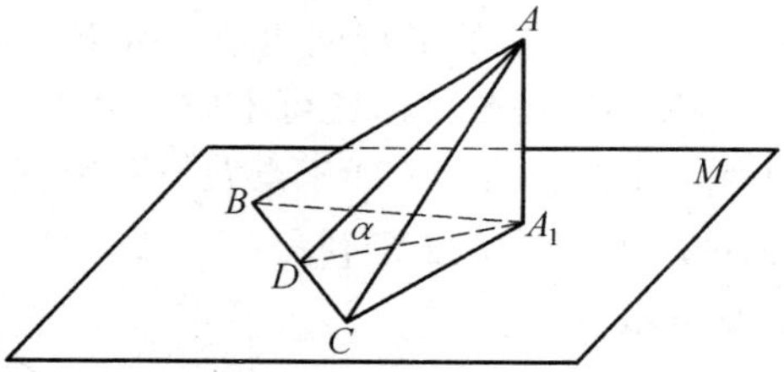

图 3

注意　作为本题的推广，如下两种情形里也有同样的结果，希望读者自己加以证明：

(1) 设 $\triangle ABC$ 只有一个顶点 B 在平面 M 内，$\triangle ABC$ 所在平面和平面 M 的交角仍是 α(图 4)；

(2) 设 $\triangle ABC$ 在平面 M 外，它们的交角仍是 α（图 5）.

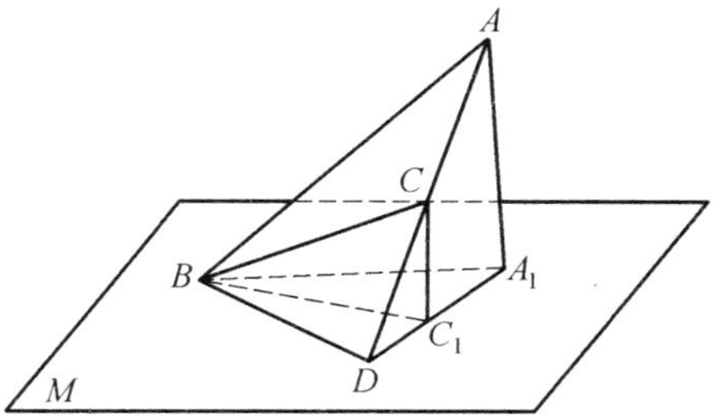

图 4

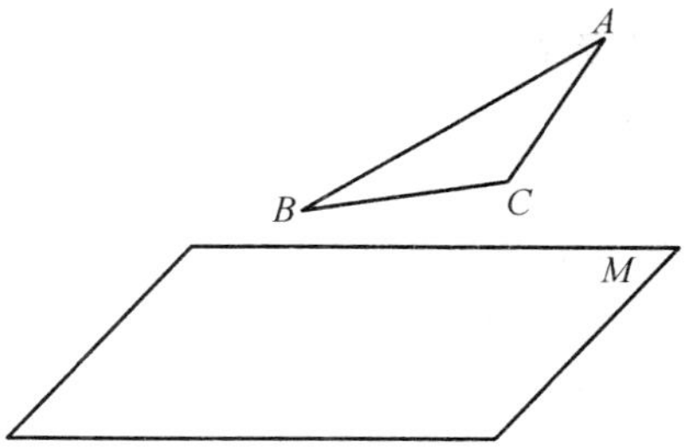

图 5

这里的“注意(1)”也有“滑过”现象：当 $\triangle ABC$ 只有一个顶点 B 在平面 M 内时，除了图 4（直线 AC 与平面 M 相交）之外还有图 6（直线 AC 与平面 M 平行）的情形：

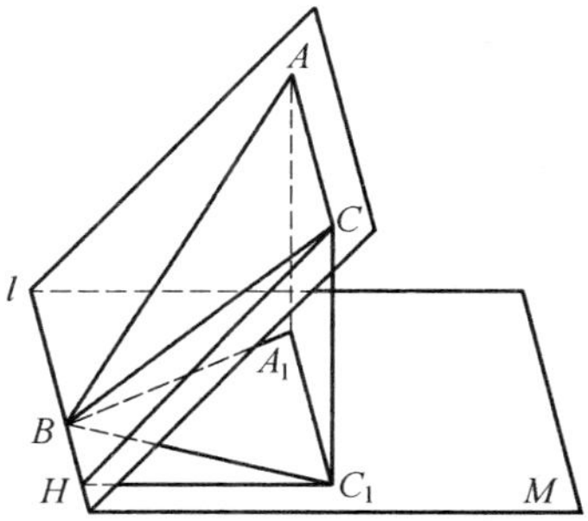

图 6

如图 6，得面 ABC 与面 M 的交线 $l \parallel AC$. 作 $AA_1 \perp$ 面 M 于点 A_1，$CC_1 \perp$ 面 M 于点 C_1. 因为 $AC \parallel$ 面 M，所以 $AC = A_1C_1$. 作 $C_1H \perp l$ 于点 H，联结 CH，由三垂线定理，得 $CH \perp l$，所以 $\angle CHC_1$ 是二面角 $A-l-A_1$ 的平面角，得

$$\frac{S_{\triangle A_1BC_1}}{S_{\triangle ABC}} = \frac{\frac{1}{2}A_1C_1 \cdot C_1H}{\frac{1}{2}AC \cdot CH} = \frac{C_1H}{CH} = \cos\angle CHC_1$$

此时欲证也成立.

案例 4 流行解法也出错.

题 1 (1) 已知函数 $f(x)$ 的定义域是 $\mathbf{R}$，且当 $x \in \mathbf{R}$ 时，$f(m+x) = f(m-x)$ 恒成立，求证：曲线 $y = f(x)$ 关于直线 $x = m$ 对称；

(2) 若曲线 $f(x) = |ax-1|$ 关于直线 $x = 2$ 对称，求非零实数 a 的值.

流行解法 (1) 略.

(2) 由结论(1)得：当 $x \in \mathbf{R}$ 时，$f(2+x) = f(2-x)$ 恒成立，即

$$|a(2+x)-1| = |a(2-x)-1|$$
$$|ax+2a-1| = |ax-2a+1|$$

$\forall x \in \mathbf{R}$ 恒成立. 也即“$\forall x \in \mathbf{R}$，$ax+2a-1 = ax-2a+1$ 恒成立”或“$\forall x \in \mathbf{R}$，$(ax+2a-1)+(ax-2a+1) = 0$ 恒成立”，得 $a = \frac{1}{2}$ 或 $a = 0$.

所以所求非零实数 a 的值是 $\frac{1}{2}$.

对流行解法的分析 该解法中也有"滑过"现象:使用了不正确的结论"当 $x\in\mathbf{R}$ 时, $|f(x)|=|g(x)|$ 恒成立 $\Leftrightarrow$ 当 $x\in\mathbf{R}$ 时, $f(x)=g(x)$ 恒成立或当 $x\in\mathbf{R}$ 时, $f(x)=-g(x)$ 恒成立". 反例:"当 $x\in\mathbf{R}$ 时, $||x||=|x|$ 恒成立"与"当 $x\in\mathbf{R}$ 时, $|x|=x$ 恒成立或当 $x\in\mathbf{R}$ 时, $|x|=-x$ 恒成立"不等价. 因而该解法不严谨(虽说答案正确).

题 1 的正确解法见文献[1].

案例 5 用解方程的方法求无穷项的和.

题 2 证明 $0.\dot{9}=1$.

证明 设 $x=0.\dot{9}=0.9+0.09+0.009+\cdots$,可得

$$10x=9+0.9+0.09+0.009+\cdots=9+x$$

解方程 $10x=9+x$,得 $x=1$. 所以 $0.\dot{9}=1$.

这种用解方程的方法求无穷项和的方法对吗?

题 3 计算 $1-1+1-1+1-1+\cdots$.

解法 1 原式 $=(1-1)+(1-1)+(1-1)+\cdots=0+0+0+\cdots=0$.

解法 2 原式 $=1-(1-1)-(1-1)-(1-1)-\cdots=1-0-0-0-\cdots=1$.

解法 3 设原式 $=S$,得 $S=1-(1-1+1-1+1-1+\cdots)=1-S$, $S=\frac{1}{2}$.

题 2、题 3 的解法都有"滑过"现象:只有在无穷项的和存在时,才能设这个和为 x,进而通过解方程求出无穷项的和 x. 事实上,题 3 中的无穷项和不存在,因而三种解法均是错误的;解法 1 答案正确过程不严谨,应先用实数的连续性公理"单调有界数列必有极限"证明无穷项和 $0.9+0.09+0.009+\cdots$ 存在,再设未知数求解.

题 4 若 $x^{x^{x^{\cdot^{\cdot^{\cdot}}}}}=2(x>0)$,求 x 的值.

解 可得 $x^2=2(x>0)$,所以 $x=\sqrt{2}$.

题 5 若 $x^{x^{x^{\cdot^{\cdot^{\cdot}}}}}=4(x>0)$,求 x 的值.

解 可得 $x^4=4(x>0)$,所以 $x=\sqrt{2}$.

题 6 计算 $\sqrt{2}^{\sqrt{2}^{\sqrt{2}^{\cdot^{\cdot^{\cdot}}}}}$.

解法 1 由题 4 的结论知答案为 2.

解法 2 由题 5 的结论知答案为 4.

难道 $2=4$?

因为文献[2]及[3]中均求得函数 $G(x)=x^{x^{x^{\cdot^{\cdot^{\cdot}}}}}$（$x$ 是正数）的定义域是 $[e^{-e},e^{\frac{1}{e}}]$、值域是 $\left[\frac{1}{e},e\right]$，所以题 6 的正确答案是 2.

案例 6 若 A 是 B 的充分不必要条件，B 是 C 的充分不必要条件，则 A 是 C 的（ ）

A. 充要条件　　　　　　　B. 充分不必要条件

C. 必要不充分条件　　　　D. 既不充分也不必要条件

解 B. 因为 $A\Rightarrow B$，$B\Rightarrow C$，所以 $A\Rightarrow C$.

因为 C 不能推出 B，B 不能推出 A，所以 C 不能推出 A.

说明选 B.

分析 以上解法答案正确，过程有误."因为 C 不能推出 B，B 不能推出 A，所以 C 不能推出 A"不对（这也是一种滑过现象），反例：虽然 $x>1$ 不能推出 $x<0$，$x<0$ 不能推出 $x>-1$，但 $x>1$ 能推出 $x>-1$.

正确解法 1 把条件"$A\Rightarrow B$，B 不能推出 A"分离后，难以作出正确解答. 可用集合的观点来解决此问题.

由 A 是 B 的充分不必要条件知，满足条件 A 的元素的集合 A' 是满足条件 B 的元素的集合 B' 的真子集；同理，满足条件 B 的元素的集合 B' 是满足条件 C 的元素的集合 C' 的真子集. 所以，A' 是 C' 的真子集.

说明选 B.

正确解法 2 易得 $A\Rightarrow C$.

假设 $C\Rightarrow A$，可得 $A\Rightarrow B\Rightarrow C\Rightarrow A$，所以 $A\Leftrightarrow B\Leftrightarrow C$，这与题设相矛盾！所以 C 不能推出 A.

说明选 B.

最后，再列举历史上的两个有名的"滑过"现象：

(1) 从欧氏几何问世直到 19 世纪，在这两千多年的时间里，数学家们一致认为欧氏几何是唯一正确的几何体系. 如果说白璧还有微瑕的话，主要是对其中的平行公理有些怀疑. 平行公理又称"第五公设"，其内容是：如果一直线和两直线相交，所构成的两个同侧内角之和小于两直角，那么两直线延长后必定在那两内角的一侧相交（把平行公理换成比较通俗的表达形式，就是：过直线外一点可以而且只能引一条和它平行的直线）. 正是由于有高斯（Garl Friedrich Gauss，1777—1855）、罗巴切夫斯基（Никола́й Ива́нович Лобаче́вский，1792—1856）、亚诺什·鲍耶（Janos Bolyai，1802—1860）等众多具有科学精神的有志之士发现并深入钻研了"第五公设"这一"滑过"现象，最终发现了众多的"非欧几何"[4].

(2) 安德鲁·怀尔斯（Andrew Wiles，1953— ）在证明费马（Pierre de

Fermat,1601—1665）大定理时，起初也因陷入一“滑过”现象而导致其证明是错误的[5]，后来花了很多力气才修复了这一漏洞.

“滑过”现象是绝对不允许的.我们如何防止“滑过”现象呢？那就要用严谨的数学思维（谨防循环论证等）、高深的数学素养、大胆的质疑精神发现它，用恰当的解题技巧（比如要使用必要的分类讨论等）、精细严密的推理来解决它.

参考文献

[1] 甘志国.流行解法也会出错[J].考试（高考·试题设计），2011(10)：10.

[2] 甘志国.几个含无限步运算的函数的定义域和值域[J].中学数学杂志 2009(3)：16-20.

[3] 甘志国.初等数学研究（Ⅱ）（下）[M].哈尔滨：哈尔滨工业大学出版社，2009.

[4] 天津人民广播电台科技组.科学创造的艺术[M].北京：中国广播电视出版社，1987.

[5] 阿尔伯特·H·贝勒.数论妙趣——数学女王的盛情款待[M].谈祥柏，译.上海：上海教育出版社，1998.

§ 51　解题时要讲究先后顺序

我们在说话办事时要讲究先后顺序，在解题时也要讲究先后顺序. 我们先看文献[1]的例 7 及其解答：

题 1　设 $x,y,z>0$，求证：$\sqrt{x^2+xy+y^2}+\sqrt{y^2+yz+z^2}+\sqrt{x^2+xz+z^2}\leqslant 2(x+y+z)$.

解析　由于不等式左边的三个式子与余弦定理结构相似，可尝试构造三角形来证明，如图 1 所示，在 $\triangle ABC$ 内有一点 P，满足条件 $\angle APB=\angle BPC=\angle CPA=120^\circ$，设 $PA=x,PB=y,PC=z$，则有

$$AB=\sqrt{x^2+xy+y^2},BC=\sqrt{y^2+yz+z^2},AC=\sqrt{x^2+xz+z^2} \quad ①$$

由三角形两边之和大于第三边，可得欲证成立.

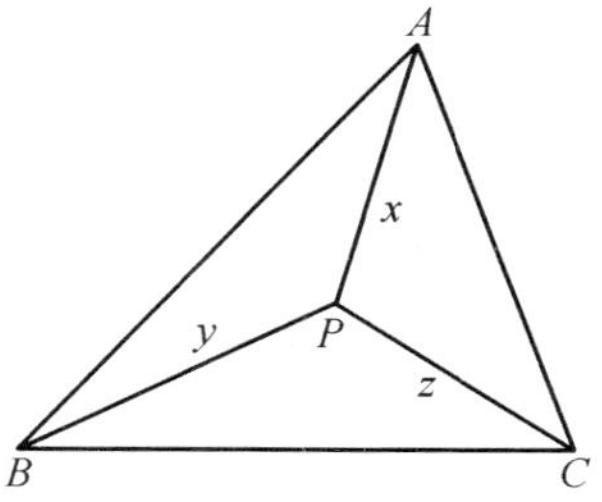

图 1

对该解析的分析　如图 1 所示，在 $\triangle ABC$ 内一定有一点 P，满足条件 $\angle APB=\angle BPC=\angle CPA=120^\circ$ 吗？这是需要证明的，因为对于任意的 $\triangle ABC$，这样的点 P 不一定存在：若点 P 在 $\triangle ABC$ 内，易得 $\angle BPC>\angle BAC$，所以当 $\angle BAC\geqslant 120^\circ$ 时，得 $\angle BPC>120^\circ$，满足条件 $\angle APB=\angle BPC=\angle CPA=120^\circ$ 的点 P 就不存在.

实际上，当 $\triangle ABC$ 的三个内角均小于 120° 时，满足 $\angle APB=\angle BPC=\angle CPA=120^\circ$ 的点 P 存在，并且就是 $\triangle ABC$ 的费马点（满足 $PA+PB+PC$ 最小的点 P 叫作 $\triangle ABC$ 的费马点），其作法是：分别以 $\triangle ABC$ 的两边 AB,AC 向该三角形外作正三角形 ABC',ACB'，线段 CC' 与 BB' 的交点就是费马点；当 $\triangle ABC$ 有一个内角大于 120° 时，钝角顶点就是费马点[2].

如何补救呢？

方法 1　证明图 1 中 $\triangle ABC$ 的三个内角均小于 120°，这里只证明 $\angle BAC<120^\circ$ 即证 $\cos\angle BAC>-\dfrac{1}{2}$.

由式 ① 及余弦定理知，即证

$$2x^2+xy+xz+\sqrt{x^2+xy+y^2}\cdot\sqrt{x^2+xz+z^2}>yz$$

这是显然成立的，因为

$$\sqrt{x^2+xy+y^2}\cdot\sqrt{x^2+xz+z^2}>\sqrt{y^2}\cdot\sqrt{z^2}=yz$$

所以欲证成立.

方法 2 只要注意解题时的先后顺序即可.

如图 1,先作 $\angle APB=\angle BPC=\angle CPA=120^\circ$,$PA=x$,$PB=y$,$PC=z$,联结 AB,BC,CA. 由余弦定理,得式 ① 成立. 再由三角形两边之和大于第三边,可得欲证成立

$$\sqrt{x^2+xy+y^2}+\sqrt{y^2+yz+z^2}+\sqrt{x^2+xz+z^2}<$$
$$2(x+y+z)\leqslant 2(x+y+z)$$

注 该题与 2004 年英国数学奥林匹克试题"若 a,b,c 均为正数,求证:$\sqrt{a^2-ab+b^2}+\sqrt{b^2-bc+c^2}>\sqrt{a^2+ac+c^2}$"类似:由图 2(其中 $\angle AOB=\angle BOC=60^\circ$)中的 $AB+BC>AC$ 可证.

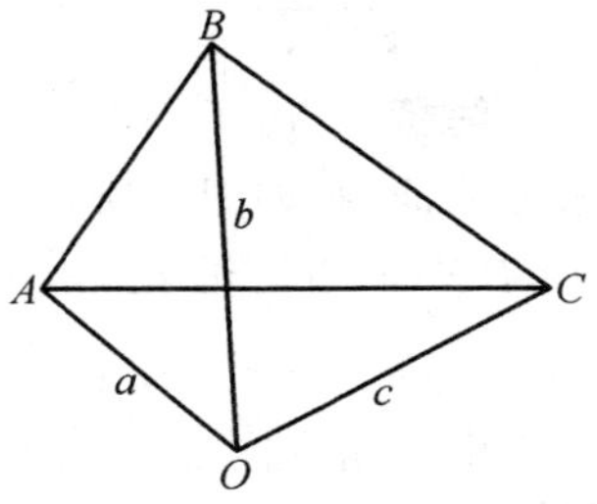

图 2

题 2 (全日制普通高级中学教科书(必修)《数学·第二册(下)A》(人民教育出版社,2006 年第 2 版)第 46 页第 6 题)自二面角内一点分别向这个二面角的两个面引垂线,求证:它们所成的角与这个二面角的平面角互补.

证明 如图 3,自二面角 $\alpha-l-\beta$ 内一点 P 分别向面 α,β 作垂线 PA,PB,垂足分别为 A,B,下证 $\angle APB$ 与二面角 $\alpha-l-\beta$ 的大小互补.

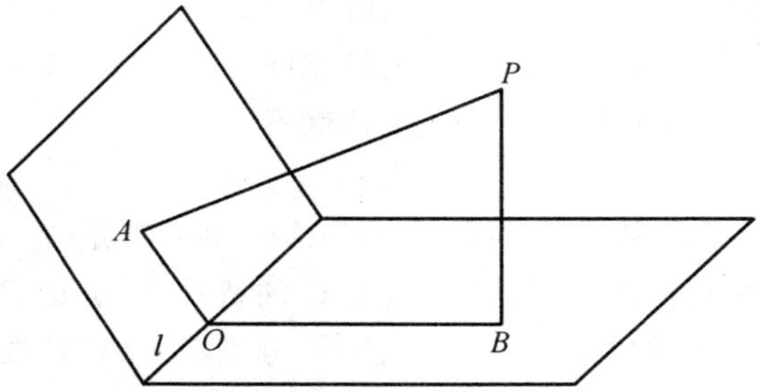

图 3

若作 $AO\perp l$ 于点 O,则需证 $BO\perp l$ 及四点 A,O,B,P 共面,才能由四边形的内角和是 360° 得欲证成立,这难以办到!

可以这样办:注意作图顺序即可!

可设两条相交直线 PA,PB 确定的平面是 γ,由 $PA\perp\alpha$,$PB\perp\beta$ 可得 $l\perp PA$,$l\perp PB$,所以 $l\perp\gamma$.

因为 $l\perp\gamma$,所以可设 $l\cap\gamma=O$,联结 OA,OB,有四点 A,O,B,P 共面 γ.

由 $l\perp\gamma$,得 $l\perp OA$,$l\perp OB$,所以 $\angle AOB$ 是二面角 $\alpha-l-\beta$ 的平面角.

再由四边形的内角和是 360° 得 $\angle AOB+\angle APB=180^\circ$,即欲证成立.

参考文献

[1] 胡国新，刘少平. 分析结构特征　寻求解题途径[J]. 中学数学教学，2012(3)：43-45.

[2] 甘志国. 四种 Fermata 点及其作法[J]. 数学通讯，2000(23)：29-31.

§52　数学教学要求真务实

笔者在读初二时，见到过这样的竞赛题：

题1　已知 $x^2-x+1=0$，求 x^3 的值.

解　因为由题设可得 $x^3+1=(x+1)(x^2-x+1)=0$，所以 $x^3=-1$.

到了笔者读高一时，在教辅资料上又见过这样的题：

题2　已知 $x+\frac{1}{x}=2\cos\theta$（$\theta$ 是已知的任意角），求 $x^2+\frac{1}{x^2}$，$x^3+\frac{1}{x^3}$ 的值.

解　由题设，可得

$$x^2+\frac{1}{x^2}=\left(x+\frac{1}{x}\right)^2-2=(2\cos\theta)^2-2=2\cos 2\theta$$

$$x^3+\frac{1}{x^3}=\left(x+\frac{1}{x}\right)^3-3\left(x+\frac{1}{x}\right)=(2\cos\theta)^3-6\cos\theta=2\cos 3\theta$$

这两道题的解法都很巧，巧在绕开了暗礁：对于题1，常规解法是先解方程 $x^2-x+1=0$，求出 x 后再求 x^3 的值，但该方程无实数解，却最终求出了关于 x 的代数式 x^3 的值；对于题2，常规解法也是先解方程 $x^2-x+1=0$，求出 x 后再求 $x^2+\frac{1}{x^2}$，$x^3+\frac{1}{x^3}$ 的值，但该方程也无实数解（除 $\theta=k\pi$，$k\in\mathbf{Z}$ 时），但最终也求出了关于 x 的代数式 $x^2+\frac{1}{x^2}$，$x^3+\frac{1}{x^3}$ 的值.

笔者认为这种"技巧"教学特别有害. 我们研究问题是只能在一定范围内进行研究的，在初二时研究题1和在高一时研究题2都只能在实数范围内研究，而在实数范围内这两道题均不能求解. 这两道题还是好题，但一定要等到学了复数后再做，并且上面的做法也是正确的. 因为以上解法貌似没有用到复数，但实际上用了复数.

我们再来看普通高中课程标准实验教科书《数学·选修2－1·A版》（人民教育出版社，2007年第2版）第62页第4题：

题3　已知双曲线 $x^2-\frac{y^2}{2}=1$，过点 $P(1,1)$ 能否作一条直线 l，与双曲线交于 A，B 两点，且点 P 是线段 AB 的中点？

很多学生会想到用点差法求解：

解　假设所求的直线 l 存在，且它与双曲线的交点为 $A(x_1,y_1)$，$B(x_2,y_2)$，得

$$x_1+x_2=y_1+y_2=2$$

$$x_1{}^2-\frac{y_1{}^2}{2}=1, x_2{}^2-\frac{y_2{}^2}{2}=1$$

$$\frac{y_1-y_2}{x_1-x_2}=\frac{2(x_1+x_2)}{y_1+y_2}=2$$

得所求直线 l 的斜率 $k=2$,从而可得所求直线 l 的方程是

$$2x-y-1=0$$

但容易验证该直线与双曲线没有两个不同的交点 $A(x_1,y_1)$,$B(x_2,y_2)$,所以所求的直线不存在!

学生为什么会对求出的答案 $2x-y-1=0$ 深信不疑呢?笔者认为,根源就是类似于题 1、题 2 的解法误导.在题 1、题 2 的解法中故意避开了方程没有实根(而实际上是在实数范围内求解),题 3 也是在实数范围内求解.为什么一定要检验方程组 $\begin{cases}2x-y-1=0\\x^2-\dfrac{y^2}{2}=1\end{cases}$ 有实数解呢?实际上,检验是必须的,所以题 1、题 2 的解法是错误的.

著名教育家陶行知(1891—1946)先生有一句名言是:千教万教教人求真,千学万学学做真人.我们在数学教学中更应注意求真务实,绝不能玩一些没有实际意义甚至害人的所谓"技巧".

§ 53　两边夹,夹出美丽的答案来

可以证明冰、水混合物(假设它们之间已经没有热传递,即两者温度已经达到一致)的温度是0 ℃:因为冰、水混合物的温度=冰的温度⩽0 ℃;冰、水混合物的温度 = 水的温度 ⩾ 0 ℃,即

$$0\ ℃ \leqslant 冰、水混合物的温度 \leqslant 0\ ℃ \qquad ①$$

所以

$$冰、水混合物的温度 = 0\ ℃ \qquad ②$$

这就是本文欲介绍的一种解题方法 ——“两边夹(即式 ①),夹出美丽的答案(即式 ②) 来”.

例 1　已知函数 $f(x)=ax^2+1$ 满足“$\forall x \in \mathbf{R}$ 均有 $2x \leqslant f(x) \leqslant x^2+1$”,求常数 a 的值.

解法 1　由 $2x \leqslant f(x) = ax^2 + 1(x \in \mathbf{R})$ 恒成立,得 $ax^2 - 2x + 1 \geqslant 0(x \in \mathbf{R})$ 恒成立,即$\begin{cases} a > 0 \\ \Delta_1 = 4 - 4a \leqslant 0 \end{cases}$,也即 $a \geqslant 1$.

由 $ax^2 + 1 = f(x) \leqslant x^2 + 1(x \in \mathbf{R})$ 恒成立,得$(a-1)x^2 \leqslant 0(x \in \mathbf{R})$ 恒成立,即 $a-1 \leqslant 0$,也即 $a \leqslant 1$.

所以 $1 \leqslant a \leqslant 1$,即 $a=1$.

解法 2　我们用“两边夹”的方法来使用题设“$\forall x \in \mathbf{R}$ 均有 $2x \leqslant f(x) \leqslant x^2 + 1$”,就会想到令 $2x = x^2 + 1$,得 $x=1$,所以有 $2 \leqslant f(1) \leqslant 2$,即 $f(1)=2$. 再由题设 $f(x)=ax^2+1$,得 $a=1$. 还可验证:“当 $a=1$ 时,$\forall x \in \mathbf{R}$ 均有 $2x \leqslant f(x) \leqslant x^2 + 1$” 成立,所以所求常数 a 的值为 1.

例 2　设函数 $f(x)$ 的定义域是 I,若 $\forall x \in I$,均存在唯一的 $x' \in I$,使 $\dfrac{f(x)+f(x')}{2}=c$(c 是常数),就说常数 c 是函数 $f(x)$ 的均值. 求函数 $g(x) = \lg x(10 \leqslant x \leqslant 1\ 000)$ 的均值 d.

解　当 $x=10$ 时,存在唯一的 $x' \in [10,1\ 000]$ 使$\dfrac{\lg 10 + \lg x'}{2}=d$($d$ 是常数),即 $10x' = 10^{2d}$. 因为 $x' \leqslant 1\ 000$,所以 $10x' = 10^{2d} \leqslant 10 \times 1\ 000$,$d \leqslant 2$.

当 $x=1\ 000$ 时,存在唯一的 $x'' \in [10,1\ 000]$ 使$\dfrac{\lg 1\ 000 + \lg x''}{2}=d$($d$ 是常数),即 $1\ 000x''=10^{2d}$. 因为 $x'' \geqslant 10$,所以 $1\ 000x''=10^{2d} \geqslant 1\ 000 \times 10$,$d \geqslant 2$.

所以 $2 \leqslant d \leqslant 2$,$d=2$.

还可验证“若 $\forall x \in [10,1\ 000]$，均存在唯一的 $x' \in [10,1\ 000]$，使 $\frac{g(x)+g(x')}{2}=2$”成立：因为 $x'=\frac{10\ 000}{x}$.

所以所求均值 $d=2$.

注 因为 $g(x)$ 的定义域的边界是 10 和 1 000，所以想到用它们来试验出答案，这也是极限思想的使用(这在后面还会多次用到).

例 3 (2012 年高考浙江卷理科第 17 题) 设 $a \in \mathbf{R}$，若 $x>0$ 时均有 $[(a-1)x-1](x^2-ax-1) \geqslant 0$，则 $a=$________.

解 因为所求 a 的值只有一个，所以我们欲由题设“$x>0$ 时均有 $[(a-1)x-1](x^2-ax-1) \geqslant 0$ 即 $-(ax-x-1)(ax-x^2+1) \geqslant 0$”及“两边夹”得到等式. 必然会想到令 $-x-1=-x^2+1(x>0)$，得 $x=2$. 所以令 $x=2$，得 $-(2a-3)^2 \geqslant 0$，即

$$0 \leqslant -(2a-3)^2 \leqslant 0,\ -(2a-3)^2=0,\ a=\frac{3}{2}$$

还可验证“当 $a=\frac{3}{2}$ 时，$[(a-1)x-1](x^2-ax-1) \geqslant 0(x>0)$ 恒成立”：因为 $\left(\frac{x}{2}-1\right)^2(2x+1) \geqslant 0(x>0)$ 恒成立.

所以 $a=\frac{3}{2}$.

变式 设 $a \in \mathbf{R}$，若 $x \leqslant 1$ 时均有 $[(a-1)x-1](x^2-ax-1) \geqslant 0$，则 $a=$________.

参考答案 0.

例 4 (2008 年高考江苏卷第 14 题) 设函数 $f(x)=ax^3-3x+1(x \in \mathbf{R})$，若对于任意 $x \in [-1,1]$，都有 $f(x) \geqslant 0$ 成立，则实数 a 的值为________.

解法 1 本题的常规解法是分离常数法，还需要分类讨论，运算量较大. 而下面的“两边夹”法比较简洁且容易想到.

令 $x=1$ 后，可得 $a \geqslant 2$. 考虑到所求 a 的值只有一个，所以可大胆猜测 $a=2$，那就还要想办法证得 $a \leqslant 2$，即期盼着有以下推理过程

$$f(x) \geqslant 0 \text{ 即 } ax^3 \geqslant 3x-1$$

$$\exists x \in [-1,0) \text{ 使 } a \leqslant \frac{3x-1}{x^3}=2$$

但可证 $\frac{3x-1}{x^3}=2(-1 \leqslant x<0)$ 不可能成立，失败了.

失败是成功之母，再从边界 $x=-1$ 开始寻找答案. 令 $x=-1$ 后，可得 $a \leqslant 4$. 考虑到所求 a 的值只有一个，所以可大胆猜测 $a=4$，那就还要想办法证得 $a \geqslant 4$，即期盼着有以下推理过程

$$f(x) \geqslant 0 \text{ 即 } ax^3 \geqslant 3x-1$$

$$\exists x \in (0,1] \text{ 使 } a \geqslant \frac{3x-1}{x^3} = 4$$

由$\frac{3x-1}{x^3}=4(0<x\leqslant 1)$，得 $x=\frac{1}{2}$. 所以，令 $x=\frac{1}{2}$ 后，可得 $a\geqslant 4$.

即 $4\leqslant a\leqslant 4, a=4$. 还可验证"当 $a=4$ 时满足题设"：

$$f(x)=4x^3-3x+1=(2x-1)^2(x+1)\geqslant 0(-1\leqslant x\leqslant 1)$$

所以 $a=4$.

解法 2 由普通高中课程标准实验教科书《数学 4 · 必修 · A 版》(人民教育出版社，2007 年第 2 版)(下简称《必修 4》)第 138 页第 1(1) 题给出的公式"$\cos 3\alpha = 4\cos^3\alpha - 3\cos\alpha$"可联想到以下解法.

因为 $x\in[-1,1]$，所以可令 $x=\cos\alpha$，得 $1+\cos 3\alpha+(a-4)\cos^3\alpha\geqslant 0$ 恒成立.

令 $\alpha=\pi, \frac{\pi}{3}$ 后，可分别得到 $a\leqslant 4, a\geqslant 4$，即 $4\leqslant a\leqslant 4, a=4$. 还可验证……，所以 $a=4$.

解法 3 由《必修 4》第 138 页第 1 题给出的公式"$\sin 3\alpha=3\sin\alpha-4\sin^3\alpha$"可联想到以下解法.

因为 $x\in[-1,1]$，所以可令 $x=\sin\alpha$，得 $1-\sin 3\alpha+(a-4)\sin^3\alpha\geqslant 0$ 恒成立.

令 $\alpha=\frac{3\pi}{2}, \frac{\pi}{6}$ 后，可分别得到 $a\leqslant 4, a\geqslant 4$，即 $4\leqslant a\leqslant 4, a=4$. 还可验证……，所以 $a=4$.

例 5[1] (2009 年南京大学自主招生题第 7 题)求所有满足条件 $\tan A+\tan B+\tan C\leqslant[\tan A]+[\tan B]+[\tan C]$ 的非直角三角形.(笔者注：这里"$[x]$"表示不大于实数 x 的最大整数.)

解 由题设，可得

$$\tan A+\tan B+\tan C\leqslant[\tan A]+[\tan B]+[\tan C]\leqslant \tan A+\tan B+\tan C$$

所以

$$[\tan A]+[\tan B]+[\tan C]=\tan A+\tan B+\tan C$$

$$[\tan A]=\tan A, [\tan B]=\tan B, [\tan C]=\tan C$$

设 $\tan A=x, \tan B=y, \tan C=z$，得 $x,y,z\in\mathbf{Z}$. 还可不妨设 $x\leqslant y\leqslant z$，$xyz\neq 0$.

再由定理，得 $x+y+z=xyz$.

若 $x<0$，得 $z\geqslant y\geqslant 1, yz\geqslant 1$，所以 $x+y+z=xyz\leqslant x<x+y+z$，

矛盾！得 $x>0$，得 $1\leqslant x\leqslant y\leqslant z$，所以 A,B,C 都是锐角，得 $A\leqslant B\leqslant C$. 在 $\triangle ABC$ 中，有 $0<A\leqslant\frac{\pi}{3}$，所以 $0<x\leqslant\sqrt{3}$. 又 $x\in\mathbf{Z}$，得 $x=1$.

由 $x+y+z=xyz$，得

$$y=1+\frac{2}{z-1}\quad(z>1)$$

因为 $y,z\in\mathbf{N}^*$，所以 $\frac{2}{z-1}\in\mathbf{N}$，得 $z-1=1$ 或 2，$z=2$ 或 3，进而可得 $x=1$，$y=2$，$z=3$. 即 $\tan A=1$，$\tan B=2$，$\tan C=3$，也即 $a:b:c=\sin A:\sin B:\sin C=\sqrt{5}:2\sqrt{2}:3$.

得所有满足条件的三角形是三边长之比为 $\sqrt{5}:2\sqrt{2}:3$ 的三角形.

“两边夹”的本质是求交集，实际上，读者也一定经常使用过这种解题方法. 例如，求函数 $f(x)=x^2(-1<x\leqslant 2)$ 的值域. 通常的解法就是：易得 $0\leqslant f(x)\leqslant 4$，且函数 $f(x)$ 的值是连续变化的且能取到 0 和 4，所以所求值域是 $[0,4]$. 这里的两边夹“$0\leqslant f(x)\leqslant 4$”就是求交集：$[0,+\infty)\cap(-\infty,4]=[0,4]$.

例 6 求证 $\lim\limits_{x\to 0}\frac{\sin x}{x}=1$.

证明 如图 1，圆 O 的半径是 1，$\angle AOB=x\left(0<x<\frac{\pi}{2}\right)$，$OA\perp AT$. 由 $S_{\triangle OAB}<S_{扇形OAB}<S_{\triangle OAT}$，得 $\sin x<x<\frac{\sin x}{\cos x}\left(0<x<\frac{\pi}{2}\right)$，所以 $\cos x<\frac{\sin x}{x}<1\left(0<x<\frac{\pi}{2}\right)$，进而得 $\cos x<\frac{\sin x}{x}<1\left(0<|x|<\frac{\pi}{2}\right)$.

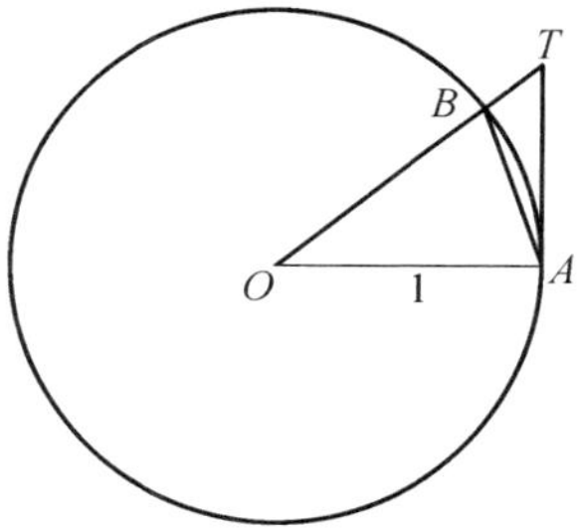

图 1

又 $\lim\limits_{x\to 0}\cos x=\lim\limits_{x\to 0}1=1$，所以 $\lim\limits_{x\to 0}\frac{\sin x}{x}=1$.

例 7 (1) 求证：$\lim\limits_{x\to 0^+}\frac{\ln(x+1)}{x}=1$；

(2)(2006 年高考全国卷 Ⅱ 理科第 20 题) 已知函数 $f(x)=(x+1)\ln(x+1)$ 对 $x\geqslant 0$ 时都有 $f(x)\geqslant ax$，求实数 a 的取值范围.

解 (1) 用导数可证 $x-\frac{1}{2}x^2<\ln(x+1)<x(x>0)$，所以 $1-\frac{1}{2}x<\frac{\ln(x+1)}{x}<1(x>0)$.

又 $\lim\limits_{x\to 0^+}\left(1-\frac{1}{2}x\right)=\lim\limits_{x\to 0^+}1=1$，所以 $\lim\limits_{x\to 0^+}\frac{\ln(x+1)}{x}=1$.

(2) 设 $g(x)=\dfrac{(x+1)\ln(x+1)}{x}(x>0)$，可得题意即 $x>0$ 时 $g(x)\geqslant a$ 恒成立.

$$g'(x)=\frac{x-\ln(x+1)}{x^2}\quad(x>0)$$

可用导数证得 $h(x)=x-\ln(x+1)$ 在 $(0,+\infty)$ 上单调递增(因为 $h'(x)=\dfrac{x}{x+1}>0$)，所以 $h(x)>h(0)=0$，即 $g'(x)>0(x>0)$，$g(x)$ 在 $(0,+\infty)$ 上单调递增，所以 a 的取值范围是 $a\leqslant A$，其中

$$A=\lim_{x\to 0^+}g(x)=\lim_{x\to 0^+}\frac{(x+1)\ln(x+1)}{x}=$$

$$\lim_{x\to 0^+}(x+1)\cdot\lim_{x\to 0^+}\frac{\ln(x+1)}{x}=$$

$$\lim_{x\to 0^+}\frac{\ln(x+1)}{x}=1\quad(\text{用结论(1)})$$

所以所求 a 的取值范围是 $(-\infty,1]$.

例 8 (1) 求证：$\lim\limits_{x\to 0^+}\dfrac{e^x-1-x}{x^2}=\dfrac{1}{2}$；

(2)(2010 年高考新课标全国卷理科第 21(2) 题) 设函数 $f(x)=e^x-1-x-ax^2$，若当 $x\geqslant 0$ 时，$f(x)\geqslant 0$，求 a 的取值范围.

解 (1) 连续使用导数可证 $\dfrac{1}{2}x^2<e^x-1-x<\dfrac{1}{2}x^2+x^3(x>0)$，进而可得欲证.

(2) 题设即 $\dfrac{e^x-1-x}{x^2}\geqslant a(x>0)$ 恒成立. 设 $g(x)=\dfrac{e^x-1-x}{x^2}(x>0)$，得

$$g'(x)=\frac{(x-2)e^x+x+2}{x^3}\quad(x>0)$$

又设 $h(x)=(x-2)e^x+x+2(x>0)$，得

$$h'(x)=(x-1)e^x+1>0\quad(x>0)$$

$$(h'(x))'=xe^x>0\quad(x>0)$$

所以函数 $h'(x)$ 是增函数，得 $h'(x)>h'(0)=0$；函数 $h(x)$ 是增函数，$h(x)>h(0)=0(x>0)$，$g'(x)>0(x>0)$，函数 $g(x)$ 是增函数.

又由结论(1) 得，所求 a 的取值范围 $\left(-\infty,\dfrac{1}{2}\right]$.

注 例 7(1) 及例 8(1) 的解答中的不等式是如何想到的呢？当然是马克劳林(C. Maclaurin，1698—1746) 公式

$$\ln(1+x)=x-\frac{x^2}{2}+\frac{x^3}{3}-\frac{x^4}{4}+\cdots-(-1)^n\frac{x^n}{n}+\cdots$$

$$e^x = 1 + \frac{x}{1!} + \frac{x^2}{2!} + \cdots + \frac{x^n}{n!} + \cdots$$

数学教学在很大程度上来说，就是解题教学，其基础就是教师要解好题、命好题. 高中数学教师如何解好题、命好题，是需要强大智慧的. 俗话说，工欲善其事，必先利其器，教师要解好题、命好题，必须先对解题要有深刻的钻研和独到的见解. 关于此，读者还可研读文献[1] ～ [6].

参考文献

[1] 甘志国. 由一道课本题巧解三道大学自主招生题[J]. 数学教学，2013(2)：43-44.

[2] 甘志国. 别让参考答案禁锢了解题者的思维[J]. 数学教学研究，2012(7)：37-42.

[3] 甘志国. 数学教学要注意有效性原则和可接受性原则[J]. 数学教学，2010(5)：8-9，封底.

[4] 甘志国，廖德福. 数学教与学中要谨防"滑过"现象[J]. 中学数学杂志，2012(7)：1-4.

[5] 甘志国. "思、探、练、变、提"的解题教学[J]. 中小学数学(高中)，2009(12)：7.

[6] 甘志国. 数学教学更需要"慢教育"[J]. 中学数学月刊，2010(3)：22-23.

§ 54　数学教学不可“深一脚、浅一脚”

我独自在茫茫雪原上前行，为了尽快到达目的地而沿直线匆匆前行. 因为有滔滔白雪覆盖在崎岖小路上，所以深一脚、浅一脚地行走，像一个醉汉在前行……

联想到我们的数学教学，有没有这样“深一脚、浅一脚”的情形呢?

在高三第一轮复习三角函数时，某老师讲解了这样一道例题：

例　求下列函数的最大值与最小值：

(1) $y=a\sin x+b(a\neq 0)$；　(2) $y=\sin x\cos x+\sin x+\cos x$；

(3) $y=\dfrac{2-\sin x}{2-\cos x}$；　(4) $y=(\cos 2x+1)\sin x(0\leqslant x\leqslant \pi)$；

(5) $y=\sin x+\cos 2x$；　(6) $y=\cos x-|\cos x|$.

分析　(1) 最大值是 $|a|+b$，最小值是 $-|a|+b$.

(2) 设 $t=\sin x+\cos x$，得 $t\in[-\sqrt{2},\sqrt{2}]$，$t^2=1+2\sin x\cos x$，所以

$$y=\frac{t^2-1}{2}+t=\frac{1}{2}(t+1)^2-1\quad(-\sqrt{2}\leqslant t\leqslant\sqrt{2})$$

当 $t=-1$ 时，$y_{\min}=-1$；当 $t=\sqrt{2}$ 时，$y_{\max}=\dfrac{1}{2}+\sqrt{2}$.

(3) 得 $\sin x-y\cos x=2-2y$，即 $\sin(x+\varphi)=\dfrac{2-2y}{\sqrt{1+y^2}}$，得

$$\left|\frac{2-2y}{\sqrt{1+y^2}}\right|\leqslant 1,\ \frac{4-\sqrt{7}}{3}\leqslant y\leqslant\frac{4+\sqrt{7}}{3}$$

所以 $y_{\min}=\dfrac{4-\sqrt{7}}{3}$，$y_{\max}=\dfrac{4+\sqrt{7}}{3}$.

另解　设 $A(2,2)$，$P(\cos x,\sin x)$，则点 P 在单位圆上，直线 PA 的斜率 $k=\dfrac{2-\sin x}{2-\cos x}$. 直线 PA 的方程为 $y=k(x-2)+2$，即 $kx-y+2-2k=0$.

坐标原点 O 到直线 PA 的距离为 $\dfrac{|2-2k|}{\sqrt{k^2+1}}$，由 $\dfrac{|2-2k|}{\sqrt{k^2+1}}=1$，得 $k=\dfrac{4\pm\sqrt{7}}{3}$.

所以直线 PA 的斜率 k 即函数 $y=\dfrac{2-\sin x}{2-\cos x}$ 的最大值与最小值分别是 $\dfrac{4+\sqrt{7}}{3}$，$\dfrac{4-\sqrt{7}}{3}$.

(4) 得 $y=(1-2\sin^2 x+1)\sin x=-2\sin^3 x+2\sin x(0\leqslant x\leqslant \pi)$.

令 $t=\sin x$,得 $0\leqslant t\leqslant 1$,$y=-2t^3+2t(0\leqslant t\leqslant 1)$.

接下来,用导数可求得函数 y 的最大值与最小值分别是$\frac{4\sqrt{3}}{9}$,0.

(5)$y=\sin x+\cos 2x=\sin x+1-2\sin^2 x$.

所以,当 $\sin x=\frac{1}{4}$ 时,$y_{\max}=\frac{9}{8}$;当 $\sin x=-1$ 时,$y_{\min}=-2$.

(6) 得 $y=\begin{cases}0 & (\cos x\geqslant 0)\\ 2\cos x & (\cos x<0)\end{cases}$,所以最大值是 0,最小值是 -2.

笔者认为,这样地讲题就是“深一脚,浅一脚”. 合理的讲法应当是循序渐进地作好归类:

模型 A 求函数 $y=a\sin x+b\cos x(ab\neq 0)$ 的最值.

解法:化为 $y=A\sin(\omega x+\varphi)$.

再依次讲解例题的第(1),(6),(3) 题.

模型 B 关于 $\sin x$(或 $\cos x$) 的二次型.

解法:用换元法转化为二次函数问题.

再依次讲解例题的第(5),(2) 题.

模型 C 换元后用导数求解或直接用导数求解.

再依次讲解例题的第(4) 题.

这样讲解,效果一定会更好!

对于基础年级(指高一、高二年级),在临近月考、期中考试、期末考试等大考时,一般会有较长时间的考前复习,有的老师和备课组就随意弄来试卷让学生在课外时间做:今天是某一章内容的测试卷,明天是某一小节内容的测试卷,后天又是某一模块内容的测试卷,接着又是较难的 B 类测试题,紧接着又是简单一些的 A 类测试题,而后又是随意组合的几道难题…… 弄得学生晕头转向,不知道做题的目的是什么:一般来说,对于某一知识,简单题没做好,难题一定做不好;若难题已经做好了,简单题就不必再做了. 所以应当先做简单题再做难题、综合题.

我们的数学教学,要循序渐进,绝不能“深一脚、浅一脚”.

§55　用坐标法证明空间向量数量积的分配律是循环论证

普通高中课程标准实验教科书《数学・选修 2－1・A 版》(人民教育出版社,2007 年第 2 版)(下简称《选修 2－1》) 第 91 页的例 3 是用向量法证明直线与平面垂直的判定定理. 司永斌老师在文献[1] 中指出了该证明是循环论证：该证明中用到了空间向量数量积的分配律(以下简称分配律) $\boldsymbol{a}\cdot(\boldsymbol{b}+\boldsymbol{c})=\boldsymbol{a}\cdot\boldsymbol{b}+\boldsymbol{a}\cdot\boldsymbol{c}$, 根据学生已有的知识和教材的编排体系,分配律的证明一般要利用线面垂直的判定定理.

司永斌老师又在文献[2](该文献还被复印报刊资料《高中数学教与学》2012 年第 10 期第 28 ～ 30 页全文转载) 中指出该证明不是循环论证：

既然用几何方法证明分配律很难有说服力,那就再试试坐标法.

设 $\boldsymbol{a}=(x_1,y_1,z_1)$, $\boldsymbol{b}=(x_2,y_2,z_2)$, $\boldsymbol{c}=(x_3,y_3,z_3)$, 则 $\boldsymbol{b}+\boldsymbol{c}=(x_2+x_3,y_2+y_3,z_2+z_3)$, $\boldsymbol{a}\cdot(\boldsymbol{b}+\boldsymbol{c})=x_1x_2+x_1x_3+y_1y_2+y_1y_3+z_1z_2+z_1z_3$, $\boldsymbol{a}\cdot\boldsymbol{b}+\boldsymbol{a}\cdot\boldsymbol{c}=x_1x_2+y_1y_2+z_1z_2+x_1x_3+y_1y_3+z_1z_3$, 所以 $\boldsymbol{a}\cdot(\boldsymbol{b}+\boldsymbol{c})=\boldsymbol{a}\cdot\boldsymbol{b}+\boldsymbol{a}\cdot\boldsymbol{c}$.

在上述证明过程中总算找不到线面垂直判定定理的影子了,我们现在有理由认为本文开始用向量法证明线面垂直判定定理的方法是可行的,非循环论证.

笔者认为：这里的用坐标法证明分配律是循环论证!

$\boldsymbol{a}=(x_1,y_1,z_1)$ 的含义是 $\boldsymbol{a}=x_1\boldsymbol{i}+y_1\boldsymbol{j}+z_1\boldsymbol{k}$, 其中 $\boldsymbol{i},\boldsymbol{j},\boldsymbol{k}$ 分别为与 x 轴, y 轴, z 轴正方向相同的单位向量(下同),所以 $\boldsymbol{a}\cdot(\boldsymbol{b}+\boldsymbol{c})=x_1x_2+x_1x_3+y_1y_2+y_1y_3+z_1z_2+z_1z_3$ 的含义是

$$(x_1\boldsymbol{i}+y_1\boldsymbol{j}+z_1\boldsymbol{k})\cdot[(x_2+x_3)\boldsymbol{i}+(y_2+y_3)\boldsymbol{j}+(z_2+z_3)\boldsymbol{k}]=$$
$$x_1x_2+x_1x_3+y_1y_2+y_1y_3+z_1z_2+z_1z_3$$

但该式是怎么来的呢？必须先依据运算律“$(\lambda\boldsymbol{a})\cdot\boldsymbol{b}=\lambda(\boldsymbol{a}\cdot\boldsymbol{b})=\boldsymbol{a}\cdot(\lambda\boldsymbol{b})$”及分配律展开并运用

$$\boldsymbol{i}^2=\boldsymbol{j}^2=\boldsymbol{k}^2=1,\ \boldsymbol{i}\cdot\boldsymbol{j}=\boldsymbol{j}\cdot\boldsymbol{i}=\boldsymbol{i}\cdot\boldsymbol{k}=\boldsymbol{k}\cdot\boldsymbol{i}=\boldsymbol{j}\cdot\boldsymbol{k}=\boldsymbol{k}\cdot\boldsymbol{j}=0$$

计算 $\boldsymbol{a}\cdot\boldsymbol{b}$, $\boldsymbol{a}\cdot\boldsymbol{c}$ 后才能计算 $\boldsymbol{a}\cdot\boldsymbol{b}+\boldsymbol{a}\cdot\boldsymbol{c}$, 而计算 $\boldsymbol{a}\cdot\boldsymbol{b}$, $\boldsymbol{a}\cdot\boldsymbol{c}$ 的方法均同以上计算 $\boldsymbol{a}\cdot(\boldsymbol{b}+\boldsymbol{c})$ 的方法,即均要使用分配律.

所以,以上用坐标法证明分配律的方法是循环论证！这也说明,到目前为止,《选修 2－1》的向量法证明线面垂直判定定理是循环论证,即文献[1] 的观点正确,文献[2] 关于“向量法证明线面垂直判定定理不是循环论证”的观点错误.

早在 2010 年 3 月，笔者就发表了文献[3]（该文献还被复印报刊资料《高中数学教与学》列于索引）指出了这种循环论证：

普通高中课程标准实验教科书《数学 4 · 必修 · A 版》（人民教育出版社，2007 年第 2 版）（下简称《必修 4》）第 108 页第 4 题是：

求证：$(\lambda \boldsymbol{a}) \cdot \boldsymbol{b}=\lambda(\boldsymbol{a} \cdot \boldsymbol{b})=\boldsymbol{a} \cdot (\lambda \boldsymbol{b})$.

此题即《必修 4》第 104 页数量积的三条运算律中的运算律(2)，这三条运算律是：

已知向量 $\boldsymbol{a},\boldsymbol{b},\boldsymbol{c}$ 和实数 λ，则：

(1) $\boldsymbol{a} \cdot \boldsymbol{b}=\boldsymbol{b} \cdot \boldsymbol{a}$;

(2) $(\lambda \boldsymbol{a}) \cdot \boldsymbol{b}=\lambda(\boldsymbol{a} \cdot \boldsymbol{b})=\boldsymbol{a} \cdot (\lambda \boldsymbol{b})$;

(3) $(\boldsymbol{a}+\boldsymbol{b}) \cdot \boldsymbol{c}=\boldsymbol{a} \cdot \boldsymbol{c}+\boldsymbol{b} \cdot \boldsymbol{c}$.

与《必修 4》配套使用的《教师教学用书》（以下简称《教师用书 4》）第 97 页给出的证法二是：

设 $\boldsymbol{a}=(x_1,y_1)$，$\boldsymbol{b}=(x_2,y_2)$，那么

$$(\lambda \boldsymbol{a}) \cdot \boldsymbol{b}=(\lambda x_1,\lambda y_1) \cdot (x_2,y_2)=\lambda x_1 x_2+\lambda y_1 y_2 \quad ①$$

$$\lambda(\boldsymbol{a} \cdot \boldsymbol{b})=\lambda(x_1,y_1) \cdot (x_2,y_2)=\lambda(x_1 x_2+y_1 y_2)=\lambda x_1 x_2+\lambda y_1 y_2 \quad ②$$

$$\boldsymbol{a} \cdot (\lambda \boldsymbol{b})=(x_1,y_1) \cdot (\lambda x_2,\lambda y_2)=\lambda x_1 x_2+\lambda y_1 y_2 \quad ③$$

所以

$$(\lambda \boldsymbol{a}) \cdot \boldsymbol{b}=\lambda(\boldsymbol{a} \cdot \boldsymbol{b})=\boldsymbol{a} \cdot (\lambda \boldsymbol{b})$$

注　这里的编号 ①②③ 为笔者所加.

该坐标证法简洁明快，也无需分类讨论，师生都乐于接受. 那么，以上三条运算律能否都这样证呢？都不行！因为此证法犯有循环论证的错误：

$\boldsymbol{a}=(x_1,y_1)$ 的含义是 $\boldsymbol{a}=x_1\boldsymbol{i}+y_1\boldsymbol{j}$，其中 $\boldsymbol{i},\boldsymbol{j}$ 分别为与 x 轴，y 轴正方向相同的单位向量（下同）（见《必修 4》第 95 页），所以式 ① 的含义是

$$\lambda(x_1\boldsymbol{i}+y_1\boldsymbol{j}) \cdot (x_2\boldsymbol{i}+y_2\boldsymbol{j})=(\lambda x_1\boldsymbol{i}+\lambda y_1\boldsymbol{j}) \cdot (x_2\boldsymbol{i}+y_2\boldsymbol{j})=\lambda x_1 x_2+\lambda y_1 y_2$$

但该式最后一步（第二个等号）是怎么来的呢？必须先依据以上运算律(1)，(3)展开

$$(\lambda x_1\boldsymbol{i}+\lambda y_1\boldsymbol{j}) \cdot (x_2\boldsymbol{i}+y_2\boldsymbol{j})=\lambda x_1\boldsymbol{i} \cdot x_2\boldsymbol{i}+\lambda x_1\boldsymbol{i} \cdot y_2\boldsymbol{j}+\lambda y_1\boldsymbol{j} \cdot x_2\boldsymbol{i}+\lambda y_1\boldsymbol{j} \cdot y_2\boldsymbol{j}$$

接下来就必须使用运算律(2)（即原题）及 $\boldsymbol{i}^2=\boldsymbol{j}^2=1$，$\boldsymbol{i} \cdot \boldsymbol{j}=\boldsymbol{j} \cdot \boldsymbol{i}=0$，得到

$$(\lambda x_1\boldsymbol{i}+\lambda y_1\boldsymbol{j}) \cdot (x_2\boldsymbol{i}+y_2\boldsymbol{j})=\lambda x_1 x_2+\lambda y_1 y_2$$

所以这种证法犯了循环论证的错误！并且还使用了后面才证明的运算律(3).

虽说《教师用书 4》的证法一很传统且有点繁（需要分类讨论），但严谨无误，与以前的教科书（大纲教材）配套使用的《教师教学用书》（人民教育出版社，2006 年第 2 版）第 66～67 页就是这样证明的（且未给出错误的证法二）. 建

议《教师用书 4》中删去此证法.

参考文献

[1] 司永斌.向量法证明线面垂直的商榷[J].中学数学教学,2011(6).

[2] 司永斌.由向量法证明线面垂直判定定理浅谈循环论证[J].中小学数学(高中),2012(6):41-43.

[3] 甘志国.对人教版教科书《数学·A版必修④》的几点建议[J].中学数学杂志2010(3):13-17.

§56 解题宜简

笔者曾在2009年第4期《当代老年》的扉页看到了一篇至今印象深刻的文章《把复杂工作简单化》:

爱迪生(Thomas Alva Edison,1847—1931)是一位很会把复杂工作简单化的科学家.

有一次,爱迪生让助手测量一个梨形灯泡的容积.助手接过灯泡后,立即开始了工作:一会儿拿标尺测量,一会儿运用复杂的数学公式计算……眼看几个小时过去了,还是没有计算出结果来.

就在助手又搬出大学里学过的几何知识,准备再一次计算灯泡的容积时,爱迪生进来了,只见他拿起灯泡朝里面倒满了水,递给助手说:"去吧,把灯泡里的水倒入量杯,就会得出我所需要的答案了."

助手这才恍然大悟:简单就是高效!

联想到我们的解题,那就是——解题宜简!

题1 设关于x的不等式$\frac{ax-5}{x^2-a}<0$的解集为A,已知$3\in A$且$5\notin A$,求实数a的取值范围.

通常的解法是

$$\left.\begin{array}{l}3\in A\\5\notin A\end{array}\right\}\Leftrightarrow\left.\begin{cases}\dfrac{3a-5}{9-a}<0\\\dfrac{5a-5}{25-a}\geqslant 0\text{ 或 }\dfrac{5a-5}{25-a}\text{ 无意义}\end{cases}\right\}\Leftrightarrow$$

$$\left.\begin{cases}\dfrac{3a-5}{9-a}<0\\\dfrac{5a-5}{25-a}\geqslant 0\text{ 或 }25-a=0\end{cases}\right\}\Leftrightarrow$$

$$\left.\begin{cases}(3a-5)(9-a)<0\\(5a-5)(25-a)\geqslant 0\end{cases}\right\}\Leftrightarrow$$

$$1\leqslant a<\frac{5}{3}\text{ 或 }9<a\leqslant 25$$

得所求实数a的取值范围是$\left[1,\frac{5}{3}\right)\cup(9,25]$.

简解 因为关于x的不等式$\frac{ax-5}{x^2-a}<0$的解集为$A\Leftrightarrow$关于x的不等式$(ax-5)(x^2-a)<0$的解集为A,所以

$$\left.\begin{array}{l}3\in A\\5\notin A\end{array}\right\}\Leftrightarrow\left\{\begin{array}{l}(3a-5)(9-a)<0\\(5a-5)(25-a)\geqslant 0\end{array}\right\}\Leftrightarrow 1\leqslant a<\frac{5}{3}\text{ 或 }9<a\leqslant 25$$

得所求实数 a 的取值范围是 $\left[1,\frac{5}{3}\right)\cup(9,25]$.

题 2 （文献[1]例 3，即第 4 届 IMO 第 2 题）解不等式 $\sqrt{3-x}-\sqrt{x+1}>\frac{1}{2}$.

文献[1]是用三角变换求解的，而文献[2]是这样简解的：

简解 注意到函数 $f(x)=\sqrt{3-x}-\sqrt{x+1}(-1\leqslant x\leqslant 3)$ 是减函数，所以只需求出方程 $f(x)=\frac{1}{2}(-1\leqslant x\leqslant 3)$ 的唯一根 $1-\frac{\sqrt{31}}{8}$ 后，立得原不等式的解集为 $\left[-1,1-\frac{\sqrt{31}}{8}\right)$.

题 3 （文献[3]第 7 题）求函数 $z=|2x-3y+7|+|x+y+1|+|7x-3y-13|$ $(1\leqslant x\leqslant 4,y\in\mathbf{R})$ 的最小值.

文献[4]给出了较文献[3]简洁的解法，但笔者还有更简洁的解法：

简解 可得

$$z\geqslant\left|\frac{2}{3}(2x-3y+7)+(x+y+1)-\frac{1}{3}(7x-3y-13)\right|=10$$

进而可得当且仅当 $2x-3y+7=7x-3y-13=0$ 即 $x=4,y=5$ 时 z 取到最小值，且最小值是 10.

题 3 设 α,β 分别是方程 $x\mathrm{e}^x=2,x\ln x=2$（其中 e 是自然对数的底）的实根，求 $\alpha\beta$ 的值.

该题的常规流行解法是用数形结合求解的（用曲线 $y=\mathrm{e}^x$ 与 $y=\ln x$ 关于直线 $y=x$ 对称），文献[5]给出的简洁解法是：

简解 有 $\alpha\mathrm{e}^\alpha=2,\beta\ln\beta=2$，下证 $\alpha\beta=2$，只需证明 $\frac{2}{\beta}$ 是方程 $x\mathrm{e}^x=2$ 的唯一根. 因为函数 $f(x)=x\mathrm{e}^x(x>0)$ 是增函数，值域为 $(0,+\infty)$，所以方程 $x\mathrm{e}^x=2$ 有唯一正根. 又该方程没有非负数根，所以该方程有唯一根. 只需证明 $\frac{2}{\beta}$ 是方程 $x\mathrm{e}^x=2$ 的根，即证

$$\frac{2}{\beta}\mathrm{e}^{\frac{2}{\beta}}=2,\mathrm{e}^{\frac{2}{\beta}}=\beta,\frac{2}{\beta}=\ln\beta$$

$$\beta\ln\beta=2$$

而这是题设，所以欲证成立，得 $\alpha\beta=2$.

文献[5]还给出了很多题目的简洁解法，值得读者研读.

题 4 （普通高中课程标准实验教科书《数学 5·必修·A 版》(人民教育出

版社,2007 年第 3 版)第 69 页第 6 题)已知数列$\{a_n\}$中,$a_1=5$,$a_2=2$,$a_n=2a_{n-1}+3a_{n-2}(n\geqslant 3)$,对于这个数列的通项公式作一研究,能否写出它的通项公式?

本题的一种解法是:先用待定系数法通过构造等比数列的方法把这个二阶递归数列变为一阶递归数列.

当 $x+2\neq 0$ 时,有

$$a_{n+2}+xa_{n+1}=(x+2)a_{n+1}+3a_n=(x+2)\left(a_{n+1}+\frac{3}{x+2}a_n\right)\quad (n\in\mathbf{N}^*)$$

令 $x=\dfrac{3}{x+2}$,得 $x=-3$ 或 1.

选 $x=-3$,得 $a_{n+2}-3a_{n+1}=-(a_{n+1}-3a_n)(n\in\mathbf{N}^*)$,即数列$\{a_{n+1}-3a_n\}$是首项为 $a_2-3a_1=-13$,公比为 -1 的等比数列,所以 $a_{n+1}-3a_n=13(-1)^n$.

下面再来求这个一阶递归数列的通项公式.

得$\dfrac{a_{n+1}}{3^{n+1}}-\dfrac{a_n}{3^n}=\dfrac{13}{3}\left(-\dfrac{1}{3}\right)^n$,再由累加法,…… 最终可求得所求的通项公式为 $a_n=\dfrac{7}{12}\cdot 3^n-\dfrac{13}{4}(-1)^n$.

反思 求得的两个 x 值($x=-3$ 或 1),在以上解法中只用了一个,另一个没有用吗?实际上,两个 x 值都是有用的 —— 可得以下解方程组的简洁解法:

简解 再选 $x=1$,得 $a_{n+2}+a_{n+1}=3(a_{n+1}+a_n)(n\in\mathbf{N}^*)$,所以 $a_{n+1}+a_n=7\cdot 3^{n-1}$.

解关于 a_n,a_{n+1} 的方程组$\begin{cases}a_{n+1}-3a_n=13(-1)^n\\ a_{n+1}+a_n=7\cdot 3^{n-1}\end{cases}$,得 $a_n=\dfrac{7}{12}\cdot 3^n-\dfrac{13}{4}(-1)^n$.

著名的 Fibonacci 数列$\{F_n\}$(它由 $F_1=F_2=1$,$F_{n+2}=F_{n+1}+F_n(n\in\mathbf{N}^*)$确定)的通项公式也可这样简洁求解.

题 5 已知数列$\{a_n\}$满足 $a_1=\dfrac{1}{2}$,$a_{n+1}=a_n+\dfrac{1}{n^2+n}$,求 a_n.

本题的常规解法是裂项法和累加法并用,但以下验证法却很简洁:

简解 首先,由首项 $a_1=\dfrac{1}{2}$ 及递推关系 $a_{n+1}=a_n+\dfrac{1}{n^2+n}$ 知,满足题意的数列$\{a_n\}$是唯一确定的,所以,若能找到一个数列满足该题目的所有条件,则该数列的通项公式就是所求的答案. 这种方法也就是文献[6]介绍的用验证法求数列通项.

易得 $a_{n+1}-a_n=\dfrac{1}{n^2+n}=\dfrac{1}{n}-\dfrac{1}{n+1}=\left(k-\dfrac{1}{n+1}\right)-\left(k-\dfrac{1}{n}\right)$,即 $a_n=k-$

$\frac{1}{n}$(k 是常数)满足递推关系 $a_{n+1}=a_n+\frac{1}{n^2+n}$,再由 $a_1=\frac{1}{2}$,得 $a_n=\frac{3}{2}-\frac{1}{n}$ 满足题目的所有条件,所以本题的答案就是 $a_n=\frac{3}{2}-\frac{1}{n}$.

文献[6]用这种方法还给出了两道高考题(2007 年陕西理 22 题、2005 年江苏卷 23 题)的简洁解法.

题 6 设已知扇形的半径为 $R(R>0)$,当此扇形的圆心角 $\alpha\in\left(0,\frac{\pi}{2}\right]$ 时,通过画图实验可知,作此扇形的内接矩形只有两种情形(见以下图 1,图 2;当矩形的一边在半径 OB 上时,与图 1 的情形相同):

对于图 1,可以求得此时内接矩形面积的最大值是 $\frac{1}{2}R^2\tan\frac{\alpha}{2}$. 请问:

(1) 对于图 2 的情形将如何解决呢?

(2) 求半径为 $R(R>0)$,圆心角为 $\alpha\left(0<\alpha\leqslant\frac{\pi}{2}\right)$ 的扇形的内接矩形面积的最大值.

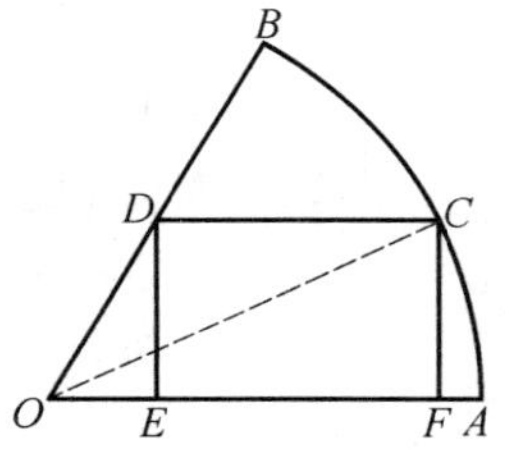

图 1

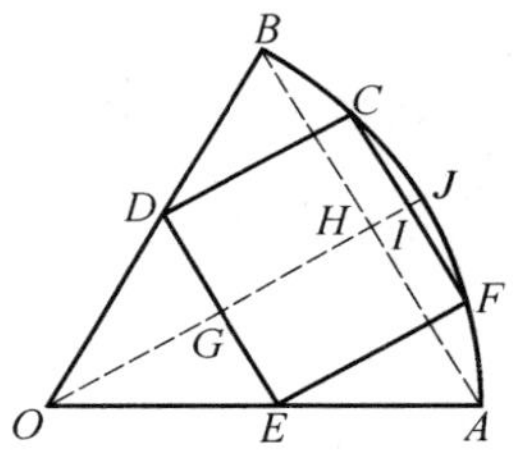

图 2

简解 按照图 2 的辅助线,可以解决这个问题. 但以下解答简洁巧妙:

(1) 在图 2 中,设矩形 $CDEF$ 是扇形 OAB 面积最大的内接矩形,又设 J 是 $\overparen{AB}$ 的中点,则在扇形 OAJ,OBJ 中分别运用图 1 的结论,可得答案为 $2\cdot\frac{1}{2}R^2\tan\frac{\alpha}{4}=R^2\tan\frac{\alpha}{4}$.

(2) 又由 $\alpha\in\left(0,\frac{\pi}{2}\right]$,可证 $R^2\tan\frac{\alpha}{4}<\frac{1}{2}R^2\tan\frac{\alpha}{2}$,所以只有在图 1 的情形中,点 C 是 $\overparen{AB}$ 的中点时所求内接矩形 $CDEF$ 的面积最大,且最大值为 $\frac{1}{2}R^2\tan\frac{\alpha}{2}$.

题 7 已知 $p^3+q^3=2$,$p,q\in\mathbf{R}$,求证:$p+q\leqslant 2$.

题 8 设某三角形的三边长、半周长分别为 a,b,c,p,求证:$\sqrt{p-a}+\sqrt{p-b}+\sqrt{p-c}\leqslant\sqrt{3p}$.

题 9 若 $x, y \in \mathbf{R}_+$，且 $x+y=1$，求证：$\left(x+\frac{1}{x}\right)\left(y+\frac{1}{y}\right) \geqslant \frac{25}{4}$.

对于这三道题，有资料给出的证法分别是：

题 7 的证明 设 $p+q=t$，可得

$$pq=\frac{3pq(p+q)}{3(p+q)}=\frac{(p+q)^3-(p^3+q^3)}{3(p+q)}=\frac{1}{3}t^2-\frac{2}{3t}$$

所以 p, q 是方程

$$x^2-tx+\frac{1}{3}t^2-\frac{2}{3t}=0$$

的两个实根，所以

$$\Delta=t^2-4\left(\frac{1}{3}t^2-\frac{2}{3t}\right) \geqslant 0$$

解得 $t \leqslant 2$，即 $p+q \leqslant 2$.

题 8 的证明 引入正参数 k，得

$$\sqrt{k(p-a)} \leqslant \frac{k+(p-a)}{2}$$

$$\sqrt{k(p-b)} \leqslant \frac{k+(p-b)}{2}$$

$$\sqrt{k(p-c)} \leqslant \frac{k+(p-c)}{2}$$

把它们相加，得

$$\sqrt{k(p-a)}+\sqrt{k(p-b)}+\sqrt{k(p-c)} \leqslant \frac{p+3k}{2}$$

$$\sqrt{p-a}+\sqrt{p-b}+\sqrt{p-c} \leqslant \frac{p}{2\sqrt{k}}+\frac{3\sqrt{k}}{2}$$

所以

$$\sqrt{p-a}+\sqrt{p-b}+\sqrt{p-c} \leqslant \left[\frac{p}{2\sqrt{k}}+\frac{3\sqrt{k}}{2}\right]_{\min}=\sqrt{3p}$$

题 9 的证明

$$x+\frac{1}{x}=x+\frac{1}{4x}+\frac{1}{4x}+\frac{1}{4x}+\frac{1}{4x} \geqslant 5 \cdot \sqrt[5]{\frac{1}{4^4 x^3}}$$

$$y+\frac{1}{y} \geqslant 5 \cdot \sqrt[5]{\frac{1}{4^4 y^3}}$$

所以

$$\left(x+\frac{1}{x}\right)\left(y+\frac{1}{y}\right) \geqslant 25 \cdot \sqrt[5]{\frac{1}{4^8 (xy)^3}}$$

又 $xy \leqslant \left(\frac{x+y}{2}\right)^2=\frac{1}{4}$，得 $\frac{1}{xy} \geqslant 4$，所以

$$\left(x+\frac{1}{x}\right)\left(y+\frac{1}{y}\right) \geqslant 25 \cdot \sqrt[5]{\frac{1}{4^8 (xy)^3}} \geqslant \frac{25}{4}$$

对于这三道题，笔者将给出：

题 7 的简证 由 $p^3+q^3=2$，得 $q=\sqrt[3]{2-p^3}$，所以即证

$$\sqrt[3]{2-p^3} \leqslant 2-p$$

$$(\sqrt[3]{2-p^3})^3 \leqslant (2-p)^3$$

$$2-p^3 \leqslant 8-12p+6p^2-p^3$$

$$6(p-1)^2 \geqslant 0$$

说明要证结论成立！

题 8 的简证 即证

$$(\sqrt{p-a}+\sqrt{p-b}+\sqrt{p-c})^2 \leqslant 3p$$

$$2\sqrt{p-a} \cdot \sqrt{p-b}+2\sqrt{p-b} \cdot \sqrt{p-c}+2\sqrt{p-c} \cdot \sqrt{p-a} \leqslant a+b+c$$

证明如下

$$2\sqrt{p-a} \cdot \sqrt{p-b}+2\sqrt{p-b} \cdot \sqrt{p-c}+2\sqrt{p-c} \cdot \sqrt{p-a} \leqslant$$
$$(p-a+p-b)+(p-b+p-c)+(p-c+p-a)=$$
$$a+b+c$$

题 9 的简证 由 $x, y \in \mathbf{R}_+$，且 $x+y=1$，得 $xy \leqslant \frac{1}{4}$.

又 $f(t)=t+\frac{1}{t}$ 在 $(0,1)$ 上是减函数，得 $xy+\frac{1}{xy} \geqslant \frac{17}{4}$. 所以

$$\left(x+\frac{1}{x}\right)\left(y+\frac{1}{y}\right)=\left(xy+\frac{1}{xy}\right)+\left(\frac{x}{y}+\frac{y}{x}\right) \geqslant \frac{17}{4}+2=\frac{25}{4}$$

早在新千年之初，著名解题专家罗增儒（1945— ）教授就提出了“节省解题力量”[7] 的精辟论述，由上面三道题的不同解法，可以清楚地看出前后解题力量之悬殊.

笔者还发现一些题设多余的题目往往有出人意料的简解（所以笔者呼吁“题设最好别多余”[8]），兹举三例.

题 10 （文献[9]第 23 题）已知数列 $\{a_n\}$ 的前 n 项和为 S_n，满足 $S_n=2a_n-2n(n \in \mathbf{N}^*)$.

(1) 求数列 $\{a_n\}$ 的通项公式 a_n；

(2) 若数列 $\{b_n\}$ 满足 $b_n=\log_2(a_n+2)$，T_n 为数列 $\left\{\frac{b_n}{a_n+2}\right\}$ 的前 n 项和，求证：$T_n \geqslant \frac{1}{2}$；

(3) 略.

原解法是先求出(1)的答案 $a_n=2^{n+1}-2$,再用错位相减法求出 $T_n=\frac{3}{2}-\frac{n+3}{2^{n+1}}$,又用作差法证明$\{T_n\}$是递增数列,所以 $T_n\geqslant T_1=\frac{1}{2}$.

实际上,第(2)问有极简洁的解法:

简解 得 $b_n=n+1$,$\frac{b_n}{a_n+2}=\frac{n+1}{2^{n+1}}$,所以 $T_n\geqslant T_1=\frac{1}{2}$(因为和式 T_n 的各项都是正数).

建议把第(2)问的结论加强为"求证:$\frac{1}{2}\leqslant T_n<\frac{3}{2}$"(但不能说求 T_n 的取值范围是$\left[\frac{1}{2},\frac{3}{2}\right)$),这样就考查了错位相减法.

文献[10]第15题也出现了这种"题设多余"的题目,文献[11]也研究了这类题目.

题 11 (文献[12]的例6)求证:$\frac{1}{2}+\frac{1}{3}+\frac{1}{4}+\cdots+\frac{1}{n}<\ln n<n+\frac{1}{2}+\frac{1}{3}+\frac{1}{4}+\cdots+\frac{1}{n-1}$($n\in\mathbf{N}$ 且 $n\geqslant 2$).

文献[12]是这样解答的:

构造函数 $f(x)=\frac{1-x}{x}+\ln x$,则 $f'(x)=\frac{x-1}{x^2}$,得 $f(x)$ 在$[1,+\infty)$上是增函数.

所以,当 $n\geqslant 2$ 时,$f\left(\frac{n}{n-1}\right)=\ln\frac{n}{n-1}-\frac{1}{n}>f(1)=0$,得$\frac{1}{n}<\ln\frac{n}{n-1}$.

所以

$$\frac{1}{2}+\frac{1}{3}+\frac{1}{4}+\cdots+\frac{1}{n}<\ln\frac{2}{1}+\ln\frac{3}{2}+\cdots+\ln\frac{n}{n-1}=\ln n$$

设 $g(x)=\ln x-x$,则 $g'(x)=\frac{1}{x}-1$,所以 $g(x)$ 在$[1,+\infty)$上是减函数.

当 $n\geqslant 2$ 时

$$g\left(\frac{n}{n-1}\right)=\ln\frac{n}{n-1}-\frac{n}{n-1}<g(1)=-1<0$$

即

$$\ln\frac{n}{n-1}<1+\frac{1}{n-1}$$

所以

$$\ln\frac{2}{1}+\ln\frac{3}{2}+\cdots+\ln\frac{n}{n-1}<\left(1+\frac{1}{n-1}\right)+\left(1+\frac{1}{n-2}\right)+\cdots+\left(1+\frac{1}{1}\right)=$$

$$n+\frac{1}{2}+\frac{1}{3}+\frac{1}{4}+\cdots+\frac{1}{n-1}$$

评注　例6证明起来比较困难，利用函数单调性证明不等式和比较大小是常见的方法，特别是在引入导数后，单调性的应用将更加普遍.

笔者对题11及其解答的分析：

由我们耳熟能详的"指数爆炸，直线上升，对数缓慢"可猜测出结论"$\ln n<n(n\in \mathbf{N}^*)$"，所以欲证结论的右边可能有简洁证法. 解答中构造的函数是不易想到的，所以应当寻求本题的常规证法.

简解　用导数极易证得 $\ln x\leqslant x-1(x\geqslant 1)$，因其使用频率很高，所以它也算是一个常用不等式了，由其立得

$$\ln n<n-1<n+\frac{1}{2}+\frac{1}{3}+\frac{1}{4}+\cdots+\frac{1}{n-1}\quad (n\in \mathbf{N} \text{ 且 } n\geqslant 2)$$

由此知，欲证不等式的右边那一大堆无意义. 而左边用数学归纳法及导数也极易解决（无需构造函数并用累加法）（见文献[11]）.

题12　（2009·湖北·理19(2)）已知数列 $\{a_n\}$ 的前 n 项和 $S_n=-a_n-\left(\frac{1}{2}\right)^{n-1}+2$（$n$ 为正整数），令 $c_n=\frac{n+1}{n}a_n$，$T_n=c_1+c_2+\cdots+c_n$，试比较 T_n 与 $\frac{5n}{2n+1}$ 的大小，并予以证明.

参考答案　先求出 a_n，再求出 c_n，用错位相减法求出 T_n.

笔者对题12的参考答案的分析：

这道高考题及其解答均常规自然，老师能否再来点"岁岁年年解不同"呢？我们先看文献[13]给出的简解：

简解　可得

$$a_n=\frac{n}{2^n},T_n=2\times\frac{1}{2}+3\times\left(\frac{1}{2}\right)^2+4\times\left(\frac{1}{2}\right)^3+\cdots+(n+1)\left(\frac{1}{2}\right)^n$$

所以

$$T_1=1<\frac{5\times 1}{2\times 1+1},T_2=\frac{7}{4}<\frac{5\times 2}{2\times 2+1},T_3=\frac{9}{4}>\frac{5\times 3}{2\times 3+1}$$

当 $n\geqslant 4$ 时

$$T_n\geqslant 2\times\frac{1}{2}+3\times\left(\frac{1}{2}\right)^2+4\times\left(\frac{1}{2}\right)^3+5\times\left(\frac{1}{2}\right)^4=$$

$$\frac{41}{16}>\frac{40}{16}=\frac{5}{2}>\frac{5n}{2n+1}$$

所以：当 $n=1,2$ 时，$T_n<\frac{5n}{2n+1}$；当 $n\geqslant 3$ 时，$T_n>\frac{5n}{2n+1}$.

我们再来分析产生这种简解的原因：

$$T_n=3-\frac{n+3}{2^n},\lim_{n\to\infty}T_n=\lim_{n\to\infty}\left(3-\frac{n+3}{2^n}\right)=3>\frac{5}{2}=\lim_{n\to\infty}\frac{5n}{2n+1}$$

说明当 $n\to\infty$ 时，$T_n\to 3$，所以取

$$T_n=2\times\frac{1}{2}+3\times\left(\frac{1}{2}\right)^2+4\times\left(\frac{1}{2}\right)^3+\cdots+(n+1)\left(\frac{1}{2}\right)^n$$

中的前若干项的和就可大于 $\frac{5}{2}$，因而出现了文献[13] 的简洁证法.

正如文献[14] 所说，数学老师每节课几乎都离不开解题，特别是高三老师，备课往往就是解题，老师要讲好题，就应想学生之所想，急学生之所急，就不要急着看参考答案，自己先解，只有这样，你才知道怎么想，从何处想，遇到困难怎么克服，才能把老师自身的解题本领较好地传授给学生.

老师要用智慧点燃智慧. 由于时代的进步，现在的孩子所处的环境很先进，一定程度上说也很利于学习，所以现在的孩子都很聪明. 老师对学生的辅导应当是以点拨、启发为主，不可灌输，应力求达到愤濋的状态，轻松愉悦、通过实践来学习深刻的知识. 老师绝不可把学生当奴隶来教，一定要教学生做知识的主人，探索、研究、发现和运用知识.

我们还要反对千人一面的考题. 像上面的题 6 就可以很好地开发学生的智力，笔者曾在文献[15] 中强烈推荐阅读题和作文题这两种数学考试题型.

通性通法、解题宜简，是解题的两条基本原则，只有朴实自然、简洁(但不刻意追求巧妙) 的解法才能使学生记忆深刻. 一位合格的数学老师，应当把难题讲得简单，决不能把简单的题讲难，把难题讲得更难. 如何解题、讲题，读者还可阅读文献[16] ～ [22].

参考文献

[1] 吴善和. 运用三角代换解题例说[J]. 数学教学研究，1995(4):20-23.

[2] 甘志国. 两道例题的简解[J]. 中学数学月刊，1997(7-8):75.

[3] 陈世明，王户世，甘志国，等. 新题征展(102)[J]. 中学数学(高中)，2008(12):23-26.

[4] 段志强. 巧添系数　妙求两道二元函数的最小值[J]. 中学数学教学，2012(5):42.

[5] 甘志国. 别让参考答案禁锢了解题者的思维[J]. 数学教学研究，2012(7):37-42.

[6] 甘志国. 用验证法求数列通项两例[J]. 中学数学月刊，2008(3):46.

[7] 罗增儒. 节省解题力量　开发解题智慧[J]. 中学数学教学参考，2000(11):32-34.

[8] 甘志国. 题设最好别多余[J]. 数学教学，2012(4):41-46.

[9] 田富德. 高一年级期末自测题[J]. 数学通讯，2008(2,4):57-61.

[10] 吴为. 数列[J]. 数学通讯，2007(2,4):48-52.

[11] 甘志国. 改成小于多好——例谈编拟数学题要注意考查知识的有效性[J]. 中学数学(高中)，2010(8):54-56.

[12] 袁如标.在证明不等式中感受函数的魅力[J].中学数学月刊,2008(9):38-39.

[13] 汪文国.对2009年湖北数学高考理科第19题的一孔之见[J].数学通讯,2009(7下):43.

[14] 童其林.谈谈对数学教师解题的看法和思考[J].中学数学杂志,2011(5):3-6.

[15] 甘志国.强烈推荐两种数学考试题型——阅读题和作文题[J].中学数学(高中),2010(4):11-15,63.

[16] 甘志国."思、探、练、变、提"的解题教学[J].中小学数学(高中),2009(12):7.

[17] 甘志国.用待定系数法证明一类不等式[J].中国数学教育(高中版),2010(6):39-40.

[18] 甘志国.用裂项法和待定系数法求 S_n 是通法[J].中学数学研究(广州),2012(12):29-33.

[19] 甘志国.逆用无穷递缩等比数列各项和公式证明数列不等式[J].中小学数学(高中),2011(7-8):78-80.

[20] 甘志国,邓晓峰.用函数观点求解数列问题[J].中学数学研究,2011(9):46-47.

[21] 甘志国.定积分是证明一类数列不等式的利器[J].数学教学,2011(9):22-23,3.

[22] 甘志国.解"地图着色"问题的通法[J].中国数学教育(高中版),2011(6):44,47.

§57 高中文科生也应学习数学归纳法

现行普通高中文科学生不学习数学归纳法；而理科学生要学习数学归纳法，比如在普通高中课程标准实验教科书（人民教育出版社，2007年第2版）《数学·选修2－2·A版》（下简称《选修2－2》）及《数学·选修4—5·A版·不等式选讲》（下简称《选修4—5》）均会学到．但笔者由多年的高中文科数学教学、高考复习备考来看，认为文科生也应学习数学归纳法，理由有以下三条：

1．文科生学习课本知识也需要数学归纳法

文科生学习的普通高中课程标准实验教科书《数学5·必修·A版》（人民教育出版社，2007年第3版）（下简称《必修5》）第37～38页是这样得出等差数列的通项公式的：

一般地，如果等差数列$\{a_n\}$的首项是a_1，公差是d，我们根据等差数列的定义，可以得到

$$a_2-a_1=d, a_3-a_2=d, a_4-a_3=d, \cdots$$

所以

$$a_2=a_1+d$$

$$a_3=a_2+d=(a_1+d)+d=a_1+2d$$

$$a_4=a_3+d=(a_1+2d)+d=a_1+3d$$

$$\vdots$$

由此，请你填空完成等差数列的通项公式

$$\boxed{a_n=a_1+(\qquad)d}$$

这是用不完全归纳法得到的结论．我们知道，用不完全归纳法得到的结论可能正确也可能错误（比如，当$n=1,2,3,4,5$时均可得$(n-1)(n-2)(n-3)(n-4)(n-5)-1=-1$，但不能说该式对$n\in\mathbf{N}^*$恒成立），只有证明（比如用数学归纳法来证明）后的结论才能保证是正确的．对于高一学生（尚未分文理科）刚学习此知识时，限于知识储备不足，课本这样处理是妥当的，但随着文科学生的进一步学习，他们就会对《必修5》的这样推导提出质疑，而以后也不好解决（因为他们没学习数学归纳法）；但理科生就容易用数学归纳法来解决这一问题，比如《选修2－2》第95页练习第1题就是“用数学归纳法证明：首项是a_1，公差是d的等差数列的通项公式是$a_n=a_1+(n-1)d$，前n项和公式是$S_n=na_1+\frac{n(n-1)}{2}d$”．

对于《必修 5》第 49 ～ 50 页得出等比数列的通项公式的方法，文科生也有同样的问题.

在《必修 5》第 57 ～ 58 页的例 3 的解答中直接给出了未证明的公式

$$1^2+2^2+\cdots+n^2=\frac{n(n+1)(2n+1)}{6}$$

对于高一学生刚学习此知识时，限于知识储备不足，课本这样处理也是妥当的，但随着文科学生的进一步学习，他们就会质问：此公式能证明吗？而文科生以后也不好解决（因为他们没学习数学归纳法）；但理科生就容易用数学归纳法来解决这一问题，比如《选修 2－2》第 94 页的例 1 就是证明此公式.

仅文科生学习的普通高中课程标准实验教科书《数学 · 选修 1—2 · A 版》（人民教育出版社，2007 年第 2 版）（下简称《选修 1—2》）第 23 ～ 24 页的例 2 是：

例 2　已知数列 $\{a_n\}$ 的第 1 项是 $a_1=1$，且 $a_{n+1}=\dfrac{a_n}{1+a_n}(n=1,2,3,\cdots)$，试归纳出这个数列的通项公式.

分析　数列的通项公式表示的是数列 $\{a_n\}$ 的第 n 项 a_n 与序号 n 之间的对应关系. 为此，我们先根据已知的递推公式，算出数列的前几项.

解　当 $n=1$ 时，$a_1=1$；

当 $n=2$ 时，$a_2=\dfrac{1}{1+1}=\dfrac{1}{2}$；

当 $n=3$ 时，$a_3=\dfrac{\frac{1}{2}}{1+\frac{1}{2}}=\dfrac{1}{3}$；

当 $n=4$ 时，$a_4=\dfrac{\frac{1}{3}}{1+\frac{1}{4}}=\dfrac{1}{4}$.

观察可得，数列的前 4 项都等于相应序号的倒数. 由此猜想，这个数列的通项公式为

$$a_n=\frac{1}{n}$$

在例 1 和例 2 中，我们通过归纳得到了两个猜想. 虽然它们是否正确还有待严格的证明，但猜想可为我们的研究提供一种方向.

文科生当然可以提出这样的问题：如何证明该结论？当然首选数学归纳法. 但文科生又不学习数学归纳法，有别的办法吗？例 2 这样的问题是高一学生（尚未分文理科）也是文科生的常见问题，不用数学归纳法的常规解法是：

把已知递推式两边取倒数后，可得

$$\frac{1}{a_{n+1}}-\frac{1}{a_n}=1\quad (n=1,2,3,\cdots)$$

所以数列$\left\{\frac{1}{a_n}\right\}$是首项、公差均为 1 的等差数列,得$\frac{1}{a_n}=n, a_n=\frac{1}{n}$.

但笔者认为,(1) 对于文科生来说,“把已知递推式两边取倒数”这关键的一步并不好想,它们习惯的还是“先算出数列的前几项,再发现规律”,若只到此为止(即使发现了正确的规律),根据评分标准,往往得不到分;(2) 该解答也不严谨,已知递推式两边为何能取倒数? 即必须证明数列$\{a_n\}$的各项均不为 0:如何证? 只有数学归纳法! 有人说,由$a_1>0$及递推式可得$a_2>0$,再由$a_2>0$及递推式可得$a_3>0$,…… 所以数列$\{a_n\}$的各项均为正数. 实际上,把此论述严格地表述出来就是数学归纳法!

求递推数列的通项公式时,“取倒数”也算是一种常用技巧了,但很多文献(比如文献[1]指出了文献[2]的这种错误)都没有注意“不为 0 的数才能取倒数”,这是不能忽略的问题,请看两道高考题:

高考题 1 (2005·福建·理·22(2))已知数列$\{a_n\}$满足$a_1=a, a_{n+1}=1+\frac{1}{a_n}$. 我们知道当$a$取不同的值时,得到不同的数列. 如当$a=1$时,得到无穷数列:$1,2,\frac{3}{2},\frac{5}{3},\cdots$;当$a=-\frac{1}{2}$时,得到有穷数列:$-\frac{1}{2},-1,0$. 设数列$\{b_n\}$满足$b_1=-1, b_{n+1}=\frac{1}{b_n-1}(n\in \mathbf{N}^*)$,求证:$a$取数列$\{b_n\}$中的任一个数,都可以得到一个有穷数列$\{a_n\}$.

高考题 2 (2010·上海春·23(3))已知首项为x_1的数列$\{x_n\}$满足$x_{n+1}=\frac{2x_n}{x_n+1}$,数列$\{x_n\}$由其首项$x_1$确定,通过对数列$\{x_n\}$的探究,写出“$\{x_n\}$是有穷数列”的一个真命题(不必证明).(说明:将根据写出真命题所体现的思维层次和对问题探究的完整性,给予不同的评分.)

2. 文科生解答高考题时也需要数学归纳法

高考题 3 (2012·广东·文 23(3))设数列$\{a_n\}$前n项和为S_n,数列$\{S_n\}$的前n项和为T_n,满足$T_n=2S_n-n^2, n\in \mathbf{N}^*$.

(1) 求a_1的值;

(2) 求数列$\{a_n\}$的通项公式.

提供的答案 (1) 因为$T_n=2S_n-n^2, n\in \mathbf{N}^*$,所以当$n=1$时,$a_1=2a_1-1, a_1=1$.

(2) 当$n\geqslant 2$时,$T_{n-1}=2S_{n-1}-(n-1)^2$,所以

$$S_n=T_n-T_{n-1}=2(S_n-S_{n-1})-(2n-1)$$

$$S_n - 2S_{n-1} = 2n - 1, a_n - S_{n-1} = 2n - 1$$

所以 $a_{n+1} - S_n = 2n + 1$，得

$$(a_{n+1} - S_n) - (a_n - S_{n-1}) = 2$$

$$a_{n+1} - 2a_n = 2, a_{n+1} + 2 = 2(a_n + 2)$$

即 $\{a_n + 2\}$ 是首项为 3，公比为 2 的等比数列，得

$$a_n + 2 = 3 \cdot 2^{n-1}, a_n = 3 \cdot 2^{n-1} - 2$$

笔者认为，在第(2)问的解答中，由 $a_{n+1} + 2 = 2(a_n + 2)$ 得出"$\{a_n + 2\}$ 是首项为 3，公比为 2 的等比数列"也是不严谨的：还必须证明数列 $\{a_n + 2\}$ 的各项均不为 0，严谨的证明还是数学归纳法！

3. 文科生理解、学习数学归纳法并不困难，且数学归纳法是一种常用证题方法

《选修 2～2》第 93 页写道：

一般地，证明一个与正整数 n 有关的命题，可按下列步骤进行：

(1)(归纳奠基) 证明当 n 取第一个值 $n_0(n_0 \in \mathbf{N}^*)$ 时命题成立；

(2)(归纳递推) 假设 $n = k(k \geqslant n_0, k \in \mathbf{N}^*)$ 时命题成立，证明当 $n = k + 1$ 时命题也成立.

只要完成这两个步骤，就可以断定命题对从 n_0 开始的所有正整数 n 都成立.

上述证明方法叫作数学归纳法.

文科生理解数学归纳法并不困难：由(1) 知 $n = n_0$ 时命题成立，再由(2) 知 $n = n_0 + 1$ 时命题成立，又由(2) 知 $n = n_0 + 2$ 时命题成立，如此循环，便可得 $n = n_0, n_0 + 1, n_0 + 2, \cdots$ 时命题均成立.

用数学归纳法证明与正整数 n 有关的恒等式是简单机械的，证明与正整数 n 有关的不等式时是有技巧的，建议文科生不过多涉及，2009 年以前很多文理科的高考压轴题多是数列不等式，实则意义不大也有超纲之嫌.

从以上的论述也可看出，数学归纳法也是一种常用有效的证题方法，科学家发现很多有名的命题、结论时，多是先归纳再证明的，有不少的证法就是数学归纳法.

所以，文科生也应学习数学归纳法.

参考文献

[1] 甘志国著. 初等数学研究(Ⅱ)(上)[M]. 哈尔滨：哈尔滨工业大学出版社，2009.

[2] 杜先序，朱维宗. 类比思维的一种应用 — 已知递推公式求通项公式[J]. 数学通报，2007(10)：42-44.

§58 “线性规划”也可这样讲授

线性规划问题是指在线性约束条件(即关于变量 x,y 的二元一次不等式或不等式组)下,求线性目标函数 $z=ax+by$ 的最大值或最小值问题.通常的处理方法是:当 $b=0$ 时,即求 $z=ax$ 的最值,容易解决;当 $b\neq 0$ 时,即求直线 $y=-\frac{a}{b}x+\frac{z}{b}$ 的纵截距的最值,这可通过平移初始直线 $ax+by=0$ 即 $y=-\frac{a}{b}x$ 来解决,比如普通高中课程标准实验教科书《数学 5·必修·A 版》(人民教育出版社,2007 年第 3 版)(下简称《必修 5》)第 87～88 页就是这样来解决的.但是,现在对人教 A 版必修 1～5 的流行的教学顺序是“14523”,而“纵截距”的概念在《必修 2》(人民教育出版社,2007 年第 3 版)第 94 页才作介绍,所以笔者改用了以下教学方法,并获得了较好的效果,现介绍出来,可供同行使用.

例 1 (《必修 5》第 87 页问题)若变量 x,y 满足 $\begin{cases}x+2y\leqslant 8\\ 4x\leqslant 16\\ 4y\leqslant 12\\ x\geqslant 0\\ y\geqslant 0\end{cases}$,求 $z=2x+3y$ 的最大值.

解 先画出可行域,即图 1 中的阴影部分.

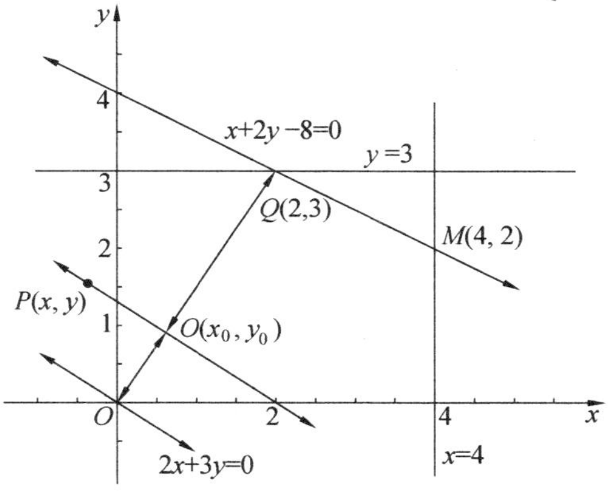

图 1

当 z 的值变化时,$z=2x+3y$ 表示一些平行直线.在图 1 中,让初始直线 $2x+3y=0$ 向上平移到 l 处时,对于直线 l 上的任一点 $P(x,y)$,均有 $2x+3y$ 为定值.选直线 l 上位于第一象限的点 $O'(x_0,y_0)(x_0>0,y_0>0)$,所以 $2x_0+$

$3y_0 > 0$，即直线 l 上的任一点 $P(x,y)$，均满足 $2x+3y>0$. 这就说明把初始直线 $2x+3y=0$ 向上平移时，得到的点 (x,y) 会使得目标函数 $z=2x+3y$ 的值越来越大，所以当且仅当直线 $z=2x+3y$ 经过直线 $x=4$ 与 $x=2y-8=0$ 的交点 $M(4,2)$ 即当且仅当 $x=4$，$y=2$ 时，$z=2x+3y$ 取到最大值，且最大值是 14.

例 2 （2012 · 上海 · 文 10）满足约束条件 $|x|+2|y|\leqslant 2$ 的目标函数 $z=y-x$ 的最小值是________.

解 先画出可行域，即图 2 中的阴影部分.

当 z 的值变化时，$z=y-x$ 表示一些平行直线. 在图 2 中，让初始直线 $y-x=0$ 向上平移到 l 处时，对于直线 l 上的任一点 $P(x,y)$，均有 $y-x$ 为定值. 选直线 l 上位于第二象限的点 $O'(x_0,y_0)(x_0<0,y_0>0)$，所以 $y_0-x_0>0$，即直线 l 上的任一点 $P(x,y)$，均满足 $y-x>0$. 这就说明把初始直线 $y-x=0$ 向上平移时，得到的点 (x,y) 会使得目标函数 $z=y-x$ 的值越来越大，也即把初始直线 $y-x=0$ 向下平移时，得到的点 (x,y) 会使得目标函数 $z=y-x$ 的值越来越小，所以当且仅当直线 $z=y-x$ 经过点 $M(2,0)$ 即当且仅当 $x=2$，$y=0$ 时，$z=y-x$ 取到最小值，且最小值是 -2.

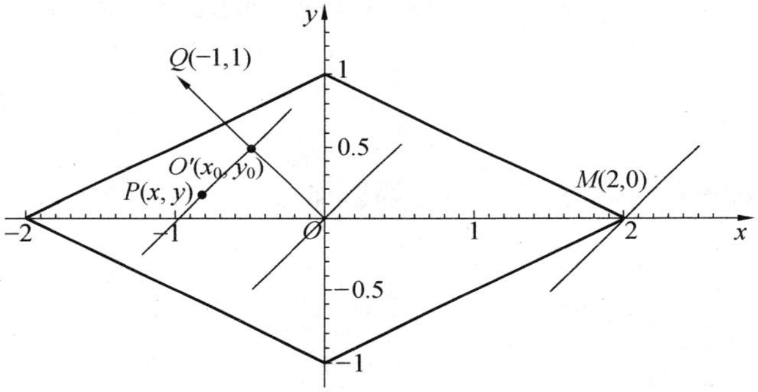

图 2

在例 1 中，还可得：把初始直线 $2x+3y=0$ 沿向量 $\overrightarrow{OQ}=(2,3)$ 的方向平移，目标函数 $z=2x+3y$ 的值越来越大；在例 2 中，还可得：把初始直线 $-x+y=0$ 沿向量 $\overrightarrow{OQ}=(-1,1)$ 的方向平移，目标函数 $z=-x+y$ 的值越来越大.

一般规律 把初始直线 $ax+by=0$（a,b 是已知数，但不全为 0）沿向量 $\overrightarrow{OQ}=(a,b)$ 的方向平移，目标函数 $z=ax+by$ 的值越来越大.

（分 a,b 分别为正数、零、负数共八种情形可证，因为不包括 $a=b=0$ 的情形.）

§ 59　等于变小于，错误在哪里

普通高中课程标准实验教科书《数学 2・必修・A 版》(人民教育出版社，2007 年第 3 版）第 27 页的例 4(2) 是：如图 1，圆柱的底面直径与高都等于球的直径，求证：球的表面积等于圆柱的侧面积.

一位学生由此提出了如下问题：

图 1 中的圆柱侧面和球面分别是由图 2 中的线段 BC 和半圆 AED（半圆与矩形切于点 E）绕直线 l 旋转一周得到的. 在线段 BC 上任选一点 M（不是端点），作 $MH \perp l$ 于点 H，交半圆 AED 于点 M'，有 $HM \geqslant HM'$. 线段 BC 上的点 M 绕直线 l 旋转一周得到的曲线 c 长度是 $2\pi HM$，半圆上的点 M' 绕直线 l 旋转一周得到的曲线 c' 长度是 $2\pi HM' \geqslant 2\pi HM$（当且仅当点 M，E 重合时，$2\pi HM' = 2\pi HM$）. 由“线动成面”的思想知，图 1 中的圆柱面和球面分别是由曲线 c 和 c' 移动而成的，所以图 1 中球的表面积小于圆柱的侧面积.

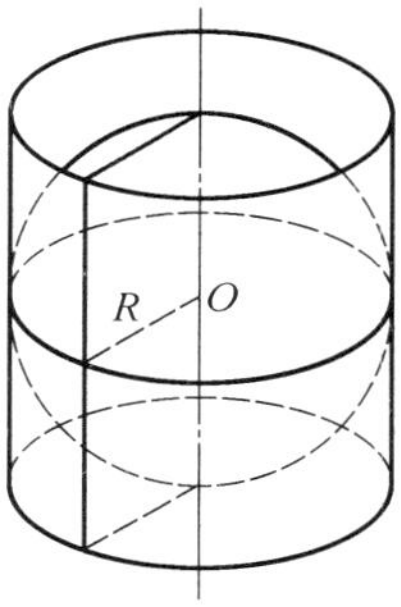

图 1

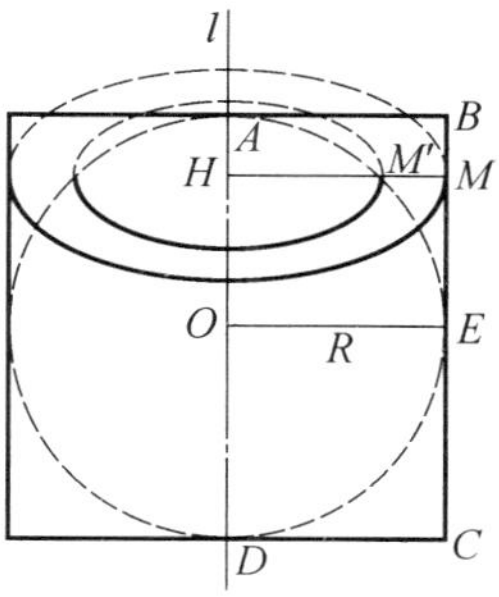

图 2

等于变小于，错误在哪里？

分析如下：

曲线 c（其长度为定长 $2\pi R$）移动 AD 的长度（$2R$）形成的矩形 Π 的面积 $2\pi R \cdot 2R = 4\pi R^2$ 就是图 1 中圆柱的侧面积.

曲线 c'（其长度是变化的，其取值范围是 $(0, 2\pi R]$）移动半圆 AED 的长度（$2\pi R$）形成的图形 Σ 的面积就是图 1 中球的表面积.

显然矩形 Π 的宽 $2\pi R$ 大于图形 Σ 的平均宽度，但矩形 Π 的高 $2R$ 小于图形 Σ 的高 $2\pi R$，所以用以上方法得出“图 1 中球的表面积小于圆柱的侧面积”的结论是错误的.

如何用“线动成面”的方法求图 2 中的半圆 AED 绕直线 l 旋转一周得到的旋转体的侧面积，那就要用微积分的知识，可见刘玉琏、傅沛仁编《数学分析讲义(上册)》(人民教育出版社,1981 年第 2 版) 第 379 ～ 381 页.

在图 2 中还应注意的是:虽然线段 BC 上的点和半圆 AED 上的点可以建立一一对应,但两者的长度是不相等的. 我们将来在学几何概率时,也应注意“可以建立一一对应但不能说概率相等”,举个例子来说吧:

在图 2 中的线段 BC 或半圆 AED 上随机取一点,取的点在半圆上的概率是多少?

答案为 $\frac{2\pi R}{2\pi R+2R}=\frac{\pi}{\pi+1}$,而不是 $\frac{1}{2}$.

§60 解答这两道复习参考题并不容易

普通高中课程标准实验教科书《数学 4·必修·A 版》(人民教育出版社，2007 年第 2 版)(下简称《必修 4》)第 69 页复习参考题第 9,11 题分别是：

9.先估计结果的符号,再进行计算：

(1)$\sin \frac{25}{6}\pi + \cos \frac{25}{3}\pi + \tan(-\frac{25}{4}\pi)$；

(2)$\sin 2 + \cos 3 + \tan 4$(可用计算器).

11.先比较大小,再用计算器求值：

(1)$\sin 378°21'$,$\tan 1\ 111°$,$\cos 642.5°$；

(2)$\sin(-879°)$,$\tan\left(-\frac{33\pi}{8}\right)$,$\cos\left(-\frac{13\pi}{10}\right)$；

(3)$\sin 3$,$\cos(\sin 2)$.

与《必修 4》配套使用的《教师教学用书》(人民教育出版社,2007 年第 2 版)(下简称《教师用书 4》)第 58,59 页给出的答案分别是：

9.(1)0;(2)1.077 1.

说明　先根据各个角的位置比较它们的三角函数值的大小,再估计结果的符号.

11.(1)$\tan 1\ 111° = 0.601$,$\sin 378°21' = 0.315$,$\cos 642.5° = 0.216$；

(2)$\sin(-879°) = -0.358$,$\tan\left(-\frac{33\pi}{8}\right) = -0.414$,$\cos\left(-\frac{13\pi}{10}\right) = -0.588$；

(3)$\sin 3 = 0.141$,$\cos(\sin 2) = 0.614$.

说明　本题的要求是先估计各三角函数值的大小,再求值验证.

笔者认为解答对这两道题并不容易,下面作以下分析：

9.(1) 先估计结果的符号,这是不容易办到的:因为$\frac{25}{6}\pi$,$\frac{25}{3}\pi$,$-\frac{25}{4}\pi$ 分别是第一、一、四象限角,所以 $\sin \frac{25}{6}\pi > 0$,$\cos \frac{25}{3}\pi > 0$,$\tan\left(-\frac{25}{4}\pi\right) < 0$,但由此不能得出 $\sin \frac{25}{6}\pi + \cos \frac{25}{3}\pi + \tan\left(-\frac{25}{4}\pi\right)$ 的符号.按照《教师用书 4》给出的解答中的“说明　先根据各个角的位置比较它们的三角函数值的大小,再估计结果的符号”也不能:可得 $\sin \frac{25}{6}\pi = \cos \frac{25}{3}\pi > \tan\left(-\frac{25}{4}\pi\right)$,但由此也不能得出 $\sin \frac{25}{6}\pi + \cos \frac{25}{3}\pi + \tan\left(-\frac{25}{4}\pi\right)$ 的符号.要想得出其符号,必须由诱导公式求

值：

$$\sin\frac{25}{6}\pi+\cos\frac{25}{3}\pi+\tan\left(-\frac{25}{4}\pi\right)=\sin\frac{\pi}{6}+\cos\frac{\pi}{3}-\tan\frac{\pi}{4}=\frac{1}{2}+\frac{1}{2}-1=0$$

(2) 按照《教师用书 4》给出的解答中的“说明　先根据各个角的位置比较它们的三角函数值的大小，再估计结果的符号”也不能：

由 $3.2>\pi$，得

$$\frac{\pi}{2}>4-\pi>\frac{\pi}{4}>0,$$

$$\tan 4=\tan(4-\pi)>\tan\frac{\pi}{4}=1>\sin 2>0>\cos 3$$

即 $\tan 4>\sin 2>\cos 3$，但由此不能得出 $\sin 2+\cos 3+\tan 4$ 的符号.

要想得出 $\sin 2+\cos 3+\tan 4$ 的符号，可由 $\tan 4>1>-\cos 3$，$\sin 2>0$，得出 $\sin 2+\cos 3+\tan 4>0$.

11. 可以这样比较大小：

(1) 由诱导公式，得

$\sin 378°21'=\sin 18°21'$，$\tan 1\,111°=\tan 31°$，$\cos 642.5°=\sin 12.5°$

因为

$$\tan 31°=\frac{\sin 31°}{\cos 31°}>\sin 31°>\sin 18°21'>\sin 12.5°$$

所以

$$\tan 1\,111°>\sin 378°21'>\cos 642.5°$$

(2) 由诱导公式，得

$$\sin(-879°)=-\sin 21°$$

$$\tan\left(-\frac{33\pi}{8}\right)=-\tan 22.5°$$

$$\cos\left(-\frac{13\pi}{10}\right)=-\sin 36°$$

因为学生还没学习公式 $\tan\frac{\alpha}{2}=\frac{2\tan\alpha}{1-\tan^2\alpha}$，所以可以这样求 $\tan 22.5°$：

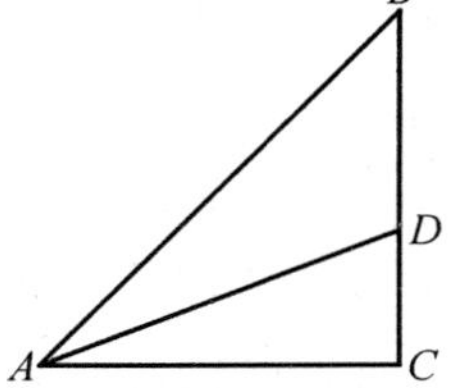

图 1

在图 1 中，$CA=CB=1$，$AB=\sqrt{2}$，$C=90°$，$\angle DAC=22.5°$，由角平分线性质，得

$$\frac{BD}{DC}=\frac{AB}{AC}=\frac{\sqrt{2}}{1}$$

又 $BD+DC=1$，所以

$$\tan 22.5^\circ = \frac{DC}{AC} = \frac{\sqrt{2}-1}{1} = \sqrt{2}-1$$

所以

$$\tan 22.5^\circ < 0.5 = \sin 30^\circ < \sin 36^\circ$$

又

$$\tan 22.5^\circ = \frac{\sin 22.5^\circ}{\cos 22.5^\circ} > \sin 22.5^\circ > \sin 21^\circ$$

所以

$$\sin 21^\circ < \tan 22.5^\circ < \sin 36^\circ$$

$$\sin(-879^\circ) > \tan\left(-\frac{33\pi}{8}\right) > \cos\left(-\frac{13\pi}{10}\right)$$

(3) 因为 $0 < \sin 2 < 1 < \frac{\pi}{2}$，$\frac{\pi}{6} > \pi - 3 > 0$，所以

$$\sin 3 = \sin(\pi - 3) < \sin\frac{\pi}{6} = \cos\frac{\pi}{3} < \cos 1 < \cos(\sin 2)$$

§ 61 这样推导直线的斜率公式更简洁

普通高中课程标准实验教科书《数学 2 · 必修 · A 版》(人民教育出版社，2007 年第 3 版)(下简称《必修 2》)第 83 ～ 85 页是这样推导直线的斜率公式的：

我们把一条直线的倾斜角 α 的正切值叫作这条直线的斜率(slope). 斜率常用小写字母 k 表示，即

$$k=\tan\alpha$$

倾斜角是 90° 的直线没有斜率.

倾斜角 α 不是 90° 的直线都有斜率，倾斜角不同，直线的斜率也不同. 因此，我们可以用斜率表示直线的倾斜程度.

下面我们探究如何由直线上两点的坐标计算斜率.

给定两点 $P_1(x_1,y_1)$，$P_2(x_2,y_2)$，$x_1\neq x_2$，我们求直线 P_1P_2 的斜率 k.

如图 1，图 2，设直线 P_1P_2 的倾斜角为 $\alpha(\alpha\neq 90^\circ)$，当直线 P_1P_2 的方向(即从直线 P_1 指向 P_2 的方向)向上时，过点 P_1 作 x 轴的平行线，过点 P_2 作 y 轴的平行线，两线相交于点 Q，于是点 Q 的坐标为 (x_2,y_1).

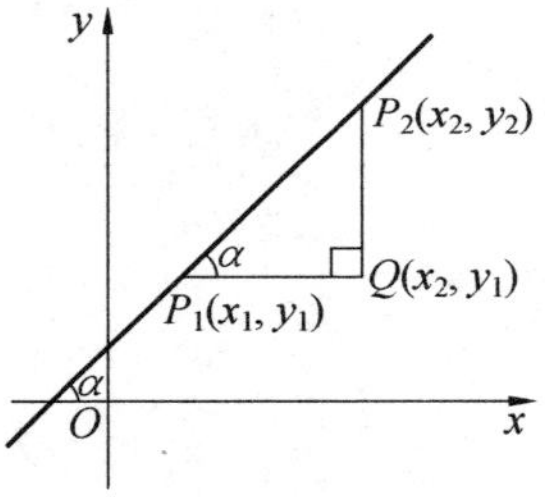

图 1

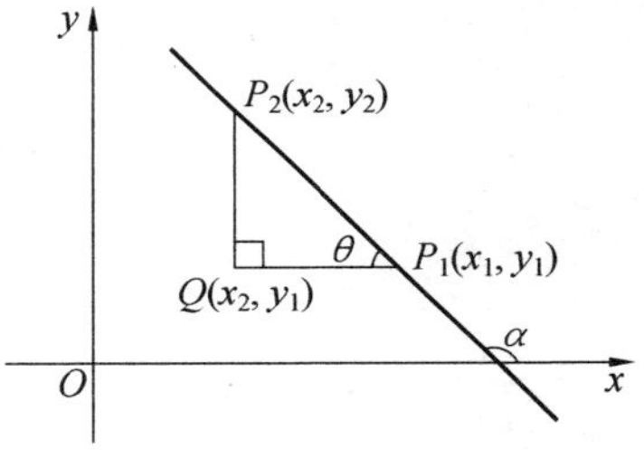

图 2

如图 1，当 α 为锐角时，$\alpha=\angle QP_1P_2$，$x_1<x_2$，$y_1<y_2$，在 $\mathrm{Rt}\triangle P_1P_2Q$ 中，有

$$\tan\alpha=\tan\angle QP_1P_2=\frac{|QP_2|}{|P_1Q|}=\frac{y_2-y_1}{x_2-x_1}$$

如图 2，当 α 为钝角时，$\alpha=180^\circ-\theta$(设 $\angle QP_1P_2=\theta$，$x_1>x_2$，$y_1<y_2$)，有

$$\tan\alpha=\tan(180^\circ-\theta)=-\tan\theta$$

在 $\mathrm{Rt}\triangle P_1P_2Q$ 中，有

$$\tan\theta=\frac{|QP_2|}{|QP_1|}=\frac{y_2-y_1}{x_1-x_2}=\frac{y_2-y_1}{x_2-x_1}$$

于是可得

$$\tan\alpha=\frac{y_2-y_1}{x_2-x_1}$$

即

$$k=\frac{y_2-y_1}{x_2-x_1}$$

同样，当 P_2P_1 的方向向上时，如图 3，图 4，也有

$$\tan\alpha=\frac{y_2-y_1}{x_2-x_1}$$

即

$$k=\frac{y_2-y_1}{x_2-x_1}$$

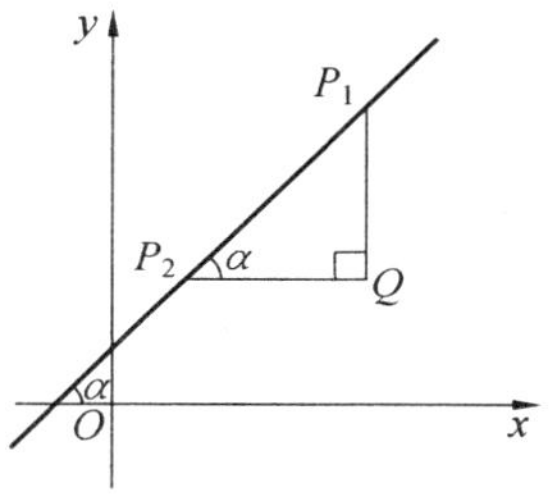

图 3

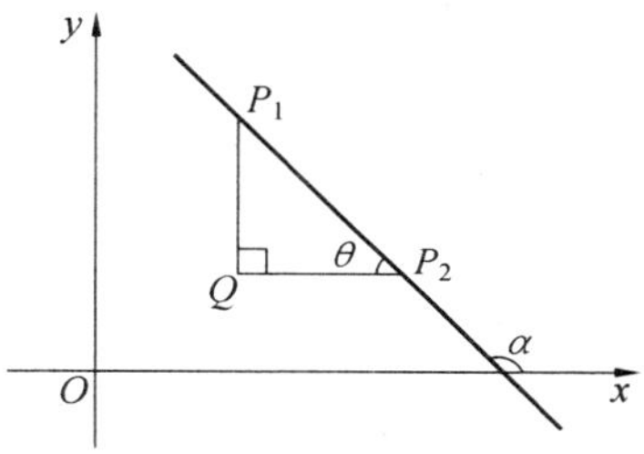

图 4

思考　当直线 P_1P_2 与 x 轴平行或重合时，上述式子还成立吗？为什么？

综上所述，我们得到经过两点 $P_1(x_1,y_1)$，$P_2(x_2,y_2)(x_1\neq x_2)$ 的直线的斜率公式

$$k=\frac{y_2-y_1}{x_2-x_1}$$

笔者在教学中，用下面的方法推导直线的斜率公式更简洁且教学效果也较好，现介绍给大家，不当之处，恭请批评指正.

下面来求过两点 $P_1(x_1,y_1)$，$P_2(x_2,y_2)(x_1\neq x_2)$ 的直线 l 的斜率 k.

过原点且不是 y 轴的直线方程都可表示为 $y=k'x$ 的形式(可设该直线还经过点(a,b)(($a\neq 0$)，则该直线的方程是 $y=\frac{b}{a}x$)；由相似三角形的知识可知，满足 $y=k'x$ 的点(x,y) 在一条直线上，且该直线过原点.

如图 5，可把直线 l 向下平移b(($b\in\mathbf{R}$) 个单位平移到过原点 $O(0,0)$ 的直线 l'：$y=k'x$，可设直线 l，l' 的倾斜角均是$\alpha(\alpha\neq 90^\circ)$，由直线 l 的斜率的定义得 $k=\tan\alpha$.

因为点 $A(1,k')$ 在直线 l' 上，所以由三角函数的定义知 $k'=\tan\alpha$.

所以 $k=k'$，得直线 l：$y=kx+b$.

又直线 l 过点 $P_1(x_1,y_1)$，$P_2(x_2,y_2)(x_1\neq x_2)$，所以 $y_1=kx_1+b$，$y_2=$

kx_2+b，把它们相减后变形可得

$$k=\frac{y_2-y_1}{x_2-x_1}$$

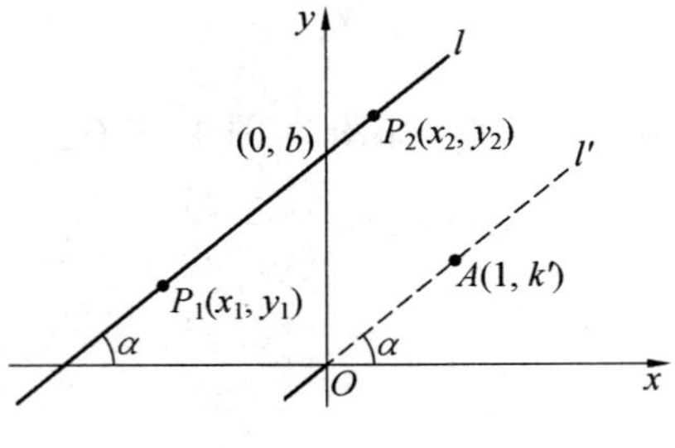

图 5

这样推导斜率公式还有一个好处：顺便推得直线方程 $y=kx+b$ 中的“k”就是该直线的斜率．而《必修 2》要到第 94 页推导直线的斜截式方程后才给出的．

§62　方差中亟待澄清的两个错误观点

1. 极差、标准差与方差的定义及关于方差的若干结论

极差的定义　即一组数据中最大值与最小值的差.

标准差与方差的定义　设一组数据 $x_1, x_2, \cdots, x_n$ 的平均数是 $\bar{x}$ 的差的平方分别是 $(x_1-\bar{x})^2, (x_2-\bar{x})^2, \cdots, (x_n-\bar{x})^2$，那么这组数据的标准差与方差分别是

$$s=\sqrt{\frac{1}{n}[(x_1-\bar{x})^2+(x_2-\bar{x})^2+\cdots+(x_n-\bar{x})^2]} \quad ①$$

$$s^2=\frac{1}{n}[(x_1-\bar{x})^2+(x_2-\bar{x})^2+\cdots+(x_n-\bar{x})^2] \quad ②$$

方差与标准差均说明了这组数据的波动情况.

这两个定义分别见全日制普通高级中学教科书《数学・第三册(选修Ⅰ)》(人民教育出版社，2006 年第 2 版)(下简称《教科书选修Ⅰ》)第 10 页的脚注，或普通高中课程标准实验教科书《数学 3・必修・A 版》(人民教育出版社，2007 年第 3 版)(下简称《教科书必修 3》)第 66 页;《教科书选修Ⅰ》第 17 页，或全日制普通高级中学教科书《数学・第三册(选修Ⅱ)》(2006 年人民教育出版社，第 2 版)第 15 页，或《教科书必修 3》第 75 页及第 77 页.

定理 1　设两组数据 $x_1, x_2, \cdots, x_n$ 与 $y_1, y_2, \cdots, y_n$ 的平均数及方差分别是 $\bar{x}, \bar{y}$ 及 s^2, t^2，又设另两组数据 $a_1, a_2, \cdots, a_m, x_1, x_2, \cdots, x_n$ 与 $a_1, a_2, \cdots, a_m, y_1, y_2, \cdots, y_n$ 的平均数及方差分别是 $\bar{X}, \bar{Y}$ 及 S^2, T^2，则：

$\bar{x}=\bar{y} \Leftrightarrow \bar{X}=\bar{Y}$;

(2) 当 $\bar{x}=\bar{y}$ 或 $\bar{X}=\bar{Y}$ 时，$s^2>(=,<)t^2 \Leftrightarrow S^2>(=,<)T^2$.

证明　只证(2). 由(1)得 $\bar{x}=\bar{y}$ 且 $\bar{X}=\bar{Y}$，所以

$$x_1+x_2+\cdots+x_n=y_1+y_2+\cdots+y_n=n\bar{x}$$

由此，得

$$\begin{aligned}
s^2>(=,<)t^2 \Leftrightarrow\ & (x_1-\bar{x})^2+\cdots+(x_n-\bar{x})^2>(=,<) \\
& (y_1-\bar{x})^2+\cdots+(y_n-\bar{x})^2 \Leftrightarrow \\
& ({x_1}^2+\cdots+{x_n}^2)-2\bar{x}(x_1+\cdots+x_n)+n\bar{x}^2>(=,<) \\
& ({y_1}^2+\cdots+{y_n}^2)-2\bar{x}(y_1+\cdots+y_n)+n\bar{x}^2 \Leftrightarrow \\
& {x_1}^2+\cdots+{x_n}^2>(=,<){y_1}^2+\cdots+{y_n}^2
\end{aligned}$$

$$S^2>(=,<)T^2 \Leftrightarrow (x_1-\bar{X})^2+\cdots+(x_n-\bar{X})^2>(=,<)$$

$$(y_1-\overline{X})^2+\cdots+(y_n-\overline{X})^2\Leftrightarrow$$
$$(x_1{}^2+\cdots+x_n{}^2)-2\overline{X}(x_1+\cdots+x_n)+n\overline{X}^2>(=,<)$$
$$(y_1{}^2+\cdots+y_n{}^2)-2\overline{X}(y_1+\cdots+y_n)+n\overline{X}^2\Leftrightarrow$$
$$x_1{}^2+\cdots+x_n{}^2>(=,<)y_1{}^2+\cdots+y_n{}^2$$

所以欲证结论成立.

定理2 设$a<b$,两组数据$a,x_1,x_2,\cdots,x_n$与$b,x_1,x_2,\cdots,x_n$的方差分别为s^2,t^2,则

$$s^2>(=,<)t^2\Leftrightarrow x_1+x_2+\cdots+x_n>(=,<)\frac{n}{2}(a+b)$$

证明 可设$a=(n+1)c,b=(n+1)d,x_1=(n+1)y_1,x_2=(n+1)y_2,\cdots,x_n=(n+1)y_n$,得数据$a,x_1,x_2,\cdots,x_n$即$a=(n+1)c,x_1=(n+1)y_1,x_2=(n+1)y_2,\cdots,x_n=(n+1)y_n$的平均数为$c+y_1+y_2+\cdots+y_n,c<d$,所以

$$\begin{aligned}(n+1)s^2=&[nc-(y_1+y_2+\cdots+y_n)]^2+\\&[c+(y_1+y_2+\cdots+y_n)-(n+1)y_1]^2+\cdots+\\&[c+(y_1+y_2+\cdots+y_n)-(n+1)y_n]^2=\\&n(n+1)c^2-2(n+1)c(y_1+y_2+\cdots+y_n)+\\&[(y_1+y_2+\cdots+y_n)]^2+\\&[(y_1+y_2+\cdots+y_n)-(n+1)y_1]^2+\cdots+\\&[(y_1+y_2+\cdots+y_n)-(n+1)y_n]^2\end{aligned}$$

同理,有

$$\begin{aligned}(n+1)t^2=&n(n+1)d^2-2(n+1)d(y_1+y_2+\cdots+y_n)+\\&[(y_1+y_2+\cdots+y_n)]^2+\\&[(y_1+y_2+\cdots+y_n)-(n+1)y_1]^2+\cdots+\\&[(y_1+y_2+\cdots+y_n)-(n+1)y_n]^2\end{aligned}$$

所以

$$\begin{aligned}s^2>(=,<)t^2\Leftrightarrow&n(n+1)c^2-2(n+1)c(y_1+y_2+\cdots+y_n)>(=,<)\\&n(n+1)d^2-2(n+1)d(y_1+y_2+\cdots+y_n)\Leftrightarrow\\&y_1+y_2+\cdots+y_n>(=,<)\frac{n}{2}(c+d)\Leftrightarrow\\&x_1+x_2+\cdots+x_n>(=,<)\frac{n}{2}(a+b)\end{aligned}$$

推论1 设两组数据$a,x_1,x_2,\cdots,x_n$与$b,x_1,x_2,\cdots,x_n$的方差分别为s^2,t^2.

(1) 若$x_1+x_2+\cdots+x_n=\frac{n}{2}(a+b)$,则$s^2=t^2$;

(2) 若$a<b\leqslant x_1\leqslant x_2\leqslant\cdots\leqslant x_n$或$a>b\geqslant x_1\geqslant x_2\geqslant\cdots\geqslant x_n$,则

$s^2 > t^2$.

推论 2 (1) 若 $a \leqslant b \leqslant c \leqslant d$,则数据 a,d 的方差不小于数据 b,c 的方差(当且仅当"$a=b$ 且 $c=d$"时两者相等);

(2) 若 $a \leqslant b \leqslant c \leqslant d \leqslant e \leqslant f$,则数据 a,e,f 的方差不小于数据 b,c,d 的方差(当且仅当"$a=b$ 且 $c=d=e=f$"时两者相等).

证明 可用推论 1(2) 来证. 下面只证(1).

当 $a < b \leqslant d$ 时,数据 a,d 的方差 $>$ 数据 b,d 的方差.

所以当 $a \leqslant b \leqslant d$ 时,数据 a,d 的方差 $\geqslant$ 数据 b,d 的方差(当且仅当 $a=b$ 时取等号).

同理,当 $b \leqslant c \leqslant d$ 时,数据 b,d 的方差 $\geqslant$ 数据 b,c 的方差(当且仅当 $c=d$ 时取等号).

所以欲证成立.

定理 3 设 a,k,n 是已知的实数,$k > na$,$n \geqslant 2$,$n \in \mathbf{N}$,且 $x_1 > a$,$x_i \geqslant a(i=2,3,\cdots,n)$,$x_1 + x_2 + \cdots + x_n = k$,则当且仅当 $x_1 = k-(n-1)a$,$x_i = a(i=2,3,\cdots,n)$ 时,数据 $x_1,x_2,\cdots,x_n$ 的方差取最大值.

证明 设数据 $x_1,x_2,\cdots,x_n$ 的方差为 ${s_n}^2$.

先证当 $n=2$ 时成立. 由 $x_1 > a$,$x_2 \geqslant a$,$x_1+x_2=k$,得 $a \leqslant x_2 < k-a$. 又

$$2s_n^2 = \left(x_1 - \frac{k}{2}\right)^2 + \left(x_2 - \frac{k}{2}\right)^2 = 2\left(x_2 - \frac{k}{2}\right)^2$$

从而可得当且仅当 $x_1 = k-a$,$x_2 = a$ 时 ${s_2}^2$ 取最大值.

下证当 $n \geqslant 3$ 时成立. 有

$$\begin{aligned}2s_n^2 = {} & \left(x_1 - \frac{k}{n}\right)^2 + \left(x_2 - \frac{k}{n}\right)^2 + \cdots + \left(x_n - \frac{k}{n}\right)^2 = \\ & \left\{x_2 + \left[x_3 + x_4 + \cdots + x_n - \frac{(n-1)k}{n}\right]\right\}^2 + \\ & \left(x_2 - \frac{k}{n}\right)^2 + \cdots + \left(x_n - \frac{k}{n}\right)^2 = \\ & 2{x_2}^2 + 2(x_3 + x_4 + \cdots + x_n - k)x_2 + \\ & \left[x_3 + x_4 + \cdots + x_n - \frac{(n-1)k}{n}\right]^2 + \left(x_3 - \frac{k}{n}\right)^2 + \cdots + \\ & \left(x_n - \frac{k}{n}\right)^2 + \left(\frac{k}{n}\right)^2\end{aligned}$$

可不妨设 $x_2 \leqslant x_3 \leqslant \cdots \leqslant x_n$,得 $a \leqslant x_2 < k - a - (x_3 + x_4 + \cdots + x_n)$,又

$$\frac{k-(x_3+x_4+\cdots+x_n)}{2} - a = k - a - (x_3 + x_4 + \cdots + x_n) -$$

$$\frac{k-(x_3+x_4+\cdots+x_n)}{2}$$

所以

$$ns_n^2 \leqslant \left(x_1-\frac{k}{n}\right)^2+\left(x_3-\frac{k}{n}\right)^2+\left(x_4-\frac{k}{n}\right)^2+\cdots+$$

$$\left(x_n-\frac{k}{n}\right)^2+\left(a-\frac{k}{n}\right)^2 \quad (\text{当且仅当 } x_2=a \text{ 时取等号}) \quad ③$$

即证得了结论:

设 a,k,n 是已知的实数,$k>na,n\geqslant 2,n\in\mathbf{N}$,且 $x_1>a,a\leqslant x_2\leqslant x_3\leqslant\cdots\leqslant x_n,x_1+x_2+\cdots+x_n=k$,若数据 $x_1,x_2,\cdots,x_n$ 的方差取最大值,则 $x_2=a$.

因为数据 $x_1,x_2,\cdots,x_n$ 与数据 $x_1-h,x_2-h,\cdots,x_n-h$ 的方差相等,所以求式 ③ 右边的最大值,就等价于求数据 $x_1,x_3,x_4,\cdots,x_n$ 的方差在条件 $x_1>a,a\leqslant x_3\leqslant x_4\leqslant\cdots\leqslant x_n,x_1+x_3+x_4+\cdots+x_n=k-a$ 下的最大值.

同理,得 $x_3=a$.

⋮

同理,得 $x_2=x_3=\cdots=x_{n-1}=a$. 所以

$$ns_n^2 \leqslant \left(x_1-\frac{k}{n}\right)^2+\left(x_n-\frac{k}{n}\right)^2+(n-2)\left(a_1-\frac{k}{n}\right)^2$$

$$(\text{当且仅当 } x_2=x_3=\cdots=x_{n-1}=a \text{ 时取等号}) \quad ④$$

由 $x_1>a,x_n\geqslant a,x_1+x_n=k-(n-2)a$ 及证得的 $n=2$ 时的结论,得当且仅当 $x_n=a,x_1=k-(n-1)a$ 时,式 ④ 右边取最大值.

得欲证结论成立.

2. 方差中亟待澄清的两个错误观点

2.1 错误观点 1—— 极差越大 ⇔ 方差越大

常有比较两组(或多组) 数据方差的大小的题目,比如下面的 20 道题:

(1)《教科书选修 Ⅰ》中共有 6 道:第 17 ~ 18 页的例 4,第 18 页的两道练习题,第 19 页的最后两道习题,第 27 页的最后一道复习参考题.

(2)《教科书必修 3》中共有 5 道:第 74 页的甲乙两组数据,第 76 页例 1 的四组数据,第 77 页的例 2(即《教科书选修 Ⅰ》) 第 27 页的最后一道复习参考题,第 79 页的练习第 1 题,第 82 页的习题第 6 题.

(3)2002—2013 年高考卷中共有 10 道:2013 年北京卷文科理科第 16(3) 题(即下面的高考题 1),2013 年江苏卷第 6 题;2012 年北京卷文科理科第 17(3) 题(即下面的高考题 2),2012 年安徽卷理科第 5 题;2011 年辽宁卷文科理科第 19(2) 题;2010 年陕西卷文科第 4 题;2009 年江苏卷第 6 题;2008 年宁夏、海南卷

文科理科第 16 题;2007 年宁夏、海南卷理科第 11 题即文科第 12 题(即下面的高考题 3);2002 年天津卷文科第 15 题.

高考题 1 (2013 · 北京 · 文理 16)图 1 是某市 3 月 1 日至 14 日的空气质量指数趋势图,空气质量指数小于 100 表示空气质量优良,空气质量指数大于 200 表示空气重度污染,某人随机选择 3 月 1 日至 3 月 13 日中的某一天到达该市,并停留 2 天.

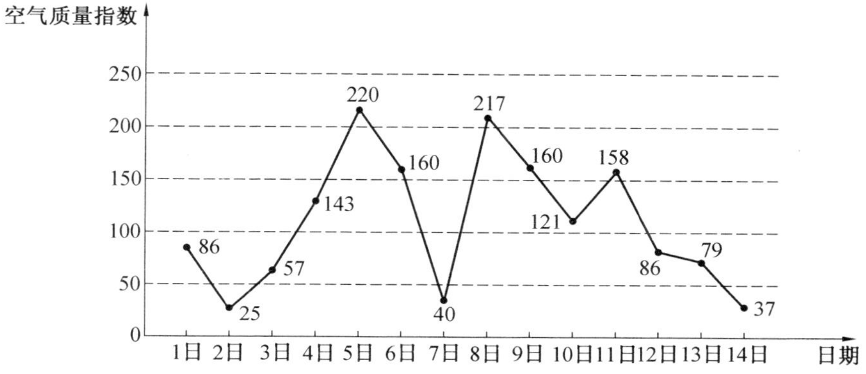

图 1

(1),(2) 略;

(3) 由图 1 判断从哪天开始连续三天的空气质量指数方差最大?(结论不要求证明)

解 (3) 从 3 月 5 日开始连续三天的空气质量指数方差最大.

高考题 2 (2012 · 北京 · 文理 17)近年来,某市为促进生活垃圾的分类处理,将生活垃圾分为厨余垃圾、可回收物和其他垃圾三类,并分别设置了相应的垃圾箱,为调查居民生活垃圾分类投放情况,现随机抽取了该市三类垃圾箱中总计 1 000 t 生活垃圾,数据统计如下(单位:吨):

	“厨余垃圾”箱	“可回收物”箱	“其他垃圾”箱
厨余垃圾	400	100	100
可回收物	30	240	30
其他垃圾	20	20	60

(1),(2) 略;

(3) 假设厨余垃圾在“厨余垃圾”箱、“可回收物”箱、“其他垃圾”箱的投放量分别为 a,b,c,其中 $a>0,a+b+c=600$,当数据 a,b,c 的方差 s^2 最大时,写出 a,b,c 的值(结论不要求证明),并求此时 s^2 的值.

注 $s^2=\frac{1}{n}[(x_1-\bar{x})^2+(x_2-\bar{x})^2+\cdots+(x_n-\bar{x})^2]$，其中 $\bar{x}$ 为数据 x_1，x_2，$\cdots$，x_n 的平均数.

解 (3) 当 $a=600$，$b=c=0$ 时，s^2 取最大值，且最大值是 80 000.

高考题3 (2007·宁夏、海南·文12理11)甲、乙、丙三名射箭运动员在某次测试中各射箭 20 次，三人的测试成绩如下表：

甲的成绩				
环数	7	8	9	10
频数	5	5	5	5

乙的成绩				
环数	7	8	9	10
频数	6	4	4	6

丙的成绩				
环数	7	8	9	10
频数	4	6	6	4

s_1，s_2，s_3 分别表示甲、乙、丙三名运动员在这次测试中成绩的标准差，则有(　　)

A. $s_3>s_1>s_2$　B. $s_2>s_1>s_3$　C. $s_1>s_2>s_3$　D. $s_2>s_3>s_1$

解　　B.

笔者按方差的定义计算过上面的 20 道题，发现它们的答案均适合结论"极差越大 $\Leftrightarrow$ 方差越大". 下面把高考题 3 适合这一结论说明如下(用定理 1)：

把甲、乙的成绩中都去掉 5 个 7、4 个 8、4 个 9、5 个 10 后，甲、乙的成绩分别为 8，9 与 7，10，易证它们的平均数相等且前者的方差小于后者的方差，所以由定理 1 知 $s_2>s_1$.

因为数据 7，10 的极差大于 8，9 的极差，所以得到的结论适合"极差越大 $\Leftrightarrow$ 方差越大".

把甲、丙的成绩中都去掉 4 个 7、5 个 8、5 个 9、4 个 10 后，甲、丙的成绩分别为 7，10 与 8，9，易证它们的平均数相等且前者的方差大于后者的方差，所以由定理 1 知 $s_1>s_3$.

因为数据 7，10 的极差大于 8，9 的极差，所以得到的结论也适合"极差越大 $\Leftrightarrow$ 方差越大".

但笔者要指出：以上 20 道题均适合的结论"极差越大 $\Leftrightarrow$ 方差越大"并不是普遍成立的. 该结论在数据的个数是 1，2 时恒成立；但在个数大于 2 时不能恒成立，因为容易举出反例：数据 0，6，12 的方差比数据 0，10，11 的方差小，两组数据 20，3，12，15 与 0，3，12，15 的方差相等(由推论 1(1) 可得)，数据 0，1 的方差比数据 0，0 的方差大，但均有前者的极差比后者的极差大.

可能有的读者认为：当两组数据的平均数相等时，结论"极差越大 $\Leftrightarrow$ 方差越大"是否普遍成立呢？答案也是否定的：若这两组数据的平均数相差正数 ε，则可把平均数小的那组数据的各数均加上 ε，得到的新数据的极差及方差均不改变.

一组数据的方差反映的是这组数据的波动情况,但波动情况不仅仅是由极差决定的,由方差公式知,它与每一个数据都有关.

而解答高考题1,2的第(3)问均只需猜测出(不要求证明)正确结论,这是否更加误导了考生在考试时尽情地使用错误的结论"极差越大 $\Leftrightarrow$ 方差越大"呢?

仅仅用"看"(不包括由方差的定义进行精确计算)得出一组数据的波动情况时,要格外慎重:若两者的方差既没有明显差异又没有相应的定理作保证,则不能轻易下结论.

高考题1的完整解答 设从第 i 日开始连续三天的空气质量指数方差是 $s_i^2(i=1,2,\cdots,12)$,由推论1可得 $s_1^2<s_2^2<s_3^2,s_3^2>s_4^2,s_4^2<s_5^2,s_5^2>s_6^2=s_7^2>s_8^2>s_9^2,s_9^2<s_{10}^2<s_{11}^2,s_{11}^2>s_{12}^2$,所以所求最大值为 $\max\{s_3^2,s_5^2,s_{11}^2\}$.

s_3^2,s_5^2 分别是两组数据57,143,220与40,160,220的方差.注意到这两组数据的平均数均是140,得另两组数据57,143与40,160的平均数也相等,由推论2知,前者的方差小于后者的方差,再由定理1(2)得 $s_3^2<s_5^2$.

s_5^2,s_{11}^2 分别是两组数据220,160,40与158,86,79的方差,由 $40\leqslant79\leqslant86\leqslant158\leqslant160\leqslant220$ 及推论2(2)得 $s_5^2>s_{11}^2$.

所以所求最大值为 ${s_5}^2$,即从3月5日开始连续三天的空气质量指数方差最大.

笔者认为解答高考题1第(3)问需要作必要的计算(包括估算)和推理,绝不能仅由错误的结论"极差越大 $\Leftrightarrow$ 方差越大"得出正确的结果了事;弄清高考题2第(3)问的道理也需要由方差的定义进行严格证明(即定理3及其证明).

2. 错误观点2—— 方差越大 $\Leftrightarrow$ 到平均数的"平均距离"越大

《教科书必修3》第75页写道:

考察样本数据的分散程度的大小,最常用的统计量是标准差.标准差是样本数据到平均数的一种平均距离,一般用 s 表示.

所谓"平均距离",其含义可作如下理解:

假设样本数据是 $x_1,x_2,\cdots,x_n,\bar{x}$ 表示这组数据的平均数.x_i 到 $\bar{x}$ 的距离是

$$|x_i-\bar{x}|\ (i=1,2,\cdots,n)$$

于是,样本数据是 $x_1,x_2,\cdots,x_n$ 到 $\bar{x}$ 的"平均距离"是

$$S=\frac{|x_1-\bar{x}|+|x_2-\bar{x}|+\cdots+|x_1-\bar{x}|}{n} \quad ⑤$$

由于上式含有绝对值,运算不太方便,因此,通常改用公式①来计算标准差.

考虑一个容量为2的样本:$x_1<x_2$,其样本的标准差为$\frac{x_2-x_1}{2}$,记 $a=$

$\frac{x_2-x_1}{2}$. 样本中的个体与平均数之间的距离关系可用图 2 表示：

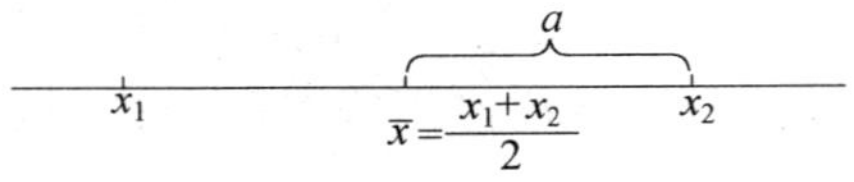

图 2

显然，标准差越大，则 a 越大，数据的离散程度越大；标准差越小，数据的离散程度越小.

《教科书必修 3》第 77 页又写道：

从数学的角度考虑，人们有时用标准差的平方 s^2—— 方差来代替标准差，作为测量样本数据分散程度的工具，即公式 ②.

显然，在刻画样本数据的分散程度上，方差与标准差是一样的，但在解决实际问题时，一般多采用标准差.

由以上论述可知，一组数据 $x_1, x_2, \cdots, x_n$ 到其平均数的"平均距离"S(见公式 ⑤) 与方差 s^2(见公式 ②) 都可以刻画这组数据的离散程度(分散程度、整齐程度、稳定程度、波动情况). 但能否说"s^2 越大 $\Leftrightarrow S$ 越大"呢？

可证该结论在 $n=1$ 时成立：$s^2=S=0$；在 $n=2$ 时也成立：$s^2=S^2$ 且 $S\geqslant 0$；但在 $n\geqslant 3$ 时不能恒成立，可举出反例如下：

(1) 数据 0,4,11 与数据 1,3,11 的平均数均是 5，且 $S_1=S_2$，即

$$\frac{1}{3}(|0-5|+|4-5|+|11-5|)=\frac{1}{3}(|1-5|+|3-5|+|11-5|)$$

但 $s_1^2>s_2^2$，即

$$\frac{1}{3}[(0-5)^2+(4-5)^2+(11-5)^2]>\frac{1}{3}[(1-5)^2+(3-5)^2+(11-5)^2]$$

(2) 数据 0,39,108 与数据 9,29,109 的平均数均是 49，且 $S_1<S_2$，即

$$\frac{1}{3}(|0-49|+|39-49|+|108-49|)<$$
$$\frac{1}{3}(|9-49|+|29-49|+|109-49|)$$

但 $s_1^2>s_2^2$，即

$$\frac{1}{3}[(0-49)^2+(39-49)^2+(108-49)^2]>$$
$$\frac{1}{3}[(9-49)^2+(29-49)^2+(109-49)^2]$$

(3) 数据 0,2,4 与数据 1,2,3 的平均数均是 2，且 $S_1>S_2$，即

$$\frac{1}{3}(|0-2|+|2-2|+|4-2|)>\frac{1}{3}(|1-2|+|2-2|+|3-2|)$$

但 $s_1{}^2 > s_2{}^2$，即

$$\frac{1}{3}[(0-2)^2+(2-2)^2+(4-2)^2] > \frac{1}{3}[(1-2)^2+(2-2)^2+(3-2)^2]$$

这一反例更加说明了仅仅用“看”(不包括由方差的定义进行精确计算)得出 n 个数据的波动情况时，要格外慎重：能“看”出这组数据到其平均数的“平均距离”S 就不错了，何况“s^2 越大 $\Leftrightarrow S$ 越大”在 $n \geqslant 3$ 时并不是恒成立.

但对于“平均距离”S，也有类似于定理 3 的结论(且证明过程也类似)：

定理 4 设 a,k,n 是已知的实数，$k > na$，$n \geqslant 2$，$n \in \mathbf{N}$，且 $x_1 > a$，$x_i \geqslant a(i=2,3,\cdots,n)$，$x_1+x_2+\cdots+x_n=k$，则当且仅当 $x_1=k-(n-1)a$，$x_i=a(i=2,3,\cdots,n)$ 时，数据 $x_1,x_2,\cdots,x_n$ 到其平均数的“平均距离”S_n 取最大值.

证明 先证当 $n=2$ 时成立. 由 $x_1 > a$，$x_2 \geqslant a$，$x_1+x_2=k$，得 $a \leqslant x_2 < k-a$. 又

$$2S_2=\left|x_1-\frac{k}{2}\right|+\left|x_2-\frac{k}{2}\right|=2\left|x_2-\frac{k}{2}\right|$$

从而可得当且仅当 $x_1=k-a$，$x_2=a$ 时 S_2 取最大值.

下证当 $n \geqslant 3$ 时成立. 下面的证明要用到结论：

对于函数 $f(x)=|x-2\alpha|+|x-2\beta|\ (x \in \mathbf{R})$，有：其图象关于直线 $x=\alpha+\beta$ 对称；函数 $f(x)$ 在闭区间 $[u,v]$ 上的最大值是 $\max\{f(u),f(v)\}$.

$$\begin{aligned}nS_n=&\left|x_1-\frac{k}{n}\right|+\left|x_2-\frac{k}{n}\right|+\cdots+\left|x_n-\frac{k}{n}\right|=\\&\left\{\left|x_2+\left[x_3+x_4+\cdots+x_n-\frac{(n-1)k}{n}\right]\right|+\left|x_2-\frac{k}{n}\right|\right\}+\\&\left|x_3-\frac{k}{n}\right|+\cdots+\left|x_n-\frac{k}{n}\right|\end{aligned}$$

可不妨设 $x_2 \leqslant x_3 \leqslant \cdots \leqslant x_n$，得 $a \leqslant x_2 < k-a-(x_3+x_4+\cdots+x_n)$，由所给的结论可证得

$$\begin{aligned}nS_n \leqslant&\left|x_1-\frac{k}{n}\right|+\left|x_3-\frac{k}{n}\right|+\left|x_4-\frac{k}{n}\right|+\cdots+\\&\left|x_n-\frac{k}{n}\right|+\left|a-\frac{k}{n}\right|\quad(\text{当且仅当 } x_2=a \text{ 时取等号})\qquad⑥\end{aligned}$$

即证得了结论：

设 a,k,n 是已知的实数，$k > na$，$n \geqslant 2$，$n \in \mathbf{N}$，且 $x_1 > a$，$a \leqslant x_2 \leqslant x_3 \leqslant \cdots \leqslant x_n$，$x_1+x_2+\cdots+x_n=k$，若数据 $x_1,x_2,\cdots,x_n$ 到其平均数的“平均距离”S_n 取最大值，则 $x_2=a$.

因为数据 $x_1,x_2,\cdots,x_n$ 到其平均数的“平均距离”与数据 $x_1-h,x_2-h,\cdots,x_n-h$ 到其平均数的“平均距离”相等，所以求式⑥右边的最大值，就是等价于求数据 $x_1,x_3,x_4,\cdots,x_n$ 到其平均数的“平均距离”在条件 $x_1 > a$，$a \leqslant$

$x_3 \leqslant x_4 \leqslant \cdots \leqslant x_n, x_1 + x_3 + x_4 + \cdots + x_n = k - a$ 下的最大值.

同理,得 $x_3 = a$.

$$\vdots$$

同理,得 $x_2 = x_3 = \cdots = x_{n-1} = a$. 所以

$$nS_n \leqslant \left|x_1 - \frac{k}{n}\right| + \left|x_n - \frac{k}{n}\right| + (n-2)\left|a - \frac{k}{n}\right| \text{(当且仅当 } x_2 = x_3 = \cdots = x_{n-1} = a \text{ 时取等号)} \quad ⑦$$

由 $x_1 > a, x_n \geqslant a, x_1 + x_n = k - (n-2)a$ 及证得的 $n = 2$ 时的结论,得当且仅当 $x_n = a, x_1 = k - (n-1)a$ 时,式 ⑦ 右边取最大值.

得欲证结论成立.

§63 求两圆公共弦长问题的完整解法

高考题 (2009·天津·文14) 若圆 $x^2+y^2=4$ 与圆 $x^2+y^2+2ay-6=0(a>0)$ 的公共弦长为 $2\sqrt{3}$，则 $a=$________.

解 如图1(这里没有画出平面直角坐标系 xOy)，设圆 $x^2+y^2=4$ 与圆 $x^2+y^2+2ay-6=0(a>0)$ 的圆心、半径、圆心距、公共弦长分别是 $O,O';R,r;d;c$，得

$$\sqrt{R^2-\left(\frac{c}{2}\right)^2}+\sqrt{r^2-\left(\frac{c}{2}\right)^2}=d$$

又可得 $R=2,r=\sqrt{a^2+6};d=-a,c=2\sqrt{3}$，所以

$$\sqrt{a^2+3}=-a-1$$

平方后可解得 $a=1$. 但经过检验知，原方程无解！所以所求的 a 不存在.

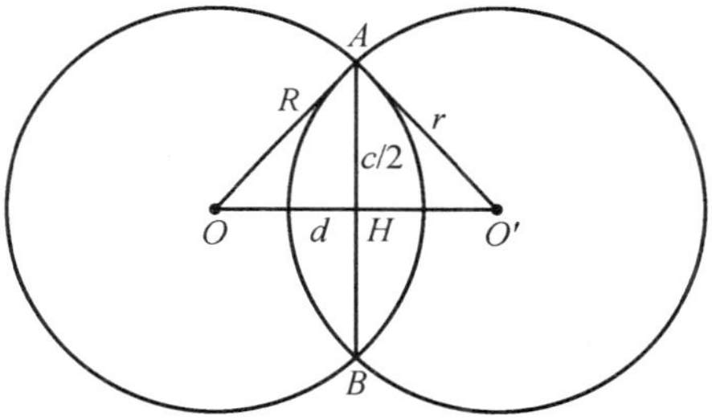

图1

难道这道高考题出错了？

实际上，以上高考题没错，但解法没有考虑完整，导致解法错误.

定理 设相交两圆的圆心、半径、圆心距、公共弦长分别是 $O,O';R,r;d;c$.

(1) 当圆心 O,O' 在公共弦的异侧时(如图1)

$$\sqrt{R^2-\left(\frac{c}{2}\right)^2}+\sqrt{r^2-\left(\frac{c}{2}\right)^2}=d$$

(2) 当圆心 O,O' 在公共弦的同侧且点 O 到公共弦的距离比点 O' 到公共弦的距离大时(如图2)

$$\sqrt{R^2-\left(\frac{c}{2}\right)^2}-\sqrt{r^2-\left(\frac{c}{2}\right)^2}=d$$

(3) 当圆心 O,O' 在公共弦的同侧且点 O 到公共弦的距离比点 O' 到公共弦的距离小时(如图3)

$$\sqrt{r^2-\left(\frac{c}{2}\right)^2}-\sqrt{R^2-\left(\frac{c}{2}\right)^2}=d$$

由定理,可求得高考题的答案是 1.

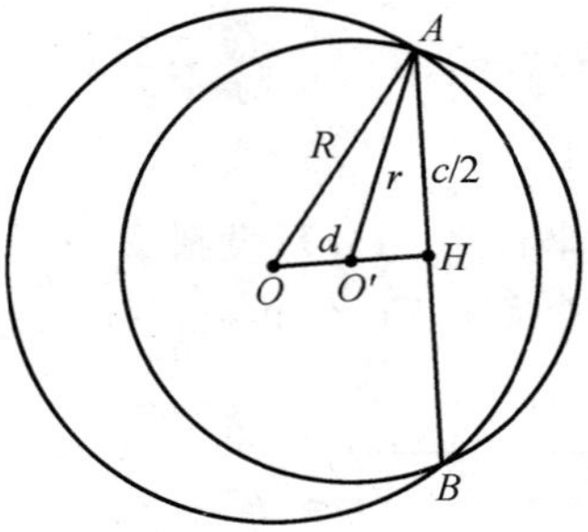

图 2

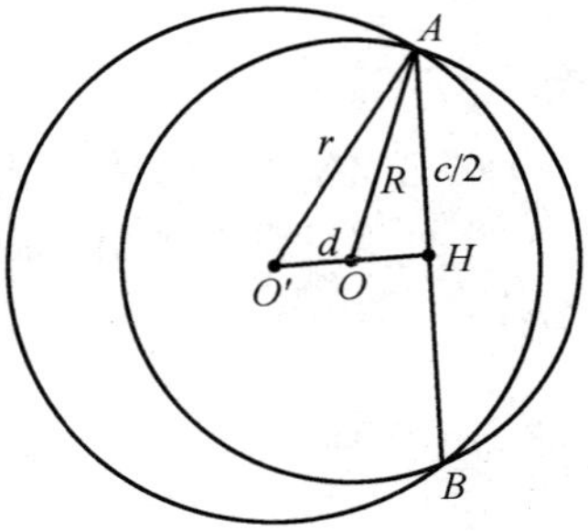

图 3

§64　运用“变量分离法”解题时的第六点注意

《中学数学杂志》2013年第9期第31～33页发表的文章《运用“变量分离法”解题时须注意五点》对读者重新认识“变量分离法”具有指导意义，读后受益匪浅. 但笔者对该文的解答重新认真演算后，发现有三道例题的解法有错（均是由于函数的导数计算错了导致的），现给予订正.

原文例1　证明：$\forall a>0$，$\exists x>0$，使得 $e^x-(1+a)x-1<0$.

证法1　即证：$\forall a>0$，$\exists x>0$，使得$\frac{e^x-1}{x}-1<a$.

设 $f(x)=\frac{e^x-1}{x}-1(x>0)$，得 $f'(x)=\frac{e^x(x-1)+1}{x}(x>0)$（在原文中得 $f'(x)=\frac{e^x(x-1)}{x}(x>0)$ 是错误的，从而导致不能接着解下去）.

又设 $g(x)=e^x(x-1)+1(x>0)$，得 $g'(x)=xe^x>0(x>0)$，所以 $g(x)$ 是增函数，得 $g(x)>g(0)=0$，又得 $f'(x)>0(x>0)$，所以 $f(x)$ 是增函数，得

$$\lim_{x\to 0^+}f(x)=\lim_{x\to 0^+}\frac{e^x-1}{x}-1=\lim_{x\to 0^+}\frac{e^x-e^x}{x-0}-1=(e^x)'|_{x=0}-1=0<a$$

所以欲证成立.

证法2　令 $f(x)=e^x-(1+a)x-1$，得 $f'(x)=e^x-(1+a)$. 令$f'(x)=e^x-(1+a)=0$，得 $x=\ln(1+a)$，进而可得

$$[f(x)]_{\min}=f(\ln(1+a))=a-(1+a)\ln(1+a)$$

又设 $g(a)=a-(1+a)\ln(1+a)(a>0)$，得 $g'(a)=-\ln(1+a)<0(a>0)$，所以 $g(a)<g(0)=0(a>0)$，得欲证成立.

原文例2　已知函数 $f(x)=\frac{1+x}{1-x}e^{-ax}$，若 $\forall x\in(0,1)$ 恒有 $f(x)>1$，求实数 a 的取值范围.

解法1　可得题意即$\frac{\ln(1+x)-\ln(1-x)}{x}>a$ 在 $x\in(0,1)$ 时恒成立.

设 $g(x)=\frac{\ln(1+x)-\ln(1-x)}{x}(0<x<1)$，得

$$g'(x)=\frac{\frac{2x}{1-x^2}-\ln\frac{1+x}{1-x}}{x}(0<x<1)$$

（在原文中得 $g'(x)=\frac{\frac{-2x^2}{1-x^2}-\ln\frac{1+x}{1-x}}{x}(0<x<1)$ 是错误的，从而导致不能

接着解下去).

设$\frac{1+x}{1-x}=t(0<x<1)$,得 $x=\frac{t-1}{t+1}(t>1)$.

用导数可证 $t^2-2t\ln t>1(t>1)$. 可令 $t=\frac{1+x}{1-x}(0<x<1)$,得 $\frac{2x}{1-x^2}>\ln\frac{1+x}{1-x}(0<x<1)$,所以 $g'(x)>0(0<x<1)$,$g(x)(0<x<1)$ 是增函数.

设 $h(x)=\ln(1+x)-\ln(1-x)(0<x<1)$,得

$$\lim_{x\to 0^+} g(x)=\lim_{x\to 0^+}\frac{h(x)}{x}=\lim_{x\to 0^+}\frac{h(x)-h(0)}{x-0}=h'(x)\mid_{x=0}=2$$

由此可得所求实数 a 的取值范围是$(-\infty,2]$.

解法 2 得 $f'(x)=\frac{ax^2+(2-a)}{(1-x)^2}e^{-ax}(0<x<1)$.

当 $a\leqslant 2$ 时,得 $f'(x)>0(0<x<1)$,所以 $f(x)>f(0)=1(0<x<1)$.

当 $a>2$ 时,令 $f'(x)=0(0<x<1)$,得 $x=\sqrt{1-\frac{2}{a}}$,所以函数 $f(x)$ 在 $\left(0,\sqrt{1-\frac{2}{a}}\right)$ 上是减函数,此时得 $f(x)<f(0)=1$,不满足题意.

所以所求实数 a 的取值范围是$(-\infty,2]$.

原文例 8 若$\left(k-\frac{1}{2}\right)x^2+\ln x<2kx\ (x>1)$ 恒成立,求实数 k 的取值范围.

解 设 $f(x)=2x\ln x-2\ln x+2-x^2-x(x>1)$,得 $f'(x)=2(\ln x-x+1)-\left(\frac{2}{x}+1\right)<0(x>1)$,所以 $f(x)<f(1)=0(x>1)$.

又设 $g(x)=\frac{x^2-2\ln x}{x^2-2x}(x>1$ 且 $x\neq 2)$,可得 $g'(x)=\frac{2f(x)}{(x^2-2x)^2}<0(x>1$ 且 $x\neq 2)$(在原文中得 $g'(x)=\frac{2\ln x-2-x}{(2x-x^2)^2}(x>1$ 且 $x\neq 2)$ 是错误的,从而导致接下来的解法也是错误的,虽说答案正确),即 $g(x)$ 在$(1,2)$,$(2,+\infty)$ 上均是减函数.

题意即 $2k(x^2-2x)<x^2-2\ln x(x>1$ 且 $x\neq 2)$ 恒成立.

(1) 当 $1<x<2$ 时,题意即 $2k>\frac{x^2-2\ln x}{x^2-2x}(1<x<2)$ 时恒成立.

由函数 $g(x)=\frac{x^2-2\ln x}{x^2-2x}(1<x<2)$ 是减函数,得 $2k\geqslant g(1)=-1$,$k\geqslant$

$\frac{1}{2}$.

(2) 当 $x>2$ 时,题意即 $2k<\frac{x^2-2\ln x}{x^2-2x}(x>2)$ 时恒成立.

由函数 $g(x)=\frac{x^2-2\ln x}{x^2-2x}(x>2)$ 是减函数,得 $2k\leqslant\lim\limits_{x\to+\infty}g(x)=1$,$k\leqslant\frac{1}{2}$.

所以所求实数 k 的取值范围是 $\left[-\frac{1}{2},\frac{1}{2}\right]$.

本文再给出“变量分离法”的第六点注意——有时变量不易分离:

题 1 若 $\exists x\in(2,5)$ 使 $x^2-2mx+m^2-1=0$,求 m 的取值范围.

解 对于所给方程,不易直接把 x 或 m 分离出来,但可通过解方程得 $x=m\pm1$,所以 $2<m+1<5$ 或 $2<m-1<5$,可求得 m 的取值范围是(1,6).

题 2 设 $f(x)=x\ln x$,$g_t(x)=(1+t)x-e^t$(e 是自然对数的底),若 $f(x)\geqslant g_t(x)$,求实数 t 的取值范围.

解 令 $h(x)=f(x)-g_t(x)=x\ln x-(1+t)x+e^t$,得 $h'(x)=\ln x-t$.

进而可得 $h(x)$ 在 $(0,e^t)$ 上单调递减,在 $(e^t,+\infty)$ 上单调递增,得 $h(x)\geqslant h(e^t)=0$,即 $f(x)\geqslant g_t(x)$ 恒成立,即所求实数 t 的取值范围是 **R**.

题 3 设函数 $f(x)=x^2+2x+a\ln x$. 当 $t\geqslant1$ 时,$f(2t-1)\geqslant 2f(t)-3$ 恒成立,求实数 a 的取值范围.

解 可得题设即

$$a\ln(2t-1)-2(2t-1)\geqslant a\ln t^2-2t^2\quad(t\geqslant1)$$

恒成立.

设 $g(x)=a\ln x-2x(x\geqslant1)$,再得题设即 $g(2t-1)\geqslant g(t^2)(t\geqslant1)$ 恒成立.

因为当 $t\geqslant1$ 时,$2t-1\leqslant t^2$ 恒成立,所以题设即函数 $g(x)$ 是减函数,即

$$g'(x)=\frac{a}{x}-2\leqslant0\quad(x\geqslant1)$$

恒成立,得实数 a 的取值范围是 $(-\infty,2]$.

§ 65　梳理新增内容“定积分”、“三元均值不等式”与“柯西不等式”

1. 定积分

1.1　概念

设函数 $f(x)$ 在区间$[a,b]$上连续，用分点

$$a=x_0<x_1<\cdots<x_{i-1}<x_i<\cdots x_n=b$$

把区间$[a,b]$等分成 n 个小区间，在每个小区间$[x_{i-1},x_i]$上取任一点 $\xi_i(i=1,2,\cdots,n)$，作和式

$$I_n=\sum_{i=1}^{n}f(\xi_i)\Delta x=\frac{b-a}{n}\sum_{i=1}^{n}f(\xi_i)$$

当 $n\to\infty$ 时，上述和式若能无限接近某个常数，则把这个常数叫作函数 $f(x)$ 在区间$[a,b]$上的定积分，记作$\int_a^b f(x)\mathrm{d}x$，即

$$\int_a^b f(x)\mathrm{d}x=\lim_{n\to\infty}\frac{b-a}{n}\sum_{i=1}^{n}f(\xi_i)$$

这里，a 与 b 分别叫作积分下限与积分上限，区间$[a,b]$叫作积分区间，函数 $f(x)$ 叫作被积函数，x 叫作积分变量，$f(x)\mathrm{d}x$ 叫作被积式.

1.2　微积分基本定理

用定积分的定义计算定积分太复杂，但计算定积可用微积分基本定理，也叫作牛顿 — 莱布尼兹公式：

若 $F'(x)=f(x)$，则

$$\int_a^b f(x)\mathrm{d}x=F(x)\mid_a^b=F(b)-F(a)$$

1.3　定积分的性质

(1) $\int_a^b kf(x)\mathrm{d}x=k\int_a^b f(x)\mathrm{d}x$（$k$ 为常数）；

(2) $\int_a^b[f(x)\pm g(x)]\mathrm{d}x=\int_a^b f(x)\mathrm{d}x\pm\int_a^b g(x)\mathrm{d}x$；

(3) $\int_a^b f(x)\mathrm{d}x=\int_a^c f(x)\mathrm{d}x+\int_c^b f(x)\mathrm{d}x$（其中 $a<c<b$）.

1.4　用定积分求曲边梯形面积

(1) 在图 1 中，由三条直线 $x=a$，$x=b(a<b)$，x 轴及曲线 $y=f(x)$（$f(x)\geqslant 0$）围成的曲边梯形的面积 $S=\int_a^b f(x)\mathrm{d}x$.

(2) 在图 2 中,由曲线 $y_1=f_1(x)$,$y_2=f_2(x)$($f_1(x)\geqslant f_2(x)\geqslant 0$) 及直线 $x=a$,$x=b$($a<b$) 围成的图形的面积为

$$S=\int_a^b[f_1(x)-f_2(x)]\mathrm{d}x=\int_a^b f_1(x)\mathrm{d}x-\int_a^b f_2(x)\mathrm{d}x$$

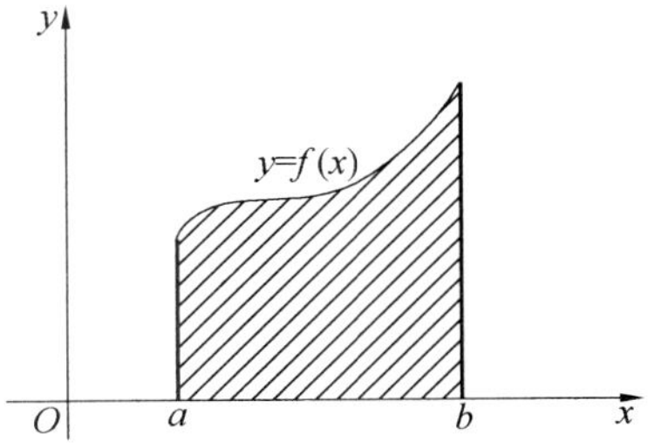

图 1

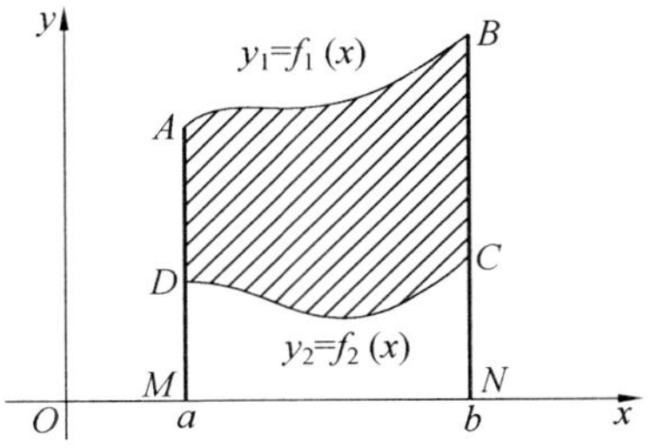

图 2

1.5 举例

(1) 求由下列曲线所围成图形的面积:

①$y=\cos x$,$x=\dfrac{\pi}{2}$,$x=\dfrac{3\pi}{2}$,$y=0$;

②$y=9-x^2$,$y=x+7$;

③$y=x-4$,$y=\sqrt{2x}$,$y=0$;

④$y=x-4$,$y^2=2x$;

⑤$y=\sin x$, $y=\cos x$, $x=0$, $x=\dfrac{\pi}{2}$.

解 ① 先作出图 3 后,可得 $S=-\int_{\frac{\pi}{2}}^{\frac{3\pi}{2}}\cos x\mathrm{d}x=-\sin x\Big|_{\frac{\pi}{2}}^{\frac{3\pi}{2}}=2$.

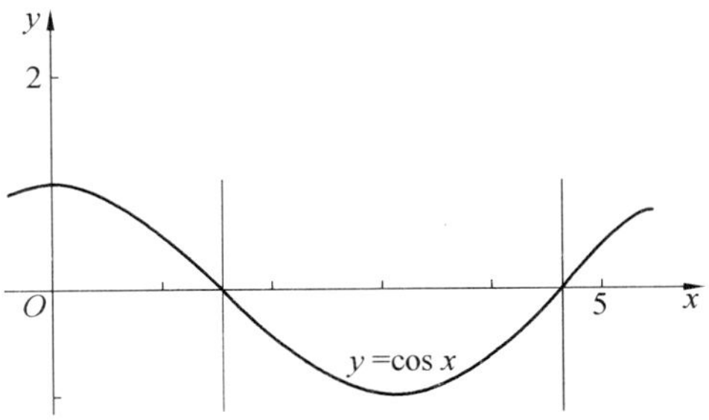

图 3

② 先求出两者的交点 $A(-2,5)$,$B(1,8)$ 再作出图 4 后,可得

$$S=\int_{-2}^{1}[(9-x^2)-(x+7)]\mathrm{d}x=\left(-\frac{1}{3}x^3-\frac{1}{2}x^2+2x\right)\Big|_{-2}^{1}=\frac{9}{2}$$

③ 由图 5 可得

$$S=\int_0^4\left[(y+4)-\frac{1}{2}y^2\right]\mathrm{d}y=\left(\frac{1}{2}y^2+4y-\frac{1}{6}y^3\right)\Big|_0^4=\frac{40}{3}$$

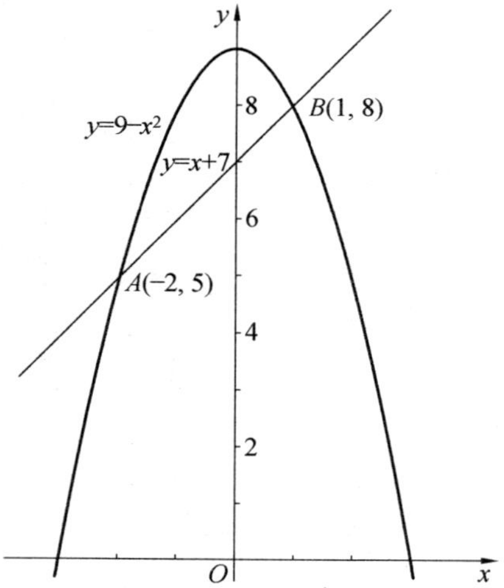

图 4

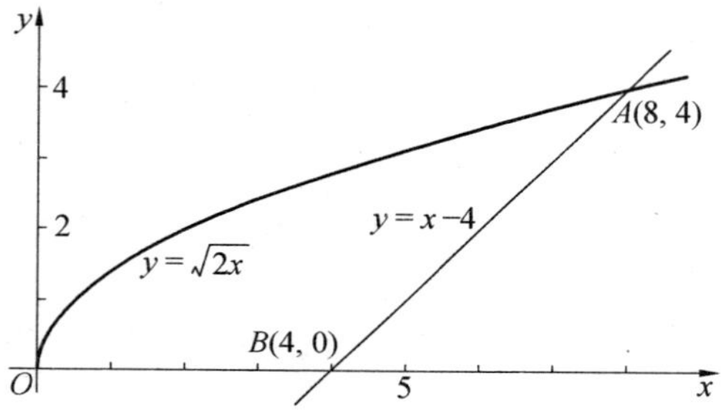

图 5

④ 由图 6 可得

$$S=\int_{-2}^4[(y+4)-\frac{1}{2}y^2]\mathrm{d}y=18$$

⑤ 由图 7 及对称性可得

$$S=2\int_0^{\frac{\pi}{4}}(\cos x-\sin x)\mathrm{d}x=2\cdot(\sin x+\cos x)\Big|_0^{\frac{\pi}{4}}=2\sqrt{2}-2$$

(2) 由定积分的性质或几何意义求下列定积分：

①$\int_{-a}^a\sqrt{a^2-x^2}\,\mathrm{d}x$；②$\int_0^1[\sqrt{1-(x-1)^2}-x]\mathrm{d}x$.

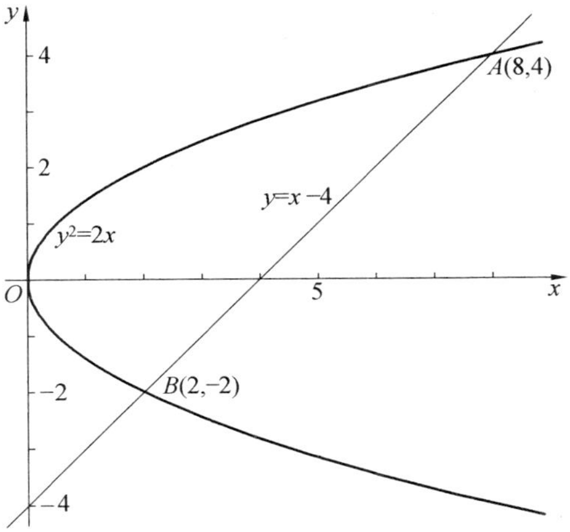

图 6

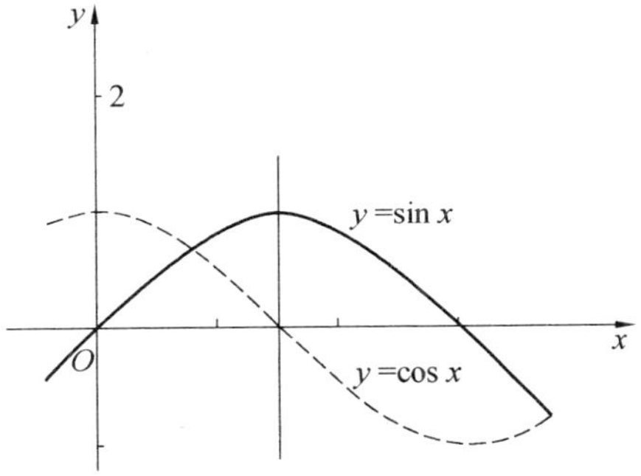

图 7

解 ① 先作出草图后，可得$\int_{-a}^{a}\sqrt{a^2-x^2}\,\mathrm{d}x$表示一个半圆的面积，为$\frac{1}{2}\pi a^2$.

② 先作出草图后，可得$\int_0^1\sqrt{1-(x-1)^2}\,\mathrm{d}x$表示单位圆面积的$\frac{1}{4}$，为$\frac{\pi}{4}$. 所以$\int_0^1[\sqrt{1-(x-1)^2}-x]\mathrm{d}x=\int_0^1\sqrt{1-(x-1)^2}\,\mathrm{d}x-\int_0^1 x\,\mathrm{d}x=\frac{\pi}{4}-\frac{1}{2}=\frac{\pi-2}{4}$

(3) 计算下列定积分：

①$\int_1^3\frac{1}{\sqrt{x}}\mathrm{d}x$；②$\int_0^2\mathrm{e}^{\frac{x}{2}}\mathrm{d}x$；③$\int_2^{\mathrm{e}+1}\frac{1}{x-1}\mathrm{d}x$；

④$\int_0^{\frac{\pi}{2}}\frac{\cos 2x}{\cos x+\sin x}\mathrm{d}x$；⑤$\int_0^{\frac{\pi}{2}}\sin^2\frac{x}{2}\mathrm{d}x$；⑥$\int_{-2}^{4}\mathrm{e}^{|x|}\mathrm{d}x$.

参考答案 ①$2\sqrt{3}-2$；②$2e-2$；③1；④0；⑤ $\dfrac{\pi-2}{4}$；⑥e^4+e^2-2.

(4) 若直线 $y=kx$ 分抛物线 $y=x-x^2$ 与 x 轴所围图形为面积相等的两部分，求 k 的值.

参考答案 $k=1-\dfrac{\sqrt[3]{4}}{2}$.

2. 三元均值不等式

2.1 结论

(1) 若 $a,b,c\in\mathbf{R}_+$，则 $a^3+b^3+c^3\geqslant 3abc$（当且仅当 $a=b=c$ 时取等号）.

(2) 如果 $a,b,c\in\mathbf{R}_+$，则$\dfrac{a+b+c}{3}\geqslant\sqrt[3]{abc}$（当且仅当 $a=b=c$ 时取等号）.

(3) 若设 $x,y,z\in\mathbf{R}_+$，则

① 若 $xyz=$定值 S，则当且仅当 $x=y=z$ 时，$x+y+z$ 取最小值；

② 若 $x+y+z=$定值 P，则当且仅当 $x=y=z$ 时，xyz 取最大值.

注 使用这些结论求最值时要注意“一正二定三等”.

2.2 举例

(1) 已知 $x>0$，求 $y=x^2+\dfrac{16}{x}$ 的最大值.

(2) 已知 $0<x<6$，求 $y=x^2(6-x)$ 的最大值.

(3) 已知 $0<\theta<\dfrac{\pi}{2}$，求 $y=\sin^2\theta\cdot\cos\theta$ 的最大值.

(4)(2011·江苏·17) 请你设计一个包装盒，如图 8 所示. $ABCD$ 是边长为 60 cm 的正方形硬纸片，切去阴影部分所示的四个全等的等腰直角三角形，再沿虚线折起，使得 $ABCD$ 四个点重合于图 8 右侧图中的点 P，正好形成一个正四棱柱形状的包装盒. E，F 在 AB 上是被切去的等腰直角三角形斜边的两个端点. 设 $AE=FB=x$ cm.

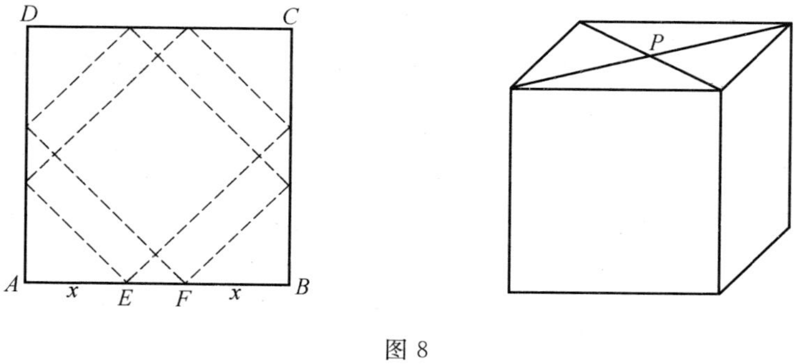

图 8

① 某广告商要求包装盒侧面积 S(单位:cm^2) 最大,试问 x 应取何值?

② 某广告商要求包装盒容积 $V(\mathrm{cm}^3)$ 最大,试问 x 应取何值? 并求出此时包装盒的高与底面边长的比值.

(5) 体积为 V 的圆柱中,底面半径 r 和圆柱的高 h 为多少时,其表面积最小?

(6) 在半径为 R 的圆形铁皮上割去一个圆心角为 θ 的扇形,使剩下部分围成一个圆锥,θ 为何值时圆锥的容积最大?

(7) 已知球的半径为 R,球内接圆柱的底面半径为 r,高为 h,则 r 和 h 为何值时内接圆柱的体积最大?

参考答案 (1)12;(2)32;(3) $\frac{2}{9}\sqrt{3}$;(4)①15,②20,$\frac{1}{2}$;(5)$r=\sqrt[3]{\frac{V}{2}}$,$h=\frac{\sqrt[3]{4V}}{\pi}$;(6)$\left(2-\frac{2}{3}\sqrt{6}\right)\pi$;(7)$r=\frac{\sqrt{6}}{3}R$,$h=\frac{2\sqrt{3}}{3}R$

3. 柯西不等式

3.1 结论

(1)(二元柯西不等式) 若 $a,b,c,d\in\mathbf{R}$,则 $(a^2+b^2)(c^2+d^2)\geqslant(ac+bd)^2$(当且仅当 $ad=bc$ 时取等号).

(2)(n 元柯西不等式) 若 $a_i,b_i\in\mathbf{R}$,则$(a_1^2+a_2^2+\cdots+a_n^2)(b_1^2+b_2^2+\cdots+b_n^2)\geqslant(a_1b_1+a_2b_2+\cdots a_nb_n)^2$(当且仅当 $b_1=b_2=\cdots=b_n$ 或$\frac{a_1}{b_1}=\frac{a_2}{b_2}=\cdots=\frac{a_n}{b_n}$ 时取等号).

3.2 举例

(1) 已知 $a\sqrt{1-b^2}+b\sqrt{1-a^2}=1$,求证:$a^2+b^2=1$.

证明 得$(a\sqrt{1-b^2}+\sqrt{1-a^2}\cdot b)^2\leqslant[a^2+(1-a^2)][(1-b^2)+b^2]=1$,当且仅当 $ab=\sqrt{1-b^2}\cdot\sqrt{1-a^2}$ 即 $a^2+b^2=1$ 时取等号,所以欲证成立.

(2) 求函数 $y=3\sqrt{x-5}+4\sqrt{6-x}$ 的最大值.

参考答案 5.

(3) 已知 $2x^2+3y^2\leqslant 6$,求证 $x+2y\leqslant\sqrt{11}$.

(4) 已知 $a,b,x_1,x_2\in\mathbf{R}_+$,$a+b=1$,求证:$(ax_1+bx_2)(bx_1+ax_2)\geqslant x_1x_2$.

证明
$$\begin{aligned}(ax_1+bx_2)(bx_1+ax_2)&=(ax_1+bx_2)(ax_2+bx_1)\geqslant\\&(\sqrt{ax_1}\cdot\sqrt{ax_2}+\sqrt{bx_1}\cdot\sqrt{bx_2})^2=\\&[(a+b)\sqrt{x_1x_2}]^2=x_1x_2\end{aligned}$$

(5) 设 $f(x)=\sqrt{x}$，$p,q>0$，且 $p+q=1$，求证：$pf(x_1)+qf(x_2)\leqslant f(px_1+qx_2)$.

证明 $p\sqrt{x_1}+q\sqrt{x_2}=\sqrt{p}\sqrt{px_1}+\sqrt{q}\sqrt{qx_2}\leqslant$

$$\sqrt{(p+q)(px_1+qx_2)}=\sqrt{px_1+qx_2}=$$

$$f(px_1+qx_2)$$

(6) 求函数 $y=3\sin x+4\sqrt{1+\cos 2x}$ 的最大值.

参考答案 $\sqrt{41}$.

(7) 已知 $x+2y+3z=1$，求 $x^2+y^2+z^2$ 的最小值.

参考答案 $\frac{1}{14}$.

(8) 已知实数 a,b,c,d 满足 $a+b+c+d=3$，$a^2+2b^2+3c^2+6d^2=5$，求 a 的最值.

解 由题设及柯西不等式，得

$$(2b^2+3c^2+6d^2)\left(\frac{1}{2}+\frac{1}{3}+\frac{1}{6}\right)\geqslant$$

$$(b+c+d)^2\quad(\text{当且仅当 } 2b=3c=6d \text{ 时取等号})$$

$$5-a^2\geqslant(3-a)^2\quad(\text{当且仅当 } 2b=3c=6d \text{ 时取等号})$$

$$1\leqslant a\leqslant 2\quad(\text{当且仅当 } 2b=3c=6d \text{ 时取等号})$$

进而可得，当且仅当 $(b,c,d)=\left(1,\frac{2}{3},\frac{1}{3}\right)$ 时 $a=1$，当且仅当 $(b,c,d)=\left(\frac{1}{2},\frac{1}{3},\frac{1}{6}\right)$ 时 $a=2$. 所以 a 的最大值和最小值分别是 2，1.

(9) 已知 a,b,c 是互不相等的正数，求证：$\frac{2}{a+b}+\frac{2}{b+c}+\frac{2}{a+c}>\frac{9}{a+b+c}$.

证明 由下式可得欲证成立

$$\left(\frac{2}{a+b}+\frac{2}{b+c}+\frac{2}{a+c}\right)[(a+b)+(b+c)+(a+c)]\geqslant$$

$$(\sqrt{2}+\sqrt{2}+\sqrt{2})^2=18$$

(10) 已知 $a_1,a_2,\cdots,a_n\in\mathbf{R}_+$，求证：$\frac{1}{n}(a_1+a_2+\cdots+a_n)^2\leqslant a_1^2+a_2^2+\cdots+a_n^2$.

(11) 设 $x_1,x_2,\cdots,x_n\in\mathbf{R}_+$，$x_1+x_2+\cdots+x_n=1$，求证：$\frac{x_1^2}{1+x_1}+\frac{x_2^2}{1+x_2}+\cdots+\frac{x_n^2}{1+x_n}\geqslant\frac{1}{n+1}$.

证明　由下式可得欲证成立

$$\left(\frac{x_1^2}{1+x_1}+\frac{x_2^2}{1+x_2}+\cdots+\frac{x_n^2}{1+x_n}\right)[(1+x_1)+(1+x_2)+\cdots+(1+x_n)]\geqslant$$
$$(x_1+x_2+\cdots+x_n)^2=1$$

(12) 已知 $a,b,c\in\mathbf{R}_+$ 且 $a+b+c=1$，求证：$a^3+b^3+c^3\geqslant\frac{a^2+b^2+c^2}{3}$.

证明　由 $(1^2+1^2+1^2)(a^2+b^2+c^2)\geqslant(a+b+c)^2=1$，得 $a^2+b^2+c^2\geqslant\frac{1}{3}$. 所以

$$a^3+b^3+c^3=(a^3+b^3+c^3)(a+b+c)\geqslant(a^2+b^2+c^2)^2\geqslant\frac{a^2+b^2+c^2}{3}$$

§ 66　平面几何证明选讲

考情分析：在 2011 年高考数学课标卷中，全国卷、江苏卷、辽宁卷均以选作大题(10 分)的形式考查了《几何证明选讲》内容，北京卷、湖南卷、陕西卷均以选作小题(5 分)的形式考查了《几何证明选讲》内容，天津卷以必作小题(5 分)的形式考查了《几何证明选讲》内容；其中除陕西卷考查的是直角三角形外，其余考查的均是圆的有关知识.

考试要求：① 了解平行线分线段成比例定理；② 会证明并应用直角三角形的射影定理，理解并运用相似三角形的定义、性质、判定；③ 会证明并应用圆周角定理、圆的切线的判定定理及性质定理；④ 会证明并应用相交弦定理、切割线定理及圆内接四边形的判定定理、性质定理；⑤ 了解平行投影的含义，通过圆柱与平面的位置关系了解平行投影，会证明平面与圆柱面的截线是椭圆(特殊情形是圆)即普通高中课程标准实验教科书《数学·选修 4—1·A 版·几何证明选讲》(人民教育出版社，2007 年第 2 版)(下简称《选修 4—1》)第 46 页定理 1)；⑥ 了解《选修 4—1》第 49 页定理 2.

题型一　平行线等分线段定理、平行线分线段成比例定理的应用

例 1　如图 1，在 $\triangle ABC$ 中，中线 AD，BF 交于点 G，$CE \parallel FB$ 交 AD 的延长线于点 E，求证：$AG = 2DE$.

点拨　$\left.\begin{matrix} AF = FC \\ GF \parallel EC \end{matrix}\right\} \to AG = GE \to \triangle BDG \cong \triangle CDE \to AG = 2DE$.

解析　如图 2，在 $\triangle ABC$ 中，因为 $AF = FC$，$GF \parallel EC$，所以 $AG = GE$.

因为 $CE \parallel FB$，所以 $\angle 1 = \angle 2$，$\angle 3 = \angle E$.

又 $BD = DC$，所以 $\triangle BDG \cong \triangle CDE$.

所以 $DG = DE$，即 $GE = 2DE$，因此 $AG = 2DE$.

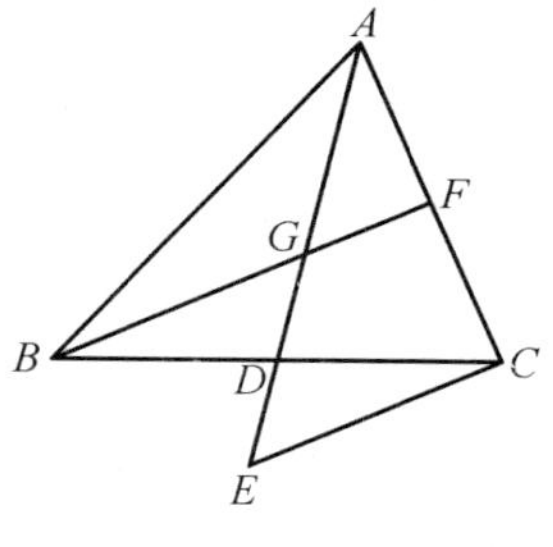

图 1

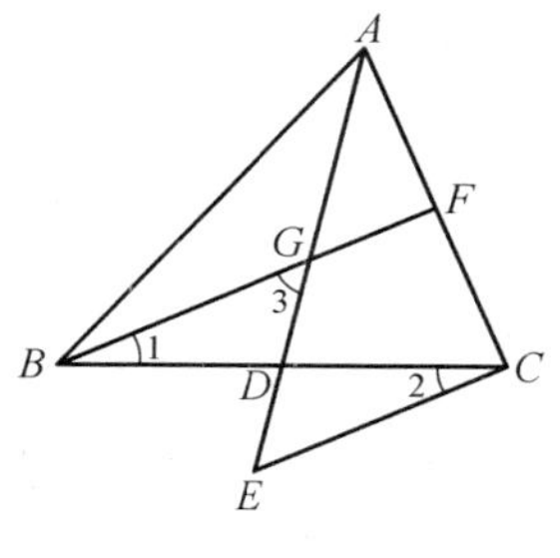

图 2

易错点　在证明过程中易出现“因为 $AF = FC$，所以 $AG = GD$”的错误，导致此种错误的原因是没有弄清已知的平行两边所在的三角形.

变式与引申　如图3,已知 AD 是 $\triangle ABC$ 的中线,E 为 AD 的中点,BE 的延长线交 AC 于点 F,求证:$AF=\frac{1}{3}AC$.

证明　如图4,过点 D 作 $DH \parallel BF$ 交 AC 于点 H.

因为 $BD=CD$,$DH \parallel BF$,所以 $FH=CH$.

同理,$AF=FH$.所以 $AF=FH=CH$,得 $AF=\frac{1}{3}AC$.

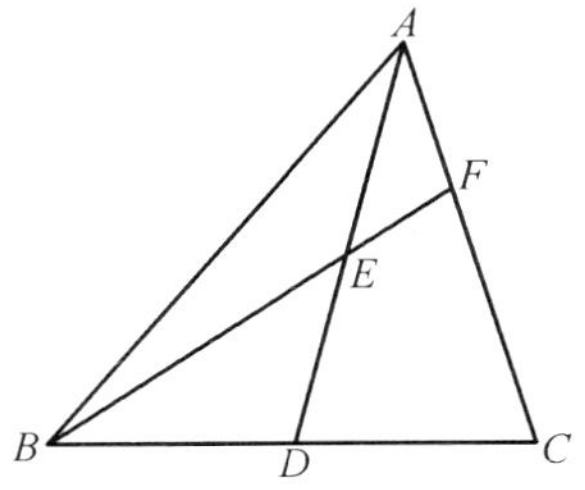

图 3

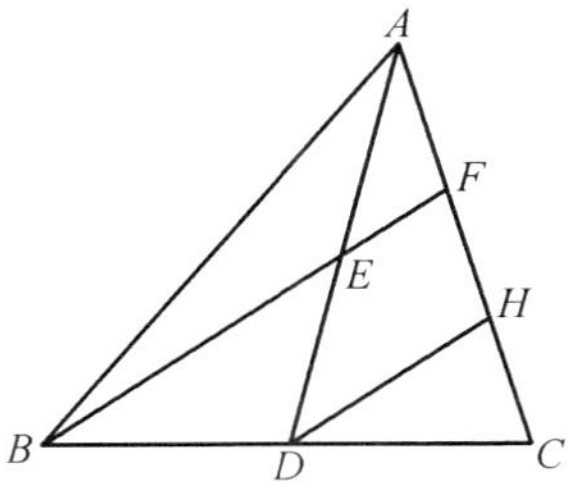

图 4

如何作已知三角形内接正方形　如图5,先靠着 $\angle A$ 摆一个小正方形 $DEFG$,可惜点 F 没在边 BC 上,再按照比例关系放大,即可得已知 $\triangle ABC$ 的内接正方形 $HIJK$.

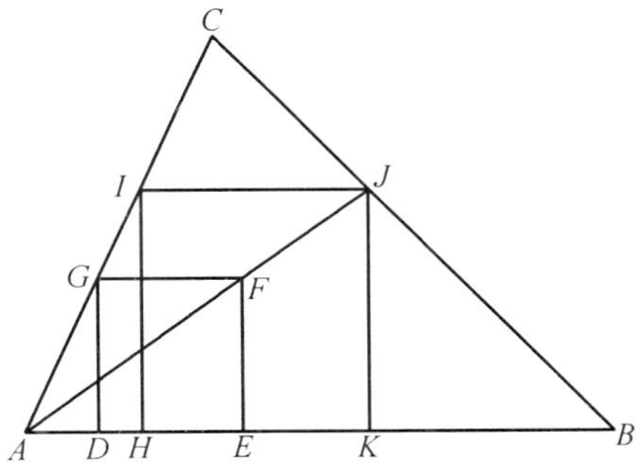

图 5

证明　由作法知,有矩形 $HIJK$(因为它有三个角是直角),又 $\frac{IJ}{GF}=\frac{AJ}{AF}=\frac{JK}{FE}$,$GF=FE$,所以 $IJ=JK$.得正方形 $HIJK$.

题型二:相似三角形的判定及性质

例2　如图6,在 $\triangle ABC$ 中,$\angle BAC=90°$,$AD \perp BC$ 于点 D,E 是 AC 的中点,联结 ED 并延长与 AB 的延长线交于点 F.求证:$AB:AC=DF:AF$.

点拨　由题设知,$AB:AC=BD:AD$,转化为证明 $BD:AD=DF:AF$,

这只需证明 $\triangle ADF \backsim \triangle DBF$.

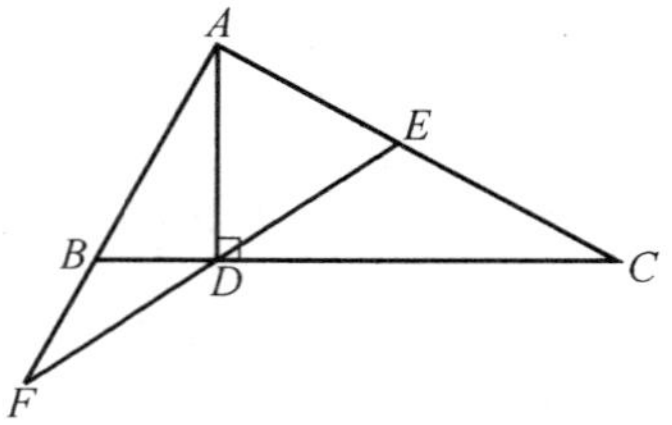

图 6

解析　如图 6,因为 $\angle BAC = 90°$,$AD \perp BC$,所以 $\angle C = \angle BAD$,$Rt\triangle ADB \backsim Rt\triangle CAB$.

所以 $AB : AC = BD : AD$.

又 E 是 AC 的中点,所以 $AE = DE = EC$.

所以 $\angle DAE = \angle ADE$,$\angle BAD = \angle BDF$.

又 $\angle F = \angle F$,所以 $\triangle FDB \backsim \triangle FAD$.

所以 $BD : AD = DF : AF$,得 $AB : AC = DF : AF$.

易错点　易出现强行证明 $\triangle ABC \backsim \triangle DFA$ 的错误,原因是未弄清三角形相似对应边成比例的必要条件.

变式与引申　如图 7,在 $\triangle ABC$ 中,D 是 AB 的中点,P 为 BC 延长线上一点,且 $\angle CAP = \angle B$,DP 与 AC 交于点 E. 求证:$PA^2 : PC^2 = AE : EC$.

证明　如图 8,过点 C 作 $CF \parallel AB$ 交 DP 于点 F.

由 $CF \parallel AB$ 得 $\frac{PB}{PC} = \frac{BD}{CF}$,$\frac{AD}{CF} = \frac{AE}{EC}$.

而 $AD = BD$,所以 $\frac{PB}{PC} = \frac{AE}{EC}$.

又因为 $\angle CAP = \angle B$,$\angle CAP = \angle APB$,所以 $\triangle CAP \backsim \triangle ABP$.

所以 $\frac{PC}{PA} = \frac{PA}{PB}$,$PA^2 = PC \cdot PB$.

所以 $PA^2 : PC^2 = PB \cdot PC : PC^2 = PB : PC = AE : EC$.

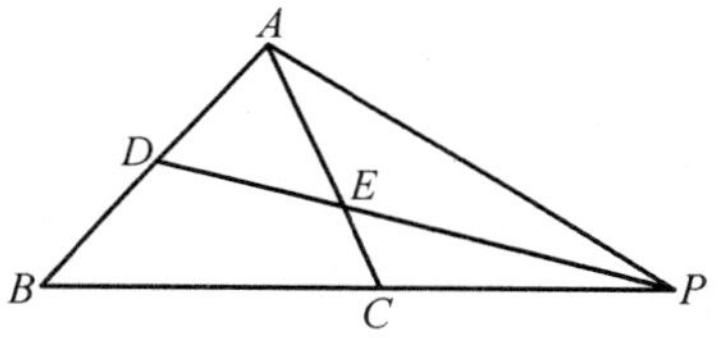

图 7

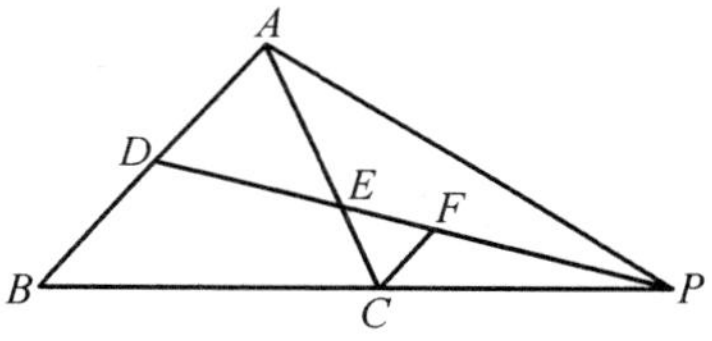

图 8

题型三:直角三角形的射影定理

例 3　如图 9,在 $\triangle ABC$ 中,$\angle ACB = 90°$,$CD \perp AB$ 于点 D,$DE \perp AC$ 于点 E,$DF \perp BC$ 于点 F. 求证:$CD^3 = AE \cdot BF \cdot AB$.

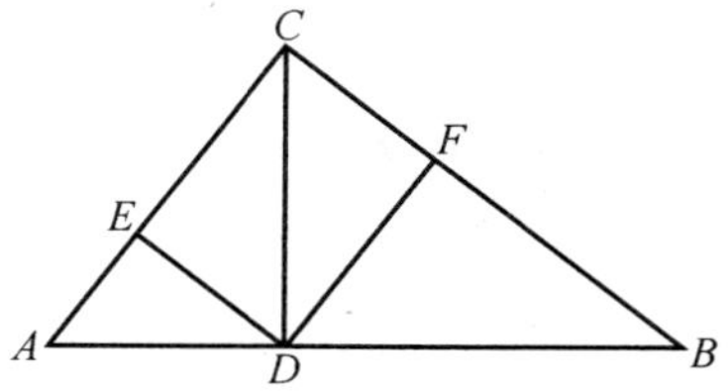

图 9

点拨　$\left.\begin{array}{l}\angle ACB = 90°\\ CD \perp AB\end{array}\right\} \rightarrow CD^2 = AD \cdot DB \rightarrow CD^3 = AE \cdot BF \cdot AB$.

解析　如图 9,由 $\angle BCA = 90°$,$CD \perp BA$,得 $CD^2 = AD \cdot DB$.

又因为 $DE \perp AC$，$DF \perp BC$，所以 $AD^2 = AE \cdot AC$，$BD^2 = BF \cdot BC$.

所以 $CD^4 = AD^2 \cdot BD^2 = AE \cdot AC \cdot BF \cdot BC = AE \cdot BF \cdot AC \cdot BC$.

而 $S_{\triangle ABC} = \frac{1}{2}AC \cdot BC = \frac{1}{2}AB \cdot CD$，所以 $CD^4 = AE \cdot BF \cdot AB \cdot CD$，即 $CD^3 = AE \cdot BF \cdot AB$.

易错点　在解答过程中易出现比例式应用混乱的情况，导致此种错误的原因是对比例的基本性质理解不清晰.

变式与引申　如图 10，在 Rt$\triangle ABC$ 中有内接正方形 $DEFG$，点 D，G 分别在边 AB，AC 上，点 E，F 在斜边 BC 上，求证：$EF^2 = BE \cdot CF$.

证明　如图 11，过点 A 作 $AH \perp BC$ 于点 H，得 $DE \parallel AH \parallel GF$.

所以 $\frac{DE}{AH} = \frac{BE}{BH}$，$\frac{GF}{AH} = \frac{FC}{CH}$.

因为 $\frac{DE \cdot GF}{AH^2} = \frac{BE \cdot CF}{BH \cdot CH}$，$AH^2 = BH \cdot CH$，$DE \cdot GF = BE \cdot FC$，又 $DE = GF = EF$，所以 $EF^2 = BE \cdot CF$.

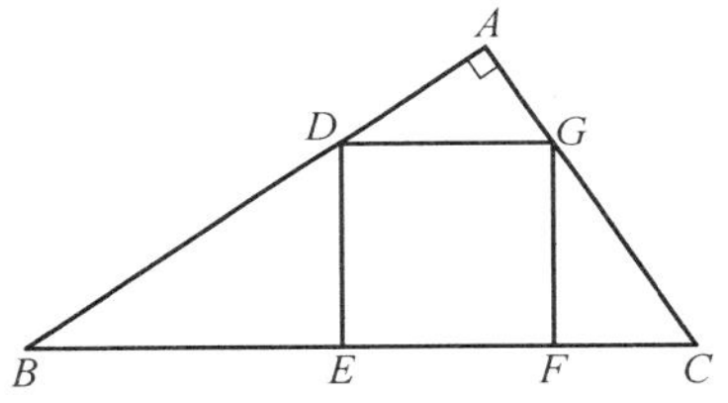

图 10

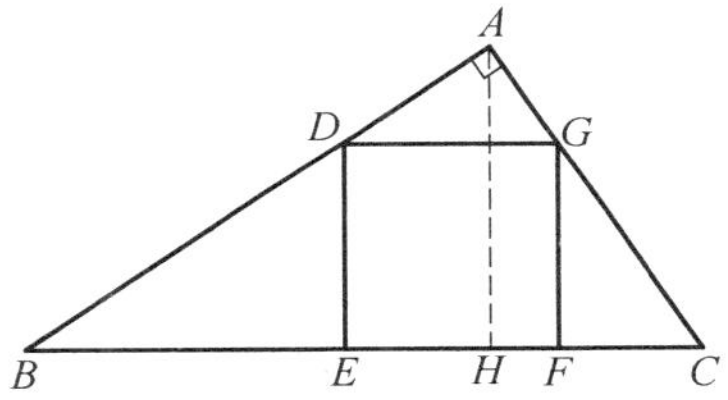

图 11

题型四：圆周角定理

例 4 如图 12，$\triangle ABC$ 的角平分线 AD 的延长线交它的外接圆于点 E.

(1) 证明：$\triangle ABE \backsim \triangle ADC$；

(2) 若 $\triangle ABC$ 的面积 $S = \frac{1}{2}AD \cdot AE$，求 $\angle BAC$ 的大小.

点拨　(1) 由角平分线证 $\angle BAE = \angle CAD \rightarrow$ 由圆周角定理的推论证 $\angle AEB = \angle ACD \rightarrow$ 由两角相等证两三角形相似.

(2) 由两三角形相似得 $AB \cdot AC = AD \cdot AE \rightarrow$ 由 $S = \frac{1}{2}AB \cdot AC\sin\angle BAC$ 与 $S = \frac{1}{2}AD \cdot AE$ 得 $\sin\angle BAC = 1 \rightarrow$ 得 $\angle BAC$ 的大小.

解析　(1) 如图 12，由题设可得 $\angle BAE = \angle CAD$. 因为 $\angle AEB$ 与 $\angle ACB$ 是同弧上的圆周角，所以 $\angle AEB = \angle ACB$，得 $\triangle ABE \backsim \triangle ADC$.

(2) 因为 $\triangle ABE \backsim \triangle ADC$，所以 $\frac{AB}{AE} = \frac{AD}{AC}$，$AB \cdot AC = AD \cdot AE$.

又 $S=\frac{1}{2}AB\cdot AC\sin\angle BAC$，且 $S=\frac{1}{2}AD\cdot AE$，所以

$$AB\cdot AC\sin\angle BAC=AD\cdot AE$$

所以 $\sin\angle BAC=1$，可得 $\angle BAC=90^{\circ}$.

易错点 在解答过程中易出现等量转化不到位的情况，导致此种错误的原因是对圆周角、圆心角、弧、弦之间的等量关系认识模糊.

变式与引申 如图13，$\triangle ABC$ 内接于圆 O，高 AD，BE 交于点 H，AD 的延长线交圆 O 于点 F，求证：$BF=BH$.

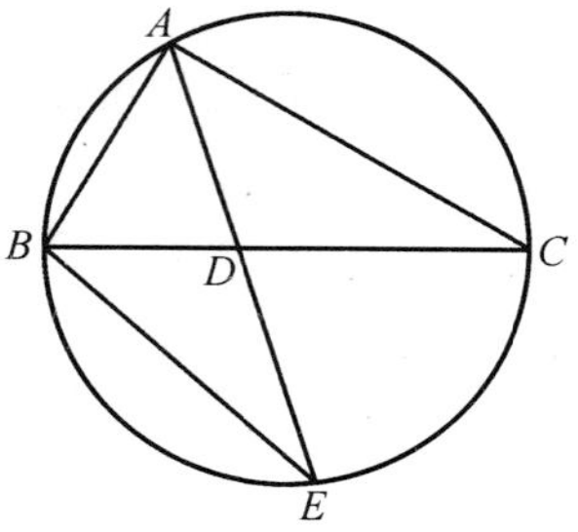

图 12

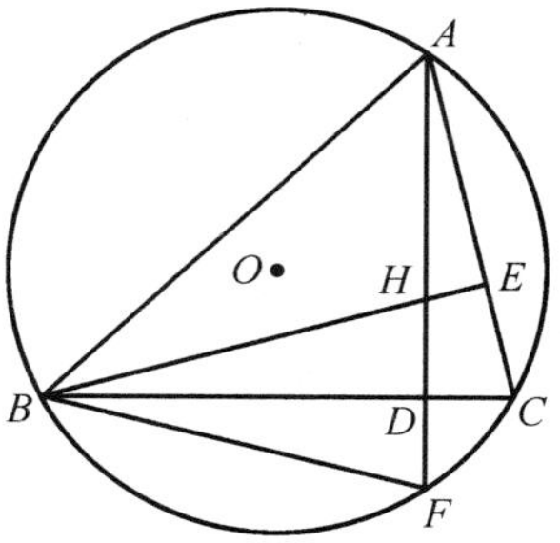

图 13

证明 由 $BE\perp AC$，$AD\perp BC$，得 $\angle AHE=\angle C$.

由 $\angle AHE=\angle BHF$，$\angle F=\angle C$，得 $\angle BHF=\angle F$，所以 $BF=BH$.

题型五：圆内接四边形的性质与判定

例5 如图14，E,F,G,H 分别是菱形 $ABCD$ 各边的中点，对角线 AC，BD 交于点 O，求证：E,F,G,H 四点共圆.

点拨 如图15，联结 EF，FG，GH，$HE\to\begin{Bmatrix}EF\parallel AC\\EH\parallel BD\end{Bmatrix}\to\angle HEF=\angle FGH=90^{\circ}\to E,F,G,H$ 四点共圆.

解析 如图15，联结 EF，FG，GH，HE.

因为 E，F 分别是 AB，AC 的中点，所以 $EF\parallel AC$. 同理 $EH\parallel BD$.

所以 $\angle HEF=\angle AOB$.

因为 $AC\perp BD$，所以 $\angle HEF=90^{\circ}$. 同理 $\angle FGH=90^{\circ}$.

所以 $\angle HEF+\angle FGH=180^{\circ}$，$E,F,G,H$ 四点共圆.

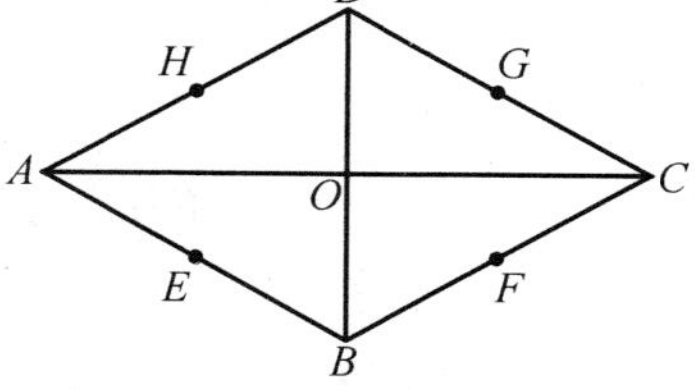

图 14

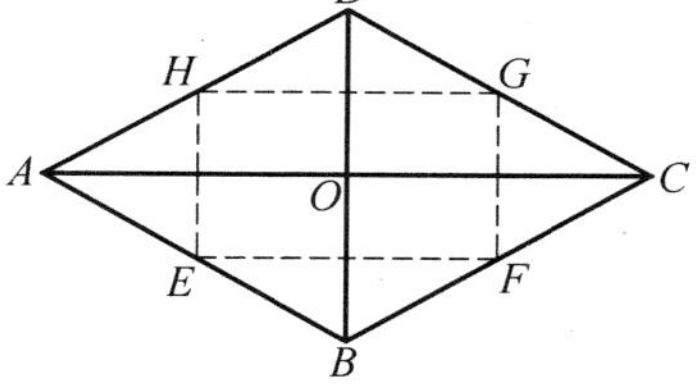

图 15

易错点 在证明过程中,如果能够正确使用“同理”,可简化证明过程.但“同理”不能乱用.

变式与引申 如图16,在$\triangle ABC$中,E,D,F分别为AB,BC,CA的中点,$AP\perp BC$于点P,求证:E,D,P,F四点共圆.

证明 如图17,联结PF.因为$AP\perp BC$,F为AC的中点,所以$PF=\frac{1}{2}AC$.

因为$FC=\frac{1}{2}AC$,所以$PF=FC$,$\angle CPF=\angle C$.

因为E,D,F分别为AB,BC,CA的中点,所以$EF\parallel CD$,$ED\parallel FC$,得平行四边形$EDCF$.

所以$\angle FED=\angle C$,$\angle FPC=\angle FED$.

所以E,D,P,F四点共圆.

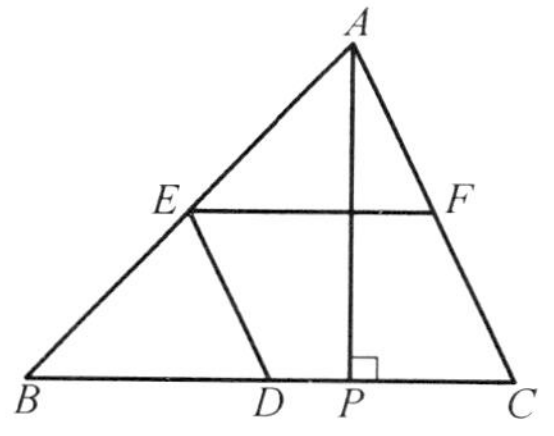

图16

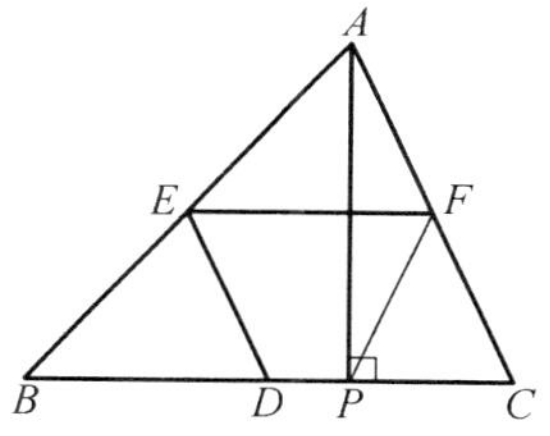

图17

题型六:圆的切线的性质及判定

例6 如图18,已知D是$\triangle ABC$的边AC上的一点,且$AD=2DC$,$\angle C=45°$,$\angle ADB=60°$,求证:AB是$\triangle BCD$外接圆的切线.

点拨 如图19,联结$OB,OC,OD\rightarrow\angle BOD=90°\rightarrow\angle OBC=\angle OCB=30°\rightarrow\angle ABO=90°\rightarrow$结论.

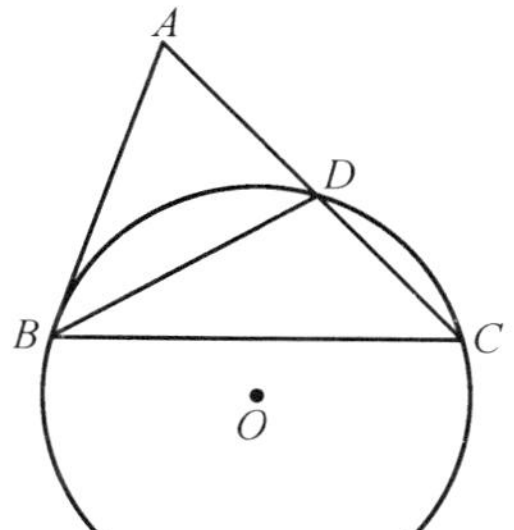

图18

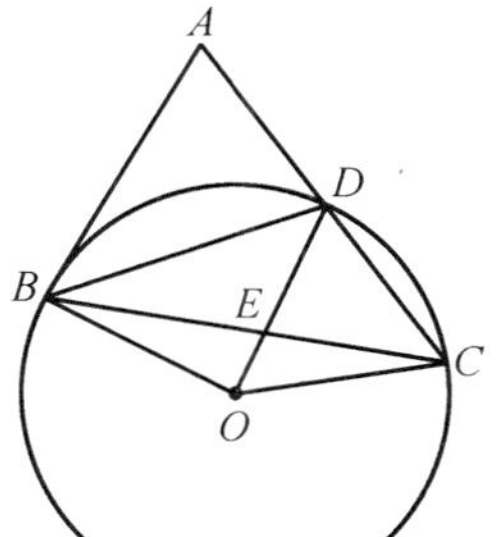

图19

解析 如图19,联结OB,OC,OD,OD交BC于点E.

因为 $\angle DCB$ 是$\overset{\frown}{BD}$ 所对的圆周角，$\angle BOD$ 是$\overset{\frown}{BD}$ 所对的圆心角，$\angle BCD=45^\circ$，所以 $\angle BOD=90^\circ$.

因为 $\angle ADB$ 是 $\triangle BCD$ 的一个外角，所以 $\angle DBC=\angle ADB-\angle ACB=60^\circ-45^\circ=15^\circ$，所以 $\angle DOC=2\angle DBC=30^\circ$，从而 $\angle BOC=120^\circ$.

因为 $OB=OC$，所以 $\angle OBC=\angle OCB=30^\circ$.

在 $\triangle OCE$ 中，因为 $\angle COE=\angle ECO=30^\circ$，所以 $OE=EC$.

在 $\triangle BOE$ 中，因为 $\angle BOE=90^\circ$，$\angle EBO=30^\circ$，所以 $BE=2OE=2EC$.

所以$\frac{CE}{BE}=\frac{CD}{AD}=\frac{1}{2}$，所以 $AB \parallel OD$，$\angle ABO=90^\circ$，AB 是 $\triangle BCD$ 外接圆的切线.

易错点　在解答过程中易出现角度之间转化混乱的情况，导致此种错误的原因是解题思路不清晰.

变式与引申　如图 20，在 $\triangle ABC$ 中，$AC=BC=10$，$AB=12$，以 BC 为直径作圆 O 交 AB 于点 D，交 AC 于点 G. $DF\perp AC$ 于点 F，交 CB 的延长线于点 E.

(1) 求证：直线 EF 与圆 O 相切；

(2) 求 $\sin\angle E$ 的值.

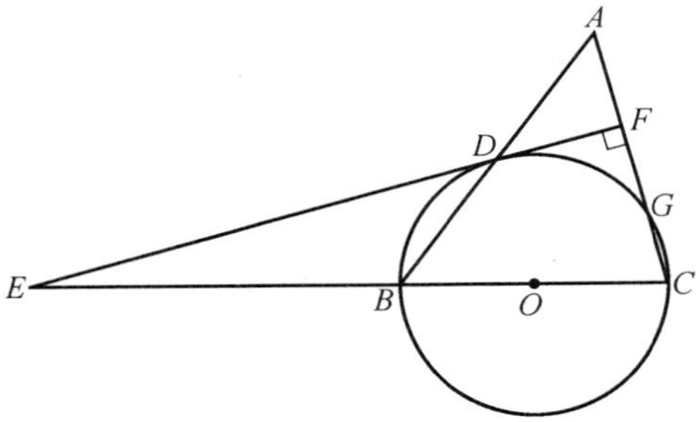

图 20

解　(1) 如图 21，联结 OD，CD. 由 BC 是圆 O 的直径，得 $CD\perp AB$.

因为 $AC=BC$，所以 D 是 AB 的中点，又因为 O 是 CB 的中点，所以 $OD \parallel AC$.

因为 $DF\perp AC$，所以 $OD\perp EF$，所以直线 EF 与圆 O 相切.

(2) 如图 21，联结 BG. 因为 BC 是圆 O 的直径，所以 $\angle BGC=90^\circ$.

在 $\mathrm{Rt}\triangle ACD$ 中，$CD^2=AC^2-AD^2=10^2-6^2=8^2$，$CD=8$.

因为 $AB\cdot CD=2S_{\triangle ABC}=AC\cdot BG$，所以 $BG=\frac{AB\cdot CD}{AC}=\frac{12\cdot 8}{10}=\frac{48}{5}$.

在 $\mathrm{Rt}\triangle BCG$ 中，$CG^2=BC^2-BG^2=10^2-\left(\frac{48}{5}\right)^2=\left(\frac{14}{5}\right)^2$，$CG=\frac{14}{5}$.

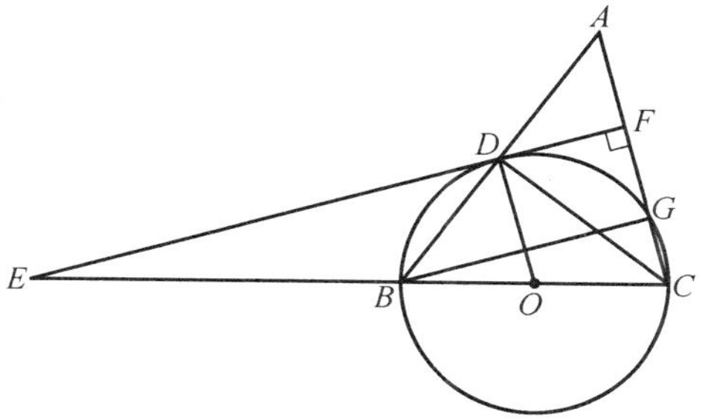

图 21

因为 $BG \perp AC$，$DF \perp AC$，所以 $BG \parallel EF$，$\angle E=\angle CBG$.

得 $\sin\angle E=\sin\angle CBG=\dfrac{CG}{BC}=\dfrac{\frac{14}{5}}{10}=\dfrac{7}{25}$.

题型七：弦切角的性质

例 7　如图 22，PA，PB 是圆 O 的切线，点 C 在 $\overset{\frown}{AB}$ 上，$CD \perp AB$，$CE \perp PA$，$CF \perp PB$，垂足分别为 D，E，F，求证：$CD^2=CE \cdot CF$.

点拨　如图 22，联结 CA，CB.

$$\left.\begin{cases}\angle CAP=\angle CBA\\ \angle CBP=\angle CAB\end{cases}\right\}\rightarrow\left.\begin{cases}\mathrm{Rt}\triangle CAE \backsim \mathrm{Rt}\triangle CBD\\ \mathrm{Rt}\triangle CBF \backsim \mathrm{Rt}\triangle CAD\end{cases}\right\}\rightarrow\frac{CE}{CD}=\frac{CD}{CF}\rightarrow \text{结论}$$

解析　如图 22，联结 CA，CB. 因为 PA，PB 是圆 O 的切线，所以 $\angle CAP=\angle ABC$，$\angle CBP=\angle BAC$.

又 $CD \perp AB$，$CE \perp PA$，$CF \perp PB$，所以 $\mathrm{Rt}\triangle CAE \backsim \mathrm{Rt}\triangle CBD$，$\mathrm{Rt}\triangle CBF \backsim \mathrm{Rt}\triangle CAD$.

所以 $\dfrac{CA}{CB}=\dfrac{CE}{CD}$，$\dfrac{CB}{CA}=\dfrac{CF}{CD}$，得 $\dfrac{CE}{CD}=\dfrac{CD}{CF}$，即 $CD^2=CE \cdot CF$.

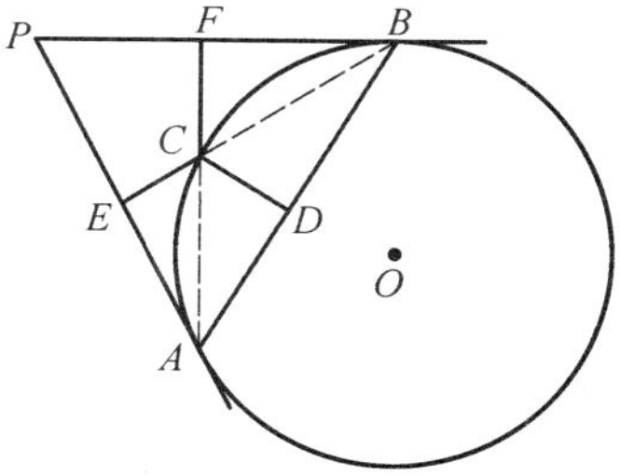

图 22

易错点　在解答过程中易出现比例式不好找到的情况，导致此种错误的原因是没有找到合适的相似三角形.

变式与引申　如图 23，AD 是 $\triangle ABC$ 的角平分线，经过点 A，D 的圆 O 与 BC 切于点 D，且 AB，AC 与圆 O 相交于点 E，F，联结 DF.

求证：(1) $EF \parallel BC$；

(2) $DF^2=AF \cdot BE$.

证明　(1) 如图 23，因为圆 O 与 BC 切于点 D，所以 $\angle CAD=\angle CDF$.
因为 AD 是 $\triangle ABC$ 的角平分线，所以 $\angle BAD=\angle CAD$.
又因为 $\angle BAD=\angle EFD$，所以 $\angle EFD=\angle CDF$，得 $EF \parallel BC$.

(2) 如图 24，联结 DE. 因为圆 O 与 BC 切于点 D，所以 $\angle BAD=\angle BDE$. 由(1) 可得 $\angle BDE=\angle FAD$.

又因为四边形 $AEDF$ 内接于圆 O，所以 $\angle BED=\angle AFD$.

所以 $\triangle BED \backsim \triangle DFA$，得 $\dfrac{DE}{AF}=\dfrac{BE}{DF}$.

又因为 $\angle BAD=\angle CAD$，所以 $DE=DF$，得 $DF^2=AF\cdot BE$.

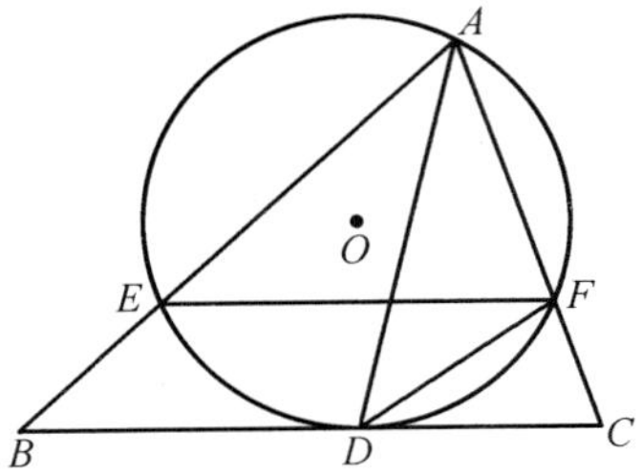

图 23

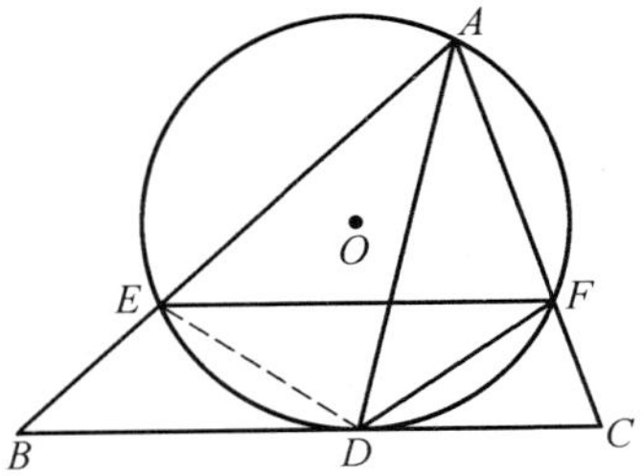

图 24

题型八：与圆有关的比例线段

例 8 如图 25，AB 是圆 O 的直径，C 是圆 O 上一点，过点 C 的切线与过 A，B 两点的切线分别交于点 E，F，AF 与 BE 交于点 P. 求证：$\angle EPC=\angle EBF$.

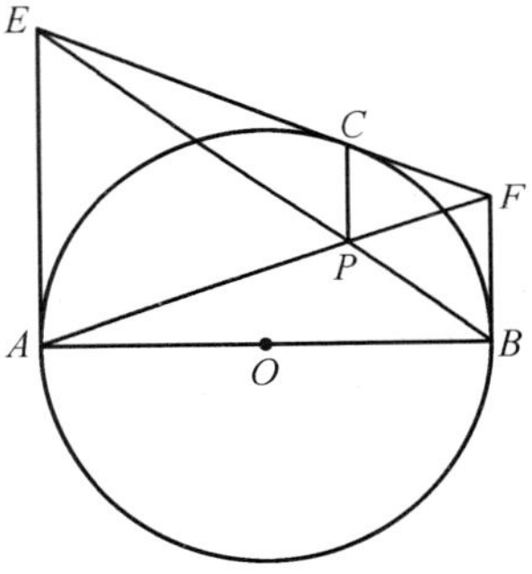

图 25

点拨 由切线 $\rightarrow \left\{\begin{array}{l} EA=EC \\ FC=FB \end{array}\right\} \rightarrow \dfrac{EC}{FC}=\dfrac{EP}{BP} \rightarrow$ $CP \parallel FB \rightarrow$ 结论.

解析 因为 EA，EF，FB 是圆 O 的切线，所以 $EA=EC$，$FC=FB$.

因为 EA，FB 切圆 O 于点 A，B，AB 是圆 O 的直径，所以 $EA\perp AB$，$FB\perp AB$.

所以 $EA \parallel FB$，$\dfrac{EA}{BF}=\dfrac{EP}{BP}$，$\dfrac{EC}{FC}=\dfrac{EP}{BP}$.

所以 $CP \parallel FB$，$\angle EPC=\angle EBF$.

易错点 在解答过程中易出现列不出比例式的情况，导致此种错误的原因是没有找到对应的相似三角形.

变式与引申 如图 26，AB 是圆 O 的直径，C 是 AB 延长线上的一点，CD 是圆 O 的切线，D 为切点，过点 B 作圆 O 的切线交 CD 于点 E. 若 $AB=CD=2$，求 CE 的长.

解 如图 27，由切割线定理，得

$$CD^2 = CB \cdot CA = CB(AB + CB)$$

$$CB^2 + 2CB - 4 = 0, CB = \sqrt{5} - 1$$

联结 OD,得 $OD \perp CD$.又 EB 与圆 O 相切,得 $EB \perp OC$.

所以 $Rt\triangle ODC \backsim Rt\triangle EBC$,得 $\frac{CE}{OC} = \frac{BC}{CD}, \frac{CE}{\sqrt{5}} = \frac{\sqrt{5}-1}{2}, CE = \frac{5-\sqrt{5}}{2}$.

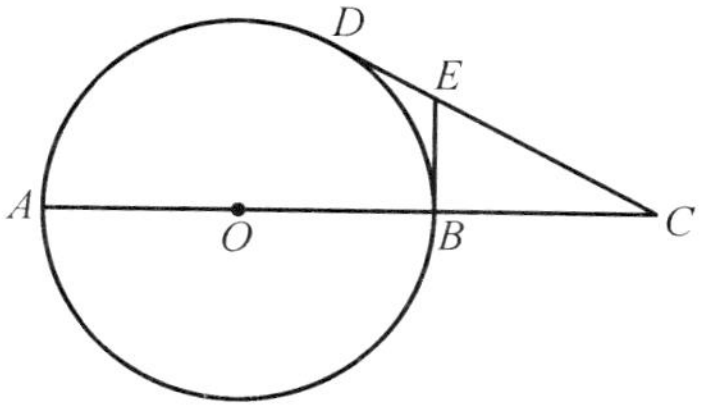

图 26

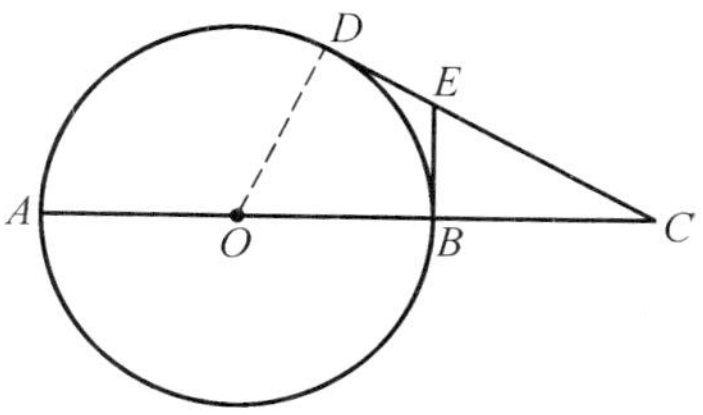

图 27

例 9 证明:过定圆(圆心为 O,其半径为 R)所在平面上一定点 P(设 $OP = d$)作直线交圆 O 于点 A,B,则 $PA \cdot PB$ 为定值(这个定值为 $|d^2 - R^2|$).

证明 当定点 P 在圆 O 外或圆 O 上时,易知成立.下面证明当定点 P 在圆 O 内时也成立.

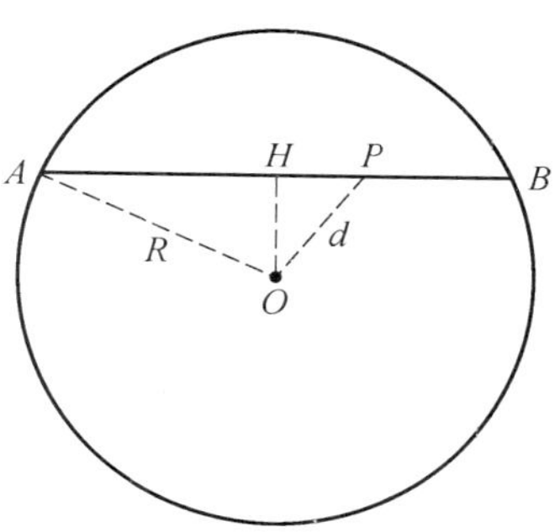

图 28

如图 28,设弦 AB 的中点是 H,可得

$$PA \cdot PB = (AH + HP)(AH - HP) =$$
$$(AH^2 + OH^2) - (PH^2 + OH^2) =$$
$$|R^2 - d^2| = R^2 - d^2$$

即欲证成立.

题型九:圆锥曲线性质的探讨

这部分内容可见《选修 4—1》第 43 ~ 52 页.

本节主要考查平面几何知识,重点包括相似三角形的判定及有关性质、直线与圆的位置关系.

点评 在高考中,本节内容一般来说,难度不会超过初中的难度,但初中这部分知识没有学透彻的同学还要重视,要彻底弄清该部分内容.还应当注意该部分知识与相关知识的联系及其综合运用.

§ 67　三角函数的图象和性质(复习课)

1. 复习

(1) 三角函数的图象和性质

三角函数	$y=\sin x$	$y=\cos x$	$y=\tan x$
图象			
定义域			
值域			
最小正周期 T			
奇偶性			
单调增区间			
单调减区间			
最大值点			
最小值点			
对称轴			
对称中心			

(2) 用五点法画函数 $y=A\sin(\omega x+\varphi)$ 的图象

问题 1　用五点法画函数 $y=3\sin\left(\frac{1}{2}x-\frac{\pi}{6}\right)$ 在一个周期上的图象.

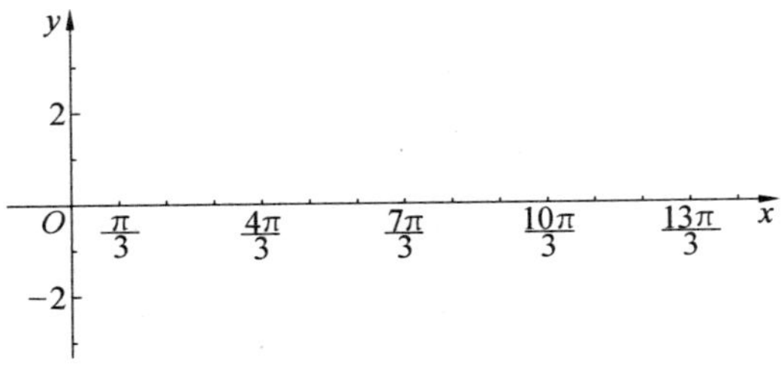

$\frac{1}{2}x-\frac{\pi}{6}$	0	$\frac{\pi}{2}$	π	$\frac{3\pi}{2}$	2π
$\sin\left(\frac{1}{2}x-\frac{\pi}{6}\right)$					
$3\sin\left(\frac{1}{2}x-\frac{\pi}{6}\right)$					

提示　应注意图象的一个端点为空.

(3) 三角函数图象的变换

问题 2　函数 $y=3\sin\left(\frac{1}{2}x-\frac{\pi}{6}\right)$ 的图象是由正弦曲线怎样变换得到的?

(4) 思考:怎样由正弦函数 $y=\sin x$ 的性质得到函数 $y=A\sin(\omega x+\varphi)(A\omega\neq 0)$ 的性质.

(5) 函数 $y=A\sin(\omega x+\varphi)(A\omega\neq 0)$ 的振幅、周期、初相.

参考答案　(5) $|A|$,$\frac{2\pi}{|\omega|}$,φ.

(6) 三角函数迭加公式:把函数 $y=a\sin x+b\cos x$ 表示成 $y=A\sin(\omega x+\varphi)$ 的形式.

问题 3　把函数 $y=\frac{1}{2}\sin x-\frac{\sqrt{3}}{2}\cos x$,$y=3\sin x+4\cos x$ 均表成 $y=A\sin(\omega x+\varphi)$ 的形式.

参考答案　$y=\sin\left(x-\frac{\pi}{3}\right)$,$y=5\sin(x+\varphi)$(其中 φ 由 $\sin\varphi=\frac{4}{5}$,$0<\varphi<\frac{\pi}{2}$ 确定).

2. 尝试

(1) 将 $y=\sin(\omega x+\varphi)(\omega>0,|\varphi|<\frac{\pi}{2})$ 的图象向左平移 $\frac{\pi}{3}$ 个单位,所得曲线的一部分如图 1 所示,则 $\omega=$________,$\varphi=$________.

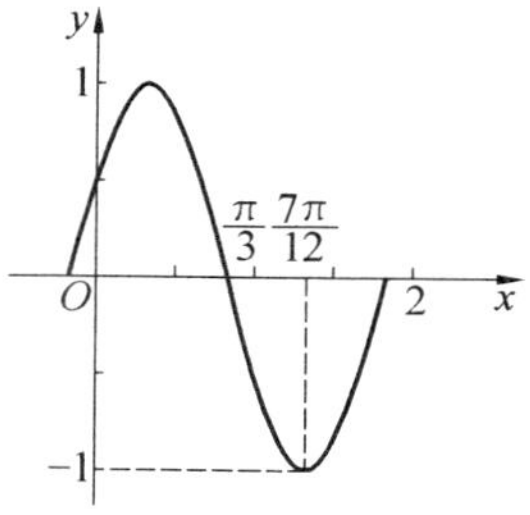

图 1

(2) 若函数 $y=\sin^4\omega x-\cos^4\omega x$ 的最小正周期是 $\frac{\pi}{2}$,则 $\omega=$________.

(3) 已知函数 $f(x)=\sin\frac{\pi x}{3}$,则 $f(1)+f(2)+f(3)+\cdots+f(2\,010)=$________.

(4) 函数 $y=2\sin\left|x-\frac{\pi}{2}\right|$ 的部分图象是(　　)

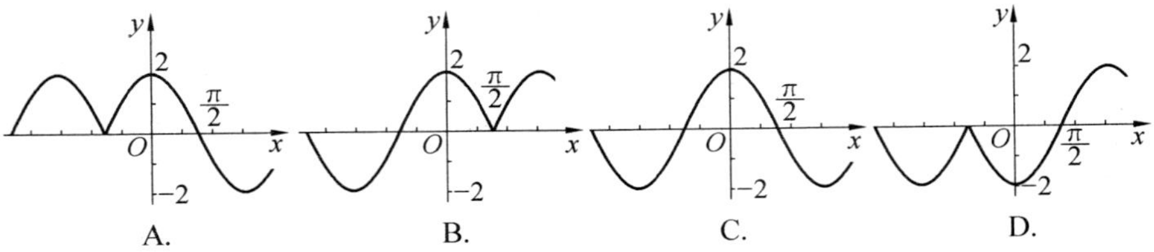

(5) 先把函数 $y=f(x)$ 的图象上的每一点纵坐标不变,横坐标扩大到原来的 2 倍;再把得到的图象向左平移 $\frac{\pi}{2}$ 个单位;最后把所得图象上的每一点横坐标不变,纵坐标扩大到原来的 2 倍. 这样,就得到了正弦曲线,则函数 $y=f(x)$ 的解析式为________.

(6) 给出下列六种变换:① 图象上的每一点纵坐标不变,横坐标缩短到原来的 $\frac{1}{2}$;② 图象上的每一点纵坐标不变,横坐标扩大到原来的 2 倍;③ 图象向右平移 $\frac{\pi}{3}$ 个单位;④ 图象向左平移 $\frac{\pi}{3}$ 个单位;⑤ 图象向右平移 $\frac{2\pi}{3}$ 个单位;⑥ 图象向左平移 $\frac{2\pi}{3}$ 个单位.

请用上述变换中的两种变换,将正弦曲线变换到函数 $y=\sin\left(\frac{x}{2}+\frac{\pi}{3}\right)$ 的图象,那么这两种变换正确的标号是________.(要求按变换的先后顺序填上你认为正确的一组即可)

(7) 已知函数 $f(x)=\cos 2x+2\sqrt{3}\sin x\cos x$.

① 求其最大值;

② 求其增区间.

(8) 已知函数 $f(x)=(\sin x+\cos x)^2+2\cos^2 x-2$.

① 求其最小正周期;

② 当 $x\in\left[\frac{\pi}{4},\frac{3\pi}{4}\right]$,求函数 $f(x)$ 的最大值和最小值.

参考答案　(1)2,$-\frac{\pi}{3}$;(2)± 2;(3)0;(4)B;(5)$y=-\frac{1}{2}\cos 2x$;(6)②⑥,或④②.(7)①2,②$\left[k\pi-\frac{\pi}{3},k\pi+\frac{\pi}{6}\right](k\in\mathbf{Z})$;(8)①π,②$\sqrt{2}$,$-1$.

3. 例题

例 1　已知函数 $f(x)=\sin(2x+\varphi)+a\cos(2x+\varphi)(a>0,0<\varphi<\pi)$

的图象关于直线 $x=\frac{\pi}{6}$ 对称，最大值为 2. 求 a,φ.

解 得$\sqrt{a^2+1}=2(a>0)$，所以 $a=\sqrt{3}$，$f(x)=2\sin\left(2x+\varphi+\frac{\pi}{3}\right)$，得 $2\cdot\frac{\pi}{6}+\varphi+\frac{\pi}{3}=k\pi+\frac{\pi}{2}(k\in\mathbf{Z})$，又 $0<\varphi<\pi$，所以 $\varphi=\frac{5}{6}\pi$.

例 2 已知函数 $f(x)=\sin^2 x+\sqrt{3}\sin x\cos x+2\cos^2 x$.

(1) 求其最大值；

(2) 函数 $f(x)$ 的图象可由余弦曲线经过怎样的变换得到？

解 (1) 先得 $f(x)=\sin\left(2x+\frac{\pi}{6}\right)+\frac{3}{2}$，所以最大值为$\frac{5}{2}$.

(2) $y=\cos x=\sin\left(x+\frac{\pi}{2}\right)\xrightarrow{\text{向右平移}\frac{\pi}{3}\text{个单位}}$

$y=\sin\left(x+\frac{\pi}{6}\right)\xrightarrow{\text{横坐标缩短到原来的}\frac{1}{2}}$

$y=\sin\left(2x+\frac{\pi}{6}\right)\xrightarrow{\text{向上平移}\frac{3}{2}\text{个单位}}$

$y=\sin\left(2x+\frac{\pi}{6}\right)+\frac{3}{2}$.

例 3 已知函数 $y=A\sin(\omega x+\varphi)(A>0,\omega>0,0\leqslant\varphi<2\pi)$ 的图象的一个最高点的坐标为$\left(-\frac{\pi}{3},2\right)$，与其相邻的一个对称中心的坐标是$\left(-\frac{\pi}{12},0\right)$，求该函数的解析式.

解 $$y=2\sin\left(2x+\frac{7}{6}\pi\right)=-2\sin\left(2x+\frac{\pi}{6}\right)$$

注 条件"$(A>0,\omega>0,0\leqslant\varphi<2\pi)$"是多余的.

例 4 设 $\boldsymbol{a}=(2\cos x,1)$，$\boldsymbol{b}=(\cos x,\sqrt{3}\sin 2x)$，$f(x)=\boldsymbol{a}\cdot\boldsymbol{b}$.

(1) 若 $f(x)=1-\sqrt{3}$，$x\in\left[-\frac{\pi}{3},\frac{\pi}{3}\right]$，求 x；

(2) 若函数 $y=2\sin 2x$ 的图象按向量 $\boldsymbol{c}$ 平移后得到函数 $y=f(x)$ 的图象，求使$|\boldsymbol{c}|$最小的向量 $\boldsymbol{c}$ 的坐标.

解 先得 $f(x)=2\sin\left(2x+\frac{\pi}{6}\right)+1$.

(1) $x=-\frac{\pi}{4}$.

(2) 设 $\boldsymbol{c}=(m,n)$，得 $f(x)=2\sin(2x-2m)+n=2\sin\left(2x+\frac{\pi}{6}\right)+1$，所以

$n=1, -2m=\frac{\pi}{6}-2k\pi(k\in\mathbf{Z})$，得 $m=k\pi-\frac{\pi}{12}(k\in\mathbf{Z})$. 又 $|\boldsymbol{c}|$ 最小 $\Leftrightarrow |m|$ 最小 $\Leftrightarrow m=-\frac{\pi}{12}$，所以 $\boldsymbol{c}=\left(-\frac{\pi}{12},1\right)$.

例 5　已知函数 $y=A\sin(\omega x+\varphi)+k(A>0,\omega>0,0\leqslant\varphi<2\pi)$ 的图象的一个最高点的坐标是 $\left(\frac{\pi}{6},8\right)$，与其相邻的一个最低点的坐标是 $\left(\frac{2\pi}{3},2\right)$，求该函数的解析式.

解　得 $A+k=8, -A+k=2$，所以 $A=3, k=5$. 可得 $T=2\left(\frac{2}{3}\pi-\frac{\pi}{6}\right)=\pi=\frac{2\pi}{\omega}$，所以 $\omega=2$. 可选 $2\cdot\frac{\pi}{6}+\varphi=\frac{\pi}{2}$，得 $\varphi=\frac{\pi}{6}$. 所以所求函数的解析式为 $f(x)=3\sin\left(2x+\frac{\pi}{6}\right)+5$.（读者是否注意到题中的条件"$A>0,\omega>0,0\leqslant\varphi<2\pi$"是多余的？）

例 6　函数 $f(x)=A\cos^2(\omega x+\varphi)+1\left(A>0,\omega>0,|\varphi|<\frac{\pi}{2}\right)$ 的最大值为 3，其图象的纵截距为 2，其相邻两对称轴间的距离为 1，则 $f(1)+f(2)+\cdots+f(100)=$________.

解　$f(x)=A\cos^2(\omega x+\varphi)+1=\cos(2\omega x+2\varphi)+2$，所以 $T=2\times1=\frac{2\pi}{2\omega}$，得 $2\omega=\pi$，$f(x)=\cos(\pi x+2\varphi)+2$.

由 $f(0)=2$，得 $\cos 2\varphi=0$，$2\varphi=k\pi+\frac{\pi}{2}(k\in\mathbf{Z})$. 又 $|2\varphi|<\pi$，所以 $2\varphi=\pm\frac{\pi}{2}$，$f(x)=\cos\left(\pi x\pm\frac{\pi}{2}\right)+2=2\mp\sin\pi x$. 得 $f(1)+f(2)+\cdots+f(100)=2\times100=200$.

4. 巩固

(1) 函数 $f(x)=\sqrt{3}\sin 3x+\cos 3x$ 的图象与 x 轴正半轴第一个交点的横坐标为（　　）

A. $\frac{\pi}{9}$　　B. $\frac{5\pi}{18}$　　C. $\frac{4\pi}{9}$　　D. $\frac{11\pi}{18}$

(2) 函数 $y=\cos^2\left(x+\frac{\pi}{4}\right)$ 的奇偶性是（　　）

A. 是奇函数　　B. 是偶函数

C. 既是奇函数又是偶函数　　D. 既不是奇函数也不是偶函数

(3)(2008·江西·文 6) 函数 $f(x)=\dfrac{\sin x}{\sin x+2\sin\frac{x}{2}}$ 是(　　)

A. 以 4π 为周期的偶函数　　B. 以 2π 为周期的奇函数

C. 以 2π 为周期的偶函数　　D. 以 4π 为周期的奇函数

(4) 函数 $f(x)=A\sin(\omega x+\varphi)(A>0,\omega>0,|\varphi|<\frac{\pi}{2})$ 满足 $f(1)=0$，则(　　)

A. $f(x-1)$ 是偶函数　　B. $f(x-1)$ 是奇函数

C. $f(x+1)$ 是偶函数　　D. $f(x+1)$ 是奇函数

(5) 已知函数 $f(x)=-4\sin^2 x+4\cos x+1-a$，当 $x\in\left[-\frac{\pi}{4},\frac{2\pi}{3}\right]$ 时，$f(x)=0$ 恒有解，则 a 的取值范围是(　　)

A. $[-8,0]$　　B. $[-4,5]$　　C. $[-3,5]$　　D. $[-3,2\sqrt{2}-1]$

(6) 已知函数 $f(x)=2\sin\left(\frac{\pi}{2}x+\frac{\pi}{5}\right)$，若对任意的 $x\in\mathbf{R}$ 都有 $f(x_1)\leqslant f(x)\leqslant f(x_2)$ 成立，则 $|x_1-x_2|$ 的最小值为(　　)

A. 4　　B. 2　　C. 1　　D. $\frac{1}{2}$

(7) 函数 $f(x)=\sin\frac{2}{3}x+\cos\left(\frac{2}{3}x-\frac{\pi}{6}\right)$ 的图象相邻两条对称轴之间的距离是(　　)

A. 3π　　B. $\frac{3\pi}{2}$　　C. $\frac{4\pi}{3}$　　D. $\frac{2\pi}{3}$

(8) 若偶函数 $f(x)$ 在 $[-1,0]$ 上是减函数，α,β 是某锐角三角形的两个不等内角，则(　　)

A. $f(\cos\alpha)>f(\cos\beta)$　　B. $f(\sin\alpha)>f(\cos\beta)$

C. $f(\sin\alpha)>f(\sin\beta)$　　D. $f(\cos\alpha)>f(\sin\beta)$

(9)(2008·重庆·理 10) 函数 $f(x)=\dfrac{\sin x-1}{\sqrt{3-2\cos x-2\sin x}}(0\leqslant x\leqslant 2\pi)$ 的值域是(　　)

A. $\left[-\frac{\sqrt{2}}{2},0\right]$　　B. $[-1,0]$　　C. $[-\sqrt{2},0]$　　D. $[-\sqrt{3},0]$

(10) 函数 $f(x)=\sin^4 x-\sin x\cos x+\cos^4 x$ 的值域为________.

(11)(2008·北京·理 13，文 14) 已知函数 $f(x)=x^2-\cos x$ 对于 $\left[-\frac{\pi}{2},\frac{\pi}{2}\right]$ 上的任意 x_1,x_2 有如下条件：① $x_1>x_2$；② $x_1^2>x_2^2$；③ $|x_1|>x_2$.

其中能使 $f(x_1)>f(x_2)$ 恒成立的条件序号是________.

(12) 以下命题**错误**的序号是________:

① 曲线 $f(x)=\tan x$ 关于点 $\left(k\pi+\frac{\pi}{2},0\right)(k\in\mathbf{Z})$ 对称;

② $f(x)=-\cos(k\pi+x)(k\in\mathbf{Z})$ 是偶函数;

③ $f(x)=\cos|x|$ 是最小正周期为 π 的周期函数;

④ 函数 $y=3|\sin x|+4|\cos x|$ 的最大值是 5;

⑤ 函数 $y=\sin^2 x-\cos x$ 的最小值是 -1.

(13)(课本题)① 求函数 $y=3\cos\left(2x-\frac{\pi}{3}\right)$ 的减区间;

② 求函数 $y=\sin\left(-3x+\frac{\pi}{4}\right)$ 的减区间.

(14)(课本题) 已知函数 $y=\sin^2 x+2\sin x\cos x+3\cos^2 x$.

① 求其最小正周期;

② 求其增区间;

③ 其图象可由曲线 $y=\sqrt{2}\sin 2x$ 经过怎样的变换得到?

(15)① 求证:$\frac{1+\sin 2\theta-\cos 2\theta}{1+\sin 2\theta+\cos 2\theta}=\tan\theta$;

② 判断函数 $f(x)=\frac{1+\sin 2x-\cos 2x}{1+\sin 2x+\cos 2x}$ 的奇偶性.

参考答案 (1)B;(2)D;(3)A;(4)D;(5)B;(6)B;(7)B;(8)B;(9)B;(10)$\left[0,\frac{9}{8}\right]$;(11)②;(12)③;(13)① $\left[k\pi+\frac{\pi}{6},k\pi+\frac{2\pi}{3}\right](k\in\mathbf{Z})$,② $\left[\frac{2}{3}k\pi-\frac{\pi}{12},\frac{2}{3}k\pi+\frac{\pi}{4}\right](k\in\mathbf{Z})$;(14)$y=\sqrt{2}\sin\left(2x+\frac{\pi}{4}\right)+2$,①$\pi$,② $\left[k\pi-\frac{3}{8}\pi,k\pi+\frac{\pi}{8}\right](k\in\mathbf{Z})$,③ 沿向量 $\left(-\frac{\pi}{8},2\right)$ 平移;(15)② 非奇非偶(因为其定义域不关于原点对称).

注 本节课是笔者在 2009 年 11 月 18 日作为十堰市教育局送教下乡骨干教师讲师团成员赴郧西县一中的讲课教学设计(两节连堂),听课者是高三学生.

§68 《空间角的求法》教学设计

教学内容 高二期末“空间角的求法”(用传统方法,即非向量的方法)复习课.

教学目标

知识目标 通过本节课的学习,使学生理解三种空间角(线线角、线面角、二面角)定义及求法.

能力目标 会根据作、证、算三个步骤熟练准确地计算三种空间角.

情感目标 欣赏数学中的转化思想和统一解决问题的方法:陌生化熟悉,复杂化简单,未知化已知.

教学重点 三种空间角的定义.

教学难点 二面角的平面角的作法.

教学过程

1. 引题

立体几何以空间角、空间距离这两类问题最为常见,本节课先学习空间角的求法.

2. 线线角(指异面直线所成的角)

应结合图形讲清定义:把两条异面直线平移到相交处,这两条相交直线所成的锐角或直角就叫作两条异面直线所成的角.

线线角的范围:$(0°,90°]$.

线线角的求法:由定义知,先把两条异面直线平移到相交处,再在三角形中用余弦定理求解(有时可在直角三角形用勾股定理和边角关系求解)(如图 1).

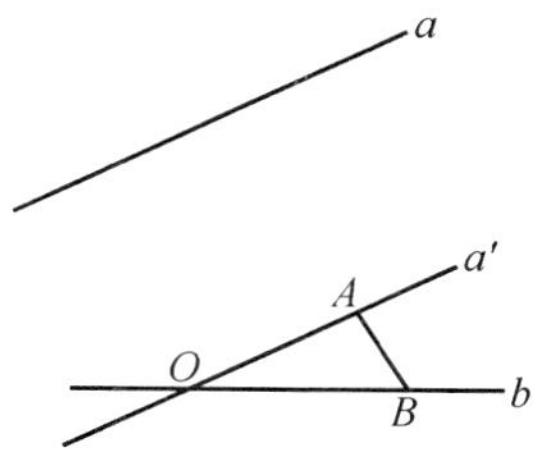

图 1

线线角的特例:90°(即异面直线垂足),若有办法证明异面直线垂直(比如用三垂线定理及其逆定理、线面垂直的性质),就立得所求线线角是 90°.

例 1 在四面体 $ABCD$ 中,$CA=CB=CD=BD=2$,$AB=AD=\sqrt{2}$,求异面直线 AB,CD 所成角的大小.

解 如图 2,设 BD,AC,BC 的中点分别为 O,M,N,在 $\triangle OMN$ 中,有

$$ON=\frac{1}{2}CD=1,NM=\frac{1}{2}AB=\frac{\sqrt{2}}{2}$$

再在 $\triangle AOC$ 中求 OM，易得 $AO=1$，$OC=\sqrt{3}$，又 $AC=2$，所以有 $\mathrm{Rt}\triangle AOC$，$OM=\dfrac{AC}{2}=1$.

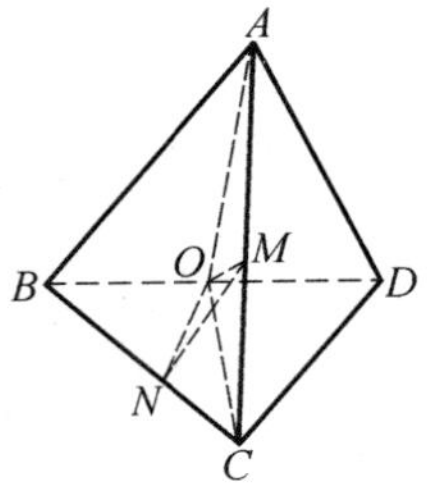

图 2

在等腰 $\triangle OMN$ 中，作底边上的高，易求得 $\cos\angle ONM=\dfrac{\sqrt{2}}{4}$，所以异面直线 AB，CD 所成角的大小是 $\arccos\dfrac{\sqrt{2}}{4}$.

例 2 （2008 · 全国 Ⅱ · 理 10）如图 3，正四棱锥 $S-ABCD$ 的八条棱长都相等，SB 的中点是 E，则异面直线 AE，SD 所成角的余弦为（　　）

A. $\dfrac{1}{3}$　　B. $\dfrac{\sqrt{2}}{3}$　　C. $\dfrac{\sqrt{3}}{3}$　　D. $\dfrac{2}{3}$

简解　如图 3，设 $AC\cap BD=O$，联结 SO，EO.

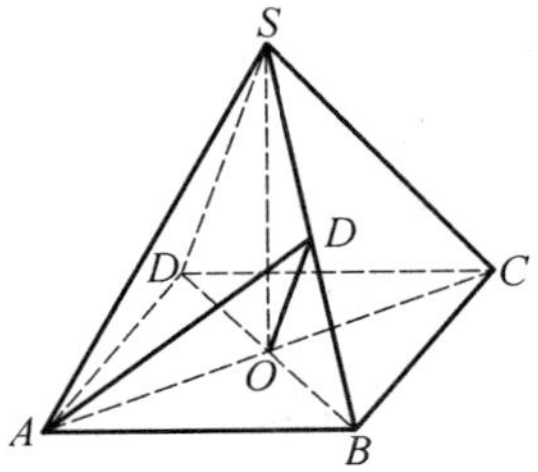

图 3

因为 $EO\parallel SD$，所以 $\angle AEO$ 及其补角中的锐角或直角就是异面直线 AE，SD 所成的角.

又 $AO\perp$ 面 SOB，所以 $\angle AOE=90°$. 可设正四棱锥 $S-ABCD$ 的八条棱长都为 2，得 $EO=1$，$AO=\sqrt{2}$，$AE=\sqrt{3}$，所以 $\cos\angle AEO=\dfrac{OE}{AE}=\dfrac{\sqrt{3}}{3}$，选 C.

注　也可在正 $\triangle SAB$ 中求得 $AE=\sqrt{3}$.

3. 线面角

先应结合图形讲清直线和平面的三种位置关系：平行、相交、直线在平面内，再针对这三种位置关系分别讲清线面角的定义：

当线面平行或直线在平面内时，我们都说直线和平面所成的角是 0°；

当线面相交时，又分垂直和斜交：若线面垂直，就说直线和平面所成的角是 90°；若直线是平面的斜线，就把这条直线和它在这个平面内的射影所成的锐角叫作这条直线和这个平面所成的角.

线面角的范围：[0°，90°].

线面角的特例：0°，90°.

线面角的求法（直线是平面的斜线时）：

方法 1　先找到斜线在平面内的射影，再由直角三角形的边角关系求解.

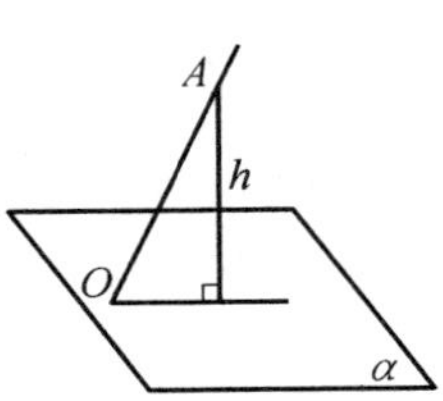

图 4

方法 2　若不容易找到斜线在平面内的射影，如图 4，只需求出平面 α 的斜线 OA 上非斜足点 O 的一点 A 到平面 α 的距离 h（有时可用等体积法），则所求线面角

$\angle AOH = \arcsin \dfrac{h}{OA}$.

例 3 (2008·福建·理 6) 如图 5, 在长方体 $ABCD - A_1B_1C_1D_1$ 中, $AB = BC = 2, AA_1 = 1$,则 BC_1 与平面 BB_1D_1D 所成角的正弦值为(　　)

A. $\dfrac{\sqrt{6}}{3}$　　B. $\dfrac{2\sqrt{5}}{5}$　　C. $\dfrac{\sqrt{15}}{5}$　　D. $\dfrac{\sqrt{10}}{5}$

简解　如图 5,设 $A_1C_1 \cap B_1D_1 = O_1$,则 $C_1O_1 \perp$ 面 BB_1D_1D, $\angle C_1BO_1$ 为所求. 由于

$$\sin \angle C_1BO_1 = \frac{\frac{1}{2}A_1C_1}{BC_1} = \frac{\sqrt{2}}{\sqrt{5}} = \frac{\sqrt{10}}{5}$$

故选 D.

例 4　如图 6,正三棱柱 $ABC - A_1B_1C_1$ 的九条棱长都相等, A_1C_1 的中点是 D,则直线 AD 与面 B_1CD 所成角的正弦值为________.

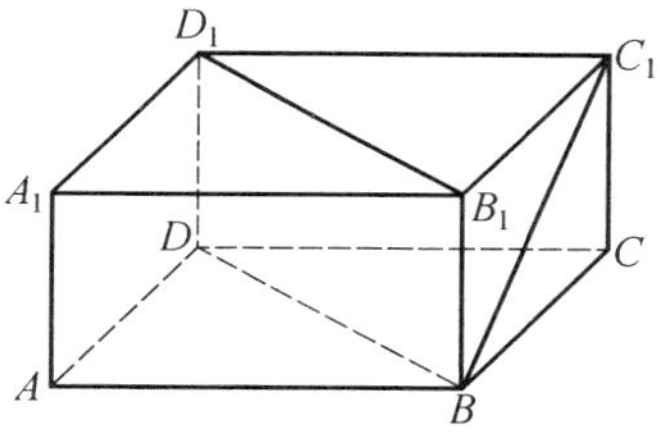

图 5

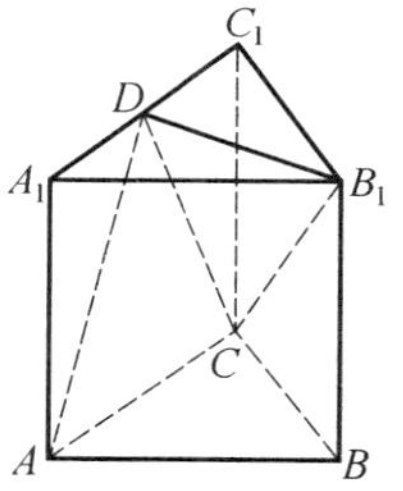

图 6

解法 1　如图 6,设正三棱柱 $ABC - A_1B_1C_1$ 的九条棱长都为 2,先用等体积法求点 A 到面 B_1CD 的距离是 h

$$V_{A-B_1CD} = V_{B_1-ACD}$$
$$S_{\triangle B_1CD}h = S_{\triangle ACD} \cdot B_1D$$
$$\frac{\sqrt{15}}{2}h = 2 \times \sqrt{3}\quad (\text{因为 } B_1D \perp \text{面 } ACC_1A_1,\text{所以 } B_1D \perp DC)$$
$$h = \frac{4}{\sqrt{5}}$$

直线 AD 与面 B_1CD 所成角的正弦值为 $\sin \alpha = \dfrac{h}{AD} = \dfrac{\frac{4}{\sqrt{5}}}{\sqrt{5}} = \dfrac{4}{5}$,所以填 $\dfrac{4}{5}$.

解法 2　如图 6,因为 $B_1D \perp$ 面 ACC_1A_1,所以面 $B_1CD \perp$ 面 ACD,作 $AH \perp CD$ 于点 H,则 $AH \perp$ 面 B_1CD,直线 DA 在面 B_1CD 上的射影是直线 DC,所求线面角是等腰三角形 ACD 的顶角 $\angle ADC$.

设正三棱柱 $ABC-A_1B_1C_1$ 的九条棱长都为2，可求得 $\sin\angle ADC=\frac{4}{5}$，所以填 $\frac{4}{5}$.

4. 二面角

二面角的平面角的定义：在二面角 $\alpha-l-\beta$ 的棱 l 上任选一点 O，分别在两个半平面 α，β 内作棱 l 的垂线（射线）OA，OB，则 $\angle AOB$ 就是二面角 $\alpha-l-\beta$ 的平面角.

二面角的范围：$[0°,180°]$.

二面角的特例：$90°$（若能得到面面垂直，就立得二面角的大小是 $90°$，就不需要通过计算求出二面角的大小）.

二面角的求法有定义法、直截面法、三垂线定理法、射影面积公式法等，下面将通过例题介绍这些求法.

例5 如图7，在正方体 $ABCD-A_1B_1C_1D_1$ 中，求二面角 $B-DC_1-C$ 的大小.

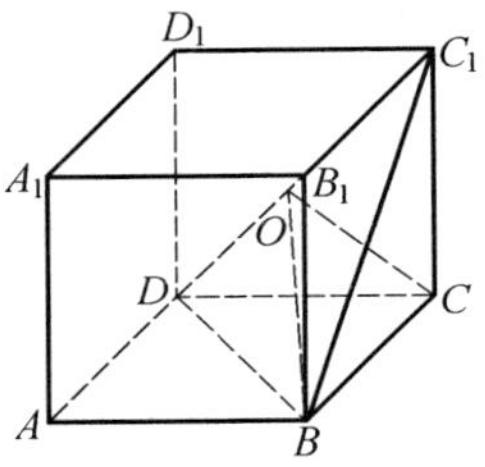

图 7

解法1 （定义法）设 DC_1 的中点是 O，由等腰三角形的"三线合一"，可得 $\angle BOC$ 为所求二面角的平面角.

设正方体 $ABCD-A_1B_1C_1D_1$ 的棱长为2，由 $\angle BCO=90°$，可得 $\angle BOC=\arctan\sqrt{2}$，所以二面角 $B-DC_1-C$ 的大小为 $\arctan\sqrt{2}$.

解法2 （三垂线定理法）因为 BC 是半平面 DCC_1 的垂线，所以若作 $CO\perp DC_1$ 于点 O（则点 O 是 DC_1 的中点），则 $BO\perp DC_1$（三垂线定理），所以 $\angle BOC$ 为所求二面角的平面角.

同解法1可求得二面角 $B-DC_1-C$ 的大小为 $\arctan\sqrt{2}$.

解法3 （射影面积公式法）因为 $BC\perp$ 面 DCC_1，所以 $\triangle DC_1B$ 在平面 DC_1C 上的射影图形是 $\triangle DC_1C$.

设正方体 $ABCD-A_1B_1C_1D_1$ 的棱长为2，二面角 $B-DC_1-C$ 的大小为 θ，则

$$\cos\theta=\frac{S_{\triangle DC_1C}}{S_{\triangle DC_1B}}=\frac{\frac{1}{2}DC^2}{\frac{\sqrt{3}}{4}DC_1{}^2}=\frac{2}{2\sqrt{3}}=\frac{\sqrt{3}}{3}$$

即二面角 $B-DC_1-C$ 的大小为 $\arccos\frac{\sqrt{3}}{3}$.

例6 （2008·湖北·文理18）如图8，在直三棱柱 $ABC-A_1B_1C_1$ 中，平面

$ABC \perp$ 侧面 A_1ABB_1.

(1) 求证:$AB \perp BC$;

(2) 若直线 AC 与平面 A_1BC 所成的角为 θ,二面角 A_1-BC-A 的大小为 φ:

①(理) 比较 θ 与 φ 的大小,并说明理由;

②(文) 若 $A_1A=AC$,求证:$\theta+\varphi=\frac{\pi}{2}$.

解 (1) 如图 9,过点 A 在平面 A_1ABB_1 内作 $AD \perp A_1B$ 于点 D,由平面 $A_1BC \perp$ 侧面 A_1ABB_1,且平面 $A_1BC \cap$ 侧面 $A_1ABB_1=A_1B$,得 $AD \perp$ 平面 A_1BC,又 $BC \subset$ 平面 A_1BC,所以 $AD \perp BC$.

因为三棱柱 $ABC—A_1B_1C_1$ 是直三棱柱,所以 $AA_1 \perp$ 底面 ABC,$AA_1 \perp BC$.

又 $AA_1 \cap AD=A$,所以 $BC \perp$ 侧面 A_1ABB_1,又 $AB \subset$ 侧面 A_1ABB_1,所以 $AB \perp BC$.

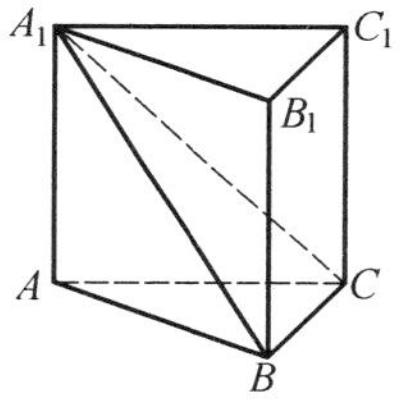

图 8

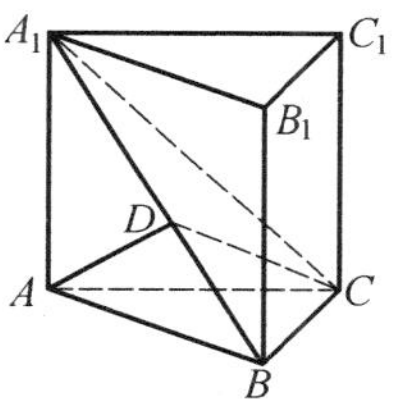

图 9

(2) 联结 CD,则由(1) 知 $\angle ACD$ 是直线 AC 与平面 A_1BC 所成的角,$\angle ABA_1$ 是二面角 A_1-BC-A 的平面角,即 $\angle ACD=\theta$,$\angle ABA_1=\varphi$.

① 于是在 $\mathrm{Rt}\triangle ADC$ 中,$\sin\theta=\frac{AD}{AC}$;在 $\mathrm{Rt}\triangle ADB$ 中,$\sin\varphi=\frac{AD}{AB}$. 由 $AB < AC$,得 $\sin\theta < \sin\varphi$,又 $0 < \theta,\varphi < \frac{\pi}{2}$,所以 $\theta < \varphi$.

② 有 $\sin\theta=\frac{AD}{AC}=\frac{AD}{AA_1}=\sin\angle AA_1D=\cos\angle ABA_1=\cos\varphi$,所以 $\theta+\varphi=\frac{\pi}{2}$.

例 7 (2009 · 湖北 · 文 18) 如图 10,四棱锥 $S-ABCD$ 的底面是正方形,$SD \perp$ 平面 $ABCD$,$SD=AD=a$,点 E 是 SD 上的点,且 $DE=\lambda a(0 < \lambda \leqslant 1)$.

(1) 求证:对任意的 $\lambda \in (0,1]$,都有 $AC \perp BE$.

(2) 若二面角 $C-AE-D$ 的大小为 $60°$,求 λ 的值.

解 (1) 如图 11,联结 BD,由底面是正方形可得 $AC \perp BD$.

因为 $SD \perp$ 平面 $ABCD$,所以 BD 是 BE 在平面 $ABCD$ 上的射影,由三垂线

定理得 $AC \perp BE$.

(2) 由 $SD \perp$ 平面 $ABCD$，$CD \subset$ 平面 $ABCD$，得 $SD \perp CD$.

又底面 $ABCD$ 是正方形，所以 $CD \perp AD$，

又 $SD \cap AD = D$，所以 $CD \perp$ 平面 SAD.

过点 D 作 $DF \perp AE$ 于点 F，联结 CF，则 $CF \perp AE$，所以 $\angle CFD$ 是二面角 $C-AE-D$ 的平面角，即 $\angle CFD = 60°$.

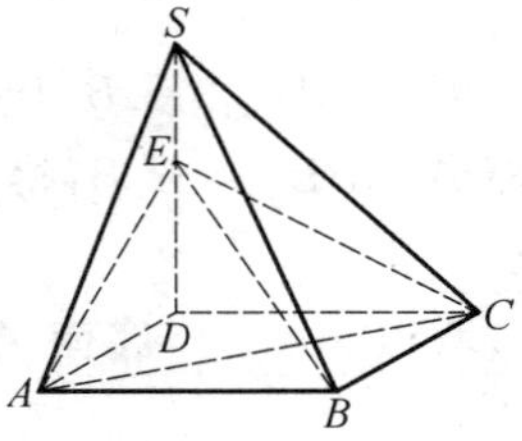

图 10

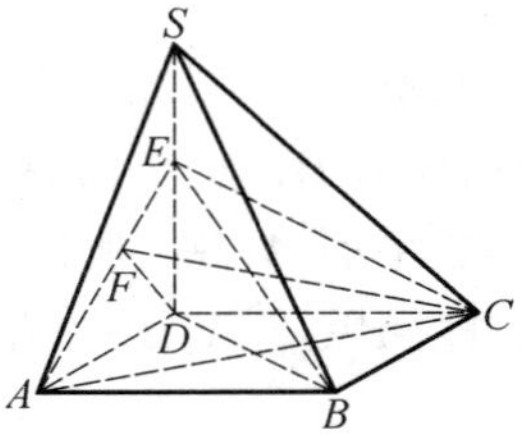

图 11

在 $\mathrm{Rt}\triangle ADE$ 中，$AD = a$，$DE = \lambda a$，$AE = a\sqrt{\lambda^2+1}$. 于是 $DF = \dfrac{AD \cdot DE}{AE} = \dfrac{\lambda a}{\sqrt{\lambda^2+1}}$.

在 $\mathrm{Rt}\triangle CDF$ 中，有 $\cot 60° = \dfrac{DF}{CD} = \dfrac{\lambda}{\sqrt{\lambda^2+1}}$，得 $\dfrac{\lambda}{\sqrt{\lambda^2+1}} = \dfrac{\sqrt{3}}{3}$，再由 $\lambda \in (0,1]$，解得 $\lambda = \dfrac{\sqrt{2}}{2}$.

5. 小结

本节课学习了三种空间角的定义、范围、特例和求法.

6. 布置作业

(1) 若三条直线 OA，OB，OC 两两成 $60°$ 角，求二面角 $A-OB-C$ 的大小.

(2) 在正方体 $ABCD-A_1B_1C_1D_1$ 中，E 是棱 A_1B_1 的中点，求二面角 B_1-AE-C_1 的大小.

(3) $\triangle ABC$ 和 $\triangle DBC$ 所在的平面互相垂直，且 $BA = BC = BD$，$\angle CBA = \angle CBD = 120°$，求：

① 直线 AD，BC 所成角的大小；

② 直线 AD 与面 BCD 所成角的大小；

③ 二面角 $A-BD-C$ 的大小.

(4)(2009 · 湖北 · 理 18) 如图 10，四棱锥 $S-ABCD$ 的底面是正方形，$SD \perp$ 平面 $ABCD$，$SD = 2a$，$AD = \sqrt{2}a$，点 E 是 SD 上的点，且 $DE = \lambda a$ (0 <

$\lambda \leqslant 2$).

① 求证:对任意的 $\lambda \in (0,2]$,都有 $AC \perp BE$

② 设二面角 $C-AE-D$ 的大小为 θ ,直线 BE 与平面 $ABCD$ 所成的角为 φ,若 $\tan\theta\tan\varphi=1$,求 λ 的值.

(5)(2008 · 天津 · 理 19) 如图 12,在四棱锥 $P-ABCD$ 的中,底面 $ABCD$ 是矩形,$AB=3$,$AD=AP=2$,$PD=2\sqrt{2}$,$\angle PAB=60°$.

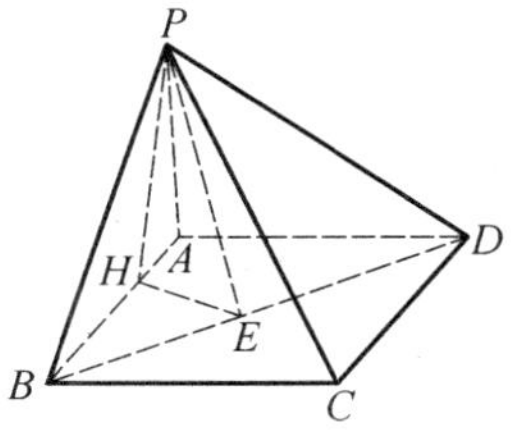

图 12

① 求证:$AD \perp$ 面 PAB;

② 求异面直线 PC 与 AD 所成角的大小;

③ 求二面角 $P-BD-A$ 的大小.

参考答案 (1)$\arccos\frac{1}{3}$ (2)$\arctan\sqrt{5}$ (3)①90°, ②45°, ③$\pi-\arctan 2$ (4)②$\lambda=\sqrt{2}$ (5)②$\arctan\frac{\sqrt{7}}{2}$, ③$\arctan\frac{\sqrt{39}}{4}$

§69 《正弦定理(第一课时)》教学设计

教学内容 全日制普通高级中学教科书(必修)《数学·第一册(下)》(人民教育出版社,2006年)(下简称教科书)第139～145页部分内容.

教学目标

知识目标 通过本节课的学习,使学生理解、记忆正弦定理.

能力目标 对正弦定理进行各种变式运用,并能解决"已知两角和任一边"的解斜三角形问题.

情感目标 欣赏数学的对称美;激发学生的学习兴趣,培养探究精神.

教学重点 运用正弦定理解决解斜三角形问题.

教学难点 正弦定理的证明及变式运用.

教学过程

1. 复习

(1) 向量的数量积:若 $\boldsymbol{a},\boldsymbol{b}$ 的夹角为 θ,则 $\boldsymbol{a}\cdot\boldsymbol{b}=$________.

(2) 解三角形的含义:________________________________.

(3) 三角形 $\begin{cases}\text{直角三角形}\\ \left.\begin{array}{l}\text{锐角三角形}\\ \text{钝角三角形}\end{array}\right\}\text{斜三角形}\end{cases}$

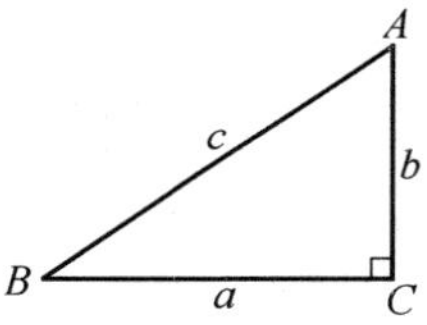

图 1

(4) $\sin 105°=\sin 75°=$________.

(5) 解直角三角形(如图 1):① 角的关系:________;② 边的关系:________(勾股定理);③ 边角关系:$\sin A=\cos B=$________,$\cos A=\sin B=$________.

2. 引题 —— 如何解斜三角形

也应当先寻求斜三角形的三类关系:

(1) 角的关系:____________________________;

(2) 边的关系:____________________________;

(3) 边角关系:____________________________.

3. 一般三角形(包括直角三角形和斜三角形)的一种边角关系 —— 正弦定理

正弦定理 三角形各边与它的对角________之比相等.

即$\frac{a}{\sin A}$=________=________； 也可写成：$a:b:c=$________.（让学生填空）

4. 尝试运用

(1)(2006·江苏·11) 在$\triangle ABC$中，已知$BC=12$，$A=60°$，$B=45°$，则$AC=$________.

(2)(2007·北京·文12) 在$\triangle ABC$中，若$\tan A=\frac{1}{3}$，$C=150°$，$BC=1$，则$AB=$________.

(3) 在$\triangle ABC$中，"$A>B$"是"$\sin A>\sin B$"的________条件.（填最佳答案）

(4) 在$\triangle ABC$中，若$\frac{\sin A}{a}=\frac{\cos B}{b}$，则$B=$________.

5. 正弦定理的证明

正弦定理是一个伟大的定理，它有很多证法（可见本教学设计末），下面用向量来证明：

(1) 验证对于直角三角形成立；

(2) 证明对于斜三角形成立：

由$\triangle ABC$，得$\overrightarrow{AB}+\overrightarrow{BC}=\overrightarrow{AC}$.

因为互相垂直的两个向量的数量积为零，所以可以作单位向量$\boldsymbol{j}\perp\overrightarrow{BC}$，得

$$\boldsymbol{j}\cdot(\overrightarrow{AB}+\overrightarrow{BC})=\boldsymbol{j}\cdot\overrightarrow{AC}$$

$$\boldsymbol{j}\cdot\overrightarrow{AB}=\boldsymbol{j}\cdot\overrightarrow{AC} \quad ①$$

① 当B是锐角时（如图2），得

$$c\cos(90°-B)=b\cos(90°-C)$$

$$b\sin C=c\sin B \quad ②$$

② 当B是钝角时（如图3），得

$$c\cos(B-90°)=b\cos(90°-C)$$

也可得式②成立.

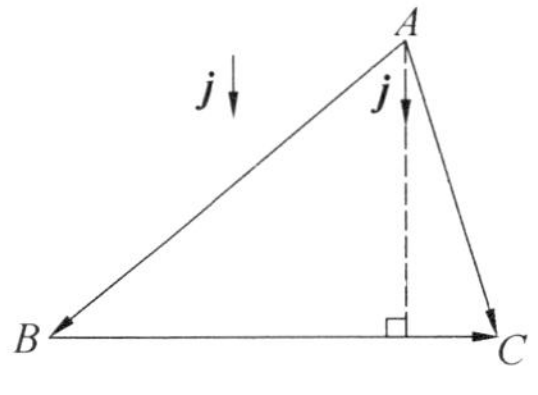

图2

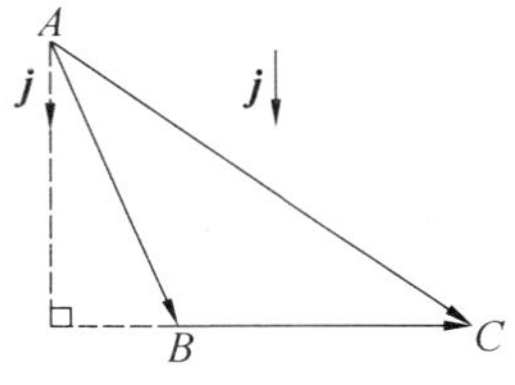

图3

所以，对于斜 $\triangle ABC$，总有式 ② 成立，所以

$$\frac{b}{\sin B}=\frac{c}{\sin C}$$

同理，作单位向量 $\boldsymbol{n}\perp\overrightarrow{AB}$，可得

$$\frac{a}{\sin A}=\frac{b}{\sin B}$$

所以
$$\frac{a}{\sin A}=\frac{b}{\sin B}=\frac{c}{\sin C}$$

评注　这是一种很好的证法，仅由简单的向量等式 $\overrightarrow{AB}+\overrightarrow{BC}=\overrightarrow{AC}$ 就证出了正弦定理. 也可这样分析：

要证明比例式 $\frac{b}{\sin B}=\frac{c}{\sin C}$，即证等积式 $b\sin C=c\sin B$，这就可以考虑向量的数量积的定义.

以上证法(作图方法) 比教科书更自然.

6. 正弦定理的再运用

利用正弦定理，可以解决以下两类解斜三角形问题(因为在 $\frac{a}{\sin A}=\frac{b}{\sin B}=\frac{c}{\sin C}$ 中必须有一个比的前项、后项都知道)：

(1) 已知两角和任一边；

(2) 已知两边和其中一边的对角.

本节课只解决问题(1).

例 1　解 $\triangle ABC$：已知 $A=45^\circ$，$C=30^\circ$，$c=10$.

解
$$B=180^\circ-(45^\circ+30^\circ)=105^\circ$$

因为 $\frac{a}{\sin A}=\frac{b}{\sin B}=\frac{c}{\sin C}$，所以 $\frac{a}{\sin 45^\circ}=\frac{b}{\sin 105^\circ}=\frac{c}{\sin 30^\circ}$，解得 $a=10\sqrt{2}$，$b=5(\sqrt{6}+\sqrt{2})$.

所以 $B=105^\circ$，$a=10\sqrt{2}$，$b=5(\sqrt{6}+\sqrt{2})$.

例 2　在 $\triangle ABC$ 中，已知 $A=60^\circ$，$B=45^\circ$，$c=1$，求这个三角形的最小边长.

解　$C=75^\circ$，得 $C>A>B$，所以 b 是最小边.

由 $\frac{b}{\sin B}=\frac{c}{\sin C}$，得 $\frac{b}{\sin 45^\circ}=\frac{1}{\sin 75^\circ}$，$b=\sqrt{3}-1$.

即 $\triangle ABC$ 的最小边长是 $\sqrt{3}-1$.

例 3　(2006・四川・理 11) 设 a，b，c 分别是 $\triangle ABC$ 的三个内角 A，B，C 所对的边，则 $a^2=b(b+c)$ 是 $A=2B$ 的(　　)

A. 充要条件　　B. 充分而不必要条件

C. 必要而不充分条件　　D. 既不充分又不必要条件

解 由正弦定理,可得

$a^2=b(b+c)\Leftrightarrow \sin^2 A-\sin^2 B=\sin B\sin C\Leftrightarrow \sin(A+B)\sin(A-B)=$
$\sin B\sin C$(这里用到教科书第 45 页第 7 题第(4) 小题)$\Leftrightarrow$
$\sin(A-B)=\sin B$(因为 $\sin(A+B)=\sin C>0$)$\Leftrightarrow$
$A-B=B\Leftrightarrow A=2B$

(倒数第二步中"$\Rightarrow$"的理由是:在 $\triangle ABC$ 中,由 $\sin(A-B)=\sin B>0$,B,$A-B\in(0,\pi)$,又得 $A-B=B$ 或$(A-B)+B=\pi$,所以 $A=2B$.)

所以选 A.

7. 课堂练习

见教科书第 144 页练习第 1 题.

在第(2) 小题中,$\triangle ABC$ 是等腰三角形,也可作底边上的高来求解.实际上,本节课所讲的解三角形问题均可作一条高后通过解直角三角形求解,但本节课要求的是用正弦定理直接求解.

8. 课堂小结

正弦定理及其在解斜三角形中的运用.

9. 布置作业

见教科书第 145 页习题第 2,4,5 题.

10. 正弦定理的证明赏析

(下面只证斜三角形的情形)(供学生课外钻研)

证法 1 (作高法)作 $\triangle ABC$ 的高 AH.

(1) 当垂足 H 在线段 BC 内时(如图 4),有 $\sin B=$ ________,$\sin C=$ ________,所以 $h=b\sin C=c\sin B$,$\dfrac{b}{\sin B}=\dfrac{c}{\sin C}$.

(2) 当垂足 H 不在线段 BC 内时(如图 5),有 $\sin B=\sin(180°-B)=$ ________,$\sin C=$ ________,所以也有 $h=b\sin C=c\sin B$,$\dfrac{b}{\sin B}=\dfrac{c}{\sin C}$.

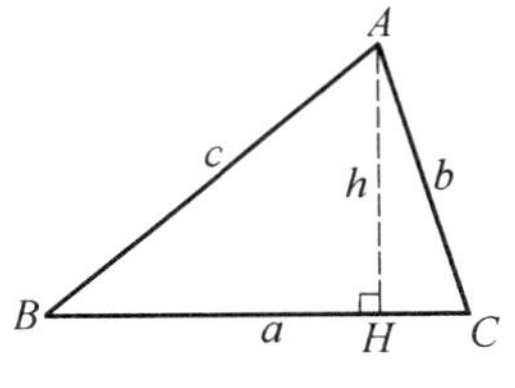

图 4

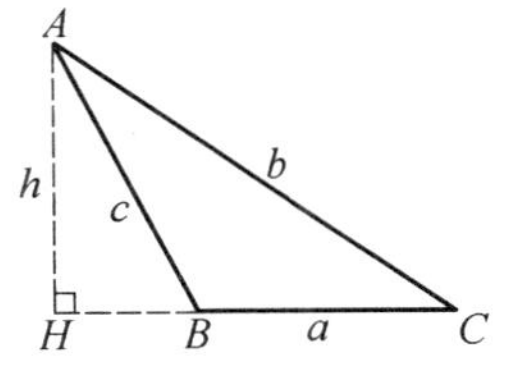

图 5

即作斜 $\triangle ABC$ 的边 BC 上的高，可得$\dfrac{b}{\sin B}=\dfrac{c}{\sin C}$，所以作边 AB 上的高，可得$\dfrac{a}{\sin A}=\dfrac{b}{\sin B}$，所以$\dfrac{a}{\sin A}=\dfrac{b}{\sin B}=\dfrac{c}{\sin C}$.

证法 2 （面积法）用图 4，图 5 均可证得 $S_{\triangle ABC}=\dfrac{1}{2}ac\sin B$，即三角形的面积等于两边及其夹角正弦积的一半，所以

$$S_{\triangle ABC}=\frac{1}{2}bc\sin A=\frac{1}{2}ac\sin B=\frac{1}{2}ab\sin C$$

从而可得正弦定理成立.

证法 3 （外接圆法）用图 6，图 7 均可证得 $\sin A=\sin D=\dfrac{a}{2R}$，所以

$$\frac{a}{\sin A}=\frac{b}{\sin B}=\frac{c}{\sin C}=2R$$

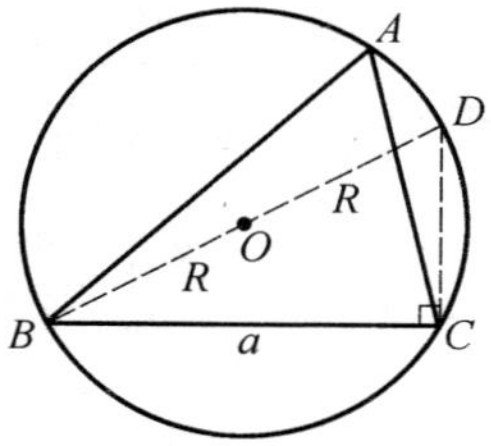

图 6

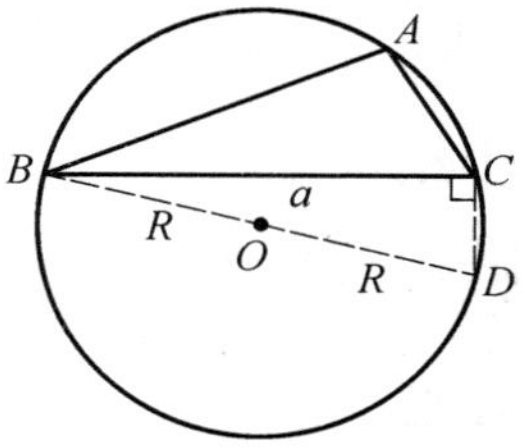

图 7

设计思路 重在运用，淡化证明.

§70 《数学归纳法(第一课时)》教学设计

教学内容 全日制普通高级中学教科书《数学·第三册(选修Ⅱ)》(人民教育出版社,2006年)(下简称教科书)第70～74页.

教学目标

知识目标 知道数学归纳法是怎样的一种证题方法,用它能解决怎样的题型.

能力目标 (1) 弄清数学归纳法的两个步骤;

(2) 熟练运用数学归纳法证明与正整数有关的命题.

德育目标 通过本节课的学习,培养学生无限与有限之间的转化,从而了解对立统一的辩证思想和观点.

教学重点 弄清数学归纳法的两个步骤.

教学难点 理解数学归纳法的证题原理.

教学方法 讲练结合法.

教学过程

1. 提出问题

例1 设 $a_n=(n^2-5n+5)^2$,求证:当 $n=1,2,3,4$ 时,均有 $a_n=1$.

证明 学生逐一验证即可.

例2 求证:当 $n\in\mathbf{N}^*$ 时,$1^2+2^2+3^2+\cdots+n^2=\frac{1}{6}n(n+1)(2n+1)$.

注 这是全日制普通高级中学教科书(必修)《数学·第二册(下A、下B)》(人民教育出版社,2006年)中在推导球体积公式时直接给出而未证明的一个公式,这里解决它很有意义.

分析 仿照例1的办法是无法解决的,因为这里需要对无限多个正整数都要验证结论成立.

2. 解决问题

解决例2的一种有效方法就是数学归纳法,通常的数学归纳法就是:

法则1 要证明一个关于正整数的命题恒成立,只需完成下面的两个步骤:

(1) 证明 $n=1$ 时成立;

(2) 假设 $n=k(k\in\mathbf{N}^*)$ 时成立,证得 $n=k+1$ 时成立.

对法则1的理解　由(1)得$n=1$时成立,再由(2)得$n=2$时成立,再由(2)得$n=3$时成立,再由(2)得$n=4$时成立,……,从而得$n\in \mathbf{N}^*$时要证结论成立.

例2的证明　(1)$n=1$时成立:$1^2=\frac{1}{6}\times 1\times 2\times 3$.

(2)假设$n=k(k\in \mathbf{N}^*)$时成立:$1^2+2^2+3^2+\cdots+k^2=\frac{1}{6}k(k+1)(2k+1)$,得

$$1^2+2^2+3^2+\cdots+(k+1)^2=\frac{1}{6}k(k+1)(2k+1)+(k+1)^2=$$

$$\frac{1}{6}(k+1)[k(2k+1)+6(k+1)]=\frac{1}{6}(k+1)(2k^2+7k+6)=$$

$$\frac{1}{6}(k+1)(k+2)(2k+3)$$

得$n=k+1$时成立,所以要证结论成立.

注　证明此种问题,提公因式是一种常见的变形技巧.

巩固练习(让学生板演):

用数学归纳法证明:①$1+2+3+\cdots+n=\frac{1}{2}n(n+1)(n\in \mathbf{N}^*)$;

②$1+2+2^2+\cdots+2^{n-1}=2^n-1(n\in \mathbf{N}^*)$;

③$1\times 2+2\times 3+\cdots+n(n+1)=\frac{1}{3}n(n+1)(n+2)(n\in \mathbf{N}^*)$.

注　式①、②是学生熟悉的等差数列、等比数列前n项和的结论,通过学生的练习可使他们熟悉数学归纳法的两个步骤,从而也相信数学归纳法是一种正确的证题方法;式③等价于下面各式

$$\mathrm{A}_2^2+\mathrm{A}_3^2+\cdots+\mathrm{A}_{n+1}^2=\frac{1}{3}\mathrm{A}_{n+2}^3$$

$$\mathrm{C}_2^2+\mathrm{C}_3^2+\cdots+\mathrm{C}_{n+1}^2=\mathrm{C}_{n+2}^3$$

后式也可用组合数的性质2($\mathrm{C}_n^m+\mathrm{C}_n^{m+1}=\mathrm{C}_{n+1}^{m+1}$)获证.用式①及例2的结论也可证得式③.

例3　证明:$1^3+2^3+3^3+\cdots+n^3=(1+2+\cdots+n)^2(n\in \mathbf{N}^*)$.

证法1　(1)$n=1$时成立:$1^3=1^2$.

(2)假设$n=k(k\in \mathbf{N}^*)$时成立:$1^3+2^3+3^3+\cdots+k^3=(1+2+\cdots+k)^2$,得

$$1^3+2^3+3^3+\cdots+(k+1)^3=(1+2+\cdots+k)^2+(k+1)^3$$

欲证得$n=k+1$时成立,只需证明

$$[1+2+\cdots+(k+1)]^2=(1+2+\cdots+k)^2+(k+1)^3$$

由完全平方公式可证

$$[1+2+\cdots+(k+1)]^2=$$
$$(1+2+\cdots+k)^2+2(k+1)(1+2+\cdots+k)+(k+1)^2=$$
$$(1+2+\cdots+k)^2+2(k+1)\cdot\frac{1}{2}k(k+1)+(k+1)^2=$$
$$(1+2+\cdots+k)^2+(k+1)^3$$

所以要证结论成立.

注 用数学归纳法证题时,难在第(2)步,这一步可结合分析法来证.

证法 2 只需用数学归纳法证明

$$1^3+2^3+3^3+\cdots+n^3=\frac{1}{4}n(n+1)^2\quad(n\in\mathbf{N}^*)$$

这就与例 2 的证明完全类似.

例 4 证明:$3^{k+1}>2k^2+6k+2(k\geqslant 2,k\in\mathbf{N}^*)$.

要证明例 4,不能用数学归纳法的法则 1,而应用下述法则:

法则 2 要证明一个命题在 $n=n_0,n_0+1,n_0+2,\cdots$ 时恒成立,只需完成下面的两个步骤:

(1) 证明 $n=n_0$ 时成立;

(2) 假设 $n=k(k=n_0,n_0+1,n_0+2,\cdots)$ 时成立,证得 $n=k+1$ 时成立.

例 4 的证明 (1)$k=2$ 时成立:$3^3>2\times 2^2+6\times 2+2$.

(2) 假设 $k=t(t\geqslant 2,t\in\mathbf{N}^*)$ 时成立:$3^{t+1}>2t^2+6t+2$,得

$$3^{t+2}>6t^2+18t+6$$

欲证 $k=t+1$ 时成立:$3^{t+2}>2(t+1)^2+6(t+1)+2$,只需证明

$$6t^2+18t+6>2(t+1)^2+6(t+1)+2$$

即

$$4t^2+8t>4\quad(t\geqslant 2,t\in\mathbf{N}^*)$$

它显然成立,所以要证结论成立.

例 5 设 $a_n=\frac{3^n}{3^n+2}(n\in\mathbf{N}^*)$,求证:$a_1+a_2+\cdots+a_n>\frac{n^2}{n+1}(n\in\mathbf{N}^*)$.

分析 (1)$n=1$ 时成立:$a_1=\frac{3}{5}>\frac{1}{2}$.

(2) 假设 $n=k(k\in\mathbf{N}^*)$ 时成立:$a_1+a_2+\cdots+a_k>\frac{k^2}{k+1}$,得

$$a_1+a_2+\cdots+a_{k+1}>\frac{k^2}{k+1}+\frac{3^{k+1}}{3^{k+1}+2}$$

欲证 $n=k+1$ 时成立:$a_1+a_2+\cdots+a_{k+1}>\frac{(k+1)^2}{k+2}$,只需证明

$$\frac{k^2}{k+1}+\frac{3^{k+1}}{3^{k+1}+2}\geqslant\frac{(k+1)^2}{k+2}$$
$$\frac{3^{k+1}}{3^{k+1}+2}\geqslant\frac{(k+1)^2}{k+2}-\frac{k^2}{k+1}$$

$$\frac{3^{k+1}}{3^{k+1}+2} \geqslant \frac{k^2+3k+1}{k^2+3k+2}$$

$$\frac{2}{3^{k+1}+2} \geqslant \frac{1}{k^2+3k+2}$$

$$3^{k+1} \geqslant 2k^2+6k+2$$

而 $k \in \mathbf{N}^*$ 时，欲证的不等式 $3^{k+1} \geqslant 2k^2+6k+2$ 并不恒成立($k=1$ 时不成立)，所以需要对以上证明作些微调，便得正确的证明过程.

证明　当 $n=1$ 时要证结论成立：$a_1=\frac{3}{5}>\frac{1}{2}$.

下面用数学归纳法证明 $n \geqslant 2$ 时要证结论成立：

(1)$n=2$ 时成立：$a_1+a_2=\frac{3}{5}+\frac{9}{11}=\frac{78}{55}>\frac{4}{3}$.

(2) 假设 $n=k(k \geqslant 2, k \in \mathbf{N}^*)$ 时成立，证明 $n=k+1$ 时成立.

此步由以上分析过程可得.

注　例 5 是 2008 年高考试题陕西卷(理科)压轴题的核心部分，这道题是：已知数列 $\{a_n\}$ 的首项 $a_1=\frac{3}{5}$，$a_{n+1}=\frac{3a_n}{2a_n+1}$，$n=1,2,\cdots$.

(1) 求 $\{a_n\}$ 的通项公式；

(2) 证明：对任意的 $x>0$，$a_n \geqslant \frac{1}{1+x}-\frac{1}{(1+x)^2}\left(\frac{2}{3^n}-x\right)$，$n=1,2,\cdots$；

(3) 证明：$a_1+a_2+\cdots+a_n>\frac{n^2}{n+1}$.

原参考解答是用第(2)问来证明第(3)问的，技巧性强. 而例 5 仅用数学归纳法就轻松地证得了这道高考压轴题的压轴问.

3. 一点强调

数学归纳法的两步缺一不可. 在例 1 中已得，当 $n=1,2,3,4$ 时，均有 $a_n=1$，但 $a_5=25 \neq 1$，所以，若仅完成了第一步，不能是完整的证明；若仅完成了第二步，能算是完整的证明的话，则可以证明“$n=n+1(n \in \mathbf{N}^*)$”恒成立，这显然不对. 所以说，数学归纳法的两步缺一不可.

4. 小结

本节课学习了证明关于正整数 n 的命题的一种强有力的证题方法 —— 数学归纳法，证题时应注意第(2)步的常用技巧，可以用分析法来帮助，也可再次使用数学归纳法.

5. 布置作业

教科书第 76 页 1—4 题.

§71 《非整数指数幂的引入，根式》学案

温故知新	学习目标	课前思索
在初中，我们学过"整数指数幂"的概念(包括正整数指数幂、零指数幂、负整数指数幂)及开平方、开立方的运算，那么在高中又如何推广这些概念及运算呢？	① 了解幂的指数可以不是整数；② 理解根式的意义及性质；③ 熟练掌握计算根式的值.	什么叫作幂？幂的指数能取哪些数？对应的幂有怎样的意义？

■ **课前准备**(我准备　我成功)

■ **课堂学习**(合作探究　深化理解)

1. 学习引领

(1)n次方幂与根式：一般地，如果$x^n=a$(n是大于1的整数)，那么a叫作x的n次幂，x叫作a的n次方根.(注意：实数a的n次方根可能是一个、两个，也可能不存在.)

若$\sqrt[n]{a}$(n是大于1的整数)有意义，则式子$\sqrt[n]{a}$叫作根式，且其中的n叫作根指数，a叫作被开方数.

(2)根式的性质：① $(\sqrt[n]{a})^n=a$；② $\sqrt[n]{a^n}=\begin{cases}a,n\text{是奇数}\\|a|,n\text{是偶数}\end{cases}$.

(3)根式的计算方法：① 根式就是开方运算的一个结果，所以可以根据开方与乘方互为逆运算来求根式的值；② 运用上述根式的性质 ② 进行计算.

2. 合作探究

例 1　计算与判断：

(1) $(\sqrt[2]{3})^2=$________，$(\sqrt[3]{-27})^3=$________；

(2) $\sqrt[4]{3^4}=$________，$\sqrt[4]{(-3)^4}=$________；$\sqrt[5]{3^5}=$________，$\sqrt[5]{(-3)^5}=$________；

(3) (________)$^5=12$，(________)$^4=13$，(________)$^n=0$(n是大于1的整数)；

(4) 若n是大于1的整数，则$\sqrt[n]{a^n}=a$一定成立吗？

参考答案　(1)3，-27；(2)3，3，3，-3；(3) $\sqrt[5]{12}$，$\pm\sqrt[4]{13}$(填$\sqrt[4]{13}$或$-\sqrt[4]{13}$

也可)，0；(4) 不一定成立，比如，$\sqrt[2]{(-3)^2}=3\neq-3$.

点评 (1) 训练根式的性质①，(2) 训练根式的性质②，(3) 的解答要借助两个有力武器：一是 n 次方根的定义，二是根式的性质；(4) 目的是利用含有字母参数来强化根式的性质 ② 的结论：先开方再同次乘方，结果不变；但先乘方再开同次方，结果可能改变.

例 2 化简：

(1) $\sqrt[4]{(a-b)^4}(a,b\in\mathbf{R})$；(2) $\sqrt{(x+3)^2}-\sqrt[3]{(x-3)^3}$.

参考答案 (1) $\sqrt[4]{(a-b)^4}=|a-b|=\begin{cases}b-a,a<b\\0,a=b\\a-b.a>b\end{cases}$.

(2) $\sqrt{(x+3)^2}-\sqrt[3]{(x-3)^3}=|x+3|-(x-3)=\begin{cases}6,x\geqslant-3\\-2x,x<-3\end{cases}$.

点评 树立整体意识，同学们就不难想到应用公式 $\sqrt[n]{a^n}=\begin{cases}a,n\text{ 是奇数}\\|a|,n\text{ 是偶数}\end{cases}$.

3. 布置作业

基础练习

(1) 化简：① $\sqrt[6]{(3-\pi)^6}=$________；② $\sqrt[5]{a^{10}}=$________.

(2) 计算：① $\sqrt[2]{3^4}=$________；② $\sqrt[5]{-32}=$________.

(3) 计算：① $\sqrt{(-10)^2}=$________；② $\sqrt[3]{(-3)^3}=$________；③ $\sqrt[3]{-5^3}=$________.

(4) 设 $a,b\in\mathbf{R}$，则下列各式总能成立的是(　　)

A. $(\sqrt[6]{a}-\sqrt[6]{b})^6=a-b$　　B. $(\sqrt[8]{(a^2+b^2)^8}=a^2+b^2$

C. $\sqrt[4]{a^4}-\sqrt[4]{b^4}=a-b$　　D. $\sqrt[10]{(a+b)^{10}}=a+b$

(5) 设 $m\in\mathbf{R}$，则下列式子中可能没有意义的是(　　)

A. $\sqrt[4]{m^2}$　　B. $\sqrt[5]{m}$　　C. $\sqrt[6]{m}$　　D. $\sqrt[5]{-m}$

作业习题(我巩固　我提高)

(1) 已知 $x^5=6$，则 x 等于(　　)

A. $\sqrt{6}$　　B. $\sqrt[5]{6}$　　C. $-\sqrt[5]{6}$　　D. $\pm\sqrt[5]{6}$

(2) $\left[(\sqrt{2})^{-1}\right]^2$ 等于(　　)

A. 2　　B. 1　　C. $-\sqrt{2}$　　D. $\frac{1}{2}$

(3) 化简：① $\sqrt{(\pi-4)^2}=$________；② $\sqrt[3]{-27}=$________；③ $\sqrt{a^6}=$________.

(4) 化简$\sqrt[n]{(-2)^n}$（n是大于1的整数）.

(5)（创新题）设$a\geqslant 0$，① 化简$\sqrt[3]{a^6}=$________；

② 由此猜测出$\sqrt[p]{a^{mp}}=$________（m,n,p是大于1的整数）.

(6) 求使等式$\sqrt{(x-5)(x^2-25)}=(5-x)\sqrt{x+5}$成立的$x$的取值范围.

作业反思　自我总结

知识归纳	方法总结	错误总结

■ 基础练习答案

(1)① $\sqrt[6]{(3-\pi)^6}=|3-\pi|=\pi-3$；② $\sqrt[5]{a^{10}}=\sqrt[5]{(a^2)^5}=a^2$.

(2)① $\sqrt[2]{(3^2)^2}=3^2=9$；② $\sqrt[5]{(-2)^5}=-2$.

(3)① $\sqrt{(-10)^2}=|-10|=10$；② -3；③ $\sqrt[3]{-5^3}=-\sqrt[3]{5^3}=-5$.

(4)B. 提示：A不对，否则$|\sqrt[6]{a}-\sqrt[6]{b}|=\sqrt[6]{a-b}$；由根式的性质②知B正确；C不对，应为$\sqrt[4]{a^4}-\sqrt[4]{b^4}=|a|-|b|$；D不对，应为$\sqrt[10]{(a+b)^{10}}=|a+b|$.

(5)C. 提示：当$m<0$时，$\sqrt[6]{m}$无意义.

■ 作业习题答案

(1)B.

(2)D. 提示：$[(\sqrt{2})^{-1}]^2=\left(\dfrac{1}{\sqrt{2}}\right)^2=\dfrac{1}{2}$.

(3)①$\pi-4$；②-3；③ $\sqrt{a^6}=|a^3|=|a|^3$.

(4) $\sqrt[n]{(-2)^n}=\begin{cases}-2, & n\text{是奇数}\\ 2, & n\text{是偶数}\end{cases}$.

(5)①a^2；② $\sqrt[p]{a^{mp}}=\sqrt[p]{(a^m)^p}=a^m$.

(6)$[-5,5]$. 提示：先由所给等式两边均有意义，可求得x的取值范围为$x\geqslant -5$. 在此条件下，所给等式即$|x-5|\sqrt{x+5}=(5-x)\sqrt{x+5}$，也即$|x-5|=5-x$，$x\leqslant 5$，又$x\geqslant -5$，所以所求$x$的取值范围为$[-5,5]$.

§72 《分数指数幂、无理数指数幂》学案

■ **课前准备**(我准备　我成功)

温故知新	学习目标	课前思索
上节课我们学习了根式的意义、计算及性质，现在我们思考如何计算“$\sqrt[3]{a}\cdot\sqrt[4]{a}$”这样的式子. 能不用根式而用幂的运算法则来计算吗?	① 初步了解正数的分数指数幂的意义;② 理解 0 的分数指数幂的意义; ③ 熟练掌握正数的有理数指数幂的运算法则;④ 初步了解正数的无理数次幂是一个确定的正实数.	什么叫作 a 的 n 次方根? 开方运算与什么运算互为逆运算? 当 $a>0$,n 是大于 1 的整数时, $(\sqrt[n]{a})^n=$ ________? $\sqrt[n]{a^n}=$ ________?

■ **课堂学习**(合作探究　深化理解)

1. 学习引领

(1) 正数的分数指数幂的意义.

① 正数的正分数指数幂的意义:$a^{\frac{m}{n}}=\sqrt[n]{a^m}$($a>0$,$m$,$n\in\mathbf{N}^*$,且 $n>1$).

容易把右边记成$\sqrt[m]{a^n}$,怎么办? 怎样读就怎样记:左边先读 n(左边读作“a 的 n 分之 m 次幂”),所以右边也先读 n(右边读作“n 次根号下 a 的 m 次幂”),当然就先写 n 了.

② 正数的负分数指数幂的意义: $a^{-\frac{m}{n}}=\dfrac{1}{a^{\frac{m}{n}}}$($a>0$,$m$,$n\in\mathbf{N}^*$,且 $n>1$).

(2)0 的分数指数幂的意义:规定 0 的正分数指数幂等于 0,0 的负分数指数幂无意义.

(3) 正数的有理数指数幂的运算法则:若 a,$b>0$,r,$s\in\mathbf{Q}$,则有:

① 同底数幂相乘、除:$a^r\cdot a^s=a^{r+s}$;$\dfrac{a^r}{a^s}=a^{r-s}$.

② 积、商的乘方:$(ab)^r=a^rb^r$;$\left(\dfrac{a}{b}\right)^r=\dfrac{a^r}{b^r}$.

③ 幂的乘方:$(a^r)^s=a^{rs}$.

(4) 正数的无理数指数幂的意义:用逼近的方法(按计算器) 理解正数的无理数指数幂是一个确定的正实数. 以上正数的有理数指数幂的运算法则对正数的实数指数幂也适用.

2. 合作探究

例 1 求值：$\left(\frac{81}{16}\right)^{-\frac{3}{4}}$.

解析 $\left(\frac{81}{16}\right)^{-\frac{3}{4}}=\left(\frac{3^4}{2^4}\right)^{-\frac{3}{4}}=\left[\left(\frac{3}{2}\right)^4\right]^{-\frac{3}{4}}=\left(\frac{3}{2}\right)^{4\times\left(-\frac{3}{4}\right)}=$

$$\left(\frac{3}{2}\right)^{-3}=\left(\frac{2}{3}\right)^3=\frac{8}{27}$$

点评 ① 所有这样计算有理数指数幂的题目均不是先化成根式再计算，而是先把底数写成幂的形式(可分解质因数)，再按照有理数指数幂的运算法则进行计算.

② 第(2)小题解答中的“$\left(\frac{3}{2}\right)^{-3}=\left(\frac{2}{3}\right)^3$”是如何来的？请使用技巧：底数颠倒，指数相反，即$\left(\frac{a}{b}\right)^{-r}=\left(\frac{b}{a}\right)^r\left(\frac{a}{b}>0,r\in\mathbf{Q}\right)$.

例 2 计算：

(1) $0.064^{-\frac{1}{3}}-(\sqrt{3}-2)^0+0^{\frac{7}{8}}-(2^3)^{-\frac{4}{3}}+|-0.01|^{\frac{1}{2}}$；

(2) $(a^{\frac{2}{3}}b^{\frac{1}{2}})(-3a^{\frac{1}{2}}b^{\frac{1}{3}})\div\left(\frac{1}{3}a^{\frac{1}{6}}b^{\frac{5}{6}}\right)(a,b>0)$.

解析 (1) 原式$=(0.4^3)^{-\frac{1}{3}}-1+0-2^{-4}+(0.1^2)^{\frac{1}{2}}=\frac{5}{2}-1-\frac{1}{16}+\frac{1}{10}=\frac{123}{80}$.

(2) 原式$=\frac{-3}{\frac{1}{3}}a^{\frac{2}{3}+\frac{1}{2}-\frac{1}{6}}b^{\frac{1}{2}+\frac{1}{3}-\frac{5}{6}}=-9a(a,b>0)$.

3. 易错点分析

应注意有理数指数幂的运算法则适用的范围，否则会导致答案错误.

例 计算$[(-1)^2]^{\frac{1}{6}}$.

错解 $[(-1)^2]^{\frac{1}{6}}=(-1)^{2\times\frac{1}{6}}=(-1)^{\frac{1}{3}}=\sqrt[3]{-1}=-1$.

正解 $[(-1)^2]^{\frac{1}{6}}=1^{\frac{1}{6}}=\sqrt[6]{1}=1$.

4. 基础练习

(1) 下列根式与分数指数幂的互化中，正确的是(　　)

A. $-\sqrt{x}=(-x)^{\frac{1}{2}}(x>0)$　　　　B. $\sqrt[6]{x^2}=x^{\frac{1}{3}}(x<0)$

C. $x^{-\frac{3}{4}}=\sqrt[4]{\left(\frac{1}{x}\right)^{3}}\ (x>0)$　　　D. $x^{-\frac{1}{3}}=-\sqrt[3]{x}\ (x\neq 0)$

(2) 已知无理数 e = 2.718…，则以下选项中的最佳答案是(　　)

A. $2^{2.717}<2^{e}<2^{2.718}$　　　B. $2^{2.717}\leqslant 2^{e}<2^{2.718}$

C. $2^{2.718}\leqslant 2^{e}<2^{2.719}$　　　D. $2^{2.718}<2^{e}<2^{2.719}$

(3)① $[(-\sqrt{3})^{2}]^{-\frac{1}{2}}=$________；② $\sqrt[3]{\sqrt[3]{a^{2}}}\ (a>0)=$________.

(4) 计算：① $216^{\frac{2}{3}}+\left(\frac{1}{3}\right)^{-2}-343^{\frac{1}{3}}-\left(\frac{1}{125}\right)^{-\frac{1}{3}}$；② $2\sqrt{3}\times\sqrt[3]{1.5}\times\sqrt[6]{12}$.

■ **作业习题(我巩固　我提高)**

(1) $\dfrac{\sqrt{a^{3}b^{2}\cdot\sqrt[3]{ab^{2}}}}{(a^{\frac{1}{4}}b^{\frac{1}{2}})^{4}a^{-\frac{1}{3}}b^{\frac{1}{3}}}(a、b>0)=$________.

(2)(08 重庆 · 文 14) 若 $x>0$，则 $(2x^{\frac{1}{4}}+3^{\frac{3}{2}})(2x^{\frac{1}{4}}-3^{\frac{3}{2}})-4x^{-\frac{1}{2}}(x-x^{\frac{1}{2}})=$________.

(3) $\left(3\dfrac{3}{8}\right)^{-\frac{2}{3}}+0.002^{-\frac{1}{2}}-10(\sqrt{5}-2)^{-1}+(\sqrt{2}-\sqrt{3})^{0}$.

(4)(创新题) 化简：

$$\left(1+\frac{1}{2^{32}}\right)\left(1+\frac{1}{2^{16}}\right)\left(1+\frac{1}{2^{8}}\right)\left(1+\frac{1}{2^{4}}\right)\left(1+\frac{1}{2^{2}}\right)\left(1+\frac{1}{2}\right)$$

(5) 已知 $x=\frac{1}{2}(5^{\frac{1}{n}}-5^{-\frac{1}{n}})\ (n\in\mathbf{N}^{*})$，化简 $(x+\sqrt{1+x^{2}})^{n}$.

作业反思　自我总结

知识归纳	方法总结	错误总结

■ **基础练习答案**

(1)C. 选项 A 的右边无意义，应为 $-\sqrt{x}=-x^{\frac{1}{2}}(x>0)$；选项 B 的左边是正数，而右边不清楚，应为 $\sqrt[6]{x^{2}}=|x|^{\frac{2}{6}}=(-x)^{\frac{1}{3}}(x<0)$；C 正确：$x^{-\frac{3}{4}}=\left(\frac{1}{x}\right)^{\frac{3}{4}}=\sqrt[4]{\left(\frac{1}{x}\right)^{3}}\ (x>0)$；选项 D 不对，即使当 $x>0$ 时，也应当是 $x^{-\frac{1}{3}}=\frac{1}{\sqrt[3]{x}}\neq-\sqrt[3]{x}$.

(2)D. 因为 $2.718<e<2.719$，所以 $2^{2.718}<2^{e}<2^{2.719}$.

(3)① $\frac{\sqrt{3}}{3}$. $[(-\sqrt{3})^{2}]^{-\frac{1}{2}}=3^{-\frac{1}{2}}=\frac{\sqrt{3}}{3}$.（这样做行吗：$[(-\sqrt{3})^{2}]^{-\frac{1}{2}}=$

$(-\sqrt{3})^{2\times(-\frac{1}{2})}=(-\sqrt{3})^{-1}=-\frac{\sqrt{3}}{3}$)

②$a^{\frac{2}{9}}.\sqrt[3]{\sqrt[3]{a^2}}=(\sqrt[3]{a^2})^{\frac{1}{3}}=(a^{\frac{2}{3}})^{\frac{1}{3}}=a^{\frac{2}{3}\times\frac{1}{3}}=a^{\frac{2}{9}}(a>0)$.

(4)① $216^{\frac{2}{3}}+\left(\frac{1}{3}\right)^{-2}-343^{\frac{1}{3}}-\left(\frac{1}{125}\right)^{-\frac{1}{3}}=36+9-7-5=33$.

②$2\sqrt{3}\times\sqrt[3]{1.5}\times\sqrt[6]{12}=2\times3^{\frac{1}{2}}\times\left(\frac{3}{2}\right)^{\frac{1}{3}}\times(2^2\times3)^{\frac{1}{6}}=2^{1-\frac{1}{3}+2\times\frac{1}{6}}\times 3^{\frac{1}{2}+\frac{1}{3}+\frac{1}{6}}=2\times3=6$.

■ 作业习题答案

(1) $\frac{a}{b}.\frac{\sqrt{a^3b^2\cdot\sqrt[3]{ab^2}}}{(a^{\frac{1}{4}}b^{\frac{1}{2}})^4a^{-\frac{1}{3}}b^{\frac{1}{3}}}=\frac{(a^3b^2a^{\frac{1}{3}}b^{\frac{2}{3}})^{\frac{1}{2}}}{ab^2a^{-\frac{1}{3}}b^{\frac{1}{3}}}=\frac{a}{b}(a,b>0)$.

(2) -23. 原式$=(2x^{\frac{1}{4}})^2-(3^{\frac{3}{2}})^2-4x^{\frac{1}{2}}+4=-23$.

(3) 原式$=\frac{4}{9}+10\sqrt{5}-10(\sqrt{5}+2)+1=-18\frac{5}{9}$.

(4) 原式$=\left(1+\frac{1}{2^{32}}\right)\left(1+\frac{1}{2^{16}}\right)\left(1+\frac{1}{2^8}\right)\left(1+\frac{1}{2^4}\right)\left(1+\frac{1}{2^2}\right)\times$

$$\left(1+\frac{1}{2}\right)\left(1-\frac{1}{2}\right)\times2=2\left(1-\frac{1}{2^{64}}\right)=2-\frac{1}{2^{63}}.$$

(5)
$$1+x^2=1+\frac{1}{4}(5^{\frac{2}{n}}-2+5^{-\frac{2}{n}})=$$
$$\frac{1}{4}(5^{\frac{2}{n}}+2+5^{-\frac{2}{n}})=$$
$$\frac{1}{4}(5^{\frac{1}{n}}+5^{-\frac{1}{n}})^2$$

得

$$\sqrt{1+x^2}=\frac{1}{2}(5^{\frac{1}{n}}+5^{-\frac{1}{n}})$$
$$x+\sqrt{1+x^2}=5^{\frac{1}{n}}$$
$$(x+\sqrt{1+x^2})^n=5$$

§73 《2.1 平面向量的实际背景及基本概念》学案

1. 自主预习

(1) 向量的定义

既有________,又有________的量叫作向量.

(2) 向量的表示

① 有向线段:带有________的线段叫作有向线段,它的三要素是________、________、________.以点 A 为起点,点 B 为终点的有向线段记作________.

② 向量的几何表示:若有向线段 $\overrightarrow{AB}$ 表示一个向量,我们就把这个向量记作向量________.

③ 用字母表示向量:印刷时,通常用黑体小写字母 $\boldsymbol{a}$,$\boldsymbol{b}$,$\boldsymbol{c}$ 等表示向量;手写时可用带箭头的小写字母 $\vec{a}$,$\vec{b}$,$\vec{c}$ 等表示向量.

(3) 向量的长度(模)

向量 $\overrightarrow{AB}$ 的大小,就是指向量 $\overrightarrow{AB}$ 的长度,也叫作向量 $\overrightarrow{AB}$ 的模,记作________.

(4) 与向量有关的概念

① 零向量与单位向量:长度为________的向量叫作零向量,记作________;长度为________的向量叫作单位向量.

② 相等向量:长度________且方向________的向量叫作相等向量.若 $\vec{a}$,$\vec{b}$ 是相等向量,记作________.

③ 平行向量(也叫作________):指方向________的非零向量.若向量 $\vec{a}$,$\vec{b}$ 平行,记作________.还规定零向量与________平行,所以 $\vec{0} /\!/ \vec{a}$,$\vec{a} /\!/ \vec{0}$.

2. 合作探究

问题 1 在某次军事演习中,红方一支装甲分队为完成对蓝军的包围,先从 A 处出发向西前进了 100 km 到达 B 地,然后又沿西北方向行进了 $200\sqrt{2}$ km 到达 C 地,接着又向东突进了 100 km 到达 D 处,最后又回到 A 处,完成了对蓝军的包围.

(1) 请在下图 1 中画出向量 $\overrightarrow{AB}$,$\overrightarrow{BC}$,$\overrightarrow{CD}$,$\overrightarrow{DA}$;

(2) 求 $|\overrightarrow{AD}|$.

解

问题 2 如图 2 所示，在四边形 $ABCD$ 中，M，N 分别是边 BC，AD 的中点，且$\overrightarrow{AB}=\overrightarrow{DC}$. 求证：$\overrightarrow{CN}=\overrightarrow{MA}$.

解

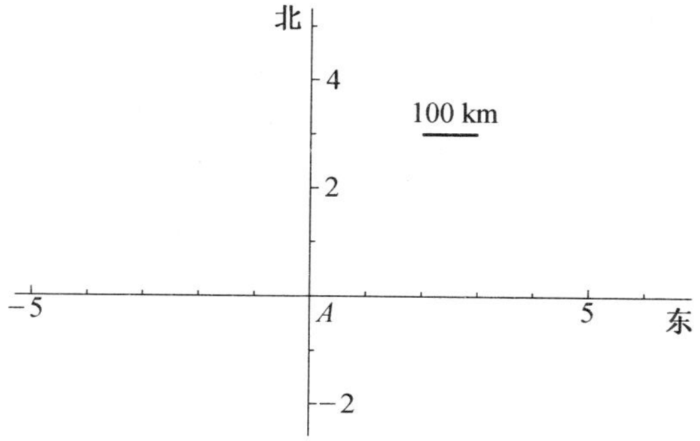

图 1

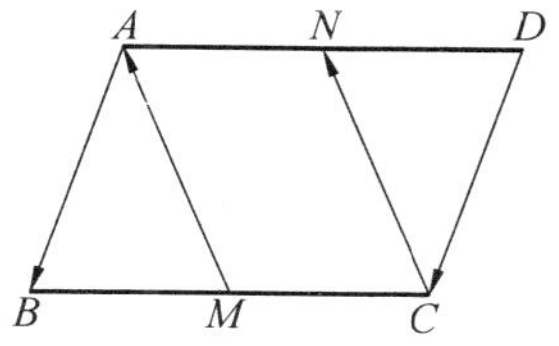

图 2

3. 自主演练(其中的选择题均为单项选择)

(1) 以下不是向量的是(　　)

A. 位移　　B. 重力　　C. 速度　　D. 温度

(2) 下列说法正确的是(　　)

A. 共线向量一定在同一直线上　B. 相等向量一定是平行向量

C. 模相等的向量一定平行　　D. 单位向量都相等

(3) 下列说法正确的是(　　)

A. 若 $\vec{a}\parallel\vec{b}$，$\vec{b}\parallel\vec{c}$，则 $\vec{a}\parallel\vec{c}$

B. 若 $\vec{a}=\vec{b}$，$\vec{b}=\vec{c}$，则 $\vec{a}=\vec{c}$

C. 若两个单位向量平行，则这两个单位向量相等

D. 因为向量可以用有向线段来表示，所以向量就是有向线段

(4) 下列说法错误的是(　　)

A. 向量$\overrightarrow{AB}$，$\overrightarrow{BA}$ 的模相等　B. 只有零向量的模才能等于 0

C. 若 $|\vec{a}|=|\vec{b}|$，则 $\vec{a}=\vec{b}$　D. 零向量也有方向，只是方向是任意的

(5) 零向量与单位向量的关系是________(填“共线”、“相等”或“无关”).

(6) 等腰梯形 $ABCD$ 两腰上的向量$\overrightarrow{AB}$，$\overrightarrow{DC}$ 的关系是________.

(7) 如图 3 所示，B，C 是线段 AD 的三等分点，分别以图中各点为起点或终点，最多可写出________个互不相等的非零向量.

图 3

(8) 在平面直角坐标系中，起点是坐标原

点的单位向量的终点的轨迹是________.

(9) 下列说法中正确的有________.

① 共线向量不一定相等;

② 若两个向量平行,则它们的方向相同,但大小关系不确定;

③ 若两个向量相等,则它们的起点相同,终点也相同;

④ 若 $|\vec{a}|>|\vec{b}|$,则 $\vec{a}>\vec{b}$;

⑤ 若非零向量 $\overrightarrow{AB}$ 与 $\overrightarrow{CD}$ 是共线向量,则 A,B,C,D 四点共线;

⑥ 在 $\square ABCD$ 中,有 $|\overrightarrow{AB}|=|\overrightarrow{CD}|$,$\overrightarrow{AB}=\overrightarrow{CD}$.

(10)(教科书《必修 4》第 77 页习题第 1 题) 在下图 4 所示的坐标纸中,用直尺和圆规分别作出向量 $\overrightarrow{OA}$,$\overrightarrow{OB}$,$\overrightarrow{OC}$:

(1) $|\overrightarrow{OA}|=4$,点 A 在点 O 正南方向;

(2) $|\overrightarrow{OB}|=2\sqrt{2}$,点 B 在点 O 北偏西 45° 方向;

(3) $|\overrightarrow{OC}|=2$,点 C 在点 O 南偏西 30° 方向.

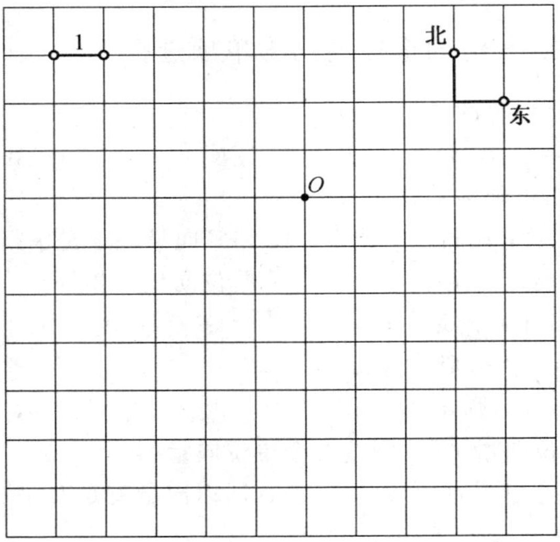

图 4

§74 《2.2　二项分布及其应用》学案

2.2.1　条件概率

1. 基础梳理

(1) 条件概率的概念

设 A,B 为两个事件,且 $P(A)>0$,称 $P(B\mid A)=\dfrac{P(AB)}{P(A)}$ 为在事件 A 发生的条件下,事件 B 发生的条件概率.

(2) 条件概率的性质

①$P(B\mid A)\in[0,1]$;

② 若 B,C 是两个互斥事件,则 $P((B+C)\mid A)=P(B\mid A)P(C\mid A)$.

2. 典例导悟

例 1　一个盒子中有 6 只好晶体管,4 只坏晶体管,任取两次,每次取一只,每次取后不放回.求:

(1) 第一次抽到好晶体管的概率;

(2) 第一次和第二次都抽到好晶体管的概率;

(3) 在第一次抽到好晶体管的条件下,第二次抽到好晶体管的概率;

(4) 在第一次抽到坏晶体管的条件下,第二次抽到好晶体管的概率;

(5) 在第一次抽到好晶体管的条件下,第二次抽到坏晶体管的概率.

解　设第一次抽到好晶体管为事件 A,第二次抽到好晶体管为事件 B,则第一次抽到坏晶体管为事件 $\overline{A}$,第二次抽到坏晶体管为事件 $\overline{B}$,"第一次和第二次都抽到好晶体管"为事件 AB.

(1) 从 10 只晶体管中不放回地依次抽取两只的事件数为 $n(\Omega)=\mathrm{A}_{10}^{2}=90$,而 $n(A)=6\times 9=54$,所以 $P(A)=\dfrac{n(A)}{n(\Omega)}=\dfrac{54}{90}=\dfrac{3}{5}$.

(2) 因为 $n(AB)=\mathrm{A}_{6}^{2}=30$,所以 $P(AB)=\dfrac{n(AB)}{n(\Omega)}=\dfrac{30}{90}=\dfrac{1}{3}$

(3) 由(1),(2) 的解答知,"在第一次抽到好晶体管的条件下,第二次抽到好晶体管"的概率为 $P(B\mid A)=\dfrac{P(AB)}{P(A)}=\dfrac{\frac{1}{3}}{\frac{3}{5}}=\dfrac{5}{9}$.

(3) 的另解 由(1),(2)的解答知,"在第一次抽到好晶体管的条件下,第二次抽到好晶体管"的概率为 $P(B \mid A)=\frac{n(AB)}{n(A)}=\frac{30}{54}=\frac{5}{9}$.

(4) 先得 $P(\overline{A}B)=\frac{n(\overline{A}B)}{n(\Omega)}=\frac{4\times 6}{90}=\frac{4}{15}$,$P(\overline{A})=1-P(A)=\frac{2}{5}$,所以

$$P(B \mid \overline{A})=\frac{P(\overline{A}B)}{P(\overline{A})}=\frac{\frac{4}{15}}{\frac{2}{5}}=\frac{2}{3}.$$

(5) 由(3)的解答知,$P(\overline{B} \mid A)=1-P(B \mid A)=1-\frac{5}{9}=\frac{4}{9}$.

注 ① 关于第(1)问,也可只考虑第一次不考虑第二次,得答案为 $P(A)=\frac{6}{10}=\frac{3}{5}$.

② 在本题中,若把"每次取后不放回"改为"每次取后放回",则答案依次为:

(1) 从10只晶体管中有放回地依次抽取两只的事件数为 $n(\Omega)=10\times 10=100$,而 $n(A)=6\times 10=60$,所以 $P(A)=\frac{n(A)}{n(\Omega)}=\frac{60}{100}=\frac{3}{5}$.

(2) 因为 $n(AB)=6\times 6=36$,所以 $P(AB)=\frac{n(AB)}{n(\Omega)}=\frac{36}{100}=\frac{9}{25}$

(3) 由(1),(2)的解答知,"在第一次抽到好晶体管的条件下,第二次抽到好晶体管"的概率为 $P(B \mid A)=\frac{P(AB)}{P(A)}=\frac{\frac{9}{25}}{\frac{3}{5}}=\frac{3}{5}$.

(3) 的另解 由(1),(2)的解答知,"在第一次抽到好晶体管的条件下,第二次抽到好晶体管"的概率为 $P(B \mid A)=\frac{n(AB)}{n(A)}=\frac{36}{60}=\frac{3}{5}$.

关于第(3)问,也可只考虑第二次不考虑第一次,得答案为 $P(B \mid A)=P(A)=\frac{3}{5}$.

(4) 先得 $P(\overline{A}B)=\frac{n(\overline{A}B)}{n(\Omega)}=\frac{4\times 6}{100}=\frac{6}{25}$,$P(\overline{A})=1-P(A)=\frac{2}{5}$,所以

$$P(B \mid \overline{A})=\frac{P(\overline{A}B)}{P(\overline{A})}=\frac{\frac{6}{25}}{\frac{2}{5}}=\frac{3}{5}.$$

(5) 由(3)的解答知,$P(\overline{B} \mid A)=1-P(B \mid A)=1-\frac{3}{5}=\frac{2}{5}$.

③ 我们在求解条件概率的问题时，要善于把它转化成非条件概率问题来简便求解.

例 2 一张储蓄卡的密码共有 6 位数字，每位数字都可从 0 ～ 9 中任选一个. 某人在银行自动提款机上取钱时，忘记了密码的最后两位数字，求：

(1) 任意按最后两位数字，不超过三次就按对的概率；

(2) 如果他只记得密码的最后一位是偶数，不超过三次就按对的概率.

注 在按密码时，上次按错的密码下次不会再按.

解 设"第 i 次按对密码"为事件 $A_i(i=1,2,3)$，则 $A=A_1+\overline{A_1}A_2+\overline{A_1}\,\overline{A_2}A_3$ 表示"不超过三次就按对".

(1) 因为事件 A_1，$\overline{A_1}A_2$，$\overline{A_1}\,\overline{A_2}A_3$ 两两互斥，所以由概率的加法公式，得

$$P(A)=P(A_1)+P(\overline{A_1}A_2)+P(\overline{A_1}\,\overline{A_2}A_3)=$$

$$\frac{1}{10^2}+\frac{(10^2-1)\times 1}{10^2\times(10^2-1)}+\frac{(10^2-1)\times(10^2-2)\times 1}{10^2\times(10^2-1)\times(10^2-2)}=\frac{3}{100}$$

(2) 设"最后一位按偶数"为事件 B，得

$$P(A\mid B)=P(A_1\mid B)+P(\overline{A_1}A_2\mid B)+P(\overline{A_1}\,\overline{A_2}A_3\mid B)=$$

$$\frac{1}{50}+\frac{49\times 1}{50\times 49}+\frac{49\times 48\times 1}{50\times 49\times 48}=\frac{3}{50}$$

3. 拓展演练

(1) 把外形相同的球分装在三个盒子中，每盒 10 个. 其中，第一个盒子中有 7 个标有字母 A，3 个标有字母 B；第二个盒子中有红球、白球各 5 个；第三个盒子中有红球 8 个、白球 2 个. 试验按如下规则进行：先在第一个盒子中任取一球，若取得标有字母 A 的球，则在第二个盒子中任取一球；若第一次取得标有字母 B 的球，则在第三个盒子中任取一球. 如果第二次取出的是红球，则称试验成功. 求试验成功的概率.

(2) 某地一农业科技试验站，对一批新水稻种子进行试验，已知这批水稻种子的发芽率为 0.8，出芽后的幼苗成活率为 0.9，在这批水稻种子中，随机地抽取一粒，求这粒水稻种子能成长为幼苗的概率.

规范解答 (1) 设 $A=\{$从第一个盒子中取得标有字母 A 的球$\}$，$B=\{$从第一个盒子中取得标有字母 B 的球$\}$，$R=\{$第二次取出的是红球$\}$，$W=\{$第二次取出的是白球$\}$.

得 $P(A)=\frac{7}{10}$，$P(B)=\frac{3}{10}$，$P(R\mid A)=\frac{1}{2}$，$P(W\mid A)=\frac{1}{2}$，$P(R\mid B)=\frac{4}{5}$，$P(W\mid B)=\frac{1}{5}$.

$RA+RB$ 表示"试验成功". 因为事件 RA 与 RB 互斥，所以

$$P(RA+RB)=P(RA)+P(RB)=$$
$$P(R\mid A)\cdot P(A)+P(R\mid B)\cdot P(B)=$$
$$\frac{1}{2}\cdot\frac{7}{10}+\frac{4}{5}\cdot\frac{3}{10}=0.59$$

(2) 设“这粒水稻种子能发芽”为事件 A，“这粒水稻种子发芽又成长为幼苗”为事件 AB，“这粒水稻种子能成长为幼苗”为事件 $B\mid A$.

由 $P(A)=0.8$，$P(B\mid A)=0.9$ 及条件概率的计算公式，得
$$P(AB)=P(B\mid A)\cdot P(A)=0.9\cdot 0.8=0.72$$

2.2.2　事件的相互独立性

1. 基础梳理

(1) 相互独立的概念

设 A，B 为两个事件，若 $P(AB)=P(A)P(B)>0$，则称事件 A，B 相互独立.

(2) 相互独立的性质

若事件 A 与 B 相互独立，则事件 A 与 $\bar{B}$，$\bar{A}$ 与 B，$\bar{A}$ 与 $\bar{B}$ 也都相互独立.

证明　得 $P(A)=P(A(B+\bar{B}))=P(AB)+P(A\bar{B})$，所以 $P(A\bar{B})=P(A)-P(AB)=P(A)(1-P(B))=P(A)P(\bar{B})$，即 A 与 $\bar{B}$ 相互独立.

由“A 与 B 相互独立 $\Rightarrow A$ 与 $\bar{B}$ 相互独立”，可得：

A 与 B 相互独立 $\Rightarrow B$ 与 A 相互独立 $\Rightarrow B$ 与 $\bar{A}$ 相互独立 $\Rightarrow \bar{A}$ 与 B 相互独立；

A 与 B 相互独立 $\Rightarrow \bar{A}$ 与 B 相互独立 $\Rightarrow \bar{A}$ 与 $\bar{B}$ 相互独立.

所以欲证均成立.

2. 典例导悟

例 1　从一副扑克牌（共 52 张，没有大、小王）中任取一张，设 A=“抽到K”，B=“抽到红牌”，C=“抽到J”，判断下列每对事件是否相互独立？是否互斥？是否对立？

(1) A 与 B；

(2) A 与 C.

解　(1) 因为 A 与 B 可以同时发生，所以 A 与 B 不互斥，更不会对立. 再来看 A 与 B 是否相互独立：由 $P(A)=\frac{4}{52}=\frac{1}{13}$，$P(B)=\frac{26}{52}=\frac{1}{2}$，$P(AB)=\frac{2}{52}=\frac{1}{26}$，得 $P(AB)=P(A)\cdot P(B)$，所以 A 与 B 相互独立.

(2) A 与互斥不对立. 由 $P(C)=P(A)=\frac{1}{13}$，$P(AC)=0$，得 $P(AC)\neq$

$P(A)\cdot P(C)$，所以 A 与 C 不相互独立.

例 2　面对 H1N1 流感病毒，各国医疗科研机构都在研究疫苗. 现有 A，B，C 三个独立的科研机构在一定的时期内能研制出疫苗的概率分别是 $\frac{1}{5}$，$\frac{1}{4}$，$\frac{1}{3}$. 求：

(1) 他们都研制出疫苗的概率；

(2) 他们都没有研制出疫苗的概率；

(3) 他们能研制出疫苗的概率.

解　设事件 A，B，C 分别表示 A，B，C 三个独立的科研机构在一定的时期内能研制出该疫苗，得 $P(A)=\frac{1}{5}$，$P(B)=\frac{1}{4}$，$P(C)=\frac{1}{3}$. 所求依次为：

(1) $P(ABC)=P(A)\cdot P(B)\cdot P(C)=\frac{1}{5}\cdot\frac{1}{4}\cdot\frac{1}{3}=\frac{1}{60}$；

(2) $P(\overline{A}\overline{B}\overline{C})=P(\overline{A})\cdot P(\overline{B})\cdot P(\overline{C})=\left(1-\frac{1}{5}\right)\cdot\left(1-\frac{1}{4}\right)\cdot\left(1-\frac{1}{3}\right)=\frac{2}{5}$；

(3) $1-P(\overline{A}\overline{B}\overline{C})=1-\frac{2}{5}=\frac{3}{5}$.

注　要会用“正难则反”来解概率题(与电路有关的概率题通常都用这种方法来求解)，对于第(3)问，若正面来做，则解答过程是

$$P(A\overline{B}\overline{C}+\overline{A}B\overline{C}+\overline{A}\overline{B}C+AB\overline{C}+A\overline{B}C+\overline{A}BC+ABC)=$$
$$P(A\overline{B}\overline{C})+P(\overline{A}B\overline{C})+P(\overline{A}\overline{B}C)+P(AB\overline{C})+$$
$$P(A\overline{B}C)+P(\overline{A}BC)+P(ABC)=$$
$$\frac{1}{5}\times\frac{3}{4}\times\frac{2}{3}+\frac{4}{5}\times\frac{1}{4}\times\frac{2}{3}+\frac{4}{5}\times\frac{3}{4}\times\frac{1}{3}+\frac{1}{5}\times\frac{1}{4}\times$$
$$\frac{2}{3}+\frac{1}{5}\times\frac{3}{4}\times\frac{1}{3}+\frac{4}{5}\times\frac{1}{4}\times\frac{1}{3}+\frac{1}{5}\times\frac{1}{4}\times\frac{1}{3}=\frac{3}{5}$$

真可谓壮观！但没有必要.

3. 拓展演练

(1) 在例 2 中，再求：

① 只有一个机构研制出疫苗的概率；

② 至多有一个机构研制出疫苗的概率.

(2) 在图 1 ～ 3 中，均有三个自动控制的常开开关，假定在某段时间内每个开关能够闭合的概率都是 0.7，且它们能否闭合相互独立，分别求出在这段时间内线路正常工作的概率.

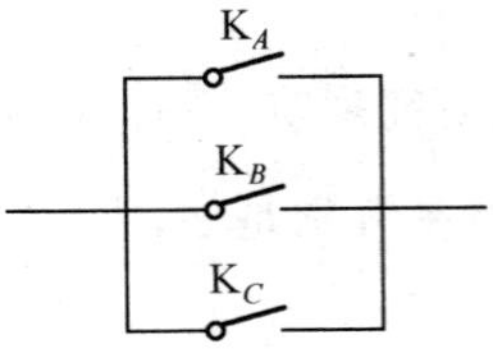

图 1

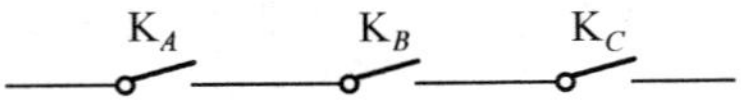

图 2

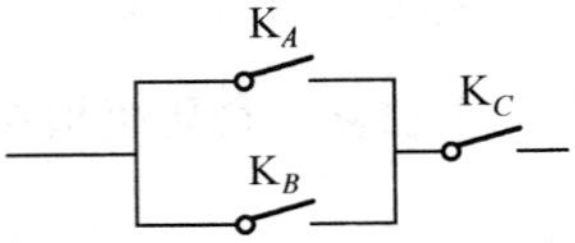

图 3

规范解答 (1) 设事件 A,B,C 分别表示 A,B,C 三个独立的科研机构在一定的时期内能研制出该疫苗，得 $P(A)=\frac{1}{5}$，$P(B)=\frac{1}{4}$，$P(C)=\frac{1}{3}$. 所求依次为：

①$P(A\overline{B}\overline{C}+\overline{A}B\overline{C}+\overline{A}\overline{B}C)=P(A\overline{B}\overline{C})+P(\overline{A}B\overline{C})+P(\overline{A}\overline{B}C)=\frac{1}{5}\times\frac{3}{4}\times\frac{2}{3}+\frac{4}{5}\times\frac{1}{4}\times\frac{2}{3}+\frac{4}{5}\times\frac{3}{4}\times\frac{1}{3}=\frac{13}{30}$；

②$P(\overline{A}\overline{B}\overline{C}+A\overline{B}\overline{C}+\overline{A}B\overline{C}+\overline{A}\overline{B}C)=P(\overline{B}\overline{C}+\overline{A}B\overline{C}+\overline{A}\overline{B}C)=\frac{3}{4}\times\frac{2}{3}+\frac{4}{5}\times\frac{1}{4}\times\frac{2}{3}+\frac{4}{5}\times\frac{3}{4}\times\frac{1}{3}=\frac{5}{6}$.

(2) 记这段时间内开关 K_A,K_B,K_C 能够闭合为事件 A,B,C. 所求依次为：

①$1-P(\overline{A}\overline{B}\overline{C})=1-P(\overline{A})\cdot P(\overline{B})\cdot P(\overline{C})=1-(1-0.7)^3=0.973$；

②$P(ABC)=P(A)\cdot P(B)\cdot P(C)=0.7^3=0.343$.

③ **解法 1** $P((A\overline{B}+\overline{A}B+AB)C)=(0.7\times0.3+0.3\times0.7+0.7\times0.7)\times0.7=0.637$.

解法 2 $P((A+\overline{A}B)C)=(0.7+0.3\times0.7)\times0.7=0.637$.

解法 3 $[1-P(\overline{A}\overline{B})]\cdot P(C)=(1-0.3\times0.3)\times0.7=0.637$.

2.2.3 独立重复试验与二项分布

1. 基础梳理

(1) n 次独立重复试验的概念

在相同条件下重复做的 n 次试验称为 n 次独立重复试验.

(2) 二项分布

在 n 次独立重复试验中，设事件 A 发生的次数为 X，在每次试验中事件 A 发生的概率为 p，那么在 n 次独立重复试验中，事件 A 恰好发生 k 次的概率为 $P(X=k)=C_n^k p^k(1-p)^{n-k}(k=0,1,2,\cdots,n)$. 此时称随机变量 X 服从二项分布，记作 $X\sim B(n,p)$，并称 p 为成功概率.

2. 典例导悟

例 1 (1)100 件产品中有 10 件次品，从中有放回地任取 5 件，求其中的次品数 X 的分布列；

(2) 某批数量较大的商品的次品率是 10%，从中任意抽取 5 件，求其中的次品数 Y 的分布列.

解 (1) 次品率为 $\frac{10}{100}=0.1$. 有放回地任取 5 件，相当于 5 次独立重复试验，所以 $X\sim B(5,0.1)$，$P(X=k)=C_5^k\,0.1^k\,0.9^{5-k}(k=0,1,2,3,4,5)$，得 X 的分布列为

X	0	1	2	3	4	5
P	0.590 49	0.328 05	0.072 90	0.008 10	0.000 45	0.000 01

(2) 因为商品数量较大，所以可近似地认为 Y 服从二项分布 $Y\sim B(5,0.1)$，所以其分布列同(1).

例 2 某气象站天气预报的准确率为 80%，计算(结果保留两位小数).

(1)5 次预报中恰有 2 次准确的概率；

(2)5 次预报中至少有 2 次准确的概率；

(3)5 次预报中恰有 2 次准确且其中第 3 次一定准确的概率.

解 在 5 次预报中预报准确的次数 X 服从二项分布 $X\sim B(5,0.8)$，所以

(1)$P(X=2)=C_5^2\cdot 0.8^2\cdot 0.2^3=0.051\,2\approx 0.05$.

(2)$P(X\geqslant 2)=1-P(X=0)-P(X=1)=1-0.2^5-C_5^1\cdot 0.8^1\cdot 0.2^4=0.993\,28\approx 0.99$.

(3) 题意即第 1,2,4,5 次中恰有一次预报准确且第 3 次预报准确，其概率为 $C_4^1\cdot 0.8^1\cdot 0.2^3\cdot 0.8=0.020\,48\approx 0.02$.

3. 拓展演练

(1) 口袋里放有大小相同的两个红球和一个白球，有放回地每次摸出一个球，定义数列 $\{a_n\}$：$a_n=\begin{cases}-1 & \text{第 } n \text{ 次摸出红球}\\ 1 & \text{第 } n \text{ 次摸出白球}\end{cases}$，若 S_n 为数列 $\{a_n\}$ 的前 n 项和，则 $S_7=3$ 的概率为(　　)

A. $C_7^5\left(\frac{1}{3}\right)^2\left(\frac{2}{3}\right)^5$　　B. $C_7^2\left(\frac{2}{3}\right)^2\left(\frac{1}{3}\right)^5$

C. $C_7^5\left(\frac{1}{3}\right)^2\left(\frac{1}{3}\right)^5$　　D. $C_7^3\left(\frac{1}{3}\right)^2\left(\frac{2}{5}\right)^5$

(2) 某篮球职业联赛总决赛在甲、乙两支球队之间进行，比赛采用五局三胜制，即哪个队先胜三场即可获得总冠军. 已知在每场比赛中，甲队获胜的概率

为$\frac{2}{3}$，乙队获胜的概率为$\frac{1}{3}$. 求：

① 甲队以 3：0 获胜的概率；

② 甲队获得总冠军的概率.

规范解答 (1) 选 B. 由 $S_7=3$ 知，在 7 次摸球中 2 次摸红球 5 次摸白球. 而摸出红球、白球的概率分别为$\frac{2}{3}$，$\frac{1}{3}$，从而可知选 B.

(2)① 设“甲队以 3：0 获胜”为事件 A，则 $P(A)=\left(\frac{2}{3}\right)^3=\frac{8}{27}$.

② 设“甲队获得总冠军”为事件 B，则事件 B 包括以 3：0，3：1，3：2 三种情况获胜，其概率分别为

$$P_1=\left(\frac{2}{3}\right)^3=\frac{8}{27};$$

$$P_2=C_3^2\left(\frac{2}{3}\right)^2\cdot\frac{1}{3}\cdot\frac{2}{3}=\frac{8}{27};$$

$$P_3=C_4^2\left(\frac{2}{3}\right)^2\cdot\left(\frac{1}{3}\right)^2\cdot\frac{2}{3}=\frac{16}{81}.$$

所以，$P(B)=P_1+P_2+P_3=\frac{64}{81}$.

② 的另解 可证题中的“五局三胜制”与“一直打完五局至少胜三局者为胜”是等价的，得所求概率为

$$C_5^3\left(\frac{2}{3}\right)^3\left(\frac{1}{3}\right)^2+C_5^4\left(\frac{2}{3}\right)^4\left(\frac{1}{3}\right)^1+\left(\frac{2}{3}\right)^5=\frac{64}{81}$$

§75 《3.1 回归分析的基本思想及其初步应用》学案

1. 基础梳理

(1) 线性回归模型

① 线性回归模型 $y=bx+a+e$,其中 a 和 b 是模型的未知参数,e 称为随机误差.

② 在回归直线方程 $\hat{y}=\hat{b}x+\hat{a}$ 中,$\hat{b}=\dfrac{\sum\limits_{i=1}^{n}x_iy_i-n\bar{x}\bar{y}}{\sum\limits_{i=1}^{n}x_i^2-n\bar{x}^2}$,$\hat{a}=\bar{y}-\hat{b}\bar{x}$,其中 $\bar{x}=\dfrac{1}{n}\sum\limits_{i=1}^{n}x_i$,$\bar{y}=\dfrac{1}{n}\sum\limits_{i=1}^{n}y_i$. $(\bar{x},\bar{y})$ 称为样本点的中心.

(2) 刻画回归效果的方式

① 利用相关指数 R^2 刻画回归效果

利用相关指数 R^2 刻画回归效果,其计算公式为:$R^2=1-\dfrac{\sum\limits_{i=1}^{n}(y_i-\hat{y}_i)^2}{\sum\limits_{i=1}^{n}(y_i-\bar{y})^2}$;

R^2 的几何意义:R^2 越接近于 1,表示回归效果越好.

② 残差图法

若残差点比较均匀地落在水平的带状区域内,则说明选用的模型比较合适.并且这样的带状区域宽度越窄时,模型的精确度越高.

③ 残差平方和法

残差平方和 $\sum\limits_{i=1}^{n}(y_i-\hat{y}_i)^2$ 越小,模型拟合效果越好.

2. 典例导悟

例 1 在一次期末考试中,某班 5 名学生的数学和物理成绩如下表:

学生 学科	A	B	C	D	E
数学成绩(x)	88	76	73	66	63
物理成绩(y)	78	65	71	64	61

(1) 画出散点图；

(2) 求物理成绩 y 关于数学成绩 x 的线性回归方程；

(3) 若一名学生的数学成绩是 96，试预测他的物理成绩.

解 (1) 散点图如图 1 所示

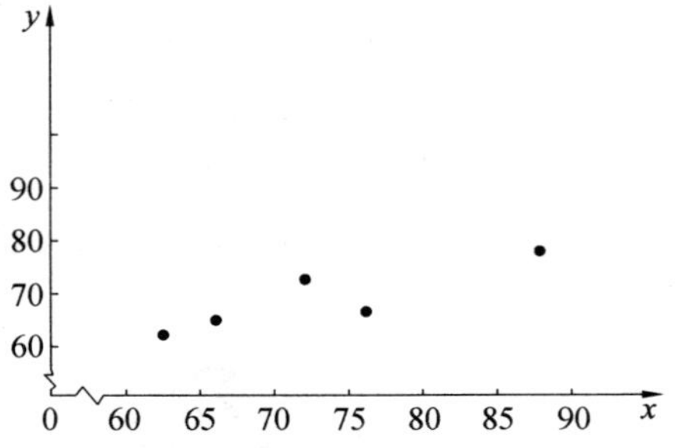

图 1

(2)
$$\bar{x}=\frac{1}{5}(88+76+73+66+63)=73.2$$
$$\bar{y}=\frac{1}{5}(78+65+71+64+61)=67.8$$
$$\sum_{i=1}^{5}x_iy_i=88\times78+76\times65+73\times71+66\times64+63\times61=25\ 054$$
$$\sum_{i=1}^{5}x_i^{2}=88^2+76^2+73^2+66^2+63^2=27\ 174$$

所以
$$\hat{b}=\frac{\sum_{i=1}^{5}x_iy_i-5\bar{x}\bar{y}}{\sum_{i=1}^{5}x_i^{2}-5\bar{x}^2}=\frac{25\ 054-5\times73.2\times67.8}{27\ 174-5\times73.2^2}\approx0.625$$
$$\hat{a}=\bar{y}-\hat{b}\bar{x}\approx67.8-0.625\times73.2=22.05$$

物理成绩 y 关于数学成绩 x 的线性回归方程是 $\hat{y}=0.625x+22.05$.

(3) 当 $x=96$ 时，$\hat{y}=0.625\times96+22.05\approx82$.

所以可以预测他的物理成绩是 82.

例 2 某运动员训练次数与成绩之间的数据关系如下：

次数(x)	30	33	35	37	39	44	46	50
成绩(y)	30	34	37	39	42	46	48	51

(1) 画出散点图；

(2) 求 y 关于 x 的线性回归方程；

(3) 作出残差图；

(4) 计算相关指数 R^2；

(5) 试预测该运动员训练 47 次及 55 次的成绩.

解 (1) 作出该运动员训练次数(x)与成绩(y)之间的散点图如图 2 所示，由散点图可知，它们之间具有线性相关关系.

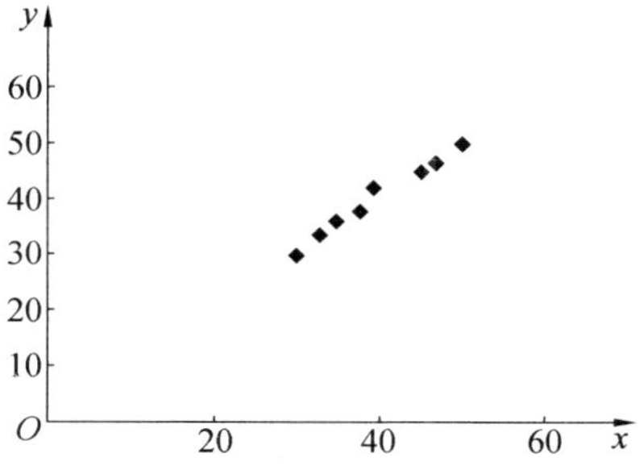

图 2

(2) $\bar{x}=39.25$，$\bar{y}=40.875$；$\sum_{i=1}^{8}x_iy_i=13\ 180$，$\sum_{i=1}^{8}x_i^2=12\ 656$.

所以 $\hat{b}=\dfrac{\sum_{i=1}^{8}x_iy_i-8\bar{x}\bar{y}}{\sum_{i=1}^{8}x_i^2-8\bar{x}^2}=1.041\ 5$，$\hat{a}=\bar{y}-\hat{b}\bar{x}=-0.003\ 02$.

得 y 关于 x 的线性回归方程是 $\hat{y}=1.041\ 5x-0.003\ 02$.

(3) 残差分析

作残差图如图 3 所示

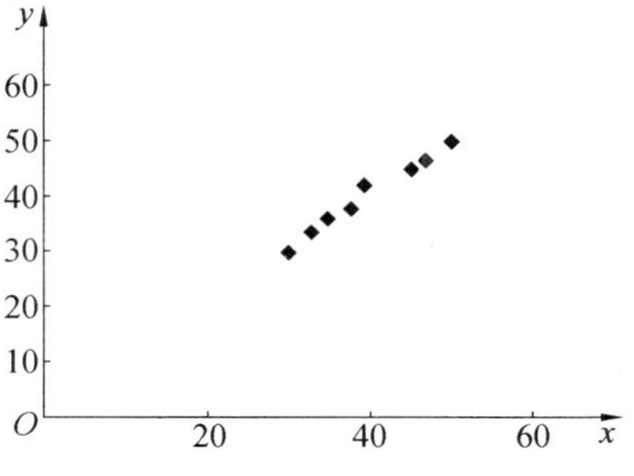

图 3

由图 3 知，残差点比较均匀地分别在水平带状区域中，说明选用的模型比较合适.

(4) 计算相关指数 R^2

计算得相关指数 $R^2=0.985\ 5$. 说明该运动员的成绩的差异有 98.55% 是

由训练次数引起的.

(5) 作出预报

由上述分析可知,我们可用回归方程是 $\hat{y}=1.041\,5x-0.003\,02$ 作为该运动员成绩的预报值.

将 $x=47$ 和 $x=55$ 分别代入该方程可得 $y=49$ 和 $y=57$,所以预测该运动员训练 47 次和 55 次的成绩分别为 49 和 57.

例 3 在一化学反应过程中,某化学物质的反应速度 y g/分与一种催化剂的量 x g 有关,现收集了 8 组数据(见下表),试建立 y 与 x 之间的回归方程.

次数(x)	30	33	35	37	39	44	46	50
成绩(y)	30	34	37	39	42	46	48	51

解 根据收集的数据作出散点如图 4 所示

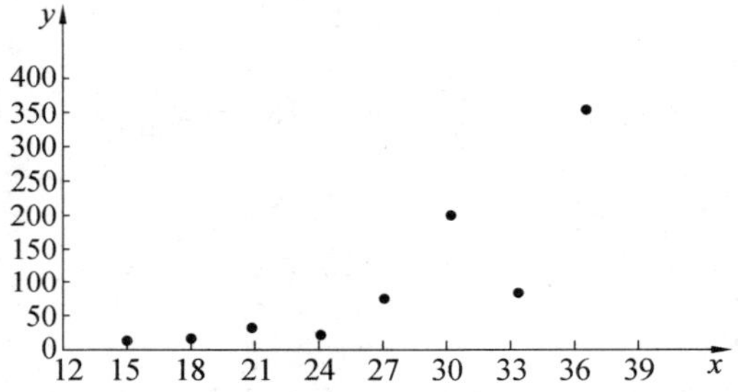

图 4

根据样本点分布情况,可选用两种曲线模型来拟合.

(1) 可认为样本点集中在某二次曲线 $y=c_1x^2+c_2$ 的附近. 令 $t=x^2$,则变换后样本点应该分布在直线 $y=bt+a(b=c_1,a=c_2)$ 的周围.

由题意得,变换后 t 与 y 的样本数据如下表:

t	225	324	441	576	729	900	1 089	1 296
y	6	8	30	27	70	205	65	350

作出 y 与 t 的散点图如图 5 所示

由 y 与 t 的散点图可观察到样本数据点并不分布在一条直线的周围,因此不宜用线性回归方程 $y=bt+a$ 来拟合,即不宜用二次曲线 $y=c_1x^2+c_2$ 来拟合 y 与 x 之间的关系.

(2) 根据 x 与 y 的散点图也可认为样本点集中在某一条指数型函数曲线 $y=c_1\mathrm{e}^{c_2x}$(其中 e 是自然对数的底)周围. 令 $z=\ln y$,则 $y=c_2x+\ln c_1$,即变换后样本点应该分布在直线 $z=bx+a(a=\ln c_1,b=c_2)$ 周围.

由 y 与 x 的数据表可得 z 与 x 的数据表:

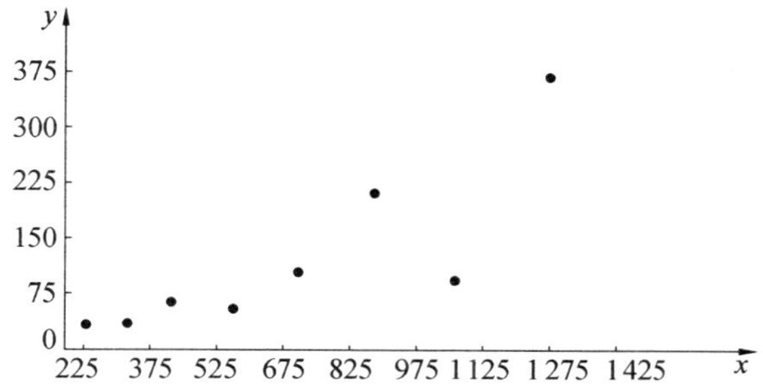

图 5

x	15	18	21	24	27	30	33	36
z	1.792	2.079	3.401	3.296	4.248	5.323	4.174	5.858

作出 z 与 x 的散点图如图 6 所示

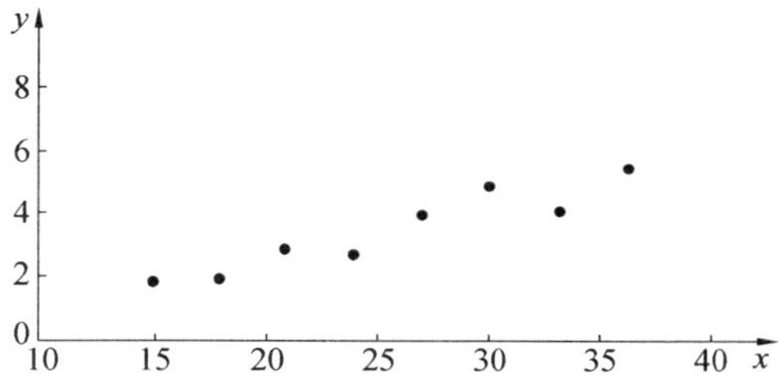

图 6

由此散点图可观察到这些点大致在一条直线上，因此可用线性回归方程来拟合它.由 z 与 x 的数据表，可求得线性回归方程 $\hat{z}=0.181\,2x-0.848\,5$，所以 y 与 x 之间的回归方程为 $\hat{y}=e^{0.181\,2x-0.848\,5}$.

3. 拓展演练

(1) 某研究机构为了研究人的脚的大小与身高的关系，随机抽测了 20 人得到如下数据：

序号	1	2	3	4	5	6	7	8	9	10
身高 x(cm)	192	164	172	177	176	159	171	166	182	166
脚长 y(码)	48	38	40	43	44	37	40	39	46	39
序号	11	12	13	14	15	16	17	18	19	20
身高 x(cm)	169	178	167	174	168	179	165	170	162	170
脚长 y(码)	43	41	40	43	40	44	38	42	39	41

① 请根据“序号为 5 的倍数”的几组数据，求出 y 关于 x 的线性回归方程；

② 试根据 ① 中求出的线性回归方程预测姚明的脚的大小（姚明的身高为 2.26 m）.

(2) 假设关于某设备的使用年限 x 和所支出的维修费用 y（万元）有如下的统计资料：

x	2	3	4	5	6
y	2.2	3.8	5.5	6.5	7.0

根据上表，通过计算机画出的散点图呈线性相关，并且已经得到 $\sum_{i=1}^{5} x_i y_i = 112.3$.

① 求 y 关于 x 的线性回归方程；

② 估计使用 10 年时，维修费用是多少？

③ 求残差 $\hat{e}_4$ 的值；

④ 求 R^2，并说明模型拟合的效果.

规范解答 (1)① 序号为 5 的倍数的 4 组数据为

$$(x_1, y_1) = (176, 44), (x_2, y_2) = (166, 39)$$

$$(x_3, y_3) = (168, 40), (x_4, y_4) = (170, 41)$$

$$\bar{x} = 170, \bar{y} = 41; \sum_{i=1}^{4} x_i y_i = 27\ 908, \sum_{i=1}^{4} x_i^2 = 115\ 656$$

所以

$$\hat{b} = \frac{\sum_{i=1}^{4} x_i y_i - 4\bar{x}\bar{y}}{\sum_{i=1}^{4} x_i{}^2 - 4\bar{x}^2} = 0.5, \hat{a} = \bar{y} - \hat{b}\bar{x} = -44$$

得 y 关于 x 的线性回归方程是 $\hat{y} = 0.5x - 44$.

② 预测姚明的脚的大小为 $\hat{y} = 0.5 \times 226 - 44 = 69$（码）.

(2)① 可得 $\bar{x} = 4, \bar{y} = 5; \sum_{i=1}^{5} x_i y_i = 112.3, \sum_{i=1}^{5} x_i^2 = 90$. 所以

$$\hat{b} = \frac{\sum_{i=1}^{5} x_i y_i - 5\bar{x}\bar{y}}{\sum_{i=1}^{5} x_i^2 - 5\bar{x}^2} = 1.23, \hat{a} = \bar{y} - \hat{b}\bar{x} = -0.08$$

得 y 关于 x 的线性回归方程是 $\hat{y} = 1.23x + 0.08$.

② 当 $x = 10$ 时，$\hat{y} = 12.38$（万元），即估计使用 10 年时，维修费用大约是 12.38 万元.

③ $\hat{e}_4 = y_4 - \hat{y}_4 = 0.27$.

④$R^2=1-\frac{\sum_{i=1}^{5}(y_i-\hat{y}_i)^2}{\sum_{i=1}^{5}(y_i-\bar{y})^2}=1-\frac{0.651}{15.78}=0.958\ 7$,说明模型拟合效果较好，使用年限解释了 95.87% 的维修费用支出.

§76 《3.2　独立性检验的基本思想及其初步应用》学案

1. 基础梳理

(1)2×2 列联表

① 分类变量的定义

变量的不同“值”表示个体所属的不同类别,像这样的变量称作分类变量.

②$2\times 2$ 列联表的定义

假设有两个分类变量 X 和 Y,它们的取值分别为$\{x_1,x_2\}$ 和$\{y_1,y_2\}$,其样本频数列联表(也称为 2×2 列联表)为:

	y_1	y_2	总计
x_1	a	b	$a+b$
x_2	c	d	$c+d$
总计	$a+c$	$b+d$	$a+b+c+d$

像这样列出的两个分类变量的频数表称为列联表.

(2)K^2 统计量

为了使不同样本容量的数据有统一的评判标准,我们构造一个随机变量 $K^2=\dfrac{n(ad-bc)^2}{(a+b)(c+d)(a+c)(b+d)}$,其中 $n=a+b+c+d$ 为样本容量.

(3) 独立性检验的定义及判断方法

① 独立性检验的定义

利用随机变量 K^2 来判断“两个分类变量有关系”的方法,称为独立性检验.

② 独立性检验的方法有列联表法、等高条形图法及 K^2 公式法.

2. 典例导悟

例 1　某电视台联合相关报社对“男女同龄退休”这一公众关注的问题进行了民意调查,数据如下表所示:

	赞同	反对	总计
男	198	217	415
女	476	109	585
总计	674	326	1 000

根据此表,能否在犯错误的概率不超过 0.001 的前提下认为对这一问题的看法与性别有关系?($P(K^2 \geqslant 10.828) \approx 0.001$)

解 假设 H_0:"对这一问题的看法与性别无关",由列联表中的数据可得

$$K^2=\frac{n(ad-bc)^2}{(a+b)(c+d)(a+c)(b+d)}=$$

$$\frac{1\,000(198\times109-217\times476)^2}{415\times585\times674\times326}\approx$$

$$125.161>10.828$$

又 $P(K^2 \geqslant 10.828) \approx 0.001$,所以在犯错误的概率不超过0.001 的前提下认为对"男女同龄退休"这一问题的看法与性别有关系.

例 2 某校高三年级在一次全年级的大型考试中,数学成绩优秀和非优秀的学生中,物理、化学、总分也为优秀的人数如下表所示:

	物理	化学	总分
数学优秀	228	225	267
数学非优秀	143	156	99

试问:数学成绩优秀与物理、化学、总分也优秀哪个关系较大?(注:该年级此次考试中数学成绩优秀的有 360 人,非优秀的有 880 人.)

解 (1) 列出数学与物理的 2×2 列联表如下:

	物理优秀	物理非优秀	总计
数学优秀	228	132	360
数学非优秀	143	737	880
总计	371	869	1 240

由此表中的数据作出等高条形图,如图 1 所示.

由图 1 可知,数学成绩优秀与物理成绩优秀有关联关系.

将表中的数据代入公式 $K^2=\frac{n(ad-bc)^2}{(a+b)(c+d)(a+c)(b+d)}$,得 $K^2\approx$ 270.114 3.

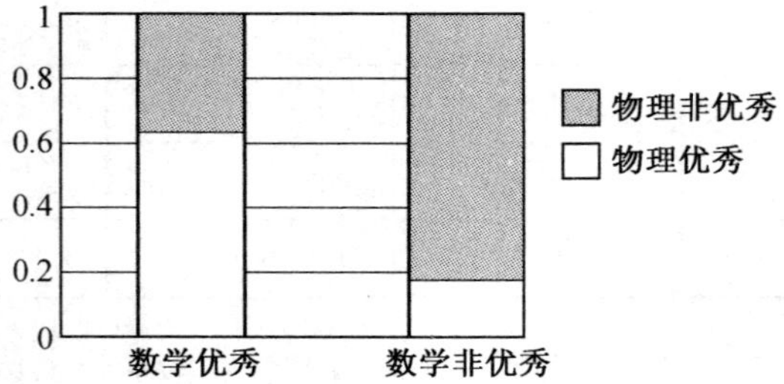

图 1

(2) 列出数学与化学的 2×2 列联表如下：

	化学优秀	化学非优秀	总计
数学优秀	225	135	360
数学非优秀	156	724	880
总计	381	859	1 240

由此表中的数据作出等高条形图，如图 2 所示.

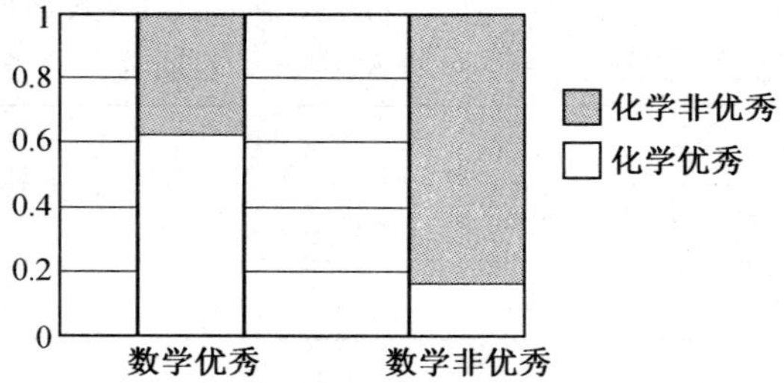

图 2

由图 2 可知，数学成绩优秀与化学成绩优秀有关联关系.

将表中的数据代入公式计算得 $K^2\approx240.611\ 2$.

(3) 列出数学与总分的 2×2 列联表如下：

	总分优秀	总分非优秀	总计
数学优秀	267	93	360
数学非优秀	99	781	880
总计	366	874	1 240

由此表中的数据作出等高条形图，如图 3 所示.

由图 3 可知，数学成绩优秀与总分成绩优秀有关联关系.

将表中的数据代入公式计算得 $K^2\approx486.123$.

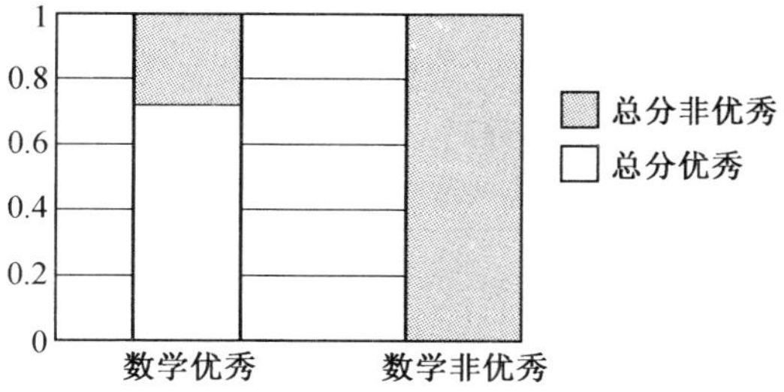

图 3

由上面的分析可知，数学成绩优秀与物理、化学、总分优秀都有关系.，因为计算出的 K^2 都大于 10.828，所以在犯错误的概率不超过 0.001 的前提下认为数学成绩优秀与物理、化学、总分优秀都有关，但与总分关系最大，与物理其次.

3. 拓展演练

（1）为了了解铅中毒病人与尿棕色素为阳性是否有关系，分别对病人组和对照组的尿液作尿棕色素定性检验，结果如下：

组别	阳性数	阴性数	总计
铅中毒病人	29	7	36
对照组	9	28	37
总计	38	35	73

试画出列联表的等高条形图，分析铅中毒病人和对照组的尿棕色素阳性数有无差别，铅中毒病人与尿棕色素为阳性是否有关系？

（2）5 月 1 日是“世界无烟日”，2009 年的主题是“让肺自由呼吸”. 为探究患肺癌是否与吸烟有关，某校研究性学习小组调查了 1 339 名 50 岁以上的人，调查结果如下表所示：

	患肺癌	不患肺癌	总计
吸烟	28	579	607
不吸烟	7	725	732
总计	35	1 304	1 339

试问：能否在犯错误的概率不超过 0.01 的前提下认为 50 岁以上的人患肺癌与吸烟有关系？

（3）为了研究在中央召开再就业工作会议后再就业工作的进展情况，有人对某市下岗女工发出了 500 份调查问卷，实际回收 364 份有效问卷. 在调查问卷中向下岗女工问及了许多问题，其中的一个重要问题是："你认为当前的再就业环境是好些/坏些". 当研究者将有关被调查下岗女工的资料按熟练工/技术工分开统计，同时还按年龄加以区分时，便得出了如表1和表2所示的列联表：

表1　186名下岗熟练女工对就业环境的反应态度

反应＼年龄	35岁及以下	35岁以上
好些	50	35
坏些	64	37

表2　178名下岗技术女工对就业环境的反应态度

反应＼年龄	35岁及以下	35岁以上
好些	72	30
坏些	36	40

① 运用 K^2 对这两个表进行独立性检验，并对结果作出分析；

② 根据这种调查分析结果，请你为改善下岗女工的再就业环境以及如何加强下岗女工的技术培训、提高再就业率方面提供对策.

规范解答　(1) 等高条形图如图4所示.

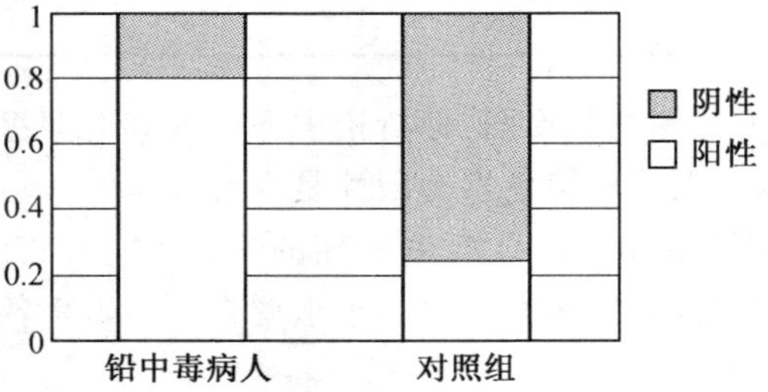

图4

其中两个浅色条的高分别代表铅中毒病人和对照组样本中尿棕色素为阳性的频率.

由图4可以直观地看出铅中毒病人与对照组相比较尿棕色素为阳性差异明显，因此，铅中毒病人与尿棕色素为阳性存在关联关系.

(2) 假设 H_0："50岁以上的人患肺癌与吸烟无关"，由列联表中的数据可得

$$K^2=\frac{n\,(ad-bc)^2}{(a+b)(c+d)(a+c)(b+d)}=$$

$$\frac{1\,339\,(28\times 725-579\times 7)^2}{607\times 732\times 35\times 1\,304}\approx$$

$$17.429 > 6.635$$

又 $P(K^2 \geqslant 6.635) \approx 0.01$，所以在犯错误的概率不超过 0.01 的前提下认为 50 岁以上的人患肺癌与吸烟有关.

(3)① 对于表 1，$K_1^2 = \frac{186\ (50 \times 37 - 64 \times 35)^2}{85 \times 101 \times 114 \times 72} = 0.4$，说明对于下岗熟练女工，她们认为当前的再就业环境是好些 / 坏些与年龄不相关；对于表 2，$K_2^2 = \frac{178\ (72 \times 40 - 36 \times 30)^2}{102 \times 76 \times 108 \times 70} = 9.84$，说明对于下岗技术女工，她们认为当前的再就业环境是好些 / 坏些与年龄相关.

这就充分证明了下岗熟练女工和下岗技术女工对上述就业环境的反应是不同的. 在下岗熟练女工一组中(表 1)，下岗女工年龄大小与反应态度无明显差异，而在下岗技术女工一组中(表 2)，下岗女工年龄大小与反应态度之间具有高度的相关关系.

② 对 35 岁及以下的下岗技术女工要多做技术方面的培训.

§ 77　高中数学基础知识复习题

集合与简易逻辑

1. 集合元素具有确定性、无序性和互异性

(1) 设 P,Q 为两个非空实数集合，定义集合 $P+Q=\{a+b \mid a\in P, b\in Q\}$，若 $P=\{0,2,5\}$，$Q=\{1,2,6\}$，则 $P+Q$ 中元素的有________个；

(2) 非空集合 $S\subseteq\{1,2,3,4,5\}$，且满足"若 $a\in S$，则 $6-a\in S$"，这样的 S 共有________个.

2. 不要忘记 $\varnothing$ 是任何集合的子集

集合 $A=\{x \mid ax-1=0\}$，$B=\{x \mid x^2-3x+2=0\}$，且 $A\cup B=B$，则实数 $a=$________.

3. 满足 $\{1,2\}\subsetneqq M\subseteq\{1,2,3,4,5\}$ 集合 M 有________个.

4. 运算性质

设全集 $U=\{1,2,3,4,5\}$，若 $A\cap B=\{2\}$，$(\complement_U A)\cap B=\{4\}$，$(\complement_U A)\cap(\complement_U B)=\{1,5\}$，则 $A=$________，$B=$________.

5. 注意集合的代表元

(1) 设集合 $M=\{x \mid y=\sqrt{x+2}\}$，集合 $N=\{y \mid y=x^2, x\in M\}$，则 $M\cap N=$________；

(2) 设集合 $M=\{\boldsymbol{a} \mid \boldsymbol{a}=(1,2)+\lambda(3,4), \lambda\in\mathbf{R}\}$，$N=\{\boldsymbol{a} \mid \boldsymbol{a}=(2,3)+\lambda(4,5), \lambda\in\mathbf{R}\}$，则 $M\cap N=$________.

6. 补集思想

已知函数 $f(x)=4x^2-2(p-2)x-2p^2-p+1$ 在区间 $[-1,1]$ 上至少存在一个实数 c，使 $f(c)>0$，求实数 p 的取值范围.

7. 复合命题真假的判断

在下列说法中：①"p 且 q"为真是"p 或 q"为真的充分不必要条件；②"p 且

q”为假是“p 或 q”为真的充分不必要条件；③“p 或 q”为真是“非 p”为假的必要不充分条件；④“非 p”为真是“p 且 q”为假的必要不充分条件，其中正确的是________.

8. 充要条件

（1）给出下列命题：① 实数 $a=0$ 是直线 $ax-2y=1$ 与 $2ax-2y=3$ 平行的充要条件；② 若 $a,b\in\mathbf{R}$，$ab=0$ 是 $|a|+|b|=|a+b|$ 成立的充要条件；③ 已知 $x,y\in\mathbf{R}$，“若 $xy=0$，则 $x=0$ 或 $y=0$”的逆否命题是“若 $x\neq0$ 或 $y\neq0$ 则 $xy\neq0$”；④“若 a 和 b 都是偶数，则 $a+b$ 是偶数”的否命题是假命题，其中正确命题的序号是________.

（2）设命题 p：$|4x-3|\leqslant1$；命题 q：$x^2-(2a+1)x+a(a+1)\leqslant0$，若 $\bar{p}$ 是 $\bar{q}$ 的必要而不充分的条件，则实数 a 的取值范围是________.

9. 一元一次不等式的解法

已知关于 x 的不等式 $(a+b)x+(2a-3b)<0$ 的解集为 $\left(-\infty,-\frac{1}{3}\right)$，则关于 x 的不等式 $(a-3b)x+(b-2a)>0$ 的解集为________.

10. 一元二次不等式的解集

解关于 x 的不等式：$ax^2-(a+1)x+1<0$.

11. 对于方程 $ax^2+bx+c=0$ 有实数解的问题

（1）$(a-2)x^2+2(a-2)x-1<0$ 对一切 $x\in\mathbf{R}$ 恒成立，则 a 的取值范围是________；

（2）若在 $\left[0,\frac{\pi}{2}\right]$ 内有两个不等的实根满足等式 $\cos 2x+\sqrt{3}\sin 2x=k+1$，则实数 k 的范围是________.

12. 一元二次方程根的分布理论

（1）实系数方程 $x^2+ax+2b=0$ 的一根大于 0 且小于 1，另一根大于 1 且小于 2，则 $\frac{b-2}{a-1}$ 的取值范围是________.

（2）不等式 $3x^2-2bx+1\leqslant0$ 对 $x\in[-1,2]$ 恒成立，则实数 b 的取值范围是________.

函　　数

1. 映射 $f: A \to B$ 的概念

(1) 设 $f:M \to N$ 是集合 M 到 N 的映射，下列说法正确的是(　　)

A. M 中每一个元素在 N 中必有象

B. N 中每一个元素在 M 中必有原象

C. N 中每一个元素在 M 中的原象是唯一的

D. N 是 M 中所在元素的象的集合

(2) 点 (a,b) 在映射 f 的作用下的象是 $(a-b,a+b)$，则在 f 作用下点 $(3,1)$ 的原象为点________；

(3) 若 $A=\{1,2,3,4\}$，$B=\{a,b,c\}$，$a,b,c \in \mathbf{R}$，则 A 到 B 的映射有________个，B 到 A 的映射有________个，A 到 B 的函数有________个；

(4) 设集合 $M=\{-1,0,1\}$，$N=\{1,2,3,4,5\}$，映射 $f:M \to N$ 满足条件"对任意的 $x \in M$，$x+f(x)$ 是奇数"，这样的映射 f 有________个.

2. 函数 $f:A \to B$ 是特殊的映射

若函数 $y=\frac{1}{2}x^2-2x+4$ 的定义域、值域都是闭区间 $[2,2b]$，则 $b=$ ________.

3. 若解析式相同，值域相同，但其定义域不同的函数，则称这些函数为"天一函数"，那么解析式为 $y=x^2$，值域为 $\{4,1\}$ 的"天一函数"共有________个.

4. 研究函数问题时要树立定义域优先的原则

(1) 函数 $y=\frac{\sqrt{x(4-x)}}{\lg(x-3)^2}$ 的定义域是________；

(2) 设函数 $f(x)=\lg(ax^2+2x+1)$：

① 若 $f(x)$ 的定义域是 $\mathbf{R}$，求实数 a 的取值范围；

② 若 $f(x)$ 的值域是 $\mathbf{R}$，求实数 a 的取值范围.

(3) 复合函数的定义域：

① 若函数 $y=f(x)$ 的定义域为 $\left[\frac{1}{2},2\right]$，则 $f(\log_2 x)$ 的定义域为________；

② 若函数 $f(x^2+1)$ 的定义域为 $[-2,1)$，则函数 $f(x)$ 的定义域为

________.

5. 求函数值域(最值)的方法

(1) 配方法

当 $x\in(0,2]$ 时,函数 $f(x)=ax^2+4(a+1)x-3$ 在 $x=2$ 时取得最大值,则 a 的取值范围是________.

(2) 换元法

①$y=2\sin^2 x-3\cos x-1$ 的值域为________;

②$y=2x+1-\sqrt{x-1}$ 的值域为________;

③$y=\sin x+\cos x+\sin x\cdot\cos x$ 的值域为________;

④$y=x+4+\sqrt{9-x^2}$ 的值域为________.

(3) 函数有界性法

分别求函数 $y=\dfrac{2\sin\theta-1}{1+\sin\theta}$,$y=\dfrac{3^x}{1+3^x}$,$y=\dfrac{2\sin\theta-1}{1+\cos\theta}$ 的值域.

(4) 单调性法

分别求 $y=x-\dfrac{1}{x}(1<x<9)$,$y=\sin^2 x+\dfrac{9}{1+\sin^2 x}$,$y=2x+1+\sqrt{x-1}$ 的值域.

(5) 数形结合法

已知点 $P(x,y)$ 在圆 $x^2+y^2=1$ 上,求 $\dfrac{y}{x+2}$ 及 $y-2x$ 的取值范围.

(6) 不等式法

设 x,a_1,a_2,y 成等差数列,x,b_1,b_2,y 成等比数列,则 $\dfrac{(a_1+a_2)^2}{b_1b_2}$ 的取值范围是________.

(7) 导数法

求函数 $f(x)=2x^3+4x^2-40x$,$x\in[-3,3]$ 的最小值.

6. 分段函数的概念

(1) 设函数 $f(x)=\begin{cases}(x+1)^2 & (x<1)\\ 4-\sqrt{x-1} & (x\geqslant 1)\end{cases}$,则使得 $f(x)\geqslant 1$ 的自变量 x 的取值范围是________;

(2) 已知 $f(x)=\begin{cases}1 & (x\geqslant 0)\\ -1 & (x<0)\end{cases}$,则不等式 $x+(x+2)f(x+2)\leqslant 5$ 的解集是________.

7. 求函数解析式的常用方法

(1) 待定系数法

已知 $f(x)$ 为二次函数，且 $f(x-2)=f(-x-2)$，且 $f(0)=1$，图象在 x 轴上截得的线段长为 $2\sqrt{2}$，求 $f(x)$ 的解析式.

(2) 配凑法

① 已知 $f(1-\cos x)=\sin^2 x$，求 $f(x^2)$ 的解析式；

② 若 $f\left(x-\dfrac{1}{x}\right)=x^2+\dfrac{1}{x^2}$，则函数 $f(x-1)=$________.

(3) 方程的思想

已知 $f(x)+2f(-x)=3x-2$，求 $f(x)$ 的解析式.

8. 反函数

(1) 函数 $y=x^2-2ax-3$ 在区间 $[1,2]$ 上存在反函数的充要条件是(　　)

A. $a\in(-\infty,1]$　　B. $a\in[2,+\infty)$

C. $a\in[1,2]$　　D. $a\in(-\infty,1]\cup[2,+\infty)$

(2) 设 $f(x)=\left(\dfrac{x+1}{x}\right)^2\ (x>0)$，求 $f(x)$ 的反函数 $f^{-1}(x)$.

(3) 反函数的性质

① 单调递增函数 $f(x)$ 满足条件 $f(ax+3)=x$，其中 $a\neq 0$，若 $f(x)$ 的反函数 $f^{-1}(x)$ 的定义域为 $\left[\dfrac{1}{a},\dfrac{4}{a}\right]$，则 $f(x)$ 的定义域为________；

② 已知函数 $f(x)=\dfrac{2x+3}{x-1}$，若函数 $y=g(x)$ 与 $y=f^{-1}(x+1)$ 的图象关于直线 $y=x$ 对称，求 $g(3)$ 的值；

③ 已知函数 $f(x)=\log_3\left(\dfrac{4}{x}+2\right)$，则方程 $f^{-1}(x)=4$ 的解 $x=$________；

④ 已知 $f(x)$ 是 $\mathbf{R}$ 上的增函数，点 $A(-1,1)$，$B(1,3)$ 在它的图象上，$f^{-1}(x)$ 是它的反函数，那么不等式 $|f^{-1}(\log_2 x)|<1$ 的解集为________.

9. 函数的奇偶性

(1)① 定义法

判断函数 $y=\dfrac{|x-4|-4}{\sqrt{9-x^2}}$ 的奇偶性.

② 用定义的等价形式

判断 $f(x)=x\left(\dfrac{1}{2^x-1}+\dfrac{1}{2}\right)$ 的奇偶性________.

③ 图象法：奇函数的图象关于原点对称；偶函数的图象关于 y 轴对称.

(2) 函数奇偶性的性质：若 $f(x)$ 为偶函数，则 $f(-x)=f(x)=f(|x|)$.

若定义在 $\mathbf{R}$ 上的偶函数 $f(x)$ 在 $(-\infty,0)$ 上是减函数，且 $f\left(\frac{1}{3}\right)=2$，则不等式 $f(\log_{\frac{1}{8}}x)>2$ 的解集为________.

(3) $f(x)$ 是奇函数时，若 $f(0)$ 有定义，则 $f(0)=0$.

若 $f(x)=\dfrac{a\cdot 2^x+a-2}{2^x+1}$ 为奇函数，则实数 $a=$________.

(4) 设 $f(x)$ 是定义域为 $\mathbf{R}$ 的任一函数，$F(x)=\dfrac{f(x)+f(-x)}{2}$，$G(x)=\dfrac{f(x)-f(-x)}{2}$：

① 判断 $F(x)$ 与 $G(x)$ 的奇偶性；

② 若将函数 $f(x)=\lg(10^x+1)$，表示成一个奇函数 $g(x)$ 和一个偶函数 $h(x)$ 之和，求 $g(x)$.

10. 函数的单调性

(1) 若 $f(x)$ 在区间 (a,b) 内为增函数，则 $f'(x)\geqslant 0$，已知函数 $f(x)=x^3-ax$ 在区间 $[1,+\infty)$ 上是增函数，则 a 的取值范围为________；

(2) 若函数 $f(x)=x^2+2(a-1)x+2$ 在区间 $(-\infty,4]$ 上是减函数，那么实数 a 的取值范围为________；

(3) 已知函数 $f(x)=\dfrac{ax+1}{x+2}$ 在区间 $(-2,+\infty)$ 上为增函数，则实数 a 的取值范围为________；

(4) 函数 $y=\log_{\frac{1}{2}}(-x^2+2x)$ 的单调递增区间是________；

(5) 已知奇函数 $f(x)$ 是定义在 $(-2,2)$ 上的减函数，若 $f(m-1)+f(2m-1)>0$，求实数 m 的取值范围.

11. 常见的图象变换

(1) 设 $f(x)=2^{-x}$，$g(x)$ 的图象与 $f(x)$ 的图象关于直线 $y=x$ 对称，$h(x)$ 的图象由 $g(x)$ 的图象向右平移 1 个单位得到，则 $h(x)$ 为________；

(2) 函数 $f(x)=x\cdot\lg(x+2)-1$ 的图象与 x 轴的交点个数有________个；

(3) 将函数 $y=\dfrac{b}{x+a}+a$ 的图象向右平移 2 个单位后又向下平移 2 个单位，所得图象如果与原图象关于直线 $y=x$ 对称，那么(　　)

A. $a=-1,b\neq 0$　　　　B. $a=-1,b\in\mathbf{R}$

C. $a=1,b\neq 0$　　　　D. $a=0,b\in\mathbf{R}$

(4) 函数 $y=f(ax)(a>0)$ 的图象是把函数 $y=f(x)$ 的图象沿 x 轴伸缩为原来的 $\frac{1}{a}$ 得到的. 若函数 $y=f(2x-1)$ 是偶函数，则函数 $y=f(2x)$ 的对称轴方程是________.

12. 函数的对称性

(1) 已知二次函数 $f(x)=ax^2+bx(a\neq 0)$ 满足条件 $f(5-x)=f(x-3)$ 且方程 $f(x)=x$ 有实根，则 $f(x)=$________；

(2) 知函数 $f(x)=\frac{x-3}{2x-3}\left(x\neq\frac{3}{2}\right)$，若 $y=f(x+1)$ 的图象是 C_1，它关于直线 $y=x$ 对称图象是 C_2，C_2 关于原点对称的图象为 C_3，则 C_3 对应的函数解析式是________；

(3) 若函数 $y=x^2+x$ 与 $y=g(x)$ 的图象关于点 $(-2,3)$ 对称，则 $g(x)=$ ________.

13. 函数的周期性

(1) 类比"三角函数图象"

已知定义在 **R** 上的函数 $f(x)$ 是以 2 为周期的奇函数，则方程 $f(x)=0$ 在 $[-2,2]$ 上至少有________个实数根；

(2) 用周期函数的定义

① 设 $f(x)$ 是 $(-\infty,+\infty)$ 上的奇函数，$f(x+2)=-f(x)$，当 $0\leqslant x\leqslant 1$ 时，$f(x)=x$，则 $f(47.5)$ 等于________；

② 已知 $f(x)$ 是偶函数，且 $f(1)=993$，$g(x)=f(x-1)$ 是奇函数，求 $f(2\ 005)$ 的值；

③ 已知 $f(x)$ 是定义在 **R** 上的奇函数，且为周期函数，若它的最小正周期为 T，则 $f\left(-\frac{T}{2}\right)=$________.

(3) 利用函数的性质

① 设函数 $f(x)(x\in\mathbf{N})$ 表示 x 除以 3 的余数，则对任意的 $x,y\in\mathbf{N}$，都有 (　　)

A. $f(x+3)=f(x)$　　B. $f(x+y)=f(x)+f(y)$

C. $f(3x)=3f(x)$　　D. $f(xy)=f(x)f(y)$

② 设 $f(x)$ 是定义在实数集 **R** 上的函数，且满足 $f(x+2)=f(x+1)-f(x)$，如果 $f(1)=\lg\frac{3}{2}$，$f(2)=\lg 15$，求 $f(2\ 001)$；

③ 已知定义域为 **R** 的函数 $f(x)$ 满足 $f(-x)=-f(x+4)$，且当 $x>2$ 时，

$f(x)$ 单调递增. 如果 $x_1+x_2<4$，且 $(x_1-2)(x_2-2)<0$，则 $f(x_1)+f(x_2)$ 的值的符号是________.

(4) 利用一些方法

① 若 $x\in\mathbf{R}$，$f(x)$ 满足 $f(x+y)=f(x)+f(y)$，则 $f(x)$ 的奇偶性是________；

② 若 $x\in\mathbf{R}$，$f(x)$ 满足 $f(xy)=f(x)+f(y)$，则 $f(x)$ 的奇偶性是________；

③ 已知 $f(x)$ 是定义在 $(-3,3)$ 上的奇函数，当 $0<x<3$ 时，$f(x)$ 的图象如图 1 所示，那么不等式 $f(x)\cdot\cos x<0$ 的解集是________.

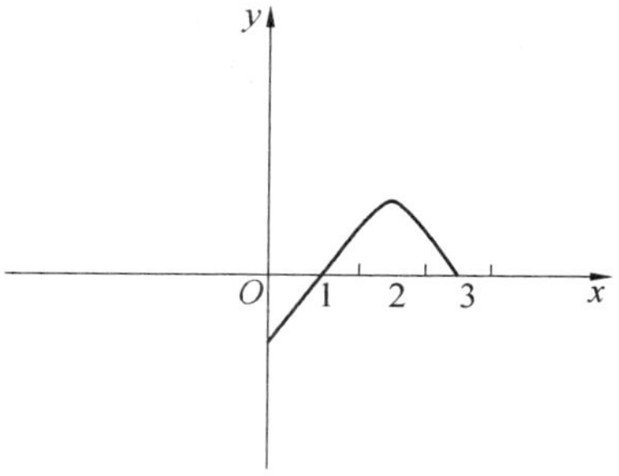

图 1

数　　列

1. 数列的概念

(1) 已知 $a_n=\dfrac{n}{n^2+156}(n\in\mathbf{N}^*)$，则在数列 $\{a_n\}$ 的最大项为________；

(2) 数列 $\{a_n\}$ 的通项为 $a_n=\dfrac{an}{bn+1}$，其中 a,b 均为正数，则 a_n 与 a_{n+1} 的大小关系为________；

(3) 已知数列 $\{a_n\}$ 中，$a_n=n^2+\lambda n$，且 $\{a_n\}$ 是递增数列，则实数 λ 的取值范围为________.

2. 等差数列的有关概念

(1) 等差数列 $\{a_n\}$ 中，$a_{10}=30$，$a_{20}=50$，则通项 $a_n=$________；

(2) 首项为 -24 的等差数列，从第 10 项起开始为正数，则公差的取值范围是________.

(3) 在数列 $\{a_n\}$ 中，$a_n=a_{n-1}+\dfrac{1}{2}(n\geqslant 2,n\in\mathbf{N}^*)$，$a_n=\dfrac{3}{2}$，前 n 项和 $S_n=-\dfrac{15}{2}$，则 $a_1=$________，$n=$________；

(4) 已知数列 $\{a_n\}$ 的前 n 项和 $S_n=12n-n^2$，求数列 $\{|a_n|\}$ 的前 n 项和 T_n；

(5) 等差中项

3. 等差数列的性质

(1) 等差数列 $\{a_n\}$ 中，$S_n=18$，$a_n+a_{n-1}+a_{n-2}=3$，$S_3=1$，则 $n=$________；

(2) 在等差数列$\{a_n\}$中，$a_{10}<0, a_{11}>0$，且$a_{11}>|a_{10}|$，S_n是其前n项和，则(　　)

A. $S_1, S_2, \cdots, S_{10}$ 都小于 0，$S_{11}, S_{12}, \cdots$ 都大于 0

B. $S_1, S_2, \cdots, S_{19}$ 都小于 0，$S_{20}, S_{21}, \cdots$ 都大于 0

C. $S_1, S_2, \cdots, S_5$ 都小于 0，$S_6, S_7, \cdots$ 都大于 0

D. $S_1, S_2, \cdots, S_{20}$ 都小于 0，$S_{21}, S_{22}, \cdots$ 都大于 0

(3) 等差数列的前 n 项和为 25，前 $2n$ 项和为 100，则它的前 $3n$ 项和为________；

(4) 在等差数列中，$S_{11}=22$，则 $a_6=$________；

(5) 设$\{a_n\}$与$\{b_n\}$是两个等差数列，它们的前 n 项和分别为 S_n 和 T_n，若 $\dfrac{S_n}{T_n}=\dfrac{3n+1}{4n-3}$，那么$\dfrac{a_n}{b_n}=$________；

(6) 等差数列$\{a_n\}$中，$a_1=25, S_9=S_{17}$，问此数列前多少项和最大？并求此最大值；

(7) 若$\{a_n\}$是等差数列，首项 $a_1>0, a_{2\,003}+a_{2\,004}>0, a_{2\,003}\cdot a_{2\,004}<0$，则使前 n 项和 $S_n>0$ 成立的最大正整数 n 是________.

4. 等比数列的有关概念

(1) 等比数列的判断方法

一个等比数列$\{a_n\}$共有 $2n+1$ 项，奇数项之积为 100，偶数项之积为 120，则 $a_{n+1}=$________；

(2) 数列$\{a_n\}$中，$S_n=4a_{n-1}+1(n\geqslant 2)$且 $a_1=1$，若 $b_n=a_{n+1}-2a_n$，求证：数列$\{b_n\}$是等比数列.

(3) 等比数列的通项

设等比数列$\{a_n\}$中，$a_1+a_n=66, a_2a_{n-1}=128$，前 n 项和 $S_n=126$，求 n 和公比 q.

(4) 等比数列的前 n 和

① 等比数列中，$q=2, S_{99}=77$，求 $a_3+a_6+\cdots+a_{99}$；

② $\sum\limits_{n=1}^{10}\left(\sum\limits_{k=0}^{n}C_n^k\right)=$________.

(5) 等比中项

已知两个正数 $a, b(a\neq b)$ 的等差中项为 A，等比中项为 B，则 A 与 B 的大小关系为________.

(6) 有四个数，其中前三个数成等差数列，后三个成等比数列，且第一个数与第四个数的和是 16，第二个数与第三个数的和为 12，求此四个数.

注 奇数个数成等比，可设为$\cdots,\frac{a}{q^2},\frac{a}{q},a,aq,aq^2\cdots$（公比为$q$）；但偶数个数成等比时，不能设为$\cdots\frac{a}{q^3},\frac{a}{q},aq,aq^3,\cdots$，因公比不一定为正数，只有公比为正时才可如此设，且公比为q^2.

5. 等比数列的性质

(1) 在等比数列$\{a_n\}$中，$a_3+a_8=124$，$a_4a_7=-512$，公比q是整数，则$a_{10}=$________；

(2) 各项均为正数的等比数列$\{a_n\}$中，若$a_5\cdot a_6=9$，则$\log_3a_1+\log_3a_2+\cdots+\log_3a_{10}=$________；

(3) 已知$a>0$且$a\neq1$，设数列$\{x_n\}$满足$\log_ax_{n+1}=1+\log_ax_n(n\in\mathbf{N}^*)$，且$x_1+x_2+\cdots+x_{100}=100$，则$x_{101}+x_{102}+\cdots+x_{200}=$________；

(4) 在等比数列$\{a_n\}$中，S_n为其前n项和，若$S_{30}=13S_{10}$，$S_{10}+S_{30}=140$，则S_{20}的值为________；

(5) 若$\{a_n\}$是等比数列，且$S_n=3^n+r$，则$r=$________；

(6) 设等比数列$\{a_n\}$的公比为q，前n项和为S_n，若S_{n+1},S_n,S_{n+2}成等差数列，则$q=$________；

(7) 设数列$\{a_n\}$的前n项和为$S_n(n\in\mathbf{N}^*)$，关于数列$\{a_n\}$有下列三个命题：① 若$a_n=a_{n+1}(n\in\mathbf{N}^*)$，则$\{a_n\}$既是等差数列又是等比数列；② 若$S_n=an^2+bn(a,b\in\mathbf{R})$，则$\{a_n\}$是等差数列；③ 若$S_n=1-(-1)^n$，则$\{a_n\}$是等比数列. 这些命题中，真命题的序号是________.

6. 数列的通项的求法

(1) 已知$\{a_n\}$的前n项和满足$\log_2(S_n+1)=n+1$，求a_n；

(2) 数列$\{a_n\}$满足$\frac{1}{2}a_1+\frac{1}{2^2}a_2+\cdots+\frac{1}{2^n}a_n=2n+5$，求$a_n$；

(3) 数列$\{a_n\}$中，$a_1=1$，对所有的$n\geqslant2$都有$a_1a_2a_3\cdots a_n=n^2$，则$a_3+a_5=$________；

(4) 已知数列$\{a_n\}$满足$a_1=1$，$a_n-a_{n-1}=\frac{1}{\sqrt{n+1}+\sqrt{n}}(n\geqslant2)$，则$a_n=$________；

(5) 已知数列$\{a_n\}$中，$a_1=2$，前n项和S_n，若$S_n=n^2a_n$，求a_n；

(6) 已知$a_1=1$，$a_n=3a_{n-1}+2$，求a_n；

(7) 已知$a_1=1$，$a_n=3a_{n-1}+2^n$，求a_n；

(8) 已知 $a_1=1, a_n=\dfrac{a_{n-1}}{3a_{n-1}+1}$，求 a_n；

(9) 已知数列满足 $a_1=1, \sqrt{a_{n-1}}-\sqrt{a_n}=\sqrt{a_n a_{n-1}}$，求 a_n；

(10) 数列 $\{a_n\}$ 满足 $a_1=4, S_n+S_{n+1}=\dfrac{5}{3}a_{n+1}$，求 a_n.

7. 数列求和的常用方法

(1) 公式法

① 等比数列 $\{a_n\}$ 的前 n 项和 $S_n=2^n-1$，则 $a_1^2+a_2^2+a_3^2+\cdots+a_n^2=$ ________；

② 计算机是将信息转换成二进制数进行处理的. 二进制即"逢 2 进 1"，如 $(1101)_2$ 表示二进制数，将它转换成十进制形式是 $1\times2^3+1\times2^2+0\times2^1+1\times2^0=13$，那么将二进制 $\underbrace{(111\cdots11)_2}_{2\,005个1}$ 转换成十进制数是________；

(2) 分组求和法

求 $S_n=-1+3-5+7-\cdots+(-1)^n(2n-1)$；

(3) 倒序相加法

① 求证：$C_n^0+3C_n^1+5C_n^2+\cdots+(2n+1)C_n^n=(n+1)\cdot2^n$；

② 已知 $f(x)=\dfrac{x^2}{1+x^2}$，则 $f(1)+f(2)+f(3)+f(4)+f\left(\dfrac{1}{2}\right)+f\left(\dfrac{1}{3}\right)+f\left(\dfrac{1}{4}\right)=$ ________.

(4) 错位相减法

① 设 $\{a_n\}$ 为等比数列，$T_n=na_1+(n-1)a_2+\cdots+2a_{n-1}+a_n$，已知 $T_1=1, T_2=4$，求数列 $\{a_n\}$ 的首项和公比及数列 $\{T_n\}$ 的通项公式；

② 设函数 $f(x)=(x-1)^2, g(x)=4(x-1)$，数列 $\{a_n\}$ 满足：$a_1=2$，$f(a_n)=(a_n-a_{n+1})g(a_n)(n\in\mathbf{N}_+)$.

(Ⅰ) 求证：数列 $\{a_n-1\}$ 是等比数列；

(Ⅱ) 令 $h(x)=(a_1-1)x+(a_2-1)x^2+\cdots+(a_n-1)x^n$，求函数 $h(x)$ 在点 $x=\dfrac{8}{3}$ 处的导数 $h'\left(\dfrac{8}{3}\right)$，并比较 $h'\left(\dfrac{8}{3}\right)$ 与 $2n^2-n$ 的大小.

(5) 裂项相消法

① 求和：$\dfrac{1}{1\times4}+\dfrac{1}{4\times7}+\cdots+\dfrac{1}{(3n-2)(3n+1)}=$ ________；

② 在数列 $\{a_n\}$ 中，$a_n=\dfrac{1}{\sqrt{n}+\sqrt{n+1}}$，且 $S_n=9$，则 $n=$ ________；

(6) 通项转换法

求和:$1+\frac{1}{1+2}+\frac{1}{1+2+3}+\cdots+\frac{1}{1+2+3+\cdots+n}=$________.

三角函数

1. 相关定义

(1)α 的终边与$\frac{\pi}{6}$ 的终边关于直线 $y=x$ 对称,则 $\alpha=$________;

(2) 若 α 是第二象限角,则$\frac{\alpha}{2}$ 是第________象限角;

(3) 已知扇形 AOB 的周长是 6 cm,该扇形的中心角是 1 rad,求该扇形的面积.

2. 三角函数的定义

(1) 已知角 α 的终边经过点 $P(5,-12)$,则 $\sin\alpha+\cos\alpha=$________;

(2) 设 α 是第三、四象限角,$\sin\alpha=\frac{2m-3}{4-m}$,则 m 的取值范围是________.

3. 三角函数线(如图 2)

(1) 若 $-\frac{\pi}{8}<\theta<0$,则 $\sin\theta,\cos\theta,\tan\theta$ 的大小关系为________;

(2) 若 α 为锐角,则 $\alpha,\sin\alpha,\tan\alpha$ 的大小关系为________;

(3) 函数 $y=\sqrt{1+2\cos x}+\lg(2\sin x+\sqrt{3})$ 的定义域是________.

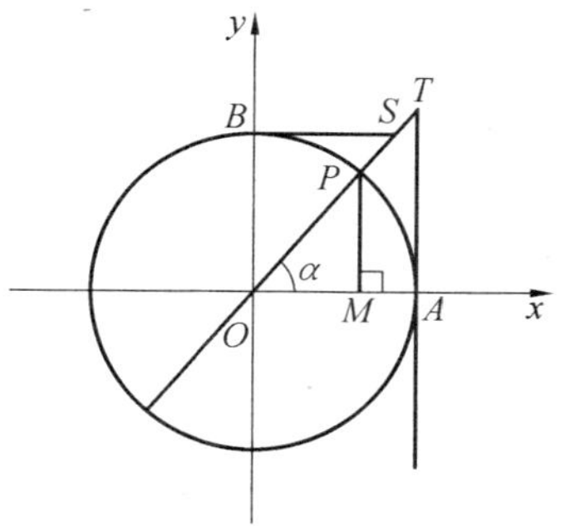

图 2

4. 同角三角函数的基本关系式

(1) 已知 $\sin\theta=\frac{m-3}{m+5}$,$\cos\theta=\frac{4-2m}{m+5}\left(\frac{\pi}{2}<\theta<\pi\right)$,则 $\tan\theta=$________;

(2) 已知$\frac{\tan\alpha}{\tan\alpha-1}=-1$,则$\frac{\sin\alpha-3\cos\alpha}{\sin\alpha+\cos\alpha}=$________;$\sin^2\alpha+\sin\alpha\cos\alpha+2=$________;

(3) 已知 $f(\cos x)=\cos 3x$,则 $f(\sin 30^\circ)$ 的值为________.

5. 三角函数诱导公式

(1) $\cos\frac{9\pi}{4}+\tan\left(-\frac{7\pi}{6}\right)+\sin 21\pi=$________；

(2) 已知 $\sin(540°+\alpha)=-\frac{4}{5}$，则 $\cos(\alpha-270°)=$________；若 α 为第二象限角，则 $\frac{[\sin(180°-\alpha)+\cos(\alpha-360°)]^2}{\tan(180°+\alpha)}=$________.

6. 两角和与差的正弦、余弦、正切公式及倍角公式

(1) 下列各式中，值为 $\frac{1}{2}$ 的是(　　)

A. $\sin 15°\cos 15°$　　　　B. $\cos^2\frac{\pi}{12}-\sin^2\frac{\pi}{12}$

C. $\frac{\tan 22.5°}{1-\tan^2 22.5°}$　　　　D. $\sqrt{\frac{1+\cos 30°}{2}}$

(2) 命题 P：$\tan(A+B)=0$，命题 Q：$\tan A+\tan B=0$，则 P 是 Q 的(　　)

A. 充要条件　　　　B. 充分不必要条件

C. 必要不充分条件　　　　D. 既不充分也不必要条件

(3) 已知 $\sin(\alpha-\beta)\cos\alpha-\cos(\alpha-\beta)\sin\alpha=\frac{3}{5}$，那么 $\cos 2\beta=$________；

(4) $\frac{1}{\sin 10°}-\frac{\sqrt{3}}{\sin 80°}=$________；

(5) 已知 $\tan 110°=a$，求 $\tan 50°$ 的值(用 a 表示). 甲求得的结果是 $\frac{a-\sqrt{3}}{1+\sqrt{3}a}$，乙求得的结果是 $\frac{1-a^2}{2a}$，对甲、乙求得的结果的正确性你的判断是________.

7. 三角函数的化简、计算、证明

(1) 巧变角

① 已知 $\tan(\alpha+\beta)=\frac{2}{5}$，$\tan\left(\beta-\frac{\pi}{4}\right)=\frac{1}{4}$，那么 $\tan\left(\alpha+\frac{\pi}{4}\right)=$________；

② 已知 α，β 为锐角，$\sin\alpha=x$，$\cos\beta=y$，$\cos(\alpha+\beta)=-\frac{3}{5}$，则 y 与 x 的函数关系为________；

(2) 三角函数名互化(切割化弦)

① 求值 $\sin 50°(1+\sqrt{3}\tan 10°)$；

② 已知$\frac{\sin\alpha\cos\alpha}{1-\cos 2\alpha}=1$，$\tan(\alpha-\beta)=-\frac{2}{3}$，求 $\tan(\beta-2\alpha)$ 的值；

(3) 公式变形使用设 $\triangle ABC$ 中，$\tan A+\tan B+\sqrt{3}=\sqrt{3}\tan A\tan B$，$\sin A\cos A=\frac{\sqrt{3}}{4}$，则此三角形是________三角形；

(4) 三角函数次数的降升函数 $f(x)=5\sin x\cos x-5\sqrt{3}\cos^2 x+\frac{5}{2}\sqrt{3}(x\in\mathbf{R})$ 的单调递增区间为________；

(5) 式子结构的转化

①$\tan\alpha(\cos\alpha-\sin\alpha)+\frac{\sin\alpha+\tan\alpha}{\cot\alpha+\csc\alpha}$；

② 求证：$\frac{1+\sin\alpha}{1-2\sin^2\frac{\alpha}{2}}=\frac{1+\tan\frac{\alpha}{2}}{1-\tan\frac{\alpha}{2}}$；

③ 化简：$\frac{2\cos^4 x-2\cos^2 x+\frac{1}{2}}{2\tan\left(\frac{\pi}{4}-x\right)\sin^2\left(\frac{\pi}{4}+x\right)}$；

(6) 常值变换主要指“1”的变换

已知 $\tan\alpha=2$，求$\sin^2\alpha+\sin\alpha\cos\alpha-3\cos^2\alpha$；

(7)“知一求二”

① 若 $\sin x\pm\cos x=t$，则 $\sin x\cos x=$________；

② 若 $\alpha\in(0,\pi)$，$\sin\alpha+\cos\alpha=\frac{1}{2}$，求 $\tan\alpha$ 的值.

8. 辅助角公式中辅助角的确定

(1) 若方程 $\sin x-\sqrt{3}\cos x=c$ 有实数解，则 c 的取值范围是________；

(2) 当函数 $y=2\cos x-3\sin x$ 取得最大值时，$\tan x=$________；

(3) 如果 $f(x)=\sin(x+\varphi)+2\cos(x+\varphi)$ 是奇函数，则 $\tan\varphi=$________；

(4) 求值：$\frac{3}{\sin^2 20^\circ}-\frac{1}{\cos^2 20^\circ}+64\sin^2 20^\circ=$________.

9. 正弦函数$y=\sin x(x\in\mathbf{R})$、余弦函数$y=\cos x(x\in\mathbf{R})$的性质

(1) 若函数 $y=a-b\sin\left(3x+\frac{\pi}{6}\right)$ 的最大值为$\frac{3}{2}$，最小值为$-\frac{1}{2}$，则 $a=$________，$b=$________；

(2) 函数 $f(x)=\sin x+\sqrt{3}\cos x\left(x\in\left[-\frac{\pi}{2},\frac{\pi}{2}\right]\right)$的值域是________；

(3) 若 $2\alpha+\beta=\pi$，则 $y=\cos\beta-6\sin\alpha$ 的最大值和最小值分别是________、________；

(4) 函数 $f(x)=2\cos x\sin\left(x+\frac{\pi}{3}\right)-\sqrt{3}\sin^2 x+\sin x\cos x$ 的最小值是________，此时 $x=$________；

(5) 已知 $\sin\alpha\cos\beta=\frac{1}{2}$，求 $t=\sin\beta\cos\alpha$ 的变化范围；

(6) 若$\sin^2\alpha+2\sin^2\beta=2\cos\alpha$，求 $y=\sin^2\alpha+\sin^2\beta$ 的最大、最小值；

(7) 周期性

① 若 $f(x)=\sin\frac{\pi x}{3}$，则 $f(1)+f(2)+f(3)+\cdots+f(2\,003)=$________；

② 函数 $f(x)=\cos^4 x-2\sin x\cos x-\sin^4 x$ 的最小正周期为________；

③ 设函数 $f(x)=2\sin\left(\frac{\pi}{2}x+\frac{\pi}{5}\right)$，若 $\forall x\in\mathbf{R}$ 都有 $f(x_1)\leqslant f(x)\leqslant f(x_2)$ 成立，则 $|x_1-x_2|$ 的最小值为________；

(8) 奇偶性与对称性

① 函数 $y=\sin\left(\frac{5\pi}{2}-2x\right)$的奇偶性是________；

② 已知函数 $f(x)=ax+b\sin^3 x+1$(a，b 为常数)，且 $f(5)=7$，则$f(-5)=$________；

③ 函数 $y=2\cos x(\sin x+\cos x)$ 的图象的对称中心和对称轴分别是________、________；

④ 已知 $f(x)=\sin(x+\theta)+\sqrt{3}\cos(x+\theta)$ 为偶函数，求 θ 的值.

10. 形如 $y=A\sin(\omega x+\varphi)$ 的函数及其变换

(1) $f(x)=A\sin(\omega x+\varphi)\left(A>0,\omega>0,|\varphi|<\frac{\pi}{2}\right)$的图象如图 3 所示，则 $f(x)=$________；

(2) 函数 $y=2\sin\left(2x-\frac{\pi}{4}\right)-1$ 的图象经过怎样的变换才能得到 $y=\sin x$ 的图象？

(3) 要得到函数 $y=\cos\left(\frac{x}{2}-\frac{\pi}{4}\right)$的图象，只需把函数 $y=\sin\frac{x}{2}$ 的图象向________平移________个单位；

(4) 将函数 $y=2\sin\left(2x-\frac{7\pi}{3}\right)+1$ 图象，按向量 $\boldsymbol{a}$ 平移后得到的函数图象关

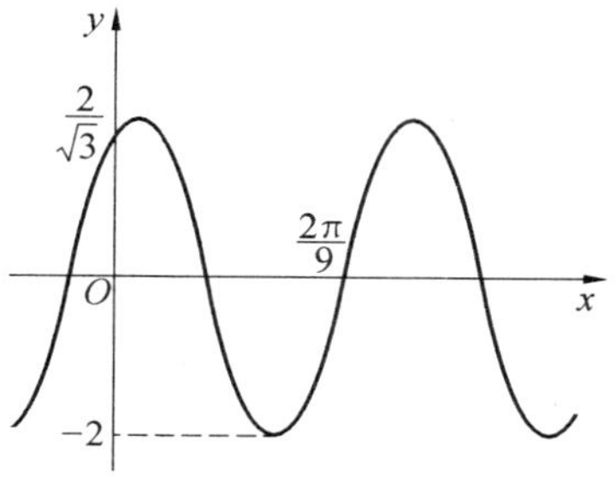

图 3

于原点对称，这样的向量是否唯一？若唯一，求出 $\boldsymbol{a}$；若不唯一，求出模最小的向量；

(5) 若函数 $f(x)=\cos x+|\sin x|$ $(x\in[0,2\pi])$ 的图象与直线 $y=k$ 有且仅有四个不同的交点，则 k 的取值范围是________；

11. 研究函数 $y=A\sin(\omega x+\varphi)$ 性质的方法

(1) 函数 $y=\sin\left(-2x+\frac{\pi}{3}\right)$ 的递减区间是________；

(2) $y=\log_{\frac{1}{2}}\cos\left(\frac{x}{3}+\frac{\pi}{4}\right)$ 的递减区间是________；

(3) 设函数 $f(x)=A\sin(\omega x+\varphi)\left(A\neq 0,\omega>0,-\frac{\pi}{2}<\varphi<\frac{\pi}{2}\right)$ 的图象关于直线 $x=\frac{2\pi}{3}$ 对称，它的周期是 π，则(　　)

A. $f(x)$ 的图象过点 $\left(0,\frac{1}{2}\right)$

B. $f(x)$ 在区间 $\left[\frac{5\pi}{12},\frac{2\pi}{3}\right]$ 上是减函数

C. $f(x)$ 的图象的一个对称中心是 $\left(\frac{5\pi}{12},0\right)$

D. $f(x)$ 的最大值是 A

(4) 对于函数 $f(x)=2\sin\left(2x+\frac{\pi}{3}\right)$ 给出下列结论：① 图象关于原点成中心对称；② 图象关于直线 $x=\frac{\pi}{12}$ 成轴对称；③ 图象可由函数 $y=2\sin 2x$ 的图象向左平移 $\frac{\pi}{3}$ 个单位得到；④ 图象向左平移 $\frac{\pi}{12}$ 个单位，即得到函数 $y=2\cos 2x$ 的图象，其中正确结论是________；

(5) 已知函数 $f(x)=2\sin(\omega x+\varphi)$ 的图象与直线 $y=1$ 的交点中，距离最

近的两点间的距离为$\frac{\pi}{3}$,那么此函数的周期是________;

(6) $y=\sin^2 x$, $y=|\sin x|$ 的周期都是 π，但 $y=|\sin x|+|\cos x|$ 的周期为$\frac{\pi}{2}$,而 $y=\left|2\sin\left(3x-\frac{\pi}{6}\right)+\frac{1}{2}\right|$, $y=\left|2\sin\left(3x-\frac{\pi}{6}\right)+2\right|$, $y=|\tan x|$ 的周期不变;

(7) 在 $\triangle ABC$ 中,若$\sin^2 A\cos^2 B-\cos^2 A\sin^2 B=\sin^2 C$,判断 $\triangle ABC$ 的形状.

12. 解三角形

(1) 在 $\triangle ABC$ 中,$\angle A$,$\angle B$ 的对边分别是 a,b,且 $\angle A=60°$, $a=\sqrt{6}$, $b=4$,那么满足条件的 $\triangle ABC$(　　)

A. 有一个　　B. 有两个　　C. 没有　　D. 不能确定有几个

(2) 在 $\triangle ABC$ 中,$\angle A>\angle B$ 是 $\sin A>\sin B$ 成立的________条件;

(3) 在 $\triangle ABC$ 中,$(1+\tan A)(1+\tan B)=2$,则$\log_2\sin C=$________;

(4) 在 $\triangle ABC$ 中,a,b,c 分别是 $\angle A$,$\angle B$,$\angle C$ 所对的边,若$(a+b+c)(\sin A+\sin B-\sin C)=3a\sin B$,则 $\angle C=$________;

(5) 在 $\triangle ABC$ 中,若其面积 $S=\frac{a^2+b^2-c^2}{4\sqrt{3}}$,则 $\angle C=$________;

(6) 在 $\triangle ABC$ 中,$\angle A=60°$, $b=1$,这个三角形的面积为$\sqrt{3}$,则 $\triangle ABC$ 外接圆的直径是________;

(7) 在 $\triangle ABC$ 中,a,b,c 是 $\angle A$,$\angle B$,$\angle C$ 的对边,$a=\sqrt{3}$,$\cos A=\frac{1}{3}$,则 $\cos^2\frac{\angle B+\angle C}{2}=$________,$b^2+c^2$ 的最大值为________;

(8) 在 $\triangle ABC$ 中 $AB=1$,$BC=2$,则 $\angle C$ 的大小的取值范围是________;

(9) 设 O 是锐角 $\triangle ABC$ 的外心,若 $\angle C=75°$,且 $\triangle AOB$,$\triangle BOC$,$\triangle COA$ 的面积满足关系式 $S_{\triangle AOB}+S_{\triangle BOC}=\sqrt{3}S_{\triangle COA}$,求 $\angle A$ 的大小.

13. 求角的方法

(1) 若 α,$\beta\in(0,\pi)$,且 $\tan\alpha$,$\tan\beta$ 是方程 $x^2-5x+6=0$ 的两根,则 $\alpha+\beta=$________;

(2) 若 $\triangle ABC$ 中,$3\sin A+4\cos B=6$,$4\sin B+3\cos A=1$,则 $\angle C=$________;

(3) 若 $0\leqslant\alpha<\beta<\gamma<2\pi$ 且 $\sin\alpha+\sin\beta+\sin\gamma=0$,$\cos\alpha+\cos\beta+\cos\gamma=0$,则 $\beta-\alpha=$________.

平面向量

1. 向量有关概念

(1) 已知 $A(1,2)$，$B(4,2)$，则把向量 $\overrightarrow{AB}$ 按向量 $\boldsymbol{a}=(-1,3)$ 平移后得到的向量是________；

(2) 下列命题中正确的是________：

① 若 $|\boldsymbol{a}|=|\boldsymbol{b}|$，则 $\boldsymbol{a}=\boldsymbol{b}$；② 两个向量相等的充要条件是它们的起点相同，终点相同；③ 若 $\overrightarrow{AB}=\overrightarrow{DC}$，则 $ABCD$ 是平行四边形；④ 若 $ABCD$ 是平行四边形，则 $\overrightarrow{AB}=\overrightarrow{DC}$；⑤ 若 $\boldsymbol{a}=\boldsymbol{b}$，$\boldsymbol{b}=\boldsymbol{c}$，则 $\boldsymbol{a}=\boldsymbol{c}$；⑥ 若 $\boldsymbol{a}\parallel\boldsymbol{b}$，$\boldsymbol{b}\parallel\boldsymbol{c}$，则 $\boldsymbol{a}\parallel\boldsymbol{c}$.

2. 向量的表示方法

(1) 若 $\boldsymbol{a}=(1,1)$，$\boldsymbol{b}=(1,-1)$，$\boldsymbol{c}=(-1,2)$，则 $\boldsymbol{c}=$________；

(2) 在下列向量组中，能作为平面内所有向量基底的是(　　)

A. $\overrightarrow{e_1}=(0,0)$，$\overrightarrow{e_2}=(1,-2)$　　B. $\overrightarrow{e_1}=(-1,2)$，$\overrightarrow{e_2}=(5,7)$

C. $\overrightarrow{e_1}=(3,5)$，$\overrightarrow{e_2}=(6,10)$　　D. $\overrightarrow{e_1}=(2,-3)$，$\overrightarrow{e_2}=\left(\frac{1}{2},-\frac{3}{4}\right)$

(3) 已知 $\overrightarrow{AD}$，$\overrightarrow{BE}$ 分别是 $\triangle ABC$ 的边 BC，AC 上的中线，且 $\overrightarrow{AD}=\boldsymbol{a}$，$\overrightarrow{BE}=\boldsymbol{b}$，则 $\overrightarrow{BC}$ 可用向量 $\boldsymbol{a}$，$\boldsymbol{b}$ 表示为________；

(4) 已知 $\triangle ABC$ 中，点 D 在 BC 边上，且 $\overrightarrow{CD}=2\ DB$ ________，CD ________ $=rAB$ ________ $+sAC$ ________，则 $r+s=$________.

3. 实数与向量的积，平面向量的数量积

(1) $\triangle ABC$ 中，$|\overrightarrow{AB}|=3$，$|\overrightarrow{AC}|=4$，$|\overrightarrow{BC}|=5$，则 $\overrightarrow{AB}\cdot\overrightarrow{BC}=$________；

(2) 已知 $\boldsymbol{a}=(1,\frac{1}{2})$，$\boldsymbol{b}=(0,-\frac{1}{2})$，$\boldsymbol{c}=\boldsymbol{a}+k\boldsymbol{b}$，$\boldsymbol{d}=\boldsymbol{a}-\boldsymbol{b}$，$\boldsymbol{c}$ 与 $\boldsymbol{d}$ 的夹角为 $\frac{\pi}{4}$，则 k 等于________；

(3) 已知 $|\boldsymbol{a}|=2$，$|\boldsymbol{b}|=5$，$\boldsymbol{a}\cdot\boldsymbol{b}=-3$，则 $|\boldsymbol{a}+\boldsymbol{b}|$ 等于________；

(4) 已知 $\boldsymbol{a}$，$\boldsymbol{b}$ 是两个非零向量，且 $|\boldsymbol{a}|=|\boldsymbol{b}|=|\boldsymbol{a}-\boldsymbol{b}|$，则 $\boldsymbol{a}$ 与 $\boldsymbol{a}+\boldsymbol{b}$ 的夹角为________；

(5) 已知 $|\boldsymbol{a}|=3$，$|\boldsymbol{b}|=5$，且 $\boldsymbol{a}\cdot\boldsymbol{b}=12$，则向量 $\boldsymbol{a}$ 在向量 $\boldsymbol{b}$ 上的投影为________；

(6) 已知 $\boldsymbol{a}=(\lambda,2\lambda)$，$\boldsymbol{b}=(3\lambda,2)$，如果 $\boldsymbol{a}$ 与 $\boldsymbol{b}$ 的夹角为锐角，则 λ 的取值范围是________；

(7) 已知$\triangle OFQ$的面积为S,且$\overrightarrow{OF}\cdot\overrightarrow{FQ}=1$,若$\frac{1}{2}<S<\frac{\sqrt{3}}{2}$,则$\overrightarrow{OF}$,$\overrightarrow{FQ}$夹角$\theta$的取值范围是________;

(8) 已知$\boldsymbol{a}=(\cos x,\sin x)$,$\boldsymbol{b}=(\cos y,\sin y)$,$\boldsymbol{a}$与$\boldsymbol{b}$之间有关系式$|k\boldsymbol{a}+\boldsymbol{b}|=\sqrt{3}|\boldsymbol{a}-k\boldsymbol{b}|$,其中$k>0$,① 用$k$表示$\boldsymbol{a}\cdot\boldsymbol{b}$;② 求$\boldsymbol{a}\cdot\boldsymbol{b}$的最小值,并求此时$\boldsymbol{a}$与$\boldsymbol{b}$的夹角$\theta$的大小.

4. 向量的运算

(1) 几何运算

① 化简:$\overrightarrow{AB}+\overrightarrow{BC}+\overrightarrow{CD}=$________;$\overrightarrow{AB}-\overrightarrow{AD}-\overrightarrow{DC}=$________;$(\overrightarrow{AB}-\overrightarrow{CD})-(\overrightarrow{AC}-\overrightarrow{BD})=$________;

② 若正方形$ABCD$的边长为1,$\overrightarrow{AB}=\boldsymbol{a}$,$\overrightarrow{BC}=\boldsymbol{b}$,$\overrightarrow{AC}=\boldsymbol{c}$,则$|\boldsymbol{a}+\boldsymbol{b}+\boldsymbol{c}|=$________;

③ 若O是$\triangle ABC$所在平面内一点,且满足$|\overrightarrow{OB}-\overrightarrow{OC}|=|\overrightarrow{OB}+\overrightarrow{OC}-2\overrightarrow{OA}|$,则$\triangle ABC$的形状为________;

④ 若D为$\triangle ABC$的边BC的中点,$\triangle ABC$所在平面内有一点P,满足$\overrightarrow{PA}+\overrightarrow{BP}+\overrightarrow{CP}=0$,设$\frac{|\overrightarrow{AP}|}{|\overrightarrow{PD}|}=\lambda$,则$\lambda$的值为________;

⑤ 若点O是$\triangle ABC$的外心,且$\overrightarrow{OA}+\overrightarrow{OB}+\overrightarrow{CO}=0$,则$\triangle ABC$的内$\angle C$为________.

(2) 坐标运算

① 已知点$A(2,3)$,$B(5,4)$,$C(7,10)$,若$\overrightarrow{AP}=\overrightarrow{AB}+\lambda\overrightarrow{AC}(\lambda\in\mathbf{R})$,则当$\lambda=$________时,点$P$在第一、三象限的角平分线上;

② 已知$A(2,3)$,$B(1,4)$,且$\frac{1}{2}\overrightarrow{AB}=(\sin x,\cos y)$,$x,y\in\left(-\frac{\pi}{2},\frac{\pi}{2}\right)$,则$x+y=$________;

③ 已知作用在点$A(1,1)$的三个力$\overrightarrow{F_1}=(3,4)$,$\overrightarrow{F_2}=(2,-5)$,$\overrightarrow{F_3}=(3,1)$,则合力$\boldsymbol{F}=\overrightarrow{F_1}+\overrightarrow{F_2}+\overrightarrow{F_3}$的终点坐标是________;

④ 设$A(2,3)$,$B(-1,5)$,且$\overrightarrow{AC}=\frac{1}{3}\overrightarrow{AB}$,$\overrightarrow{AD}=3\overrightarrow{AB}$,则点$C$,$D$的坐标分别是________;

⑤ 已知向量$\boldsymbol{a}=(\sin x,\cos x)$,$\boldsymbol{b}=(\sin x,\sin x)$,$\boldsymbol{c}=(-1,0)$.

(Ⅰ) 若$x=\frac{\pi}{3}$,求向量$\boldsymbol{a}$,$\boldsymbol{c}$的夹角;

(Ⅱ) 若$x\in\left[-\frac{3\pi}{8},\frac{\pi}{4}\right]$,函数$f(x)=\lambda\boldsymbol{a}\cdot\boldsymbol{b}$的最大值为$\frac{1}{2}$,求$\lambda$的值;

⑥ 已知 $\boldsymbol{a},\boldsymbol{b}$ 均为单位向量，它们的夹角为60°，那么 $|\boldsymbol{a}+3\boldsymbol{b}|=$________；

⑦ 在平面斜坐标系 xOy 中，$\angle xOy=60°$，平面上任一点 P 关于斜坐标系的斜坐标是这样定义的：若 $\overrightarrow{OP}=x\overrightarrow{e_1}+y\overrightarrow{e_2}$，其中 $\overrightarrow{e_1}$，$\overrightarrow{e_2}$ 分别为与 x 轴、y 轴同方向的单位向量，则 P 点斜坐标为 (x,y).

（Ⅰ）若点 P 的斜坐标为 $(2,-2)$，求点 P 到点 O 的距离 $|OP|$；

（Ⅱ）求以 O 为圆心，1 为半径的圆在斜坐标系 xOy 中的方程.

5. 向量的运算律

下列命题中正确的是________：

① $\boldsymbol{a}\cdot(\boldsymbol{b}-\boldsymbol{c})=\boldsymbol{a}\cdot\boldsymbol{b}-\boldsymbol{a}\cdot\boldsymbol{c}$；② $\boldsymbol{a}\cdot(\boldsymbol{b}\cdot\boldsymbol{c})=(\boldsymbol{a}\cdot\boldsymbol{b})\cdot\boldsymbol{c}$；③ $(\boldsymbol{a}-\boldsymbol{b})^2=|\boldsymbol{a}|^2-2|\boldsymbol{a}|\cdot|\boldsymbol{b}|+|\boldsymbol{b}|^2$；④ 若 $\boldsymbol{a}\cdot\boldsymbol{b}=0$，则 $\boldsymbol{a}=\boldsymbol{0}$ 或 $\boldsymbol{b}=\boldsymbol{0}$；⑤ 若 $\boldsymbol{a}\cdot\boldsymbol{b}=\boldsymbol{c}\cdot\boldsymbol{b}$，则 $\boldsymbol{a}=\boldsymbol{c}$；⑥ $|\boldsymbol{a}|^2=\boldsymbol{a}^2$；⑦ $\dfrac{\boldsymbol{a}\cdot\boldsymbol{b}}{\boldsymbol{a}^2}=\dfrac{\boldsymbol{b}}{\boldsymbol{a}}$；⑧ $(\boldsymbol{a}\cdot\boldsymbol{b})^2=\boldsymbol{a}^2\cdot\boldsymbol{b}^2$；⑨ $(\boldsymbol{a}-\boldsymbol{b})^2=\boldsymbol{a}^2-2\boldsymbol{a}\cdot\boldsymbol{b}+\boldsymbol{b}^2$.

6. 向量的平行

(1) 若向量 $\boldsymbol{a}=(x,1)$，$\boldsymbol{b}=(4,x)$，当 $x=$________时，$\boldsymbol{a}$ 与 $\boldsymbol{b}$ 共线且方向相同；

(2) 已知 $\boldsymbol{a}=(1,1)$，$\boldsymbol{b}=(4,x)$，$\boldsymbol{u}=\boldsymbol{a}+2\boldsymbol{b}$，$\boldsymbol{v}=2\boldsymbol{a}+\boldsymbol{b}$，且 $\boldsymbol{u}\parallel\boldsymbol{v}$，则 $x=$________；

(3) 设 $\overrightarrow{PA}=(k,12)$，$\overrightarrow{PB}=(4,5)$，$\overrightarrow{PC}=(10,k)$，则当 $k=$________时，点 A，B，C 共线.

7. 向量的垂直

(1) 已知 $\overrightarrow{OA}=(-1,2)$，$\overrightarrow{OB}=(3,m)$，若 $\overrightarrow{OA}\perp\overrightarrow{OB}$，则 $m=$________；

(2) 以原点 O 和 $A(4,2)$ 为两个顶点作等腰直角 $\triangle OAB$，$\angle B=90°$，则点 B 的坐标是________；

(3) 已知 $\boldsymbol{n}=(a,b)$，向量 $\boldsymbol{n}\perp\boldsymbol{m}$，且 $|\boldsymbol{n}|=|\boldsymbol{m}|$，则 $\boldsymbol{m}$ 的坐标是________.

8. 线段的定比分点

(1) 若点 P 分 $\overrightarrow{AB}$ 所成的比为 $\dfrac{3}{4}$，则 A 分 $\overrightarrow{BP}$ 所成的比为________；

(2) 若 $M(-3,-2)$，$N(6,-1)$，且 $\overrightarrow{MP}=-\dfrac{1}{3}\overrightarrow{MN}$，则点 P 的坐标为________；

(3) 已知 $A(a,0)$，$B(3,2+a)$，直线 $y=\frac{1}{2}ax$ 与线段 AB 交于点 M，且 $\overrightarrow{AM}=2\overrightarrow{MB}$，则 $a=$________.

9. 平移公式

(1) 按向量 $\boldsymbol{a}$ 把 $(2,-3)$ 平移到 $(1,-2)$，则按向量 $\boldsymbol{a}$ 把点 $(-7,2)$ 平移到点________；

(2) 函数 $y=\sin 2x$ 的图象按向量 $\boldsymbol{a}$ 平移后，所得函数的解析式是 $y=\cos 2x+1$，则 $\boldsymbol{a}=$________.

10. 向量中一些常用的结论

(1) 若 $\triangle ABC$ 的三边的中点分别为 $(2,1)$，$(-3,4)$，$(-1,-1)$，则 $\triangle ABC$ 的重心的坐标为________；

(2) 平面直角坐标系中，O 为坐标原点，已知两点 $A(3,1)$，$B(-1,3)$，若点 C 满足 $\overrightarrow{OC}=\lambda_1\overrightarrow{OA}+\lambda_2\overrightarrow{OB}$，其中 $\lambda_1,\lambda_2\in\mathbf{R}$ 且 $\lambda_1+\lambda_2=1$，则点 C 的轨迹是________.

不 等 式

1. 不等式的性质

(1) 对于实数 a,b,c，下列命题正确的是________：

① 若 $a>b$，则 $ac^2>bc^2$；② 若 $ac^2>bc^2$，则 $a>b$；③ 若 $a<b<0$，则 $a^2>ab>b^2$；④ 若 $a<b<0$，则 $\frac{1}{a}<\frac{1}{b}$；⑤ 若 $a<b<0$，则 $\frac{b}{a}>\frac{a}{b}$，⑥ 若 $a<b<0$，则 $|a|>|b|$；⑦ 若 $c>a>b>0$，则 $\frac{a}{c-a}>\frac{b}{c-b}$；⑧ 若 $a>b$，$\frac{1}{a}>\frac{1}{b}$，则 $a>0,b<0$；

(2) 已知 $-1\leqslant x+y\leqslant 1$，$1\leqslant x-y\leqslant 3$，则 $3x-y$ 的取值范围是________.

2. 不等式大小比较的常用方法

比较 $1+\log_x 3$ 与 $2\log_x 2\,(x>0$ 且 $x\neq 1)$ 的大小.

3. 利用重要不等式求函数最值

(1) 下列命题中正确的是(　　)

A. $y=x+\frac{1}{x}$ 的最小值是 2

B. $y=\frac{x^2+3}{\sqrt{x^2+2}}$ 的最小值是 2

C. $y=2-3x-\frac{4}{x}(x>0)$ 的最大值是 $2-4\sqrt{3}$

D. $y=2-3x-\frac{4}{x}(x>0)$ 的最小值是 $2-4\sqrt{3}$

(2) 若 $x+2y=1$,则 2^x+4^y 的最小值是________;

(3) 正数 x,y 满足 $x+2y=1$,则$\frac{1}{x}+\frac{1}{y}$ 的最小值为________.

4. 常用不等式

如果正数 a,b 满足 $ab=a+b+3$,则 ab 的取值范围是________.

5. 证明不等式的方法

(1) 已知 $a>b>c$,求证:$a^2b+b^2c+c^2a>ab^2+bc^2+ca^2$;

(2) 已知 $a,b,c\in\mathbf{R}$,求证:$a^2b^2+b^2c^2+c^2a^2\geqslant abc(a+b+c)$;

(3) 已知 $a,b,x,y\in\mathbf{R}^+$,且$\frac{1}{a}>\frac{1}{b}$,$x>y$,求证:$\frac{x}{x+a}>\frac{y}{y+b}$.

6. 简单的一元高次不等式的解法

(1) 解不等式$(x-1)(x+2)^2\geqslant 0$;

(2) 不等式$(x-2)\sqrt{x^2-2x-3}\geqslant 0$ 的解集是________;

(3) 设函数 $f(x)$,$g(x)$ 的定义域都是 $\mathbf{R}$,且 $f(x)\geqslant 0$ 的解集为$\{x\mid 1\leqslant x<2\}$,$g(x)\geqslant 0$ 的解集为 $\varnothing$,则不等式 $f(x)\cdot g(x)>0$ 的解集为________;

(4) 要使满足关于 x 的不等式 $2x^2-9x+a<0$(解集非空)的每一个 x 的值至少满足不等式 $x^2-4x+3<0$ 和 $x^2-6x+8<0$ 中的一个,则实数 a 的取值范围是________.

7. 分式不等式的解法

(1) 解不等式$\frac{5-x}{x^2-2x-3}<-1$;

(2) 关于 x 的不等式 $ax-b>0$ 的解集为$(1,+\infty)$,则关于 x 的不等式$\frac{ax+b}{x-2}>0$ 的解集为________.

8. 绝对值不等式的解法

(1) 解不等式 $|x|+|x-1|>3$;

(2) 若不等式 $|3x+2|\geqslant|2x+a|$ 对 $x\in\mathbf{R}$ 恒成立,则实数 a 的取值范围为________.

9. 含参不等式的解法

(1) 若$\log_a\frac{2}{3}<1$,则 a 的取值范围是________;

(2) 解不等式$\frac{ax^2}{ax-1}>x$　$(a\in\mathbf{R})$;

(3) 关于 x 的不等式$ax-b>0$ 的解集为$(-\infty,1)$,则不等式$\frac{x-2}{ax+b}>0$的解集为________.

10. 恒成立问题

(1) 设实数 x,y 满足 $x^2+(y-1)^2=1$,当 $x+y+c\geqslant0$ 时,则 c 的取值范围是________;

(2) 不等式 $|x-4|+|x-3|>a$ 对一切实数 x 恒成立,则实数 a 的取值范围是________;

(3) 若不等式 $2x-1>m(x^2-1)$ 对满足 $|m|\leqslant2$ 的所有 m 都成立,则 x 的取值范围________;

(4) 若不等式$(-1)^n a<2+\frac{(-1)^{n+1}}{n}$对于任意正整数 n 恒成立,则实数 a 的取值范围是________;

(5) 若不等式 $x^2-2mx+2m+1>0$ 对 $0\leqslant x\leqslant1$ 的所有实数 x 都成立,则实数 m 的取值范围是________;

(6) 已知不等式 $|x-4|+|x-3|<a$ 在实数集 $\mathbf{R}$ 上的解集不是 $\varnothing$,则实数 a 的取值范围是________.

直线和圆

1. 直线的倾斜角

(1) 直线 $x\cos\theta+\sqrt{3}y-2=0$ 的倾斜角的范围是________;

(2) 过点 $P(-\sqrt{3},1)$,$Q(0,m)$ 的直线的倾斜角的范围 $\alpha\in\left[\frac{\pi}{3},\frac{2\pi}{3}\right]$,那么

m 的取值范围是________.

2. 直线的斜率

(1) 两条直线斜率相等是这两条直线平行的________条件;

(2) 实数 x,y 满足 $3x-2y-5=0(1\leqslant x\leqslant 3)$,则 $\frac{y}{x}$ 的最大值、最小值分别为________.

3. 直线的方程

(1) 经过点(2,1)且方向向量为 $\vec{v}=(-1,\sqrt{3})$ 的直线的点斜式方程是________;

(2) 直线 $(m+2)x-(2m-1)y-(3m-4)=0$,不管 m 怎样变化恒过点________;

(3) 若曲线 $y=a|x|$ 与 $y=x+a(a>0)$ 有两个公共点,则 a 的取值范围是________;

(4) 过点 $A(1,4)$,且纵横截距的绝对值相等的直线共有________条.

4. 设直线方程的一些常用技巧

5. 点到直线的距离及两平行直线间的距离

6. 直线 $l_1:A_1x+B_1y+C_1=0$ 与直线 $l_2:A_2x+B_2y+C_2=0$ 的位置关系

(1) 设直线 $l_1:x+my+6=0$ 和 $l_2:(m-2)x+3y+2m=0$,当 $m=$________时 $l_1 /\!/ l_2$;当 $m=$________时 $l_1\perp l_2$;当 m________时 l_1 与 l_2 相交;当 $m=$________时 l_1 与 l_2 重合;

(2) 已知直线 l 的方程为 $3x+4y-12=0$,则与 l 平行,且过点 $(-1,3)$ 的直线方程是________;

(3) 两条直线 $ax+y-4=0$ 与 $x-y-2=0$ 相交于第一象限,则实数 a 的取值范围是________;

(4) 设 a,b,c 分别是 $\triangle ABC$ 中 $\angle A,\angle B,\angle C$ 所对边的边长,则直线 $\sin A\cdot x+ay+c=0$ 与 $bx-\sin B\cdot y+\sin C=0$ 的位置关系是________;

(5) 已知点 $P_1(x_1,y_1)$ 是直线 $l:f(x,y)=0$ 上一点,$P_2(x_2,y_2)$ 是直线 l 外一点,则方程 $f(x,y)+f(x_1,y_1)+f(x_2,y_2)=0$ 所表示的直线与 l 的关系是________;

(6) 直线 l 过点(1,0),且被两平行直线 $3x+y-6=0$ 和 $3x+y+3=0$ 所

截得的线段长为 9，则直线 l 的方程是________.

7. 到角和夹角公式

已知点 M 是直线 $2x-y-4=0$ 与 x 轴的交点，把直线 l 绕点 M 逆时针方向旋转 $45°$，得到的直线方程是________.

8. 对称

(1) 已知点 $M(a,b)$ 与点 N 关于 x 轴对称，点与点 N 关于 y 轴对称，点 Q 与点 P 关于直线 $x+y=0$ 对称，则点 Q 的坐标为________；

(2) 已知直线 l_1 与 l_2 的夹角平分线为 $y=x$，若 l_1 的方程为 $P:ax+by+c=0(ab>0)$，那么 l_2 的方程是________；

(3) 点 $A(4,5)$ 关于直线 l 的对称点为 $B(-2,7)$，则 l 的方程是________；

(4) 已知一束光线通过点 $A(-3,5)$，经直线 $l:3x-4y+4=0$ 反射. 如果反射光线通过点 $B(2,15)$，则反射光线所在直线的方程是________；

(5) 已知 $\triangle ABC$ 顶点 $A(3,-1)$，AB 边上的中线所在直线的方程为 $6x+10y-59=0$，$\angle B$ 的平分线所在的方程为 $x-4y+10=0$，求直线 BC 的方程；

(6) 直线 $2x-y-4=0$ 上有一点 P，它与两定点 $A(4,-1)$，$B(3,4)$ 的距离之差最大，则点 P 的坐标是________；

(7) 已知点 $A\in x$ 轴，$B\in l:y=x$，$C(2,1)$，$\triangle ABC$ 周长的最小值为________.

9. 简单的线性规划

(1) 已知点 $A(-2,4)$，$B(4,2)$，且直线 $l:y=kx-2$ 与线段 AB 恒相交，则 k 的取值范围是________；

(2) 线性目标函数 $z=2x-y$ 在线性约束条件 $\begin{cases}|x|\leqslant 1\\|y|\leqslant 1\end{cases}$ 下，取最小值的最优解是________；

(3) 点 $(-2,t)$ 在直线 $2x-3y+6=0$ 的上方，则 t 的取值范围是________；

(4) 不等式 $|x-1|+|y-1|\leqslant 2$ 表示的平面区域的面积是________；

(5) 如果实数 x,y 满足 $\begin{cases}x-y+2\geqslant 0\\x+y-4\geqslant 0\\2x-y-5\leqslant 0\end{cases}$，则 $z=|x+2y-4|$ 的最大值________.

10. 圆的方程

(1) 圆 C 与圆 $(x-1)^2+y^2=1$ 关于直线 $y=-x$ 对称，则圆 C 的方程为

________；

（2）圆心在直线 $2x-y=3$ 上，且与两坐标轴均相切的圆的标准方程是________；

（3）已知 $P(-1,\sqrt{3})$ 是圆 $\begin{cases}x=r\cos\theta\\y=r\sin\theta\end{cases}$（$\theta$ 为参数，$0\leqslant\theta<2\pi$）上的点，则圆的普通方程为________，点 P 对应的 θ 值为________，过点 P 的圆的切线方程是________；

（4）如果直线 l 将圆：$x^2+y^2-2x-4y=0$ 平分，且不过第四象限，那么 l 的斜率的取值范围是________；

（5）方程 $x^2+y^2-x+y+k=0$ 表示一个圆，则实数 k 的取值范围为________；

（6）若 $M=\{(x,y)\mid\begin{cases}x=3\cos\theta\\y=3\sin\theta\end{cases}$（$\theta$ 为参数，$0<\theta<\pi$）$\}$，$N=\{(x,y)\mid y=x+b\}$，若 $M\cap N\neq\varnothing$，则 b 的取值范围是________.

11. 点 $P(5a+1,12a)$ 在圆 $(x-1)^2+y^2=1$ 的内部，则 a 的取值范围是________.

12. 直线与圆的位置关系

（1）圆 $2x^2+2y^2=1$ 与直线 $x\sin\theta+y-1=0$（$\theta\in\mathbf{R}$，$\theta\neq\frac{\pi}{2}+k\pi$，$k\in\mathbf{Z}$）的位置关系为________；

（2）若直线 $ax+by-3=0$ 与圆 $x^2+y^2+4x-1=0$ 切于点 $P(-1,2)$，则 $ab=$________；

（3）直线 $x+2y=0$ 被曲线 $x^2+y^2-6x-2y-15=0$ 所截得的弦长等于________；

（4）一束光线从点 $A(-1,1)$ 出发经 x 轴反射到圆 C：$(x-2)^2+(y-3)^2=1$ 上的最短路程是________；

（5）已知 $M(a,b)(ab\neq0)$ 是圆 O：$x^2+y^2=r^2$ 内一点，现有以 M 为中点的弦所在直线 m 和直线 l：$ax+by=r^2$，则（　　）

A. $m\,/\!/\,l$，且 l 与圆相交　　B. $l\perp m$，且 l 与圆相交

C. $m\,/\!/\,l$，且 l 与圆相离　　D. $l\perp m$，且 l 与圆相离

（6）已知圆 C：$x^2+(y-1)^2=5$，直线 l：$mx-y+1-m=0$.

① 求证：对 $m\in\mathbf{R}$，直线 l 与圆 C 总有两个不同的交点；

② 设 l 与圆 C 交于 A，B 两点，若 $|AB|=\sqrt{17}$，求直线 l 的倾斜角；

③ 求直线 l 中，截圆所得的弦最长及最短时的直线方程.

13. 圆与圆的位置关系

双曲线$\frac{x^2}{a^2}-\frac{y^2}{b^2}=1$的左焦点为$F_1$，顶点为$A_1$，$A_2$，$P$是双曲线右支上任意一点，则分别以线段$PF_1$，$A_1A_2$为直径的两圆位置关系为________.

14. 圆的切线与弦长

设A为圆$(x-1)^2+y^2=1$上动点，PA是圆的切线，且$|PA|=1$，则P点的轨迹方程为________.

圆锥曲线

1. 圆锥曲线的两个定义

(1) 第一定义中要重视"括号"内的限制条件

① 已知定点$F_1(-3,0)$，$F_2(3,0)$，在满足下列条件的平面上动点P的轨迹中是椭圆的是(　　)

A. $|PF_1|+|PF_2|=4$　　B. $|PF_1|+|PF_2|=6$

C. $|PF_1|+|PF_2|=10$　　D. $|PF_1|^2+|PF_2|^2=12$

② 方程$\sqrt{(x-6)^2+y^2}-\sqrt{(x+6)^2+y^2}=8$表示的曲线是________.

(2) 第二定义已知点$Q(2\sqrt{2},0)$及抛物线$y=\frac{x^2}{4}$上一动点$P(x,y)$，则$y+|PQ|$的最小值是________.

2. 圆锥曲线的标准方程

(1) 椭圆

① 已知方程$\frac{x^2}{3+k}+\frac{y^2}{2-k}=1$表示椭圆，则$k$的取值范围为________；

② 若$x,y\in\mathbf{R}$，且$3x^2+2y^2=6$，则$x+y$的最大值是________，x^2+y^2的最小值是________；

(2) 双曲线

① 双曲线的离心率等于$\frac{\sqrt{5}}{2}$，且与椭圆$\frac{x^2}{9}+\frac{y^2}{4}=1$有公共焦点，则该双曲线的方程________；

② 设中心在坐标原点O，焦点F_1，F_2在坐标轴上，离心率$e=\sqrt{2}$的双曲线C过点$P(4,-\sqrt{10})$，则C的方程为________.

（3）抛物线

3. 圆锥曲线焦点位置的判断

已知方程$\frac{x^2}{|m|-1}+\frac{y^2}{2-m}=1$表示焦点在$y$轴上的椭圆，则$m$的取值范围是________.

4. 圆锥曲线的几何性质

（1）椭圆

① 若椭圆$\frac{x^2}{5}+\frac{y^2}{m}=1$的离心率$e=\frac{\sqrt{10}}{5}$，则$m$的值是________；

② 以椭圆上一点和椭圆两焦点为顶点的三角形的面积最大值为1时，则椭圆长轴的最小值为________.

（2）双曲线

① 双曲线的渐近线方程是$3x\pm 2y=0$，则该双曲线的离心率等于________；

② 双曲线$ax^2-by^2=1$的离心率为$\sqrt{5}$，则$a:b=$________；

③ 设双曲线$\frac{x^2}{a^2}-\frac{y^2}{b^2}=1(a>b>0)$中，离心率$e\in[\sqrt{2},2]$，则两条渐近线夹角$\theta$的取值范围是________.

（3）抛物线

设$a\neq 0,a\in\mathbf{R}$，则抛物线$y=4ax^2$的焦点坐标为________.

5. 点$P(x_0,y_0)$和椭圆$\frac{x^2}{a^2}+\frac{y^2}{b^2}=1(a>b>0)$的关系

6. 直线与圆锥曲线的位置关系

（1）若直线$y=kx+2$与双曲线$x^2-y^2=6$的右支有两个不同的交点，则k的取值范围是________；

（2）直线$y-kx-1=0$与椭圆$\frac{x^2}{5}+\frac{y^2}{m}=1$恒有公共点，则$m$的取值范围是________；

（3）过双曲线$\frac{x^2}{1}-\frac{y^2}{2}=1$的右焦点直线交双曲线于$A,B$两点，若$|AB|=4$，则这样的直线有________条；

注　过双曲线$\frac{x^2}{a^2}-\frac{y^2}{b^2}=1$外一点$P(x_0,y_0)$的直线与双曲线只有一个公

共点的情况如下：① 点 P 在两条渐近线之间且不含双曲线的区域内时，有两条与渐近线平行的直线和分别与双曲线两支相切的两条切线，共四条；② 点 P 在两条渐近线之间且包含双曲线的区域内时，有两条与渐近线平行的直线和只与双曲线一支相切的两条切线，共四条；③ 点 P 在两条渐近线上但非原点，只有两条：一条是与另一渐近线平行的直线，一条是切线；④ 点 P 为原点时不存在这样的直线.

(4) 过抛物线外一点总有三条直线和抛物线有且只有一个公共点：两条切线和一条平行于对称轴的直线.

① 过点(2,4) 作直线与抛物线 $y^2=8x$ 只有一个公共点，这样的直线有________；

② 过点(0,2) 与双曲线$\frac{x^2}{9}-\frac{y^2}{16}=1$有且仅有一个公共点的直线的斜率的取值范围为________；

③ 过双曲线 $x^2-\frac{y^2}{2}=1$ 的右焦点作直线 l 交双曲线于 A,B 两点，若 $|AB|=4$，则满足条件的直线 l 有________条；

④ 对于抛物线 $C:y^2=4x$，我们称满足 $y_0^2<4x_0$ 的点 $M(x_0,y_0)$ 在抛物线的内部. 若点 $M(x_0,y_0)$ 在抛物线的内部，则直线 $l:y_0y=2(x+x_0)$ 与抛物线 C 的位置关系是________；

⑤ 过抛物线 $y^2=4x$ 的焦点 F 作一直线交抛物线于 P,Q 两点，若线段 PF 与 FQ 的长分别是 p,q，则$\frac{1}{p}+\frac{1}{q}=$________；

⑥ 设双曲线$\frac{x^2}{16}-\frac{y^2}{9}=1$ 的右焦点为 F，右准线为 l，设某直线 m 交其左支、右支和右准线分别于 P,Q,R，则 $\angle PFR$ 和 $\angle QFR$ 的大小关系为________(填大于、小于或等于)；

⑦ 求椭圆 $7x^2+4y^2=28$ 上的点到直线 $3x-2y-16=0$ 的最短距离；

⑧ 直线 $y=ax+1$ 与双曲线 $3x^2-y^2=1$ 交于 A,B 两点.

(Ⅰ) 当 a 为何值时，点 A,B 分别在双曲线的两支上？

(Ⅱ) 当 a 为何值时，以 AB 为直径的圆过坐标原点？

7. 焦半径

(1) 已知椭圆$\frac{x^2}{25}+\frac{y^2}{16}=1$ 上一点 P 到椭圆左焦点的距离为 3，则点 P 到右准线的距离为________；

(2) 知抛物线方程为 $y^2=8x$，若抛物线上一点到 y 轴的距离等于 5，则它到抛物线的焦点的距离等于________；

(3) 若该抛物线上的点 M 到焦点的距离是 4，则点 M 的坐标为________；

(4) 点 P 在椭圆$\frac{x^2}{25}+\frac{y^2}{9}=1$上，它到左焦点的距离是它到右焦点距离的两倍，则点 P 的横坐标为________；

(5) 抛物线 $y^2=2x$ 上的两点 A，B 到焦点的距离之和是 5，则线段 AB 的中点到 y 轴的距离为________；

(6) 椭圆$\frac{x^2}{4}+\frac{y^2}{3}=1$内有一点 $P(1,-1)$，F 为右焦点，在椭圆上有一点 M，使 $|MP|+2|MF|$ 之值最小，则点 M 的坐标为________.

8. 焦点三角形

(1) 短轴长为$\sqrt{5}$，离心率 $e=\frac{2}{3}$ 的椭圆的两焦点为 F_1，F_2，过点 F_1 作直线交椭圆于 A，B 两点，则 $\triangle ABF_2$ 的周长为________；

(2) 设 P 是等轴双曲线 $x^2-y^2=a^2(a>0)$ 右支上一点，F_1，F_2 是左右焦点，若$\overrightarrow{PF_2}\cdot\overrightarrow{F_1F_2}=0$，$|PF_1|=6$，则该双曲线的方程为________；

(3) 椭圆$\frac{x^2}{9}+\frac{y^2}{4}=1$ 的焦点为 F_1，F_2，点 P 为椭圆上的动点，当$\overrightarrow{PF_2}\cdot\overrightarrow{PF_1}<0$ 时，点 P 的横坐标的取值范围是________；

(4) 双曲线的虚轴长为 4，离心率 $e=\frac{\sqrt{6}}{2}$，F_1，F_2 是它的左右焦点，若过 F_1 的直线与双曲线的左支交于 A、B 两点，且 $|AB|$ 是 $|AF_2|$ 与 $|BF_2|$ 等差中项，则 $|AB|=$________；

(5) 已知双曲线的离心率为 2，F_1，F_2 是左右焦点，P 为双曲线上一点，且 $\angle F_1PF_2=60°$，$S_{\triangle PF_1F_2}=12\sqrt{3}$. 求该双曲线的标准方程.

9. 抛物线中与焦点弦有关的一些几何图形的性质________.

10. 弦长公式

(1) 过抛物线 $y^2=4x$ 的焦点作直线交抛物线于 $A(x_1,y_1)$，$B(x_2,y_2)$ 两点，若 $x_1+x_2=6$，那么 $|AB|$ 等于________；

(2) 过抛物线 $y^2=2x$ 焦点的直线交抛物线于 A，B 两点，已知 $|AB|=10$，O 为坐标原点，则 $\triangle ABC$ 重心的横坐标为________.

11. 圆锥曲线的中点弦问题

(1) 如果椭圆$\frac{x^2}{36}+\frac{y^2}{9}=1$弦被点$A(4,2)$平分，那么这条弦所在的直线方程是________；

(2) 已知直线$y=-x+1$与椭圆$\frac{x^2}{a^2}+\frac{y^2}{b^2}=1(a>b>0)$相交于$A,B$两点，且线段$AB$的中点在直线$L:x-2y=0$上，则此椭圆的离心率为________；

(3) 试确定m的取值范围，使得椭圆$\frac{x^2}{4}+\frac{y^2}{3}=1$上有不同的两点关于直线$y=4x+m$对称.

注　特别提醒：因为$\triangle>0$是直线与圆锥曲线相交于两点的必要条件，故在求解有关弦长、对称问题时，务必别忘了检验$\triangle>0$!

12. 你了解下面的结论吗

与双曲线$\frac{x^2}{9}-\frac{y^2}{16}=1$有共同的渐近线，且过点$(-3,2\sqrt{3})$的双曲线方程为________.

13. 动点轨迹方程

(1) 已知动点P到定点$F(1,0)$和直线$x=3$的距离之和等于4，求点P的轨迹方程；

(2) 线段AB过x轴正半轴上一点$M(m,0)(m>0)$，端点A,B到x轴距离之积为$2m$，以x轴为对称轴，过A,O,B三点作抛物线，则此抛物线方程为________；

(3) 由动点P向圆$x^2+y^2=1$作两条切线PA,PB，切点分别为A,B，$\angle APB=60°$，则动点P的轨迹方程为________；

(4) 点M与点$F(4,0)$的距离比它到直线$l:x+5=0$的距离小于1，则点M的轨迹方程是________；

(5) 一动圆与两圆圆$M:x^2+y^2=1$和圆$N:x^2+y^2-8x+12=0$都外切，则动圆圆心的轨迹为________；

(6) 动点P是抛物线$y=2x^2+1$上任一点，定点为$A(0,-1)$，点M分$\overrightarrow{PA}$所成的比为2，则点M的轨迹方程为________；

(7) AB是圆O的直径，且$|AB|=2a$，M为圆上一动点，作$MN\perp AB$，垂足为N，在OM上取点P，使$|OP|=|MN|$，求点P的轨迹；

(8) 若点$P(x_1,y_1)$在圆$x^2+y^2=1$上运动，则点$Q(x_1y_1,x_1+y_1)$的轨迹方程是________；

(9) 过抛物线 $x^2=4y$ 的焦点 F 作直线 l 交抛物线于 A,B 两点，则弦 AB 的中点 M 的轨迹方程是________；

(10) 如图 4，已知椭圆 $\frac{x^2}{a^2}+\frac{y^2}{b^2}=1(a>b>0)$ 的左、右焦点分别是 $F_1(-c,0)$，$F_2(c,0)$，Q 是椭圆外的动点，满足 $|\overrightarrow{F_1Q}|=2a$. 点 P 是线段 F_1Q 与该椭圆的交点，点 T 在线段 F_2Q 上，并且满足 $\overrightarrow{PT}\cdot\overrightarrow{TF_2}=0$，$|\overrightarrow{TF_2}|\neq 0$.

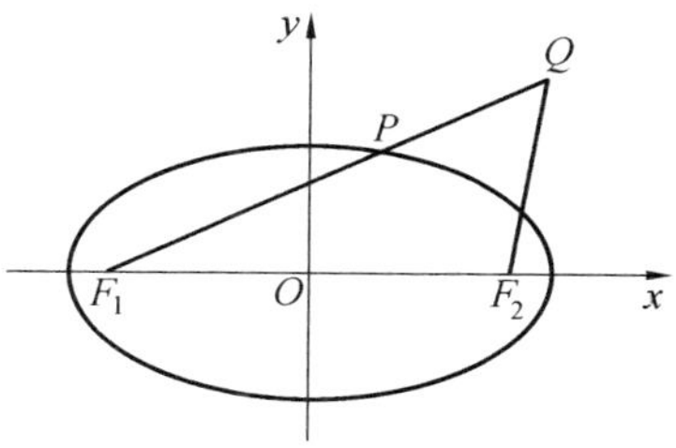

图 4

① 设 x 为点 P 的横坐标，证明：$|\overrightarrow{F_1P}|=a+\frac{c}{a}x$；

② 求点 T 的轨迹 C 的方程；

③ 试问：在点 T 的轨迹 C 上，是否存在点 M，使 $\triangle F_1MF_2$ 的面积 $S=b^2$. 若存在，求 $\angle F_1MF_2$ 的正切值；若不存在，请说明理由.

直线与平面、简单多面体

1. 三个公理和三条推论

(1) 在空间四点中，三点共线是四点共面的________条件；

(2) 下列命题中的真命题是________：

① 若 $A\in l,A\in\alpha,B\in l,B\in\alpha$，则 $l\subset\alpha$；② 若 $A\in\alpha,A\in\beta,B\in\alpha,B\in\beta$，则 $\alpha\cap\beta=AB$；③ 若 $l\not\subset\alpha,A\in l$，则 $A\notin\alpha$；④ 若 $A,B,C\in\alpha,A,B,C\in\beta$，且 A,B,C 不共线，则 α 与 β 重合；

(3) 长方体中 $ABCD-A_1B_1C_1D_1$ 中，$AB=8,BC=6$，在线段 BD,A_1C_1 上各有一点 P,Q，在 PQ 上有一点 M，且 $PM=MQ$，则点 M 的轨迹图形的面积为________.

2. 直观图的画法(斜二测画法规则)

(1) 用斜二测画法画一个水平放置的平面图形为如下图 5 的一个正方形，则原来图形的形状是(　　)

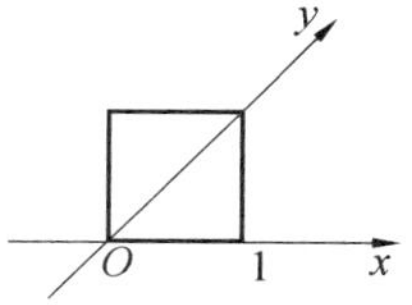

图 5

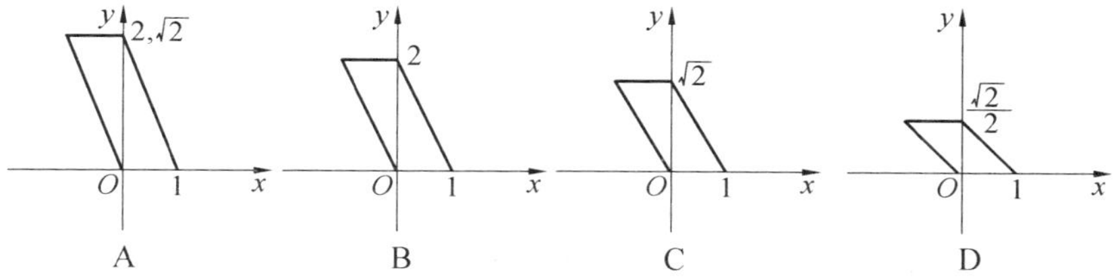

(2) 已知正 $\triangle ABC$ 的边长为 a，那么 $\triangle ABC$ 的平面直观图 $\triangle A'B'C'$ 的面积为________.

3. 空间直线的位置关系

(1) 空间四边形 $ABCD$ 中，E,F,G,H 分别是四边上的中点，则直线 EG 和 FH 的位置关系________；

(2) 下列命题中的真命题是________：

① 异面直线是指空间既不平行又不相交的直线；② 两异面直线 a,b，如果 a 平行于平面 α，那么 b 不平行平面 α；③ 两异面直线 a,b，如果 $a\perp$ 平面 α，那么 b 不垂直于平面 α；④ 两异面直线在同一平面内的射影不可能是两条平行直线.

4. 异面直线的判定

(1)"a,b 为异面直线"是指________：

①$a\cap b=\varnothing$，但 a 不平行于 b；②$a\subset$ 面 α，$b\subset$ 面 β 且 $a\cap b=\varnothing$；③$a\subset$ 面 α，$b\subset$ 面 β 且 $\alpha\cap\beta=\varnothing$；④$a\subset$ 面 α，$b\not\subset$ 面 α；⑤ 不存在平面 α，能使 $a\subset$ 面 α 且 $b\subset$ 面 α 成立；

(2) 在空间四边形 $ABCD$ 中，M,N 分别是 AB,CD 的中点，设 $BC+AD=2a$，则 MN 与 a 的大小关系是________；

(3) 若 E,F,G,H 顺次为空间四边形 $ABCD$ 四条边 AB,BC,CD,DA 的中点，且 $EG=3$，$FH=4$，则 $AC^2+BD^2=$________；

(4) 如果 a,b 是异面直线，P 是不在 a,b 上的任意一点，下列四个结论中正确的是________：① 过点 P 一定可以作直线 l 与 a,b 都相交；② 过点 P 一定可以作直线 l 与 a,b 都垂直；③ 过点 P 一定可以作平面 α 与 a,b 都平行；④ 过点 P 一定可以作直线 l 与 a,b 都平行；

(5) 如果两条异面直线称作一对，那么正方体的十二条棱中异面直线的对数为________；

(6) 已知平面 $\alpha\cap$ 平面 $\beta=a$，$b\subset\alpha$，$b\cap a=A$，$c\subset\beta$ 且 $c\parallel a$，求证：b,c 是异面直线.

5. 异面直线所成角 θ 的求法

(1) 正四棱锥 $P-ABCD$ 的所有棱长相等，E 是 PC 的中点，那么异面直线 BE 与 PA 所成的角的余弦值等于________；

(2) 在正方体 AC_1 中，M 是侧棱 DD_1 的中点，O 是底面 $ABCD$ 的中心，P 是棱 A_1B_1 上的一点，则 OP 与 AM 所成的角的大小为________；

(3) 已知异面直线 a,b 所成的角为 $50°$，P 为空间一点，则过点 P 且与 a,b 所成的角都是 $30°$ 的直线有且仅有________条；

(4) 若异面直线 a,b 所成的角为 $\frac{\pi}{3}$，且直线 $c \perp a$，则异面直线 b,c 所成角的范围是________；

6. 异面直线的距离的概念

(1) $ABCD$ 是矩形，沿对角线 AC 把 $\triangle ADC$ 折起，使 $AD \perp BC$，求证：BD 是异面直线 AD 与 BC 的公垂线；

(2) 如图 6，在正方体 $ABCD—A_1B_1C_1D_1$ 中，EF 是异面直线 AC 与 A_1D 的公垂线，则由正方体的八个顶点所连接的直线中，与 EF 平行的直线有________条.

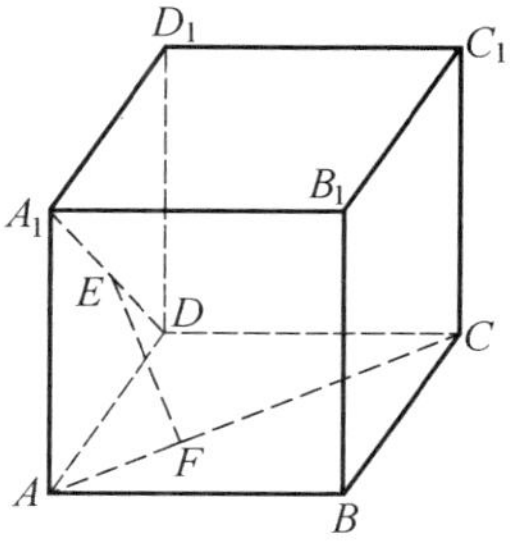

图 6

7. 直线与平面的位置关系

(1) 下列命题中，正确的是(　　)

A. 若直线 a 平行于平面 α 内的一条直线 b，则 $a \parallel \alpha$

B. 若直线 a 垂直于平面 α 的斜线 b 在平面 α 内的射影，则 $a \perp b$

C. 若直线 a 垂直于平面 α，直线 b 是平面 α 的斜线，则 a 与 b 是异面直线

D. 若一个棱锥的所有侧棱与底面所成的角都相等，且所有侧面与底面所成的角也相等，则它一定是正棱锥

(2) 正方体 $ABCD-A_1B_1C_1D_1$ 中，点 P 在侧面 BCC_1B_1 及其边界上运动，并且总保持 $AP \perp BD_1$，则动点 P 的轨迹是________.

8. 直线与平面平行的判定和性质

(1) α,β 表示平面，a,b 表示直线，则 $a \parallel \alpha$ 的一个充分不必要条件是(　　)

A. $\alpha \perp \beta$，$a \perp \beta$　　　　B. $\alpha \cap \beta = b$，且 $a \parallel b$

C. $a \parallel b$ 且 $b \parallel \alpha$　　　　D. $\alpha \parallel \beta$ 且 $a \subset \beta$

(2) 正方体 $ABCD-A_1B_1C_1D_1$ 中，点 N 在 BD 上，点 M 在 B_1C 上，且 $CM=DN$，求证：$MN \parallel$ 面 AA_1B_1B.

9. 直线和平面垂直的判定和性质

(1) 如果命题“若 $x \perp y$，$y \parallel z$，则 $x \perp z$”不成立，那么字母 x,y,z 在空间

所表示的几何图形一定是________;

(2) 已知 a,b,c 是直线,α,β 是平面,下列条件中能得出直线 $a\perp$ 平面 α 的是(　　)

A. $a\perp b,a\perp c$ 其中 $b\subset\alpha,c\subset\alpha$　　B. $a\perp b$,$b/\!/\alpha$

C. $\alpha\perp\beta,a/\!/\beta$　　D. $a/\!/b,b\perp\alpha$

(3) AB 为圆 O 的直径,C 为圆 O 上的一点,$AD\perp$ 面 ABC,$AE\perp BD$ 于点 E,$AF\perp CD$ 于点 F,求证:$BD\perp$ 平面 AEF.

10. 三垂线定理及逆定理

11. 直线和平面所成的角

(1) 在正三棱柱 $ABC-A_1B_1C_1$ 中,已知 $AB=1$,点 D 在棱 BB_1 上,$BD=1$,则 AD 与平面 AA_1C_1C 所成的角为________;

(2) 正方体 $ABCD-A_1B_1C_1D_1$ 中,E,F 分别是 AB,C_1D_1 的中点,则棱 A_1B_1 与截面 A_1ECF 所成的角的余弦值是________;

(3) PA,PB,PC 是从点 P 引出的三条射线,每两条的夹角都是 $60°$,则直线 PC 与平面 PAB 所成角的余弦值为________;

(4) 若一平面与正方体的十二条棱所在直线都成相等的角 θ,则 $\sin\theta$ 的值为________.

12. 平面与平面的位置关系

13. 两个平面平行的判定和性质

(1) α,β 是两个不重合的平面,在下列条件中,不能判定平面 $\alpha/\!/\beta$ 的条件是(　　)

A. m,n 是 α 内一个三角形的两条边,且 $m/\!/\beta,n/\!/\beta$

B. α 内有不共线的三点到 β 的距离都相等

C. α,β 都垂直于同一条直线 a

D. m,n 是两条异面直线,$m\subset\alpha,n\subset\beta$,且 $m/\!/\beta,n/\!/\alpha$

(2) 以下命题中正确的是________:

① 垂直于同一直线的两个平面互相平行;② 平行于同一直线的两个平面平行;③ 平行于同一平面的两个平面平行;④ 与同一直线成等角的两个平面平行;⑤ 若一个平面内的两条相交直线于另一个平面内的两条相交直线平行,则这两个平面平行.

参考答案

集合与简易逻辑

1. (1)8;(2)7.

2. $a=0,1,\frac{1}{2}$.

3. 7.

4. $A=\{2,3\}, B=\{2,4\}$.

5. (1)$[0,+\infty)$;(2)$\{(-2,-2)\}$.

6. $\left(-3,\frac{3}{2}\right)$.

7. (1)(3).

8. (1)①④;(2)$\left[0,\frac{1}{2}\right]$.

9. $(-\infty,-3)$.

10. 当 $a=0$ 时,解集为$(1,+\infty)$;当 $a<0$ 时,解集为$\left(-\infty,\frac{1}{a}\right)\cup(1,+\infty)$;当 $0<a<1$ 时,解集为$\left(1,\frac{1}{a}\right)$;当 $a=1$ 时,解集为 $\varnothing$;当 $a>1$ 时,解集为$\left(\frac{1}{a},1\right)$.

11. (1)$(1,2]$;(2)$[0,1)$.

12. (1)$\left(\frac{1}{4},1\right)$;(2)$\varnothing$.

函　　数

1. (1)A;(2)$(2,-1)$;(3)81,64,81;(4)12.

2. 2.

3. 9.

4. (1)$[0,2)\cup(2,3)\cup(3,4)$;(2)①$(1,+\infty)$,②$(0,1]$;(3)①$[\sqrt{2},4]$;②$[1,5]$.

5. (1)$\left[-\frac{1}{2},+\infty\right)$;(2)①$\left[-4,\frac{17}{8}\right]$,②$[3,+\infty)$;③$\left[-1,\frac{1}{2}+\sqrt{2}\right]$;④$[1,3\sqrt{2}+4]$;(3)$\left(-\infty,\frac{1}{2}\right]$,$(0,1)$,$\left(-\infty,\frac{3}{2}\right]$;(4)$\left(0,\frac{80}{9}\right)$,$\left[\frac{11}{2},9\right]$,

$\left[\frac{23}{8},+\infty\right)$；(5) $\left[-\frac{\sqrt{3}}{3},\frac{\sqrt{3}}{3}\right]$，$[-\sqrt{5},\sqrt{5}]$；(6) $(-\infty,0]\cup[4,+\infty)$；(7) -48.

6. (1) $(-\infty,-2]\cup[0,10]$；(2) $\left(-\infty,\frac{3}{2}\right]$.

7. (1) $f(x)=\frac{1}{2}x^2+2x+1$；(2) ① $f(x^2)=-x^4+2x^2, x\in[-\sqrt{2},\sqrt{2}]$，② x^2-2x+3；(3) $f(x)=-3x-\frac{2}{3}$.

8. (1) D；(2) $f^{-1}(x)=\frac{1}{\sqrt{x}-1}(x>1)$；(3) ① $[4,7]$，② $\frac{7}{2}$，③ 1，④ $(2,8)$.

9. (1) ① 奇函数，② 偶函数；(2) $(0,0.5)\cup(2,+\infty)$；(3) 1；(4) ① $F(x)$ 为偶函数，$G(x)$ 为奇函数；② $g(x)=\frac{1}{2}x$.

10. (1) $(0,3]$；(2) $(-\infty,-3]$；(3) $\left(\frac{1}{2},+\infty\right)$；(4) $(1,2)$；(5) $\left(-\frac{1}{2},\frac{2}{3}\right)$.

11. (1) $h(x)=-\log_2(x-1)$；(2) 2；(3) C；(4) $x=-\frac{1}{2}$.

12. (1) $-\frac{1}{2}x^2+x$；(2) $y=-\frac{x+2}{2x+1}$；(3) $-x^2-7x-6$.

13. (1) 5；(2) ① -0.5，② 993，③ 0；(3) ① A，② 1，③ 负数；(4) ① 奇函数，② 偶函数，③ $\left(-\frac{\pi}{2},-1\right)\cup(0,1)\cup\left(\frac{\pi}{2},3\right)$.

数　　列

1. (1) $\frac{1}{25}$；(2) $a_n<a_{n+1}$；(3) $\lambda>-3$.

2. (1) $2n+10$；(2) $\frac{8}{3}<d\leqslant 3$；(3) $a_1=-3, n=10$；(4) $T_n=\begin{cases}12n-n^2(n\leqslant 6, n\in\mathbf{N}^*)\\ n^2-12n+72(n>6, n\in\mathbf{N}^*)\end{cases}$.

3. (1) 27；(2) B；(3) 225；(4) 2；(5) $\frac{6n-2}{8n-7}$；(6) 前 13 项和最大，最大值为 169；(7) 4 006.

4. (1) $\frac{5}{6}$；(2) 略；(3) $n=6, q=\frac{1}{2}$ 或 2；(4) ① 44，② 2 046；(5) $A>B$；(6) 15，9，3，1 或 0，4，8，16.

5. (1) 512；(2) 10；(3) $100a^{100}$；(4) 40；(5) -1；(6) -2；(7) ②③.

6. (1) $a_n=\begin{cases}3, n=1\\ 2^n, n\geqslant 2\end{cases}$；(2) $a_n=\begin{cases}14, n=1\\ 2^{n+1}, n\geqslant 2\end{cases}$；(3) $\frac{61}{16}$；(4) $a_n=\sqrt{n+1}-\sqrt{2}+$

1；(5)$a_n=\dfrac{4}{n(n+1)}$；(6)$a_n=2\cdot 3^{n-1}-1$；(7)$a_n=5\cdot 3^{n-1}-2^{n+1}$；(8)$a_n=\dfrac{1}{3n-2}$；(9)$a_n=\dfrac{1}{n^2}$；(10)$a_n=\begin{cases}4, n=1\\ 3\cdot 4^{n-1}, n\geqslant 2\end{cases}$.

7. (1)① $\dfrac{4^n-1}{3}$，②$2^{2\,005}-1$；(2) $(-1)^n\cdot n$；(3)① 略，② $\dfrac{7}{2}$；(4)①$a_1=1$，$q=2$，$T_n=2^{n+1}-n-2$，②(Ⅰ)略，(Ⅱ)$h'\left(\dfrac{8}{3}\right)=(n-1)\cdot 2^n+1$，当 $n=1$ 时 $h'\left(\dfrac{8}{3}\right)=2n^2-n$；当 $n=2$ 时 $h'\left(\dfrac{8}{3}\right)<2n^2-n$；当 $n\geqslant 3$ 时，$h'\left(\dfrac{8}{3}\right)>2n^2-n$；(5)① $\dfrac{n}{3n+1}$，②99；(6) $\dfrac{2n}{n+1}$.

三角函数

1. (1)$2k\pi+\dfrac{\pi}{3}(k\in\mathbf{Z})$；(2) 一、三；(3)2 cm^2.

2. (1) $-\dfrac{7}{13}$；(2)$\left(-1,\dfrac{3}{2}\right)$.

3. (1)$\tan\theta<\sin\theta<\cos\theta$；(2)$\sin\alpha<\alpha<\tan\alpha$；(3)$\left(2k\pi-\dfrac{\pi}{3},2k\pi+\dfrac{2\pi}{3}\right](k\in\mathbf{Z})$.

4. (1) $-\dfrac{5}{12}$；(2) $-\dfrac{5}{3}$，$\dfrac{13}{5}$；(3) -1.

5. (1) $\dfrac{\sqrt{2}}{2}-\dfrac{\sqrt{3}}{3}$；(2) $-\dfrac{4}{5}$；$-\dfrac{3}{100}$.

6. (1)C；(2)C；(3) $\dfrac{7}{25}$；(4)4；(5) 甲、乙都对.

7. (1)① $\dfrac{3}{22}$，②$y=-\dfrac{3}{5}\sqrt{1-x^2}+\dfrac{4}{5}x\quad\left(\dfrac{3}{5}<x<1\right)$；(2)①1，② $\dfrac{1}{8}$；(3) 等边；(4)$\left[k\pi-\dfrac{\pi}{12},k\pi+\dfrac{5\pi}{12}\right](k\in\mathbf{Z})$；(5)①$\sin\alpha$，② 略，③ $\dfrac{1}{2}\cos 2x$；(6) $\dfrac{3}{5}$；(7)① $\pm\dfrac{t^2-1}{2}$(特别提醒：这里 $t\in[-\sqrt{2},\sqrt{2}]$)，② $-\dfrac{4+\sqrt{7}}{3}$.

8. (1)$[-2,2]$；(2) $-\dfrac{3}{2}$；(3) -2；(4)32.

9. (1)$a=\dfrac{1}{2}$，$b=\pm 1$；(2)$[-1,2]$；(3)7，-5；(4)2，$k\pi+\dfrac{\pi}{12}(k\in\mathbf{Z})$；(5)$\left[0,\dfrac{1}{2}\right]$；(6)1，$2\sqrt{2}-2$；(7)①0，②$\pi$，③2；(8)① 偶函数，② -5，

③$\left(\frac{k\pi}{2}-\frac{\pi}{8},1\right)(k\in\mathbf{Z})$、$x=\frac{k\pi}{2}+\frac{\pi}{8}(k\in\mathbf{Z})$，④$\theta=k\pi+\frac{\pi}{6}(k\in\mathbf{Z})$.

10.(1)$f(x)=2\sin\left(\frac{15}{2}x+\frac{\pi}{3}\right)$；(2)$y=2\sin\left(2x-\frac{\pi}{4}\right)-1$向上平移1个单位得$y=2\sin\left(2x-\frac{\pi}{4}\right)$的图象，再向左平移$\frac{\pi}{8}$个单位得$y=2\sin 2x$的图象，横坐标扩大到原来的2倍得$y=2\sin x$的图象，最后将纵坐标缩小到原来的$\frac{1}{2}$即得$y=\sin x$的图象；(3)左，$\frac{\pi}{2}$；(4)存在但不唯一，模最小的向量$\boldsymbol{a}=\left(-\frac{\pi}{6},-1\right)$；(5)$[1,\sqrt{2})$.

11.(1)$\left[k\pi-\frac{5}{12}\pi,k\pi+\frac{\pi}{12}\right](k\in\mathbf{Z})$；(2)$\left[6k\pi-\frac{3}{4}\pi,6k\pi+\frac{3\pi}{4}\right](k\in\mathbf{Z})$；(3)C；(4)②④；(5)$\pi$；(6)直角三角形.

12.(1)C；(2)充要；(3)$-\frac{1}{2}$；(4)60°；(5)30°；(6)$\frac{2\sqrt{39}}{3}$；(7)$\frac{1}{3}$，$\frac{9}{2}$；(8)$0<C\leqslant\frac{\pi}{6}$；(9)$45^\circ$.

13.(1)$\frac{3\pi}{4}$；(2)$\frac{\pi}{3}$；(3)$\frac{2\pi}{3}$.

平面向量

1.(1)(3,0)；(2)④⑤.

2.(1)$\frac{1}{2}\boldsymbol{a}-\frac{3}{2}\boldsymbol{b}$；(2)B；(3)$\frac{2}{3}\boldsymbol{a}+\frac{4}{3}\boldsymbol{b}$；(4)0.

3.(1)-9；(2)1；(3)$\sqrt{23}$；(4)30°；(5)$\frac{12}{5}$；(6)$\lambda<-\frac{4}{3}$或$\lambda>0$且$\lambda\neq\frac{1}{3}$；(7)$\left(\frac{\pi}{4},\frac{\pi}{3}\right)$；(8)①$\boldsymbol{a}\cdot\boldsymbol{b}=\frac{k^2+1}{4k}(k>0)$；②最小值为$\frac{1}{2}$，$\theta=60^\circ$.

4.(1)①$\overrightarrow{AD}$，$\overrightarrow{CB}$，$\mathbf{0}$，②$2\sqrt{2}$，③直角三角形，④2，⑤$120^\circ$；(2)①$\frac{1}{2}$，②$\frac{\pi}{6}$或$-\frac{\pi}{2}$，③(9,1)，④$\left(1,\frac{11}{3}\right)$，$(-7,9)$，⑤(Ⅰ)$150^\circ$，(Ⅱ)$\frac{1}{2}$或$-\sqrt{2}-1$，⑥$\sqrt{13}$，⑦(Ⅰ)2，(Ⅱ)$x^2+y^2+xy-1=0$.

5.①⑥⑨.

6.(1)2；(2)4；(3)-2或11.

7.(1)$\frac{3}{2}$；(2)(1,3)或$(3,-1)$；(3)$(b,-a)$或$(-b,a)$.

8. (1) $-\frac{7}{3}$；(2) $\left(-6,-\frac{7}{3}\right)$；(3)2 或 -4.

9. (1)$(-8,3)$；(2)$\left(-\frac{\pi}{4},1\right)$.

10. (1)$\left(-\frac{2}{3},\frac{4}{3}\right)$；(2) 直线 AB.

不等式

1. (1)②③⑥⑦⑧；(2)$[1,7]$.

2. 当 $0<x<1$ 或 $x>\frac{4}{3}$ 时，$1+\log_x 3>2\log_x 2$；当 $1<x<\frac{4}{3}$ 时，$1+\log_x 3<2\log_x 2$；当 $x=\frac{4}{3}$ 时，$1+\log_x 3=2\log_x 2$.

3. (1)C；(2)$2\sqrt{2}$；(3)$3+2\sqrt{2}$.

4. $[9,+\infty)$.

5. 略.

6. (1)$\{x \mid x\geqslant 1$ 或 $x=-2\}$；(2)$\{x \mid x\geqslant 3$ 或 $x=-1\}$；(3)$(-\infty,1)\cup[2,+\infty)$；(4)$\left[7,\frac{81}{8}\right)$.

7. (1)$(-1,1)\cup(2,3)$；(2)$(-\infty,-1)\cup(2,+\infty)$.

8. (1)$(-\infty,-1)\cup(2,+\infty)$；(2)$\left\{\frac{4}{3}\right\}$.

9. (1)$a>1$ 或 $0<a<\frac{2}{3}$；(2)$a=0$ 时，解集为$\{x \mid x<0\}$；$a>0$ 时，解集为$\{x \mid x>\frac{1}{a}$ 或 $x<0\}$；$a<0$ 时，解集为$\{x \mid \frac{1}{a}<x<0$ 或 $x<0\}$；(3)$(-1,2)$.

10. (1)$[\sqrt{2}-1,+\infty)$；(2)$a<1$；(3)$\frac{\sqrt{3}+1}{2}$；(4)$\left[-2,\frac{3}{2}\right)$；(5)$m>-\frac{1}{2}$；(6)$a>1$.

直线和圆

1. (1)$\left[0,\frac{\pi}{6}\right]\cup\left[\frac{5\pi}{6},\pi\right)$；(2)$m\leqslant -2$ 或 $m\geqslant 4$.

2. (1) 既不充分也不必要；(2) $\frac{2}{3}$，-1.

3. (1)$y-1=-\sqrt{3}(x-2)$；(2)$(-1,-2)$；(3)$a>1$；(4)3.

6.(1)-1，$\frac{1}{2}$，$m\neq3$ 且 $m\neq-1,3$；(2)$3x+4y-9=0$；(3)$-1<a<2$；(4)垂直；(5)平行；(6)$4x+3y-4=0$ 和 $x=1$.

7.$3x+y-6=0$.

8.(1)(b,a)；(2)$bx+ay+c=0$；(3)$y=3x+3$；(4)$18x+y-51=0$；(5)$2x+9y-65=0$；(6)$(5,6)$；(7)$\sqrt{10}$.

9.(1)$(-\infty,-3]\cup[1,+\infty)$；(2)$(-1,1)$；(3)$t>\frac{2}{3}$；(4)8；(5)21.

10.(1)$x^2+(y+1)^2=1$；(2)$(x-3)^2+(y-3)^2=9$ 或 $(x-1)^2+(y+1)^2=1$；(3)$x^2+y^2=4$，$\frac{2\pi}{3}$，$x-\sqrt{3}y+4=0$；(4)$[0,2]$；(5)$k<\frac{1}{2}$；(6)$(-3,3\sqrt{2}]$.

11.$\left(-\frac{1}{13},\frac{1}{13}\right)$.

12.(1)相离；(2)2；(3)$4\sqrt{5}$；(4)4；(5)C；(6)① 略，② 60° 或 120°，③ 最长：$y=1$，最短：$x=1$.

13.内切.

14.$(x-1)^2+y^2=2$.

圆锥曲线

1.(1)①C，② 双曲线的左支；(2)2.

2.(1)①$\left(-3,-\frac{1}{2}\right)\cup\left(-\frac{1}{2},2\right)$，②$\sqrt{5}$，2；(2)①$\frac{x^2}{4}-y^2=1$，②$x^2-y^2=6$.

3.$(-\infty,-1)\cup\left(1,\frac{3}{2}\right)$.

4.(1)①3 或 $\frac{25}{3}$，②$2\sqrt{2}$；(2)①$\frac{\sqrt{13}}{2}$ 或 $\frac{\sqrt{13}}{3}$，②4 或 $\frac{1}{4}$，③$\left[\frac{\pi}{3},\frac{\pi}{2}\right]$；(3)$\left(0,\frac{1}{16a}\right)$.

6.(1)$\left(-\frac{\sqrt{15}}{3},-1\right)$；(2)$[1,5)\cup(5,+\infty)$；(3)3；(4)①2，②$\left\{\pm\frac{4}{3},\pm\frac{4\sqrt{5}}{3}\right\}$，③3，④3，⑤1，⑥ 等于，⑦ $\frac{8\sqrt{13}}{13}$，⑧(Ⅰ)$(-\sqrt{3},\sqrt{3})$，(Ⅱ)$a=\pm1$.

7.(1)$\frac{35}{3}$；(2)2；(3)±4；(4)$\frac{25}{12}$；(5)2；(6)$\left(\frac{2\sqrt{6}}{3},-1\right)$.

8. (1)6;(2)$x^2-y^2=4$;(3)$\left(-\frac{3\sqrt{5}}{5},\frac{3\sqrt{5}}{5}\right)$;(4)$8\sqrt{2}$;(5) $\frac{x^2}{4}-\frac{y^2}{12}=1$.

10. (1)8;(2)3.

11. (1)$x+2y-8=0$;(2) $\frac{\sqrt{2}}{2}$;(3)$\left(-\frac{2\sqrt{13}}{13},\frac{2\sqrt{13}}{13}\right)$.

12. $\frac{4x^2}{9}-\frac{y^2}{4}=1$.

13. (1)$y^2=-12(x-4)(3\leqslant x\leqslant 4)$ 或 $y^2=4x(0\leqslant x<3)$;(2)$y^2=2x$;(3)$x^2+y^2=4$;(4)$y^2=16x$;(5) 双曲线的一支;(6)$y=6x^2-\frac{1}{3}$;(7)$x^2+y^2=a|y|$;(8)$y^2=2x+1\left(|x|\leqslant\frac{1}{2}\right)$;(9)$x^2=2y-2$;(10)① 略,②$x^2+y^2=a^2$,③ 当$\frac{b^2}{c}>a$ 时不存在;当$\frac{b^2}{c}\leqslant a$ 时存在,此时 $\angle F_1MF_2=2$.

直线与平面、简单多面体

1. (1) 充分不必要;(2)①②④;(3)24.
2. (1)A;(2) $\frac{\sqrt{6}}{16}a^2$.
3. (1) 相交;(2)①③.
4. (1)①⑤;(2)$MN<a$;(3)50;(4)②;(5)24;(6) 略.
5. (1) $\frac{\sqrt{3}}{3}$;(2)90°;(3)2;(4)$\left[\frac{\pi}{6},\frac{\pi}{2}\right]$.
6. (1) 略;(2)1.
7. (1)D;(2) 线段 B_1C.
8. (1)D;(2) 略.
9. (1)x,y 是直线,z 是平面;(2)D;(3) 略.

11. (1)$\arcsin\frac{\sqrt{6}}{4}$;(2) $\frac{1}{3}$;(3) $\frac{\sqrt{3}}{3}$;(4) $\frac{\sqrt{3}}{3}$.

13. (1)B;(2)③⑤

§78　有效教学是高三复习备考永恒的话题

——给高三数学老师说几句话

1.中国师生为什么最累？是因为无用功（驯化教育）做到了极致，勤能补拙？锲而不舍？失败是成功之母？

2.因为学生是机械记忆(包括套题型)，所以屡作屡错.

3.中国的老师不是牵着学生走，而是抱着学生走.这样的教育方法，何谈培养出创新人才，这样高考也过不了.

4.不是学生想要什么就教什么，而是缺什么就教什么.

5.传统的教学习惯一步到位，而新课标重视螺旋上升.但一步到位，不符合学生的认知规律.

6.有一种失败叫占领.

有许多老师都钻进了一个“恶性循环”的死胡同：用大量的重复练习占领课外时间.任贤齐《心太软》歌词中的“你”不就是这样的老师吗？这样必然会带来学生厌学，后劲不足.

有一种成功叫撤退.

著名教育家陶行知(1891—1946)先生说过：“好的教师不是教书，也不是教学生，而是教学生学.”

7.所有的教改理念都归结为四个字：学生主动.

在解放战争中，为什么“小米加步枪”的共产党能打败“美式装备”的国民党，是广大人民群众在起重要作用.我们的高三复习备考一定要让学生动起来.

8.大量的机械重复训练只能对基础题有效，对压轴题无效.

9.一个好的例子胜过一千条说教.

10.学生的学习都是“始于模仿，终于创造(包括应用)”.

11.不谈高考，过不了今天；只谈高考，过不了明天.

12.在家庭教育方面，天下父母大致可以分为三类：第一类是懂得教育规律又有责任心，第二类是不懂得教育规律但有责任心，第三类是不懂得教育规律又没有责任心.按照我们的常识，这三类父母对孩子的教育效果肯定是依次递减的.但事实却是，教育效果最不好的是第二类：不懂得教育规律又有满腔的热情.

13.肖川(1963—)教授强调教师要“六个学会”：学会等待、学会分享、学会宽容、学会选择、学会合作、学会创新.教育是一门慢的艺术，若没有等待和宽容，剩下的就只能是揠苗助长和暴戾恣睢！

14. 克莱因(Klein,1849—1925)的演讲被奉为经典.他讲课也总是井然有序,黑板上的字从来不必擦掉,讲课结束,黑板上的字都在适当的小方块里,恰到好处.

15. 北大附中副校长、全国特级教师张思明(1957—)说:“学习的核心是要有想法、要有发现的眼光.”

16. 勤奋是根本,落实是关键.

17. 老师要把自己的科研成果恰当地转化成学生的知识,服务高考.

18. 高三复习备考是有规律的,比如,第一轮复习要注重基础,重视课本(高考题的明显特点是“题在书外,根在书中”),对平行班学生要抓好高频知识点的过关.

19. 数学老师要能把抽象的数学知识熟练地转化成生动的生活语言,这就是高效教学!

20. 数学就是生活,生活就是数学!

21. 你喜欢你的教学工作吗?你喜欢你的学生吗?你的学生喜欢你吗?做到了这三个喜欢,你就一定是一位优秀的老师!

22. 和谐的师生关系就是良好的高考成绩.

23. (1) 不少学生对老师是“今天佩服,明天消极,后天厌倦”,老师要以学定教.

(2) 不在乎课堂上老师教了多少,要在乎课堂上学生学了多少.

(3) 老师要以学生的起点为教学的起点.

(4) 老师要培养学生探究知识的能力,具有独立之精神、自由之思想.

(5) 教师在课堂上不要提供过期产品、学生不需要的产品.

(6) 教师要加强理论学习、加强专业发展,要关爱学生、理解学生、对学生宽容.

(7) 教育改革要触动课堂.生本教育成就了学生,解放了老师.

(8) 以老师的激情点燃学生的热情.从胜利走向胜利,从成功走向成功.

(9) 课改就是改课 —— 改课堂.新课改要求老师有对课堂的设计能力、驾驭能力.

24. 每届高三都有很多学生考取了理想的大学,他们在知识上也一定有很大进步,而我们老师又有多大进步呢?正常情况下一位老师在一生中只能带十届高三,是否一届一个台阶,自己的专业水平、教学能力都在不断提升呢?要珍惜带高三的机会,你的工作是要写进自己的历史的,是可以写进学校发展史的,这里是你施展才能、发挥智慧、干出成绩的地方,是只有付出才能获得荣誉的地方,请注意这里也是机遇与挑战并存的地方!在这方面,我校有一批老师成长很快,值得学习.

25.请体会这四句话的含义：

(1) 要想合格，必须优秀.

(2) 在当今这个处于激烈竞争时代的每一个人，孝敬父母、关心家人、感恩朋友的最好方式是自己在工作岗位上有所成就.

(3) 教育者要做学生生命中的贵人.教育者若对学生做到了爱心、信任、激励、欣赏、转化、细致、负责，那你就一定会成为学生生命中的贵人!

(4) 我们教育者要努力把最好的心情给孩子，把最好的校舍给孩子，把最好的环境给孩子，把最好的教育给孩子.

26.一个老师的智慧.

毕业那年，老师站在讲台上给我们上了最后一堂课，整堂课上的气氛活跃，大家问了很多平时不敢问的问题，老师也都一一作答.最后老师说:“你们的问题问完了，该我来问你们三个问题.”同学们喊道:“老师，别说是三个，一百个我们也老老实实回答您.”

老师笑着说:“第一个问题，世界上第一高峰是哪座山?”大家哄堂大笑:“珠穆朗玛峰!”老师追问:“第二高峰呢?”同学们面面相觑，无人应声.老师在黑板上写道:“屈居第二与默默无闻毫无区别.”

“第二个问题，有人要烧壶开水，等生好火发现柴不够，他该怎么办?”有的说赶快去找，有的说去借、去买.老师说:“为什么不把壶里的水倒掉一些?”大家一听，表示佩服.

“第三个问题，也是最后一个问题，古代有一人想学立身的本领，经过反复比较，决心去学屠龙之技.他拜名师，日夜苦练，终有所成.他会怎么样呢?”同学们兴致勃勃，说他能成为英雄、明星，受世人崇拜.老师摇头道:“这个人一定会潦倒一生，因为世上根本就没有龙.同学们好好想想吧，下课!”

在最后一节课里，老师短短的三个问题饱含哲理，发人深省.

第一个问题是让人有进取心.我想，老师并不是让每个孩子都必须成为第一，而是让他们都有去争取第一的勇气，即使你暂时屈居第二，但是韬光养晦，将来才能一鸣惊人.

本届高考，我校要争状元和重本率.争状元是捷径，偶然存在于必然之中，五个重点班的老师责任更重大，我也一定全力主动地支持备课组的工作.

第二个问题对我们目前的教学是有指导意义的.

第三个问题是让人找准方向.想要学有所用，就不能脱离实际；想要有所成，就要定位准确；想要成有所获，就要找准方向.如果你人生的大方向错了，还谈什么有所建树、有所作为?

我想，我们高三老师目前只有一件重要事 —— 把自己的本职工作干出色、干漂亮!让学生满意、家长放心、同行赞誉，领导夸奖.

27. 我岳父对我目前的要求：

岳父张昌齐今年(2011 年)67 岁，不幸的是退休后检查出糖尿病，7 年前贤惠的岳母在一场车祸中去世. 岳父孝感高中毕业，武汉师范学院(现湖北大学)数学系毕业，分配到湖北十班竹溪从事教育工作，对教育事业一片赤诚，担任竹溪第三中学校长时学校高考成绩比竹溪第一中学好，桃李满天下，在竹溪教育界很有威望. 岳父对我要求甚严.

岳父知道我今年又带高三，就说："你不要再写文章，家务事也不要牵扯你的精力，孩子长大了，不要操他的心，一定要把自己的教学搞好！把书教好了，学生、学生家长之间一传十、十传百，你的口碑就更好了；你的教学情况要每月向我汇报一次，我也能给你作些指点." 我一定按岳父大人说的办，这对我一生有好处.

28. 解题五环节"思、探、练、变、提"，五境界"知、懂、熟、用、赏".

"思、探、练、变、提" 解题法是指对于呈现的问题要先思考，不能盲目动笔求解；对于问题还要进行多方位的探索，哪怕对该问题本身的解决相距甚远的探索也是珍贵的、有益的；通过探索或老师的少量提示再规范地解答该问题；对于该问题还要有实质性的变式训练；完满解决一个问题之后还应当及时总结并提出新的类似问题.

把一个问题细心琢磨三次叫研究，把一个问题盲目做三遍叫题海战术. 对于学生来说，两者的幸福指数也大不一样.

这篇文章《"思、探、练、变、提" 解题法》写于 2009 年高考后，发表于 2009 年 12 月的《中小学数学》(高中)，各位可浏览这篇文章.

这里再介绍一个故事：

《历史不忍细看》(文欢主编，河南文艺出版社，2007 年) 一书中提到，1894 年甲午兵败与"放枪不瞄准" 有关. 当时清兵每仗争先恐后放枪，放完就撤退. 到了 1900 年的义和团时期，万名清兵攻不下一座外国使馆. 一位外国记者这样记述："使馆只见弹飞如雨，很少伤到人". 原来，清兵只管朝天放枪，把子弹打完算数，好像在放炮仗. 这段历史，现在读来，仍然令人哭笑不得，感慨万分. 试问：会装子弹会开枪，就算掌握了洋枪洋炮吗？

由此想到数学教学，不免产生一种忧虑. 我们老师在课堂上是否有"放枪不瞄准" 的现象甚至还比较严重呢？

对于数学教学来说，要具有数学意识，整体全面地把握，局部深入地理解，弄清数学问题的来龙去脉，才是数学教学的真正目的. 可惜的是，现在的教学目标常把这些忽视了.

今天我们不忍细看 100 多年前的"放枪不瞄准"，将来也许会不忍细看今天教学中的"放枪不瞄准".

29. 我在数学教学上也有比较深入的思考，详细内容可见我发表过的四篇文章：《数学教学更需要"慢教育"》、《数学教学要注意有效性原则和可接受性原则》、《利滚利、漂洗衣服与题海战术》、《教育者也要关注另一个 1%—— 谈数学特困生的成长》，欢迎大家浏览和研读.

30. 再强调一下，高考对每位学生、每个家庭、每位老师、每所学校都太重要了. 由于 2011 届高考我校取得了历史性的突破，所以全校师生都志高气扬、干劲十足，但我们要辣而不骄！样样争先，永立潮头！我深信：经过同志们的努力和克难攻坚，在今后的每次高考中我校定能永创辉煌！数学成绩也一定能再创历史新高！

谢谢大家！

2011 年 9 月 29 日

◎

编辑手记

谁是甘志国.凭什么给他出这么多书?

红学家周汝昌在其《献芹集》之《椽笔谁能写雪芹》中对曹雪芹是这样评价的:

“…… 曹雪芹,前无古人,后无来者:家门显赫,不是纨袴膏粱;文采风流,不是江南才子.却召辞荣,不是山林高隐;诗朋酒侣,不是措大穷酸.他异乎所有一般儒士文人.不同于得志当时、弯弓耀马的满洲武勇.他思想叛逆,但不是‘造反者’;他生计穷愁,但不是叫化儿.其为“类型”,颇称奇特;欲加理解,实费揣摩.”

仿此笔者也来评价一下甘志国:

甘志国,前有古人,后有来者:学识渊博,不是书香门第;著述等身,不是名校高才;奇思妙想,不是民间隐士;课业精进,不为升官发财.他是一位逐渐由青涩走向成熟,由偏隅走向中心的一位优秀中青年数学教师.那么他写的书到底好在哪里?

“文革”期间林彪的女儿林豆豆有一篇文章广为流传,文章名为《爸爸教我怎样学会写文章》.想想“文化大革命”时期全国都流行甚至现在仍有“流毒”的林氏语录.我们不得不承认,林彪还是有些文章之道的.其中有两段,给人留下深刻印象.

第一段:“不要写那些又臭又长,干干巴巴的文章,这种文章像机器造出来的一样,只有零度的感情,就会使人感到没有兴趣.”

第二段:“为什么(苏绣)那么漂亮呢?就是因为丝线的品种很多,听说有4 800多种,光红色的就有几十样.颜色的花样很多,所以绣出来的东西好看,逼真.写文章也是一样,词汇好比丝线,掌握词汇越多,就能运用自如,变化无穷,随手拈来就能选出那些浓淡相宜的颜色,‘织成’最美好的作品.”

甘志国的作品首先是短小精悍,言之有物.虽不顶天但总是立地.素材皆取自中学数学教学实际.绝无凌波微步.每一篇小文章都是有感而发.每一个例题都是就地取材,没有一点八股痕迹.虽然早几年笔者曾劝过他不要在一块薄板上钻许多眼,而要想办法在厚板上钻一个眼.但这是爱因斯坦的人才观.要求一个中学教师不合适.作为一个基层的数学教师,能至于此,更复何求?在此笔者郑重地向甘志国老师说:别听我那些“高论”,坚持做最好的自己.

其次,甘志国先生的作品引用的例题非常之多.恰似苏绣之丝线远不止4 800个.而且都是从一些我们熟视无睹的问题中看出问题来.西谚说:“魔鬼藏在细节之中.”对这些教材、教参、试题中大量细节的处理才是最能体现出一位优秀中学教师的功力.从这些小文章中我们也同时看到了一个中学教师对理想的追求.有人说:在物质主义盛行的今天,理想早已褪去了一分纯粹,增添了更多世俗;少了一分为人瞻仰的深刻,多了几分人所共驱的浅薄.

因为工作的关系,笔者也接触到很多中学数学教师.令笔者吃惊的很少是因为他们的敬业与操守,更多的是为他们的所谓“社会化”.现在说一个人很社会相当于赞扬一个人很成熟.它的反义词一定含有书生气.中学教师因其职业原因会接触到社会各阶层人士,可谓见多识广,沾染上不良社会习气也难免.但以能混社会,吃得开引以为自豪就是大问题了.甘志国老师与笔者素未谋面(只有一次有机会在北京站约好见面也因故未成),但笔者敢断定,他一定是个书生气很重的人,甚至是书呆子.因为无法想象一个没有书生气的人几十年如一日,孜孜以求,自甘寂寞,发表如此之多的作品.

沈从文在20世纪30年代就看到,很多青年偷懒,缺少主见,投机取巧,媚世悦俗.他说:“右倾革命的也罢,革右倾命的也罢,一切世俗热闹皆有他们的份.就由于应世技巧的圆熟,他们的工作常常容易见好,也容易成功,这种人在作家中就不少.”

编辑的核心能力是价值判断,什么书好什么书差.但书的后面是人,所以对作者的选择是重要的.有些人的书挣钱也不出,有些人的书赔钱也要出.出版甘志国先生这一系列作品,是想借此渲染一个青年数学教师的成材之路.不是投机取巧,媚世悦俗,而是脚踏实地,岗位成材,不要去蝇营狗苟,汲汲以求.刚有一点小成绩就想升官发财,多想想老一辈教育家的教诲.“要想着干大事,不要想着当大官.”如果中国的中学数学界有千万个甘志国出现,则学生幸甚.

波兰裔社会学家和哲学家齐格蒙·鲍曼在描述现代世界时说:“今天看上去确凿无疑又恰如其分的事情,明天可能就徒劳无用了,只是流于臆想或令人懊悔不迭的失误.”

对于本套书的出版,笔者相信今天、明天都是有价值的.

刘培杰
2013 年 10 月 24 日
于哈工大

哈尔滨工业大学出版社刘培杰数学工作室
已出版(即将出版)图书目录

书　　名	出版时间	定　价	编号
新编中学数学解题方法全书(高中版)上卷	2007—09	38.00	7
新编中学数学解题方法全书(高中版)中卷	2007—09	48.00	8
新编中学数学解题方法全书(高中版)下卷(一)	2007—09	42.00	17
新编中学数学解题方法全书(高中版)下卷(二)	2007—09	38.00	18
新编中学数学解题方法全书(高中版)下卷(三)	2010—06	58.00	73
新编中学数学解题方法全书(初中版)上卷	2008—01	28.00	29
新编中学数学解题方法全书(初中版)中卷	2010—07	38.00	75
新编中学数学解题方法全书(高考复习卷)	2010—01	48.00	67
新编中学数学解题方法全书(高考真题卷)	2010—01	38.00	62
新编中学数学解题方法全书(高考精华卷)	2011—03	68.00	118
新编平面解析几何解题方法全书(专题讲座卷)	2010—01	18.00	61
新编中学数学解题方法全书(自主招生卷)	2013—08	88.00	261
数学眼光透视	2008—01	38.00	24
数学思想领悟	2008—01	38.00	25
数学应用展观	2008—01	38.00	26
数学建模导引	2008—01	28.00	23
数学方法溯源	2008—01	38.00	27
数学史话览胜	2008—01	28.00	28
数学思维技术	2013—09	38.00	260
从毕达哥拉斯到怀尔斯	2007—10	48.00	9
从迪利克雷到维斯卡尔迪	2008—01	48.00	21
从哥德巴赫到陈景润	2008—05	98.00	35
从庞加莱到佩雷尔曼	2011—08	138.00	136
数学解题中的物理方法	2011—06	28.00	114
数学解题的特殊方法	2011—06	48.00	115
中学数学计算技巧	2012—01	48.00	116
中学数学证明方法	2012—01	58.00	117
数学趣题巧解	2012—03	28.00	128
三角形中的角格点问题	2013—01	88.00	207
含参数的方程和不等式	2012—09	28.00	213

哈尔滨工业大学出版社刘培杰数学工作室已出版（即将出版）图书目录

书　名	出版时间	定　价	编号
数学奥林匹克与数学文化（第一辑）	2006—05	48.00	4
数学奥林匹克与数学文化（第二辑）（竞赛卷）	2008—01	48.00	19
数学奥林匹克与数学文化（第二辑）（文化卷）	2008—07	58.00	36
数学奥林匹克与数学文化（第三辑）（竞赛卷）	2010—01	48.00	59
数学奥林匹克与数学文化（第四辑）（竞赛卷）	2011—08	58.00	87

发展空间想象力	2010—01	38.00	57
走向国际数学奥林匹克的平面几何试题诠释（上、下）（第1版）	2007—01	68.00	11,12
走向国际数学奥林匹克的平面几何试题诠释（上、下）（第2版）	2010—02	98.00	63,64
平面几何证明方法全书	2007—08	35.00	1
平面几何证明方法全书习题解答（第1版）	2005—10	18.00	2
平面几何证明方法全书习题解答（第2版）	2006—12	18.00	10
平面几何天天练上卷·基础篇（直线型）	2013—01	58.00	208
平面几何天天练中卷·基础篇（涉及圆）	2013—01	28.00	234
平面几何天天练下卷·提高篇	2013—01	58.00	237
平面几何专题研究	2013—07	98.00	258
最新世界各国数学奥林匹克中的平面几何试题	2007—09	38.00	14
数学竞赛平面几何典型题及新颖解	2010—07	48.00	74
初等数学复习及研究（平面几何）	2008—09	58.00	38
初等数学复习及研究（立体几何）	2010—06	38.00	71
初等数学复习及研究（平面几何）习题解答	2009—01	48.00	42
世界著名平面几何经典著作钩沉——几何作图专题卷（上）	2009—06	48.00	49
世界著名平面几何经典著作钩沉——几何作图专题卷（下）	2011—01	88.00	80
世界著名平面几何经典著作钩沉（民国平面几何老课本）	2011—03	38.00	113
世界著名解析几何经典著作钩沉——平面解析几何卷	2014—01	38.00	273
世界著名数论经典著作钩沉（算术卷）	2012—01	28.00	125
世界著名数学经典著作钩沉——立体几何卷	2011—02	28.00	88
世界著名三角学经典著作钩沉（平面三角卷Ⅰ）	2010—06	28.00	69
世界著名三角学经典著作钩沉（平面三角卷Ⅱ）	2011—01	38.00	78
世界著名初等数论经典著作钩沉（理论和实用算术卷）	2011—07	38.00	126
几何学教程（平面几何卷）	2011—03	68.00	90
几何学教程（立体几何卷）	2011—07	68.00	130
几何变换与几何证题	2010—06	88.00	70
计算方法与几何证题	2011—06	28.00	129
立体几何技巧与方法	2014—05		293
几何瑰宝——平面几何500名题暨1000条定理（上、下）	2010—07	138.00	76,77
三角形的解法与应用	2012—07	18.00	183
近代的三角形几何学	2012—07	48.00	184
一般折线几何学	即将出版	58.00	203
三角形的五心	2009—06	28.00	51
三角形趣谈	2012—08	28.00	212
解三角形	2014—01	28.00	265
圆锥曲线习题集（上）	2013—06	68.00	255

哈尔滨工业大学出版社刘培杰数学工作室
已出版(即将出版)图书目录

书　　名	出版时间	定　价	编号
俄罗斯平面几何问题集	2009-08	88.00	55
俄罗斯立体几何问题集	2014-03	58.00	283
俄罗斯几何大师——沙雷金论数学及其他	2014-01	48.00	271
来自俄罗斯的 5000 道几何习题及解答	2011-03	58.00	89
俄罗斯初等数学问题集	2012-05	38.00	177
俄罗斯函数问题集	2011-03	38.00	103
俄罗斯组合分析问题集	2011-01	48.00	79
俄罗斯初等数学万题选——三角卷	2012-11	38.00	222
俄罗斯初等数学万题选——代数卷	2013-08	68.00	225
俄罗斯初等数学万题选——几何卷	2014-01	68.00	226
463 个俄罗斯几何老问题	2012-01	28.00	152
近代欧氏几何学	2012-03	48.00	162
罗巴切夫斯基几何学及几何基础概要	2012-07	28.00	188

超越吉米多维奇——数列的极限	2009-11	48.00	58
Barban Davenport Halberstam 均值和	2009-01	40.00	33
初等数论难题集(第一卷)	2009-05	68.00	44
初等数论难题集(第二卷)(上、下)	2011-02	128.00	82,83
谈谈素数	2011-03	18.00	91
平方和	2011-03	18.00	92
数论概貌	2011-03	18.00	93
代数数论(第二版)	2013-08	58.00	94
代数多项式	2014-05		289
初等数论的知识与问题	2011-02	28.00	95
超越数论基础	2011-03	28.00	96
数论初等教程	2011-03	28.00	97
数论基础	2011-03	18.00	98
数论基础与维诺格拉多夫	2014-03	18.00	292
解析数论基础	2012-08	28.00	216
解析数论基础(第二版)	2014-01	48.00	287
数论入门	2011-03	38.00	99
数论开篇	2012-07	28.00	194
解析数论引论	2011-03	48.00	100
复变函数引论	2013-10	68.00	269
无穷分析引论(上)	2013-04	88.00	247
无穷分析引论(下)	2013-04	98.00	245

哈尔滨工业大学出版社刘培杰数学工作室已出版(即将出版)图书目录

书　　名	出版时间	定　价	编号
数学分析中的一个新方法及其应用	2013－01	38.00	231
数学分析例选:通过范例学技巧	2013－01	88.00	243
三角级数论(上册)(陈建功)	2013－01	38.00	232
三角级数论(下册)(陈建功)	2013－01	48.00	233
三角级数论(哈代)	2013－06	48.00	254
基础数论	2011－03	28.00	101
超越数	2011－03	18.00	109
三角和方法	2011－03	18.00	112
谈谈不定方程	2011－05	28.00	119
整数论	2011－05	38.00	120
随机过程(Ⅰ)	2014－01	78.00	224
随机过程(Ⅱ)	2014－01	68.00	235
整数的性质	2012－11	38.00	192
初等数论 100 例	2011－05	18.00	122
初等数论经典例题	2012－07	18.00	204
最新世界各国数学奥林匹克中的初等数论试题(上、下)	2012－01	138.00	144,145
算术探索	2011－12	158.00	148
初等数论(Ⅰ)	2012－01	18.00	156
初等数论(Ⅱ)	2012－01	18.00	157
初等数论(Ⅲ)	2012－01	28.00	158
组合数学	2012－04	28.00	178
组合数学浅谈	2012－03	28.00	159
同余理论	2012－05	38.00	163
丢番图方程引论	2012－03	48.00	172
平面几何与数论中未解决的新老问题	2013－01	68.00	229

历届美国中学生数学竞赛试题及解答(第一卷)1950－1954	2014－05		277
历届美国中学生数学竞赛试题及解答(第二卷)1955－1959	2014－05		278
历届美国中学生数学竞赛试题及解答(第三卷)1960－1964	2014－05		279
历届美国中学生数学竞赛试题及解答(第四卷)1965－1969	2014－05		280
历届美国中学生数学竞赛试题及解答(第五卷)1970－1972	2014－05		281

哈尔滨工业大学出版社刘培杰数学工作室
已出版(即将出版)图书目录

书　　名	出版时间	定　价	编号
历届 IMO 试题集(1959—2005)	2006—05	58.00	5
历届 CMO 试题集	2008—09	28.00	40
历届加拿大数学奥林匹克试题集	2012—08	38.00	215
历届美国数学奥林匹克试题集:多解推广加强	2012—08	38.00	209
历届国际大学生数学竞赛试题集(1994—2010)	2012—01	28.00	143
全国大学生数学夏令营数学竞赛试题及解答	2007—03	28.00	15
全国大学生数学竞赛辅导教程	2012—07	28.00	189
历届美国大学生数学竞赛试题集	2009—03	88.00	43
前苏联大学生数学奥林匹克竞赛题解(上编)	2012—04	28.00	169
前苏联大学生数学奥林匹克竞赛题解(下编)	2012—04	38.00	170
历届美国数学邀请赛试题集	2014—01	48.00	270

整函数	2012—08	18.00	161
多项式和无理数	2008—01	68.00	22
模糊数据统计学	2008—03	48.00	31
模糊分析学与特殊泛函空间	2013—01	68.00	241
受控理论与解析不等式	2012—05	78.00	165
解析不等式新论	2009—06	68.00	48
反问题的计算方法及应用	2011—11	28.00	147
建立不等式的方法	2011—03	98.00	104
数学奥林匹克不等式研究	2009—08	68.00	56
不等式研究(第二辑)	2012—02	68.00	153
初等数学研究(Ⅰ)	2008—09	68.00	37
初等数学研究(Ⅱ)(上、下)	2009—05	118.00	46,47
中国初等数学研究　2009 卷(第 1 辑)	2009—05	20.00	45
中国初等数学研究　2010 卷(第 2 辑)	2010—05	30.00	68
中国初等数学研究　2011 卷(第 3 辑)	2011—07	60.00	127
中国初等数学研究　2012 卷(第 4 辑)	2012—07	48.00	190
中国初等数学研究　2014 卷(第 5 辑)	2014—02	48.00	288
数阵及其应用	2012—02	28.00	164
绝对值方程—折边与组合图形的解析研究	2012—07	48.00	186
不等式的秘密(第一卷)	2012—02	28.00	154
不等式的秘密(第一卷)(第 2 版)	2014—02	38.00	286
不等式的秘密(第二卷)	2014—01	38.00	268

哈尔滨工业大学出版社刘培杰数学工作室已出版(即将出版)图书目录

书　　名	出版时间	定　价	编号
初等不等式的证明方法	2010—06	38.00	123
数学奥林匹克问题集	2014—01	38.00	267
数学奥林匹克不等式散论	2010—06	38.00	124
数学奥林匹克不等式欣赏	2011—09	38.00	138
数学奥林匹克超级题库(初中卷上)	2010—01	58.00	66
数学奥林匹克不等式证明方法和技巧(上、下)	2011—08	158.00	134,135
近代拓扑学研究	2013—04	38.00	239
新编640个世界著名数学智力趣题	2014—01	88.00	242
500个最新世界著名数学智力趣题	2008—06	48.00	3
400个最新世界著名数学最值问题	2008—09	48.00	36
500个世界著名数学征解问题	2009—06	48.00	52
400个中国最佳初等数学征解老问题	2010—01	48.00	60
500个俄罗斯数学经典老题	2011—01	28.00	81
1000个国外中学物理好题	2012—04	48.00	174
300个日本高考数学题	2012—05	38.00	142
500个前苏联早期高考数学试题及解答	2012—05	28.00	185
546个早期俄罗斯大学生数学竞赛题	2014—03	38.00	285

博弈论精粹	2008—03	58.00	30
数学 我爱你	2008—01	28.00	20
精神的圣徒　别样的人生——60位中国数学家成长的历程	2008—09	48.00	39
数学史概论	2009—06	78.00	50
数学史概论(精装)	2013—03	158.00	272
斐波那契数列	2010—02	28.00	65
数学拼盘和斐波那契魔方	2010—07	38.00	72
斐波那契数列欣赏	2011—01	28.00	160
数学的创造	2011—02	48.00	85
数学中的美	2011—02	38.00	84

王连笑教你怎样学数学——高考选择题解题策略与客观题实用训练	2014—01	48.00	262
最新全国及各省市高考数学试卷解法研究及点拨评析	2009—02	38.00	41
高考数学的理论与实践	2009—08	38.00	53
中考数学专题总复习	2007—04	28.00	6
向量法巧解数学高考题	2009—08	28.00	54
高考数学核心题型解题方法与技巧	2010—01	28.00	86
高考思维新平台	2014—03	38.00	259
数学解题——靠数学思想给力(上)	2011—07	38.00	131
数学解题——靠数学思想给力(中)	2011—07	48.00	132
数学解题——靠数学思想给力(下)	2011—07	38.00	133
我怎样解题	2013—01	48.00	227

哈尔滨工业大学出版社刘培杰数学工作室已出版(即将出版)图书目录

书　　名	出版时间	定　价	编号
2011年全国及各省市高考数学试题审题要津与解法研究	2011－10	48.00	139
2013年全国及各省市高考数学试题解析与点评	2014－01	48.00	282
新课标高考数学——五年试题分章详解(2007～2011)(上、下)	2011－10	78.00	140,141
30分钟拿下高考数学选择题、填空题	2012－01	48.00	146
全国中考数学压轴题审题要津与解法研究	2013－04	78.00	248
高考数学压轴题解题诀窍(上)	2012－02	78.00	166
高考数学压轴题解题诀窍(下)	2012－03	28.00	167

格点和面积	2012－07	18.00	191
射影几何趣谈	2012－04	28.00	175
斯潘纳尔引理——从一道加拿大数学奥林匹克试题谈起	2014－01	18.00	228
李普希兹条件——从几道近年高考数学试题谈起	2012－10	18.00	221
拉格朗日中值定理——从一道北京高考试题的解法谈起	2012－10	18.00	197
闵科夫斯基定理——从一道清华大学自主招生试题谈起	2014－01	28.00	198
哈尔测度——从一道冬令营试题的背景谈起	2012－08	28.00	202
切比雪夫逼近问题——从一道中国台北数学奥林匹克试题谈起	2013－04	38.00	238
伯恩斯坦多项式与贝齐尔曲面——从一道全国高中数学联赛试题谈起	2013－03	38.00	236
卡塔兰猜想——从一道普特南竞赛试题谈起	2013－06	18.00	256
麦卡锡函数和阿克曼函数——从一道前南斯拉夫数学奥林匹克试题谈起	2012－08	18.00	201
贝蒂定理与拉姆贝克莫斯尔定理——从一个拣石子游戏谈起	2012－08	18.00	217
皮亚诺曲线和豪斯道夫分球定理——从无限集谈起	2012－08	18.00	211
平面凸图形与凸多面体	2012－10	28.00	218
斯坦因豪斯问题——从一道二十五省市自治区中学数学竞赛试题谈起	2012－07	18.00	196
纽结理论中的亚历山大多项式与琼斯多项式——从一道北京市高一数学竞赛试题谈起	2012－07	28.00	195
原则与策略——从波利亚“解题表”谈起	2013－04	38.00	244
转化与化归——从三大尺规作图不能问题谈起	2012－08	28.00	214
代数几何中的贝祖定理(第一版)——从一道IMO试题的解法谈起	2013－08	38.00	193
成功连贯理论与约当块理论——从一道比利时数学竞赛试题谈起	2012－04	18.00	180
磨光变换与范·德·瓦尔登猜想——从一道环球城市竞赛试题谈起	即将出版		
素数判定与大数分解	即将出版	18.00	199
置换多项式及其应用	2012－10	18.00	220
椭圆函数与模函数——从一道美国加州大学洛杉矶分校(UCLA)博士资格考题谈起	2012－10	38.00	219
差分方程的拉格朗日方法——从一道2011年全国高考理科试题的解法谈起	2012－08	28.00	200

哈尔滨工业大学出版社刘培杰数学工作室已出版(即将出版)图书目录

书　名	出版时间	定　价	编号
力学在几何中的一些应用	2013－01	38.00	240
高斯散度定理、斯托克斯定理和平面格林定理——从一道国际大学生数学竞赛试题谈起	即将出版		
康托洛维奇不等式——从一道全国高中联赛试题谈起	2013－03	28.00	337
西格尔引理——从一道第 18 届 IMO 试题的解法谈起	即将出版		
罗斯定理——从一道前苏联数学竞赛试题谈起	即将出版		
拉克斯定理和阿廷定理——从一道 IMO 试题的解法谈起	2014－01	58.00	246
毕卡大定理——从一道美国大学数学竞赛试题谈起	即将出版		
贝齐尔曲线——从一道全国高中联赛试题谈起	即将出版		
拉格朗日乘子定理——从一道 2005 年全国高中联赛试题谈起	即将出版		
雅可比定理——从一道日本数学奥林匹克试题谈起	2013－04	48.00	249
李天岩－约克定理——从一道波兰数学竞赛试题谈起	即将出版		
整系数多项式因式分解的一般方法——从克朗耐克算法谈起	即将出版		
布劳维不动点定理——从一道前苏联数学奥林匹克试题谈起	2014－01	38.00	273
压缩不动点定理——从一道高考数学试题的解法谈起	即将出版		
伯恩赛德定理——从一道英国数学奥林匹克试题谈起	即将出版		
布查特－莫斯特定理——从一道上海市初中竞赛试题谈起	即将出版		
数论中的同余数问题——从一道普特南竞赛试题谈起	即将出版		
范·德蒙行列式——从一道美国数学奥林匹克试题谈起	即将出版		
中国剩余定理——从一道美国数学奥林匹克试题的解法谈起	即将出版		
牛顿程序与方程求根——从一道全国高考试题解法谈起	即将出版		
库默尔定理——从一道 IMO 预选试题谈起	即将出版		
卢丁定理——从一道冬令营试题的解法谈起	即将出版		
沃斯滕霍姆定理——从一道 IMO 预选试题谈起	即将出版		
卡尔松不等式——从一道莫斯科数学奥林匹克试题谈起	即将出版		
信息论中的香农熵——从一道近年高考压轴题谈起	即将出版		
约当不等式——从一道希望杯竞赛试题谈起	即将出版		
拉比诺维奇定理	即将出版		
刘维尔定理——从一道《美国数学月刊》征解问题的解法谈起	即将出版		
卡塔兰恒等式与级数求和——从一道 IMO 试题的解法谈起	即将出版		
勒让德猜想与素数分布——从一道爱尔兰竞赛试题谈起	即将出版		
天平称重与信息论——从一道基辅市数学奥林匹克试题谈起	即将出版		

哈尔滨工业大学出版社刘培杰数学工作室
已出版(即将出版)图书目录

书　名	出版时间	定　价	编号
艾思特曼定理——从一道CMO试题的解法谈起	即将出版		
一个爱尔特希问题——从一道西德数学奥林匹克试题谈起	即将出版		
有限群中的爱丁格尔问题——从一道北京市初中二年级数学竞赛试题谈起	即将出版		
贝克码与编码理论——从一道全国高中联赛试题谈起	即将出版		
帕斯卡三角形	2014－01	18.00	294
蒲丰投针问题——从2009年清华大学的一道自主招生试题谈起	2014－01	38.00	295
斯图姆定理——从一道"华约"自主招生试题的解法谈起	2014－01		296
许瓦兹引理——从一道加利福尼亚大学伯克利分校数学系博士生试题谈起	2014－01		297
拉格朗日中值定理——从一道北京高考试题的解法谈起	2014－01		298
拉姆塞定理——从王诗宬院士的一个问题谈起	2014－01		299

中等数学英语阅读文选	2006－12	38.00	13
统计学专业英语	2007－03	28.00	16
统计学专业英语(第二版)	2012－07	48.00	176
幻方和魔方(第一卷)	2012－05	68.00	173
尘封的经典——初等数学经典文献选读(第一卷)	2012－07	48.00	205
尘封的经典——初等数学经典文献选读(第二卷)	2012－07	38.00	206

实变函数论	2012－06	78.00	181
非光滑优化及其变分分析	2014－01	48.00	230
疏散的马尔科夫链	2014－01	58.00	266
初等微分拓扑学	2012－07	18.00	182
方程式论	2011－03	38.00	105
初级方程式论	2011－03	28.00	106
Galois 理论	2011－03	18.00	107
古典数学难题与伽罗瓦理论	2012－11	58.00	223
伽罗华与群论	2014－01	28.00	290
代数方程的根式解及伽罗瓦理论	2011－03	28.00	108
线性偏微分方程讲义	2011－03	18.00	110
N 体问题的周期解	2011－03	28.00	111
代数方程式论	2011－05	18.00	121
动力系统的不变量与函数方程	2011－07	48.00	137
基于短语评价的翻译知识获取	2012－02	48.00	168
应用随机过程	2012－04	48.00	187
概率论导引	2012－04	18.00	179
矩阵论(上)	2013－06	58.00	250
矩阵论(下)	2013－06	48.00	251

哈尔滨工业大学出版社刘培杰数学工作室
已出版(即将出版)图书目录

书　　名	出版时间	定　价	编号
抽象代数:方法导引	2013－06	38.00	257
闵嗣鹤文集	2011－03	98.00	102
吴从炘数学活动三十年(1951～1980)	2010－07	99.00	32
吴振奎高等数学解题真经(概率统计卷)	2012－01	38.00	149
吴振奎高等数学解题真经(微积分卷)	2012－01	68.00	150
吴振奎高等数学解题真经(线性代数卷)	2012－01	58.00	151
高等数学解题全攻略(上卷)	2013－06	58.00	252
高等数学解题全攻略(下卷)	2013－06	58.00	253
高等数学复习纲要	2014－01	18.00	384
钱昌本教你快乐学数学(上)	2011－12	48.00	155
钱昌本教你快乐学数学(下)	2012－03	58.00	171
数贝偶拾——高考数学题研究	2014－01	28.00	274
数贝偶拾——初等数学研究	2014－01	38.00	275
数贝偶拾——奥数题研究	2014－01	48.00	276
集合、函数与方程	2014－01	28.00	300
数列与不等式	2014－01	38.00	301
三角与平面向量	2014－01	28.00	302
平面解析几何	2014－01	38.00	303
立体几何与组合	2014－01	28.00	304
极限与导数、数学归纳法	2014－01	38.00	305
趣味数学	即将出版		306
教材教法	即将出版		307
自主招生	即将出版		308
高考压轴题(上)	即将出版		309
高考压轴题(下)	即将出版		310
从费马到怀尔斯——费马大定理的历史	2013－10	198.00	Ⅰ
从庞加莱到佩雷尔曼——庞加莱猜想的历史	2013－10	298.00	Ⅱ
从切比雪夫到爱尔特希(上)——素数定理的初等证明	2013－07	48.00	Ⅲ
从切比雪夫到爱尔特希(下)——素数定理 100 年	2012－12	98.00	Ⅲ
从高斯到盖尔方特——虚二次域的高斯猜想	2013－10	198.00	Ⅳ
从库默尔到朗兰兹——朗兰兹猜想的历史	2014－01	98.00	Ⅴ
从比勃巴赫到德布朗斯——比勃巴赫猜想的历史	2014－02	298.00	Ⅵ
从麦比乌斯到陈省身——麦比乌斯变换与麦比乌斯带	2014－02	298.00	Ⅶ
从布尔到豪斯道夫——布尔方程与格论漫谈	2013－10	198.00	Ⅷ
从开普勒到阿诺德——三体问题的历史	2014－05	298.00	Ⅸ
从华林到华罗庚——华林问题的历史	2013－10	298.00	Ⅹ

哈尔滨工业大学出版社刘培杰数学工作室
已出版(即将出版)图书目录

书　　名	出版时间	定　价	编号
三角函数	2014-01	38.00	311
不等式	2014-01	28.00	312
方程	2014-01	28.00	314
数列	2014-01	38.00	313
排列和组合	2014-01	28.00	315
极限与导数	2014-01	28.00	316
向量	2014-01	38.00	317
复数及其应用	2014-01	28.00	318
函数	2014-01	38.00	319
集合	即将出版		320
直线与平面	2014-01	28.00	321
立体几何	2014-01	28.00	322
解三角形	即将出版		323
直线与圆	2014-01	18.00	324
圆锥曲线	2014-01	38.00	325
解题通法(一)	2014-01	38.00	326
解题通法(二)	2014-01	38.00	327
解题通法(三)	2014-01	38.00	328
概率与统计	2014-01	28.00	329
信息迁移与算法	即将出版		330

第19～23届"希望杯"全国数学邀请赛试题审题要津详细评注(初一版)	2014-03	28.00	
第19～23届"希望杯"全国数学邀请赛试题审题要津详细评注(初二、初三版)	2014-03	38.00	
第19～23届"希望杯"全国数学邀请赛试题审题要津详细评注(高一版)	2014-03	28.00	
第19～23届"希望杯"全国数学邀请赛试题审题要津详细评注(高二版)	2014-03	38.00	

联系地址:哈尔滨市南岗区复华四道街10号　哈尔滨工业大学出版社刘培杰数学工作室
网　　址:http://lpj.hit.edu.cn/
邮　　编:150006
联系电话:0451-86281378　　13904613167
E-mail:lpj1378@163.com